CW01650016

Arquitectu plementación con IPv6 y seguridad de IP

CONSULTORES EDITORIALES
ÁREA DE INFORMÁTICA Y COMPUTACIÓN

Antonio Vaquero Sánchez
Catedrático de Lenguajes y Sistemas Informáticos
Escuela Superior de Informática
Universidad Complutense de Madrid
ESPAÑA

Gerardo Quiroz Vieyra
Ingeniero de Comunicaciones y Electrónica
por la ESIME del Instituto Politécnico Nacional
Profesor de la Universidad Autónoma Metropolitana
Unidad Xochimilco
MÉXICO

TCP/IP

Arquitectura, protocolos e implementación con IPv6 y seguridad de IP

Dr. Sidnie Feit

Traducción

JESÚS SÁNCHEZ ALLENDE
Doctor Ingeniero de Telecomunicaciones

PILAR MORENO DÍAZ
Licenciada en Ciencias Matemáticas

Revisión técnica

ANTONIO VAQUERO SÁNCHEZ
Catedrático de Lenguajes y Sistemas Informáticos
Escuela Superior de Informática
Universidad Complutense de Madrid

BALTASAR FENÁNDEZ MANJÓN
Profesor titular de Lenguajes y Sistemas Informáticos
Escuela Superior de Informática
Universidad Complutense de Madrid

McGraw Hill

MADRID • BUENOS AIRES • CARACAS • GUATEMALA • LISBOA • MÉXICO
NUEVA YORK • PANAMÁ • SAN JUAN • SANTAFÉ DE BOGOTÁ • SANTIAGO • SÃO PAULO
AUCKLAND • HAMBURGO • LONDRES • MILÁN • MONTREAL • NUEVA DELHI • PARÍS
SAN FRANCISCO • SIDNEY • SINGAPUR • ST. LOUIS • TOKIO • TORONTO

TCP/IP. Arquitectura, protocolos e implementación con IPv6 y seguridad de IP

No está permitida la reproducción total o parcial de este libro, ni su tratamiento informático, ni la transmisión de ninguna forma o por cualquier medio, ya sea electrónico, mecánico, por fotocopia, por registro u otros métodos, sin el permiso previo y por escrito de los titulares del Copyright.

DERECHOS RESERVADOS © 1998, respecto a la primera edición en español, por
McGRAW-HILL/INTERAMERICANA DE ESPAÑA, S. A. U.
Edificio Valrealty, 1.ª planta
Basauri, 17
28023 Aravaca (Madrid)

Traducido de la primera edición en inglés de
TCP/IP: architecture, protocols, and implementation with IPv6 and IP security, Second Edition

ISBN: 0-07-021389-5

Copyright © MCMXCVII por McGraw-Hill

ISBN: 84-481-1531-7
Depósito legal: M. 16.326/1999

Editor: Carmelo Sánchez González
Compuesto e impreso en: Fernández Ciudad, S. L.

IMPRESO EN ESPAÑA - PRINTED IN SPAIN

Este libro está dedicado a mi marido y amigo, Walter

RESUMEN DEL CONTENIDO

Biblioteca profesional

CONTENIDO

PREFACIO

En este libro se presenta una introducción general a TCP/IP. También contiene una parte con información a referencias concretas, para aquellos que deseen continuar usando o estudiando TCP/IP. El libro pretende ser una guía práctica de TCP/IP y contiene información detallada de cómo empezar con una red real, cómo conectar redes local y de área extensa existentes, cómo elegir los nombres de los sistemas, dónde conseguir direcciones de red, cómo conseguir consejos sobre administración y seguridad, y qué se puede esperar de los productos actuales de TCP/IP.

El libro va dirigido a quienes necesitan aprender sobre TCP/IP, o quienes como planificadores, administradores de red, desarrolladores de software o soporte técnico, o incluso como usuarios finales, desean comprender su entorno de trabajo.

En este libro se explica la terminología de TCP/IP, sus conceptos y mecanismos. Se describen las normas que definen el grupo de protocolos de TCP/IP. Contiene muchos diálogos interactivos, en línea, que muestran el uso de las aplicaciones de TCP/IP para saber lo que se ejecuta en segundo plano y comprobar el estado de los recursos de la red. Para quienes necesitan un mayor nivel de comprensión, se presentan trazas que muestran la estructura de los mensajes de la red byte a byte, y el flujo interactivo de dichos mensajes. Se explica la interfaz de programación de conectores (*sockets*) estándar y se incluyen varios programas cliente/servidor.

En esta segunda edición ha crecido significativamente el material cubierto. Ahora se dedica un capítulo completo a describir cómo se suelen usar los protocolos de encaminamiento. Un nuevo capítulo describe las interioridades del sistema de nombres de dominio. Hay capítulos sobre las aplicaciones de la World Wide Web, de noticias y de gopher. También se presentan los protocolos y direcciones de la «siguiente generación» de IP (versión 6). Asimismo se explican las tecnologías de seguridad y se tratan temas de seguridad en todo el libro. Y, por último, hay un capítulo sobre la integración de seguridad en IP.

SIDNIE M. FEIT

AGRADECIMIENTOS

Deseo agradecer al departamento de matemáticas de la Universidad de Yale su invitación de estar durante un tiempo en su facultad, de la que salió la primera edición de este libro. La oportunidad para usar varios sistemas de computadoras de la red de computadoras de Yale y la oportunidad de estudiar su documentación no tiene precio. Desde entonces, H. Morrow Long, Administrador de desarrollo del departamento de Computer Science de Yale, ha continuado aportando problemas y soluciones sobre temas de seguridad, nuevo software interesante y hechos relevantes sobre Internet. Morrow también ha sido fuente de detalles y hechos concretos sobre implementaciones reales.

Graham Yarbrough leyó completamente el libro e hizo comentarios de acuerdo a su vasta experiencia en el mundo real de la computación empresarial y los equipos para redes. Michael MacFarland hizo comentarios de gran detalle de varios capítulos y sugerencias muy útiles.

Jay Ranade, editor de esta serie, siempre ha ofrecido su más positivo apoyo.

Netmanage, Inc., proporcionó la última versión de *Chameleon IFS* (incluyendo un *Personal Web Server)* así como el software de monitorización *NewtWatch*. Los escenarios de administración de red se ejecutaron con la ayuda de *HP Open View for Windows Workgroup Node Manager*. Network General proporcionó un analizador de red, mucha documentación, trucos de monitorización y muchos megabytes de trazas de protocolo. Ashmount Research Ltd. proporcionó un programa para Windows, *NSLookup*.

Muchos otros fabricantes también contribuyeron con información técnica. FTP Software, Inc., contribuyó con software y documentación de sus productos para Windows. Otros fabricantes, entre ellos, Cisco Systems y Bay Systems respondieron diligentemente a preguntas sobre sus productos.

Biblioteca profesional

SOBRE LA AUTORA

Sidnie Feit es la Científica-Jefa del Grupo Standish, donde dirige la consultoría sobre el procesamiento de transacciones en línea. Tiene gran experiencia tanto de la parte académica como de la industrial, donde se incluyen cinco años con el Grupo de arquitectura y diseño de sistema de ITT. La Dra. Feit es la autora y directora de varios cursos del Instituto DataTech sobre TCP/IP y acceso a Internet. También es la autora del libro de McGraw-Hill *SNMP: A Guide to Network Management.*

McGraw-Hill

Biblioteca profesional

MARCAS COMERCIALES

AT&T es una marca comercial de AT&T. Banyan VINES es una marca comercial de Banyan, Inc. BBN es una marca comercial de Bolt, Beranek y Newman. Cabletron y Spectrum son marcas comerciales de Cabletron Systems. Chameleon y NewtWatch son marcas comerciales de NetManage, Inc. Cisco es una marca comercial de Cisco Systems, Inc. Clarinet es una marca comercial de Clarinet News Service. Cylink es una marca comercial de Cylink Corporation. DEC, VAX, VMS, ULTRIX, DIGITAL y DECnet son marcas comerciales de Digital Equipment Corporation. KIT es una marca comercial de Enterprise Integration Technologies. Ethernet es una marca registrada de Xerox Corporation. Dartmouth College tiene el copyright de Fetch. Gauntlet es una marca comercial de Trusted Information Systems. GES es una marca comercial de Global Enterprise Systems. Hewlitt-Packard, HP y HP OpenView son marcas registradas de Hewlett-Packard Company. IBM, VM, MVS y OS/2 son marcas comerciales de International Business Machines Corporation. IBM PC y LAN Server son marcas registradas de International Business Machines Corporation. Intel Inside es una marca comercial de Intel Corporation. Lanrover es una marca comercial de Shiva, Inc. LAN Workplace es una marca comercial de Novell, Inc. MCI es una marca comercial de MCI, Inc. Macintosh es una marca comercial de Apple Computer, Inc. Apple Computer, Inc tiene el copyright de MacTCP. Microsoft, Microsoft Windows y Windows 95 son marcas comerciales de Microsoft Corporation. MS DOS y LAN Manager son marcas comerciales de Microsoft Systems, Inc. Netscape y Netscape Navigator son marcas comerciales de NetScape Communications Corporation. NetWare, Novell y UNIX son marcas comerciales de Novell, Inc. Ashmount Research Ltd tiene el copyright de NS-Lookup for Windows. OnNet y PC/TCP son marcas comerciales de FTP Software. PC DOS es una marca comercial de Internatinal Business Machines Corporation. PC Quote es una marca comercial de PC Quote. Pkzip es una marca comercial de PKWARE. Reuters es una marca comercial de Reuters News Service. RSA es una marca comercial de RSA Data Security, Inc. Shiva y Shiva LANRover son marcas comerciales de Shiva, Inc. Sun es una marca comercial de Sun Microsystems. UNIX es una tecnología registrada de X/Open Company, Ltd. WAIS es una marca comercial de WAIS, Inc. XEROX es una marca comercial de Xerox Corporation. Todas las marcas comerciales y copyright mencionados son propiedad de sus respectivos dueños.

McGraw-Hill

Biblioteca profesional

INTRODUCCIÓN

ANTECEDENTES

En los primeros años de las computadoras, los host intercambiaban información directamente con los dispositivos que tenían conectados, lectores de tarjetas e impresoras. Con el uso interactivo de las computadoras se requirió primero la conexión local y, más tarde, remota de terminales de usuario. Cuando una organización compraba varias computadoras, normalmente necesitaba transferir datos entre las computadoras para permitir que los usuarios conectados a una computadora pudieran acceder a otra diferente.

Los fabricantes de computadoras respondieron a estos requisitos desarrollando hardware y software de comunicaciones. Pero este hardware y software:

- Era propietario y sólo funcionaba con los equipos del fabricante.
- Sólo permitía un número limitado de tipos de redes de área extensa y área local.
- A veces resultaba extremadamente complejo y utilizaba varios dialectos de software para cada aplicación y cada dispositivo
- Les faltaba la flexibilidad que permitiese que varias redes anteriormente independientes se pudiesen conectar una con otra de forma sencilla y barata.

Esta situación cambió con la ayuda del Protocolo de control de transmisión/Protocolo de Internet (TCP/IP) y el desarrollo de la tecnología de encaminadores.

Hoy en día, la red de computadoras de una organización se ha convertido en su sistema circulatorio. Las organizaciones combinan estaciones de trabajo, servidores y host en comunidades de Redes de área local (LAN - *Local Area Network*). Han conectado unas LAN con otras, y éstas a Redes de área extensa (WAN - *Wide Area Networks*).

Se ha convertido en una necesidad del funcionamiento diario que pares de sistemas se comuniquen cuando lo necesiten, sin tener en cuenta donde se encuentren situados en la red.

APLICACIONES DE TCP/IP

Desde el comienzo, TCP/IP se desarrolló con varios servicios de aplicación genéricos e importantes:

- Acceso desde un terminal a cualquier host.
- La posibilidad de copiar archivos de un host a otro.
- El intercambio de correo electrónico entre cualquier par de usuarios.

En estos años se han desarrollado muchas más aplicaciones útiles que se han añadido al grupo de protocolos de TCP/IP:

- Impresión remota.
- Sistema de archivos en red.
- Noticias en red.
- Gopher.
- World Wide Web (WWW).

Además, también ha crecido el número de utilidades que facilitan el mantenimiento y administración de una red. Algunas son:

- Servicios de directorios para dar nombres fáciles a las direcciones de host de una red.
- Configuración dinámica de host.
- Administración de red para los host, encaminadores y otros dispositivos de red.

La familia TCP/IP se encuentra viva y creciendo. La comunidad de usuarios crece de forma explosiva y se están desarrollando nuevos servicios que se integran modularmente en los productos de TCP/IP.

El grupo de aplicaciones de la World Wide Web ha revolucionado la computación cliente/servidor y está cambiando la forma de llevar los negocios.

Como consecuencia de la adopción de TCP/IP, miles de organizaciones se han conectado a Internet. Ello ha ocasionado algunos problemas con una familia de protocolos diseñados originalmente para uso interno de los militares y el gobierno. Se están tratando estos problemas y se ha centrado la atención en la evolución de mecanismos más eficientes para las direcciones y el encaminamiento y en encontrar soluciones robustas a los problemas de seguridad.

TERMINOLOGÍA

Como en muchas disciplinas técnicas, las comunicaciones de datos utilizan un lenguaje propio. Parece que todo el mundo en este campo usa un vocabulario similar. El problema es que distintos grupos dentro de esta profesión usan las mismas palabras para referirse a cosas distintas y palabras distintas que significan lo mismo.

Hemos hecho un esfuerzo para seleccionar un vocabulario bastante sencillo y para usarlo de manera consistente en el texto. En las siguientes secciones se describe parte de la terminología y las convenciones gráficas que se usan en el libro.

Protocolos, unidades, pilas y grupos de protocolos

Un *protocolo* es un conjunto de reglas que rigen el funcionamiento de algunas funciones de comunicación. Por ejemplo, IP consiste en un conjunto de reglas para encaminar datos y TCP incluye reglas para la entrega fiable de datos en secuencia.

Una *unidad de datos del protocolo* (PDU) o *paquete* es una unidad de datos con un formato que se transmite por una red. La información contenida en una PDU se suele llamar su *carga útil*.

Una *pila de un protocolo* es un conjunto de protocolos en capas que funcionan para proveer comunicación entre aplicaciones. Por ejemplo, TCP, IP y Ethernet constituyen una pila de protocolos.

Un *grupo de protocolos* es una familia de protocolos que funcionan juntos de forma consistente. El grupo de protocolos de TCP permite un gran numero de funciones, desde la obtención dinámica de la dirección física de una tarjeta de interfaz de red, a un servicio de directorio que indica cómo se debe encaminar el correo electrónico.

Host

Un *host* es una computadora que ejecuta aplicaciones y tiene uno o más usuarios. Un host que dispone de TCP/IP puede funcionar como extremo en una comunicación. Tenga en cuenta que tanto las computadoras personales (PC), estaciones de trabajo, como minicomputadoras y supercomputadoras, todas satisfacen la definición de host y pueden ejecutar TCP/IP.

En este libro también se usan los términos *estación*, *computadora* y *sistema computacional* como sinónimos de *host*.

Encaminadores

Un *encaminador* (*router*) encamina datos por una red. Anteriormente, quienes escribieron las normas de TCP/IP adoptaron la palabra *pasarela* por lo que se conoce en el mercado como un encaminador. En otros foros del mundo de las comunicaciones la palabra *pasarela* viene a significar un sistema que realiza algún tipo de traducción de protocolos.

En este libro se usará el término *encaminador*. Sin embargo, si lee normas antiguas de TCP/IP tenga en cuenta que a veces se utiliza el término *pasarela* (*gateway*).

Internet

Una *internet* (con la i en minúscula) es un conjunto de facilidades de red, locales y/o en una red de área extensa, conectadas por encaminadores. La *Internet* (con I en mayúsculas) es una internet muy especial que conecta miles de redes.

Nodo de red, sistema y elemento de red

Los términos *nodo de red*, *sistema*, y *elemento de red* se usan para referirse a una entidad de comunicaciones en una red sin especificar si se trata de un host, un encaminador u otro dispositivo, como por ejemplo un puente. Por ejemplo: *El objetivo de la administración de red es controlar y monitorizar todos los nodos de una red.*

LAN, WAN y enlaces

Una red de área local (LAN) es una red de datos cuyo objetivo es dar servicio a un área relativamente pequeña, normalmente de unos pocos kilómetros cuadrados, o menos. Una red de área extensa (WAN) cubre una mayor área geográfica y normalmente se construye utilizando líneas serie telefónicas y servicios de conmutación de paquetes.

El término *enlace* es más general, e incluye cualquier medio, de área local o extensa, que utilizan los nodos para comunicarse mediante un protocolo del nivel de enlace.

Personas

El término *hacker* (pirata informático) a veces se utiliza con cierta admiración para describir a una persona con grandes conocimientos de computadoras y redes. Otras veces se utiliza de forma despectiva para referirse a alguien que intenta acceder a los recursos privados en una computadora. En este texto, se usará el término *cracker* para referirse a una persona que intenta acceder a los recursos privados en una computadora.

Bytes y octetos

A veces se suele usar la palabra *byte* para referirse a 8 bits. Sin embargo, byte también se ha utilizado para referirse a la menor unidad que se puede direccionar en una computadora. Dependiendo del momento, los diseñadores han creado máquinas con distintos tamaños de byte.

Quienes escriben las normas han resuelto el problema usando el término *octeto* para referirse a 8 bits. En este texto, se usa el término octeto y byte indistintamente y se usa el término *byte lógico* cuando el tamaño de la unidad de dirección en una computadora sea distinto de 8 bits.

Big endian y Little endian

Algunas computadoras almacenan los datos guardando primero el byte más significativo. Es lo que se llama el estilo *Big endian* de representación de datos. Otras computadoras guardan primero el byte menos significativo, es el estilo *Little endian*.

De igual forma, existen normas de comunicación de datos Big endian que transmiten los datos empezando con el bit y byte más significativo.

Quienes escribieron las normas del protocolo de Internet eran Big endian. Sin embargo, recuerde que existen otros grupos, como el Institute for Electrical and Electronics Engineers o IEEE, que transmiten los datos empezando con el bit o byte menos significativo.

IMPLANTACIÓN EN UN ENTORNO DE VARIOS FABRICANTES

A pesar de haber existido con anterioridad protocolos de red propietarios, docenas de fabricantes de ordenadores y compañías independientes de software han implantado TCP/IP.

Las implementaciones utilizan las normas escritas y el software libre que han escrito voluntarios. Se puede conseguir una buena guía en los documentos *Host requirements* y *Router Requirements*.

El grado de relación de trabajo conseguido es impresionante y los usuarios finales se encuentran con que las aplicaciones funcionan muy bien.

Sin embargo, si se mira un poco con detalle, se puede descubrir que hay fabricantes que han tomado ciertos atajos y han omitido ciertas características con las que se conseguiría un mejor rendimiento o mejor recuperación frente a errores. A veces, los desarrolladores de software, simplemente, han malinterpretado algún detalle de la especificación, y como resultado no ofrecen cierta función.

Por tanto, no se puede suponer que todos los mecanismos que se describen en este libro existan realmente en cierto paquete de software. Cuando se compra el software de TCP/IP de un host, es una buena idea ir con una copia del documento *Host Requirements*, que se trata en el Capítulo 1. El vendedor debería poder responderle si se le pregunta sobre ciertas características importantes. Son las que están marcadas como DEBEN y DEBERÍAN en el documento.

Para aquellos lectores del libro que realicen implementaciones, les puede ayudar a entender el *por qué* y el *cómo* de muchos protocolos. Pero no se debería usar el libro como fuente para las implementaciones. Las normas de TCP son gratuitas y se pueden conseguir en línea (véase el Apéndice B). La documentación se actualiza continuamente, con informes de nuevas características y formas más eficientes de implementar las funciones, dejando obsoletas funciones que ya no son útiles.

DIÁLOGOS

En este texto hay muchas demostraciones con diálogos interactivos. Estos diálogos se generaron con una computadora de Sun Microsystems. Muchas de las demostraciones se ejecutaron desde *tigπger.jvnc.net*, un host situado en Princeton, New Jersey. *Tigger* es un gran servidor del Proveedor de servicios *Global Enterprise Systems* (GES). GES anteriormente se llamaba *JVNC*, razón por la que sus host tienen nombres que acaban en *jvnc.net*. Particularmente interesantes son las estadísticas generadas en *tigger*, ya que *tigger* se comunica con host de Internet repartidos por todo el mundo. Sólo unas pocas de las demostraciones de texto se ejecutaron en computadoras de Yale.

TCP/IP se ha implementado en muchos tipos de computadoras diferentes con interfaces de texto y comandos muy similares. Por tanto, los diálogos serán muy similares o idénticos a los que podrá probar en un gran número de sistemas. En el texto de los diálogos, lo que introduce el usuario está escrito en negrita y el indicativo del sistema y las respuestas de la computadora aparecen en itálica.

También existen algunas pantallas con una Interfaz gráfica de usuario (GUI) para aquellas aplicaciones de TCP/IP que se ejecutan en una PC con Windows o en una Macintosh. Varias pantallas con Windows muestran las aplicaciones *Chamaleon* de Netmanage y *Netscape Navigator* de Netscape, Inc. También hay algunas pantallas de *HP OpenView for Windows Workgroup Node Manager* de Hewlett-Packard y *NSLookup for Windows* de Ashmount Research Ltd. También se puede ver una pantalla del correo electrónico para Macintosh, *Eudora* de Qualcomm.

REFERENCIAS

Como con muchos trabajos que tratan sobre comunicaciones de datos, este libro está repleto de acrónimos. El Apéndice A contiene una lista de los acrónimos y sus traducciones. Las definiciones completas se pueden encontrar en el Glosario.

En el Apéndice B se ha incluido una extensa lista de todos los documentos que definen TCP/IP y servicios relacionados. En el Apéndice C se describen los servicios que ofrecen los Centros de información de red (NIC - *Network Information Centers*) y se indica donde se encuentran. En el Apéndice D se muestran ejemplos sobre cómo asignar de manera muy eficiente direcciones de IP, mediante el uso de máscaras de subred de longitud variable.

McGraw Hill

Biblioteca profesional

CAPÍTULO 1

TCP/IP: Qué es y de dónde procede

INTRODUCCIÓN

A finales de los años 60, la Agencia de proyectos avanzados de investigación del Departamento de Defensa de los Estados Unidos o ARPA, posteriormente llamada DARPA, comenzó una asociación con universidades de los Estados Unidos y otros organismos de investigación para investigar sobre nuevas tecnologías de comunicación de datos.

Entre los partícipes construyeron la Red de la agencia de proyectos avanzados de investigación. (ARPANET - *Advanced Research Projects Agency Network*), la primera red de conmutación de paquetes. En 1969 comenzó a funcionar una versión experimental de ARPANET con cuatro nodos. El experimento fue un éxito y a partir de ahí evolucionó hasta cubrir los Estados Unidos de costa a costa. En 1975, la Agencia de comunicaciones para la defensa (DCA - *Defense Communications Agency*) asumió la responsabilidad del funcionamiento de la red, que aún era considerada una red de investigación.

Nacimiento de TCP/IP

Los protocolos iniciales de ARPANET eran lentos y solían sufrir frecuentes problemas. En 1974, Vinton G. Cerf y Robert E. Kahn [1] propusieron, en un artículo, el diseño de un nuevo núcleo de protocolos. El diseño de Cerf y Kahn supuso la base para los siguientes desarrollos del *Protocolo de Internet* (IP) y del *Protocolo de control de transmisión* (TCP). A partir de 1980, se tardó tres años en convertir los host de ARPANET, que eran menos de 100, al nuevo grupo de protocolos.

La versatilidad de los nuevos protocolos se comprobó en 1978 en una demostración en la que un terminal desde un automóvil, que conducía por la autopista 101 de California, transmitía datos utilizando Radio paquetes a un nodo SRI internacional, cruzando el continente mediante ARPANET, y después a través de una red por satélite a un host en Londres (véase la Figura 1.1).

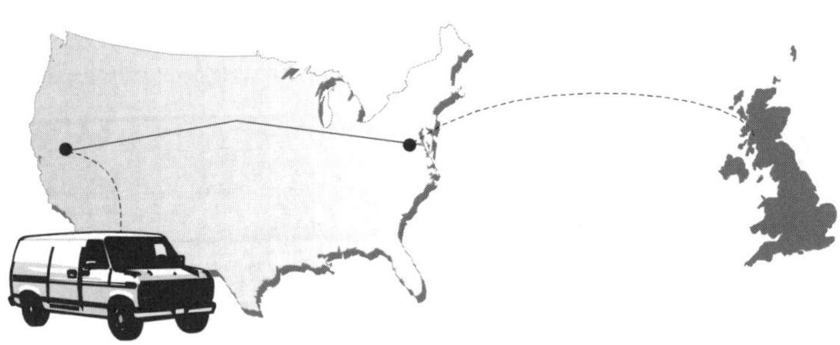

Figura 1.1. *Demostración de TCP/IP atravesando una mezcla de tecnologías.*

[1] «A Protocol for Packet Network Interconnections», *IEEE Transuetions of Communications*, mayo de 1974.

A principios de los años 80, ARPANET se reconvirtió a los nuevos protocolos. Hacia 1983, ARPANET contaba con más de 300 computadoras y se había convertido en un valioso recurso para sus usuarios. En 1984, la ARPANET original se dividió en dos partes. Una se siguió llamando ARPANET y se dedicó a la investigación y desarrollo. La otra se llamó MILNET y se convirtió en una red militar no clasificada.

ACEPTACIÓN DE LOS PROTOCOLOS

En 1982, el Departamento de defensa de los Estados Unidos (DOD) decidió adoptar un único conjunto de protocolos de comunicaciones según los protocolos de ARPANET y creó la Red de datos para la defensa (DDN - *Defense Data Network*) como entidad padre que aunaba sus redes operativas distribuidas.

En 1983, el Departamento de defensa adoptó el grupo de protocolos de TCP/IP como su estándar. La aceptación de TCP/IP se difundió hacia otros departamentos de defensa, creando un gran mercado para esta tecnología.

CARACTERÍSTICAS DE TCP/IP

TCP/IP tiene algunas características únicas que justifican su durabilidad. La arquitectura TCP/IP agrupa bancos de redes, creando una red mayor llamada una *internet.* Para un usuario, una internet aparece, simplemente, como una única red compuesta por todos los host conectados a cualquiera de los nodos que la forman.

Los protocolos de TCP/IP se diseñaron para ser independientes del hardware del host o de su sistema operativo, así como de las tecnologías de los medios y los enlaces de datos. Se requería que los protocolos fuesen robustos, sobreviviendo a altas tasas de error en la red y con capacidad de encaminamiento adaptativo transparente en el caso de que se perdiesen nodos o enlaces.

Disponibilidad de TCP/IP

Cuando el Departamento de defensa de los Estados Unidos y otras agencias gubernativas impusieron como requisito los protocolos de TCP/IP en las compras de computadoras, los fabricantes se enfrentaron a la necesidad de implementar TCP/IP para competir en los concursos del gobierno. En la Figura 1.2 se muestra como diferentes sistemas, redes de área local (LAN) y redes de área extensa (WAN) pueden combinarse en un entorno de TCP/IP.

El Departamento de defensa de los Estados Unidos promovió la disponibilidad de TCP/IP financiando a Bolt, Beranek y Newman (BBN) para la implementación de TCP/IP para Unix y a la Universidad de California en Berkeley para incorporar el código de BBN en el sistema operativo Unix 4.2 de la Distribución de software de Berkeley (BSD). Este sistema operativo y sus sucesores se han migrado a muchas plataformas hardware. Más tarde, TCP/IP se incorporó a Unix Sistema V de AT&T.

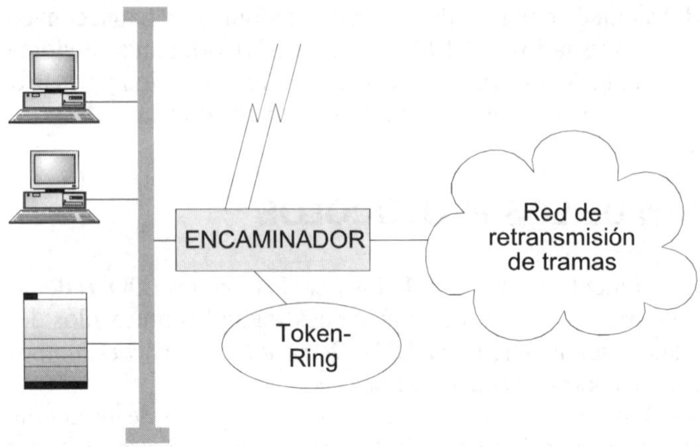

Figura 1.2. *Entorno multired y multifabricante de TCP/IP.*

En los años noventa, TCP/IP llegó al mundo comercial. Es el software de red más disponible universalmente. Ha habido un rápido progreso al integrar TCP/IP junto con los servidores de LAN y los sistemas operativos de sobremesa.

Además, existe el soporte para TCP/P sobre una selección creciente de tecnologías de transmisión. Se verá un conjunto de las mismas en el Capítulo 4.

LA INTERNET

La facilidad para agrupar las redes de TCP/IP combinado con una política de puertas abiertas que permitía a las redes de investigación, académicas y comerciales conectarse a ARPANET, hizo crecer la super red llamada *Internet*[2]. Durante los años ochenta, ARPANET se mantenía como la red troncal de esta creciente red.

Gracias a las características de los protocolos de TCP/IP, el crecimiento de Internet era continuado y sin pausa. Internet se convirtió en la mayor red del mundo, contando básicamente con redes del gobierno, de investigación militar y académica y redes comerciales, cada una con cientos de subredes. En 1985, se incorporó una nueva red troncal, la red de la *National Science Foundation* (NSFNET) para disponer de enlaces de alta velocidad para centros de investigación y supercomputación.

Con la ayuda del gobierno, crecieron como setas una infraestructura de *Proveedores de servicios regionales* en todas las zonas de los Estados Unidos. Las universidades y laboratorios de investigación se conectaban al proveedor regional más cercano que, a su vez, se conectaba a la red troncal.

[2] Recuerde que, mientras que una internet, con una i minúscula, es una red creada agrupando dos o más redes TCP/IP, Internet es una red concreta.

Internet se extendió por todo el globo, apareciendo Proveedores de servicios en docenas de países de todo el mundo.

En 1994, había millones de computadoras interconectadas e Internet estaba preparada para el mercado comercial. La *National Science Foundation* (NSF) dio su apoyo y los Proveedores de servicios de los Estados Unidos se conectaron unos a otros en grandes centros de conmutación distribuidos por todo el país.

Internet continúa siendo una incubadora de nuevas tecnologías. Sus servicios de correo, noticias y tablones de anuncios ofrecen un foro donde se debaten y contrastan ideas. Los investigadores, programadores de sistemas y los administradores de redes intercambian correcciones de los errores de los programas, soluciones a los problemas de las interredes y trucos para mejorar su rendimiento. Los fabricantes de software publican copias gratis de su software beta en lugares públicos e invitan a los usuarios a descargarlo, probarlo y hacer comentarios sobre sus nuevos productos.

LA INTERNIC

Durante muchos años, el Departamento de defensa mantenía un importante papel de coordinación en Internet. Su Centro de información de red de la DDN (DDN NIC) proporcionaba servicios a los usuarios, administradores de host, coordinadores de lugares y administradores de red.

En el verano de 1993, las funciones de apoyo a los usuarios civiles de Internet pasaron a la *National Science Foundation*, que financia dos agencias:

- *Servicios de registro* de InterNIC, situada en Network Solutions, Inc., Herndon, Virginia.
- *Servicios de directorio y base de datos* de InterNIC, por AT&T.

Se han establecido centros de registro adicionales en otros países. Los centros de registro coordinan los nombres y direcciones de las computadoras de TCP/IP.

Los servicios de directorio y base de datos de InterNIC funcionan como fuente de las normas de Internet y otros documentos de información. Todos los documentos son gratuitos.

Véase el Apéndice C para más información sobre la InterNIC y otros Centros de información de red.

IAB, IETF E IESG

La coordinación en el desarrollo de los nuevos protocolos de TCP/IP y el mantenimiento de los antiguos lo lleva una organización llamada *Internet Architecture Board* (IAB)[3].

El IAB identifica las áreas técnicas que es necesario tratar. Por ejemplo, en los últimos años, el IAB ha encabezado los esfuerzos para desarrollar nuevos protocolos de ges-

---

[3] Anteriormente se llamaba *Internet Activities Board*.

tión de red, mejores protocolos de encaminamiento y una nueva generación de la versión de IP.

En 1992, se formó la *Sociedad Internet* y la IAB quedó absorbida por dicha sociedad. El propósito de la Sociedad Internet es promover el crecimiento y correcto funcionamiento de Internet.

El IAB controla varios grupos importantes. El *Internet Engineering Task Force* (IETF) escribe e implementa los nuevos protocolos. El *Internet Engineering Steering Group* (IESG) supervisa y revisa las actividades de los grupos de trabajo del IETF.

Grupo Task Force y desarrollo del protocolo

Los miembros del IETF son voluntarios. Para resolver un problema se forma un grupo de trabajo cuyos miembros tengan la experiencia técnica necesaria. Los partícipes en un grupo de trabajo usan una metodología que combina la teoría con la implementación inmediata.

De hecho, la validez y lo completo de una especificación de un protocolo se comprueba creando al menos dos implementaciones independientes. Se usa un proceso iterativo de *diseño-implementación-experimentación-revisión* para mejorar y hacer evolucionar a los protocolos y mejorar el rendimiento de las implementaciones.

Este método práctico de desarrollo del protocolo permite descubrir muchos puntos débiles antes de que se adopte el protocolo. Aquellas funciones que realizan demandas imposibles de recursos del sistema u ocasionan un bajo rendimiento se evita que se incorporen a la arquitectura del protocolo.

Otras fuentes de protocolos de Internet

Aunque muchos de los protocolos de TCP/IP los diseñaron e implementaron los grupos de trabajo del IETF, también han realizado contribuciones importantes grupos de investigación de universidades y organizaciones comerciales. Para que se acepten, las contribuciones han de ser útiles y utilizables.

Normalmente, se pone el código fuente de los nuevos protocolos en bases de datos públicas en Internet. Los fabricantes usan este código como punto de partida para sus productos. Se consiguen muchos beneficios. El desarrollo de productos es más rápido y menos costoso. Al empezar a partir de una misma fuente se promueve la interoperabilidad.

Los usuarios también pueden copiar e instalar el código público en sus computadoras. Por supuesto, cuando se utiliza código gratuito, no se dispone de los servicios de soporte y mantenimiento que ofrece un fabricante.

PETICIÓN DE COMENTARIOS

Una nueva especificación de un protocolo se distribuye en un documento que se llama una *Petición de comentarios* (RFC - *Request For Comments*). Los documentos RFC se numeran en secuencia. Se han escrito cientos de estos documentos.

Los usuarios pueden obtener los documentos RFC mediante los Servicios de directorio y base de datos de InterNIC. Los documentos RFC también se encuentran almacenados en otros directorios de computadoras públicas de muchos lugares del mundo y se pueden copiar de cualquiera de estos lugares usando una transferencia electrónica de archivos.

A veces se actualizan las especificaciones de un protocolo para corregir errores, mejorar el rendimiento o añadir nuevas características. Los protocolos actualizados se publican con nuevos números de RFC.

La InterNIC mantiene un índice de las RFC y entradas para las RFC obsoletas que contienen los números de los documentos que los sustituyen. Por ejemplo, la siguiente entrada del índice indica que la RFC 1098 deja obsoleta la norma del Protocolo simple de gestión de red original y él mismo ha sido actualizado por un documento posterior, la RFC 1157:

```
1098 Case, J.D.; Fedor, N.; Schoffstall, M.L.; Davin, C.
Simple Network Management Protocol (SNMP). 1989 April; 34 p.
(Format: TXT = 71563 bytes) (Obsoletes RFC 1067; Updated by RFC 1157)
```

No todas las RFC describen protocolos. Algunas sólo organizan y presentan ideas que han evolucionado dentro de la comunidad de Internet. Por ejemplo, hay una RFC que aconseja sobre la elección de los nombres de las computadoras. Otra RFC ofrece una guía sobre cómo administrar una red de TCP/IP y cómo implantar procedimientos de seguridad. Hay RFC que sugieren estrategias de implementación para conseguir mayor rendimiento, describen algoritmos experimentales y discuten sobre ética en Internet. Tras su revisión, algunos se clasifican como documentos *Best Current Practices* (BCP - Mejor uso actual).

Estado y *estatus* de las normas

El IAB publica periódicamente información sobre el progreso de los protocolos según cambian pasando por varios *estados* que dan idea de su nivel de madurez:

- Experimental.
- Proposed (Propuesta).
- Draft (Borrador).
- Standard (Norma).

Algunos documentos de protocolos son puramente *informativos* y algunos no tienen uso actual y se les ha etiquetado como *historical* (*históricos*).

Los protocolos también se clasifican según su nivel de requerimiento. Algunos protocolos son normas requeridas, mientras que otros se usan donde existen necesidades especiales. Algunos han sido superados y se han retirado. El *estatus* de requerimiento formal de un protocolo se define en uno de los niveles:

- Required (Requerido).
- Recommended (Recomendado).
- Elective (Elegible).
- Limited Use (Uso limitado).
- Not recommended (No recomendado).

El estado y el *estatus* actual de los protocolos de Internet se describe en una RFC llamada IAB *Official Protocol Standards*. Este documento se actualiza periódicamente y se edita con cada nuevo número de RFC.

Números asignados

Los parámetros de red, las direcciones especiales de red, los nombres de servicios y los identificadores estándar de terminales y sistemas de computadora se encuentran en una RFC llamada Números asignados (*Assigned Numbers*).

Los Números asignados de Internet los administra la *Autoridad de números asignados de Internet* (IANA - *Internet Assigned Numbers Authority*), situada, actualmente, en el *University of Southern California's Information Services Institute*. La RFC de números asignados se actualiza cada pocos meses.

La RFC de números asignados incluye la dirección, número de teléfono y dirección de correo electrónico que pueden usar los desarrolladores de protocolos y aplicaciones para registrar información de parámetros con esta autoridad.

RFC que promueven la interconexión de múltiples fabricantes

La previsión de que las necesidades de los usuarios no se verían cubiertas con una única arquitectura de computadora fue una fuerte motivación para la adopción de TCP/IP como estándar de comunicaciones por las organizaciones gubernamentales de Estados Unidos. Estos grupos querían comprar los equipos en un mercado competitivo, con múltiples fabricantes que pudiesen satisfacer sus requisitos. Pensaban que el esfuerzo de mantener y establecer normas se compensaría por un menor coste y un mejor servicio. Sin embargo, pueden ocurrir problemas en un entorno de múltiples fabricantes:

- Las normas suelen incluir características opcionales. Implementando opciones diferentes, los fabricantes pueden conseguir que la interoperabilidad sea muy difícil.
- A veces los fabricantes confunden las normas y sus productos funcionan de forma incorrecta.
- Hay errores en las especificaciones de las normas.
- Algunas implementaciones, aunque muy precisas, son inflexibles y no permiten que un administrador del sistema afine los parámetros de configuración para mejorar el rendimiento.

- Un único sistema que use algoritmos mal diseñados para gestionar la transmisión y retransmisión de datos puede degradar el rendimiento de todos los sistemas de una red.

Dos RFC publicadas en octubre de 1989 trataban muchos de estos problemas, corrigen errores, clarifican definiciones, especifican la oferta de opciones, listan los parámetros de configuración e identifican los algoritmos de gran rendimiento. Más importante, estas RFC fijan requisitos de conformidad concretos para las implementaciones de host.

Antes constituía una gran deficiencia. Se consigue una gran mejora en cuanto a un funcionamiento correcto, interfuncionamiento y rendimiento si se siguen estas RFC:

> *RFC 1122, Requirements for Internet Hosts - Communication Layers.* Este documento trata de la capa de enlace, IP y TCP.
>
> *RFC 1123, Requirements for Internet Hosts - Application and Support.* Este documento trata sobre los servicios de conexión remota, transferencia de archivos, correo electrónico y varios servicios de soporte.

Existe una RFC publicada en 1995 que trata otros temas igualmente importantes sobre el funcionamiento de los encaminadores:

> *RFC 1812, Requirements for IP Version 4 Routers.*

Documentos relacionados

También existe una serie de RFC que no contiene especificaciones de protocolos y que se publica como un conjunto separado de documentos *Para su información* (FYI - *For Your Information*). Por ejemplo, el RFC 1325 es un FYI: *Answers to commonly asked «new Internet user» questions.*

Otra serie, *Notas de ingeniería de Internet* (IEN - *Internet Engineering Notes*) son documentos de discusión escritos durante los primeros años de desarrollo del Protocolo de Internet.

OTRAS FUENTES DE INFORMACIÓN

Existen muchos servidores de World Wide Web, sistemas de archivos públicos en universidades, centros de investigación y organizaciones comerciales conectados a la Internet. Estos sistemas ofrecen información de red variada como copias de las RFC, documentos sobre nuevos algoritmos, resultados de pruebas de rendimiento, código fuente de herramientas de administración de redes, software libre e información de productos. Cualquier usuario de Internet puede realizar una transferencia de archivos o utilizar un navegador de World Wide Web para copiar los documentos o código de esos lugares.

Algunas redes están conectadas a Internet mediante pasarelas de correo electrónico. Los usuarios de los host conectados a estas redes no pueden realizar transferencia de archivos. Afortunadamente, muchos sistemas de archivos públicos disponen de un servicio de distribución de documentos por correo electrónico.

INTERCONEXIÓN DE SISTEMAS ABIERTOS

La *Interconexión de sistemas abiertos* (OSI - *Open Systems Interconnection*) fue un esfuerzo internacional para crear normas para las comunicaciones entre computadoras y para servicios de aplicación genéricos. OSI fue una actividad de la Organización internacional de normalización (ISO - *International Organization for Standardization*), fundada para promover el comercio y avances cooperativos en la ciencia y la tecnología. Las normas propuestas en OSI se publican como documentos ISO.

El *modelo OSI* de comunicaciones entre computadoras forma parte habitual de la educación de cualquier profesional en redes. Proporciona un marco en el que identificar dónde encajan las funciones de los distintos protocolos dentro de un esquema global.

Los protocolos OSI se usan en unos pocos lugares en Europa y la IETF ha publicado ciertos RFC que tratan sobre el interfuncionamiento entre entornos TCP/IP y OSI.

Biblioteca profesional

CAPÍTULO 2

Descripción general de los servicios de TCP/IP

INTRODUCCIÓN

¿Por qué se usa tanto la familia de protocolos de TCP/IP? Su capacidad para conectar redes locales y extensas heterogéneas le convierten en un buen integrador. Igualmente importante es que sirve de base para las comunicaciones par a par y ofrece servicios genéricos sobre esta base. Más aún, TCP/IP se diseñó desde el principio para permitir interacciones cliente/servidor.

COMUNICACIÓN ENTRE APLICACIONES

Existen dos estilos de interacción entre aplicaciones. La comunicación *orientada a conexión* resulta apropiada cuando las aplicaciones necesitan un flujo continuado de flujo de datos. En contra, las aplicaciones implicadas en una comunicación *no orientada a conexión* intercambian mensajes independientes. La comunicación no orientada a conexión es más apropiada para las interacciones esporádicas con intercambio de pequeñas cantidades de datos.

Comunicación orientada a conexión de TCP

La parte TCP de TCP/IP significa *Protocolo de control de transmisión*, y ofrece comunicaciones par a par, fiables y orientadas a conexión. Las sesiones de conexión remota y transferencia de archivos utilizan TCP.

Comunicación no orientada a conexión de UDP

Algunas interacciones de datos no requieren una interacción continua. Por ejemplo, supongamos una base de datos en un servidor de la red que contiene los nombres del personal de la compañía y sus números de teléfono. Se podría buscar un número de teléfono enviando un mensaje de petición al servidor con el nombre de la persona. El servidor podría responder con un mensaje que contuviese el número de teléfono.

El *Protocolo de datagramas de usuario* (UDP - *User Datagram Protocol*) ofrece este tipo de interacción.

Interfaz de programación de conectores

Los sistemas que disponen de TCP/IP normalmente disponen de una interfaz de programación de comunicaciones para los desarrolladores de software. La mayoría utilizan una *interfaz de programación de conectores*, definida inicialmente para el sistema operativo Unix de Berkeley. La interfaz de programación de conectores incluye:

- Subrutinas básicas para crear, transmitir y recibir los mensajes independientes que se usan en las comunicaciones de UDP no orientadas a conexión.
- Rutinas para establecer una conexión de TCP, enviar y recibir datos y cerrar la conexión.

Interfaz de programación de Llamadas a procedimientos remotos

Aunque no tan relevante como la interfaz de programación de conectores, la interfaz de programación cliente/servidor de *Llamadas a procedimientos remotos* (RPC - *Remote Procedure Call*) está muy extendida [1].

Un cliente que use una interfaz RPC invoca a una subrutina que automáticamente hace que se envíe una petición a un servidor. El servidor ejecuta la subrutina y devuelve al cliente los parámetros de salida de la subrutina. Este escenario se llama apropiadamente una *llamada a procedimiento remoto* ya que un procedimiento al que se invocó localmente se ejecuta en un sistema remoto.

Por ejemplo, la aplicación de búsqueda del número de teléfono descrita en la sección «Comunicación entre aplicaciones» podría haberse escrito con rutinas de RPC.

SERVICIOS BÁSICOS

Transferencia de archivos

Se espera que las implementaciones de TCP/IP ofrezcan al menos tres servicios de aplicación: transferencia de archivos, conexión remota y correo electrónico. Muchos productos incluyen clientes y servidores de Wold Wide Web. También suele ser normal incluir una función de impresión remota.

La transferencia de archivos fue uno de los primeros servicios añadidos a TCP/IP. El Protocolo de transferencia de archivos (FTP - *File Transfer Protocol*) permite a los usuarios copiar archivos completos desde un sistema a otro. FTP sólo trabaja con tipos básicos de archivos como los de texto ASCII o los de datos binarios. FTP también permite al usuario acceder a un sistema remoto para realizar tareas básicas como cambiar el nombre a un archivo, borrarlo o crear nuevos directorios.

Terminal virtual

A principios de los años setenta, la mayoría de los fabricantes de computadoras construían terminales propietarios que sólo se podían usar con sus propios sistemas de computadoras. El Departamento de defensa de los Estados Unidos (DOD) compraba sistemas de muchos fabricantes diferentes y quería que cualquier usuario fuese capaz de conectarse a cualquier host de la red desde un mismo terminal. Para hacerlo posible se creó el protocolo de terminal virtual de *telnet*. Desde entonces se ha mejorado para que funcione con una larga lista de tipos de terminales y sistemas operativos.

---

[1] La interfaz RPC fue creada por Sun Microsystems, pero se ha incorporado a un gran número de plataformas.

Correo

Muchos usuarios finales se han sentido atraídos hacia TCP/IP por el correo. Se han normalizado dos aspectos del correo:

- El formato del correo intercambiado entre los usuarios. Existen formatos para texto sencillo y para mensajes multimedia y con múltiples partes.
- Los mecanismos necesarios para la transferencia directa o con almacenamiento y reenvío del correo entre host. Desde los primeros momentos de Internet se ha usado el *Protocolo simple de transferencia de correo* (SNMP - *Simple Mail Transfer Protocol*). Recientes extensiones le han añadido nuevas funciones.

Se han conectado al correo de Internet otros sistemas de correo propietario, haciendo crecer la comunidad de potenciales destinatarios del correo.

En la Figura 2.1 se muestran las interacciones entre host de una red. Tenga en cuenta que en realidad TCP/IP es una arquitectura de red entre dos partes.

Servicio World Wide Web

La World Wide Web es la más versátil de todas las aplicaciones cliente/servidor de TCP/IP. Los usuarios pueden ver atractivos documentos a los que se han añadido imágenes y sonidos, navegar sin esfuerzo de un lugar a otro con un clic del ratón y buscar en gigantescos archivos de información.

SERVICIOS ADICIONALES

Hay otros servicios que se han añadido a TCP/IP. En las siguientes secciones se describen aquellos más populares y de mayor uso.

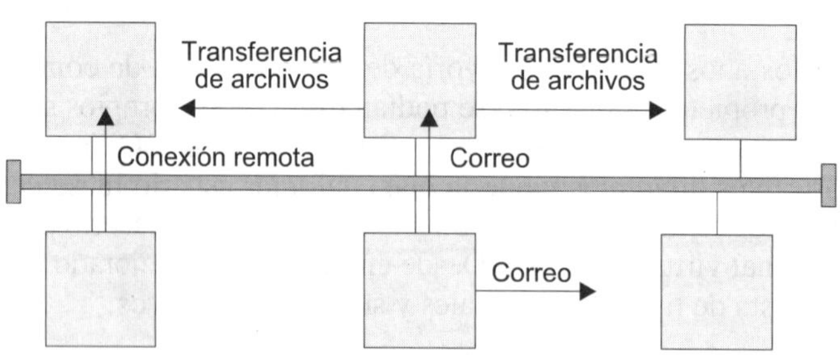

Figura 2.1. *Servicios de aplicación en una red TCP/IP.*

Acceso a archivos

Los servidores de archivos permiten que un usuario acceda a archivos remotos como si fuesen locales. Se hicieron populares en primer lugar en los entornos LAN de computadoras personales como mecanismo para compartir valiosos recursos de disco y centralizar las tareas de mantenimiento y copias de seguridad.

Muchos productos de TCP/IP incluyen el Sistema de archivos de red (NFS - *Network File System*). Los productos permiten una o dos de las siguientes funciones de NFS:

Cliente de acceso a archivos. Permite que una computadora acceda a archivos remotos como si fuesen locales. Los usuarios y los programas no tienen que preocuparse de la localización de dichos archivos.

Servidor de archivos. Mantiene los directorios a los que pueden acceder determinadas computadoras de la red.

Noticias

La aplicación de noticias electrónicas empezó como mecanismo para disponer de acceso local a los tablones de anuncios electrónicos y distribuir dicha información a muchos lugares.

Muchas organizaciones usan software de noticias gratuito para realizar publicación electrónica de información interna. Otros acceden a los grupos de noticias de Internet donde se discute sobre temas que van de los deportes a la física del plasma. Este software también se usa para acceder a los servicios de noticias comerciales como Reuters, AP y UPI.

Servicio de nombres del Sistema de nombres de dominio

Para poder utilizar un servicio de red hay que poder identificar las computadoras remotas. Los usuarios y los programas pueden identificarlas por su nombre, que es fácil de recordar y escribir.

Para establecer una comunicación con un host hay que traducir su nombre a una dirección numérica. En los inicios, cada host de TCP/IP mantenía una tabla completa con la lista de todos los nombres y direcciones de todos los host en su red. Era imposible mantener estas listas actualizadas en una red en crecimiento dinámico como Internet, con cientos, después cientos de miles y después millones de host.

Para resolver este problema se desarrolló el *Sistema de nombres de dominio* (DNS - *Domain Name System*). El Sistema de nombres de dominio es una base de datos de nombres y direcciones de host distribuida por miles de servidores. Los protocolos de DNS permiten que un usuario envíe una consulta a una base de datos local y reciba una respuesta que puede haberse conseguido de un servidor remoto.

Además de traducir entre nombres de host y direcciones, los servidores de DNS también ofrecen información necesaria para encaminar el correo electrónico a su destino.

Software comercial

Muchos terceros fabricantes han desarrollado aplicaciones que se ejecutan sobre TCP/IP. Por ejemplo, los fabricantes de bases de datos conectan a clientes con sus servidores mediante TCP/IP.

Administración de red

Durante estos años, se han desarrollado muchas herramientas de gestión de red para el protocolo TCP/IP. Por ejemplo, existen comandos que permiten al administrador de red ver qué sistemas están activos, ver su carga actual, obtener la lista de usuarios conectados y la lista de servicios disponibles.

Estos comandos son muy útiles, pero se necesitaba mucho más para proporcionar una plataforma consistente y comprensible para una administración de red centralizada. La comunidad de Internet desarrolló el *Protocolo simple de administración de red* (SNMP) para administrar cualquier cosa, desde un dispositivo simple a un sistema operativo de un host o el software de aplicación.

Diálogos

La mejor forma de familiarizarse con los servicios de TCP/IP es usarlos. Este capítulo termina con unos breves diálogos interactivos que muestran el aspecto de algunos de estos servicios. En todos los diálogos de texto, los comandos que introduce el usuario se muestran en negrita. Esta convención se sigue en todo el libro. Las interacciones básicas son muy simples.

Cada servicio muestra algunos mensajes sobre cómo funciona. Los usuarios finales suelen ignorarlos. En capítulos posteriores se explican todos los mecanismos que subyacen en estos servicios. Descubrirá que estos mensajes son muy informativos cuando se empieza a conocer lo que realmente está ocurriendo.

Diálogo de terminal virtual

El terminal virtual es el servicio más simple. A continuación se pide a *telnet* conectarnos a un host llamado *bulldog.cs.yale.edu*. Tras establecerse una conexión de TCP, *telnet* nos recuerda que se usa CONTROL-] como *¿hot-key* que nos devolverá a la sesión local. El host remoto imprime su indicativo *login:*. A partir de entonces, la sesión se convierte en una conexión interactiva normal en dicho host.

```
> telnet bulldog.cs.yale.edu
Trying 128.36.0.3 ...
Connected to bulldog.cs.yale.edu
Escape character is '^]'.

login:
```

Aunque es un diálogo muy simple, estaban ocurriendo muchas cosas tras esta escena. *Telnet* buscó el nombre del host en la base de datos del Sistema de nombres de dominio y descubrió que la dirección del sistema era 128.36.0.3. *Telnet* utilizó esta dirección para conectarse al sistema remoto.

En el Capítulo 5 se explican los esquemas de nominación y numeración de TCP/IP. Sin embargo, ya se puede observar que los nombres consisten en varias palabras separadas por puntos y que las direcciones consisten en cuatro números separados por puntos.

Búsqueda de un nombre en la base de datos del Sistema de nombres de dominio

Como ocurre en muchos sistemas de TCP/IP, nuestro host local dispone de una aplicación cliente llamada *nslookup*, que significa «búsqueda de servidor de red» (*network server lookup*), que permite a un usuario consultar interactivamente la base de datos del Sistema de nombres de dominio.

A continuación se imprime el nombre y la dirección del servidor por defecto en respuesta a un comando de *nslookup*. La consulta en la base de datos se introduce escribiendo simplemente el nombre del host que se desea buscar. La respuesta repite el identificador del servidor antes de dar la respuesta.

```
> nslookup
Default Server: DEPT-GW.CS.YALE.EDU
Address: 128.36.0.36

> bulldog.cs.yale.edu.
Server: DEPT-GW.CS.YALE.EDU
Address: 123.36.0.36

Name: bulldog.cs.yale.edu
Address: 128.36.0.3
```

Diálogo de transferencia de archivos

A continuación, veremos el Protocolo de transferencia de archivos para copiar un archivo llamado *chapter1* del directorio *book* desde el host *plum.yale.edu* al host local. Las líneas que empiezan con números son mensajes del servidor de transferencia de archivos. El comando *cd* (cambio de directorio) se utiliza para cambiar al directorio *book* en el host remoto. El comando *get* se usa para copiar el archivo.

```
> ftp plum.yale.edu
Connected to plum.yale.edu.
220 plum FTP server (SunOS 4.1) ready.

Name : icarus
331: Password required for Icarus
```

```
Password :
230 User icarus logged in.

ftp> cd book
250 CWD command successful.

ftp> get chapter1
200 PORT command successful.
150 ASCII data connection for chapter1 (130.132.23.16,3330) (32303 bytes).
226 ASCII Transfer complete.
32303 bytes received in 0.95 seconds (33 Kbytes/s)

ftp> quit
221 Goodbye.
```

La transferencia de archivos resulta todavía más sencilla si usa un producto con una Interfaz gráfica de usuario (GUI). En la Figura 2.2. se muestra que se copia un archivo desde un servidor a una PC con la aplicación de transferencia de archivos *Chameleon* de Netmanage. La lista de archivos de la derecha se encuentran en el servidor Unix. Se ha seleccionado el archivo Unix llamado Indexbyname. Se ha escrito el nombre

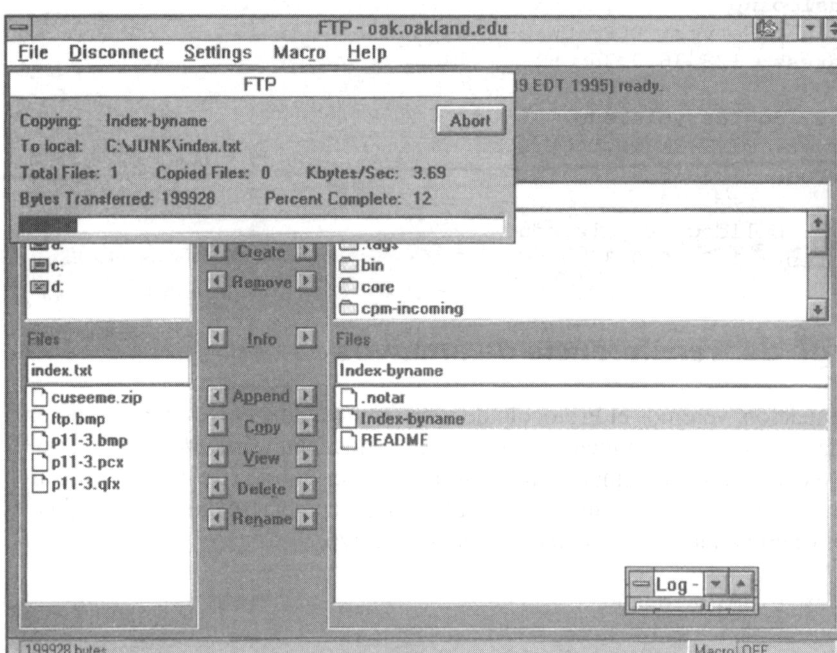

Figura 2.2. *Transferencia de archivos con una aplicación gráfica*

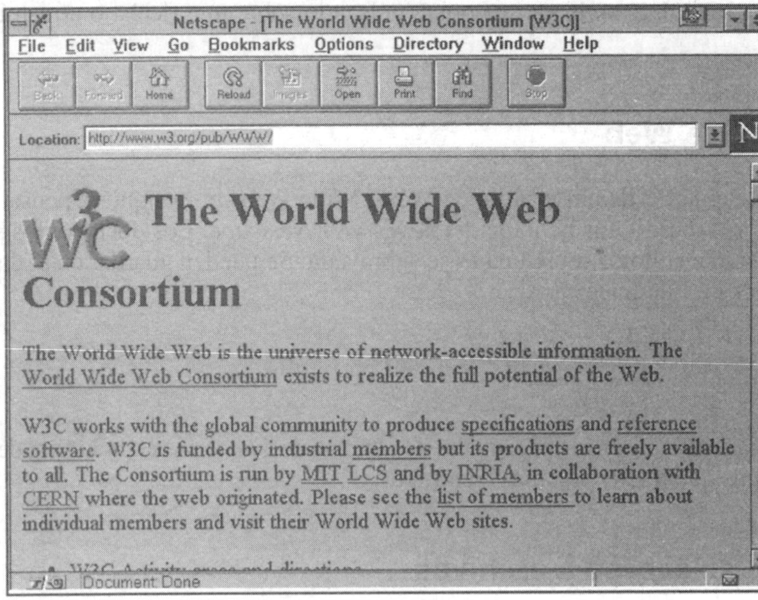

Figura 2.3. *Uso del navegador* Netscape.

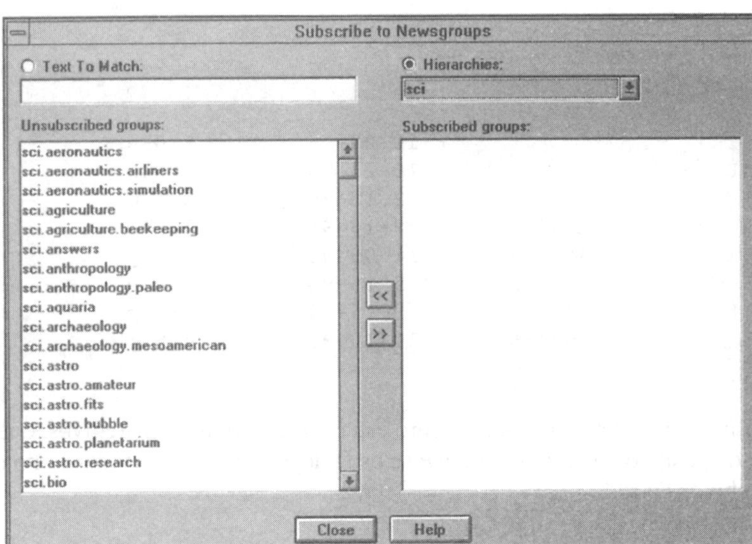

Figura 2.4. *Grupos científicos de noticias.*

index.txt en una ventana de la parte izquierda, nombre que se asignará a la copia del archivo en el PC. Los archivos se copian pulsando sobre una flecha o arrastrándolos a su destino.

World Wide Web

Se pueden copiar desde un servidor de World Wide Web sin ni siquiera pensarlo. En la Figura 2.3 se muestra una pantalla del *navegador Netscape*. Los documentos se consiguen pulsando en ellos o sobre una frase subrayada. Se pueden guardar en el disco local usando el menú File/Save.

Noticias

En la Figura 2.4 se muestra una pantalla de noticias de *Chameleon* con la lista de algunos de los grupos que tratan de temas científicos.

Diálogo de acceso a archivos

Veamos un último diálogo. En este ejemplo, se usa una PC con DOS conectada a una red con TCP/IP. Cambiamos a la unidad *d:* en el host local y vemos el contenido del directorio raíz:

```
d:
d:\> dir
 Volume in drive D is SERVER
 Directory of D:\

.   <DIR>                    10-25-95       8:03a
.. <DIR>                     10-25-95       8:03a
ALTBWPM             711       2-18-95      12:53p
EGA512 FRS         3584       9-16-94       3:57p
WPRINT1          344392      11-05-95      13:28p
README WPD         5492       9-16-95       3:57p
SPELL EXE         40448       9-16-95       3:55p
WP EXE           252416      11-15-95       4:51p
...
```

No hay nada que parezca especial, pero esa es la cuestión. Los archivos, que parecen estar en un dispositivo local d:, realmente se están leyendo de un servidor remoto del Sistema de archivos de red.

Biblioteca profesional

CAPÍTULO 3

Arquitectura de TCP/IP

INTRODUCCIÓN

TCP/IP se diseñó para un entorno que resultaba bastante poco usual en los años 70 pero que ahora es el habitual. El protocolo TCP/IP debía conectar equipos de distintos fabricantes. Debía ser capaz de ejecutarse en diferentes tipos de medios y enlaces de datos. Debía unir conjuntos de redes en una única *internet*, de forma que todos sus usuarios pudiesen acceder a un conjunto de servicios genéricos.

Más aún, los patrocinadores académicos, militares y gubernamentales de TCP/IP querían poder conectar nuevas redes a sus internet sin interrumpir el servicio del resto de la red.

Estos requisitos conformaron la arquitectura del protocolo. La necesidad de independencia de la tecnología del medio y la conexión automática a una red en crecimiento, condujo a la decisión de transmitir los datos por una internet troceándolos en piezas y encaminando cada pieza como una unidad independiente.

Las funciones que garantizan una transmisión de datos fiable se situaron en los host origen y destino. Por ello, los fabricantes de encaminadores podían centrar sus esfuerzos en mejorar el rendimiento y mantenerse en las nuevas tecnologías de comunicaciones.

Al hacerlo así, los protocolos de TCP/IP consiguieron escalarse muy bien, ejecutándose en sistemas que iban desde las grandes computadoras a las PC. De hecho, un útil subconjunto de administración de red se traslada a dispositivos de la red «sin inteligencia», como los puentes, multiplexores y conmutadores.

ESTRUCTURA EN CAPAS

Para conseguir un intercambio fiable de datos entre dos computadoras, se deben llevar a cabo muchos procedimientos separados:

- Empaquetar los datos.
- Determinar el camino que deben seguir.
- Transmitirlos por el medio físico.
- Regular la tasa de transferencia de acuerdo con el ancho de banda disponible y la capacidad del receptor para absorber los datos.
- Ensamblar los datos entrantes para que se mantengan en la secuencia correcta y no haya pérdida de trozos.
- Comprobar los datos entrantes para ver si hay trozos repetidos.
- Notificar al emisor los datos que se han recibido correctamente.
- Entregar los datos a la aplicación correcta.
- Manejar eventos de errores y problemas.

El resultado es que el software de comunicaciones es complejo. Con un modelo en capas resulta más sencillo agrupar funciones relacionadas e implementar el software de comunicaciones de forma modular.

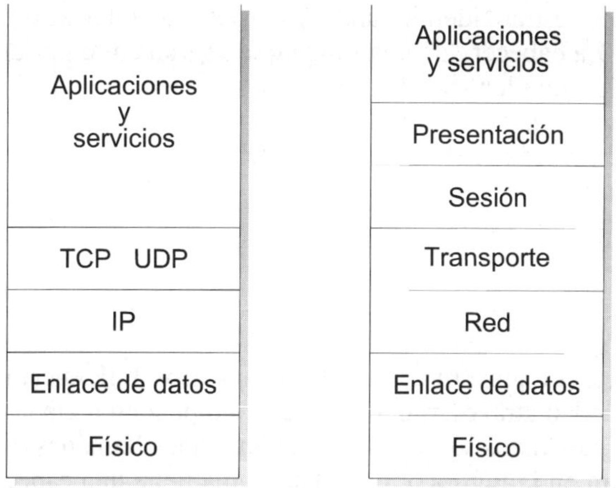

Figura 3.1. *Capas de TCP/IP y de OSI.*

La estructura concreta seleccionada para los protocolos de TCP/P proviene de requisitos que evolucionaron en las comunidades académicas y de defensa. IP hace lo necesario para agrupar distintos tipos de redes en una internet. TCP proporciona transferencia fiable de datos.

El modelo de comunicación de datos de OSI se vio influido fuertemente por el diseño de TCP/IP. Las capas de OSI y la terminología de OSI se ha convertido en una parte estándar de la cultura de las comunicaciones de datos.

En la Figura 3.1 se muestran las capas de TCP/IP y de OSI. Veamos superficialmente lo que ocurre en cada capa, empezando por las inferiores [1].

Capa física

La capa física trata con el medio físico, los conectores y las señales que representan los ceros (0) y los unos (1). Por ejemplo, las tarjetas de interfaz de red de Ethernet y Token-Ring y los cables implementan las funciones de la capa física.

Capa de enlace de datos

En la capa de enlace, los datos se organizan en unidades llamadas *tramas*. Como se muestra en la Figura 3.2, cada trama tiene una cabecera que incluye una dirección e información de control y una cola que se usa para la detección de errores.

[1] TCP/IP no implementa las capas de sesión y presentación.

La cabecera de una trama de Red de área local (LAN) contiene las «direcciones físicas» del origen y el destino, identificando las tarjetas de interfaz de red del origen y el destino de la LAN. La cabecera de una trama que se transmite por una Red de área extensa (WAN) contiene un identificador de circuito en su campo de dirección.

Recuerde que un *enlace* es una red de área local, una línea punto a punto o alguna otra facilidad de área extensa por la que se pueden comunicar los sistemas mediante un protocolo de la capa de enlace de datos.

Capa de red

El Protocolo de Internet realiza funciones de la capa de red. IP encamina datos entre sistemas. Los datos pueden atravesar un enlace único o pueden reenviarse por varios enlaces de una internet. Los datos se transportan en unidades llamadas *datagramas*.

Como se muestra en la Figura 3.3, un datagrama tiene una cabecera de IP que contiene información de direcciones de la capa 3. Los encaminadores examinan la dirección de destino de la cabecera de IP, para dirigir los datagramas al destino.

La capa de IP se denomina *no orientada a conexión* ya que cada datagrama se encamina de forma independiente e IP no garantiza una entrega fiable, ni en secuencia, de los mismos. IP encamina su tráfico sin tener en cuenta la relación entre aplicaciones a la que pertenece un determinado datagrama.

Capa de transporte: TCP

El Protocolo de control de transmisión realiza funciones de la capa de transporte. TCP proporciona a las aplicaciones servicios de conexión fiable de datos. TCP dispone de los mecanismos que garantizan que los datos se entregan sin errores, sin omisiones y en secuencia.

Una aplicación, como la de transferencia de archivos, transmite datos a TCP. TCP le añade una cabecera creando una unidad denominada un *segmento*.

TCP envía segmentos pasándoselos a IP, quien los encamina hacia su destino. TCP acepta segmentos entrantes por IP, determina la aplicación de destino y traslada los datos a la aplicación en el orden en que fueron enviados.

Figura 3.2. *Formato de trama.*

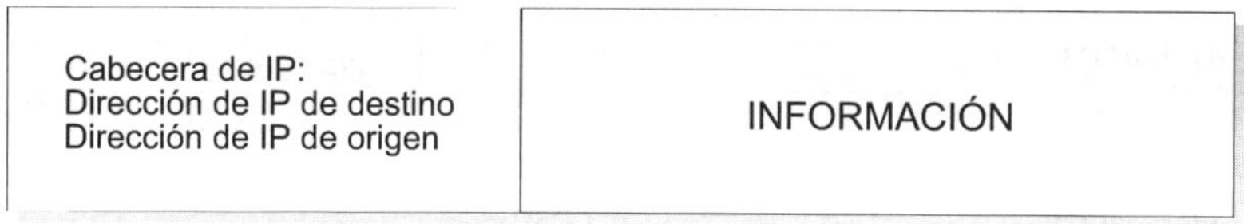

Figura 3.3. *Datagrama de IP.*

Capa de transporte: UDP

Una aplicación envía un mensaje independiente a otra aplicación mediante el Protocolo de datagramas de usuario (UDP). UDP añade una cabecera creando una unidad denominada *datagrama de UDP* o *mensaje de UDP.*

UDP traslada los mensajes de UDP salientes a IP. UDP acepta mensajes de UDP entrantes de IP y determina la aplicación de destino.

UDP es un servicio de comunicaciones no orientado a conexión que suele usarse en aplicaciones de búsquedas simples en bases de datos.

Servicios de aplicación

Como se vio en el Capítulo 2, el protocolo TCP/IP incluye un conjunto de servicios de aplicación estándares como el terminal virtual, la transferencia de archivos, el acceso al servidor de archivos del Sistema de archivos de red (NFS), correo electrónico, noticias, la World Wide Web (WWW) y la búsqueda de direcciones del Sistemas de nombres de dominio.

Empaquetado de datos para su transmisión

La Figura 3.4 muestra cómo se empaquetan los datos para su transmisión. El término genérico para la información junto con una cabecera apropiada de una capa es *Unidad de datos del protocolo* (PDU). Por ejemplo, un segmento de TCP es una PDU de la capa de transporte y un datagrama de IP es una PDU de la capa de red.

DESCRIPCIÓN GENERAL DEL PROTOCOLO

En la Figura 3.5 se pueden ver como encajan los componentes del conjunto de protocolos de TCP/IP.

Aunque no se han normalizado formalmente las interfaces textuales de las interfaces de usuario para la transferencia de archivos, el terminal virtual, las noticias ni la traducción de nombre a dirección del Sistema de nombres de dominio, la mayoría de los fa-

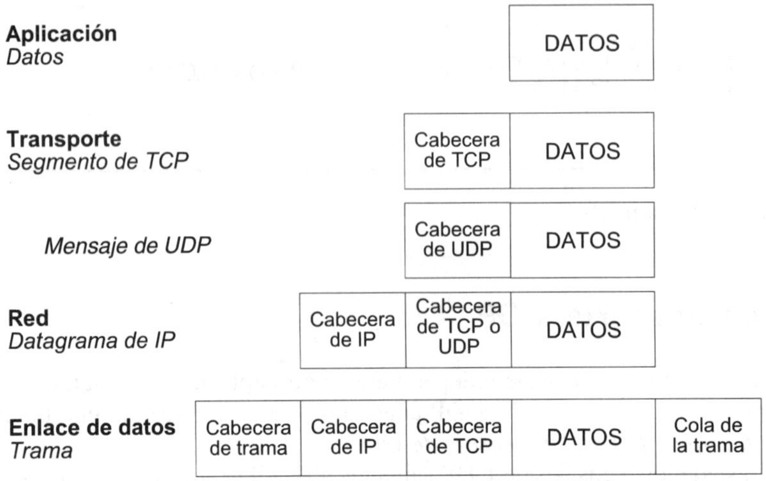

Figura 3.4. *Empaquetado de datos para su transmisión.*

bricantes suelen ofrecer un conjunto de comandos, copia de las interfaces de usuario del Unix de la distribución de software de Berkeley. Para los usuarios que trabajen en el modo textual en dos tipos de host distintos resulta muy útil que las interfaces de usuario permanezcan casi iguales al cambiarse de sistema.

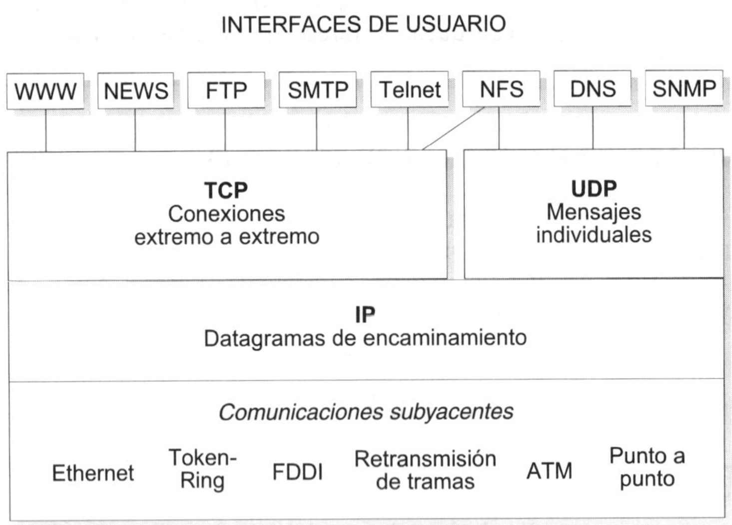

Figura 3.5. *Componentes del conjunto de protocolos de TCP/IP.*

Existen muchas interfaces gráficas de usuario (GUI) para los sistemas Windows y Macintosh. Aunque difieren en los detalles, siguen las convenciones del sistema operativo y normalmente se pueden usar sin un entrenamiento especial.

Los clientes de World Wide Web, noticias, transferencia de archivos (FTP), correo electrónico y terminal virtual (*telnet*) se comunican con sus servidores mediante conexiones fiables de TCP. La mayoría de los clientes de archivos de NFS intercambian mensajes de UDP con sus servidores, aunque algunas implementaciones de NFS se pueden ejecutar tanto sobre UDP como sobre TCP.

Las búsquedas de directorio del Sistema de nombres de dominio utilizan mensajes de UDP. Las estaciones de administración del Protocolo simple de gestión de red (SNMP) obtienen información de los dispositivos de red mediante mensajes de UDP.

ENCAMINADORES Y TOPOLOGÍA

El conjunto de protocolos de TCP/IP se puede utilizar en LAN y WAN independientes o en complejas internet creadas por la unión de muchas redes. En la Figura 3.6 se pueden ver enlaces de red independientes. Cualquier host con TCP/IP se puede comunicar con otro por la LAN, con una línea punto a punto o una red de paquetes de área extensa.

Las redes se pueden interconectar en una internet con *encaminadores de IP*. En la Figura 3.7 se muestra una internet creada por la interconexión de las redes anteriores con encaminadores de IP.

Los modernos productos de encaminamiento disponen de múltiples ranuras de interfaz hardware configurables según las necesidades de conexión del usuario: Ethernet, Token-Ring, Interfaz de datos distribuidos por fibra (FDDI), conexión punto a punto síncrona, retransmisión de tramas u otros.

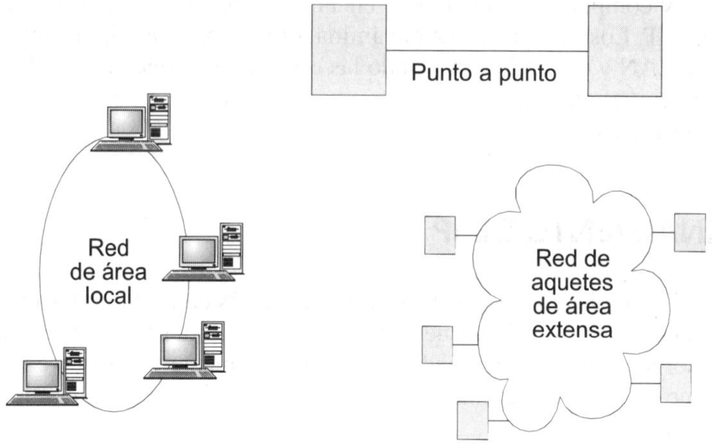

Figura 3.6. *Redes independientes.*

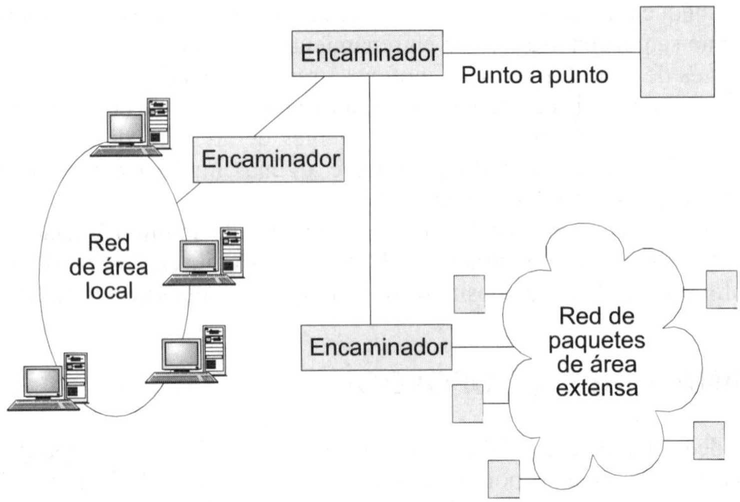

Figura 3.7. *Interconexión de redes con encaminadores.*

Las internet se pueden construir con cualquier mezcla de topologías. Sin embargo, cuando la internet tiene una estructura coherente, a los encaminadores les resulta más sencillo realizar su trabajo eficientemente y reaccionar rápidamente a fallos en cualquier lugar de la red, cambiando los caminos de los datagramas para evitar los puntos conflictivos. Un diseño lógico fácil de entender ayuda a los administradores de red a diagnosticar, localizar y reparar fallos de la red.

El robusto y competitivo mercado de encaminadores de IP ha promovido la arquitectura de TCP/IP. Los fabricantes de encaminadores implantan rápidamente las nuevas tecnologías de LAN y de WAN, ampliando las opciones de conectividad de sus clientes. La relación precio/rendimiento de un encaminador se ha reducido continuadamente durante los últimos años.

ENCAMINAMIENTO DE IP

El software de IP se ejecuta en host y en encaminadores de IP. Si el destino de un datagrama no está en el mismo enlace que el host origen, el IP del host dirige el datagrama a un encaminador local. Si el encaminador no está directamente conectado con el enlace de destino hay que enviar el datagrama a otro encaminador. Este proceso continúa hasta que se alcanza el enlace de destino.

IP encamina hacia lugares *remotos* buscando la red de destino en una tabla de encaminamiento. Una entrada de la tabla de encaminamiento identifica el encaminador del siguiente salto que debe seguir el tráfico para conseguir llegar a su destino.

Protocolos de encaminamiento

En una internet estática y pequeña, las tablas de encaminamiento se pueden crear y mantener manualmente. En internet mayores los encaminadores mantienen sus propias tablas actualizadas intercambiando información unos con otros. Los encaminadores pueden descubrir dinámicamente:

- Si se ha añadido una nueva red a la internet.
- Que el camino a un destino ha fallado y que ya no se puede alcanzar dicho destino.
- Se ha añadido un nuevo encaminador a la internet. Este encaminador proporciona un camino más corto a ciertos lugares.

No existe una única norma para el intercambio de información entre encaminadores. La libertad de elección del protocolo más apropiado ha estimulado la competencia y ha conseguido una gran mejora en estos protocolos.

Las funciones de red bajo el control de una organización se denominan un *Sistema autónomo* (AS - *Autonomous System*). Una organización puede elegir el protocolo de intercambio de información de encaminamiento que desee para su propio Sistema autónomo. El protocolo de intercambio de información de encaminamiento dentro de un Sistema autónomo se denomina *Protocolo interior de pasarela* (IGP - *Interior Gateway Protocol*).

El *Protocolo de información de encaminamiento* (RIP - *Routing Information Protocol*) es un estándar muy usado del Protocolo de pasarela interior. RIP es muy popular por su sencillez y por su gran disponibilidad. Sin embargo, el nuevo protocolo *Primero el camino abierto más corto* (OSPF) dispone de un conjunto más rico de funciones.

Aunque todos los encaminadores disponen de uno o más protocolos estándar, algunos fabricantes de encaminadores también proporcionan un protocolo propietario para el intercambio de información entre encaminadores. Muchos productos de encaminamiento pueden ejecutar varios protocolos de encaminamiento simultáneamente.

ARQUITECTURA DE TCP

TCP se implanta en host. La entidad de TCP en cada extremo de una conexión debe asegurar que los datos se entregan a su aplicación local de forma:

- Precisa.
- En secuencia.
- Completa.
- Libre de duplicados.

El mecanismo básico para conseguirlo se ha utilizado desde el inicio de las comunicaciones de datos. El TCP emisor:

- Numera los segmentos.
- Fija un temporizador.
- Transmite el segmento.

El TCP receptor tiene que mantener informado al emisor del número de datos correctos recibidos mediante una confirmación (ACK). Si no llega el ACK para un segmento dentro del plazo del temporizador, TCP reenvía el segmento. Esta estrategia se denomina *retransmisión con confirmación positiva*. A veces la retransmisión puede causar que se entreguen segmentos repetidos al TCP receptor.

El TCP receptor debe reordenar los segmentos entrantes en el orden correcto, descartando los repetidos. TCP entrega los datos a la aplicación en orden, sin pérdida de trozos.

Hasta aquí parece como si hubiese un lado que envía y el otro que recibe. TCP es un protocolo *dúplex*, es decir, ambos extremos pueden enviar y recibir a la vez, por lo que de hecho se están transmitiendo dos flujos de datos. TCP juega el papel de emisor y receptor simultáneamente.

ARQUITECTURA DE UDP

UDP se implanta en los host. UDP no promete ni garantiza la entrega y es responsabilidad de las aplicaciones que intercambian la información que confirmen si los datos han llegado correctamente.

Una aplicación que quiere enviar datos con UDP traslada un bloque de datos a UDP. UDP simplemente añade una cabecera a dicho bloque y lo transmite.

Una aplicación que participa en una comunicación de UDP puede enviar y recibir mensajes de datagramas de usuario en cualquier momento. Es responsabilidad de los clientes y de los servidores que utilizan UDP mantener un registro de cualquier relación entre los datagramas de usuario intercambiados.

CONCEPTOS DE SEGURIDAD

TCP/IP se comporta muy bien en el establecimiento de comunicaciones entre computadoras de una LAN, a través de una red de puntos o incluso globalmente. Pero la conectividad alcanza un nuevo interés en cuanto a la seguridad de la información.

Los temas básicos de seguridad en un entorno de red son los mismos que se encuentran en un host central.

- Autenticación de los usuarios.
- Integridad, es decir, asegurar que los datos no han cambiado.
- Confidencialidad, es decir, evitar que nadie pueda observar la información.

Autenticación

Un aspecto importante de la seguridad de las computadoras es saber quién es quién. En el pasado se confiaba en los identificadores de usuario (ID) y en las contraseñas para identificar a los usuarios interactivos. Se confiaba en el campo «From:» de un mensaje de correo electrónico para identificar al emisor. Pero las contraseñas se pueden capturar mediante una escucha silenciosa y el correo electrónico se puede falsificar.

Si se van a realizar transacciones serias sobre redes de TCP/IP, se necesita algún mecanismo para identificar de forma fiable al emisor. La identificación fiable de un emisor se denomina *autenticación*.

Tecnología de clasificación de mensajes

Una tecnología de autenticación sencilla, pero eficaz utiliza *clasificación de mensajes* (*message digests*). Como se muestra en la Figura 3.8, una clasificación de mensajes es el cálculo que se realiza con un mensaje usando una clave secreta. La clasificación de mensajes 5 (MD5) se usa mucho actualmente[2].

El *Challenge Handshake* muestra una forma de uso de la clasificación de mensajes. Como ocurre en la autenticación convencional, un usuario da su contraseña registrada en un host. Sin embargo, la contraseña no se envía nunca por la red. En lugar de ello, el sistema del usuario realiza un cálculo MD5 utilizando la contraseña como clave secreta. Como se muestra en la Figura 3.9:

1. El usuario envía un identificador de usuario al host.
2. El host envía un mensaje aleatorio al usuario.

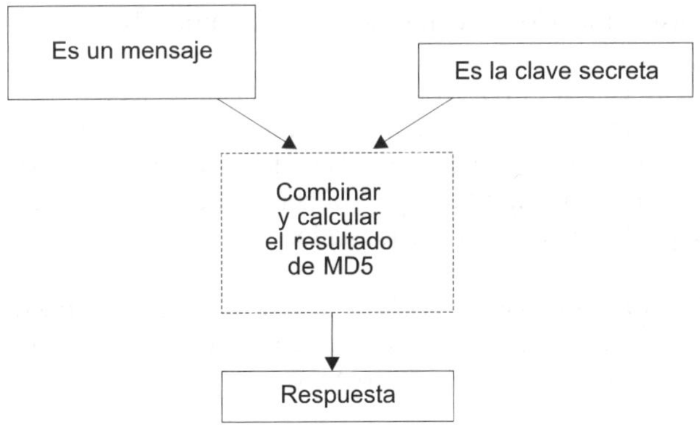

Figura 3.8. *Uso de la clasificación de mensaje.*

[2] MD5 fue diseñada por Ronald Rivest. *Véase* la RFC 1321.

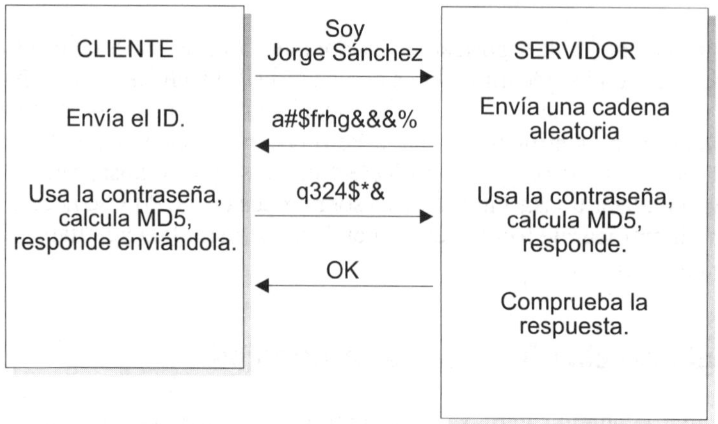

Figura 3.9. *Uso de MD5 en un* Challenge handshake.

3. El host y el sistema del usuario realizan un cálculo MD5 del mensaje aleatorio y la contraseña secreta del usuario.
4. El sistema del usuario envía la respuesta al host.
5. El host compara las respuestas. Si el sistema del usuario envía la respuesta correcta, se autentica al usuario.

Integridad de los mensajes

También se pueden usar MD5 y una clave secreta para detectar si han cambiado los datos durante su transmisión. Como se muestra en la Figura 3.10:

1. Se realiza un cálculo MD5 con los datos y la clave secreta.
2. Se envían al otro extremo los datos y el mensaje clasificado.
3. El otro extremo realiza un cálculo MD5 de los datos y la clave secreta.
4. El otro extremo compara la respuesta con el mensaje clasificado. Si coinciden, significa que los datos no han cambiado.

Tenga en cuenta que sin conocer la clave secreta, un fisgón no puede falsificar o modificar los datos. Este mecanismo se usa en el correo electrónico seguro y en las transacciones cliente/servidor que se deben proteger.

Confidencialidad usando cifrado simétrico

Para evitar que los fisgones lean y utilicen los datos, éstos deben ir cifrados. La manera clásica de hacerlo es que el emisor y el receptor estén de acuerdo en la clave secreta. Los

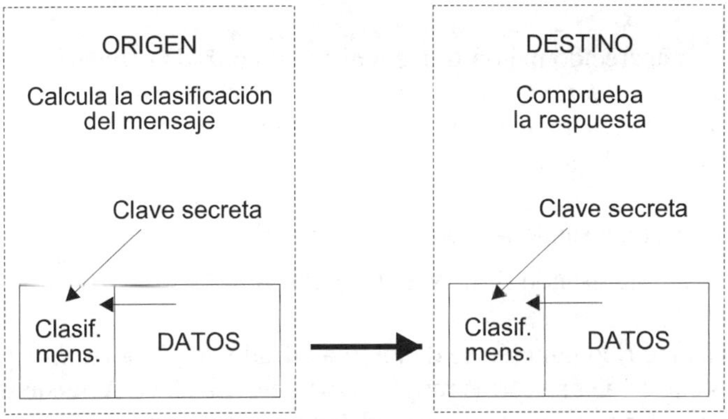

Figura 3.10. *Protección de los datos de un mensaje con una clasificación de mensajes MD5.*

datos se cifran antes de enviarse usando esta clave. A menudo, se añade una clasificación de mensaje de manera que el receptor pueda comprobar que el mensaje recibido se corresponde exactamente con el emitido. Como se muestra en la Figura 3.11, una vez se han cifrado los datos parecen una cadena de basura.

Este es el método tradicional de cifrado *simétrico*. El cifrado simétrico usa la *misma* clave para cifrar y para descifrar los datos. Los dos usuarios deben conocer y guardar la clave secreta. Las desventajas de este método son:

- Por seguridad, se necesita una clave distinta para cada par de entidades que se comunican.
- Es difícil actualizar las claves.

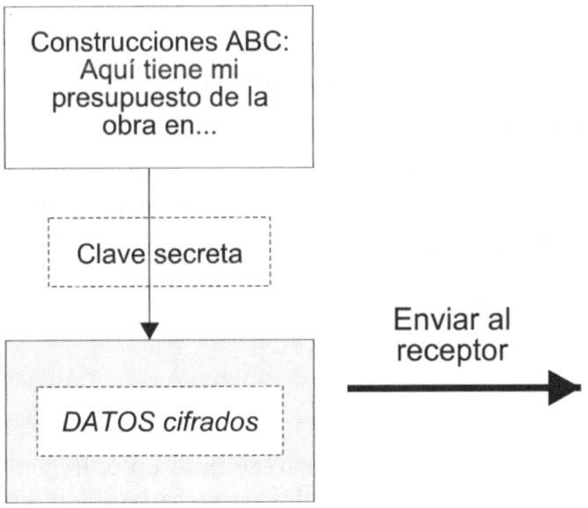

Figura 3.11. *Cifrado simétrico.*

Cifrado asimétrico con clave pública

Actualmente, han aparecido métodos que realizan un cifrado *asimétrico*[3]. El cifrado asimétrico utiliza claves *diferentes* para cifrar y para descifrar los datos.

Para comprenderlo, suponga que tiene una caja con dos llaves diferentes, A y B, como se muestra en la Figura 3.12.

- Si cierra la caja usando A, debe abrirla con B.
- Si cierra la caja usando B, debe abrirla con A.

El cifrado asimétrico también se denomina cifrado de *clave pública* ya que permite administrar las claves de una forma muy conveniente. La clave A puede ser la *clave pública*. Se le puede dar a los amigos o ponerla en un directorio.

- Cualquiera puede usar la clave pública para cifrar datos que va a enviar.
- *Nadie conoce tu clave privada, por lo que nadie más puede descifrar los datos que te envíen*[4].

La administración de claves pública/privada es mucho más sencilla que las claves simétricas. Pero, aún así, se necesita una autoridad de registro en quien confiar que asegure que la clave que aparece como «Clave pública de Blanca S.» realmente pertenece a Blanca S., y no a una impostora.

Por desgracia, los métodos de cifrado asimétrico actuales son muy lentos. Se prefiere un método simétrico/asimétrico combinado.

Cifrado combinado

El cifrado combinado funciona de la siguiente forma:

1. Se selecciona una clave simétrica aleatoria.
2. Se cifran los datos con dicha clave.
3. A continuación la clave aleatoria se cifra usando la clave pública del receptor y se incluye en el mensaje. Es como poner la nueva clave aleatoria dentro de un contenedor que se ha cerrado con la llave pública del receptor.
4. El receptor descifra la clave aleatoria temporal y la usa para descifrar los datos.

[3] Es idea de Diffie, Hellman y Merkle.

[4] El esquema público/privado actualmente en uso se basa en el hecho de que los números producto de dos números primos muy grandes son muy difíciles de factorizar. Un equipo mundial tardó varios meses en obtener los factores de un número de 129 dígitos. Sin embargo, la velocidad de las computadoras sigue creciendo. Los expertos aconsejan el uso de claves de 1024 bits para los datos que deban permanecer secretos durante varios años.

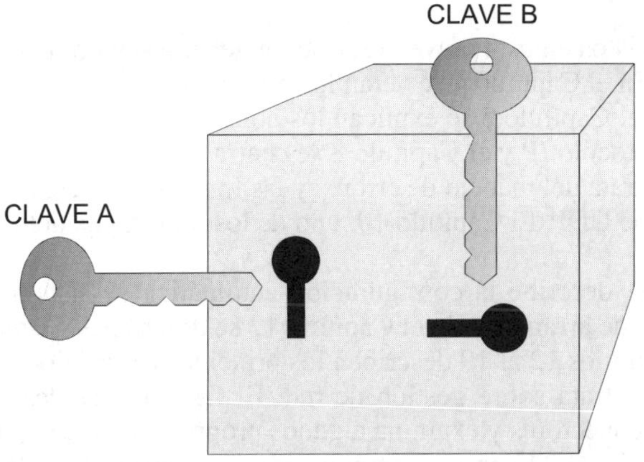

Figura 3.12. Uso de distintas llaves para abrir y cerrar (cifrar y descifrar).

Como se muestra en la Figura 3.13, la clave pública se usa para poner un envoltorio alrededor de la clave aleatoria. El receptor es el único que puede abrir este envoltorio.

En capítulos posteriores, veremos que estos métodos están empezando a introducirse en las comunicaciones y aplicaciones con TCP/IP. El esfuerzo más ambicioso se presenta en el Capítulo 24, donde se describe cómo añadir autenticación y cifrado a la capa de IP tanto para la versión clásica IP 4 como a la nueva versión 6, la «Nueva generación de IP».

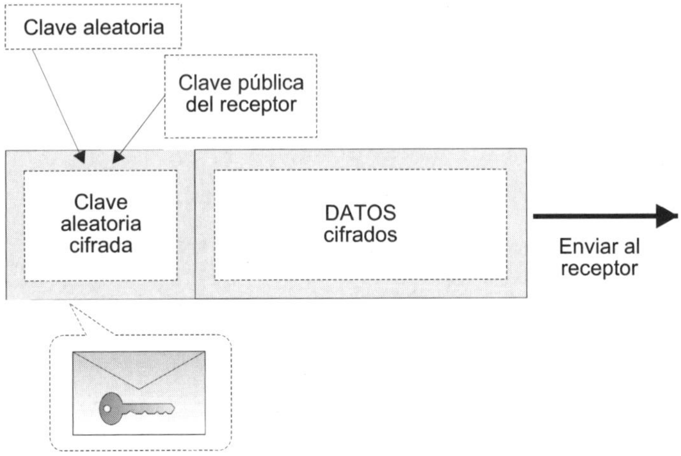

Figura 3.13. Guardando una clave para descifrar un mensaje.

SUMARIO

Todos los temas vistos en esta breve descripción general se verán en detalle de los próximos capítulos. En el Capítulo 4 se verán los misterios de la capa física y la capa de enlace de datos. En el Capítulo 5 se explican los nombres y las direcciones. En el Capítulo 6 se trata el Protocolo IP y el Capítulo 8 se centra en el encaminamiento.

El Capítulo 7 trata del manejo de errores y las funciones de consulta de IP. En el Capítulo 9 se describe UDP. El Capítulo 10, uno de los más largos del libro, está dedicado a TCP.

El Capítulo 11 describe la configuración automática de sistemas de TCP/IP mediante un servidor de arranque. En el Capítulo 12 se describe el Sistema de nombres de dominio. Los Capítulos 12 al 19 describen los principales servicios de aplicación.

El Capítulo 20 trata sobre gestión de red. El Capítulo 21 describe la interfaz de programación de conectores y examina algunos programas de ejemplo.

Los Capítulos 22 al 24 son una introducción a la versión 6 de IP y la nueva arquitectura de seguridad para las redes de IP.

McGraw Hill

Biblioteca profesional

CAPÍTULO 4

Tecnología física y de enlace de datos

INTRODUCCIÓN

Durante los últimos años ha aparecido un número sin precedentes de tecnologías innovadoras de LAN y WAN que ha absorbido rápidamente el mercado. Se ha introducido el uso del par cruzado y la fibra a un ritmo que nadie hubiese podido predecir. Red digital de servicios integrados (RDSI), Retransmisión de tramas, T1, T1 fraccional, T3, SONET [1], líneas de fibra óptica, Servicio conmutado de datos multimegabit (SMDS), conexiones de cable y Modo de transferencia asíncrono (ATM), todos ellos prometen conexiones de área extensa más rápidas y baratas.

Según han surgido nuevas tecnologías, el *Internet Engineering Task Force* (IETF) ha respondido rápidamente, escribiendo las especificaciones para ejecutar IP, junto con otros protocolos, sobre el nuevo medio. A continuación, sin casi retraso, los fabricantes de encaminadores han desarrollado las interfaces hardware y los controladores software que han permitido a los usuarios aprovechar la nueva tecnología.

Los esfuerzos del IETF se pueden seguir en la larga serie de documentos Petición de comentarios (RFC - *Request For Comment*) con títulos como:

The Point-to-Point Protocol (PPP) for the Transmission of Multiprotocol Datagrams over Point-to-Point Links

Standard for the transmission of IP datagrams over IEEE 802 networks

Transmission of IP and ARP over FDDI Networks

Classical IP and ARP over ATM

FUNCIONES DE LA CAPA FÍSICA, MAC Y DE ENLACE DE DATOS

En este capítulo se describe como funciona I+P encima de varias tecnologías de capas inferiores. Detengámonos un momento para recordar lo que ocurre en estas capas inferiores, representadas en la Figura 4.1.

La capa física especifica los cables, los conectores y las características eléctricas del medio. También corresponde a la capa física las reglas para insertar ceros (0) y unos (1) individuales en el medio.

Para dar sentido a los datos transmitidos, se empaquetan en unidades que se llaman tramas [2]. Una trama transporta información por un único enlace. Para alcanzar el destino final, un datagrama de IP puede que necesite viajar por varios enlaces.

La descripción del formato de una trama corresponde a la capa de enlace de datos. El formato de la trama puede ser diferente dependiendo de la tecnología subyacente del enlace, por ejemplo una línea T1, un circuito de retransmisión de tramas o una LAN Ethernet. Cada trama tiene una cabecera con la información necesaria para entregar la trama a través del enlace. El formato de la cabecera depende de la tecnología utilizada.

---

[1] *Synchronous Optical Network*, una norma de telefonía para la transmisión de información por canales de fibra óptica.

[2] Algunos autores denominan a estas unidades *paquetes*.

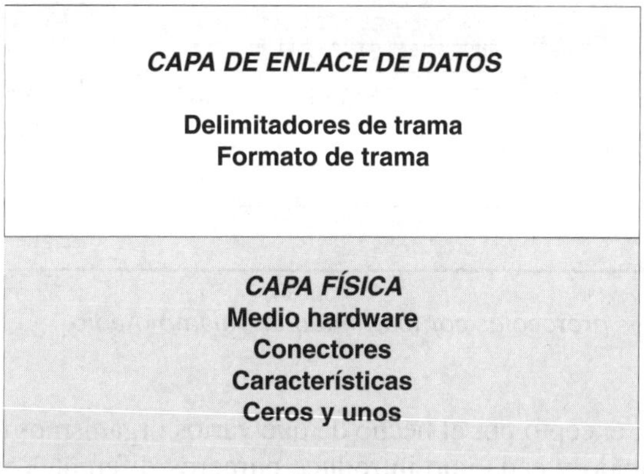

Figura 4.1. *Funciones de la capa inferior.*

TECNOLOGÍAS DE RED

Las tecnologías de red se pueden dividir en cuatro grandes categorías:

1. Líneas punto a punto de área extensa.
2. LAN.
3. Servicios de área extensa de envío de paquetes.
4. Servicios de conmutación de células.

Para cada tecnología se necesitan mecanismos para:

- Identificar el destino cuando una única interfaz conecta con múltiples sistemas, por ejemplo una interfaz de LAN.
- Detectar errores cuando los datos se corrompen durante su tránsito.

En la actualidad, tanto los entornos locales como de área extensa son *multiprotocolo*. Como se muestra en la Figura 4.2, a menudo un enlace lo comparten varios protocolos, como TCP/IP, Novell IPX/SPX, DECnet, Vines e incluso trafico entre puentes. Los host y encaminadores multiprotocolo necesitan mecanismos para ordenar los distintos tipos de tráfico, por lo que se necesitan mecanismos para:

- Identificar el tipo de protocolo de cada Unidad de datos del protocolo (PDU) que va en cada trama.

La identificación de un tipo de protocolo no parece que debiera de ser difícil. Bastaría con tomar un cuerpo de normas y realizar una lista de los protocolos, asignar un número a cada uno y poner este número en un campo de la cabecera de la trama.

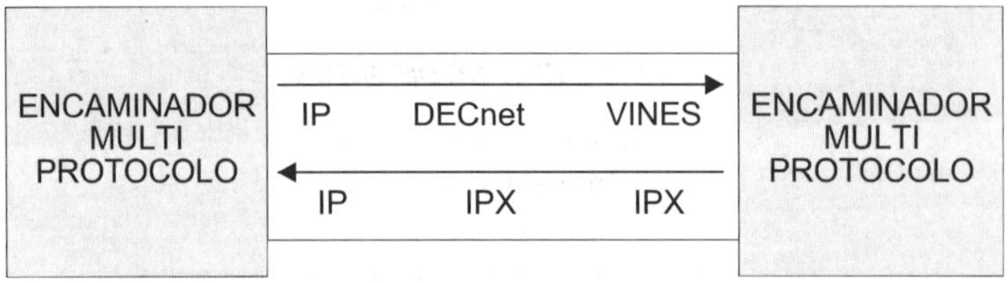

Figura 4.2. *Múltiples protocolos compartiendo un mismo medio.*

Y es así de fácil, excepto por el hecho de que varios organismos de normalización ya han realizado el trabajo y cada uno introduce números diferentes en los campos y números diferentes para identificar los protocolos. En este capítulo se describen varios de los formatos usados en las principales tecnologías de transmisión.

REEMPAQUETAMIENTO

Existe un evento olímpico en el que un atleta nada un tramo, toma una bicicleta, pedalea otro tramo y corre un tercero. IP funciona de la misma forma. Los diseñadores de Internet construyeron IP de manera que los datagramas pudiesen pasar de un medio a otro hasta llegar a su destino.

Antes de transmitir un datagrama por un enlace, se empaqueta en una trama apropiada para dicho enlace. Cuando un encaminador recibe una trama (véase la Figura 4.3):

- Elimina el empaquetado de la trama y extrae el datagrama.
- Mira la dirección de IP de destino del datagrama y elige el medio del próximo salto.
- Reempaqueta el datagrama con un nuevo empaquetado de trama para su viaje por el siguiente enlace y transmite el datagrama.

Ya se encuentra preparado para entrar en detalles. En las siguientes secciones, se trata la forma en que se empaquetan los datos según los distintos tipos de tecnología de red. Se empieza con los enlaces punto a punto.

PROTOCOLOS PUNTO A PUNTO

Los datagramas de IP se pueden enviar por un enlace punto a punto entre dos host, dos encaminadores o un host y un encaminador. IP transmitirá los datagramas para muchas interacciones diferentes de UDP y TCP por un único enlace punto a punto.

IP no sabe ni se preocupa de la identidad de las aplicaciones de origen o de destino. Cada vez que IP maneja un datagrama saliente, transmite el datagrama en cuanto puede. Como se muestra en la Figura 4.4, el tráfico de muchas interacciones cliente/servidor comparten un enlace, al igual que muchos coches comparten una misma carretera.

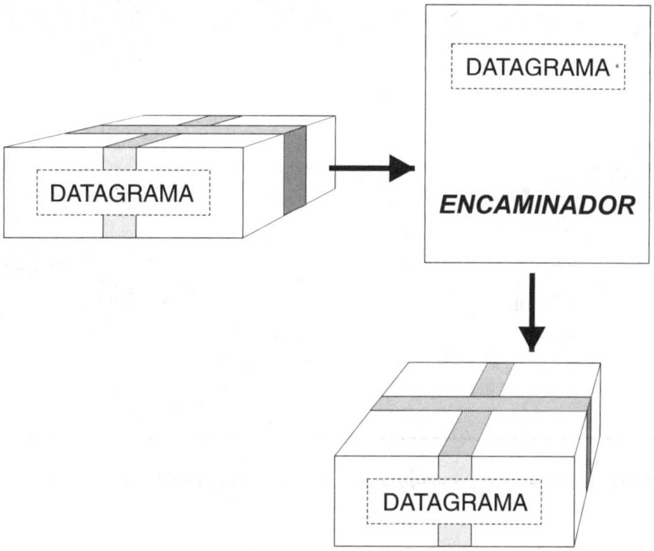

Figura 4.3. *Reempaquetamiento de datagramas.*

En la actualidad, el tráfico de IP se transmite por enlaces punto a punto empaquetado de varias formas diferentes:

- Con una de las versiones convencionales del protocolo punto a punto Control de enlace de datos de alto nivel (HDLC - *High-level Data Link Control*).
- Mediante el Protocolo punto a punto (PPP - *Point-to-Point Protocol*) estándar en Internet.
- Mediante el Protocolo de interfaz de línea serie (SLIP - *Serial Line Interface Protocol*).

Poco a poco las implementaciones van migrando al estándar de Internet PPP, que ofrece muchas funciones avanzadas.

HDLC

El Protocolo de control de enlace de datos de alto nivel (HDLC) es una norma internacional para enlaces punto a punto escrita en los años 60. HDLC envía datos serie como un flujo de bits con reloj que se trocea en tramas. Las tramas se delimitan con un patrón especial:

01111110

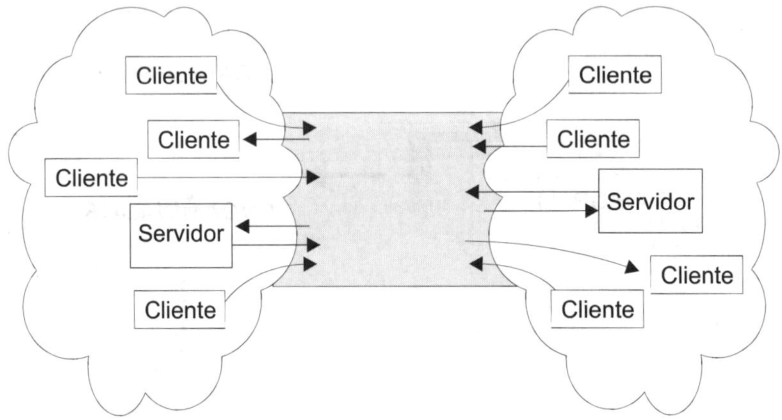

Figura 4.4. Múltiples clientes y servidores comparten un enlace.

Para reconocer este patrón es necesario evitar que el patrón aparezca en los datos del usuario. Para ello, tras transmitir el patrón de inicio, el hardware de envío inserta un cero (0) cada vez que encuentra cinco bits consecutivos a uno en los datos. Este procedimiento se llama *inserción de bit cero* o *compresión de bits a 1 (1bit-stuffing)*.

En la parte receptora del enlace, tras reconocer el comienzo de una trama, el hardware de recepción elimina los ceros que aparecen tras cinco unos consecutivos en la trama.

Formato de trama de HDLC

En la Figura 4.5 se muestra un pequeño ejemplo de datos antes y después de ejecutar la inserción de bits.

El protocolo HDLC establece un esquema básico que ha influido en todos los formatos de trama posteriores. Como se muestra en la Figura 4.6, una trama de información de HDLC está compuesta por una cabecera, algunos datos y al final una cola que con-

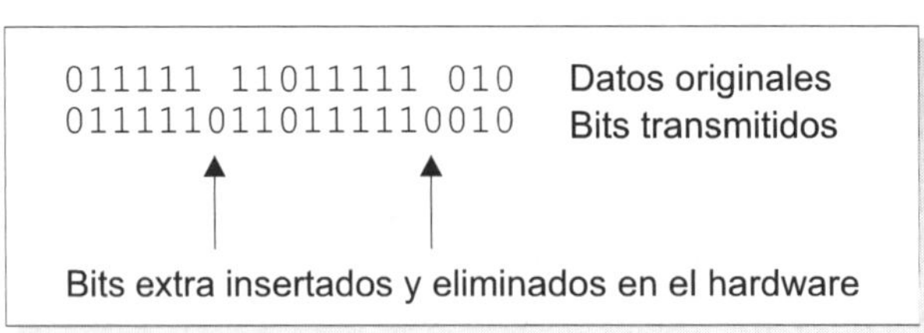

Figura 4.5. Inserción de bits en HDLC.

← *Cabecera* →

Indicador 01111110	Dirección	Control	INFORMACIÓN	Secuencia de comprobación de trama	Indicador 01111110

Figura 4.6. *Formato de una trama de HDLC, con sus delimitadores.*

tiene una *Secuencia de comprobación de trama* (FCS - *Frame Check Sequence*). Se usan octetos bandera para delimitar el comienzo y final de la trama.

La secuencia de comprobación de trama es el resultado de un cálculo matemático que se realiza con la trama en el origen[3]. Ese mismo cálculo se realiza en el extremo destino del enlace. Si la respuesta no coincide con el valor del campo FCS, es que algunos bits de la trama han cambiado durante su transmisión y por ello la trama se descarta.

La idea de usar una secuencia de comprobación de trama para detectar errores de transmisión fue una gran idea. Existen campos para una FCS en todas las tramas excepto en una para WAN y LAN.

La cabecera de la trama de HDLC contiene un campo *dirección de destino*. Este campo es necesario en las versiones multiprotocolo de HDLC, como el Control de enlace de datos síncrono, o SDLC, de IBM, que permite que muchos sistemas puedan compartir una única línea. Se asigna a cada sistema una dirección y el tráfico se dirige a cierto sistema colocando su dirección en la cabecera.

IP no utiliza la tecnología de líneas multipunto; los datagramas de IP se transmiten en una trama de HDLC cuya dirección tienen el valor binario 11111111 (X'FF en hexadecimal) que se conoce como dirección *A todas las estaciones* (*All-Stations*), o de difusión.

La cabecera de la trama de HDLC también tiene un campo de *control*. Algunos protocolos[4] de envío sitúan números de trama y de reconocimiento en el campo de control. Estos protocolos de enlace retransmiten las tramas numeradas que no consiguen una confirmación dentro de un cierto período de tiempo.

Las tramas que llevan IP, y muchos otros protocolos, como IPX y DECnet, no requieren numeración ni confirmación. Para IP, y para esos otros protocolos, el campo de control se establece a X'03 que identifica una trama HDLC de *información sin numerar*.

Es decir, un datagrama de IP empaquetado en una trama de HDLC tiene el formato que se muestra en la Figura 4.7.

Para resumir, cuando una trama de HDLC lleva un datagrama de IP:

- Se usa la dirección A todas las estaciones, X'FF.
- El campo de control se establece en X'03, que significa información sin numerar.

---

[3] El cálculo propiamente dicho se denomina Comprobación cíclica de redundancia (CRC - *Cyclic Redundancy Check*). Algunos autores llaman al valor que se sitúa en la cola CRC, en lugar de *secuencia de comprobación de trama*.

[4] Por ejemplo, las capas de enlace de SDLC de IBM y Procedimiento equilibrado de acceso al enlace (LAPB - *Link Access Protocol Balanced*) de X.25 utilizan HDLC y usan el campo de control para numeración, confirmación y retransmisión de la capa de enlace.

Indicador X'7E	Dirección X'FF	Control X'03	DATAGRAMA IP	FCS	Bandera X'7E

Figura 4.7. *Formato de una trama de HDLC con un datagrama de IP.*

Problemas de HDLC

Que HDLC sea una «norma» *no* significa que se puede usar una línea punto a punto entre cualesquiera dos interfaces HDLC y que se comuniquen una con otra.

Existen muchas opciones en la norma de HDLC, y muchas implementaciones de versiones diferentes de la «norma» de HDLC. Para confundir más las cosas, muchos fabricantes han implementado sus propias versiones de las interfaces punto a punto de HDLC.

El resultado, durante mucho tiempo, fue que no había un único estándar para las comunicaciones punto a punto, de manera que era difícil la interconexión de equipos de distintos fabricantes.

HDLC se diseño antes de existir las redes multiprotocolo. Actualmente, las líneas punto a punto suelen llevar tráfico de varios protocolos. Ello causa otro problema.

Se propuso a un comité del IETF el trabajo de resolver estos problemas.

PROTOCOLO PUNTO A PUNTO DE INTERNET

La solución del grupo de trabajo de IETF fue el *Protocolo punto a punto*, llamado normalmente *PPP*. PPP se puede utilizar sobre cualquier circuito dúplex, ya sea síncrono orientado a bit o asíncrono orientado a byte (parada y arranque). Se puede usar por líneas telefónicas lentas, líneas rápidas alquiladas, RDSI o incluso en líneas de fibra óptica de SONET. Además, PPP se diseñó para llevar PDU de varios protocolos, IP, IPX, DECnet, ISO y otros. PPP puede llevar incluso datos de puentes. PPP incluye varios subprotocolos. Por ejemplo:

- El *Protocolo de control de enlace* establece, comprueba, configura y cierra un enlace.
- Los *Protocolos de control de red* se usan para incializar, configurar y terminar el uso de un protocolo de red concreto. Se define un Protocolo de red distinto para cada IP, IPX, DECnet, ISO y otros.

Un escenario típico de PPP es el siguiente:

1. El PPP de origen envía una trama de *Control del enlace* para empezar. Las dos partes intercambian tramas adicionales de Control del enlace para establecer las opciones de uso del enlace.

2. Se intercambian tramas del *Protocolo de control de red* para seleccionar y configurar los protocolos de la capa de red que se van a usar.
3. Se envían datos de los protocolos seleccionados por el enlace en tramas de PPP. Cada trama incluye un campo de cabecera que identifica el tipo de datos del protocolo que se envía.
4. Se usan tramas de Control de red y del Protocolo de control de enlace para cerrar el enlace.

Una cabecera de una trama de PPP se parece a una cabecera de PPP con un campo adicional que identifica el protocolo de la siguiente capa. En la Figura 4.8 se muestra el formato de una trama de PPP que contiene un datagrama de IP.

El campo de dirección contiene X'FF («a todas las estaciones») y el campo de control contiene X'03 («información sin numerar»). El *campo de protocolo* adicional contiene X'00-21, valor que indica que la trama lleva un datagrama de IP. Los números de protocolos que se usan con PPP los publica la Autoridad de asignación de números de Internet (IANA - *Internet Assigned Numbers Authority*) en su documento RFC *Assigned Numbers*.

Compresión de PPP

Puede parecer un derroche incluir los mismos octetos de dirección y de control en todas las tramas. De hecho las partes de cada extremo de un enlace PPP pueden negociar el funcionamiento en el modo *compresión* que elimina estos campos.

El valor del campo protocolo indica si el contenido de la información es un mensaje de Control del enlace, un mensaje de Control de red o información, como por ejemplo un datagrama de IP. Durante el establecimiento de un enlace de PPP, el campo protocolo empieza con un tamaño de 16 bits, pero se puede negociar el tamaño del campo protocolo cuando se transmita información para reducirlo a 8 bits. Por tanto, un datagrama se puede empaquetar en un paquete eficiente como el que se muestra en la Figura 4.9.

Otra opción de PPP que permite ahorrar ancho de banda durante las sesiones de TCP es la compresión de Van Jacobson. Las cabeceras de IP y de TCP juntas suponen una sobrecarga de 40 o más bytes. La compresión de Van Jacobson reduce una combinación típica de 40 bytes a sólo 3, 4 o 5 bytes, lo que significa un considerable ahorro[5].

Indicador X'7E	Dirección X'FF	Control X'03	Protocolo X'0021	DATAGRAMA IP	FCS	Bandera X'7E

Figura 4.8. *Formato de una trama de IP con un datagrama de IP.*

[5] La manera de hacerlo es que ambas partes guardan las cabeceras iniciales. Estas cabeceras se actualizan durante la sesión de TCP enviando sólo los cambios de los valores de la cabecera. Como la mayor parte de la información no varía, el ahorro es considerable.

Indicador X'7E	Protocolo X'0021	DATAGRAMA IP	FCS	Bandera X'7E

Figura 4.9. *Trama de PPP con un formato comprimido.*

FUNCIONES ADICIONALES DE PPP

El grupo de trabajo de PPP abordó otros problemas que suelen ocurrir en un enlace punto a punto.

Autenticación

PPP se suele usar para conectar a un teletrabajador o a un usuario de viaje a una red de IP mediante una conexión telefónica. A veces se usan las conexiones telefónicas para conectar a un grupo de trabajo a una LAN mediante un encaminador desde la filial a las oficinas centrales.

Antes de permitir que un sistema externo se conecte a la red mediante un enlace telefónico, se debería autenticar a ese sistema. Actualmente, PPP dispone de dos métodos de autenticación:

- El *Protocolo simple de autenticación de contraseña* (PAP - *Password Authentication Protocol*). Se envía una trama con el texto del identificador del usuario y su contraseña durante el establecimiento del enlace.
- El *Protocolo de autenticación Challenge Handshake* (CHAP - *Challenge Handshake Authentication Protocol*).

El *Challenge Handshake*, descrito en el Capítulo 3, es bastante inteligente. Recuerde que, como se muestra en la Figura 4.10:

1. Se envía el nombre de usuario como texto por el enlace.
2. El extremo remoto envía de vuelta un mensaje de compromiso aleatorio.
3. El sistema local realiza un cálculo de clasificación del mensaje, utilizando como entradas el mensaje de trabajo y la contraseña del usuario, y envía la respuesta de vuelta.
4. El extremo remoto mira la contraseña, realiza el mismo cálculo y compara los resultados.

Cada vez que se establece un enlace un curioso vería diferentes bytes de información. Cuando se utilizan buenas contraseñas de 16 bytes, resulta virtualmente imposible adivinar la contraseña mirando el enlace.

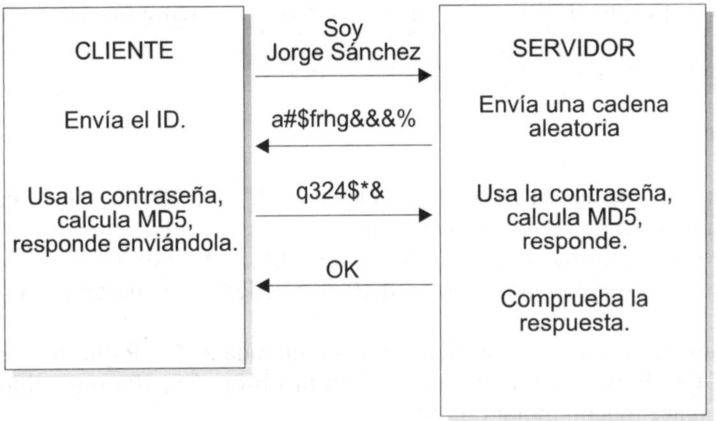

Figura 4.10. Challenge handshake *de PPP.*

Control automático de la calidad del enlace

A menudo se usa PPP entre dos encaminadores. A veces la calidad del enlace se degrada por alguna razón. Resultaría de gran ayuda tener un aviso de las condiciones del enlace para tomar automáticamente alguna acción. Por ejemplo, un encaminador podría terminar la conexión y volver a marcar. O, si los problemas ocurren en una línea alquilada, el encaminador podría avisar al personal de administración y, posiblemente, desviar el tráfico a un enlace temporal alternativo.

PPP proporciona una forma muy simple y efectiva de comprobar la calidad de un enlace. El proceso de control del enlace simplemente cuenta el número de tramas y octetos enviados y recibidos. También se cuentan las tramas descartadas y los errores. Periódicamente, se envía un informe al otro extremo del enlace.

Esta información presenta una buena imagen de lo que ocurre en el enlace. Por ejemplo, si se han enviado 100.000 octetos durante un cierto intervalo de tiempo, pero el otro extremo informa de que sólo ha recibido 50.000 correctamente, algo esta pasando en el enlace.

PROTOCOLO DE INTERFAZ DE LINEA SERIE

El Protocolo de interfaz de línea serie (SLIP) se inventó antes que PPP y proporciona un método rudimentario para la transmisión de datagramas de IP por enlaces serie.

Seguramente, SLIP sea el protocolo más primitivo que se haya inventado. Sencillamente se transmite un datagrama de IP, byte a byte, por una línea serie. SLIP marca el inicio y final de un datagrama con el byte delimitador 11000000 (X'C0). ¿Qué ocurre cuando aparece un X'C0 dentro de un datagrama? El SLIP de transmisión usa una secuencia de escape que el SLIP de recepción vuelve a traducir a los datos realmente enviados.

C0 en los datos — > DB DC
DB en los datos — > DB DD

Normalmente, se usa SLIP para conectar una PC, una Macintosh o una computadora Unix a una red de IP mediante un enlace de acceso telefónico. Tenga en cuenta que SLIP no proporciona secuencia de comprobación de trama y deja la comprobación de errores a las capas superiores. SLIP no puede llevar ningún protocolo que no sea IP.

SLIP comprimido (CSLIP) es una versión mejorada de SLIP que comprime las cabeceras de TCP/IP usando el algoritmo de Van Jacobson. CSLIP proporciona un rendimiento del enlace mucho mejor que SLIP.

SLIP se puede utilizar para las comunicaciones entre host, host a encaminador o entre encaminadores. En la Figura 4.11 se muestra un servidor de comunicaciones que admite tanto terminales ASCII «sin inteligencia» como acceso telefónico con SLIP. El dispositivo actúa como un encaminador de IP para el tráfico de SLIP.

La característica más atractiva de SLIP es que se utiliza ampliamente. Su peor característica es que el usuario de una máquina tiene que escribir un programa interpretado (*script*) que lea los indicativos que envía el servidor de comunicaciones y envíe el identificador de usuario, la contraseña y otra información en los momentos apropiados del diálogo. PPP es más funcional, no necesita programas interpretados y está sustituyendo gradualmente a SLIP.

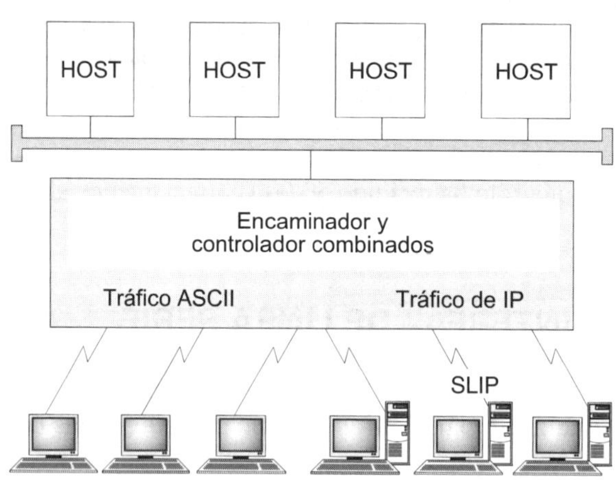

Figura 4.11. *Terminal ASCII y conexiones SLIP.*

REDES DE ÁREA LOCAL

A continuación se verá como se pueden empaquetar tramas de IP y de otros protocolos que se transmiten por una LAN. El diseño clásico de las LAN tiene en cuenta varios factores:

- Las estaciones comparten un medio físico.
- Existen reglas de *Control de acceso al medio* (MAC) que determinan cuando una estación puede transmitir datos.
- Los datos se transmiten en tramas.

En primer lugar se verá la tecnología de *Ethernet*, ya que es un ejemplo muy simple de una implementación de LAN.

DIX ETHERNET

Las LAN con Ethernet fueron las primeras en transmitir datagramas de IP. Digital Equipment Corporation (DEC), Intel Corporation y Xerox Corporation definieron la norma original de *DIX Ethernet* en 1980. En 1982 apareció la revisión como versión 2.

Posibles medios de DIX Ethernet

El medio tradicional de la red troncal de esta tecnología era el cable coaxial en banda base. Originalmente, sólo se usaba un cable grueso de media pulgada y 50 ohmios. Más tarde, se introdujo un coaxial más fino, más flexible, de un cuarto de pulgada, denominado *thinnet* o *cheapernet*, y más tarde aún, muchos lugares cambiaron al cable de par trenzado. Durante mucho tiempo prevaleció una velocidad de 10 megabits por segundo, pero ahora ya se dispone de velocidades de 100 megabits por segundo. También se puede ejecutar DIX Ethernet en medios de fibra óptica y de banda ancha.

Para distinguir entre los distintos tipos de implementaciones de Ethernet, se usa la siguiente notación:

```
   [Velocidad en megabits por segundo][Tipo del medio][Segmento máximo de
cable en cientos de metros]
```

Por tanto, 10BASE5 significa un coaxial en banda BASE con una velocidad de 10 megabits por segundo, y una longitud máxima de segmento de cable de 500 metros. La especificación de cable fino es 10 BASE2, lo que significa un coaxial en banda BASE con una velocidad de 10 megabits por segundo y una longitud máxima de segmento de cable de 200 metros.

De forma análoga, 10 BROAD36 usa un coaxial de banda ancha, 10 megabits por segundo y una longitud máxima del segmento de cable de 3600 metros. Las especificaciones de par trenzado y fibra óptica se denominan 10BASET y 10BASEF, lo que no coincide del todo con el patrón anterior.

Protocolo de control de acceso al medio de DIX Ethernet

DIX Ethernet usa un procedimiento de Control de acceso al medio muy simple con un título muy largo: *Acceso múltiple con detección de portadora y detección de colisiones* (CSMA/CD - *Carrier Sense Multiple Access with Collision Detection*).

Una interfaz que tenga que enviar datos, los empaqueta en una trama y escucha el medio. Como se muestra en la Figura 4.12, si el medio está libre, transmite.

La cabecera de la trama contiene la dirección física de la interfaz de destino, a menudo llamada dirección MAC. El sistema con esa dirección física recoge la trama y la procesa. Si hay dos o más estaciones que transmiten al mismo tiempo, detectan una colisión, esperan durante un intervalo de tiempo aleatorio y vuelven a intentarlo.

Tramas de control de acceso al medio de DIX Ethernet

En la Figura 4.13 se muestra el formato de una trama de DIX Ethernet con un datagrama de IP.

Las direcciones de origen y destino ocupan seis octetos cada una[6]. El código de *tipo Ethernet*, X'08-00, indica que el contenido de la información de esta trama es un datagrama de IP.

Existen códigos de tipo de Ethernet que permiten distinguir otros protocolos[7]. Varios de estos protocolos pueden compartir el medio ya que el código de tipo de Ethernet identifica el protocolo de cada trama, permitiendo que la estación de destino traslade la información de la trama al procedimiento apropiado.

Para que funcione correctamente, el protocolo CSMA/CD requiere que las tramas tengan un tamaño de al menos 64 octetos. Por tanto, es necesario añadir un relleno tras un datagrama muy pequeño.

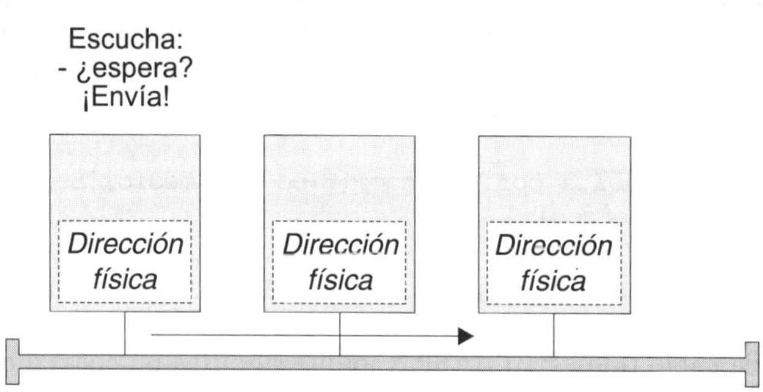

Figura 4.12. *Control de acceso al medio de Ethernet.*

[6] Estas direcciones las administra el IEEE.

[7] Véase el documento *Assigned Numbers* de la IANA.

Dirección física de destino (6 octetos)	Dirección física de origen (6 octetos)	Tipo de protocolo X'0800	DATAGRAMA DE IP	FCS

Figura 4.13. *Trama de DIX Ethernet con un datagrama de IP.*

REDES 802

Tras demostrar su utilidad en el mundo real las tecnologías DIX Ethernet y otras LAN, el IEEE creó el *comité 802*, al que se asignó la tarea del diseño y publicación de las normas de las tecnologías de LAN.

Las normas de la serie 802 han servido de guía para muchas implementaciones de los fabricantes, y la ISO ha reconocido estas normas y las ha vuelto a publicar con números de documento de la ISO.

Las normas 802 tratan del medio físico, el control de acceso al medio y los formatos de trama de muchos tipos de LAN. Por ejemplo:

- 802.3 describe una versión ligeramente modificada de Ethernet.
- 802.4 describe una LAN con paso de testigo de banda ancha para su uso en fábricas.
- 802.5 describe la tecnología Token-Ring.
- 802.6 describe una subred de bus dual de cola distribuida (*Distributed Queue Dual Bus*) de una Red de área metropolitana (MAN).

CABECERA DE LLC PARA 802.2

En una norma separada, 802.2 del IEEE, se define la cabecera del *Control de enlace lógico* (LLC - *Logical Link Control*) para su uso con todas las tecnologías 802 de LAN. La cabecera LLC cumple dos funciones:

- Para las tramas de OSI, identifica los protocolos origen y destino de la trama.
- Incluye un campo de control.

¿Cómo se usan estos campos? La descripción del IEEE está escrita con un fuerte lenguaje técnico, pero el objetivo de cada elemento es muy sencillo.

Las entidades del protocolo origen y destino de OSI para la trama se definen con los códigos de *Punto de destino de acceso al servicio* (DSAP - *Destination Service Access Point*) y *Punto de origen de acceso al servicio* (SSAP - *Source Service Access Point*).

Se han asignado valores de DSAP/SSAP a los protocolos de ISO pero no a IP ni a ningún otro grupo de protocolos que se usan habitualmente. En el caso de IP y otros protocolos comunes, los valores de DSAP y SSAP se fijan a X'AA, lo que significa que sigue otra cabecera donde se indica el tipo de datos del protocolo que lleva la trama. La cabecera adicional se denomina subcabecera del *Protocolo de acceso a subred* o SNAP.

¿Qué contiene una subcabecera SNAP? Un comienzo, seguido de un viejo conocido, el código de tipo Ethernet. El comienzo tiene un nombre caprichoso: *Identificador único organizativo* (OUI - *Organisationally Unique Identifier*). El OUI identifica quien fue el responsable de asignar los números de protocolo.

El comienzo del OUI para los códigos de tipo Ethernet es X'00-00-00, como se muestra en la Figura 4.14. Se usa un OUI distinto, X'00-80-C2, para los números de protocolos de varios protocolos de puentes.

802.3 y 802.2

La norma 802.3 incluye las especificaciones del medio de Ethernet, el Protocolo de acceso al medio CSMA/CD y un formato de trama MAC. Según el comité 802 de normalización, dentro de una trama MAC 802.3 se debe incluir una cabecera de 802.2.

En la Figura 4.14 se muestra el resultado de incluir un datagrama de IP en una trama 802.3/802.2:

- Tenga en cuenta que, al contrario que en DIX Ethernet, el tercer campo de la cabecera de trama 802.3 contiene el *tamaño* de la información que sigue[8] (sólo para el relleno), en lugar del código de tipo de Ethernet. Más adelante se verá que la cabecera de IP también incluye un campo con el tamaño del datagrama, por lo que esta información resulta redundante.
- DSAP y SSAP se fijan a X'AA, indicando que sigue una subcabecera de SNAP.
- El campo de control se fija en X'AA, indicando que sigue una subcabecera de SNAP.

El comienzo X'00-00-00 del campo SNAP indica que sigue un tipo Ethernet. El tipo Ethernet es X'08-00.

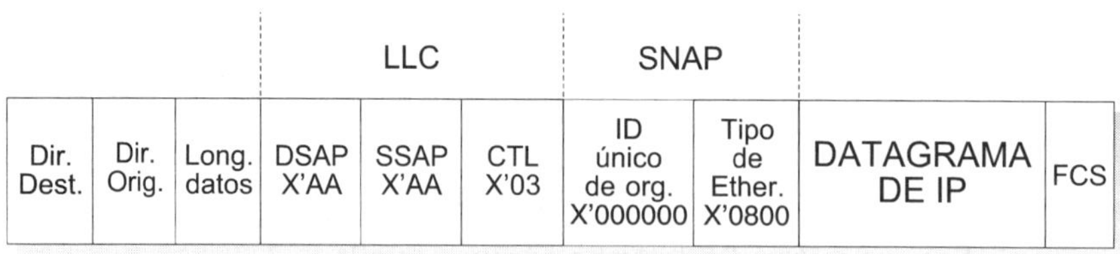

Figura 4.14. *Trama 802.3 con una subcabecera LLC 802.2 y SNAP.*

[8] El tamaño incluye los 8 octetos de los campos de LLC y de SNAP.

Otros protocolos, como IPX y DECnet tienen tramas parecidas, sólo hay que insertar los valores apropiados en sus tipos de Ethernet.

Fíjese que se han insertado 8 octetos adicionales sin afectar para nada la funcionalidad de IP. Por esta razón, existen muchas implementaciones que siguen usando el viejo formato de DIX Ethernet. Las tarjetas de Interfaz de red de Ethernet y sus controladores software suelen admitir ambos protocolos, el cliente puede seleccionar la configuración que prefiera.

La gente suele usar indistintamente el término *Ethernet* tanto para la antigua implementación DIX o para la nueva 802.3/802.2. A veces, es importante saber de qué se está hablando. Un sistema configurado para DIX no se puede comunicar con un sistema configurado para 802.3/802.2.

CAPAS DE LAS REDES 802

Veamos un poco más en detalle la visión del mundo que tiene el IEEE. Con la aparición de las LAN 802, el IEEE dividió la capa 2, la capa de enlace, en dos subcapas, como se muestra en la Figura 4.15.

La subcapa MAC proporciona las reglas de acceso al medio, como por ejemplo «escuchar y enviar» del 802.3 o «esperar por el testigo» en la 802.5. La capa MAC también define la primera parte de la cabecera de trama, donde se incluyen las direcciones físicas de origen y de destino.

La subcapa de Control lógico del enlace define el formato de la cabecera de LLC. También define reglas más complejas para la comunicación cuando se usa numeración de trama, confirmaciones, control de flujo y retransmisiones en el nivel del enlace de datos. Un enlace con todas estas funciones se denomina un enlace de *Tipo 2*. Hay varios protocolos que realizan comunicaciones de Tipo 2 en una LAN, como SDLC, LAPB y LAPD.

Por supuesto, para los datagramas de IP el único requisito es que la subcapa de enlace lógico debe indicar que el datagrama de IP se encuentra dentro de la trama. IP, normalmente, se ejecutan en un protocolo de enlace de Tipo 1.

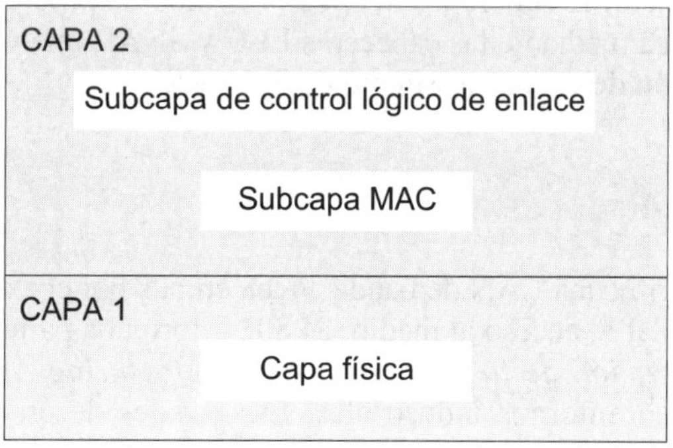

Figura 4.15. *Capas de las LAN 802.*

OTRAS TECNOLOGÍAS DE LAN

Las LAN Token-Ring, token bus y la Interfaz de datos distribuidos por fibra (FDDI) siguen las convenciones del IEEE y han de incluir una cabecera de LLC y una subcabecera de SNAP para llevar IP y otros protocolos identificados con códigos de tipo Ethernet. No existe un formato reducido para estos tipos de LAN.

Se usan los mismos campo de LLC y SNAP de la Figura 4.14, es decir:

X'AA-AA-03-00-00-00 (*Tipo Ethernet*)

para identificar el protocolo que llevan.

Configuración y medio de Token-Ring 802.5

Las LAN Token-Ring son de IBM, y más tarde el IEEE publicó una versión normalizada del protocolo como 802.5. Las estaciones de un Token-Ring se disponen en una configuración de anillo físico.

Protocolo de control de acceso al medio de 802.5

La idea del Control de acceso al medio mediante testigo de Token-Ring es sencilla. Se pasa una trama especial llamada *testigo* de una estación a otra, por el anillo. Cuando una estación recibe el testigo, tiene el derecho a transmitir datos durante un período limitado de tiempo. Cuando este tiempo expira, quien posee el testigo debe pasarlo a la siguiente estación.

Aunque la idea básica es muy sencilla, un protocolo de anillo necesita muchos más mecanismos que Ethernet. En particular el protocolo de la capa MAC para un 802.5 incluye procedimientos para añadir o eliminar estaciones del Token-Ring, identificar a los vecinos, detectar estaciones muertas o pérdidas de testigos, evitar que los datos den vueltas para siempre y otros problemas de señalización. Existen distintas cabeceras de la capa MAC para las distintas funciones del 802.5. El tipo de protocolo de una trama que lleva datos se identifica mediante las cabeceras LLC y SNAP, que van a continuación del Campo de información de encaminamiento de Token-Ring.

Token bus 802.4

La norma 802.4 describe una LAN de banda ancha en bus por coaxial que utiliza el paso de testigo para controlar el acceso al medio. El 802.4 formaba parte del conjunto de *Protocolos de automatización de la fabricación* (*Manufacturing Automation Protocol*), creado para su uso en entornos industriales. Las señales de un medio de coaxial de banda ancha no se ven interferidas por las emisiones electrónicas habituales en entornos industriales. El uso de un protocolo con paso de testigo permite una planificación predecible del acceso a la LAN. Sin embargo, el 802.4 nunca consiguió una gran difusión.

Interfaz de datos distribuidos por fibra

Las LAN FDDI a 100 megabits por segundo se han usado habitualmente como redes troncales que interconectan redes de área local más lentas.

- El uso inicial de la FDDI era con cables de fibra óptica, aunque también se pueden utilizar cables de par trenzado como parte de la red.
- Como se muestra en la Figura 4.16, el núcleo de una red FDDI consiste en anillo único o doble llamado el *enlace* (*trunk*). Las estaciones se conectan directamente al enlace o a los concentradores conectados al enlace. Opcionalmente, se pueden conectar redes en árbol a partir de los concentradores sobre el enlace.
- Cuando el enlace es un anillo doble, la LAN se puede configurar para que se recupere de una rotura del cable. Normalmente, el tráfico circula por un solo anillo. Si hay algún fallo, se usa el segundo anillo para que el tráfico evite el fallo y la red siga en funcionamiento.

El acceso al medio en una FDDI usa un paso de testigo. De hecho, el modelo del protocolo MAC es muy parecido al de Token-Ring 802.5. Una trama de FDDI tiene una cabecera y una cola MAC y, cuando se usa para llevar IP, usa las mismas cabeceras LLC y SNAP de 802.2 que se han descrito anteriormente para indicar que la trama contiene un datagrama de IP.

USO DE CONCENTRADORES

Las LAN Ethernet, Token-Ring y FDDI comenzaron con topologías muy diferentes, pero con el tiempo, la mayoría de las organizaciones decidieron conectar sus sistemas a con-

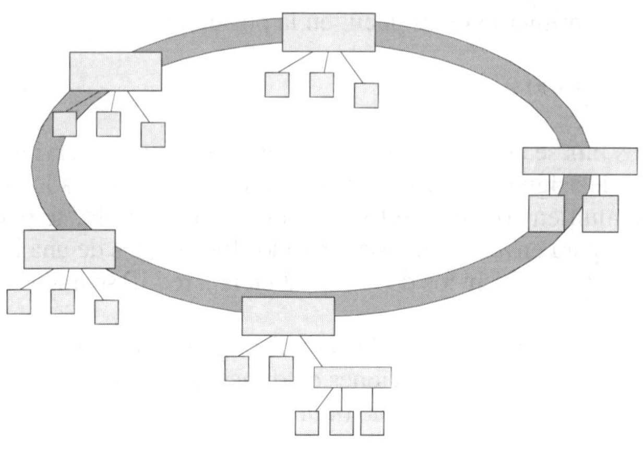

Figura 4.16. *Topología de una red FDDI.*

centradores (*hub*) centralizados. Los concentradores simplifican el uso de la administración y la reparación de una LAN. Por ello, la topología física actual de los distintos tipos de LAN a convergido a una topología física única, una estrella o una cadena de estrellas.

CONMUTACIÓN

Todas las tecnologías de LAN descritas comparten una característica común, una trama que se envía por la LAN que puede «escuchar» cualquier estación de la LAN. Aunque las reglas dicen que la trama sólo debería aceptarla la interfaz con una determinada dirección física, el propietario de un sistema tiene la capacidad de establecer la interfaz de red en modo promiscuo para capturar todos los datos que aparezcan en el segmento de LAN.

El deseo de mejorar el rendimiento así como razones de seguridad ha conducido a la inclusión de *tráfico conmutado*. Algunos concentradores con inteligencia conmutan cada mensaje entre el origen y el destino y ocultan los mensajes al resto de las estaciones.

DIFUSIÓN Y MULTIENVÍO

Una tecnología de LAN multiacceso permite la difusión (*broadcasting*). Se usa una dirección física «a todos» para indicar que todas las interfaces conectadas a la LAN deberían recoger la trama. La representación hexadecimal de una dirección de difusión es:

X'FF-FF-FF-FF-FF-FF

También se puede configurar una interfaz para que recoja todas las tramas enviadas a una o más direcciones de *multienvío* (*multicast*). El multienvío permite enviar tramas a un conjunto de sistemas. Una dirección multienvío de LAN siempre tiene un 1 en el bit menos significativo del primer byte, es decir, en la posición:

X'01-00-00-00-00-00

El resto de los bits se establecen a los valores concretos del servicio multienvío.

La Autoridad de asignación de números de Internet ha reservado una lista de direcciones físicas de multienvío para ciertos servicios. Por ejemplo, se puede usar una dirección multienvío para enviar un mensaje a todos los puentes de una LAN. En el Capítulo 5 se verá cómo los multienvíos de la capa 3 en una red IP se traducen en multienvíos de LAN de la capa 2.

Se usa el término *dirección unienvío* para distinguir una dirección física única asignada a una única interfaz de las direcciones de difusión y multienvío. Si una cabecera de trama contiene una dirección de unienvío (*unicast*), se supone que la trama se envía a una interfaz concreta.

Ya es el momento de dejar las LAN y describir algunas tecnologías especiales de área extensa.

REDES DE PAQUETES

La tecnología de conmutación de paquetes incluida en la ARPANET experimental se ha reconfigurado y usado en muchos tipos de equipos de comunicaciones de datos. Las redes de paquetes X.25 tuvieron un amplio uso en los años ochenta. Sin embargo, muchos usuarios están adoptando la nueva tecnología de conmutación de paquetes, la Retransmisión de tramas, que ofrece un mayor abanico de opciones de ancho de banda.

REDES X.25

La red telefónica permite que desde cualquier teléfono se haga una llamada a cualquier otro teléfono del mundo. Existe una organización internacional de normalización responsable de unificar las redes telefónicas nacionales en una red global. Durante mucho tiempo, esta organización se llamaba *Comité consultivo internacional para telegrafía y telefonía* o *CCITT*. Desde entonces el nombre ha cambiado a *Sector de normalización de telecomunicaciones de la Unión internacional de telecomunicaciones* o, abreviado, *ITU-T*.

Durante los años setenta, el CCITT empezó a trabajar en una serie de recomendaciones dirigidas a crear una red global de *datos*. Estas recomendaciones alcanzaron su madurez durante los años ochenta. La más importante de ellas es X.25, donde se describen las reglas para conectar una computadora a una red de datos. Más concretamente, X.25 define la interfaz entre una computadora, llamada *equipo terminal de datos*, o *DTE*, y un elemento de comunicaciones de red, llamado *equipo terminal del circuito de datos*, o *DCE*, que forma parte de una red de datos de un proveedor público o privado.

X.25 permite establecer circuitos fiables de datos entre computadoras. Se les llama *circuitos virtuales* por que, a diferencia del sistema telefónico, *no* se reserva el uso de un camino fijo exclusivamente para una llamada. Los enlaces reales se comparten por todos los circuitos virtuales concurrentes. Sin embargo, la compartición real que tiene lugar resulta invisible para el usuario de los circuitos.

X.25 es muy popular en todo el mundo y existen muchas redes de datos X.25 que conectan computadoras de todo el globo.

Las redes de datos X.25 ofrecen dos tipos de circuitos. Los *circuitos virtuales conmutados* son llamadas de datos que se establecen como una llamada telefónica. Se asigna números a las computadoras involucradas[9]. El llamante marca el número de la computadora destino, y se inicia la llamada. Otra alternativa es que el cliente adquiera un *circuito virtual permanente* que se comporta como una línea alquilada dedicada.

Las recomendaciones del CCITT no imponen ninguna limitación a la estructura *interna* de una red de datos X.25 regional. Sin embargo, muchas redes de datos X.25 usan una tecnología interna de conmutación de paquetes.

---

[9] Los números de 14 dígitos que se usan en las llamadas de X.25 se describen en la recomendación X.121 del CCITT.

Capas de X.25

X.25 es un protocolo con tres capas. La capa de enlace se llama *Procedimiento equilibrado de acceso al enlace* (LAPB - Link Access Protocol Balanced) y su capa de red se denomina el *Nivel de paquetes de X.25*. Se supone que el equipo DTE del usuario establece un enlace a un DCE del proveedor de X.25. Este enlace se usa para transportar datos de *múltiples* circuitos virtuales de la capa 3. Al enviar un paquete de *Solicitud de llamada* (*Call Request*) se crea un circuito virtual conmutado.

X.25 e IP

X.25 es una de las muchas tecnologías de área extensa utilizadas para transmitir datagramas de IP. IP usa X.25 como un circuito virtual de la misma forma que utiliza una línea telefónica punto a punto. Es decir, el tráfico de IP que intercambian los host o los encaminadores se transporta por circuitos virtuales de X.25.

Los protocolos de enlace (capa 2) y de paquetes (capa 3) de X.25 tienen graves problemas para conseguir que los datos se transmitan en orden y sin errores. Se pretende que un circuito de X.25 ofrezca una conexión fiable de datos extremo a extremo.

Puede parecer extraño utilizar un servicio de datagramas de IP no fiable sobre un protocolo tan bien establecido como X.25. Puede parecer incluso más extraño cuando uno se da cuenta que tanto X.25 como IP ofrecen protocolos de capa 3. Sin embargo, ciertas consideraciones de coste o de conveniencia prevalecen sobre esa pureza de las capas. Las unidades del protocolo de la capa 3 para VINES, DECnet y la Arquitectura de sistemas en red (SNA) también se pueden transmitir por circuitos de X.25. Incluso, a veces, se transmiten por un circuito de X.25 datos de puentes de la capa 2.

En la Figura 4.17 se muestra como se encamina el tráfico de IP de múltiples fuentes por un único circuito virtual de X.25 y se reenvía a múltiples destinos.

Múltiples protocolos por X.25

Existen dos métodos para transmitir múltiples protocolos por una red X.25 [10]:

1. Establecer un circuito virtual *separado* para cada protocolo. Durante el establecimiento de la llamada, se notifica al otro extremo del protocolo.
2. Establecer un *único* circuito virtual compartido por varios protocolos. Durante el establecimiento de la llamada se indica que aparecerán varios protocolos. Se notifica al otro extremo cuál es el protocolo que se transmite en cada paquete añadiendo una cabecera a cada uno de los paquetes [11].

El método elegido depende del coste que el proveedor repercuta por cada circuito adicional y de cuanto tiempo se tarde en establecer un nuevo circuito.

---

[10] Se usan los mismos métodos y formatos en el modo de paquetes de RDSI.

[11] La comunidad de X.25 llama a la unidad de datos del protocolo de la capa 3 un *paquete*.

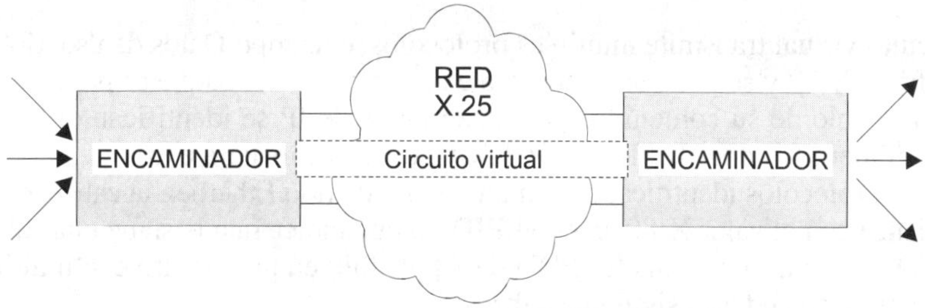

Figura 4.17. *Uso de X.25 para el encaminamiento de datagramas de IP.*

Dependiendo de la situación económica, un sistema puede establecer conexiones conmutadas de X.25 bajo demanda, cuando existe tráfico esperando a reenviarse a un lugar remoto. La llamada se cerrará tras cierto período de inactividad. El establecimiento de una llamada, a veces, es un proceso muy lento, lo que confiere al uso de múltiples protocolos por un circuito de cierto atractivo.

IP por un circuito virtual separado de X.25

Si el tráfico de IP se va a transmitir exclusivamente por un circuito virtual conmutado separado, se indica en el paquete de *Solicitud de llamada de X.25* (*X.25 Call Request*) que crea el circuito. Existe un campo opcional denominado *Datos de usuario de la llamada* (*Call User Data*) en la solicitud de llamada de X.25 que se fija en X'CC para indicar que se transmitirá tráfico de IP.

El valor X'CC es un Identificador de protocolo de la capa de red (NLPID - *Network Layer Protocol ID*) asignado como tráfico de IP por la Organización internacional de normalización.

Otros protocolos por circuitos virtuales separados de X.25

ISO ha asignado códigos de NLPID a otros pocos protocolos, pero los protocolos comerciales no tienen códigos ISO. Sin embargo, como ya se ha visto, se ha asignado un código de tipo de dos bytes a muchos protocolos comerciales por el primer entorno multiprotocolo - Ethernet. Por ejemplo, el tráfico de AppleTalk tiene como código tipo Ethernet el X'80-9B.

Para utilizar un único protocolo que tiene asignado un código de tipo Ethernet por un circuito virtual se envía en el campo Datos de usuario de la llamada de la Solicitud de llamada de X.25 el código NLPID X'80 seguido de una subcabecera SNAP con el tipo de Ethernet. Por ejemplo, para establecer un circuito virtual para tráfico de AppleTalk, se envía:

X'80-00-00-00-80-9B

Múltiples protocolos por un circuito virtual

Si un circuito virtual transmite múltiples protocolos, el campo Datos de usuario de la llamada se fija a X'00 y se pone una cabecera extra en *todos* los paquetes para identificar el tipo de protocolo de su contenido. Los datagramas de IP se identifican eficientemente mediante el identificador NLPID de IP, X'CC, en esta cabecera extra.

Para los protocolos identificados con un código de tipo Ethernet, la cabecera del mensaje comienza con el valor X'80 en el NLPID, lo que indica que le sigue una subcabecera de SNAP. Por ejemplo, a *todas* las PDU de AppleTalk en un circuito con múltiples protocolos le debe preceder la siguiente cabecera:

X'80-00-00-00-80-9B

Paquetes frente a unidades de datos del protocolo

Existe una pequeña complicación en la forma en que X.25 transfiere la información. Algunas redes de X.25 transmiten paquetes muy pequeños. Sin embargo, transmiten PDU completas de las capas altas (como los datagramas de IP) enviándolas como *secuencias de paquetes* contiguos que vuelven a unirse en el otro extremo del circuito como una única PDU [12]. El identificador de protocolo sólo se necesita en la cabecera del primer paquete de X.25 de la secuencia.

RETRANSMISIÓN DE TRAMAS

Las redes de X.25 proporcionan una transmisión de datos fiable, en secuencia. Existe una gran sobrecarga para asegurar el nivel de calidad que ofrece X.25. Cuando se transmite tráfico de IP por un circuito virtual de X.25, la mayor parte de esta sobrecarga resulta superflua.

Para su uso con TCP/IP resulta mejor la tecnología de retransmisión de tramas. Retransmisión de tramas es un protocolo de la capa 2. Cuando se utiliza retransmisión de tramas, sólo se añade al datagrama de IP una cabecera simple de la capa de enlace y una cola de comprobación de errores.

X.25 guarda los mensajes hasta que están confirmados y los retransmite si no se recibe la Confirmación (ACK). A diferencia de X.25, Retransmisión de tramas *no* guarda los mensajes, *no* espera una confirmación y *no* retransmite los datos. El resultado es un uso eficiente del ancho de banda disponible.

La norma inicial de Retransmisión de tramas sólo se definía para circuitos virtuales *permanentes*. Significa que un usuario podría contratar con un proveedor de servicios y conseguir conectividad hasta un lugar preestablecido con un cierto ancho de banda. Muchos proveedores de servicios ofrecen anchos de banda de hasta el de

[12] Se usa un indicador «más/no más» para señalar dónde termina la secuencia.

un T1 [13] (1,544 megabits por segundo). Normalmente, el cliente paga una cuota fija mensual según el ancho de banda acordado.

El servicio de retransmisión de tramas *conmutado* permite que los sistemas con direcciones globales establezcan circuitos dinámicamente, de forma similar a como se establece una llamada telefónica. Ofrecer tráfico conmutado es mucho más difícil, ya que, es mucho más difícil predecir el tráfico que usarán los usuarios en un momento dado, y las redes pueden verse, a veces, saturadas por picos de tráfico.

Retransmisión de tramas ofrece un buen rendimiento cuando se le compara con X.25 y ha sido bien acogido. Algunas organizaciones han construido sus propios equipos de retransmisión de tramas y han construido sus propias redes privadas.

Como se hizo con los protocolos vistos anteriormente, un comité del IETF ha especificado el formato que permite realizar encaminamiento y puente de tráfico de múltiples protocolos para que compartan un circuito de retransmisión de tramas. En la Figura 4.18 se muestra la encapsulación de un datagrama de IP.

El campo de dirección de retransmisión de tramas normalmente ocupa 2 bytes e incluye un *Identificador de conexión del enlace de datos* (DLCI - *Data Link Connection Identifier*) de 10 bits. Algunos bits del campo de direcciones se usan para indicar congestión y para indicar si debe darse a la trama un tratamiento preferente cuando se descarte debido a congestión. Si un proveedor de servicios necesita más direcciones se puede extender el campo de direcciones a 3 o 4 octetos.

El campo de control es X'03, para indicar información sin numerar. El identificador de protocolo X'CC indica que la trama contiene un datagrama de IP.

La trama se transmite por la red del proveedor de servicios. Las tramas cuyo valor de comprobación de secuencia de trama indique que los datos están corruptos se descartan.

En los protocolos, como AppleTalk, en los que se debe identificar el código de tipo Ethernet, la cabecera del mensaje tiene el formato que se muestra en el ejemplo de la Figura 4.19. Para mejorar la alineación del mensaje, se inserta un octeto X'00 tras el campo de control. El valor X'80 del Identificador de protocolo de la capa de red indica que le sigue una subcabecera SNAP. En este ejemplo, la subcabecera SNAP contiene un código de tipo Ethernet para AppleTalk.

Excepto por el byte de relleno, la cabecera que se inserta es idéntica a la que se usa en los circuitos con múltiples protocolos de X.25.

Bandera X'7E	Dirección DLCI	CTL X'03	Protocolo X'CC	DATAGRAMA DE IP	FCS	Bandera X'7E

Figura 4.18. *Encapsulado de un datagrama de IP en Retransmisión de tramas.*

[13] En muchos lugares de América del norte y Japón se puede disponer de velocidades E1 a 2,048 megabits por segundo.

Bandera X'7E	Dirección DLCI	CTL X'03	PAD X'00	NLPID X'80	SNAP X'000000089B	PDU de AppleTalk	FCS	Bandera X'7E

Figura 4.19. *Cabecera de Retransmisión de tramas con un código de tipo Ethernet.*

SMDS

El *Servicio de conmutación de datos multimegabit* (SMDS - *Switched Multimegabit Data Service*) es otro servicio de datos público de conmutación de paquetes. Lo creó la *Regional Bell Operating Companies*. Su propósito era ofrecer un variado rango de posibilidades de ancho de banda para área extensa, con opciones de ancho de banda muy grande (por ejemplo, de 155 megabits por segundo).

Una característica interesante de SMDS es que se pueden enviar datos sin abrir un circuito virtual, soporta operaciones *no orientadas a conexión*. De hecho, se puede construir una subred lógica de IP usando funciones de área extensa y, como se muestra en la Figura 4.20, esta subred de área extensa se comportará casi como una LAN de alta velocidad. Por eso SMDS es una opción interesante como red troncal de área extensa.

El *Protocolo de interfaz de SMDS* (SIP - *SMDS Interface Protocol*) se basa en la norma 802.6 del IEEE.

IP por SMDS

En la Figura 4.21 se muestra el formato de la cabecera que se inserta tras la cabecera SIP de SMDS para indicar que la trama contiene un datagrama de IP.

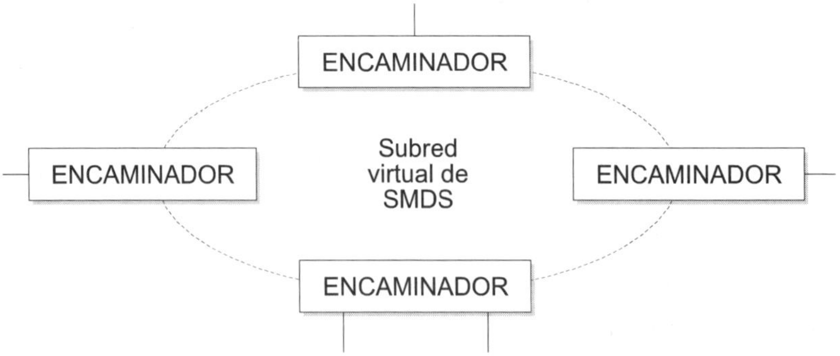

Figura 4.20. *Red troncal de área extensa con SMDS.*

	LLC			SNAP		
Cabecera de SIP	DSAP X´AA	SSAP X´AA	CTL X´03	ID único de org. X´000000	Tipo de Ether X´0800	DATAGRAMA DE IP

Figura 4.21. *Uso de LLC y SNAP para identificar que se transmite IP por SMDS.*

El formato es idéntico al que usan las LAN 802 del IEEE. Los tres primeros octetos son una cabecera LLC 802.2 del IEEE y la subcabecera SNAP contiene X'08-00, el código de tipo Ethernet de IP.

MODO DE TRANSFERENCIA ASÍNCRONO

El Modo de transferencia asíncrono (ATM - *Asynchronous Transfer Mode*) es una tecnología de conmutación de celdas apropiada para su uso tanto en LAN como en WAN. ATM combina las ventajas en seguridad de la conmutación con un gran rendimiento y elección flexible de ancho de banda. Algunas de las características de esta tecnología son:

- ATM se conmuta en celdas de 53 octetos.
- Cada celda contiene una cabecera de 5 bytes donde se incluye la información de encaminamiento de la celda.
- Las tramas se dividen en celdas en el origen y se combinan en tramas en el destino en la *Capa de adaptación de ATM* (AAL – *ATM Adaptation Layer*).
- Existen varias AAL, pero la más relevante para las transmisiones de datagramas de IP es la AAL5.
- El trabajo de segmentación y ensamblado de tramas para su transmisión en área extensa lo realiza la Interfaz de intercambio de datos (DXI - *Data Exchange Interface*), un elemento del equipo análogo a la interfaz de línea digital telefónica.

Al igual que X.25 y Retransmisión de tramas, la comunicación en ATM se transmite estableciendo un circuito virtual y enviando las tramas por ese circuito.

Hay dos métodos para enviar tráfico de múltiples protocolos por una red de ATM:

- Establecer un circuito virtual separado para cada protocolo.
- Establecer un único circuito virtual que comparten todos los protocolos.

El método elegido dependerá de factores económicos y de la velocidad de establecimiento y cierre de dichos circuitos.

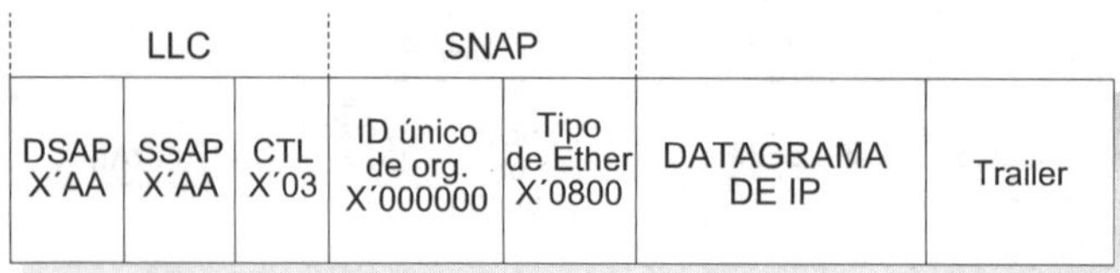

Figura 4.22. *Uso de LLC y SNAP para identificar que se transmite IP por un AAL de ATM.*

Si se usa un circuito virtual separado para cada uno de los protocolos, al igual que en X.25, el tipo de protocolo de cada circuito conmutado se indica en el mensaje de Solicitud de llamada.

Cuando un único circuito virtual transmite múltiples protocolos, como se muestra en la Figura 4.22, la trama AAL5 comenzará con las familiares cabeceras LLC y SNAP. El tipo Ethernet para IP va en la subcabecera SNAP, como se muestra en dicha figura.

Tenga en cuenta que la trama AAL5 no tiene una cabecera con campos de origen y destino. Es así por que se ha establecido un circuito virtual extremo a extremo durante el establecimiento de la «llamada», y la información necesaria para la conmutación de datos desde el origen al destino se encuentra en la cabecera de 5 octetos de la celda.

La cola de AAL5 contiene bytes extra (de alineamiento), un campo de datos de usuario, un campo de *tamaño de la carga útil* y una secuencia de comprobación de trama. El tamaño de la carga útil incluye las cabeceras de LLC y SNAP y al datagrama.

UNIDAD MÁXIMA DE TRANSMISIÓN

Cada una de las tecnologías tratadas tiene un límite máximo diferente de tamaño de las tramas. Tras restar el tamaño de la cabecera de trama, la cola y las cabeceras LLC y SNAP, si existen, lo que queda define el tamaño máximo de los datagramas que se pueden enviar por el medio. El tamaño máximo de datagrama se denomina *Unidad máxima de transmisión* o *MTU*.

Por ejemplo, el tamaño máximo de trama de una red 802.3 10BASE5 es de 1518 octetos. Restando la cabecera y la cola MAC (18 octetos) y las cabeceras de control de enlace de Tipo 1 y SNAP (8 octetos) se obtiene un tamaño máximo de datagrama de 1492 octetos.

En la Tabla 4.1 se muestra un resumen de los tamaños máximos de datagramas para distintas tecnologías.

Las líneas punto a punto son un caso especial. En realidad no existe ningún límite inherente para el tamaño del datagrama. El tamaño óptimo depende de las características de error de la línea. Si la tasa de error es elevada, se puede conseguir un mayor rendimiento con menores tamaños. El valor máximo que más se usa es el valor máximo por defecto, 1500 bytes.

Tabla 4.1. *Unidades máximas de transmisión*

Protocolo	Número máximo de octetos del datagrama (MTU)
Valor por defecto para líneas punto a punto	1500
Líneas punto a punto (con poco retardo)	296
SLIP	1006 (inicialmente)
X.25	1600 (distinto en algunas redes)
Retransmisión de tramas	Normalmente, al menos 1600
SMDS	9235
Ethernet versión 2	1500
IEEE 802.3/802.2	1492
IEEE 802.4/802.2	8166
16 MB Token-Ring de IBM	Un máximo de 17914
IEEE 802.5/802.2 Token-Ring de 4 MB	Un máximo de 4464
FDDI	4352
Hyperchannel	65535
ATM	Por defecto 9180. Máximo posible 16K-1

Inicialmente se especificó que el tamaño máximo de datagrama en SLIP fuese de 1006 bytes. Algunas implementaciones permiten un tamaño máximo de 1500 bytes, con lo que ponen SLIP en la línea de otros formatos de transmisión punto a punto.

Los valores de MTU que se ofrecen para Token-Ring son los mayores permitidos. Los MTU reales de Token-Ring dependen de varios factores, entre ellos el tiempo de permanencia del testigo en el anillo.

ENCAPSULAMIENTO

Seguir una estructura en capas es un buen objetivo, pero a veces la manera más sencilla de transmitir datos de un lugar a otro es hacerlo usando de intermediario otro protocolo. A este proceso se le denomina encapsulamiento (*tunneling*) probablemente debido a que los datos desaparecen temporalmente en las profundidades de otro protocolo hasta que aparecen en algún punto de salida.

Conseguir que el encapsulamiento funcione no es complicado, tan sólo hay que envolver una o más cabeceras de otro protocolo alrededor de la unidad de datos, encaminarla usando el otro protocolo y desenvolverla en el destino.

De hecho, ya se ha visto un ejemplo de encapsulamiento. Cuando los datagramas de IP se transmiten por una red X.25, se envuelven dentro de las cabeceras de la capa de red de X.25. En este caso el tráfico de IP usa el encapsulamiento de X.25.

Existen muchos otros ejemplos actualmente en uso. A veces, el tráfico IPX de NetWare de Novell se traslada por una red de IP. El mensaje de NetWare se envuelve en las cabeceras de IP y UDP, se encamina por una red de IP y se entrega a un servidor de NetWare remoto. Algunos fabricantes ofrecen productos para encapsular tráfico de SNA por una red de IP.

El encapsulamiento siempre impone una sobrecarga extra. Como oculta parte de un camino de red en un protocolo ajeno, el encapsulamiento puede degradar la capacidad de controlar y gestionar una red y, a veces, crea picos de tráfico que no están sujetos a un control de flujo normal.

COMPARTICIÓN DE UNA INTERFAZ DE RED

Como ya se ha visto, no es infrecuente encontrar que se usan varios protocolos a la vez en una LAN o una WAN. De hecho, un único nodo, a veces, envía y recibe una mezcla de protocolos en su interfaz de red. ¿Cómo se puede hacer esto?

Para que la explicación sea sencilla, consideremos una interfaz concreta, por ejemplo una LAN Ethernet. Una PC o un servidor puede querer utilizar una interfaz de TCP/IP, IPX y DECnet. ¿Pueden coexistir dichos protocolos?

Ya se han visto ciertas evidencias de que sí pueden. La cabecera de la capa de enlace contendrá un campo que identifica el protocolo de la capa de red del mensaje.

En la Figura 4.23 se muestra una interfaz de Ethernet compartida por pilas de protocolos de TCP/IP, IPX y DECnet. La capa software del *controlador de dispositivo* que interviene oculta los detalles de las interacciones de entrada/salida del hardware a las pilas de protocolos de alto nivel.

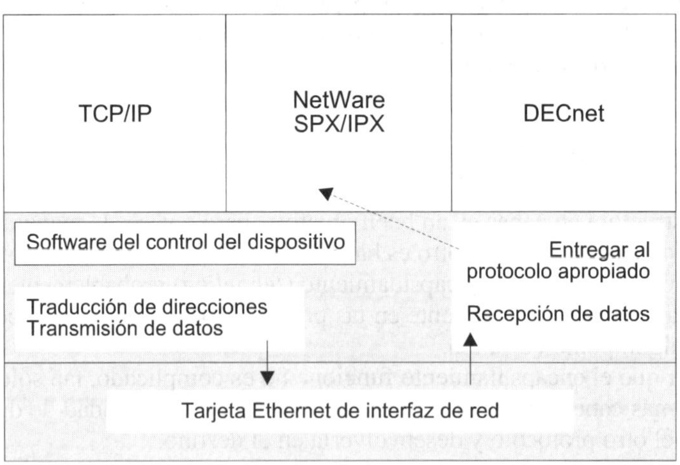

Figura 4.23. *Protocolos compartiendo una interfaz de red.*

ACERCA DE LA CAPA DE ENLACE

El porcentaje de un datagrama que constituye la cabecera de una datagrama tiene impacto en el rendimiento. Obviamente, cuando sólo se transmiten datos resulta más eficiente trasmitir el máximo número de datos posible en cada datagrama.

Sin embargo, existen diferentes tamaños máximos de datagrama para los distintos tipos de redes. En el Capítulo 6 se verá que IP dispone de un mecanismo para fragmentar grandes datagramas de IP cuando se transmiten datos a una red con un tamaño máximo de datagrama pequeño. Esta característica asegura que se pueden entregar datos, incluso cuando se encuentra un tamaño de MTU incompatible. Sin embargo, como es de esperar, los mecanismos de fragmentación y ensamblado ralentizan el tiempo de respuesta.

Cuando se conectan un par de host que se comunican en la misma LAN, se querría optimizar la transferencia de datos usando el mayor tamaño posible de datagrama. Pero, cuando se transmiten datos a un host remoto por tipos desconocidos de redes, algunas implementaciones seleccionan un tamaño máximo de datagrama pequeño (a veces 576 octetos) para evitar que haya fragmentación.

Más adelante, en el Capítulo 7, se verá que existe un procedimiento que descubre automáticamente el mayor datagrama que se puede enviar por un camino dado. De esta forma se evita la fragmentación y permite transmitir los datos en bruto de manera eficiente en datagramas de tamaño óptimo.

COLAS

Existe cierto problema con el uso de formatos de protocolo no normalizado por parte de ciertas versiones obsoletas de TCP/IP. La implementación 4.2 de la Distribución de software de Berkeley introdujo un formato no normalizado en la trama MAC de Ethernet que trasladaba el campo de tipo de trama y la información de cabecera de las capas 3 y 4 a una *cola*. El objetivo de este realineamiento era acelerar el procesamiento de las tramas entrantes reduciendo el número de veces que se copiaban los datos. Algunos productos comerciales también incorporan esta característica.

La utilización de colas de Berkeley puede conducir a problemas de interconexión de redes. Afortunadamente, las colas de Berkeley ya son raras. Sin embargo, si se utiliza esta característica, consulte la RFC 1122 para ver consejos sobre cómo hacerlo.

LECTURAS RECOMENDADAS

La RFC 1661 describe el protocolo punto a punto. En la RFC 1334 se explican los protocolos de autenticación de PPP y en la RFC 1333 se presenta el control automático de calidad del enlace.

Hay varias RFC donde se describe cómo transmitir datagramas de IP por otras capas: véase la RFC 1356 para X.25, la RFC 1490 para Retransmisión de tramas, la RFC 1209 para SMDS, la RFC 1390 para FDDI, la RFC 1577, 1932, 1626 y 1755 para ATM, la RFC 1088 para el Sistema básico de entrada y salida de red (NetBIOS), la RFC

1055 para SLIP, la RFC 1042 para las redes 802 del IEEE, la RFC 894 para Ethernet y la RFC 1201 para ARCNET.

Se puede encontrar información sobre HDLC en ISO 3309, 4335 y 7809. Las series 802 del IEEE y las series ISO 8802 describen los protocolos físico, de acceso al medio y de enlace lógico de las redes LAN y de área metropolitana.

La recomendación X.25 del CCITT se puede encontrar en los libros rojos del CCITT de 1984. Existen varios documentos de normalización sobre Retransmisión de tramas. Un buen lugar para empezar es en ANSI T1.606 y la Recomendación I.122 del CCITT.

En la RFC 893 se trata sobre la encapsulación de tramas.

Biblioteca profesional

CAPÍTULO 5

Asignación de nombres y direcciones

INTRODUCCIÓN

Todos los nodos de una red necesitan un nombre y una dirección. ¿Cómo se asignan? Puede que no sea un problema en una LAN autónoma con un puñado de host, pero cuando se trata de cientos o miles de host, empezar con un buen plan de nombres y direcciones puede ahorrar miles de problemas cuando se añaden, eliminan o reubican host, encaminadores o redes.

Los administradores de Internet han tenido que tratar con la gestión de nombres y direcciones de una red cuyo tamaño se duplica cada año, más o menos. Utilizaron una estrategia práctica, delegar.

El esquema de Internet de TCP/IP para la gestión de nombres y direcciones:

- Permite delegar la asignación de nombres y direcciones a un responsable de toda o parte de una red particular.
- Permite que los nombres reflejen la estructura lógica de una organización.
- Asigna direcciones que reflejan la topología lógica de la red de la organización.

Se verá cómo Internet usa un método de nombres jerárquico que permite a los administradores construir nombres descriptivos y fáciles de recordar.

EJEMPLOS DE NOMBRES DE INTERNET

Algunos nombres son caprichosos, como el siguiente grupo de host de la facultad médica de Yale:

blintz.med.yale.edu
couscous.med.yale.edu
gazpacho.med.yale.edu
lasagne.med.yale.edu
paella.med.yale.edu
sukiyaki.med.yale.edu
strudel.med.yale.edu

A los servidores se les suelen dar nombres que sean fáciles de localizar. Por ejemplo:

www.whitehouse.gov
ftp.microsoft.com
gopher.jvnc.net

Por cierto, en los nombres de nodo de Internet no hay diferencias entre las minúsculas y las mayúsculas. Por ejemplo, *www.whitehouse.gov* se podría escribir *WWW.WHITEHOUSE.GOV* o *WWW.Whitehouse.Gov*.

Normalmente un usuario escribirá los nombres en minúsculas, mientras que en algunas tablas aparecerán los nombres en mayúsculas. En este libro, aparecerán los nombres en minúsculas, en mayúsculas y en una mezcla de ambas.

ESTRUCTURA JERÁRQUICA DE NOMBRES

Es muy fácil entender la estructura jerárquica de estos nombres. Cada organización tiene un nombre superior descriptivo, como *yale.edu*, *whitehouse.gov*, o *microsoft.com*. A partir de ahí, la organización tiene total libertad para elegir cualquier esquema de nombres que le resulte conveniente. Por ejemplo, Yale, como la mayoría de las universidades, delega la responsabilidad de los nombres a los departamentos o divisiones. Por tanto, hay nombres que acaban en:

cs.yale.edu
math.yale.edu
geology.yale.edu

Algunos departamentos crean otra estructura de nombres. Por ejemplo, hay unas computadoras para la especialidad de computación de Yale situada en una sala de la planta baja del edificio de Ciencias de la computación (CS - *Computer Science*) llamada *The Zoo*. Las computadoras del *Zoo* tienen nombres como:

lion.zoo.cs.yale.edu
tiger.zoo.cs.yale.edu
leopard.zoo.cs.yale.edu

Todas las computadoras del *Zoo* están en una misma LAN. Sin embargo, se pueden asignar nombres de cualquier forma que sea *administrativamente* conveniente. Por ejemplo, otra familia de nombres del departamento de Ciencias de la computación de Yale es:

hickory.theory.cs.yale.edu
pecan.theory.cs.yale.edu
olive.theory.cs.yale.edu
walnut.theory.cs.yale.edu

Estas máquinas *no* se encuentran en un misma LAN.

ADMINISTRACIÓN DE NOMBRES

Si se usa una estructura jerárquica de nombres resulta más sencillo asegurarse de que todos los nombres de computadoras son únicos, a la vez que se delega el trabajo de administración de los nombres de las computadoras al personal apropiado. Tenga en cuenta que:

lion	La responsabilidad de asignar nombres diferentes (lion, tiger, etc.) es del administrador de los equipos del Zoo de Ciencias de la computación.
lion.zoo	Es el administrador del departamento de Ciencias de la computación de Yale quien debe usar nombres diferentes para cada grupo de departamento (zoo, theory, etc.)
lion.zoo.cs	Si el administrador de la red de Yale ha asignado a cada departamento un nombre diferente (cs, math, geology) todas las computadoras de Yale tendrán nombres únicos.
lion.zoo.cs.yale.edu	Existen organismos de registro que se aseguran que las organizaciones tengan un nombre único (por ejemplo: yale.edu, microsoft.com). Por tanto, cada computadora del mundo puede tener un nombre que es único.

Para asegurar que los nombres son únicos en toda la Internet, era necesario crear un servicio de registro que asegurase que *todas* las organizaciones o empresas utilizasen nombres diferentes.

Al principio, la Internet estaba patrocinada por el Departamento de defensa de los Estados Unidos (DOD). El DOD fundó el *Centro de información de red del Departamento de defensa* (DDN NIC - *Department of Defense Network Information Center*) responsable de la administración y registro de todos los nombres y direcciones.

En 1993, la Fundación nacional de ciencias (NSF - *National Science Foundation*) asumió esa responsabilidad sobre los nombres y direcciones no militares mientras el DDN NIC mantenía la responsabilidad sobre los nombres y direcciones militares.

La Fundación nacional de ciencias fundó el *Servicio de registro InterNIC* (*InterNIC Registration Service*), que es la principal autoridad mundial sobre nombres y direcciones. Sin embargo, una total centralización de estas funciones crearía un cuello de botella innecesario. Por ello, la InterNIC delegó su autoridad sobre Registros regionales:

- El Centro de información de red de Asia y el Pacifico.
- El Centro de coordinación de red RIPE [1] (para Europa).

La InterNIC y cada uno de los Registros regionales delegan la autoridad sobre nombres y direcciones a los Registros nacionales y locales en cada región.

Véase el Apéndice C para conocer las direcciones postales, números de teléfono y direcciones de correo electrónico de InterNIC y los registros regionales. En el Apéndice C se pueden encontrar índices sobre formularios de registro y archivos en línea. También incluye información sobre acceso a los Registros nacionales y locales.

[1] Reseaux IP Europeens.

ESTRUCTURA FORMAL DE NOMBRES

Un nombre está compuesto por una serie de etiquetas separadas por puntos. No es extraño encontrar nombres con dos, tres, cuatro o cinco etiquetas. Los siguientes nombres son nombres válidos para una computadora:

bellcore.com
www.apple.com
ftp.ncsa.uiuc.edu
lion.zoo.cs.yale.edu

Nombres más largos que los anteriores pueden ser difíciles de recordar y escribir. Sin embargo, las normas de nombres de Internet permiten que cada etiqueta pueda tener hasta 63 caracteres, y que un nombre pueda tener hasta 255 caracteres.

ÁRBOL MUNDIAL DE NOMBRES

Los nombres en Internet tienen una estructura en árbol, tal como se muestra en la Figura 5.1. Cada nodo del árbol tiene una etiqueta. Cada nodo del árbol también tiene un nombre, llamado *nombre de dominio*. Un nombre de dominio esta compuesto por una secuencia de etiquetas que van *desde* ese nodo *hasta* la raíz del árbol. El nombre de dominio se escribe como una secuencia de etiquetas separadas por puntos.

Por último, un *dominio* se define como una rama del árbol de nombres que comprende un nodo y todos los nodos por debajo de él. En otras palabras, un dominio está compuesto por todos los nombres con una misma terminación. Algunos ejemplos de dominios son:

- *edu* y todos los nombres bajo él (es decir; todos los que acaban en *edu*)
- *yale.edu* y todos los nombres bajo él (es decir; todos los que acaban en *yale.edu*)
- *cs.yale.edu* y todos los nombres bajo él (es decir; todos los que acaban en *cs.yale.edu*).

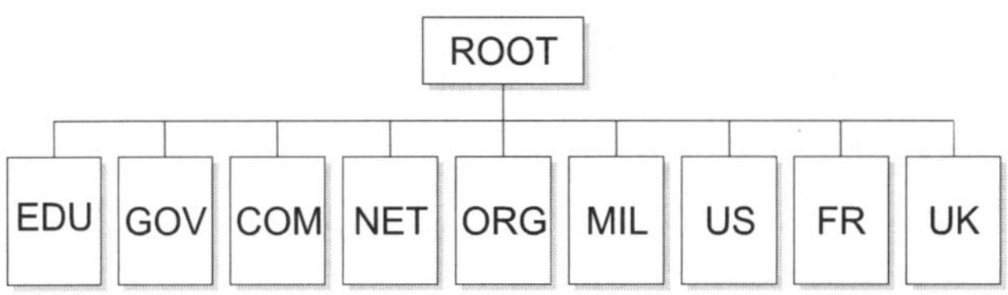

Figura 5.1. *Árbol mundial de nombres.*

Los *dominios de primer nivel* (*top-level domains*) son, tal como se muestra en la Figura 5.1:

edu	Instituciones educativas universitarias
gov	Agencias gubernativas federales de Estados Unidos.
com	Organizaciones comerciales
net	Organizaciones de servicios de red de Internet
org	Organizaciones sin ánimo de lucro (*96olympics.org*, *npr.org*)
int	Organizaciones internacionales (*gopher.nato.int*). Con muy poco uso y no visibles.
mil	Organizaciones militares (*army.mil*, *navy.mil*)
us	Agencias gubernativas locales y estatales de Estados Unidos, institutos, escuelas, bibliotecas y museos.
Países	Códigos de país ISO de dos caracteres para identificas docenas de otros dominios de primer nivel: *fr* para Francia, *uk* para el Reino unido, *de* para Alemania, *es* para España, etc. La estructura de nombres bajo el código de país se delega a los administradores en dicho país.

Los dominios *yale.edu*, *whitehouse.gov*, e *ibm.com*, que se muestran en la Figura 5.2, se llaman *dominios de segundo nivel* (*second-level domains*).

Hay una formalidad adicional. La etiqueta de la *raíz* del árbol de nombres es un punto. Por tanto, el nombre completo del sistema *lion* de la red de Ciencias de la computación de Yale es realmente:

lion.zoo.cs.yale.edu.

La mayoría de los usuarios, y autores, omiten el punto final cuando escriben el nombre.

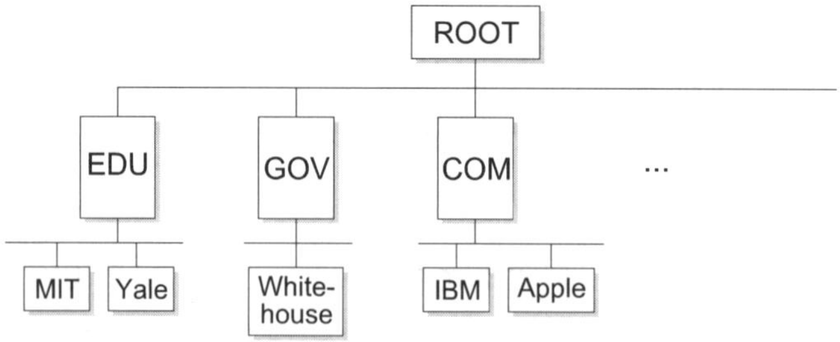

Figura 5.2. *Dominios de segundo nivel.*

CONFIGURACIÓN DEL NOMBRE DE UN SISTEMA

La forma de configurar el nombre de un sistema depende del mismo sistema. Habitualmente, el administrador escribe el nombre en un menú o invoca un comando.

En *tigger*, un sistema Unix con *SunOs*, se usa el comando *hostname* para ver o establecer el nombre del host.

```
> hostname
tigger.jvnc.net
```

Algunos sistemas separan los nombres en dos partes, la etiqueta inicial y el resto de los nombres del dominio. Se hace así para poder utilizar alias automáticos para los sistemas que se encuentran en el mismo nodo de dominio. Por ejemplo, si un usuario está trabajando en una computadora del dominio *jvnc.net* escribe *mickey*, este nombre se completa automáticamente a *mickey.jvnc.net*.

Los usuarios de la aplicación *Chameleon* para Windows introducen el nombre de la computadora mediante dos menús desplegables, como se muestra en la Figura 5.3.

DIRECCIONES

El protocolo de IP usa *direcciones de IP* para identificar los host y encaminar los datos hacia ellos. Todos los host deben tener una dirección de IP única para las comunicaciones. El nombre de host se traduce a su dirección de IP consultando el nombre en una base de datos de pares nombre-dirección.

Cuando se diseñaron las direcciones de IP, nadie había soñado que llegase a haber millones de computadoras en el mundo y que muchas de ellas quisieran o necesitasen una dirección de IP. Los diseñadores pensaron que tenían que satisfacer las necesidades de

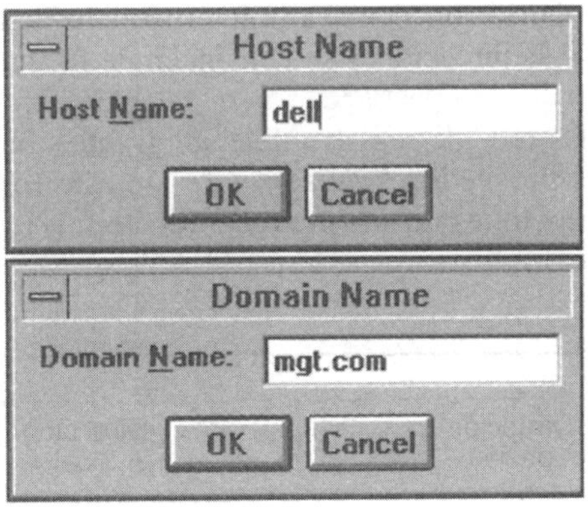

Figura 5.3. *Configuración del nombre de un sistema.*

una modesta comunidad de universidades, grupos de investigación y organizaciones gubernativas y militares.

Eligieron un diseño que les parecía razonable por entonces. Una dirección de IP es un número binario de 32 bits (4 octetos). Claramente, la dirección se eligió para que encajase convenientemente en un registro de 32 bits de una computadora. El *espacio de direcciones* resultado, es decir, el conjunto de todos los números de direcciones posibles, contiene 2^{32} (4.294.967.296) números.

La notación *punto* se inventó para leer y escribir fácilmente las direcciones de IP. Cada octeto (8 bits) de una dirección se convierte a su número decimal, y los números se separan por puntos. Por ejemplo, la dirección de *blintz.med.yale.edu* es un número binario de 32 bits que en la notación punto es:

10000010 10000100 00010011 00011111
130.132.19.31

Tenga en cuenta que el mayor número que puede aparecer en una posición dada es 255, que corresponde al número binario 11111111.

FORMATOS DE DIRECCIONES

Como se muestra en la Figura 5.4, una dirección de IP tiene un formato de dos partes que son la *dirección de red* y la *dirección local.* La dirección de red identifica la red a la que está conectado el nodo. La dirección local identifica a un nodo particular dentro de la red de una organización.

Todas las computadoras deben tener una dirección de IP única en el rango de sistemas con los que se comunican.

CLASES DE DIRECCIONES

Toda organización que planee conectarse a la Internet debe conseguir un bloque de direcciones de IP únicas. Las direcciones se consiguen de la autoridad de registro apropiada.

Por conveniencia, las NIC de registro delegan grandes bloques de su espacio de direcciones de IP a los proveedores de servicio. De esta forma las organizaciones pueden obtener sus direcciones de sus proveedores de servicios en lugar de un NIC de registro.

Figura 5.4. *Formato de una dirección de IP.*

Durante muchos años, sólo había tres tamaños de bloques de direcciones, grande, medio y pequeño. Existían tres formatos diferentes de direcciones de red para cada uno de los tamaños de bloques. Los formatos de direcciones eran:

Clase A para redes muy grandes.

Clase B para redes de tamaño medio.

Clase C para redes pequeñas.

En la Figura 5.5 se muestran los formatos de las clases A, B y C. Tenga en cuenta que las clases de direcciones tienen las características que se muestran en la Tabla 5.1.

En los inicios de la Internet, a las organizaciones con redes muy grandes, como la Marina de Estados Unidos o Digital Equipment Corporation, se les concedía direcciones de Clase A. La parte de red de una dirección de Clase A tiene una longitud de un octeto. Los tres octetos restantes de una dirección de Clase A pertenecen a la parte local y se usan para asignar números a los nodos.

Existen muy pocas direcciones de Clase A y la mayoría de las organizaciones de gran tamaño han tenido que conformarse con un bloque de direcciones de Clase B de tamaño medio. La parte de red de una dirección de Clase B es de dos octetos. Los dos octetos restantes de una dirección de Clase B pertenecen a la parte local y se usan para asignar números a los nodos.

Las organizaciones pequeñas reciben una o más direcciones de Clase C. La parte de red de una dirección de Clase C es de tres octetos. De esta forma sólo queda un octeto para la parte local que se usa para asignar números a los nodos.

Es sencillo adivinar la clase de una dirección de IP. Basta con mirar el primer número de la dirección en formato de puntos. Los intervalos de números para cada una de las clases se puede ver en la Tabla 5.1 y en la Figura 5.5.

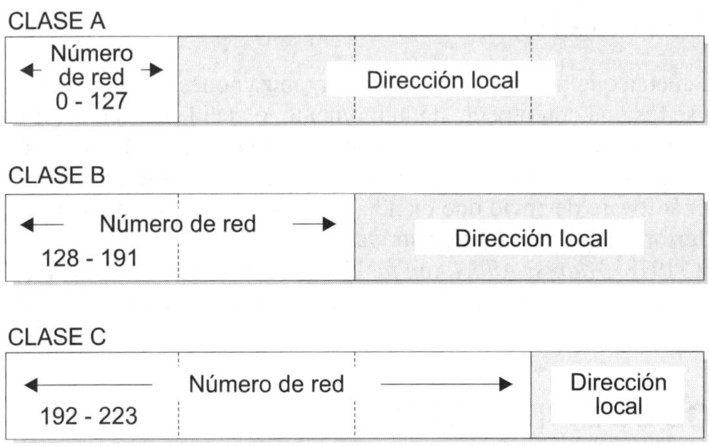

Figura 5.5. *Clases tradicionales de direcciones.*

Tabla 5.1. Características de las clases de direcciones.

Clase	Tamaño de la dirección de red (en octetos)	Primer número	Número de direcciones locales
A	1	0-127	16.777.216
B	2	128-191	65.536
C	3	192-223	256

Además de las Clases A, B y C, existen dos formatos especiales de direcciones, la Clase D y la Clase E. Las direcciones de Clase D se usan para *multienvío* de IP. El multienvío permite distribuir un mismo mensaje a un grupo de computadoras dispersas por una red. Las direcciones de multienvío, que permiten realizar aplicaciones de conferencia, se tratarán más adelante en este libro.

Las direcciones de Clase E se han reservado para uso experimental.

- Las direcciones de Clase D empiezan con un número entre 224 y 239.
- Las direcciones de Clase E empiezan con un número entre 240 y 255.

DIRECCIONES SIN CONEXIÓN A LA INTERNET

Se han reservado varios bloques de direcciones para su uso en redes que *no* se van a conectar a la Internet y que no van a necesitar conectividad con otra organización. Estas direcciones son:

10.0.0.0-10.255.255.255
172.16.0.0-172.31.255.255
192.168.0.0-192.168.255.255

Tenga en cuenta que puede haber *muchas* organizaciones que usen estos números. Si su compañía se fusiona con otra en algún momento, o decide comunicarse con los clientes o los proveedores mediante TCP/IP, puede haber conflictos de direcciones. Sin embargo, puede registrar una red de Clase C y usarla para las comunicaciones externas. Se puede obtener software de envío que mande la información entre ciertas computadoras y el mundo exterior usando una red registrada de Clase C.

En la RFC 1918, *Address Allocation for Private Internets* (Asignación de direcciones en internet privadas), se tratan las ventajas e inconvenientes de usar estas direcciones reservadas.

EJEMPLOS DE DIRECCIONES

En esta sección se verán algunos ejemplos de direcciones globales únicas de la Clase A, B y C. Más adelante se verán el nuevo método *sin clases* de asignación de direcciones de red.

Asignación de direcciones de Clase A a redes

Algunas organizaciones muy grandes tienen direcciones de Clase A. En este caso, la autoridad de registro asigna un valor fijo del primer octeto de la dirección y los restantes tres octetos los gestiona la organización. Por ejemplo, las siguientes direcciones y nombres de host pertenecen a Hewlett-Packard, que tiene asignada la dirección de Clase A 15.

15.255.152.2	*relay.hp.com*
15.254.48.2	*hppcla.fc.hp.com*

Hewlett-Packard posee los números que van desde el 15.0.0.0 al 15.255.255.255. Todos estos números constituyen el *espacio de direcciones* de la organización.

Asignación de direcciones de Clase B a redes

La autoridad de registro asigna un valor fijo para los primeros dos octetos de una dirección de Clase B. Los últimos dos octetos los gestiona la organización. Por ejemplo, las siguientes direcciones y nombres de host pertenece al proveedor de servicios Global Enterprise Systems, que tiene la dirección de Clase B 128.121.

128.121.50.145	*tigger.junc.net*
128.121.50.143	*mickey.junc.net*
128.121.51.51	*camel-gateway.jvnc.net*

Global Enterprise Systems posee los números que van desde el 128.121.0.0 al 128.121.255.255.

Las direcciones de Clase B son muy populares y hay muchas organizaciones que han solicitado una y la han conseguido. Desgraciadamente, aunque existen más de 16.000 posibles identificadores de red de Clase B, ya se están acabando.

Asignación de direcciones de Clase C a redes

A una organización con una red pequeña que necesite direcciones globales únicas se le concede una o más direcciones de Clase C. De esta forma la autoridad de registro asigna valores fijos a los tres primeros octetos de las direcciones de la organización. La organización tiene control sobre el último octeto. Por ejemplo, WAIS, Inc. tiene asignada la dirección de Clase C 192.216.46. Algunas de sus direcciones y nombres de host son:

192.216.46.4	*ns.wais.com*
192.216.46.5	*webworld.wais.com*
192.216.46.98	*wais.wais.com*

WAIS, Inc. posee los números que van desde el 192.216.46.0 al 192.216.46.255.

TRADUCCIÓN DE NOMBRES A DIRECCIONES

Los usuarios finales prefieren escribir nombres fáciles de recordar, mientras que IP necesita conocer la dirección del sistema de destino. Muchas computadoras tienen un pequeño archivo de configuración llamado *hosts*, con la lista de los nombres y direcciones de los sistemas locales. A continuación está una parte del archivo *hosts* del host *tigger.jvnc.net* de Global Enterprise Systems:

```
128.121.50.2    r2d2.jvnc.net    r2d2
128.121.50.7    nisc.jvnc.net    nisc
128.121.50.141  minnie.jvnc.net  minnie
128.121.50.143  mickey.jvnc.net  mickey
128.121.50.144  donald.jvnc.net  donald
128.121.50.145  tigger.jvnc.net  tigger
128.121.50.148  chip.jvnc.net    chip
128.121.50,149  bambi.jvnc.net   bambi
128.121.50.152  sleepy.jvnc.net  sleepy
```

Las demostraciones de las siguientes secciones de este capítulo se ejecutaron en *tigger.jvnc.net.*

Recuerde que se usa la base de datos distribuida del Sistema de nombres de dominio (DNS) para la traducción de nombre a dirección. A continuación, la aplicación *nslookup* envía solicitudes de traducción de nombre al Servidor de nombres de dominio llamado *r2d2.jvnc.net.* Buscaremos la dirección de un Servidor de Wold Wide Web de la Casa blanca y un servidor de transferencia de archivos en Novell, Inc.:

```
> nslookup
Default Server: r2d2.jvnc.net
Address: 128.121.50.2

> www.whitehouse.gov.
Server: r2d2.jvnc.net
Address: 128.121.50.2

Name: www.whitehouse.gov
Address: 128.102.252.1

> ftp.novell.com.
Server: r2d2.jvnc.net
Address: 128.121.50.2

Name: bantu.Provo.Novell.COM
Address: 137.65.1.3
Aliases: ftp.novell.com
```

La respuesta a la segunda solicitud indica que el nombre *ftp.novell.com* es realmente un *alias* de la computadora llamada *bantu.Provo.Novell.COM.*

NOMBRES ALIAS

A menudo, resulta conveniente asignar algún alias, o seudónimo, a una computadora, además de su nombre real. Por ejemplo, el host *nicol.junc.net* ofrece servicios de transferencia de archivos, gopher y World Wide Web (WWW). Por conveniencia, se le han asignado los siguientes alias:

ftp.junc.net
gopher.junc.net
www.junc.net:

```
> ftp.jvnc.net.
Server: r2d2.jvnc.net
Address: 128.121.50.2

Name: nicol.jvnc.net
Address: 128.121.50.10
Aliases: ftp.jvnc.net

> gopher.jvnc.net.
Server: r2d2.jvnc.net
Address: 128.121.50.2

Name: nicol.jvnc.net
Address: 128.121.50.10
Aliases: gopher.jvnc.net

> www.jvnc.net.
Server: r2d2.jvnc.net
Address: 128.121.50.2

Name: nicol.jvnc.net
Address: 128.121.50.10
Aliases: www.jvnc.net
>
```

Si la carga en *nicol* llega a ser muy alta, uno de sus servicios, y el seudónimo del servicio, se puede transferir a un host diferente. De esta forma el usuario puede obtener el servicio usando el mismo nombre, aunque la máquina que da el servicio haya cambiado. El nombre real del host se denomina *nombre canónico*.

INEFICIENCIAS DEBIDAS A LAS CLASES DE DIRECCIONES

Una red de Clase A dispone de 16.777.216 direcciones, mientras que una de Clase B dispone de 65.536 y una de Clase C sólo dispone de 256 números. Estas diferencias tan grandes entre estos números conllevan cierta ineficacia en la asignación de bloques de direcciones y han contribuido a que el espacio de direcciones de IP se termine.

En la Sección «Superredes y CIDR» se describirá un método más eficiente *sin clases* para la asignación de direcciones a organizaciones.

REDES Y SUBREDES DE TCP/IP

Una organización que tenga direcciones de red de Clase A o Clase B es muy probable que tenga una red de cierta complejidad constituida por muchas LAN y varios enlaces de WAN. Tiene sentido, entonces, dividir el espacio de estados de forma que coincida con la estructura de la red de acuerdo a una familia de subredes. Para ello, la parte local de la dirección se divide una *parte de subred* y una *parte de sistema* de manera conveniente, como se muestra en la Figura 5.6.

El tamaño de la parte de subred de una dirección y la asignación de números a subredes es responsabilidad de la organización que «posee» esa parte del espacio de direcciones.

Las direcciones de subred suelen dividirse en bytes. Una organización con direcciones de Clase B, como por ejemplo 128.21 usará el tercer byte para identificar las subredes. Por ejemplo:

128.121.1
128.121.2
128.121.3

Entonces el cuarto byte se usará para identificar los host particulares de una subred.

Por otra parte, una organización con direcciones de Clase C sólo tiene un byte de espacio de direcciones. Podría elegir no realizar subredes o quizá usar 4 bits para direcciones de subred y 4 bits para direcciones de host, como se muestra en la Figura 5.7. En esta figura, las direcciones locales, 61, se expresan en binario como 0011 1101. Los cuatro primeros bits identifican a una subred y los últimos cuatro bits identifican el sistema.

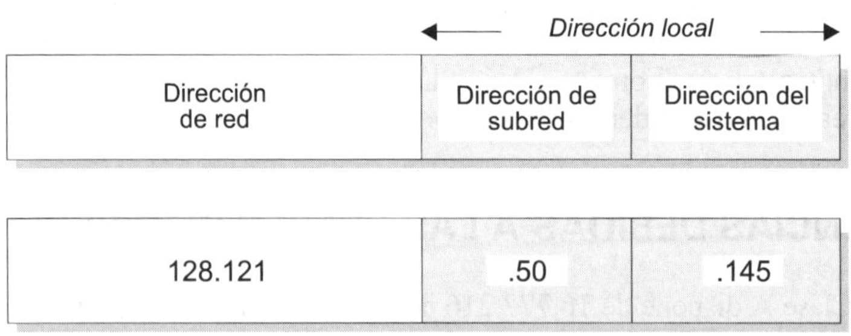

Figura 5.6. *División de las direcciones locales en parte de subred y parte de sistema.*

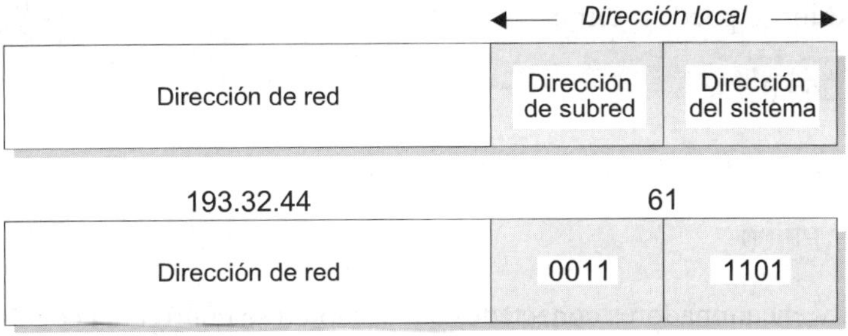

Figura 5.7. *Parte de subred de 4 bits en una dirección de Clase C.*

MÁSCARAS DE SUBRED

El tráfico se encamina hacia un host consultando las partes de red y subred de una dirección de IP. La parte de red de una dirección de Clase A, B o C tiene un tamaño fijo. Pero las organizaciones pueden decidir sus propios tamaños de subred, por lo que ¿cómo pueden reconocer los encaminadores estos campos? La respuesta es que hay que configurar los sistemas para que conozcan el tamaño de la parte de subred de la dirección. En la Figura 5.8 se muestra el menú de *Chameleon* que se usa para introducir el tamaño del campo de subred.

El tamaño del campo de subred se almacena realmente en un parámetro de configuración llamado *máscara de subred*. La máscara de subred es una secuencia de 32 bits. Los bits que corresponden a los campos de red y subred de una dirección se ponen a 1 y los bits para el campo del sistema se ponen a 0.

Por ejemplo, si se usa el tercer byte de las direcciones que empiezan por 128.121 para identificar las subredes, la máscara es:

11111111 11111111 11111111 00000000

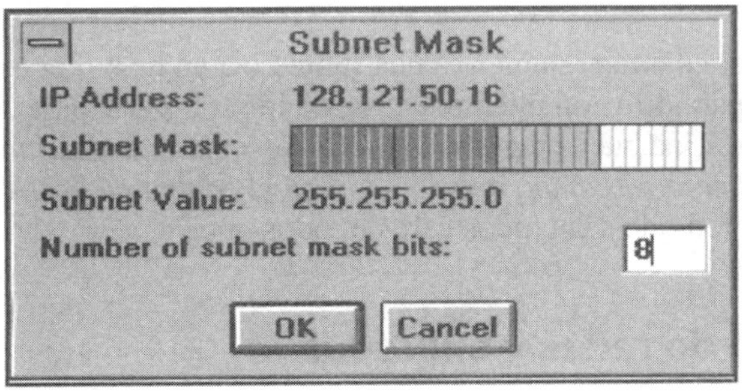

Figura 5.8. *Configuración de una máscara de subred.*

Normalmente las máscaras de subred se expresan en notación decimal con puntos. La máscara anterior se puede escribir:

255.255.255.0

A veces la máscara se escribe en hexadecimal, como

X'FF-FF-FF-00

Los host y encaminadores conectados a una subred se configuran con la máscara de la subred. Suele ser común usar una única máscara de subred en toda una internet de la organización. Hay excepciones a esta práctica, y algunas organizaciones usan varios tamaños diferentes de subred.

Por ejemplo, si una red tiene muchas líneas punto a punto, no sería conveniente usar los números de subred ya que sólo hay dos sistemas en cada subred punto a punto. Una organización podría decidir usar máscaras de 14 bits (255.255.255.252) para sus líneas punto a punto.

En la Tabla 5.2 se muestran las distintas formas en que se pueden dividir las direcciones locales de una red de Clase B en subredes. También se muestran los números de subredes y de host de cada división. El número de host y de subredes es de 2 menos de los que se podría esperar, ya que existen ciertas restricciones que se describen en la siguiente sección.

Por ejemplo, si se usan 6 bits para subred, la máscara de subred es:

11111111 11111111 11111100 00000000

es decir, 255.255.252.0. En la siguiente sección se verá por que no están permitidas las divisiones 1/15 (1 bit para subred y 15 bits para host) y 15/1 de las direcciones.

En el Apéndice D, se dan ejemplos que muestran cómo se pueden usar las distintas máscaras de subred en una sola red. Si se usan distintos tamaños de máscaras de red se pueden asignar direcciones de manera muy eficiente.

DIRECCIONES ESPECIALES RESERVADAS

No se puede asignar cualquier número a una subred o a un host. Por ejemplo, algunas direcciones se usan para difusión mientras otras están reservadas para su uso en las tablas de encaminamiento. Una buena regla es la que dice: *aléjate de usar un bloque de ceros o un bloque de unos ni en el campo de subred ni en el campo de host.* Y también, no hay ningún número de red que sean todos ceros o todos unos.

Identificación de redes y subredes

Resulta apropiado usar el formado de dirección con puntos para referirse a una red. Por convención, se hace completando la parte local de la dirección con ceros. Por ejemplo,

Tabla 5.2. *Subredes en una red de Clase C.*

Bits de subred	Número de subredes	Bits de host	Número de host	Máscara
0	0	16	65.534	255.255.0.0
1	-	15	-	No permitido
2	2	14	16.382	255.255.192.0
3	6	13	8.190	255.255.224.0
4	14	12	4.094	255.255.240.0
5	30	11	2.046	255.255.248.0
6	62	10	1.022	255.255.252.0
7	126	9	510	255.255.254.0
8	254	8	254	255.255.255.0
9	510	7	126	255.255.255.128
10	1.022	6	62	255.255.255.192
11	2.046	5	30	255.255.255.224
12	4.096	4	14	255.255.255.240
13	8.190	3	6	255.255.255.248
14	16.382	2	2	255.255.255.252
15	-	1	-	No permitido

5.0.0.0 identifica una red de Clase A, 131.18.0.0 identifica una red de Clase B y 201.49.16.0 identifica una red de Clase C.

Este mismo tipo de notación se usa para identificar las subredes. Por ejemplo, si la red 131.18.0.0 usa una máscara de red de 8 bits, 131.18.5.0 y 131.18.6.0 se refieren a subredes. Esta notación se usa para representar redes y subredes de destino en las tablas de encaminamiento de IP. El precio por usar esta notación es que las direcciones de esta forma no se pueden asignar a ningún host ni encaminador. Además, el uso de un cero como número de subred hace que sea ambiguo el identificador 130.15.0.0. Por esta razón, en las normas se «olvida» el campo de subred cero[2].

Difusión en la subred local

Existen varios patrones de direcciones de IP utilizados para difusión. Un datagrama se puede difundir hacia los sistemas de un determinado ámbito.

[2] Véase la RFC 1122. A pesar de la restricción, algunos lugares usan la subred 0 como máscara de subred.

La dirección de IP 255.255.255.255[3], es decir, una dirección con 32 unos, difunde un datagrama a todos los sistemas en el enlace local. Este tipo de difusión se usa, por ejemplo, con los protocolos *BOOTP* y *DHCP*, que el sistema utiliza para obtener su dirección de IP y otros datos de inicialización desde un servidor de arranque. Un cliente envía una solicitud de arranque a 255.255.255.255 y usa la dirección reservada 0.0.0.0 como su dirección de IP.

Una difusión se expande por la LAN envolviendo el datagrama de IP en una trama cuya cabecera tiene la dirección de difusión física a-todos como dirección de destino.

Difusión dirigida a una subred

La difusión también se puede dirigir a una subred concreta, que puede encontrarse directamente conectada a la subred o puede ser una subred remota desde el host origen. Por ejemplo, si 131.18.7.0 es una subred de una red de Clase B, se puede utilizar la dirección 130.18.7.255 para difundir un mensaje a todos los nodos de esa subred.

Si la subred de destino es remota, el resultado de enviar un datagrama de IP a la dirección de difusión es que se transmitirá una copia del datagrama al encaminador conectado a la subred 131.18.7.0. Suponiendo que esta subred es una LAN, el encaminador debería usar una dirección de difusión física en el campo de destino de la trama de Control de acceso al medio (MAC) para dirigir el mensaje a todos los host de dicha subred.

Tenga en cuenta que esto implica que no se puede asignar a ningún sistema la dirección reservada de IP 130.18.7.255.

Difusión a redes

Se puede enviar un datagrama de IP a todos los host de una red remota dada. Se hace poniendo la parte local de la dirección completa a uno.

Por ejemplo, suponga que un administrador quiere enviar un aviso a todos los nodos de la red Ethernet de Clase C 201.49.16.0. La dirección de IP utilizada para la difusión es:

201.49.16.255

Significa que a ningún host se le puede dar la dirección 201.49.16.255.

La dirección 131.18.255.255 se podría usar para enviar un mensaje a todos los nodos de una red de Clase B completa. Tenga en cuenta que si se pudiese asignar como número de subred el 255 a una de las subredes, habría un problema. No quedaría claro si una difusión a 130.15.255.255 iba dirigida a esa subred o la red completa. Para evitarlo nunca se asigna a una subred un número que sean todos unos.

---

[3] Berkeley 4.2 TCP/IP y otros productos que se basan en él usan ceros en lugar de unos para la difusión. Es una práctica no estándar y con el tiempo estos sistemas operativos quedarán obsoletos o se sustituirán.

Restricciones en las direcciones de IP

El conjunto de direcciones útiles de IP es un poco más reducido debido a los formatos de las tablas de encaminamiento y difusión descritas anteriormente. En a RFC 1122, *Requirements for Internet Hosts—Communication Layers*, se obliga a que:

- Un campo de red, subred o host no puede ser todos ceros.
- Un campo de red, subred o host no puede ser todos unos.

Por tanto, para que se pueda usar, un campo debe tener al menos dos bits.

Dirección interna

En el extremo opuesto de la difusión están los mensajes que nunca abandonan el host local. Hay muchos host que contienen procesos clientes y servidores. Los clientes y servidores locales se comunican mediante IP dentro del host. Para ello, usan una dirección especial que se llama dirección *interna* (*loopback*). Por convenio, cualquier dirección que empieza con 127 se reserva con este propósito. En la práctica sólo se usa la dirección 127.0.0.1. Tenga en cuenta que se ha reservado un espacio de direcciones Clase A de 2^{16} números con este propósito.

Es muy fácil ver en acción la dirección interna. Por ejemplo el cliente y el servidor de Transferencia de archivos de *Chameleon* se pueden ejecutar concurrentemente en *Microsoft Windows*. Se puede ejecutar el servidor, que tiene la pantalla que se muestra en la Figura 5.9.

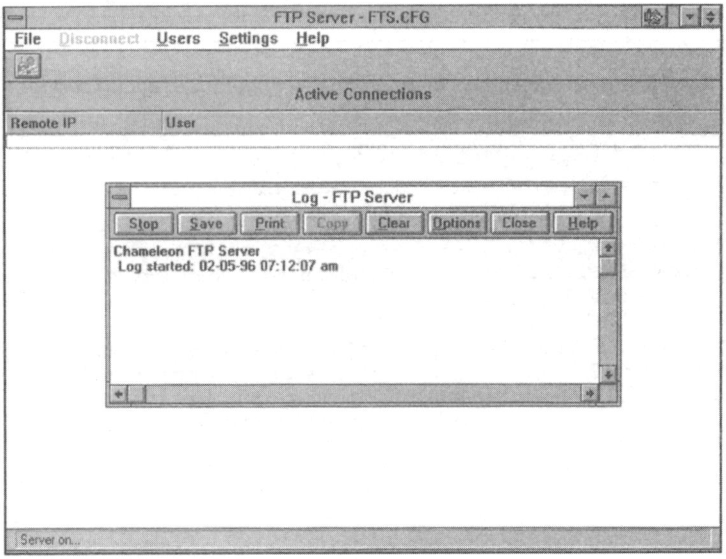

Figura 5.9. *Servidor de transferencia de archivos en Windows.*

El cliente se conecta con el servidor en una dirección interna 127.0.0.1, como se muestra en la Figura 5.10. Cualquier «transferencia de archivo» que ejecuta el cliente lo único que hace es copiar los archivos de un directorio de la PC a otro. El servidor guarda un registro de la actividad del cliente en la dirección 127.0.0.1, como se muestra en la Figura 5.11.

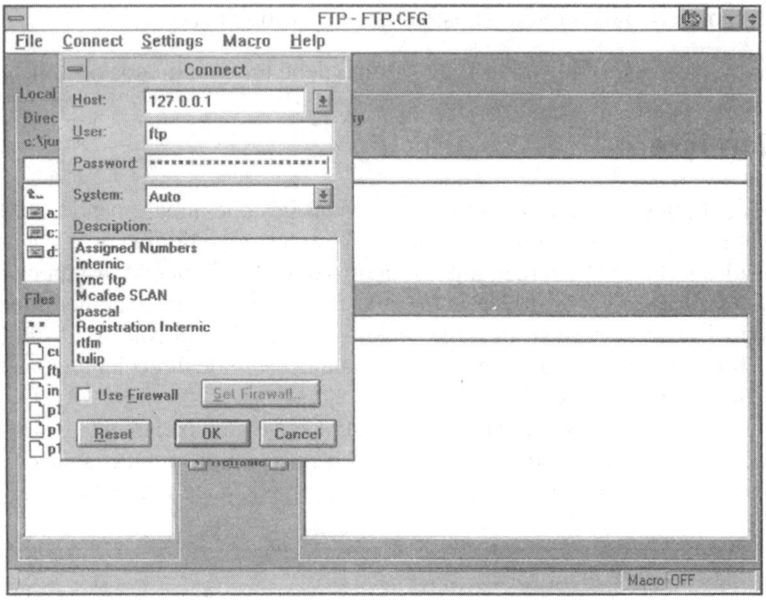

Figura 5.10. *Cliente de transferencia de archivos conectándose a un servidor local.*

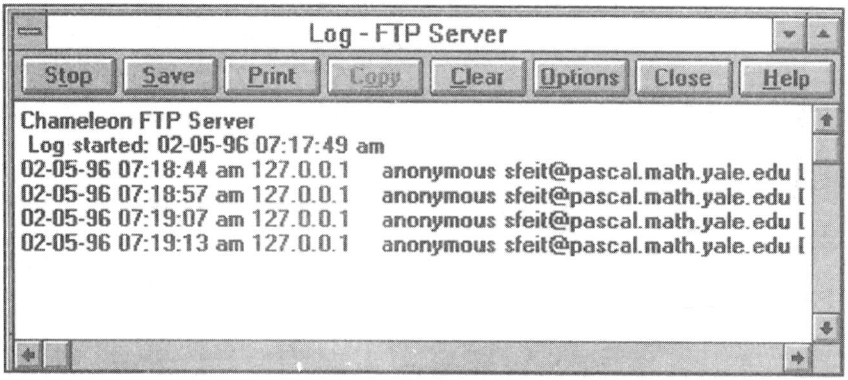

Figura 5.11. *Actividad del cliente en un servidor de transferencia de archivos.*

Resumen de las direcciones especiales reservadas

Los distintos tipos de direcciones especiales se resumen en la Tabla 5.3.

Tabla 5.3. *Direcciones especiales.*

Dirección	Descripción
0.0.0.0	Se usa como origen de una dirección de solicitud de una configuración de arranque. También denota el encaminamiento por defecto en una tabla de encaminamiento.
127.0.0.0	Reservada.
127.0.0.1	Interna. El cliente y el servidor se encuentran en la misma máquina.
127.0.0.2-127.255.255.255	Reservadas.
128.0.0.0	Reservada.
191.255.0.0	Reservada.
192.0.0.0	Reservada.
255.255.255.0	Reservada.
240.0.0.0-255.255.255.254	Reservadas.
255.255.255.255	Difusión a todos los nodos locales de la LAN.

SUPERREDES Y CIDR

El método A, B y C de manejar los bloques de direcciones es muy ineficiente. Una dirección de Clase C sólo tiene un máximo de 254 direcciones útiles. Recuerde que la 0 y la 255 no se pueden usar como dirección de un nodo. Por otra parte, si una organización que sólo necesita unos cientos o unos pocos miles de direcciones dispone de una dirección de Clase B, se desperdician muchas direcciones.

Sería preferible asignar a las organizaciones el número de bits que realmente necesiten. Y es muy fácil. Por ejemplo, si una organización necesita 4000 direcciones, se le conceden 12 bits para la parte local de sus direcciones. Los restantes 20 bits son un prefijo dado, que se usa como nueva parte *prefijo* o *superred* de la dirección. La forma habitual de escribir el tamaño de esta parte de red »sin clase» es /20.

La asignación inicial de direcciones de superred se toman del espacio de números disponibles de la Clase C. Conseguir un prefijo de 20 bits equivale a conseguir 16 bloques contiguos de direcciones de Clase C.

En la Tabla 5.4 se muestran los distintos bloques de direcciones que se pueden asignar a partir de un espacio de direcciones de Clase C. Para realizar el encaminamiento a una organización, un encaminador de Internet ha de conocer:

- El número de bits del prefijo de red.
- El patrón de bits real asignado para el prefijo de red de la organización.

Tabla 5.4. *Bloques CIDR del espacio de direcciones Clase C.*

Tamaño de la parte de red	**Número de bits de la parte local**	**Número de redes equivalentes de Clase C**	**Número de direcciones para la organización**
/24	8	1	256
/23	9	2	512
/22	10	4	1.024
/21	11	8	2.048
/20	12	16	4.096
/19	13	32	8.192
/18	14	64	16.384
/17	15	128	32.768

Con esta información el encaminador puede dirigir el tráfico a la misma usando una única entrada en la tabla de encaminamiento. Es lo que se denomina *Encaminamiento de dominio Internet sin clase* (CIDR - *Classless Internet-Domain Routing*).

Las partes sin uso del espacio de numeración de la Clase A se puede dividir exactamente de la misma forma. Se puede asignar a una organización una cadena de bits como prefijo de red y podría usar el resto de los bits para dar números a sus sistemas. Lo que se necesita para que funcione es incluir el tamaño del prefijo de red junto con la información de encaminamiento.

El encaminamiento de Internet es más eficiente, incluso, delegando grandes bloques de direcciones a los proveedores de servicios de Internet. Un proveedor puede asignar subbloques a sus clientes. El tráfico se encamina al cliente usando su prefijo de bloque. El proveedor usa mayores prefijos para encaminar a sus clientes.

Por ejemplo, un proveedor puede disponer de un bloque que empieza con un prefijo de 10 bits 11000001 11, y uno de sus clientes puede disponer de un bloque que empieza con el prefijo de 16 bits 11000001 11011111.

NECESIDAD DE UNA NUEVA GENERACIÓN DE IP

Con la creación de las direcciones de superred, sin clase, y el encaminamiento sin clase se ha conseguido extender la vida del esquema actual de direcciones de IP.

Cuando se diseñaron originalmente las direcciones de IP, nadie pudo adivinar que la tecnología de computadoras pudiera poner computadoras en los despachos, en las casas y en dispositivos comunes, y unirlos todos en una red. Las direcciones actuales son inconvenientes e inadecuadas para el trabajo necesario hoy día.

A pesar de usar la estructura jerárquica de los números de teléfono, las direcciones se diseñaron sin código de país o de área. De esta forma el encaminamiento es especialmente costoso. Los encaminadores de área extensa guardan entradas separadas para el encaminamiento de decenas de miles de redes distintas.

La versión 6 de IP (*siguiente generación*) se diseñó para resolver estos problemas y también para ofrecer nuevas formas de usar las computadoras y las redes de computadoras. La versión 6 se describe en los Capítulos 22 y 23.

DIRECCIONES DE IP, INTERFACES Y MULTIHOSPEDAJE

La identificación de redes y subredes dentro de una dirección de IP tiene muchas ventajas:

- Simplifica el trabajo de asignación de direcciones. Se puede delegar un bloque de direcciones al administrador de una red o subred concreta.
- Ayuda a mantener pequeñas las tablas de encaminamiento. Una tabla de encaminamiento sólo tiene que contener una pequeña lista de las redes y subredes, en lugar de una lista con todos los host de una internet.
- Simplifica el trabajo de encaminamiento. Las búsquedas de números de red o subred en la tabla se pueden realizar rápida y eficientemente.

Son ventajas importantes. Sin embargo, hay una consecuencia importante de este esquema de direcciones. Considere la Figura 5.12. El encaminador de la figura tiene tres interfaces diferentes y está conectado a dos LAN y una línea alquilada.

El encaminador está conectado a las subredes internas 128.36.2 y 128.36.18. También está conectado a una red externa, 193.92.45. ¿Cuál es «la» dirección de IP del encaminador?

La respuesta es que los *sistemas* no tienen direcciones de IP, sino sus *interfaces*. Cada interfaz tiene una dirección de IP que empieza con el número de red y de subred de la LAN o enlace de área extensa al que esté conectada. A un encaminador con tres interfaces hay que asignarle tres direcciones de IP.

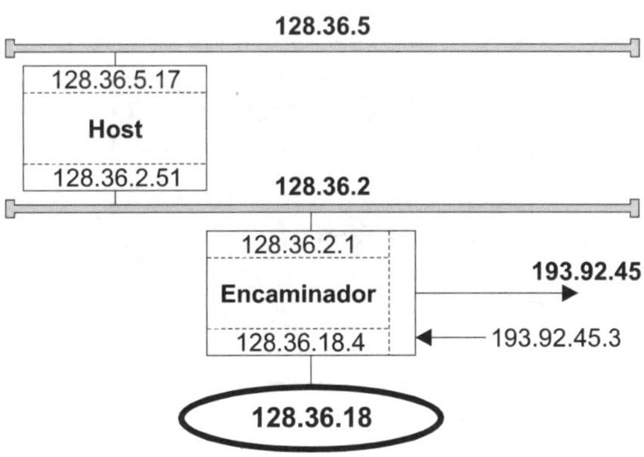

Figura 5.12. *Asignación de direcciones de IP a interfaces.*

También se puede conectar un host a más de una red o subred. El host de la Figura 5.12 tiene interfaces a dos Ethernet. Este host también tiene dos direcciones de IP, 128.36.2.51 y 128.36.5.17.

A un sistema conectado a más de una subred se le denomina *multihospedado* (*multihomed*). Un host multihospedado introduce algunas complicaciones en el encaminamiento de IP. Los datos se dirigirán a un host multihospedado de manera diferente dependiendo de cuál de sus direcciones de IP se elija para las comunicaciones. De hecho, puede ayudar asociar distintos nombres al host, correspondientes a sus múltiples interfaces. Por ejemplo, de acuerdo con la Figura 5.12, los usuarios de la LAN 128.36.2 podrían ver un nombre de host distinto de los usuarios que hablan en la LAN 128.36.5.

A pesar de las desventajas de los host multihospedados, la inclusión de identificadores de red y subred dentro de la dirección ha contribuido significativamente en la eficiencia de los encaminadores y en la facilidad con que se puede hacer crecer una internet de TCP/IP.

CONFIGURACIÓN DE DIRECCIONES Y MÁSCARAS DE SUBRED

Como se ha visto anteriormente, la interfaz de usuario para la configuración de TCP/IP puede variar de un host a otro[4]. En *tigger* se usa el comando *ifconfig* para ver los parámetros de una interfaz. Los parámetros de la interfaz Ethernet 0 (*le0*) son:

```
> ifconfig le0
le0: flags = 63<UP,BROADCAST,NOTRAILERS,RUNNING>
inet 128.121.50.145 netmask ffffff00 broadcast 128.121.50.255
```

La dirección de IP de la interfaz es 128.121.50.145. Su máscara de red en hexadecimal es ffffff00. La dirección apropiada de difusión para la subred es 128.121.50.255.

Esta misma información se introduce con menús en *Chameleon*. Por ejemplo, para configurar la dirección de IP se usa el menú desplegable que se muestra en la Figura 5.13.

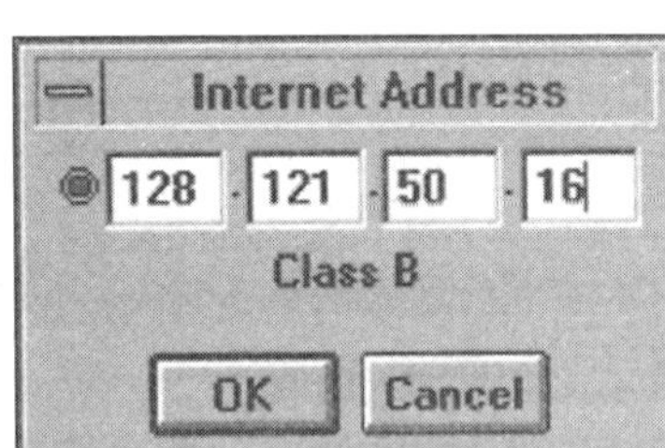

Figura 5.13. *Configuración de una dirección de IP con un menú.*

[4] Mientras se escribía este libro, el software actual de encaminamiento permitía direcciones de superred, pero los host sólo entendían las clases de direcciones convencionales.

RELACIONES ENTRE NOMBRES Y DIRECCIONES

Un usuario que ve un nombre de sistema como *fermat.math.yale.edu* y su dirección de IP en formato punto, 128.36.23.3, puede tener una idea de que parte de los nombres se corresponden con parte de los números de la dirección con puntos. No es realmente el caso.

A veces, es cierto que a los sistemas de una LAN se les asignan nombres que *parecen* coincidir con la jerarquía de la red. Sin embargo:

- *Pueden* aparecer nombres sin ninguna relación en la misma LAN.
- *Pueden* existir nombres de host con una estructura similar situados en LAN diferentes o incluso en diferentes redes.

Por ejemplo, suponga los siguientes nombres y direcciones:

macoun.cs.yale.edu	128.36.2.5
bulldog.cs.yale.edu	130.132.1.2

Las direcciones reflejan puntos de conexión a la red y son los límites de esos lugares. Pero los nombres de los sistemas no dependen de su conexión física a la red.

Una organización puede llenar un dominio con nombres como *chicago.sales.abc.com* y *newyork.sales.abc.com*. Estas computadoras podrían estar situadas en las ciudades indicadas.

El tráfico se encamina hacia un sistema según su dirección, no su nombre, y siempre se busca la dirección del sistema antes de enviarle los datos. Por tanto, las organizaciones tienen total libertad para diseñar un plan flexible de nombres que mejor se adapte a sus necesidades.

PROTOCOLO DE RESOLUCION DE DIRECCIONES

Antes de enviar un datagrama entre dos estaciones de una LAN, debe envolverse en una trama con una cabecera y una cola. La trama se envía a la su tarjeta de interfaz de red cuya dirección física coincide con la dirección física de destino en la cabecera de la trama.

Por tanto, para enviar un datagrama por una LAN, hay que descubrir cuál es la dirección física del nodo de destino.

Afortunadamente, existe un procedimiento para descubrir automáticamente la dirección física. El *Protocolo de resolución de direcciones* (ARP - *Address Resolution Protocol*) ofrece un método de difusión para traducir automáticamente entre dirección de IP y dirección física.

Los sistemas de la red local usan ARP para descubrir información sobre su propia dirección física[5]. Cuando un host quiere empezar a comunicarse con un socio local, busca la dirección de IP del otro en su tabla de ARP, que normalmente se mantiene en memo-

[5] Un administrador también puede añadir manualmente algunas entradas permanentes de traducción en la tabla de ARP.

ria. Si no existe una entrada para esa dirección de IP, el host difunde una solicitud de ARP que contiene la dirección de IP de destino, de acuerdo con la Figura 5.14.

El host de destino reconoce su dirección de IP y lee la consulta. Lo primero que hace el host destino es actualizar su propia tabla de traducción de direcciones con la dirección física del origen. Es lógico ya que, probablemente, el destino pronto empezará una conversación con el origen. El host destino envía de vuelta una respuesta que contiene su propia dirección de la interfaz hardware.

Cuando el origen recibe la respuesta, actualiza su tabla de ARP y ya está listo para transmitir datos por la LAN.

Contenido de un mensaje de ARP

ARP se usó inicialmente en las LAN de Ethernet, pero su diseño es general, por lo que se puede usar en otros tipos de redes como Token-Ring, LAN con Interfaz de datos distribuidos por fibra (FDDI) y Redes de área extensa del Servicio de datos multimegabit (SMDS). Se ha diseñado una variante de ARP para su uso con circuitos virtuales de área extensa (como Retransmisión de tramas).

El mensaje de ARP se sitúa en el campo de datos de una trama, a continuación de la(s) cabecera(s) de nivel bajo[6]. El tipo de protocolo de la trama se identifica como ARP mediante el código de tipo Ethernet X'0806. En la Tabla 5.5 se muestran los campos del mensaje de ARP.

Los tamaños de los últimos cuatro campos dependen de la tecnología y protocolo que se use. Las direcciones hardware de las LAN 802.X son de 6 octetos, y las direcciones de IP son de 4 octetos. El ejemplo de la Tabla 5.6 muestra el formato de un mensaje de solicitud de traducción de una dirección de IP a una dirección de Ethernet.

Los papeles de origen y destino se invierten en la respuesta. Por ejemplo, la dirección de nivel alto *origen* será X'80-24-04-0B en la respuesta.

ARP no se restringe a su uso en TCP/IP, ya que el segundo campo identifica el protocolo que se usa con ARP.

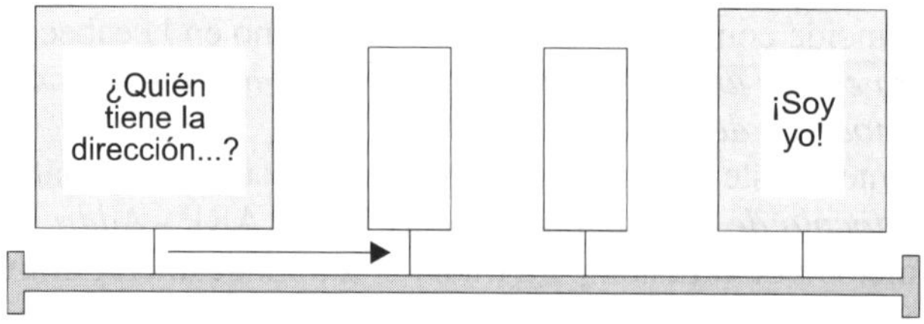

Figura 5.14. *Búsqueda de la dirección física de un sistema.*

[6] Por ejemplo, para una Ethernet que use tramas DIX, el mensaje ARP sigue a la cabecera MAC, mientras que en una red 802.2 u 802.5, el mensaje ARP sigue a la cabecera MAC, la cabecera de Control de enlace lógico (LLC) y la subcabecera del Protocolo de acceso a subred (SNAP).

Tabla 5.5. *Formato de un mensaje de ARP.*

Número de octetos	Campo
2	Tipo de dirección hardware
2	Protocolo de direcciones de nivel alto
1	Tamaño de la dirección hardware
1	Tamaño de la dirección de nivel alto
2	Tipo de mensaje; 00 01 = solicitud, 00 02 = respuesta
*	Dirección hardware de origen
*	Dirección (IP) de nivel alto origen
*	Dirección hadware de destino
*	Dirección (IP) de nivel alto de destino

Tabla 5.6. *Ejemplo de un mensaje de solicitud de ARP.*

Número de octetos	Campo	Descripción
2	00 01	Ethernet
2	08 00	IP
1	06	Tamaño de la dirección física de Ethernet: 6 octetos
1	04	Tamaño de la dirección de IP
2	00 01	Solicitud
6	02 07 01 00 53 23	Dirección hardware del origen
4	80 24 04 12	Dirección de nivel alto del origen
6	00 00 00 00 00 00	Dirección hardware del destino
4	80 24 04 0B	Dirección de nivel alto del destino

Como la solicitud de ARP original se difunde, cualquier sistema de la LAN puede usar la información del mensaje de ARP y actualizar las entradas de su tabla.

Sin embargo, normalmente un sistema solo añade una actualización cuando es el destino de un mensaje de ARP.

Tabla de ARP

La mayoría de los sistemas disponen de un comando que permite al administrador:

- Ver la tabla local de ARP.
- Añadir o eliminar entradas manualmente.
- Cargar una tabla de entradas de un archivo de configuración.

El siguiente diálogo usa el comando *arp –a* para mostrar cómo cambia la tabla de ARP de *tigger* después de establecer una conexión de *telnet* con el host *mickey*, que no se encontraba en la tabla. Tenga en cuenta que en la salida se muestra el nombre de los sistemas, su dirección de IP en el formato de punto y los 6 octetos de su dirección física como números en hexadecimal separados por el delimitador:

```
> arp -a
nomad-eth0.jvnc.net (128.121.50.50) at 0:0:c:2:85:11
r2d2.jvnc.net (128.121.50.2) at 8:0:20:a:2c:3f
jim-mac.jvnc.net (128.121.50.162) at 8:0:7:6f:a6:65
tom-mac.jvnc.net (128.121.50.163) at 8:0:7:ff:96:9e
chip.jvnc.net (128.121.50.148) at 0:0:3b:86:6:4c
nisc.jvnc.net (128.121.50.7) at 8:0:20:11:d2:b7
nicol.jvnc.net (128.121.50.10) at 0:0:3b:80:32:34
minnie.jvnc.net (128.121.50.141) at 8:0:20:7:b5:da
>

> telnet mickey.jvnc.net
Trying 128.121.50.143 ...
Connected to mickey.jvnc.net.
Escape character is '^]'.

SunOS UNIX (mickey.jvnc.net)

login:
...
logout

> arp -a
nomad-eth0.jvnc.net (128.121.50.50) at 0:0:c:2:85:11
r2d2.jvnc.net (128.121.50.2) at 8:0:20:a:2c:3f
jim-mac.jvnc.net (128.121.50.162) at 8:0:7:6f:a6:65
tom-mac.jvnc.net (128.121.50.163) at 8:0:7:ff:96:9e
chip.jvnc.net (128.121.50.148) at 0:0:3b:86:6:4c
nisc.jvnc.net (128.121.50.7) at 8:0:20:11:d2:b7
nicol.jvnc.net (128.121.50.10) at 0:0:3b:80:32:34
minnie.jvnc.net (128.121.50.141) at 8:0:20:7:b5:da
mickey.jvnc.net (128.121.50.143) at 8:0:20:7:53:8f
```

ARP inverso

Para ayudar a un nodo a descubrir su propia dirección de IP se diseñó una variante del ARP llamado *ARP inverso* (RARP - *reverse ARP*). El objetivo era que lo usasen las estaciones de trabajo sin disco y otros dispositivos que necesitasen obtener configuración de red de un servidor de red.

La estación que usa el protocolo ARP inverso difunde una petición en la que indica su dirección física y solicita su dirección de IP. Un servidor de la red, configurado con una tabla de direcciones físicas y las correspondientes direcciones de IP responde a la petición.

ARP inverso ha sido superado por el protocolo BOOTP y su versión mejorada, el *Protocolo de configuración dinámica de host* (DHCP - *Dynamic Host Configuration Protocol*). Estos protocolos son más potentes y se usan para conseguir un conjunto completo de parámetros de configuración de un sistema TCP/IP. Se tratará de BOOTP y DHCP en el Capítulo 11.

MÚLTIPLES DIRECCIONES EN UNA INTERFAZ

Algunos fabricantes de encaminadores permiten asignar *múltiples* direcciones de IP a una única interfaz del encaminador. ¿Por qué querría alguien hacerlo? Se podrían necesitar múltiples direcciones de subred en una LAN que tiene un número de sistemas muy grande. O, se podrían usar distintos números de subred para aplicar distintas reglas de filtrado de tráfico a sistemas que pertenecen a grupos de trabajo diferentes. Cada grupo de trabajo podría pertenecer a una subred *lógica* distinta, aunque ambas compartan el mismo medio *físico*.

En la Figura 5.15 se muestra una LAN con dos subredes lógicas, 128.36.4.0 y 128.36.5.0. A la interfaz de LAN del encaminador se le han asignado dos direcciones de IP, 128.36.4.1 y 128.36.5.1. El tráfico *hacia* esta LAN se encaminará correctamente. Sin embargo, se necesita cierto trabajo extra para encaminar correctamente los datagramas que se originan en esta LAN.

Suponga un sistema A que tiene una máscara de subred de 8 bits. Cuando A quiere enviar un datagrama a B, enviará el datagrama al encaminador. Para evitarlo, se pueden configurar los host de la LAN con una máscara de subred de 7 bits, ya que el 4 es 0000 0100 y el 5 es 0000 0101.

PROXY DE ARP

Suponga que no se disponía de números de subred adyacentes para la LAN. Por ejemplo, suponga que 128.36.4.0 y 128.36.20.0 comparten el mismo medio. En este caso, se po-

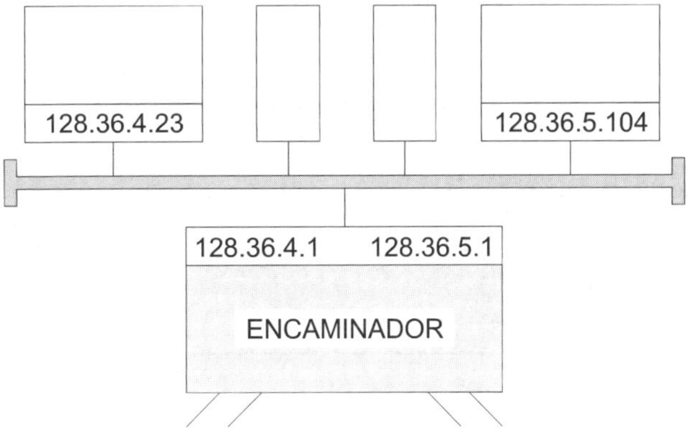

Figura 5.15. *Una interfaz de encaminador con dos direcciones de IP.*

drían configurar los host de la LAN con la máscara 255.255.0.0, lo que significa «sin subred». Entonces, los host usarán ARP para *todos* los destinos de la red 128.36. Funciona perfectamente para los sistemas que comparten el medio, pero ¿qué ocurre con el tráfico de las subredes de 128.36 que no se encuentran en la LAN?

El encaminador de la LAN controlará el tráfico externo si dispone de *Proxy de ARP*. Significa que siempre que el encaminador vea una solicitud de ARP para un destino externo a la LAN[7] envía una respuesta de ARP con la dirección física del *encaminador*. El host envolverá las tramas alrededor del datagrama y lo enviará al encaminador, que desenvolverá el datagrama y lo enviará hacia delante.

DIRECCIONES DE MULTIENVÍO

La difusión de IP consigue que se envíe un datagrama a todos los sistemas de una red o una subred. Una forma de envío múltiple más restringida es el *multienvío*, que consigue que se propague un datagrama a un grupo de sistemas, como se muestra en la Figura 5.16.

El multienvío de IP puede ser una herramienta de red muy útil. Por ejemplo, se puede usar un único mensaje para actualizar simultáneamente datos de configuración de un grupo homogéneo de host o para solicitar a un grupo de host su estado. El multienvío también es la base de muchas aplicaciones nuevas que permiten a los usuarios «conectarse» a conferencias.

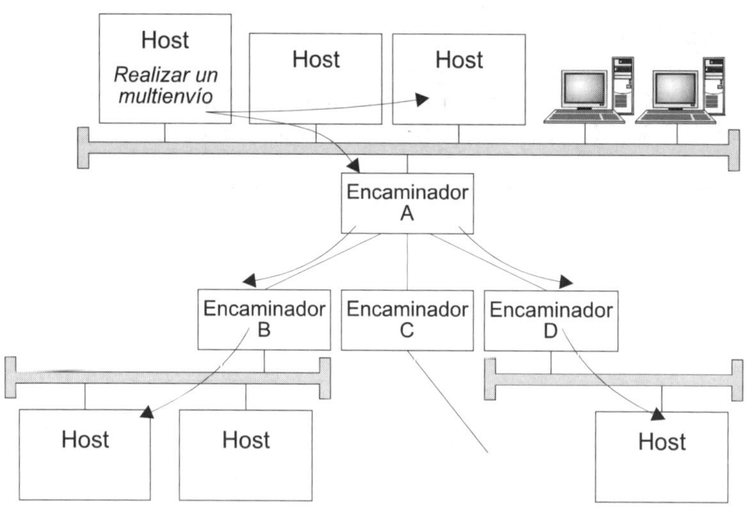

Figura 5.16. *Propagación de los datagramas multienvío.*

[7] Si existen varios encaminadores en la LAN, responde el encaminador que tiene el mejor camino al destino.

Para el multienvío se usan las direcciones de Clase D, cuyo formato se muestra en la Figura 5.17. Se ha definido una norma del protocolo de multienvío, pero el número de host y encaminadores que admiten la norma actualmente es limitado. Sin embargo, su uso se extenderá en los próximos años, por lo que tiene interés ver algunas de sus características.

Grupos de multienvío

Un *grupo de multienvío* es un conjunto de sistemas a los que se ha asignado una dirección de multienvío de IP. Los miembros del grupo siguen manteniendo su propia dirección de IP, pero tienen la capacidad de recoger los datos enviados a su dirección de multienvío. Cualquier sistema puede pertenecer a cero o más grupos de multienvío.

Las direcciones de Clase D que se usan para multienvío comienzan con los números en el intervalo 224 a 239. Algunas direcciones de multienvío de IP son permanentes y su lista está en la RFC *Assigned Numbers* de Internet. Algunas de las direcciones permanentes de multienvío de IP definidas son:

224.0.0.1	Todos los host de una subred local.
224.0.0.2	Todos los encaminadores de una subred local.
224.0.0.5	Todos los encaminadores que admitan el protocolo de encaminamiento Primero el camino abierto más corto (OSPF - *Open Shortest Path First*).

Las direcciones de multienvío también se asignan de una manera *ad hoc* a los grupos temporales que se forman y disuelven según se necesitan, por ejemplo, para una conferencia con audio y vídeo.

Un host miembro de uno o más grupos de multienvío debe disponer de ciertas funciones:

- Debe existir un comando para indicar al host que se una a un grupo de multienvío e identifique la interfaz donde debe escuchar para esa dirección.
- La capa de IP del host debe poder reconocer las direcciones de multienvío de los datagramas entrantes y salientes.
- Debe existir un comando que permita al host cancelar su pertenencia a un grupo de multienvío.

CLASE D

224 - 239	NÚMERO DE MULTIENVÍO

Figura 5.17. *Formato de Clase D para los datagramas multienvío de IP.*

El multienvío no está restringido a una red local. Los encaminadores, con software de multienvío, son capaces de propagar los datagramas de IP de multienvío a otros sistemas en la internet.

Para poder hacerlo eficientemente, el encaminador necesita conocer si existen host en las redes conectadas localmente que pertenecen a un grupo concreto de multienvío. También necesita intercambiar información con otros encaminadores para poder descubrir si existen miembros del grupo que se encuentran en redes remotas a las que se deben reenviar los datagramas de multienvío.

Los host usan el *Protocolo de gestión de grupos de Internet* (IGMP - *Internet Group Management Protocol*) para informar de su pertenencia al grupo a los encaminadores vecinos que admiten encaminamiento con multienvío. Estos informes se envían a la dirección de multienvío de IP que pertenece al grupo al que se une el host[8].

Para asegurarse de que la información de pertenencia es completa, el protocolo IGMP permite que los encaminadores sondeen periódicamente a los host, pidiéndoles un informe de los grupos actuales a los que pertenecen. Estas peticiones se envían a la dirección de IP de multienvío «a todos los host», 224.0.0.1.

Traducción de direcciones de multienvío a direcciones Ethernet o FDDI

Opcionalmente se puede asignar una o más direcciones de multienvío a las interfaces físicas de las LAN Ethernet y FDDI. Se trata de asignaciones lógicas y se puede seleccionar cualquier valor conveniente. De esta forma resulta sencillo traducir direcciones de IP de multienvío a direcciones físicas de multienvío [9].

En las LAN Ethernet y FDDI se puede usar la siguiente regla de traducción:

- Los tres primeros octetos de la dirección física de multienvío deberían ser 01-00-5E.
- El bit siguiente debería ser un 0, y los 23 bits finales deberían ser los 23 bits de menor orden de la dirección de multienvío de IP.

En la Figura 5.18 se puede ver esta traducción:

- Se han marcado con una «x» los 23 bits finales de la dirección de IP de multienvío. Estos bits se copian en los bits de menor orden de la dirección física de multienvío.
- Las posiciones marcadas con un «?» en la dirección de IP de multienvío se pueden rellenar con cualquier tipo de bits. No se copian en la dirección física de multienvío.

[8] Los encaminadores no reenvían este informe fuera de la red local, por lo que sólo llegará a los encaminadores y a los miembros locales del grupo.

[9] Hay que tener en cuenta que no se usa ARP para la traducción de direcciones de multienvío.

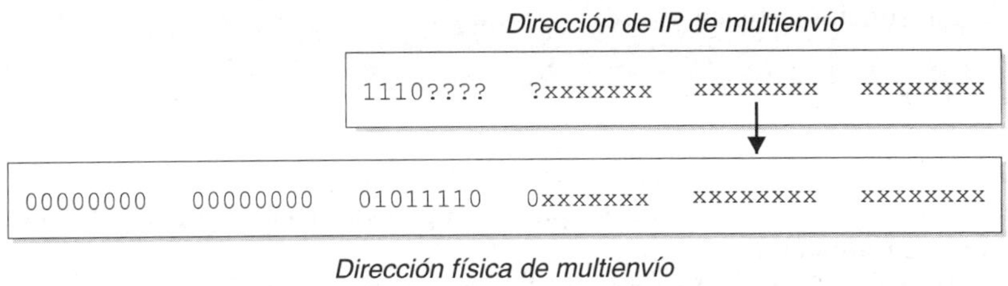

Figura 5.18. *Traducción de parte de una dirección de IP a una dirección física.*

Significa, por ejemplo, que las siguientes tres direcciones de multienvío de IP:

11100000 00010001 00010001 00010001
11100000 10010001 00010001 00010001
11100001 10010001 00010001 00010001

se traducirán, todas ellas, a la misma dirección física de multienvío.

00000001 00000000 01011110 00010001 00010001 00010001

Las interfaces de los sistemas que pertenezcan a cualquiera de los tres grupos capturarían los multienvíos de todos los grupos. Sin embargo, la capa de IP de los host descartará cualquier multienvío extraño. Una buena forma de evitar este proceso extra es elegir direcciones de multienvío que tengan ceros en las posiciones «?». De esta forma siguen quedando 2^{23},más de ocho millones, de direcciones de multienvío.

Traducción de direcciones de multienvío a direcciones de Token-Ring

Desgraciadamente, no se puede usar siempre el mismo esquema anterior utilizado para Ethernet y FDDI para Token-Ring (mientras se escribía el libro), ya que la mayoría de las interfaces hardware de Token-Ring no se pueden configurar con direcciones de multienvío arbitrarias. Por tanto, se puede usar uno de los tres métodos de traducción siguientes, dependiendo del hardware que exista en cada lugar:

1. Embeber 23 bits de la dirección de IP de multienvío, de la misma forma que antes.
2. Elegir y usar una de las direcciones *funcionales* de Token-Ring.
3. Usar la *difusión a todos los anillos* de Token-Ring.

Existen 31 direcciones *funcionales* físicas que se puedan usar para identificar los sistemas con un papel concreto, como por ejemplo un puente, un concentrador del anillo o un monitor de errores del anillo. Cuando se elige en método número 2, los multienvíos se envían a la dirección funcional física.

03-00-00-20-00-00

Cuando una estación recibe una trama que contiene un datagrama de multienvío, debería haberse examinado la dirección de IP para comprobar si la estación pertenece realmente al grupo de multienvío.

Como es una dirección funcional para todas las direcciones de multienvío, este método no es el más eficiente. Sin embargo, es mejor que la última alternativa, el método 3, en que se difunde a todas las estaciones.

LECTURAS RECOMENDADAS

Las clases de direcciones se definen en la norma de IP, RFC 791. En la RFC 950 se define la creación de subredes y las superredes se tratan en la RFC 1519. La difusión se trata en las RFC 919 y la RFC 922.

En la RFC 826 se define el Protocolo de resolución de direcciones para Ethernet. El ARP inverso se describe en la RFC 903.

La RFC 1112 describe el multienvío en IP. La RFC 1390 describe la traducción entre direcciones de IP de multienvío y direcciones de FDDI. La RFC 1469 trata sobre la traducción entre las direcciones de IP de multienvío y las direcciones de Token-Ring.

La RFC 1178 contiene consejos serios y entretenidos sobre cómo elegir nombre para las computadoras. La RFC 1034 y la RFC 1101 contienen explicaciones detalladas sobre los nombres de dominios. La RFC 1035 describe los protocolos usados para construir el Sistema de nombres de dominio y trata sobre la implementación de este sistema.

La norma sobre requisitos de host, la RFC 1122, ofrece más detalles sobre nombres y direcciones y corrige errores de las normas de definición.

Biblioteca profesional

CAPÍTULO 6

Protocolo de Internet

INTRODUCCIÓN

Recuerde que una internet es un conjunto de redes interconectadas con encaminadores [1] y el Protocolo de Internet es un protocolo de la capa de red que encamina los datos por una internet. Los investigadores y diseñadores que crearon IP respondían a los requisitos del Departamento de defensa (DOD) de Estados Unidos de crear un protocolo que pudiese:

- Usarse en host y encaminadores de distintos fabricantes.
- Seguir el crecimiento de distintos tipos de redes.
- Permitir que la red crezca sin interrumpir el servicio.
- Admitir sesiones de nivel superior y servicios orientados a mensajes.

La arquitectura de la capa de red de IP se diseñó para cubrir estas necesidades.

Resultó que IP también daba a los creadores de redes exactamente lo que necesitaban para integrar las redes de área local (LAN) que se habían extendido por sus organizaciones como islas. Más aún, las nuevas islas se podían conectar sin tener que interrumpir las que ya había.

Estas características hicieron que IP se convirtiese en el protocolo de red elegido por las agencias gubernamentales, universidades y empresas.

DATAGRAMAS DE IP

El protocolo IP ofrece los mecanismos necesarios para transportar unidades, llamadas *datagramas de IP*, por una internet. Como se muestra en la Figura 6.1, un datagrama de IP está constituido por una cabecera de IP y un trozo de datos a entregar.

IP es un protocolo de «lo mejor que se pueda». Significa que IP no garantiza que el datagrama se entregue a su destino. Todo lo que garantiza es que se hará lo mejor que se pueda (véase la Figura 6.2). Un datagrama se puede destruir en el camino debido a:

- Errores en los bits durante su transmisión por el medio.
- Que un encaminador congestionado descartó el datagrama debido a falta de espacio en el búfer.
- Temporalmente, no había camino hasta el destino.

Todas las funciones que aseguran la fiabilidad se han concentrado en la capa TCP. La recuperación de datos destruidos depende de las acciones de TCP.

---

[1] Recuerde que muchos documentos RFC anteriores usaban el término *pasarela* (*gateway*) en lugar de *encaminador* (*router*).

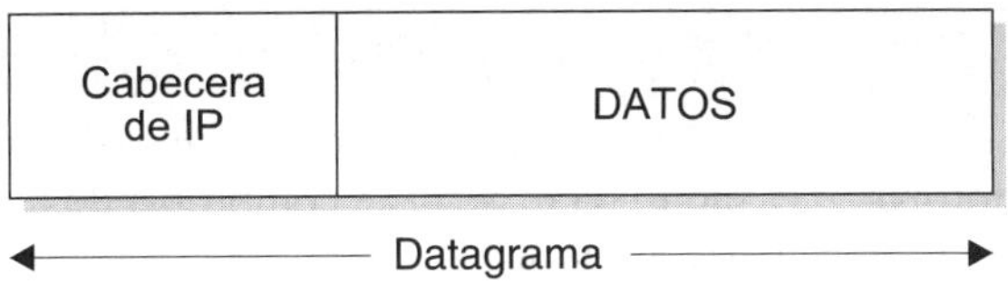

Figura 6.1. *Formato de un datagrama.*

FUNCIONES PRINCIPALES DE IP

La función principal de IP es aceptar datos de TCP o del Protocolo de datagramas de usuario (UDP), crear un datagrama, encaminarlo por la red y entregarlo a una aplicación de destino.

Cada datagrama de IP se encamina de forma independiente. IP confía en dos herramientas que le ayuden a encaminar los datagramas:

- La *máscara de subred.*
- La *tabla de encaminamiento* de IP.

USO DE LA MÁSCARA DE SUBRED

Suponga que su computadora tiene la dirección de IP 130.15.12.131 y está conectada a una LAN. Si tiene datos que enviar:

Figura 6.2. *Entrega de IP lo mejor que se pueda.*

Desde: 130.15.12.131

A: 130.15.12.22

Puede suponer que ambos sistemas están en la misma subred. Sin embargo, su computadora debe comprobar si es cierto o no. Se hace comprobando la máscara de subred. Suponga que su host tiene la máscara de subred:

255.255.255.0

Significa que la máscara tiene 24 unos y 8 ceros:

11111111 11111111 11111111 00000000

Recuerde que los unos de la máscara de subred identifican la parte de *red y subred* de la dirección. Como tanto la parte de red y subred de las direcciones de origen y destino es 130.15.12 ambas están en la misma subred.

La computadora, realmente, realiza un AND lógico entre la máscara y cada una de las direcciones de IP. El efecto de que los ceros de la máscara de subred ponen a cero la parte de host de la dirección, dejando sólo las partes de red y subred.

En este ejemplo, el encaminamiento es *directo*. Significa que hay que envolver el datagrama en una trama y transmitirlo directamente a su destino en la LAN, como se muestra en la Figura 6.3.

La dirección de destino que se pone en la cabecera de la trama debe ser la dirección física del sistema de destino. Se comprueba la tabla del Protocolo de resolución de direcciones (ARP) para comprobar si existe una entrada que tenga la dirección física 130.15.12.22. Si todavía no existe una entrada, se usa el protocolo ARP para crear una.

TABLA DE ENCAMINAMIENTO DE HOST DE IP

Suponga que tiene datos que enviar:

Desde: 130.15.12.131

A: 192.45.89.5

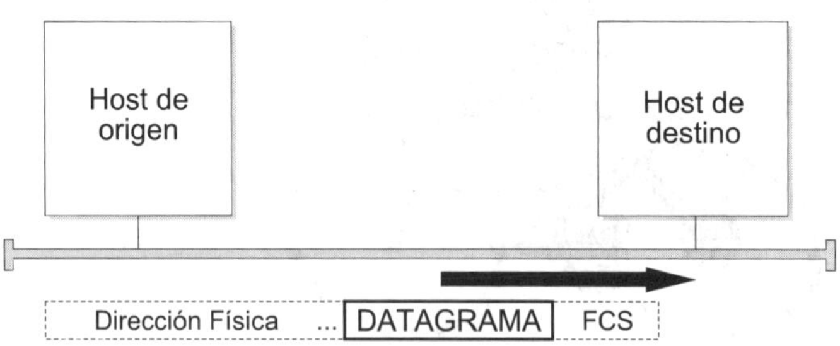

Figura 6.3. *Colocación de una trama y transmisión del datagrama.*

Una rápida comprobación de la máscara de subred muestra que el destino *no* está en la subred local. En este caso, IP debe consultar su tabla local de encaminamiento.

La tabla de encaminamiento del host, normalmente, es muy simple. En la Figura 6.4 se muestra una LAN conectada a lugares remotos mediante un único encaminador. Si el destino no se encuentra en la red local, el host no tiene elección. La única forma de abandonar la red local es a través del encaminador.

Cada host y computadora personal de la LAN contiene una tabla de encaminamiento que indica a IP cómo encaminar los datagramas hacia sistemas que no estén conectados a la LAN. Para indicar el camino hacia lugares remotos, la tabla de encaminamiento sólo necesita una entrada:

default 130.15.12.1

Es decir, *envía cualquier datagrama a máquinas remotas al encaminador por defecto, que tiene la dirección de IP 130.15.12.1*. Tenga en cuenta que la dirección de destino 0.0.0.0 se usa en las tablas de encaminamiento para indicar *por defecto*).

ENCAMINAMIENTO DE SIGUIENTE SALTO

La razón por la que las tablas de encaminamiento pueden ser tan simples es que IP no necesita conocer la ruta completa que se seguirá hasta el destino. *Sólo necesita descubrir cuál es el siguiente salto y enviar allí el datagrama.*

Para enviar un datagrama a la interfaz del encaminador en 130.15.12.1, hay que envolver el datagrama en una trama cuya cabecera contenga la dirección física de la tarjeta de interfaz del encaminador.

Cuando el encaminador recibe la trama, elimina la cabecera y la cola de la trama y examina la cabecera del datagrama de IP para decidir hacia donde debe ir a continuación.

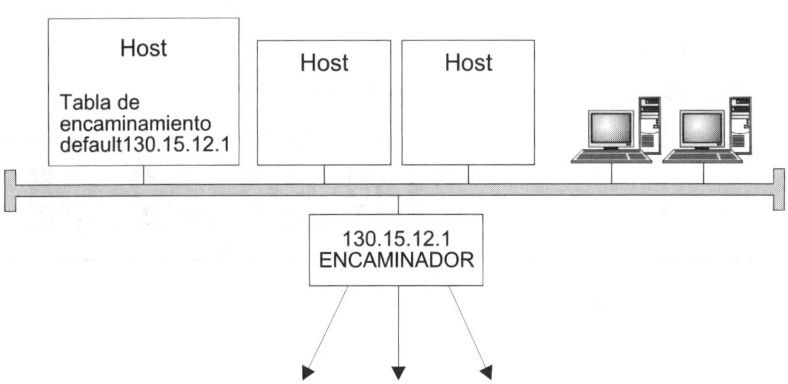

Figura 6.4. *Reenvío de tráfico por el encaminador por defecto.*

OTRO EJEMPLO DE TABLA DE ENCAMINAMIENTO DE HOST

A veces la tabla de encaminamiento de host es un poco más complicada. Por ejemplo, en la Figura 6.5 existen dos encaminadores en la subred 128.121.50.0. El segundo encaminador conduce a una pequeña LAN donde existen varias estaciones de trabajo.

Tigger tiene un camino hacia esa LAN. Se puede ver la tabla[2] de encaminamiento de *tigger* con el comando *netstat –nr*[3]:

```
> netstat -nr
Routing tables
Destination      Gateway          Flags    Refcnt    Use        Inter
                                                                face
127.0.0.1        127.0.0.1        UH       6         62806      lo0
default          128.121.50.50    UG       62        2999087    le0
128.121.54.0     128.121.50.2     UG       0         0          le0
128.121.50.0     128.121.50.145   U        33        1406799    le0
```

La salida de *netstat* muestra bastante información sobre cómo y dónde se encamina el tráfico de *tigger*:

- Se puede ver que el primer destino de la tabla es la dirección interna 127.0.0.1. Es el lugar del tráfico entre clientes y servidores dentro de *tigger*.

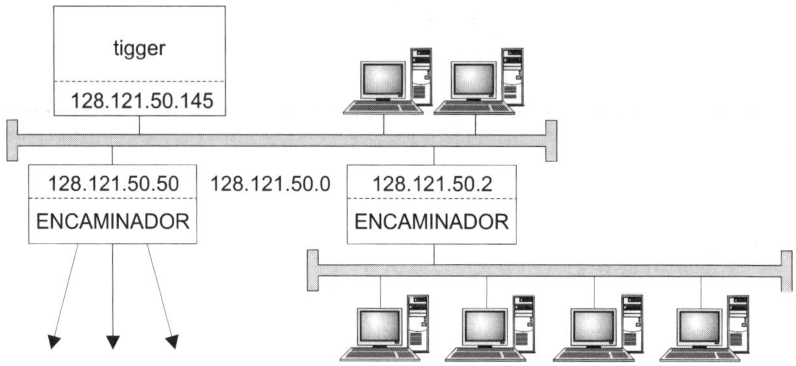

Figura 6.5. *Decisiones de ruta.*

[2] Tenga en cuenta el uso del término pasarela (*gateway*) en lugar de encaminador (*router*) en la tabla.
[3] Otras computadoras pueden responder con tablas con un formato diferente. Contendrán información similar, pero no necesariamente idéntica. Por ejemplo, algunos sistemas pueden presentar una columna con la distancia asociada a cada destino.

- La entrada *default* se usa para encaminar el tráfico a cualquier destino que no esté explícitamente en la tabla. El tráfico se debería de enviar a la interfaz del encaminador en la dirección de IP 128.121.50.50.
- Los datagramas a cualquier sistema en la subred 128.121.54.0 deberían enviarse a la interfaz del encaminador en la dirección de IP 128.121.50.2.
- La última entrada dice «para encaminar a cualquier sistema de la subred 128.121.50.0, encamínalo vía 128.121.50.145». Pero 128.121.50.145 es la propia dirección de *tigger*, y 128.121.50.0 es la propia LAN de *tigger*. Aunque esta entrada no aporta nueva información de encaminamiento, nos permite obtener algunas estadísticas interesantes sobre el tráfico local.

Netstat muestra mucha más información adicional.

- *Flags* indica si la ruta está activa (en uso) y si el siguiente salto es un host (H) o una pasarela (G).
- *REFcnt* traza el número de caminos actualmente activos en la ruta.
- La columna *Use* cuenta el número de datagramas que se han enviado por una ruta, desde la última inicialización.
- La interfaz *lo0* es una interfaz lógica para el tráfico interno. Todo el tráfico externo pasa por la única interfaz de Ethernet *le0*.

Observe que al incluir la subred local, 128.121.50.0, en el informe, podemos descubrir que se envía más del doble del tráfico hacía afuera que hacia los sistemas en la red de área local.

REGLA PARA LA BÚSQUEDA EN LA TABLA DE ENCAMINAMIENTO

Cada entrada en la tabla de encaminamiento ofrece información sobre el encaminamiento a un destino individual. Un destino de la tabla de encaminamiento puede ser un host concreto, una subred, una red, una superred o *default*.

Existe una regla general que se aplica a la forma en que IP usa la tabla de encaminamiento, si la tabla se encuentra en un host o en un encaminador. La entrada que se elige debería basarse en la *coincidencia más precisa* con la dirección de IP de destino. En otras palabras, cuando IP busca la dirección de un host de destino es, conceptualmente, como si:

- Se busca primero en la tabla para ver si hay una entrada que coincida completamente con la dirección de IP. Si existe se usa dicha entrada para encaminar el tráfico.
- Si no existe, se busca en la tabla una entrada que corresponda a la subred de destino.
- Si no existe, se busca en la tabla una entrada con la red de destino.

- Si no existe, se busca en la tabla si existe una entrada con un prefijo de encaminamiento.
- Si no existe, se usa el encaminador por defecto.

En realidad, en una implementación real sólo se busca en la tabla una sola vez, eliminando una entrada cuando se encuentra otra que es más precisa.

TABLAS DE ENCAMINAMIENTO DEL ENCAMINADOR

Las tablas de encaminamiento de un host pueden ser muy sencillas, pero las tablas de los encaminadores suelen contener más información. Un encaminador tiene dos o más interfaces y hay que transmitir cada datagrama a la interfaz apropiada. Puede que el encaminador tenga que registrar la selección del siguiente salto para muchas redes y subredes distintas, como se muestra en la Figura 6.6.

TABLA DE ENCAMINAMIENTO DE LA FILIAL

Algunos encaminadores tiene tablas de encaminamiento muy simples. Por ejemplo, el encaminador de la filial de la Figura 6.7 dirige el tráfico entrante de la oficina central a la LAN del lugar y reenvía todo el tráfico saliente hacia el enlace de área extensa al encaminador de la oficina central.

Este encaminador tiene dos interfaces:

Interfaz	Dirección de IP
1	130.15.40.1
2	130.15.201.2

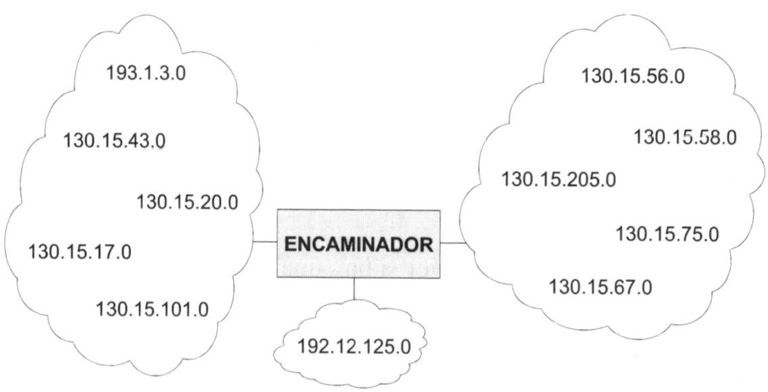

Figura 6.6. *Encaminamiento a muchos lugares.*

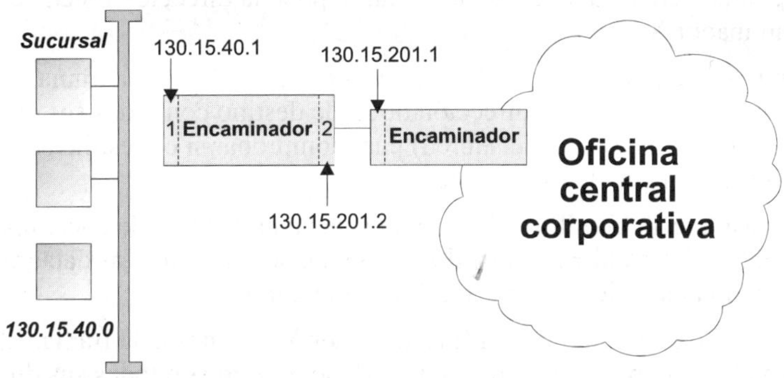

Figura 6.7. *Encaminamiento de la filial.*

La información de la tabla de encaminamiento incluiría:

Destino	Interfaz	Siguiente salto	Tipo	Protocolo
130.15.40.0	1	130.15.40.1	Directo	Manual
0.0.0.0	2	130.15.201.1	Indirecto	Manual

La primera entrada describe, únicamente, la conexión directa a la subred conectada localmente, 130.15.40.0. Se llega a la subred *directamente* por su propia interfaz.

La segunda entrada es el camino por defecto para el resto de las redes. El encaminador de siguiente salto es 130.15.201.1 y se alcanza por la interfaz 2. Los destinos de la oficina central se alcanzan *indirectamente*, a través del encaminador de siguiente salto. Ambos encaminadores se han introducido manualmente.

OPERACIONES GLOBALES DE ENCAMINAMIENTO

Hasta aquí, nos hemos concentrado en una única decisión de encaminamiento. En la Figura 6.8 se muestra una operación global de encaminamiento de IP. Cuando TCP o UDP desde el Host A quiere enviar datos al otro extremo en el Host B, el origen pasa los datos a IP junto con la dirección del host de destino. IP añade a los datos una cabecera que contiene la dirección de IP de destino.

- IP en el Host A examina la dirección de destino para determinar si el destino se encuentra en la subred local. Si no es así, IP busca en la tabla de encaminamiento.

- La tabla indica que el siguiente salto es el Encaminador X. Se añade una trama al datagrama y en la cabecera de la trama se pone la dirección física de la LAN del Encaminador X.
- Cuando llega un datagrama al Encaminador X, se elimina la trama. El IP del Encaminador X compara la dirección de IP de destino con todas sus direcciones de IP (usando las máscaras de subred) para comprobar si el destino se encuentra en una subred conectada localmente.
- No es así, por lo que IP realiza una búsqueda en la tabla de encaminamiento. El siguiente salto es al Encaminador Y. Se añade una trama al datagrama para su transmisión en serie y se envía al Encaminador Y.
- Cuando el datagrama llega al Encaminador Y se elimina la trama. El IP del Encaminador Y compara la dirección de IP de destino con todas sus direcciones de IP (usando las máscaras de subred) para comprobar si el destino se encuentra en una subred conectada localmente. Lo está y, por tanto, el Encaminador Y añade una trama al datagrama para entregarlo al Host B.

Esta ruta desde el Host A hasta el Host B tiene tres saltos: de A a X, de X a Y y de Y a B.

CARACTERÍSTICAS DE IP

IP dispone de ciertas características que contribuyen a dotarle de flexibilidad y capacidad para adaptarse a muchos entornos diferentes. Entre ellas están el *encaminamiento adaptativo de datagramas* y la *fragmentación y reensamblado*.

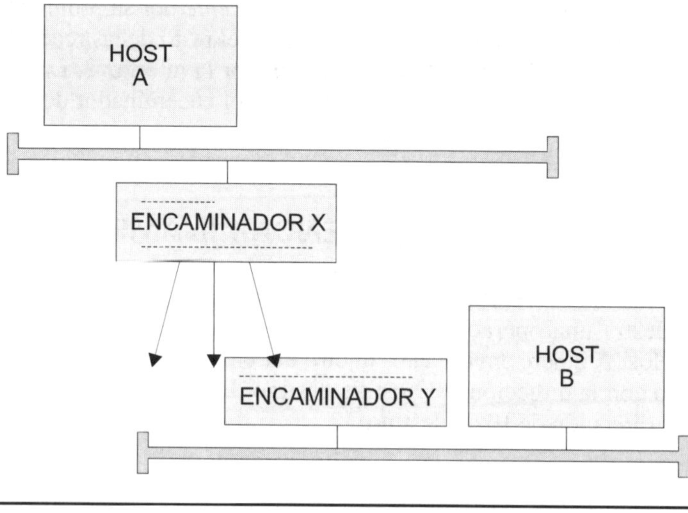

Figura 6.8. *Encaminamiento global.*

Encaminamiento adaptativo

Normalmente, el encaminamiento de los datagramas es adaptativo. Es decir, en todo momento se realiza la mejor elección para el siguiente salto comprobando la tabla de encaminamiento del nodo actual. Las entradas de la tabla de encaminamiento pueden cambiar en cualquier momento dependiendo de las condiciones de la red.

Según la Figura 6.9, por ejemplo, si un enlace deja de funcionar se enviarán los datagramas por otra ruta diferente, si existe.

Un cambio en la topología de la red puede hacer que los datagramas se reencaminen automáticamente. El encaminamiento adaptativo es la base de la flexibilidad y la robustez de IP.

Por otra parte, una cabecera de IP *puede* contener una ruta concreta que hay que seguir hasta un destino. Se puede hacer para encaminar tráfico sensible por un camino seguro.

MTU, fragmentación y reensamblado

Como se muestra en la Figura 6.10, antes de transmitir un datagrama por un salto de red, debe encapsularse por las cabeceras de la capa 2 dependiendo de la tecnología de red. Por ejemplo, para atravesar una red 802.3 o 802.5, se añade una cabecera de Control lógico del enlace (LLC), una subcabecera del Protocolo de acceso a la subred (SNAP), una cabecera de Control de acceso al medio (MAC) y una cola MAC.

Como ya se ha visto en el Capítulo 4, cada tecnología de LAN y WAN impone límites diferentes al tamaño de las tramas. Un datagrama debe caber en una trama, por lo que el tamaño máximo de trama restringe el tamaño de los datagramas que se pueden enviar por un medio.

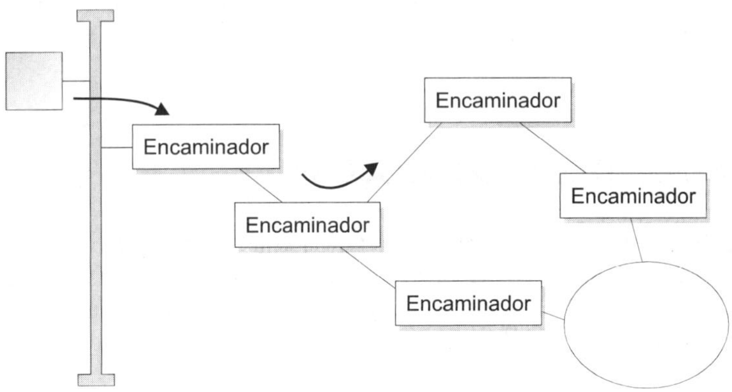

Figura 6.9. *Encaminamiento adaptativo.*

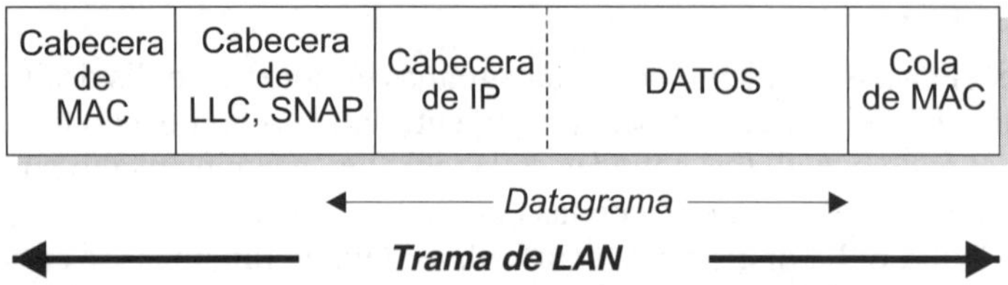

Figura 6.10. *Formato de transmisión de una trama de LAN.*

El tamaño máximo de un datagrama por un medio se calcula restando el tamaño de la cabecera de la trama, la cola de la trama y la cabecera de la capa de enlace de datos del tamaño máximo total de la trama.

Máximo tamaño de trama – tamaño de la cabecera de la trama – tamaño de la cola de la trama – tamaño de la cabecera de enlace de datos

Recuerde que el mayor tamaño de un datagrama por un medio se denomina *Unidad máxima de transmisión (Maximum Transmission Unit),* o MTU. Por ejemplo, DIX Ethernet tiene una MTU de 1500 octetos,

802.3 tiene una MTU de 1492 octetos, la Interfaz distribuida de datos por fibra (FDDI) tiene una MTU de 4352 octetos y el Servicio de conmutación de datos multimegbit (SMDS) tiene una MTU de 9180 octetos.

En una internet grande, un host origen puede que no conozca los límites de tamaño con que se va a encontrar un datagrama en el camino. ¿Qué ocurre si el host origen ha enviado un datagrama que es demasiado grande para algún nodo intermedio?

Cuando llega el datagrama al encaminador conectado a la red intermedia, IP resuelve el problema de tamaño dividiendo el datagrama en varios datagramas menores llamados fragmentos. Es responsabilidad del IP del host de destino recoger los fragmentos y reconstruir el datagrama original.

La fragmentación se suele realizar en los encaminadores. Sin embargo, una aplicación de UDP podría iniciar un mensaje muy grande que hiciese que el host origen dividiese en fragmentos un datagrama.

MECANISMOS DEL PROTOCOLO IP

En esta sección se va a tratar con más de detalle lo que hace que la versión 4 de IP sea como es. Se verá los elementos formales del protocolo, el formato de la cabecera de IP y las reglas de manejo de un datagrama al atravesar la red. Véase el Capítulo 22 para una descripción de la versión 6 de IP[4].

[4] No existe la versión 5 de IP.

Cabecera del datagrama

La cabecera de un datagrama esta formada por cinco o más *palabras* de 32 bits. El tamaño máximo de una cabecera es de 15 palabras, es decir, 60 octetos, pero en la práctica la mayoría de las cabeceras de los datagramas tienen el tamaño mínimo de 5 palabras, 20 octetos.

En la Figura 6.11 se muestran los campos de la cabecera, que se ordena como una secuencia de palabras. Tenga en cuenta que los bits de una palabra están numerados de 0 a 31.

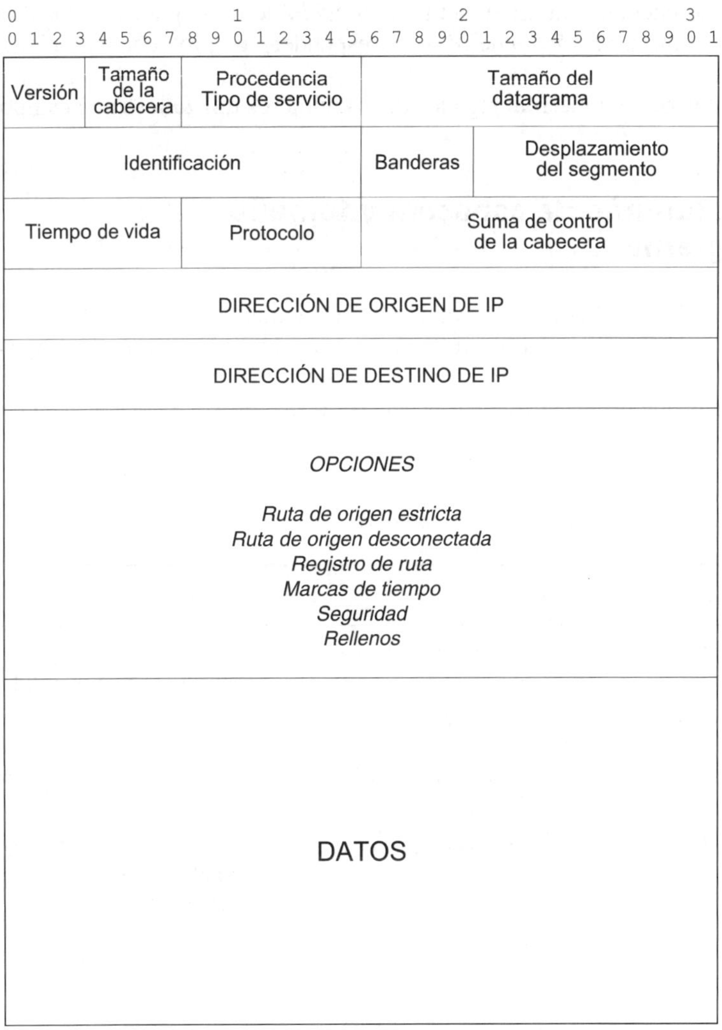

Figura 6.11. *Formato de un datagrama de IP.*

Campos destino, origen y protocolo

Los campos más importantes de la cabecera son los de *Dirección de IP de destino, Dirección de IP de origen* y *Protocolo.*

La dirección de IP de destino permite a IP encaminar el datagrama. Cuando el datagrama ha llegado a su host de destino, el campo *Protocolo* permite que IP entregue el datagrama al servicio correspondiente, como TCP o UDP. Existen varios protocolos junto con TCP o UDP que envían y reciben datagramas. La Autoridad de asignación de números de Internet (IANA - *Internet Assigned Numbers Authority*) es la responsable de la coordinación de la asignación de los valores de los parámetros de TCP/IP, entre ellos los valores que se pueden usar en el campo *Protocolo* de IP. Algunos de los números asignados para el campo *Protocolo* de IP se corresponden con protocolos propietarios de ciertos fabricantes.

En la Tabla 6.1 se muestran algunos de los números utilizados en el campo *Protocolo.*

Versión, tamaño de cabecera y tamaño de datagrama

La versión actual de IP es la 4. La versión de la «siguiente generación» tiene el número 6.

El tamaño de la cabecera se mide en palabras de 32 bits. Si no hay opciones, el tamaño de la cabecera es de cinco palabras, es decir, 20 octetos. Si se incluye una o más opciones, se puede necesitar rellenar la cabecera con ceros para que acabe en un múltiplo de palabras de 32 bits.

Tabla 6.1. *Campos comunes del protocolo IP.*

Número	Título	Protocolo	Descripción
1	ICMP	Protocolo Internet de mensajes de control	Transmite mensajes de error y admite ciertas utilidades de red
2	IGMP	Protocolo Internet de gestión de grupos	Sirve para grupos de multienvío.
6	TCP	Protocolo de control de transmisión	Admite sesiones.
8	EGP	Protocolo de pasarela exterior	Antiguo protocolo usado para establecer encaminamiento a redes externas
17	UDP	Protocolo de datagramas de usuario	Permite la entrega de bloques de datos independientes.
88	IGRP	Protocolo de encaminamiento de pasarela interior de Cisco	Permite que los encaminadores de Cisco intercambien información de encaminamiento.

El campo *Tamaño del datagrama* mide el tamaño en octetos. Esta medida incluye tanto la cabecera como los datos del datagrama. Este campo tiene 16 bits y puede contener valores de hasta $2^{16}-1 = 65.535$ octetos.

La tecnología de la red no es la única razón para el límite del tamaño del datagrama. Los distintos tipos de computadoras con IP tienen distintos límites del tamaño de los búfer de memoria que pueden usar para el tráfico de la red. La norma de IP requiere que todos los host sean capaces de aceptar datagramas de hasta 576 octetos.

Precedencia y tipo de servicio

El Departamento de defensa fue el principal patrocinador del grupo de protocolos de TCP/IP y para el DOD era importante asignar niveles de precedencia a los datagramas. Se ha utilizado poco la precedencia fuera de gobierno y los militares, pero está cambiando. Existen 3 bits de precedencia, con los que se pueden obtener ocho niveles diferentes de precedencia.

La norma de IP no obliga sobre las acciones concretas que pueden seguir de los valores de los bits de precedencia.

Inicialmente su propósito era que IP hiciese corresponder estos valores con opciones similares de la subred que se fuese a cruzar en el siguiente salto. Por ejemplo, el acceso a Token-Ring puede hacerse con una planificación según un nivel de precedencia. IP podría traducir su nivel de precedencia al nivel de precedencia correspondiente de Token-Ring.

Los bits *Tipo de servicio* (TOS - *Type of Service*) contienen la calidad del servicio de información que podría afectar a cómo se maneja un datagrama. Por ejemplo, cuando un encaminador se queda sin memoria, tiene que descartar algunos datagramas. Un encaminador puede tener en cuenta que un datagrama con el bit de fiabilidad a uno, sea menos elegible para descartarlo que uno que tiene el bit de fiabilidad a cero.

La posición de los bits de Precedencia y Tipo de servicio en el campo es:

Bits	Tipo	Descripción
0-2	Precedencia	Niveles 0-7 Nivel 0 es normal. Nivel 7 indica la mayor prioridad.
3-6	TOS	Retraso, fiabilidad, rendimiento, coste o seguridad.
7	Reservado para futuro uso.	

En la Tabla 6.2 se muestran los valores de Tipo de servicio, tal como se describen en el documento *Assigned numbers*. Los valores son mutuamente excluyentes, sólo se puede solicitar un valor de TOS en cualquiera de los datagramas de IP. La norma de *Assigned numbers* recomienda ciertos valores para varias aplicaciones. Por ejemplo, minimizar el retraso para *telnet*, maximizar el rendimiento cuando se copia un archivo y maximizar la fiabilidad cuando se envían mensajes de gestión de red.

Tabla 6.2. Valores para el Tipo de servicio.

Valor de TOS	Descripción
0000	Por defecto
0001	Minimizar coste monetario
0010	Maximizar fiabilidad
0100	Maximizar rendimiento
1000	Minimizar retraso
1111	Maximizar seguridad

Algunos encaminadores ignoran completamente el campo Tipo de servicio, mientras que otros pueden usar el campo para tomar decisiones de encaminamiento o para decidir qué tipo de tráfico hay que proteger cuando se va agotando la memoria.

Se cree que el Tipo se servicio tendrá un mayor protagonismo en el futuro. El documento *Assigned Numbers* recomienda utilizar los valores de la Tabla 6.3.

Tiempo de vida

Cuando ocurre un cambio en la topología de una internet de IP, al igual que cuando un enlace queda fuera de servicio, o cuando se arranca un nuevo encaminador, algunos datagramas pueden estar vagando durante un corto período de tiempo hasta que se eligen nuevas rutas.

Los problemas más serios pueden provenir de errores humanos cuando se introduce manualmente la información de encaminamiento. Un error puede provocar que los datagramas se «pierdan» o se queden dando vueltas durante mucho tiempo.

El campo *Tiempo de vida* (TTL - *Time-To-Live*) limita el tiempo que se permite que un datagrama permanezca en una internet. En el host de origen se establece el TTL y cada encaminador que maneja el datagrama decrementa su valor. Si un datagrama, que aún no a llegado a su destino, tiene en el campo TTL el valor cero, se descarta.

Aunque formalmente se define como un tiempo en segundos, realmente el TTL se implanta como un simple contador de saltos que se decrementa, normalmente en uno, en cada encaminador. Opcionalmente se puede usar un decremento mayor si un datagrama atraviesa un enlace muy lento o ha permanecido en una cola de espera durante mucho tiempo.

El valor inicial por defecto recomendado para el TTL es aproximadamente el doble del camino más largo de la internet. La longitud del camino más largo a veces se denomina *diámetro* de la internet.

Tabla 6.3. *Valores recomendados de Tipo de servicio.*

Protocolo*	Valor de TOS	Descripción
Telnet y otros protocolos de sesión	1000	Minimizar retraso
Sesión de control de FTP	1000	Minimizar retraso
Sesión de datos de FTP	0100	Maximizar el rendimiento
TFTP	1000	Minimizar retraso
Fase de comandos de SMTP	1000	Minimizar retraso
Fase de datos de SMTP	0100	Maximizar el rendimiento
Petición de UDP del Servicio de nombres de dominio	1000	Minimizar retraso
Petición de TCP del Servicio de nombres de dominio	0000	Sin manejo especial
Etapa de transferencia del Servicio de nombres de dominio	0100	Maximizar el rendimiento
NNTP	0001	Minimizar el coste monetario
Errores de ICMP	0000	Sin manejo especial
Peticiones de ICMP	0000	Normalmente 0000, pero a veces se envían otros valores.
Respuestas de ICMP		Igual que las peticiones que se responden
Cualquier IGP	0010	Maximizar fiabilidad
EGP	0000	Sin manejo especial
SNMP	0010	Maximizar fiabilidad
BOOTP	0000	Sin manejo especial

* FTP = Protocolo de transferencia de archivos.
TFTP = Protocolo trivial de transferencia de archivos.
SMTP = Protocolo básico de transferencia de correo.
NNTP = Protocolo de transferencia de noticias en red.
IGP = Protocolo de pasarela interior.
EGP = Protocolo de pasarela exterior.
SNMP = Protocolo básico de gestión de red.

Suma de control de la cabecera

Este campo de 16 bits contiene una suma de control que se calcula con los campos[5] de la cabecera de IP. La suma de control hay que actualizarla según se reenvía el datagrama ya que el campo Tiempo de vida cambia en cada encaminador. El resto de los valores

[5] La suma de control es el complemento a uno de 16 bits de la suma con complemento a uno de todas las palabras de 16 bits de la cabecera. Antes del cálculo el campo suma de control se pone a 0.

también pueden cambiar debido a la fragmentación o debido a los valores que se escriben en los campos opcionales.

FRAGMENTACIÓN

Los campos *Identificación*, *Banderas*, y *Desplazamiento de fragmento* permiten que los datagramas se puedan fragmentar y reensamblar. Cuando IP necesita transmitir un datagrama con un tamaño mayor que la MTU del siguiente enlace:

1. El primer paso es comprobar el campo *Banderas*. Existe un bit «No fragmentar» en el campo *Banderas*. Si la bandera «No fragmentar» está a 1, no se puede hacer nada, hay que descartar el datagrama.
2. Si la bandera «No fragmentar» esta a 0, los datos se dividen en trozos según la MTU del siguiente salto. Cada trozo debe alinearse en un múltiplo de 8 octetos.
3. A cada trozo se le da una cabecera de IP similar a la cabecera del datagrama original. En particular, cada trozo tendrá los mismos valores en los campos origen, destino, protocolo e *identificación*. Sin embargo, hay que poner los siguientes campos a cada trozo por separado:
   a) Tamaño del datagrama. Es el tamaño del datagrama del trozo actual.
   b) Existe una bandera «Más» en el campo *Banderas*. Debe ponerse a 1 en todos excepto en el último trozo.
   c) El campo *Desplazamiento del fragmento* se pone para indicar la posición de este trozo con relación al comienzo del datagrama original. La posición inicial es cero. El desplazamiento del fragmento es realmente el desplazamiento real dividido por ocho.
   d) Hay que calcular sumas de control diferentes para cada uno de los fragmentos.

Ha continuación se verán los detalles formales.

Campo Identificación

El campo *Identificación* contiene un número de 16 bits. Este número permite al host de destino reconocer los fragmentos que pertenecen a un mismo datagrama.

Campo Banderas

El campo *Banderas* tiene tres bits:

Bit 0	Bit 1	Bit 2
0 = Reservado	0 = Puede fragmentarse 1 = No fragmentar	0 = Último fragmento 1 = Más fragmentos

El bit 0 está reservado y debe ponerse a cero. El origen puede fijar el siguiente bit a uno para evitar que el datagrama se fragmente. Si el datagrama no se puede enviar sin fragmentación y este bit está a uno habría que descartarlo y se enviaría de vuelta al origen un mensaje de error.

El bit 2 se pone a cero si es el último trozo de un datagrama, o el único. El bit 2 se pone a uno para indicar que este datagrama es un fragmento y que le siguen más fragmentos.

Campo Desplazamiento del fragmento

A un trozo de datos de ocho octetos se le llama un *bloque de fragmento*. El número del campo *Desplazamiento del fragmento* indica el tamaño del desplazamiento en bloques de fragmento. El campo *Desplazamiento del fragmento* ocupa 13 bits, por lo que los desplazamientos pueden estar en el intervalo de 0 a 8192 bloques de fragmento que corresponden entre 0 y 65528 octetos del datagrama completo. Por ejemplo, suponga que un encaminador fragmenta un datagrama (con ID 348) que lleva 3000 bytes de datos en tres datagramas, cada uno de 1000 bytes. Cada fragmento tendrá su propia cabecera y 1000 bytes de datos, 125 bloques de fragmentos. El contenido de los campos *Identificación*, *Banderas* y *Desplazamiento del fragmento* sería:

Fragmento	ID	Banderas	Desplazamiento del fragmento
1	348	Puede fragmentarse, Más	0 bloques desde el comienzo
2	348	Puede fragmentarse, Más	125 bloques desde el comienzo (1000 octetos)
3	348	No fragmentar, Último	250 bloques desde el comienzo (2000 octetos)

Por otro lado, si se hubiese enviado el datagrama sin fragmentación, hubiese tenido los siguientes campos:

ID	Banderas	Desplazamiento del fragmento
348	Puede fragmentarse, Último	0 bloques desde el comienzo

En este caso, el host receptor puede deducir que el datagrama no estaba fragmentado, ya que un desplazamiento de 0 indica que contiene el inicio de los datos, a la vez que la bandera en «último» indica que contiene el final de los datos.

Reconstrucción de un datagrama fragmentado

Los datagramas fragmentados se reconstruyen en el host receptor. Las piezas de un datagrama en fragmentos pueden llegar desordenados. Cuando llega al host de destino el primer fragmento, IP asigna cierta memoria para el reensamblado del datagrama. El campo *Desplazamiento del fragmento* indica el intervalo que ocupan los datos del fragmento.

Los fragmentos cuyos campos *Identificación*, *Dirección de IP de origen*, *Dirección de IP de destino* y *Protocolo* coinciden es porque pertenecen al mismo datagrama y se mezclan según van llegando. En el protocolo de IP existe un pequeño inconveniente por omisión y es que el receptor no tiene ninguna forma de conocer el tamaño completo del datagrama hasta que llega el último fragmento. El campo *Tamaño total* de la cabecera de un fragmento indica sólo el tamaño del datagrama de *ese* fragmento.

Por ello, el sistema receptor ha de hacer cierto trabajo de adivinación sobre cuánto espacio debe reservar para el datagrama entrante. Los fabricantes tratan este problema de distintas formas. Algunos asignan pequeños espacios incrementales para guardar los fragmentos que llegan, mientras otros usan un búfer único de tamaño fijo.

En cualquier caso, es un *requisito* que todas las implementaciones manejen al menos los datagramas fragmentados cuyo tamaño total sea de un máximo de 576 octetos. Claramente, una implementación debería ser capaz de manejar datagramas fragmentados cuyo tamaño total sea de un máximo del tamaño de la MTU de la interfaz por donde llegan.

Plazo de reensamblado

Suponga el siguiente escenario:

- Se envía un datagrama.
- El proceso que lo envía se muere.
- El datagrama se divide en fragmentos.
- Uno de los fragmentos se destruye durante la transmisión.

El host receptor puede quedarse esperando eternamente, ya que el trozo perdido no llegará nunca. Obviamente, el host receptor necesita establecer un *plazo de reensamblado* (*reassembly timeout*). Cuando el plazo cumple, el host de destino descarta los fragmentos recibidos y envía un mensaje de error al origen.

A veces se puede configurar el plazo de reensamblado, siendo su valor recomendado entre 60 y 120 segundos.

Fragmentar o no fragmentar

Tras tratar todos estos problemas para conseguir disponer de fragmentación, este procedimiento se convierte en realidad en un cuello de botella del rendimiento. El resultado es que muchos programadores diseñan con mucho cuidado sus aplicaciones para que los datagramas sean lo suficientemente pequeños para que no sufran fragmentación.

En el Capítulo 7 se verá un protocolo de obtención de la MTU que evita la fragmentación a la vez que permite usar la mayor MTU que se puede transmitir hasta el destino.

ESTADÍSTICAS DE IP

Se puede tener una idea general de cómo se comporta IP comprobando ciertas estadísticas. El comando *netstat –s* ofrece una cuenta de los principales sucesos de IP. El informe que se muestra a continuación se ejecutó en *tigger.jvnc.net*, un servidor al que se puede acceder desde cualquier host de la Internet. Tenga en cuenta que en el informe se usa el término *paquete* (*packet*) en lugar del más correcto *datagrama*.

```
> netstat -s
ip:
13572051 total packets received
0 bad header checksums
0 with size smaller than minimum
8 with data size < data length
0 with header length < data size
0 with data length < header length
90 fragments received
0 fragments dropped (cup or out of space)
2 fragments dropped after timeout
0 packets forwarded
10 packets not forwardable
0 redirects sent
0 ip input queue drops
```

En el período de obtención del informe no hubo problemas con las sumas de control y *tigger* no tuvo que descartar datagramas debido a problemas con la memoria. Se recibieron 90 fragmentos de datagrama lo que hace un 0,00066 por ciento del total. Dos de los fragmentos se descartaron tras expirar el plazo. Hubo 10 datagramas «no reenviables» (*nonforwardable*) posiblemente debido a intentar ciertos experimentos de encaminamiento de origen a través de *tigger*.

OPCIONES

Existen hasta 40 octetos extra en la cabecera de IP que pueden llevar una o más opciones. Las opciones que se incluyen en los datagramas las eligen las aplicaciones de origen. Es bastante raro usar estas opciones. Las opciones son:

- Uso de una ruta estricta.
- Ruta de origen desconectada.

- Crear un registro de la ruta.
- Marcas de tiempo.
- Seguridad básica del Departamento de defensa.
- Seguridad extendida del Departamento de defensa.
- Sin operación.
- Fin de la lista de opciones (de relleno).

Las opciones de seguridad las usa el Departamento de defensa y algunas agencias gubernamentales. Se han propuesto otras opciones[6].

Ruta de origen

Se dispone de dos opciones de ruta de origen. La *ruta de origen estricta* (*Strict Source Route*) describe una ruta completa que debe seguirse hasta el destino. La *ruta de origen desconectada* (*Loose Source Route*) identifica puntos del camino. Se puede usar cualquier camino entre los puntos definidos.

A veces se usan rutas de origen estrictas para mejorar la seguridad de los datos. Desafortunadamente, como se verá más adelante, las rutas de origen también forman parte del arsenal de los piratas y se usan para asaltar la seguridad de la red.

A veces se usan las rutas de origen con propósitos de prueba. El objetivo de las rutas de origen desconectadas era ayudar en el encaminamiento hacia lugares distantes.

El mecanismo para las rutas de origen estricta y desconectada es el mismo. La única diferencia es que *sólo* se pueden visitar los sistemas de la lista cuando se usa ruta de origen estricta.

Ruta inversa

Cuando se usa ruta de origen, el tráfico que vuelve desde el destino al origen debe seguir la misma ruta, es decir, debe visitar el mismo conjunto de encaminadores en orden inverso.

Existe cierta complicación; la visión del origen y del destino de las direcciones de los encaminadores no es la misma. En la Figura 6.12 se muestra un camino que atraviesa dos encaminadores. La ruta desde el Host A al Host B visita los encaminadores cuyas direcciones de IP son, para el Host A, 130.132.9.29 y 130.132.4.11. La ruta desde el Host B al Host A visita los encaminadores cuyas direcciones de IP son, para el Host B, 128.36.5.2 y 130.132.4.16. Las interfaces del encaminador en cada ruta son distintas debido a que las interfaces conectan con distintas subredes, tal como se muestra en la figura.

La solución es simple. Según se visita cada encaminador, la dirección de llegada se sustituye en el campo *Ruta de origen* por la dirección de salida. En el destino se recoge la lista resultado, se invierte el orden y se usa como ruta de origen en el sentido opuesto.

---

[6] Véase las RFC *Assigned Numbers* e *Internet Official Protocol Standards* para ver la lista completa de opciones y su estado.

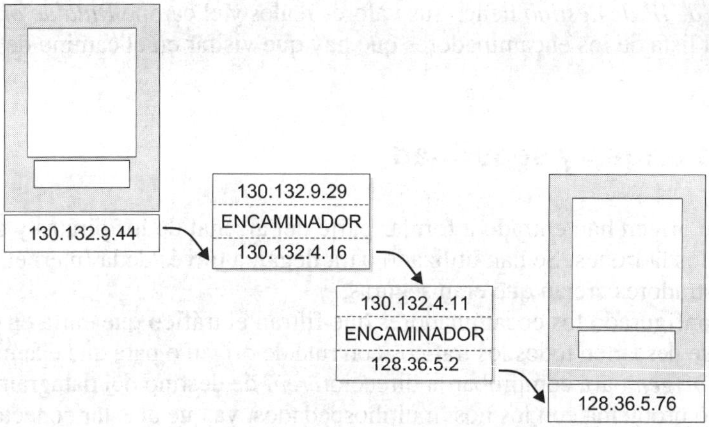

Figura 6.12. *Rutas desde el punto de vista del host A y del host B.*

Descripción de una ruta

Se podría suponer que la ruta de origen se implementase mediante una lista de los encaminadores *entre* el origen y el destino, pero no es la forma como se hace. En la Tabla 6.4 se muestra el contenido de los campos *Dirección de IP de origen*, *Dirección de IP de destino* y *Ruta de origen* en cada paso de una ruta:

- En el paso 1, el campo *Dirección de IP de destino* contiene la dirección del primer encaminador. En el campo *Ruta de origen* hay un apuntador al siguiente salto (se muestra en negrita).
- En el paso 2, el campo *Dirección de IP de destino* contiene la dirección del segundo encaminador. En el campo *Ruta de origen* hay un apuntador al siguiente salto de la ruta. En este ejemplo, el siguiente salto es el destino real del datagrama.

Tabla 6.4. *Encaminamiento de origen.*

Paso	Dirección de IP de origen	Dirección de IP de destino	Campo *Ruta de origen*
1	130.132.9.44	130.132.9.29	**130.132.4.11** 128.36.5.76
2	130.132.9.44	130.132.4.11	130.132.4.16 **128.36.5.76**
3	130. 132.9.44	128.36.5.76	130.132.4.16 128.36.5.2

- En el paso 3, llega el datagrama. Los campos *Dirección de IP de origen* y *Dirección de IP de destino* tienen sus valores reales y el campo *Ruta de origen* contiene la lista de los encaminadores que hay que visitar en el camino de vuelta.

Rutas de origen y seguridad

Las rutas de origen han entrado a formar parte del arsenal de los piratas y de las herramientas de los ladrones. Se han utilizado para llegar, a través de la Internet, a redes que sus administradores creían que eran seguras.

Se ha configurado los encaminadores que filtran el tráfico que entra en la organización para que descarten todos los tráficos con ruta de origen o para que examinen el campo *Ruta de origen* para comprobar la dirección *real* de destino del datagrama.

Hay otro problema con los host multihospedados, ya que al estar conectados a dos o más subredes pueden ser el objetivo para transportar datagramas de ruta de origen, haciendo de puerta de atrás para el tráfico. Los host multihospedados se deberían configurar para que descartasen todos los datagramas con ruta de origen.

Registro de la ruta

El campo *Registro de la ruta* (*Record Route*) contiene una lista de las direcciones de IP de los encaminadores que ha visitado el datagrama. Cada encaminador de la ruta intentará poner su dirección de IP de salida en esta lista. El tamaño de este campo la preconfigura el origen y es posible que se use todo el espacio disponible antes de que el datagrama llegue a su destino. En este caso, el encaminador, simplemente, reenvía el datagrama sin añadir su dirección.

Marcas de tiempo

Existen tres formatos para el campo *Marca de tiempo* (*Timestamp*). Puede contener:

- Una lista de marcas de tiempo de 32 bits.
- Un lista de pares de direcciones de IP y sus correspondientes marcas de tiempo.
- Una lista de direcciones preseleccionadas en origen, cada una seguida de un espacio en donde se registra una marca de tiempo. Un nodo registra su marca de tiempo sólo si la dirección es la siguiente de la lista.

Se puede quedar sin espacio si se usa el segundo o el tercer formato. Existe un subcampo desbordamiento (*overflow*) que se usa para contar el número de nodos que no pudieron registrar sus marcas de tiempo.

Seguridad básica y extendida del Departamento de defensa

La opción de *Seguridad básica* se usa para asegurar que el origen de un datagrama tiene autorización para transmitir, los encaminadores intermedios pueden retransmitirlo apropiadamente y debería permitirse que el destino lo recibiese.

Los parámetros de la opción *Seguridad básica* consisten en un nivel de clasificación que va desde Sin clasificar (*Unclassified*) a Alto secreto (*Top Secret*) y banderas que identifican qué reglas de las autoridades de protección se aplican en el datagrama.

Entre las autoridades de protección se encuentran la Agencia de seguridad nacional de Estados Unidos, la Agencia central de inteligencia y el Departamento de energía.

Un datagrama con la opción de Seguridad básica también puede incluir un campo de opción de *Seguridad extendida*. Existen varios subformatos diferentes de esta opción, dependiendo de las necesidades de las distintas autoridades definidas.

Un host o un encaminador debe descartar la información que no está autorizado a manejar. Los sistemas seguros se han configurado con el rango de niveles de clasificación que pueden transmitir y recibir y la autoridad o autoridades válidas. Tenga en cuenta que hay muchos productos comerciales que no admiten operaciones seguras.

Fin de la lista de opciones y Sin operación

La opción *Sin operación* (*No Operation*) se usa de relleno entre opciones. Por ejemplo, se usa si se desea alinear la siguiente opción en un marco de 16 o 32 bits.

La opción *Fin de la lista de opciones* (*End of Option List*) se usa para rellenar al final los campos de opción a un múltiplo de 32 bits.

Codificación de las opciones

Existen dos opciones que ocupan un byte cuya codificación es:

Sin operación	00000001
Fin de lista de opciones	00000000

El resto de las opciones ocupan varios bytes. Cada uno comienza con un octeto de *tipo* y un octeto de *tamaño*.

Un tema que hay que considerar con las opciones es: ¿Deberían copiarse las opciones en la cabecera de todos los fragmentos de un datagrama fragmentado? Debe hacerse con las opciones para *Seguridad*, *Ruta de origen estricta* y *Ruta de origen desconectada*. Los campos de opción *Registro de la ruta* y *Marcas de tiempo* sólo aparecen en el primer fragmento.

El octeto de tipo se puede dividir de la siguiente forma:

Bits	Función	Descripción
0	Bandera de copia	Se pone a 1 si se copia en los fragmentos
1-2	Clase de opción	0 para datagrama o control de red 2 para depuración y medidas
3-7	Número de opción	Valor único para cada opción

En la Tabla 6.5 se muestra el valor de cada octeto de tipo, así como su división en Copia, Clase y Numero de opción, para cada una de las opciones estándar.

Los formatos de los campos de opción comunes se muestran en la Figura 6.13.

Codificación de Ruta de origen estricta

La opción Ruta de origen estricta contiene un apuntador y una lista de direcciones. El apuntador contiene la posición de la siguiente dirección que hay que procesar. Inicialmente, el apuntador vale 4. En cada salto se incrementa en cuatro.

Codificación de Ruta de origen desconectada

La opción Ruta de origen desconectada contiene un apuntador y una lista de direcciones. De nuevo, el apuntador empieza con un valor de 4. El apuntador se incrementa cada vez que se llega al siguiente valor de la lista.

Tabla 6.5. *Copia, Clase y Numero de opción.*

Valor	Copia	Clase	Número	Nombre
0	0	0	0	Fin de la lista de opciones
1	0	0	1	Sin operación
137	1	0	9	Ruta de origen estricta
131	1	0	3	Ruta de origen desconectada
7	0	0	7	Registro de la ruta
68	0	2	4	Marcas de tiempo
130	1	0	2	Seguridad
133	1	0	5	Seguridad extendida

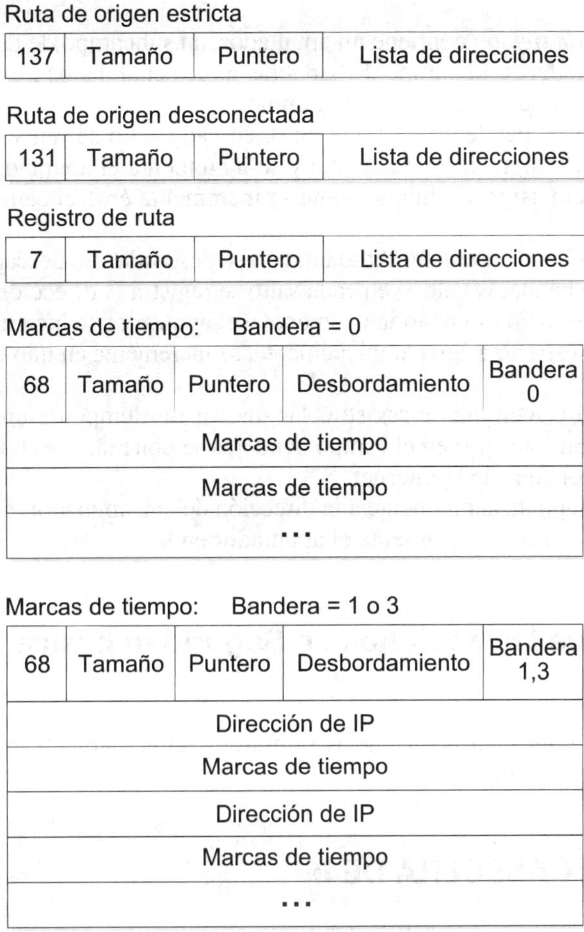

Figura 6.13. *Formatos de los campos de opciones.*

Codificación de Registro de la ruta

La opción Registro de la ruta contiene un apuntador y un espacio para las direcciones. Inicialmente, el valor del apuntador se pone a 4. Le sigue espacio sin usar que está asignado inicialmente para contener las direcciones.

Cada vez que se visita un encaminador, se registra su dirección en la posición indicada por el apuntador y se incrementa el apuntador en cuatro. Si se llega a usar todo el espacio asignado inicialmente, el datagrama se encamina hacia el destino pero no se registran más direcciones.

Codificación de Marcas de tiempo

La opción *Marcas de tiempo* contiene un apuntador, un subcampo de desbordamiento y un subcampo de banderas. El campo de banderas indica cuál de los tres tipos de formatos se usará con esta opción de marcas de tiempo.

Si el subcampo de banderas contiene un 0, en cada salto se registra una marca de tiempo en el espacio asignado inicialmente y se incrementa el apuntador en 4. Si se ha usado todo el espacio asignado inicialmente se incrementa en 1 el campo de desbordamiento.

¿Qué ocurre si el contador de desbordamiento se desborda? Se descarta el datagrama.

Si el subcampo banderas vale 1, en cada salto se registra la dirección de IP y la marca de tiempo en el espacio asignado inicialmente y el apuntador se incrementa en 8. Si se ha utilizado todo el espacio asignado inicialmente, se incrementa en uno el campo de desbordamiento.

Suponga que el origen quiere registrar las marcas de tiempo de una lista de nodos preseleccionados. En este caso en el campo banderas se pone un 3 y el origen rellena las direcciones seleccionadas de la internet.

Si el apuntador apunta actualmente a la dirección del encaminador, éste rellena el valor de la marca de tiempo e incrementa el apuntador en 8.

Codificación de las opciones de Seguridad básica y extendida

Estas opciones las controlan las agencias militares y gubernamentales. Véase la RFC 1108 para más información.

EJEMPLO DE CABECERA DE IP

En la Figura 6.14 se muestra el análisis del *Analizador de red* de Network General de una cabecera de la trama MAC de DIX Ethernet y una cabecera de IP.

La cabecera MAC empieza con 6 bytes de la dirección física de las estaciones de destino y de origen. Tenga en cuenta que el analizador de red ha sustituido los tres primeros bytes de cada dirección física por el nombre del fabricante de la tarjeta, que en este caso es Sun. El campo tipo contiene el código característico X'0800 que indica «entregar esta información a IP».

En la pantalla, tras la cabecera MAC de DIX Ethernet le sigue inmediatamente un datagrama de IP. Recuerde que si fuese una trama 802.3, le seguirían 8 bytes de una cabecera de LLC con una subcabecera de SNAP.

La trama tiene 61 bytes. En este tamaño se incluyen los 14 bytes de la cabecera de la trama MAC pero no los 4 bytes de la cola MAC, así que la trama completa original tenía un tamaño de 65 bytes. Las tramas de Ethernet o 802.3 en un medio de coaxial deben tener un tamaño de al menos 64 bytes, por lo que esta trama excede sólo un poco el tamaño mínimo. El datagrama de esta trama tiene un tamaño total de sólo 47 bytes.

```
DLC:   — DLC Header —
DLC:
DLC:   Frame 14 arrived at 10:26:10.5797; size is 61 bytes.
DLC:   Destination   = Station Sun   076A03,   Sun Atlantis
DLC:   Source        = Station Sun   07FD89,   Sun Jupiter
DLC:   Ethertype     = 0800 (IP)
DLC:

IP:    — IP Header —
IP:
IP:    Version = 4, header length = 20 bytes
IP:    Type of Service = 00
IP:          000. .... = routine
IP:          ...0 .... = normal delay
IP:          .... 0... = normal throughput
IP:          .... .0.. = normal reliability
IP:    Total length = 47 bytes
IP:    Identification = 4458
IP:    Flags = OX
IP:    .0.. .... = may fragment
IP:    ..0. .... = last fragment
IP:    Fragment offset = 0 bytes
IP:    Time to Live = 30 seconds/hops
IP:    Protocol = 6 (TCP)
IP:    Header checksum = 12F4 (correct)
IP:    Source address = [192.42.252.1]
IP:    Destination address = [192.42.252.20]
IP:    No options
IP:

HEX

MAC Header
08 00 20 07 6A 03      (Destination physical address)
08 00 20 07 FD 89      (Source physical address)
08 00                  (Protocol Type for IP)

IP Header
45 00 00 2F            (Version, Hdr Length, Prec/TOS, Total Length)
11 6A 00 00            (Identification, Flags, Fragment Offset)
1E 06 12 F4            (Time to Live, Protocol, Header Checksum)
C0 2A FC 01            (Source IP Address)
C0 2A FC 14            (Destination IP Address
```

Figura 6.14. *Interpretación de las cabeceras de MAC y de IP.*

Como la mayoría de las cabeceras de IP, ésta no lleva opciones y, por tanto, tiene el tamaño estándar de 20 bytes. Como suele ser habitual, el campo *Tipo de servicio* esta a 0.

Se puede deducir que este datagrama no es un fragmento de un datagrama mayor, ya que el campo *Deplazamiento del fragmento* vale 0, lo que indica que es el comienzo de un datagrama, y la segunda bandera esta a 0, lo que indica que es el final de un datagrama.

Este datagrama indica que faltan 30 saltos en su campo *TTL*. El campo *Protocolo* vale 6, lo que significa que el datagrama se entregará a TCP en el host de destino.

El *analizador de red* ha traducido las direcciones de origen y destino al formato con puntos.

Los octetos en hexadecimal que constituyen las cabeceras originales de MAC y de IP se muestran en la parte inferior de la pantalla. La pantalla original del *analizador de red* se ha alterado para que sea más fácil hacer coincidir los códigos en hexadecimal con su interpretación.

ESCENARIOS DE PROCESAMIENTO DE DATAGRAMAS

Para comprender mejor el funcionamiento de IP, resulta útil ver en detalle las operaciones que se llevan a cabo cuando se procesa un datagrama en un encaminador y en el host de destino. En la Figura 6.15 se resumen estos pasos.

Los problemas o errores se suelen tratar descartando el datagrama y enviando de vuelta un mensaje de error al origen. Estos mensajes se describen en el Capítulo 7, donde se trata el *Protocolo de Internet de mensajes de control* (ICMP *-1nternet Control Message Protocol*).

Procesamiento del encaminador

Cuando un encaminador recibe un datagrama, lo primero que hace es realizar ciertas comprobaciones para determinar si debe descartarlo. Se calcula la suma de control y se compara con el campo correspondiente.

Se comprueban los valores de los campos *Versión*, *Tamaño de la cabecera*, *Tamaño total* y *Protocolo* para determinar si tienen sentido. Se decrementa el valor de Tiempo de vida. Si hay un error en la suma de control, hay un error en los parámetros o el valor de Tiempo de vida es cero, el datagrama se descarta. Por supuesto, el encaminador también puede descartarlo si se queda sin espacio de memoria para continuar con su procesamiento.

El siguiente paso es realizar una comprobación de la seguridad. Se aplica al datagrama un conjunto de pruebas preconfiguradas. Por ejemplo, el encaminador puede restringir el tráfico entrante, de manera que sólo se pueda acceder a un pequeño número de servidores de destino.

A continuación el encaminador ejecuta el procedimiento de encaminamiento. Si existe, se consulta la opción de encaminamiento de origen estricto o desconectado. Un encaminador avanzado puede tener en cuenta el valor de Tipo de servicio. Si el datagrama no se puede encaminar sin fragmentar y el campo «no fragmentar» esta a uno, se descarta. Si está permitido y es necesario, en este momento se fragmenta el datagrama.

ENCAMINADOR

Cálculo de la suma de control de la cabecera.

Comprobación de parámetros. Descartar si no son válidos.

Decrementar el tiempo de vida. Descartar si vale cero.

Realizar una comprobación de la seguridad. Descartar si el datagrama falla algún test.

Descartar si necesita fragmentar y la banda "No fragmentar" está a uno.

Procesar las opciones, si existen. Actualizar los campos de las opciones, como la ruta de origen.

Actualizar la cabecera del datagrama (o las cabeceras de los fragmentos). Calcular las nuevas sumas de control.

Transmitir al sistema del siguiente salto.

HOST

Cálculo de la suma de control de la cabecera.

Comprobación de parámetros. Descartar si no son válidos.

Comprobar el destino. ¿Es éste? Quedarse con él.

¿Ruta de origen? Comprobar si se permite el reenvío.

¿Sin fragmentación? Entregar al servicio de la capa de nivel superior.

¿Fragmentado? Insertar. Si el datagrama está completo, entregar al servicio de la capa de nivel superior

¿Ha expirado el plazo de fragmentación? Descartar los fragmentos.

Figura 6.15. *Procesamiento de datagramas.*

Si existen opciones, se procesan. Hay que construir una cabecera actualizada para cada datagrama (o fragmento de datagrama). Finalmente, se vuelve a calcular la suma de control de la cabecera y se envía el datagrama al sistema del siguiente salto[7].

Procesamiento en el host de destino

En el host de destino se calcula la suma de control y se compara con el campo *Suma de control de la cabecera*. Se comprueba la dirección de destino para estar seguro de que es válida para el host. Se comprueba la corrección de los campos *Versión*, *Tamaño de la ca-*

[7] Es el escenario habitual de procesamiento de datagramas en un encaminador. Sin embargo, hay veces en las que un encaminador es el destino final de un datagrama. Por ejemplo, se puede enviar a un encaminador una petición de información de gestión de red.

becera, *Tamaño total* y *Protocolo*. El datagrama se descarta si cualquiera de estas comprobaciones detecta un error o si el host no tiene suficiente espacio disponible para procesar el datagrama.

Si el datagrama es un fragmento, el host comprueba los cuatro campos: *Identificación*, *Dirección de origen*, *Dirección de destino* y *Protocolo*. Los fragmentos con los mismos valores en estos campos pertenecen al mismo datagrama. A continuación se usa el valor de desplazamiento del fragmento para situar el fragmento en su posición correcta dentro del datagrama completo.

Los datagramas completos se entregan al servicio apropiado de la capa superior, como TCP o UDP.

Un host no puede esperar indefinidamente a completar el reensamblado de un datagrama. Cuando llega el primer fragmento, se arranca, localmente, un temporizador con un valor preconfigurado, normalmente entre uno y dos minutos. Los fragmentos del datagrama incompleto se descartan cuando el temporizador expira.

Cortafuegos y seguridad

Un lugar puede necesitar protegerse del mundo exterior. A todo el mundo le gusta disfrutar las ventajas de la comunicación. Pero los administradores de red prudentes saben que deben proteger sus recursos computacionales de los piratas. El encaminador cortafuegos se ha convertido en el arma de defensa más popular del arsenal de un administrador de red.

Un encaminador cortafuegos se configura para filtrar el tráfico según las necesidades de seguridad de cada lugar. Como se muestra en la Figura 6.16, un encaminador cortafuegos se puede configurar para permitir o deshabilitar el tráfico según:

- La dirección de IP de origen.
- La dirección de IP de destino.
- El protocolo.
- La aplicación.

Por ejemplo, se puede permitir a los usuarios internos que envíen y reciban correo electrónico y accedan a servidores externos de World Wide Web (WWW). A los usuarios externos se les puede permitir que accedan a una reducida selección de servidores de ese lugar.

Se añade protección extra con un host cortafuegos con filtrado inteligente. En algunas implementaciones, los usuarios internos se pueden conectar al cortafuegos y autenticarse a sí mismos antes de que se les permita conectarse al mundo exterior. Se puede asignar privilegios a los usuarios de forma individual. Todo el tráfico del mundo exterior se filtra y se examina cuidadosamente en el host cortafuegos.

Algunos host cortafuegos actúan como proxy. Cuando un usuario interno solicita información del mundo exterior, el cortafuegos proxy es realmente quien se comunica con el sistema externo, recoge la información y se la reenvía al usuario interno.

Figura 6.16. *Encaminador cortafuegos.*

Para estar bien protegido, un lugar puede determinar una LAN «zona desmilitarizada» con un host cortafuegos y todos los servidores de aplicaciones a los que se puede acceder desde el exterior de una LAN protegida mediante encaminadores que filtran el tráfico. En la Figura 6.17 se muestra una LAN zona desmilitarizada que se usa para proteger un lugar de los intrusos de Internet.

Cuando se usa un cortafuegos proxy, se pueden asignar direcciones de IP privadas a las computadoras del lugar. Sólo los sistemas dentro de la zona desmilitarizada de la LAN necesitan tener direcciones públicas que sean únicas.

RENDIMIENTO DE IP

El rendimiento de una internet depende de la cantidad de recursos disponibles en los host y los encaminadores y en el uso eficiente de los mismos. Estos recursos son:

- Ancho de banda de transmisión.
- Memoria de los búfer.
- Capacidad de proceso de la Unidad central de proceso (CPU).

No se conocen mecanismos perfectos de control. El diseño de un protocolo es una lucha continua entre ganancias y pérdidas de eficiencia.

Ancho de banda de transmisión

IP usa eficientemente el ancho de banda. Los datagramas en una cola para su transmisión hasta el siguiente salto se pueden transmitir en cuanto exista ancho de banda disponible. No existe pérdida de ancho de banda debido a reservas concretas para tráfico o por esperas de las confirmaciones.

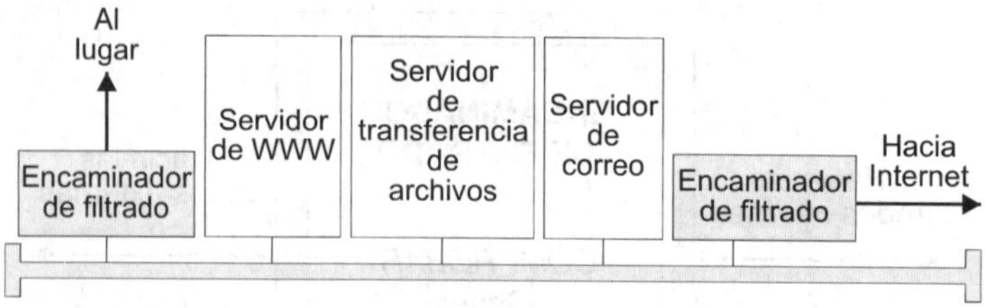

Figura 6.17. *Protección de un lugar con una zona desmilitarizada.*

Más aun, existen protocolos de encaminamiento de IP nuevos y con gran capacidad que pueden dividir el tráfico en varias rutas y elegir las rutas dinámicamente de manera que evitan los encaminadores congestionados o los enlaces con sobrecarga. El uso de estos protocolos ayudará a realizar el mejor uso posible de los recursos de transmisión disponibles.

Los mensajes de control incluyen poca sobrecarga. Los mensajes de error de ICMP son los únicos que originan tráfico de control.

Hay ciertas características potencialmente negativas. Cuando se envía tráfico de una o más LAN de alta velocidad a una línea punto a punto con poco ancho de banda, los datagramas se empiezan a acumular en una cola en el encaminador. El tiempo de envío desde el origen al destino aumenta y algunos datagramas se descartan. Ello puede hacer que TCP retransmita los datagramas, aumentando la carga y disminuyendo el rendimiento efectivo.

Tenga en cuenta que una vez que la red se congestiona, el envío de datagramas se vuelve cada vez más lento y menos fiable. Las retransmisiones de TCP pueden tener el efecto de mantener la red congestionada. Afortunadamente, algunos algoritmos muy efectivos hacen que TCP responda inmediatamente a la congestión moderando la cantidad de datos que envía y reduciendo la tasa de transmisión.

Estos algoritmos tienen un impacto significativo en el rendimiento de la red y se han convertido en requisito de la norma TCP. Se tratará de los mismos en el Capítulo 10.

Los fabricantes de encaminadores compiten muy fuerte para ofrecer productos con más posibilidades, capaces de procesar decenas de miles de datagramas por segundo. Para asegurar un rendimiento continuado, lo más seguro es configurar la red para que la carga máxima de memoria esperada de un encaminador sea, aproximadamente, del 50 por ciento de su capacidad.

Uso del búfer

Cuando un encaminador de IP ha transmitido un datagrama, su responsabilidad sobre el mismo termina. El búfer que ocupaba el datagrama queda inmediatamente libre para su uso.

Sin embargo, el IP del host de destino tiene que mantener ocupado parte de su espacio del búfer si está reensamblando un datagrama fragmentado.

Procesamiento de la CPU

La CPU tiene poca sobrecarga debido al procesamiento de los datagramas. El análisis de la cabecera es directo. No se necesita software muy elaborado para gestionar los temporizadores ni las retransmisiones.

Debido a que IP es no orientado a conexión y dinámico, requiere que el encaminamiento se realice en todos los saltos. Pero esto se hace con una búsqueda simple en una tabla o que se puede realizar muy rápidamente incluso en tablas de gran tamaño.

La comprobación de la seguridad de los encaminadores puede ralentizar el procesamiento, especialmente si hay que comprobar una lista muy larga de condiciones para cada datagrama.

MÁS SOBRE MULTIENVÍO

Recuerde, véase el Capítulo 5, que existe una clase de direcciones de IP que se usan para *multienvío*, es decir, para el encaminamiento de datagramas de IP desde un origen a un grupo de sistemas identificados con una dirección particular de multienvío de Clase D. Durante los próximos años se espera un cambio y un gran crecimiento en la tecnología y protocolos que permiten las aplicaciones de multienvío, como la conferencia.

En esta sección, se describirán brevemente algunos de los mecanismos que se usan actualmente para la implementación del multienvío. En primer lugar algunos hechos:

- Un origen de multienvío no tiene por que ser necesariamente un miembro receptor del grupo.
- Algunas direcciones de multienvío son estándar y permanentes. Las registra la IANA y se publican en la RFC *Assigned Numbers*.
- Las direcciones de multienvío temporales se eligen siguiendo un proceso administrativo *ad hoc*, con lo que no se puede garantizar que sean únicas.
- La dirección de multienvío «a todos los host», 224.0.0.1, es especial. Los datagramas que se envían al grupo «todos los host» nunca se reenvían fuera del enlace local.
- El *Protocolo de Internet de gestión de grupos* (IGMP - *Internet Group Management Protocol*) es el que dispone de los mecanismos que permiten que los encaminadores descubran si hay host locales que pertenezcan a grupos de multienvío. IGMP se considera parte integral de IP. Los mensajes de IGMP se transmiten como datagramas de IP con protocolo = 2.
- Un *encaminador de multienvío* es cualquier sistema que ejecuta software especial de encaminamiento de multienvío. Este software puede ejecutarse en un encaminador normal o en un host configurado para realizar encaminamiento de multienvío.

Veamos, ahora, un escenario de un host de multienvío:

- Un host que desea unirse a grupos y recibir multienvío empieza escuchando en la dirección de multienvío «todos los host», 224.0.0.1.
- Si un host quiere unirse a un grupo en particular, debe informar a todos los encaminadores de multienvío en el enlace local. Para ello, el host envía un mensaje de *informe* de IGMP a la dirección de multienvío del grupo al que desea unirse [8].
- Después el host escucha los datagramas que se envían a esa dirección de multienvío.
- El host también escucha las peticiones periódicas del encaminador local y responde con un informe cuando corresponde.
- Para abandonar un grupo, el host deja, simplemente, de escuchar en la dirección del grupo y deja de enviar informes para ese grupo.

Las acciones del host son bastantes directas. El encaminamiento es más difícil y aún se encuentra en evolución. Veamos un escenario del encaminador:

- Un encaminador de multienvío escucha en cada interfaz los informes de los host. Para cada una de sus interfaces, el encaminador mantiene una lista de todos los grupos de multienvío que tiene al menos un miembro activo en la subred a la que se llega mediante dicha interfaz.
- El encaminador debe enviar a otros encaminadores de multienvío una lista de las direcciones de grupo activas para cada una de las subredes a las que está conectado.
- Como los host abandonan sin decirlo, el encaminador de multienvío necesita comprobar, periódicamente, si alguno de los sistemas locales sigue queriendo permanecer al grupo. El encaminador envía *consultas* periódicas a la dirección *todos los host*. Los host que son miembro de algún grupo esperan un cierto tiempo aleatorio. El primer miembro para el que transcurre ese tiempo envía una respuesta a la *dirección del grupo*. El encaminador, y todos los sistemas en el grupo, oyen la respuesta. Como el encaminador ya sabe que hay alguien en el grupo, no necesita responder a nadie más.
- Cuando el encaminador recibe un datagrama de multienvío con datos, transmite el datagrama a todas las subredes con un miembro en el grupo. El encaminador también puede reenviar el datagrama a otros encaminadores de multienvío.

Los mensajes de host de IGMP tienen el formato que se muestra en la Figura 6.18. Tipo = 1 es una consulta de pertenencia del host (*Host Membership Query*) y Tipo = 2 es un informe de pertenencia del host (*Host Membership Report*).

---

[8] En los informes el campo Tiempo de vida (*Time-to-Live*) se fija en 1, por lo que no abandonará la subred local.

4 bits	4 bits	8 bits	16 bits
Versión	Tipo	No usado	Suma de control
Dirección de grupo			

Figura 6.18. *Mensajes de host de IGMP.*

LECTURAS RECOMENDADAS

El protocolo IP se define en la RFC 791. En la RFC 1122 se especifican actualizaciones, correcciones y requisitos de conformidad. En la RFC 1812 se detallan los requisitos de los encaminadores de la versión 4 de IP y se explican detalles sobre el funcionamiento de estos encaminadores.

En la RFC 1108 se tratan las opciones de seguridad del Departamento de defensa. Las RFC 1071, 1141 y 1624 tratan sobre el cálculo de la suma de control de Internet. La RFC 815 presenta un algoritmo eficiente para el reensamblado de datagramas fragmentados en el host receptor.

La RFC 1112 especifica las extensiones de host para el multienvío de IP.

Biblioteca profesional

CAPÍTULO 7

Protocolo de Internet de mensajes de control

INTRODUCCIÓN

IP tiene un diseño simple y elegante. En condiciones normales, IP hace un uso muy eficiente de los recursos de memoria y transmisión. Pero, ¿qué ocurre cuando las cosas no van bien? Si un encaminador deja de funcionar y se estropea la red, ¿qué noticia se da de que los datagramas están dando vueltas hasta que expira su tiempo de vida? ¿Qué aviso se da a las aplicaciones para que no insistan enviando información hacia un destino inalcanzable?

El *Protocolo de Internet de mensajes de control* (ICMP - *Internet Control Message Protocol*) ofrece remedio a estos problemas. ICMP también desempeña un papel fundamental de asistente en la red, ayudando a los host con su encaminamiento de IP y permitiendo que los administradores de red comprueben el estado de los nodos de la red. Las funciones de ICMP son una parte esencial de IP. Todos los host y encaminadores deben ser capaces de generar mensajes de ICMP y procesar los que reciban. Si se usa adecuadamente, ICMP puede contribuir a que la red funcione mejor.

Los mensajes de ICMP se transmiten como datagramas de IP con una cabecera normal de IP, con el campo de *Protocolo* con el valor 1.

MENSAJES DE ERROR DE ICMP

Hay ciertas situaciones en las que se descartan los datagramas de IP. Por ejemplo, puede que no se llegue a un destino porque el enlace ha caído. Puede que haya expirado el contador Tiempo de vida. O puede que sea imposible que un encaminador reenvíe un datagrama grande porque no se permite la fragmentación.

Cuando hay que descartar un datagrama, se usan mensajes de ICMP para informar del problema a la dirección de origen del datagrama. En la Figura 7.2 se muestra cómo se distribuyen mensajes de ICMP a un origen de datagramas.

ICMP notifica rápidamente a los sistemas de los problemas. ICMP es un protocolo muy robusto, ya que la notificación de errores no depende de la existencia de un centro de administración de red.

También hay desventajas. Por ejemplo, si no se puede alcanzar un destino los mensajes se propagarán a orígenes de toda la red, en lugar de a una estación de administración de la red.

De hecho, ICMP no dispone de funciones para avisar de los errores a un centro determinado de operaciones de red. Depende del Protocolo básico de gestión de red (SNMP - *Simple Network Management Protocol*), que se presenta en el Capítulo 20.

Tipos de mensajes de error

En la Figura 7.3 se resumen los mensajes de error que pueden enviar los encaminadores y los host para avisar de problemas. En la Tabla 7.1 se listan los nombres formales de los mensajes de error de ICMP.

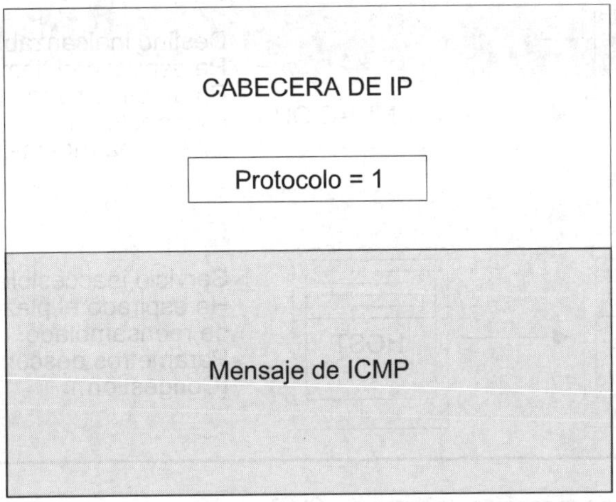

Figura 7.1. *Empaquetado de un mensaje de ICMP.*

Obligación de enviar mensajes de ICMP

El protocolo ICMP especifica que los mensajes de ICMP *deberían* o *podrían* enviarse en todos los lugares. No requiere que *todos* los errores *tengan que* generar un mensaje de ICMP.

Tiene sentido. La prioridad de un encaminador en una red es reenviar datagramas. Y un host receptor congestionado debería prestar más atención a la entrega de datagramas a sus aplicaciones que a la notificación remota de errores. No es un gran problema si algunos datagramas se descartan y no se indica.

Mensajes entrantes de ICMP

¿Qué ocurre cuando un host recibe un mensaje de ICMP? Veamos un ejemplo. Intentaremos conectarnos a una dirección en una red reservada y, por tanto, inalcanzable:

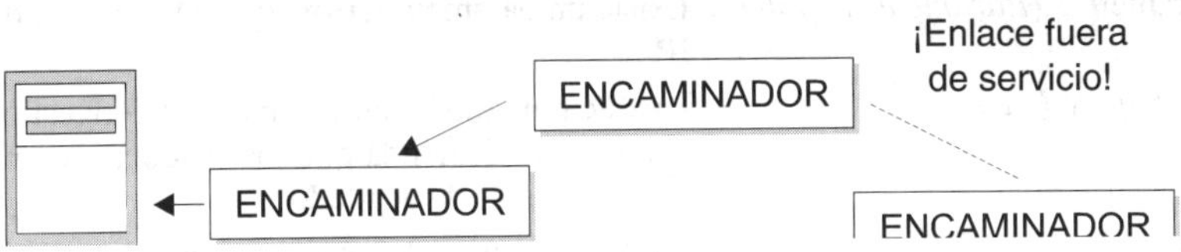

Figura 7.2. *Mensaje de ICMP enviado a un origen de tráfico.*

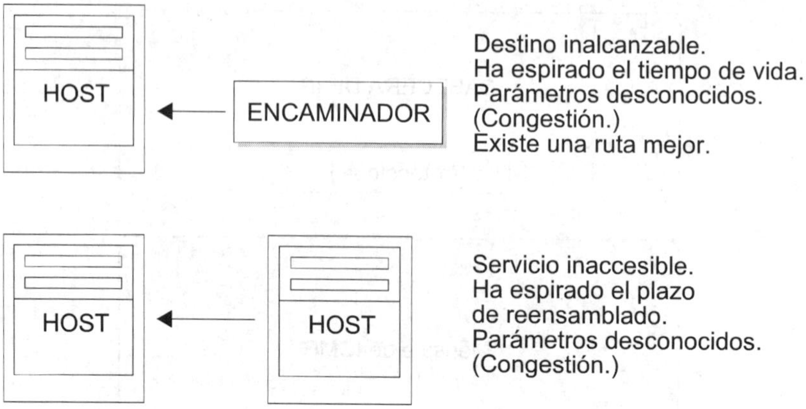

Figura 7.3. *Tipos de mensajes de error de ICMP.*

```
> telnet 10.1.1.1
Trying 10.1.1.1 ...
telnet: connect: Host is unreachable
```

Fíjese que se nos ha indicado exactamente lo que ha ocurrido.

Para descubrir *qué* encaminador envió el mensaje de ICMP, se puede usar una herramienta de ayuda llamada *traceroute*:

Tabla 7.1. *Mensajes de error de ICMP.*

Mensaje	**Descripción**
Destino inalcanzable *(Destination Unreachable)*	Un datagrama no puede llegar a su host, utilidad o aplicación de destino.
Plazo superado *(Time Exceeded)*	El Tiempo de vida ha expirado en un encaminador o el plazo de reensamblado ha expirado en un host de destino.
Problema de los parámetros *(Parameter Problem)*	Existe un parámetro erróneo en la cabecera de IP.
Acallado de origen *(Source Quench)*	Un encaminador o un destino está congestionado. Se recomienda que los sistemas no envíen mensajes de acallado.
Redirigir *(Redirect)*	Un host ha enviado un datagrama al encaminador local equivocado.

```
> traceroute 10.1.1.1
traceroute to 10.1.1.1 (10.1.1.1), 30 hops max. 40 byte packets
1 nomad-gateway (128.121.50.50) 2 ms 2 ms 2 ms
2 liberty-gateway (130.94.40.250) 91 ms 11 ms 78 ms
3 border2-hssi2-O.NewYork.mci.net (204.70.45.9) !H !H !H
```

El encaminador de New York ha enviado mensajes *Destino inalcanzable*, que se muestran en la pantalla con las respuestas «!H». La propia función *traceroute* utiliza los mensajes de *Plazo superado* de ICMP. El procedimiento es:

- Se construye un mensaje de UDP. Se le da una cabecera de IP cuyo tiempo de vida sea 1.
- Se transmite el datagrama tres veces.
- El primer encaminador, *nomad-gateway* en el ejemplo anterior, decrementa el tiempo de vida al valor 0, descarta el datagrama y envía de vuelta un mensaje de *Plazo superado* de ICMP al origen.
- La función *traceroute* identifica al encaminador que envió el mensaje e imprime los tres tiempos de ida y vuelta.
- Se pone el tiempo de vida a 2 y se envían de nuevo los mensajes.
- El proceso se repite, aumentando el tiempo de vida en cada paso.

Si, eventualmente, se puede llegar al destino, se muestra la ruta completa.

CUÁNDO NO ENVIAR MENSAJES DE ICMP

Se puede esperar que los mensajes de ICMP se envíen cuando una red tiene problemas. Es importante asegurar que el tráfico de ICMP no inunda la red, empeorando la situación. Hay que imponer algunos límites obvios al protocolo. ICMP debe informar de los problemas causados por:

- El encaminamiento o el envío de mensajes de ICMP.
- La difusión o multienvío de datagramas.
- Fragmentos de datagrama distintos del primero.
- Mensajes cuya dirección de origen no identifique a un host único, como por ejemplo las direcciones de IP como 127.0.0.1 o 0.0.0.0.

FORMATO DE MENSAJES DE ICMP

Recuerde que los mensajes de ICMP se transmiten en la parte de datos de un datagrama de IP. Cada mensaje de ICMP empieza con los mismos tres campos: un campo de *Tipo*, un campo de *Código* que a veces ofrece descripción concreta del error y un campo *Suma de control*. El formato del resto del mensaje viene determinado por el tipo.

Los mensajes de error de ICMP incluyen la cabecera de IP y los 8 primeros octetos del datagrama que ocasionó el error. Esta información se puede utilizar para resolver el problema, ya que incluye datos como el destino previsto y protocolo destino de la capa 4. Cuando se estudie TCP y UDP, se verá que para estos protocolos, los 8 octetos extra de información identifican a las entidades que se comunican.

Al mensaje de ICMP se le aplica la suma de control de ICMP, empezando desde el campo *Tipo*.

Mensaje Destino inalcanzable

La entrega de un datagrama puede fallar en muchos momentos. Debido a un enlace roto, a un encaminador físicamente incapaz de llegar a una subred de destino o para ejecutar el siguiente salto de encaminamiento. El destino puede estar fuera de servicio por labores de mantenimiento.

Como se ha visto en el Capítulo 6, los encaminadores modernos disponen de potentes funciones de seguridad. Se puede configurar un encaminador para que examine el tráfico que entra en la red. Por tanto, puede que los datagramas no se puedan entregar por que están prohibidas las comunicaciones con el destino por razones administrativas.

En la Figura 7.4 se muestra el formato del mensaje *Destino inalcanzable*. El *Tipo*, en este caso 3, identifica que el mensaje es *Destino inalcanzable*. El *Código* indica la razón. La lista completa de códigos es bastante larga y se muestra en la Tabla 7.2.

Mensaje de Plazo superado

Un datagrama puede expirar porque su tiempo de vida ha llegado a cero mientras se encontraba en tránsito. Otra razón es cuando el plazo de reensamblado del host expira antes de que lleguen todos los fragmentos. En cualquier caso, se envía un mensaje de ICMP de *Plazo expirado* al origen del datagrama. En la Figura 7.5 se muestra el formato del mensaje.

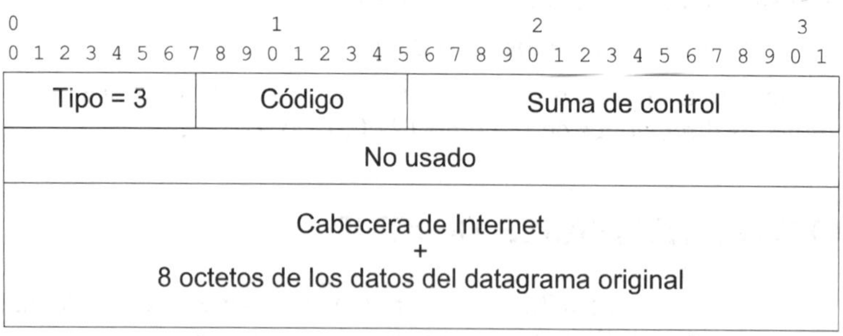

Figura 7.4. *Formato del mensaje de ICMP Destino inalcanzable.*

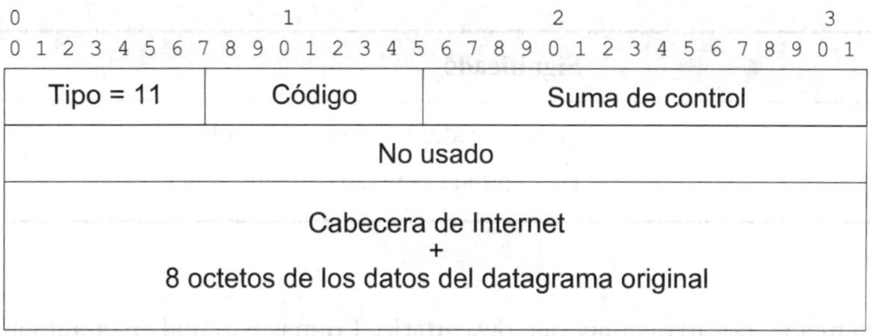

Figura 7.5. *Formato del mensaje de ICMP Plazo superado.*

Los valores de los códigos indican la naturaleza del plazo, y se pueden ver en la Tabla 7.3.

Mensaje Problemas de parámetros

El mensaje de ICMP *Problemas de parámetros* se usa para informar de otros problemas que no se cubre con ningún otro mensaje de error. Por ejemplo, puede existir información inconsistente en un campo de opciones que haga que sea imposible procesar el datagra-

Tabla 7.2. *Códigos de error para Destino inalcanzable.*

Código	Significado
0	No se puede llegar a la red.
1	No se puede llegar al host.
2	El destino no dispone del protocolo solicitado.
3	No se puede llegar al puerto. Puede que la aplicación de destino no esté libre.
4	Se necesita realizar fragmentación, pero se ha establecido la bandera «No fragmentar».
5	La ruta de origen no es correcta.
6	No se conoce la red de destino.
7	No se conoce el host de destino.
8	El host origen está aislado.
9	La comunicación con la red de destino está prohibida por razones administrativas.
10	La comunicación con el host de destino está prohibida por razones administrativas.
11	No se puede llegar a la red debido al Tipo de servicio.
12	No se puede llegar al host debido al Tipo de servicio.

Tabla 7.3. Códigos de plazo superado.

Código	Significado
0	Se ha excedido el tiempo de vida.
1	Ha expirado el plazo dc reensamblado.

ma correctamente, por lo que hay que descartarlo. Lo más habitual en cuanto a problemas de parámetros se debe a errores de implementación en el sistema que escribió los parámetros en la cabecera de IP.

El campo *apuntador* del mensaje de ICMP *Problema de parámetros* identifica el octeto en el que se ha detectado el error. En la Figura 7.6 se muestra el formato del mensaje. En la Tabla 7.4 se muestran los valores de los códigos.

Problemas de congestión

El protocolo de IP es muy simple; un host o un encaminador procesa un datagrama y lo envía lo más rápido que puede. Sin embargo, la entrega no siempre ocurre tan fácilmente. Ciertas cosas pueden ir mal.

Uno o más host que envían tráfico de UDP a un servidor lento pueden desbordar al servidor con tráfico de UDP. Ello hará que el servidor descarte el tráfico sobrante.

Un encaminador puede quedarse sin espacio en el búfer y verse forzado a descartar algunos datagramas. Una lenta conexión de área extensa, como un enlace a 56 Kilobits por segundo entre dos LAN a 10 Megabits por segundo puede crear un cuello de botella. La congestión hace que se descarten datagramas, lo que da lugar a que las retransmisiones produzcan más tráfico todavía.

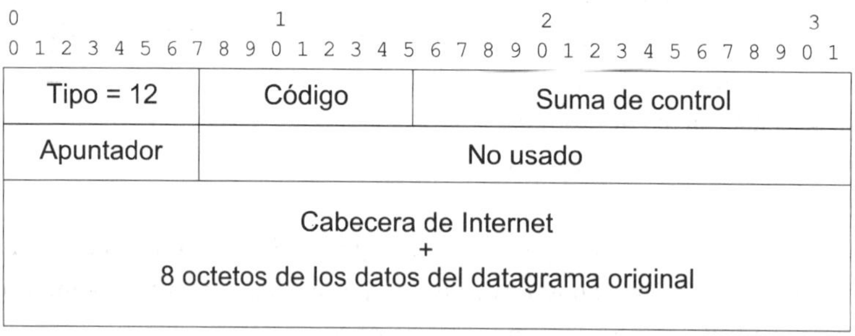

Figura 7.6. Formato del mensaje de ICMP Problema de los parámetros.

Tabla 7.4. Códigos de Problemas de los parámetros.

Código	Significado
0	El valor del campo apuntador indica el octeto donde se detectó el error.
1	Falta una opción obligatoria, se indica en la comunidad militar para indicar que falta una opción de seguridad.
2	Tamaño incorrecto.

Acallamiento de origen

El objetivo del mensaje Acallamiento de origen (*Source Quench*) que se muestra en la Figura 7.7 era aliviar este problema pero no tuvo éxito. Los detalles exactos de cómo debería usarlo el sistema congestionado quedó como responsabilidad del implementador, dejando abierta la pregunta:

¿Cuándo, y quién, debería enviar un mensaje de acallamiento de origen?

Normalmente, los mensajes de error de ICMP indican al host de origen por qué se descartó uno de sus datagramas. Sin embargo, en una situación de congestión es posible que el datagrama que se descarta no provenga de los host que generan mucho tráfico. Así que, exactamente, el cómo el host debería manejar un mensaje de *Acallamiento de origen* quedó igualmente difuso.

El documento actual *Requisitos de encaminador* (*Router Requirements*), RFC 1812, estipula que de hecho, *no se deberían* enviar mensajes de *Acallamiento de origen.* Se está trabajando en mecanismos de control de congestión más efectivos.

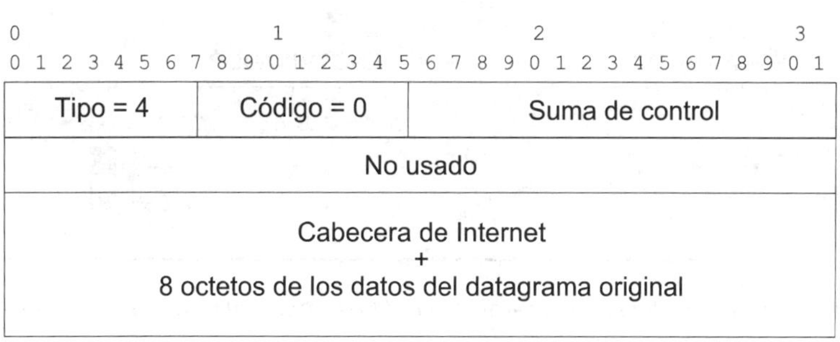

Figura 7.7. Formato del mensaje de ICMP Acallamiento de origen.

Redirección

Puede que haya mas de un encaminador conectado a la LAN. Si el host local envía un datagrama al encaminador equivocado, el encaminador reenviará el datagrama y un mensaje *Redirección* (*Redirect*) al host origen, como se muestra en la Figura 7.8. El host debería enviar el tráfico siguiente al encaminador con la ruta más corta.

Los mensajes *Redirección* se pueden usar para reducir el trabajo manual de administración. Se puede configurar un encaminador con un único encaminador por defecto y que aprenda dinámicamente sobre las rutas que van por otros encaminadores.

En la Figura 7.9 se muestra el formato del mensaje de redirección. Los códigos de redirección se listan en la Tabla 7.5. Algunos protocolos de encaminamiento pueden elegir el camino de entrega según el campo *Tipo de servicio* (TOS). Los códigos 2 y 3 son consejos que reflejan estas consideraciones.

Tratamiento de los mensajes de error de ICMP entrantes

¿Qué se hace cuando llega un mensaje de error de ICMP a un host de origen?[1] La forma en que los fabricantes implementan el software de red es muy variada, y la norma de TCP/IP intenta dar mucha libertad. Las guías que se dan para los distintos tipos de mensajes son:

Destino inalcanzable	Entregar el mensaje de ICMP a la capa de transporte. La acción depende de si la razón es permanente o transitoria, ej.: se prohibe la comunicación por razones administrativas.
Redirect	El host *debe* actualizar la tabla de encaminamiento.

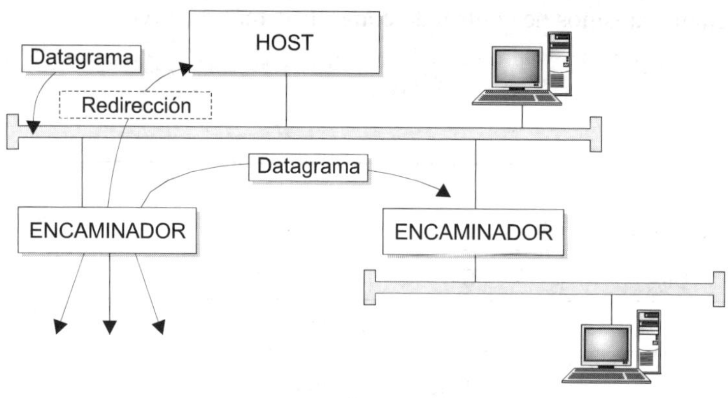

Figura 7.8. *Corrección del encaminamiento del host mediante un mensaje de redirección.*

[1] Ha habido implementaciones de host que ignoran todos o la mayoría de los mensajes de ICMP.

Acallamiento de origen	Entregar el mensaje a la capa de transporte o a un módulo de procesamiento de ICMP.
Plazo superado	Entregar el mensaje a la capa de transporte.
Problema de parámetros	Entregar el mensaje a la capa de transporte; opcionalmente notificar al usuario.

A veces, se pueden tratar las condiciones de error mediante la cooperación entre el sistema operativo, el software de comunicaciones y la aplicación que realiza la comunicación.

OBTENCIÓN DE LA MTU DE UNA RUTA

Cuando se realiza una operación que transmite gran cantidad de información entre dos host, como una transferencia de archivos, el tamaño de datagrama puede tener un gran impacto en el rendimiento. Las cabeceras de IP y de TCP aportan una sobrecarga de al menos 40 bytes.

- Si se envían los datos en datagramas de 80 bytes, la sobrecarga es del 50 por ciento.
- Si se envían los datos en datagramas de 400 bytes, la sobrecarga es del 10 por ciento.
- Si se envían los datos en datagramas de 4000 bytes, la sobrecarga es del 1 por ciento.

Para minimizar la sobrecarga, se desearía enviar los mayores datagramas posibles. Pero hay que recordar que existe cierto límite en el tamaño del datagrama en un medio dado, la Unidad máxima de transmisión (MTU). Si los datagramas son demasiado grandes, se fragmentarán, y la fragmentación reduce el rendimiento.

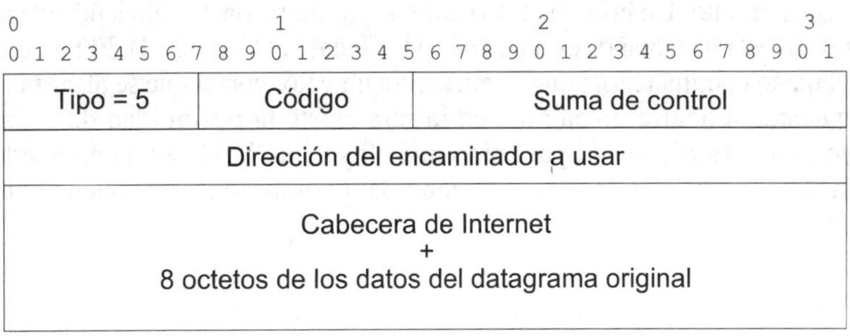

Figura 7.9. *Formato del mensaje de ICMP de redirección.*

Tabla 7.5. *Códigos de redirección.*

Código	Significado
0	Redirigir los datagramas debido a la red.
1	Redirigir los datagramas debido al host.
2	Redirigir los datagramas debido al Tipo de servicio y a la red.
3	Redirigir los datagramas debido al Tipo de servicio y al host.

Durante muchos años, los host evitaban la fragmentación fijando la «MTU efectiva de envío» en 576 bytes para el tráfico a cualquier lugar que no fuese local. A menudo, distorsionaba innecesariamente el rendimiento.

Obviamente, sería muy útil conocer el mayor datagrama que se puede enviar por una ruta que se entregue intacto. Existe un mecanismo muy simple, llamado *Obtención de la MTU de una ruta* (*Path MTU discovery*) que permite determinar este tamaño. Su modo funcionamiento es el siguiente:

- Se fija a 1 la bandera *No fragmentar* de las cabeceras de IP.
- Se empieza con un tamaño de MTU de la ruta como el de la MTU de la interfaz local.
- Si el datagrama es demasiado grande para que lo reenvíe algún encaminador, le devolverá un mensaje de ICMP de *Destino inalcanzable* con el código = 4.
- El host reduce el tamaño del datagrama y lo intenta de nuevo.

¿Qué tamaño se debería probar a continuación?[2] Si el encaminador tiene software actualizado, su mensaje *Destino inalcanzable* incluye el tamaño de la MTU que se debería haber transmitido (véase la Figura 7.10)[3].

Como las rutas pueden cambiar dinámicamente, la bandera *No fragmentar* se puede mantener durante toda la comunicación. Los encaminadores enviarán correcciones si se necesita.

Si se usa un encaminador con software antiguo, el encaminador no indicará el tamaño de la MTU del siguiente salto. Un host puede hacer un supuesto razonable eligiendo el siguiente nivel inferior de la lista de tamaños estándar de MTU (véase el Capítulo 4). El procedimiento de cambio de tamaño continúa hasta que se encuentra un valor con el que se alcanza el destino.

Por supuesto, si ocurre un cambio en la ruta existe la posibilidad de cambiar a una MTU mayor. Un sistema que haya tenido que elegir una MTU pequeña puede intentar, periódicamente, enviar una de mayor tamaño para comprobar si se puede conseguir alguna mejora.

---

[2] La especificación sugiere que IP debería guardar el valor de MTU de la ruta y ponerlo a disposición de los protocolos de transporte.

[3] A veces, se configuran los cortafuegos para descartar *todos* los mensajes de ICMP entrantes. Obviamente, este mecanismo no funcionará a no ser que se puedan entregar estos mensajes de ICMP.

0 1 2 3
0 1 2 3 4 5 6 7 8 9 0 1 2 3 4 5 6 7 8 9 0 1 2 3 4 5 6 7 8 9 0 1

Tipo = 3	Código	Suma de control
No usado		MTU del siguiente salto
Cabecera de Internet + 8 octetos de los datos del datagrama original		

Figura 7.10. *Tamaño de la MTU en el mensaje de Destino inalcanzable.*

MENSAJES DE PETICIÓN DE ICMP

No todos los mensajes de ICMP son señales de error. Algunos se usan para obtener información útil de la red. ¿Está vivo el host X? ¿Está ejecutando el host Y? ¿Cuánto tarda un mensaje de ida y vuelta a Z? ¿Cuál es la máscara de mi dirección?

Concretamente, entre los mensajes de petición de ICMP están:

- Mensajes de petición y respuesta de *Eco* que se pueden intercambiar con los host y con los encaminadores.
- Mensajes de petición y respuesta de la *Máscara de dirección* que permite a un sistema descubrir la máscara de dirección que debería asignar a una interfaz.
- Mensajes de petición y respuesta de *Marca de tiempo* que lee el reloj de un sistema dado.

El objetivo es que la respuesta dé una idea de cuanto tiempo le lleva al sistema procesar un datagrama.

En la Figura 7.11 se resumen los servicios de petición de ICMP. El programa *ping*, envía mensajes de eco ¿estás vivo? y lo usan diariamente los administradores de red. Las peticiones de *Máscara de dirección* se usan de vez en cuando y los mensajes de *Marcas de tiempo* se usan raramente.

Petición y respuesta de eco

La *petición de Eco* y la *respuesta de Eco* se usan para comprobar si un sistema está activo. Se usa Tipo = 8 para la petición y Tipo = 0 para la respuesta. El número de octetos del campo de datos es variable y se selecciona en el origen.

El destino debe enviar de vuelta el mismo mensaje recibido. El campo *Identificador* se usa para hacer coincidir la respuesta con la petición original. Se puede enviar una se-

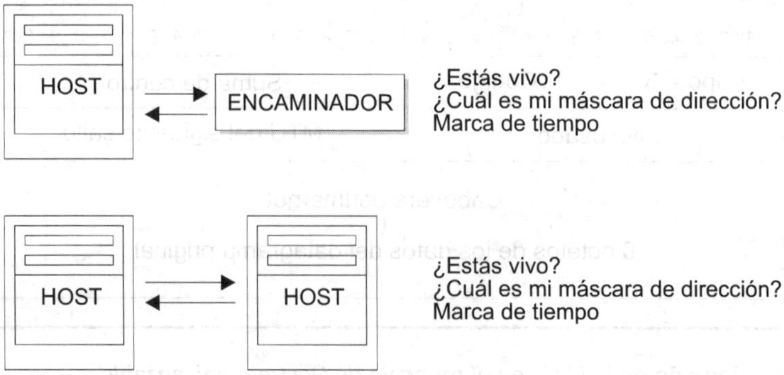

Figura 7.11. *Mensajes de petición de ICMP.*

cuencia de ocho mensajes para comprobar si la red está tirando mensajes y estimar el tiempo medio de ida y vuelta. Para ello, se deja fijo el identificador y el número de secuencia se incrementa con cada mensaje, empezando en cero. En la Figura 7.12 se muestra el formato del mensaje de eco.

El famoso comando *ping*, que existe en casi todos los sistemas con TCP/IP está programado usando los mensajes de petición y respuesta de eco. En el diálogo que sigue, en primer lugar se comprueba si el host *ring.bell.com* está activo. A continuación se envía una secuencia de 14 mensajes, cada uno con 64 bytes de datos. Fíjese que los mensajes 0, 1 y 2 han desaparecido. En la parte derecha se muestra el tiempo de ida y vuelta.

```
> ping ring.bell.com
ring.bell.com is alive

> ping -a ring.bell.com 64 14
64 bytes from ring.bell.com: icmp_seq=3. time=21. ms
64 bytes from ring.bell.com: icmp_seq=4. time=18. ms
64 bytes from ring.bell.com: icmp_seq=5. time=17. ms
64 bytes from ring.bell.com: icmp_seq=6. time=19. ms
64 bytes from ring.bell.com: icmp_seq=7. time=17. ms
64 bytes from ring.bell.com: icmp_seq=8. time=17. ms
64 bytes from ring.bell.com: icmp_seq=9. time=17. ms
64 bytes from ring.bell.com: icmp_seq=10. time=18. ms
64 bytes from ring.bell.com: icmp_seq=11. time=17. ms
64 bytes from ring.bell.com: icmp_seq=12. time=17. ms
64 bytes from ring.bell.com: icmp_seq=13. time=17. ms

—ring.bell.com PING Statistics—
14 packets transmitted, 11 packets received, 21% packet loss
round-trip (ms) min/avg/max = 17/17/21
```

```
0                   1                   2                   3
0 1 2 3 4 5 6 7 8 9 0 1 2 3 4 5 6 7 8 9 0 1 2 3 4 5 6 7 8 9 0 1
```

Tipo = 8 o 0	Código	Suma de control
Identificador		Número de secuencia
DATOS		

Figura 7.12. *Formato de los mensajes de petición y respuesta de Eco de ICMP.*

Máscara de dirección

Recuerde que una organización puede decidir dividir sus campos de direcciones locales en parte de subred y parte de host. Cuando se arranca un sistema puede que no esté configurado para conocer cuantos bits se le han asignado al campo de dirección de subred. Para obtenerlo, el sistema puede difundir una *petición de Máscara de dirección.*

La respuesta debería enviarla un servidor autorizado de Máscaras de dirección. Normalmente, se supone que el servidor sea un encaminador, pero a veces puede usarse un host. La respuesta pondrá a uno los campos de red y subred del campo de Máscara de dirección.

El servidor de Máscara de dirección se puede configurar para que si está fuera de servicio durante unos momentos, difunda un mensaje de *respuesta de Máscara de dirección* en cuanto esté activo de nuevo. Se hace así en beneficio de los sistemas que hayan arrancado mientras no estaba disponible el servidor.

En la Figura 7.13 se muestra el formato de la *petición de Máscara de dirección* y de la *respuesta*. El Tipo 17 es para la petición y el Tipo 18 para la respuesta. Generalmente, se pueden ignorar los campos de número de secuencia.

```
0                   1                   2                   3
0 1 2 3 4 5 6 7 8 9 0 1 2 3 4 5 6 7 8 9 0 1 2 3 4 5 6 7 8 9 0 1
```

Tipo = 17 o 18	Código	Suma de control
Identificador		Número de secuencia
Máscara de dirección		

Figura 7.13. *Formato de un mensaje de Máscara de dirección.*

En la actualidad, el método preferido para determinar la Máscara de dirección es utilizar un protocolo de arranque como el *Protocolo dinámico de configuración de host*, o *BOOTP*. Estos procesos son más eficientes ya que disponen de un amplio conjunto de parámetros de configuración.

También son, a menudo, más precisos. Por ejemplo, una estación Unix puede estar desconfigurada y responder erróneamente a los mensajes de *petición de Máscara de dirección.* El resultado es que su sistema recibirá varias respuestas y algunas de ellas serán erróneas.

Marca de tiempo y su respuesta

Los mensajes de Marca de tiempo indican la hora de un sistema y su objetivo es ofrecer una apreciación de lo que tarda el sistema remoto en el proceso del búfer y del procesamiento de un datagrama. Tenga en cuenta estos campos:

Marca de tiempo original	La marca de tiempo en que el origen tocó por última vez el mensaje.
Marca de tiempo de recepción	La marca de tiempo en que el destino lo tocó por primera vez.
Marca de tiempo de transmisión	La marca de tiempo en que el destino lo tocó por última vez.

Si es posible, el tiempo devuelto debería medirse en milisegundos después de medianoche, en Tiempo Universal, anteriormente Tiempo medio de Greenwich. La mayor parte de las implementaciones actuales devuelven la misma marca de tiempo en los campos *Marca de tiempo de recepción* y *Marca de tiempo de transmisión.*

Este protocolo podría ser un método sencillo para sincronizar los relojes con otros. Por supuesto que la sincronización sería un poco burda debido a los posibles retardos de la red. Existe un protocolo mejor, el *Protocolo de tiempo de red* definido para la sincronización de hora en Internet.

Se usa el Tipo 13 para la *petición de Marca de tiempo* y el tipo 14 para la *respuesta de Marca de tiempo.* En la Figura 7.14 se muestra el formato del mensaje.

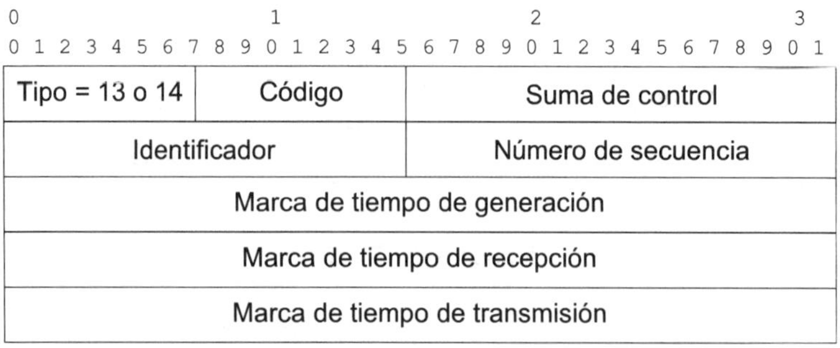

Figura 7.14. *Formato de los mensajes de petición y respuesta de Marca de tiempo.*

OBTENCIÓN DE LAS ACTIVIDADES DE ICMP

A continuación se muestra la parte de ICMP de un informe de *netstat* sobre estadísticas de red. Este informe muestra la actividad de ICMP desde la última inicialización.

```
> netstat -a

icmp:
  1075 calls to icmp_error

  Output histogram:
    echo reply: 231
    destination unreachable: 1075

  2 messages with bad code fields
  0 messages < minimum length
  21 bad checksums
  0 messages with bad length

  Input histogram:
    echo reply: 26
    destination unreachable: 1269
    source quench: 2
    echo: 231
  231 message responses generated
```

El sistema ha enviado 1075 mensajes de *Destino inalcanzable* (*destination unreachable*). Se recibieron 231 *Peticiones de eco* (*echo reply*)y se respondieron todas. Se recibieron 26 *Respuestas de eco* (*echo reply*).

El sistema local tiene un registro de que se recibieron 21 mensajes de ICMP con una suma de ICMP errónea.

Se recibieron 1269 mensajes de *Destino inalcanzable* y dos *Acallamiento de origen* (*source quench*) en este sistema.

El informe de *netstat* que hay a continuación incluye información de encaminamiento. A partir de este informe se puede ver cómo se descubren dinámicamente los encaminadores mediante los mensajes de *Redirección*. Hubo 12 destinos a los que no se pudo llegar que se indican con mensajes de *Destino inalcanzable*. Se usaron *comodines* (*wildcard*) 349 veces, lo que indica, seleccionar la ruta por defecto.

```
> netstat -rs

routing:
  0 bad routing redirects
  0 dynamically created routes
  2 new routers due to redirects
  12 destinations found unreachable
  349 uses of a wildcard route
```

DESCUBRIMIENTO DE RUTA

Aunque muchas LAN tienen un único encaminador por defecto, existe un número substancial de LAN con dos o más encaminadores.

¿Qué ocurre cuando se añade un encaminador a una LAN? Los mensajes de redirección indicarán a los sistemas las nuevas rutas. Pero suponga que el encaminador por defecto queda fuera de servicio.

El protocolo de *Descubrimiento de ruta* (*Router Discovery*) proporciona un método robusto, usando mensajes de ICMP, para mantener un seguimiento de las rutas de LAN. La idea básica es que los encaminadores avisen periódicamente de su presencia. Los host necesitan escuchar estos avisos.

El método preferido de un encaminador para anunciar su presencia es enviar avisos a la *dirección de multienvio todos-los-sistemas*, 224.0.0.1. Pero no todos los sistemas disponen de dirección de multienvío, por lo que, a veces, se debe usar la dirección de difusión, 255.255.255.255.

Un host que arranca puede que no sea capaz de esperar para descubrir los encaminadores que hay en su LAN. El host puede pedir que los encaminadores envíen de nuevo su aviso. El método preferido para hacerlo es enviar un mensaje de *Solicitud de encaminador* (*Router Solicitation*) a la *dirección de multienvío de todos-los-encaminadores*, 224.0.0.2. De nuevo, puede que no todos los sistemas dispongan de dirección de multienvío, por lo que, a veces, se debe usar la dirección de difusión 255.255.255.255.

Un escenario típico para un encaminador es el siguiente:

- Se configura la interfaz de los encaminadores con la *dirección de aviso*, o 225.0.0.1 o 255.255.255.255, para la LAN a la que está conectado.
- Cuando el encaminador se inicializa, si se puede usar multienvío el encaminador empieza a escuchar en la dirección de multienvío *todos-los-encaminadores*, 224.0.0.2. También escucha posibles difusiones.
- El encaminador anuncia su presencia a los host conectados a la LAN transmitiendo un *Aviso de encaminador* a la dirección de aviso de esa LAN. El aviso lista todas las dirección de IP de ese encaminador para esa interfaz.
- El encaminador demuestra que aun está vivo, enviando periódicamente por multienvío otro *Aviso de encaminador*. Se sugiere un período de entre 7 y 10 minutos.
- El encaminador envía un aviso cuando un host lo solicita.

Para un host el escenario es el siguiente:

- Se configuran las interfaces del host con la *Dirección de solicitud*, bien 224.0.0.2 o 255.255.255.255.
- Cuando se inicializa el host, empieza escuchando *Avisos de encaminador*.
- Al arrancar, el host puede, opcionalmente, enviar un mensaje de *Solicitud de encaminador* a la dirección de solicitud. Los encaminadores responden a la dirección de IP del host o a la dirección de aviso.

- Cuando un host escucha a un nuevo encaminador, el host añade una ruta *default* a su tabla de encaminamiento. Se asigna a la entrada un tiempo de vida del valor del plazo, normalmente 30 minutos, que se anunciaba en el *Aviso del encaminador*.
- El tiempo de vida del plazo se reinicia siempre que se recibe un nuevo aviso del encaminador. Si el plazo expira, se elimina la entrada del encaminador de la tabla de encaminamiento del host.
- Para indicar al resto del mundo que se va a apagar, un encaminador puede enviar un aviso con un tiempo de vida de valor 0.

Si hay más de un encaminador, ¿cómo elige el host el encaminador al que debe enviar un determinado datagrama? Cada aviso incluye un numero de *nivel de preferencia*. Si no se especifica información de encaminamiento en la tabla de encaminamiento del host, el host elige el encaminador con el *mayor* nivel de preferencia. Si este encaminador no proporciona la mejor ruta, enviará de vuelta un mensaje de redirección de ICMP.

Los *Avisos de encaminador* son mensajes de ICMP de Tipo 9 y las *Solicitudes de encaminador* son de Tipo 10.

Encaminadores muertos

El descubrimiento de encaminador ayuda a descubrir que un encaminador local ha muerto, pero sólo tras un plazo muy largo, posiblemente de 30 minutos. Se supone que las implementaciones de TCP/IP incluyen algoritmos de detección incorporados para detectar la muerte de un encaminador. Algunas pruebas de que está vivo son sencillas. Por ejemplo:

- La existencia de sesiones de TCP activas en el encaminador.
- La recepción de un mensaje de redirección del encaminador.

Algunas pruebas de que está muerto son:

- Falla la respuesta a peticiones de ARP.
- Hay muchos plazos de retransmisión de TCP consecutivos.

Si existe la evidencia de que un encaminador está fuera de servicio, la prueba definitiva es enviar una petición *ping*.

La versión 6 de IP dispone de un mecanismo mejor para descubrir si un encaminador local, o un host local, ha dejado de comunicarse.

LECTURAS RECOMENDADAS

ICMP se define en la RFC 792. La RFC 1122, el documento de requisitos de host y la RFC 1812 de requisitos de host, contienen algunas clarificaciones extremadamente útiles. El descubrimiento de rutas se describe en la RFC 1256.

El descubrimiento de la MTU de la ruta se describe en la RFC 1191 y hay algunos consejos adicionales en la RFC 1435.

Biblioteca profesional

CAPÍTULO 8

Encaminamiento de IP

INTRODUCCIÓN

El encaminamiento es la función más importante de IP. En grandes redes, los encaminadores de IP intercambian información que mantienen actualizadas las tablas de encaminamiento. ¿Cómo se consigue esto?

No existe ningún protocolo único obligatorio para actualizar las tablas de encaminamiento de IP.

En lugar de ello, los administradores de red siempre han tenido una completa libertad para elegir cualquier protocolo de información de encaminamiento que cubriese sus requisitos internos. Con el tiempo se han diseñado muchos protocolos, y se han mejorado, tanto por grupos de normalización como por fabricantes. Por tradición, a estos protocolos se les llama *Protocolos de pasarela interior* [1] o IGP.

Fue una gran idea separar la forma en que se actualizan las tablas de encaminamiento del resto de IP. El encaminamiento se ha ido haciendo más y más sofisticado y eficiente, mientras que el protocolo básico de IP ha permanecido invariable.

Hoy en día existen varias IGP de uso común. Actualmente, sigue siendo popular el *Protocolo de información de encaminamiento* (RIP - *Routing Information Protocol*). RIP selecciona las rutas según una sencilla cuenta de saltos estimados.

Los lugares que han elegido encaminadores de Cisco suelen optar por el propietario *Protocolo de encaminamiento de pasarela de Internet* (IGRP - *Internet Gateway Routing Protocol*) o el IGRP mejorado (EIGRP - *Enhanced IGRP*). IGRP usa sofisticadas medidas de coste que tienen en consideración muchos factores, incluyendo carga actual y fiabilidad.

En algunas grandes redes se implanta el más complejo protocolo *Primero el camino abierto más corto* (OSPF - *Open Shortest Path First*). Y hay organizaciones que usan el protocolo *Entre sistemas intermedios* (IS-IS - *Intermediate System to Intermediate System*) de OSI, que sirve para encaminar tráfico de OSI y de IP. Tanto OSPF como IS-IS construyen mapas detallados de, al menos, una parte de la red y generan caminos antes de elegir la mejor ruta.

El poder elegir libremente el protocolo interno de la organización ha funcionado muy bien. Sin embargo, se necesita un estándar cuando se cruzan cadenas de redes de proveedores de servicios que conectan a lugares de usuarios finales. Aunque sigue usándose el antiguo *Protocolo de pasarela exterior* (EGP - *Exterior Gateway Protocol*), muchos proveedores de servicios se han pasado al *Protocolo de pasarela de frontera* (BGP - *Border Gateway Protocol*).

En este capítulo se verá cómo funcionan estos protocolos y se examinarán sus características propias.

SISTEMAS AUTÓNOMOS

¿Cómo se puede permitir tal diversidad de protocolos? El modelo de Internet divide el mundo en unidades llamadas Sistemas autónomos (AS - *Autonomous Systems*). En palabras sencillas, un Sistema autónomo era «una red de alguien». Formalmente un Sistema autónomo era:

---

[1] También se les llama *Protocolos de pasarela interna*.

Un segmento conectado de una topología de red que consta de una colección de subredes (con host conectados) interconectadas por un conjunto de encaminadores[2].

Lo más importante es que las subredes que formaban un Sistema autónomo se encontraban bajo una administración común.

Un Sistema autónomo típico era una red de una compañía o de un proveedor de servicios de Internet (ISP - *Internet Service Provider*). En la actualidad, los Sistemas autónomos ya no le interesan a nadie, a no ser que se desee comunicar con otro Sistema autónomo. En este caso, se necesita registrarse en InterNIC para obtener un *número de Sistema autónomo* único. En la Figura 8.1 se muestran compañías, proveedores de servicios, Sistemas autónomos y el uso de los Protocolos de pasarela interior y BGP[3].

Los administradores de red de una organización toman sus propias decisiones sobre los tipos de encaminadores que usarán dentro de su red y sobre el protocolo o protocolos de encaminamiento que emplearán.

¿Cómo se unen los Sistemas autónomos separados? Internet ha descubierto formas de hacerlo durante muchos años. Como puede suponer, los números de Sistema autónomo únicos mencionados anteriormente tienen algo que ver en ello. Más adelante, en este capítulo, se tratan los *Protocolos de pasarela exterior*[4].

La definición de Sistema autónomo y el uso de los números de Sistema autónomo cambió en 1996. Recuerde que se había delegado en muchos proveedores de servicios de Internet grandes bloques de direcciones, y ellos asignaban sub-bloques a sus clientes. El

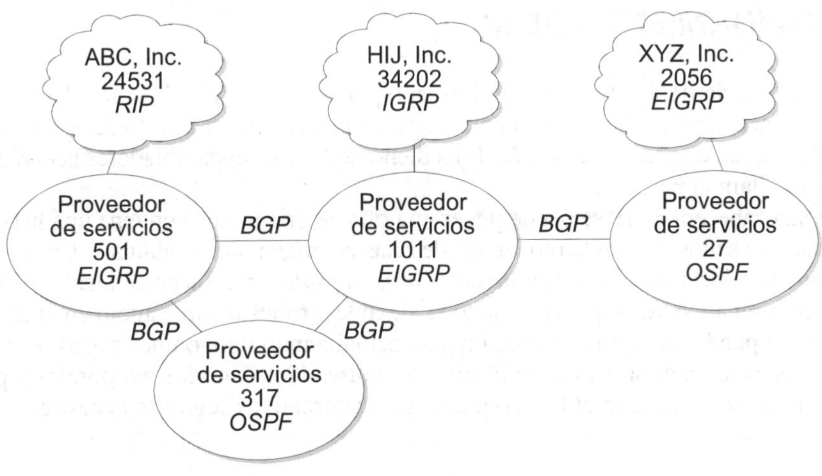

Figura 8.1. *Sistemas autónomos y protocolos de encaminamiento.*

[2] De la RFC 1812, Requisitos de los encaminadores de la versión 4 de IP.

[3] A menudo no se necesita un intercambio constante de información por el enlace entre una organización y un proveedor de servicios. Basta con introducir la información manualmente.

[4] También llamados *Protocolos de pasarela externa*.

tráfico se puede enviar al proveedor usando su prefijo corto. El proveedor puede usar prefijos más largos para identificar a sus clientes.

Para el encaminamiento, es suficiente un número de AS para identificar a todo un grupo de redes, formadas por la red del proveedor y todas las redes de sus clientes. Como se indica en la RFC 1930, la nueva definición es:

Un AS es un grupo conectado de uno o más prefijos de IP ejecutados por uno o más operadores de red con una política de encaminamiento UNICA y CLARAMENTE DEFINIDA.

La mayoría de las redes conectadas a la Internet actualmente siguen una política de encaminamiento simple, y es que tienen un único proveedor de servicios y con ello ya pueden intercambiar información con cualquier otra red conectada a la Internet. Estas redes no necesitan un número de AS distinto.

Sin embargo, una empresa puede contar con múltiples proveedores de servicio, o puede usar la Internet como un método barato para el acceso de sus clientes o proveedores y las comunicaciones se limitan a esos lugares. Esta empresa podría necesitar un número propio de AS. Este número se usaría como un índice para la información que se usa para definir y forzar su política de encaminamiento.

Recuerde que la Autoridad de asignación de números de Internet (IANA - *Internet Assigned Numbers Authority*) dispone de un conjunto de bloques de direcciones de IP para uso privado. En el caso de que alguien los necesite, la IANA ha reservado los números de AS del 64.512 al 65.535 para uso privado.

ENCAMINAMIENTO DE IP

Un datagrama de IP sigue un camino formado por una secuencia de saltos. Un nodo está a una distancia de un salto, o adyacente, si existe una conexión directa de red de área local (LAN) o red de área extensa (WAN) a dicho nodo. Los encaminadores separados por un salto se llaman *vecinos*.

En una cabecera de IP se puede poner una ruta de origen que contiene una lista preseleccionada de saltos. Sin embargo, el uso de rutas de origen no es habitual[5]. Un datagrama se encamina seleccionando el destino de su *próximo salto* en cada encaminador de la ruta.

El encaminamiento de próximo salto es flexible y robusto. Un cambio en la topología de la red se puede configurar, normalmente, actualizando uno, o unos pocos, encaminadores. Los encaminadores pueden informarse entre sí los cambios temporales y permanentes de la red y cambiar el tráfico hacia rutas alternativas según se necesite.

MÉTRICAS DE ENCAMINAMIENTO

¿Cómo se decide que una ruta es mejor que otra? Tiene que haber algún tipo de *métrica* (medida de distancia) que se pueda usar para comparar rutas.

[5] De hecho, como a veces los piratas utilizan las rutas de origen en su estrategia de intrusión, hay muchos encaminadores configurados para descartar cualquier datagrama que las contenga.

Protocolos de vector de distancia

Los protocolos de encaminamiento muy simples usan sólo una cuenta extremo a extremo para comparar las rutas. Se gana algo si se usa una cuenta de salto *ponderada*, por ejemplo, un salto por una LAN de alta velocidad puede tener un peso de 1, mientras que un salto por un medio lento, como una línea punto a punto a 19,2 Kilobits por segundo, puede tener un peso de 10. De esta forma se asegura que se preferirá un camino por un enlace rápido a un camino por un enlace lento. *RIP* elige la ruta por la cuenta de saltos.

Protocolos más sofisticados combinan elementos como ancho de banda, retraso, fiabilidad, carga actual o coste para el cálculo de la métrica de encaminamiento. *IGRP* y *EIGRP* usan métricas ajustadas.

Los algoritmos que basan completamente las decisiones de encaminamiento en los valores de la métrica se llaman *algoritmos de vector de distancia.*

Protocolos del estado del enlace

Recientemente, se ha centrado mucha atención en los algoritmos de encaminamiento de *estado del enlace*. El encaminador de estado del enlace construye un mapa de la red y descubre caminos desde el encaminador a cualquier destino.

Se asigna a cada enlace del mapa una métrica de coste. Para cada camino se calcula el coste total empezando en el encaminador y combinando los costes de los enlaces. Después se elige el mejor o mejores caminos para transmitir el tráfico.

Los encaminadores se envían, unos a otros, actualizaciones siempre que cambia la topología. Tras un cambio se recalculan todos los caminos. *OSPF* e *IS-IS* son protocolos de estado del enlace.

A los algoritmos de estado del enlace a veces se les llama *Primero el camino más corto* o SPF. Este nombre se refiere al algoritmo de computación que se usa para calcular los caminos más cortos desde un nodo al resto de los nodos de una red.

TABLAS DE ENCAMINAMIENTO

Recuerde que un host o un encaminador consulta sus tablas de encaminamiento en orden para enviar los datagramas al destino remoto. Esta tabla hace coincidir cada destino con la dirección del encaminador a usar en el siguiente salto.

Los destinos en la lista de una tabla de encaminamiento pueden incluir superredes[6], *redes, subredes y sistemas concretos.*

También se puede incluir una entrada por defecto. Se representa con el destino 0.0.0.0.

No existe un formato estándar para las tablas de encaminamiento, pero una tabla simple podría contener elementos como:

---

[6] Recuerde que una superred es un bloque de direcciones de IP sin clase con un prefijo común.

- Dirección de una red, subred o sistema de destino.
- Dirección de IP del encaminador que se usa en el próximo salto.
- Interfaz de red que se usa para llegar al encaminador del próximo salto.
- Máscara para este destino.
- Distancia al destino, por ejemplo el número de saltos para llegar al mismo.
- Número de segundos desde que se actualizó la ruta por última vez.

Para que la tabla de encaminamiento se mantenga pequeña, la mayoría de las entradas identifican superredes, redes o subredes de destino. La idea es que si se puede llegar a un encaminador de la red de un host y desde ahí a un encaminador en la subred del host, entonces se puede llegar al host.

A veces se incluyen en la tabla de encaminamiento algunas pocas entradas que contienen la dirección completa de IP de algunos sistemas.

Veamos un par de tablas simples de encaminamiento para tener una idea de cómo funcionan.

UNA TABLA DE ENCAMINAMIENTO DE RIP

Las entradas de encaminamiento de la Tabla 8.1 provienen de un encaminador RIP de una universidad. La tabla lista los destinos e indica cuál es el encaminador del próximo salto al que se deben enviar los datagramas hacia ese destino. La tabla también contiene la información de métrica (distancia) que ayuda al encaminador a elegir el siguiente salto.

La tabla de encaminamiento tiene entradas a muchas subredes diferentes de la red 128.36.0.0, junto con rutas a las tres redes 130.132.0.0, 192.31.2.0 y 192.31.235.0. Estas entradas se han conseguido usando *OpenView for Windows Workgroup Node Manager* de HP. La tabla se divide en dos partes debido al gran número de columnas, aunque RIP no usa cuatro de las columnas de la segunda parte.

Uso de la Máscara de ruta

Para encontrar la coincidencia para un destino como 128.36.2.25, debería comparar 128.36.2.25 con cada entrada de *Ruta de destino*. La entrada *Máscara de la ruta* indica cuántos bits de 128.36.2.25 deben coincidir con los bits en la Ruta de destino. Por ejemplo, la tercera entrada de la Tabla 8.1 tiene una Máscara de ruta 255.255.255.0, lo que significa que deben coincidir los tres primeros bytes, 128.36.2, y así es[7].

Suponga que coinciden dos entradas diferentes. Se prefiere aquella con una máscara de mayor longitud.

---

[7] Formalmente, se compara el resultado de realizar un Y lógico de la dirección de destino y la máscara de la ruta, con la entrada Ruta de destino.

Tabla 8.1. *Tabla de encaminamiento en un encaminador de RIP.*

Ruta de destino de IP	Máscara de ruta de IP	Ruta de siguiente salto de IP	Tipo de ruta de IP	Protocolo de ruta de IP
0.0.0.0	0.0.0.0	128.36.0.2	indirecto	rip
128.36.0.0	255.255.255.0	128.36.0.62	directo	local
128.36.2.0	255.255.255.0	128.36.0.7	indirecto	rip
128.36.11.0	255.255.255.0	128.36.0.12	indirecto	rip
128.36.12.0	255.255.255.0	128.36.0.21	indirecto	rip
128.36.13.0	255.255.255.0	128.36.0.12	indirecto	rip
128.36.14.0	255.255.255.0	128.36.0.21	indirecto	rip
128.36.15.0	255.255.255.0	128.36.0.21	indirecto	rip
128.36.16.0	255.255.255.0	128.36.0.36	indirecto	rip
128.36.17.0	255.255.255.0	128.36.0.12	indirecto	rip
128.36.19.0	255.255.255.0	128.36.0.10	indirecto	rip
128.36.20.0	255.255.255.0	128.36.0.10	indirecto	rip
128.36.21.0	255.255.255.0	128.36.0.5	indirecto	rip
128.36.22.0	255.255.255.0	128.36.0.5	indirecto	rip
128.36.126.0	255.255.255.0	128.36.0.41	indirecto	rip
130.132.0.0	255.255.0.0	128.36.0.2	indirecto	rip
192.31.2.0	255.255.255.0	128.36.0.1	indirecto	rip
192.31.235.0	255.255.255.0	128.36.0.41	indirecto	rip

Ruta por defecto

La primera entrada de la Tabla 8.1 es la ruta por *defecto*. Indica que si no se encuentra ninguna coincidencia, el tráfico se debería enviar al encaminador vecino cuya dirección es 128.36.0.2.

Uso de la subred 0

Si se fija, los administradores de esta red están haciendo algo que desaprueban quienes escriben los estándares. Han asignado el número de subred 0 a la LAN en que está este encaminador. Recuerde que se supone que no se usa el 0 como Máscara de subred. Sin embargo, algunas funciones necesitan usar todos los números que pueden. Los fabricantes de encaminadores lo asumen y el encaminador es capaz de manejar estas direcciones.

Tabla 8.1. *Tabla de encaminamiento en un encaminador de RIP* (continuación).

Ruta de destino de IP	Métrica 1 de la ruta	Métrica 2 de la ruta	Métrica 3 de la ruta	Métrica 4 de la ruta	Métrica 5 de la ruta	Índice de interfaz de ruta de IP	Edad de la ruta de IP (segundos)
0.0.0.0	2	–1	–1	–1	–1	1	153.836
128.36.0.0	0	–1	–1	–1	–1	1	0
128.36.2.0	1	–1	–1	–1	–1	1	30
128.36.11.0	1	–1	–1	–1	–1	1	13
128.36.12.0	1	–1	–1	–1	–1	1	15
128.36.13.0	1	–1	–1	–1	–1	1	14
128.36.14.0	1	–1	–1	–1	–1	1	16
128.36.15.0	1	–1	–1	–1	–1	1	17
128.36.16.0	12	–1	–1	–1	–1	1	24
128.36.17.0	1	–1	–1	–1	–1	1	16
128.36.19.0	14	–1	–1	–1	–1	1	2
128.36.20.0	1	–1	–1	–1	–1	1	28
128.36.21.0	1	–1	–1	–1	–1	1	5
128.36.22.0	1	–1	–1	–1	–1	1	5
128.36.126.0	1	–1	–1	–1	–1	1	23
130.132.0.0	2	–1	–1	–1	–1	1	25
192.31.2.0	3	–1	–1	–1	–1	1	10
192.31.235.0	1	–1	–1	–1	–1	1	25

Destinos directos e indirectos

Fíjese que la segunda entrada de la tabla dice que la LAN 128.36.0 es de tipo *directo*, lo que significa que esta subred está conectada directamente a este encaminador. El protocolo es *local*, lo que indica que esta ruta se ha aprendido por la configuración del encaminador.

El resto de las entradas de la lista son de subredes remotas a las que se llega indirectamente reenviando el tráfico a otros encaminadores. Estos encaminadores se descubren mediante RIP.

Métricas de ruta

En la segunda parte de la tabla se puede ver que hay espacio para varias métricas. RIP sólo usa una, una cuenta simple del número de saltos da cuenta de la distancia al destino. Las columnas sin uso se ponen a –1. Fíjese que la subred 128.36.0 tiene un valor de 0 en su métrica, ya que está conectada directamente al encaminador. Muchos de los destinos están a un salto. Sin embargo, la subred 128.36.19.0 está a 14 saltos.

El encaminador es realmente un *Lanrouer* de Shiva y tiene un gran número de líneas telefónicas conectadas a su interfaz 1.

Edad de la ruta

La columna *Edad de la ruta* mantiene el número de segundos desde que se actualizó o validó la ruta. Las entradas aprendidas con RIP caducarán y se invalidarán si no se vuelven a confirman en el plazo de 3 minutos.

TABLA DE ENCAMINAMIENTO DE IGRP/BGP

Las entradas de encaminamiento de la Tabla 8.2 provienen de un encaminador de Internet de un proveedor de servicios de Internet (ISP). La tabla lista los destinos e identifica el encaminador que se debe usar en el próximo salto en las cabeceras de los datagramas para cada destino. La tabla también contiene información que ayuda al encaminador a volver a calcular el siguiente salto si la topología de la red cambia.

La tabla de encaminamiento incluye entradas para muchas redes y subredes diferentes. Estas entradas también se han obtenido usando un sistema de gestión *OpenView* de HP.

Uso de la Máscara de red

Para encontrar una entrada para el destino 128.121.54.101, se aplica la Máscara de ruta de cada entrada a 128.121.54.101 y se compara el resultado con la ruta de destino. Si se aplica la máscara 255.255.255.0 en la cuarta entrada, se obtiene 128.121.54.0, que coincide con el destino de la entrada.

IGRP puede dar bucles, puede haber varias entradas con un mismo destino y máscara. En este caso, se usa el encaminador con la mejor métrica. O, si las métricas son muy parecidas, IGRP puede dividir el tráfico entre dos o más caminos.

Ruta por defecto

La primera entrada de la tabla es la ruta por *defecto*. Si no se encuentra ninguna coincidencia, el tráfico se envía por el encaminador vecino cuya dirección es 130.94.40.250.

Destinos directos e indirectos

Los siguientes tres destinos son del tipo *directo*, lo que significa que hay subredes conectadas directamente al encaminador. Su protocolo es *local*, lo que indica que las rutas se aprendieron de información de configuración introducida manualmente.

Tabla 8.2. Entradas de encaminamiento de IGRP y BGP.

Ruta de destino de IP	Máscara de ruta de IP	Ruta de siguiente salto de IP	Tipo de ruta de IP	Protocolo de ruta de IP
0.0.0.0	0.0.0.0	130.94.40.250	indirecto	ciscoIgrp
128.121.50.0	255.255.255.0	128.121.50.50	directo	local
128.121.52.0	255.255.255.0	128.121.50.55	directo	local
128.121.54.0	255.255.255.0	128.121.50.50	directo	local
128.6.0.0	255.255.0.0	130.94.0.49	indirecto	ciscoIgrp
128.96.0.0	255.255.0.0	130.94.40.250	indirecto	ciscoIgrp
130.33.0.0	255.255.0.0	130.94.16.2	indirecto	ciscoIgrp
130.44.0.0	255.255.0.0	130.94.0.49	indirecto	ciscoIgrp
130.68.0.0	255.255.0.0	130.94.0.49	indirecto	ciscoIgrp
130.94.1.24	255.255.255.248	130.94.0.49	indirecto	ciscoIgrp
130.94.1.32	255.255.255.248	130.94.0.49	indirecto	ciscoIgrp
130.94.2.8	255.255.255.248	130.94.0.49	indirecto	ciscoIgrp
130.94.2.16	255.255.255.248	130.94.0.49	indirecto	ciscoIgrp
130.94.7.0	255.255.255.248	130.94.0.49	indirecto	ciscoIgrp
130.94.7.8	255.255.255.248	130.94.0.49	indirecto	ciscoIgrp
44.0.0.0	255.0.0.0	130.94.15.201	indirecto	bgp
128.3.0.0	255.255.0.0	130.94.40.201	indirecto	bgp
129.210.0.0	255.255.0.0	130.94.15.201	indirecto	bgp
13.0.0.0	255.0.0.0	130.94.15.201	indirecto	bgp

Hay varias entradas de destinos remotos (indirecto) cuyas rutas se aprendieron mediante el protocolo IGRP propietario de Cisco.

Subredes pequeñas

El conjunto de destinos que empiezan con 130.94.1.24 parecen direcciones de host al principio, pero la Máscara de ruta muestra que todas esas entradas representan realmente una subred pequeña. La parte de host ocupa sólo los tres últimos bits de la dirección. Por ejemplo, la representación binaria de 24 es 00011000 y, por tanto, todos los bits de 24 están dentro de la parte de subred de la dirección. Los host de esta subred tendrían direcciones entre 130.94.1.25 y 130.94.1.30.

Tabla 8.2. *Entradas de encaminamiento de IGRP y BGP* (continuación).

Ruta de destino de IP	Métrica 1 de la ruta	Métrica 2 de la ruta	Métrica 3 de la ruta	Métrica 4 de la ruta	Métrica 5 de la ruta	Indice de interfaz de ruta de IP	Edad de la ruta de IP (segundos)
0.0.0.0	10647	1170	21000	0	255	6	12
128.121.50.0	0	–1	–1	–1	–1	1	0
128.121.52.0	0	–1	–1	–1	–1	1	35
128.121.54.0	0	–1	–1	–1	–1	1	0
128.6.0.0	12610	1536	61000	2	255	3	11
128.96.0.0	14647	1170	61000	2	255	6	16
130.33.0.0	8710	1536	22000	1	255	2	18
130.44.0.0	16610	1536	101000	4	255	3	37
130.68.0.0	12710	1536	62000	3	255	3	39
130.94.1.24	82125	128	40000	0	255	3	41
130.94.1.32	182571	56	40000	0	255	3	42
130.94.2.8	10510	1536	40000	0	255	3	42
130.94.2.16	10510	1536	40000	0	255	3	43
130.94.7.0	10610	1536	41000	1	255	3	2
130.94.7.8	12510	1536	60000	1	255	3	3
44.0.0.0	0	–1	–1	–1	–1	6	51766
128.3.0.0	0	–1	–1	–1	–1	6	42049
129.210.0.0	0	–1	–1	–1	–1	6	586765
13.0.0.0	0	–1	–1	–1	–1	6	224463

Entradas del protocolo de pasarela de frontera

Finalmente, la tabla acaba con una lista de los destinos remotos aprendidos mediante el *Protocolo de pasarela de frontera*, que da información para encaminar entre distintos Sistemas autónomos de la Internet.

Métricas de encaminamiento

Si se examina la segunda parte de la Tabla 8.2, se ve que se asigna una métrica de 0 a algunos destinos a los que se alcanza en tres subredes conectadas directamente. Al igual que antes, los valores de métrica que no se usan se ponen a –1.

Se ha asignado valores a las cinco métricas de IGRP de Cisco. Sin embargo, no es ningún intento de mostrar métricas con significado para los destinos de Internet en Sistemas autónomos aprendidos mediante el Protocolo de pasarela de frontera.

Todas las interfaces del encaminador están numeradas y el datagrama se envía por la interfaz identificada en la columna *Índice de Interfaz*.

Edad de la ruta

En IGRP, la columna *Edad de la ruta* mantiene el número de segundos desde que la ruta se actualizó o validó. Las entradas aprendidas con un protocolo caducarán si no se vuelven a confirmar de vez en cuando. Con BGP, la edad de la ruta se usa para trazar la estabilidad de las rutas de larga distancia.

PROTOCOLOS QUE MANTIENEN LAS TABLAS DE ENCAMINAMIENTO

¿Cómo aprenden los encaminadores las entradas de sus tablas? ¿Cómo se mantienen actualizadas? ¿Cómo se encuentra el mejor encaminador para el próximo salto? Es el trabajo de un protocolo de encaminamiento. El protocolo más simple es:

- Estudiar los diagramas de la red para encontrar los mejores caminos. Elegir el siguiente salto para seguir esos caminos.
- Introducir manualmente los datos en las tablas de encaminamiento.
- Actualizar las tablas de encaminamiento manualmente.

Es, exactamente, lo que se debería hacer en un encaminador simple de una filial como la que se muestra en la Figura 8.2. El pequeño encaminador de la filial sólo necesita dos entradas, una para la red local, 192.101.64.0, y una entrada por defecto para la «nube».

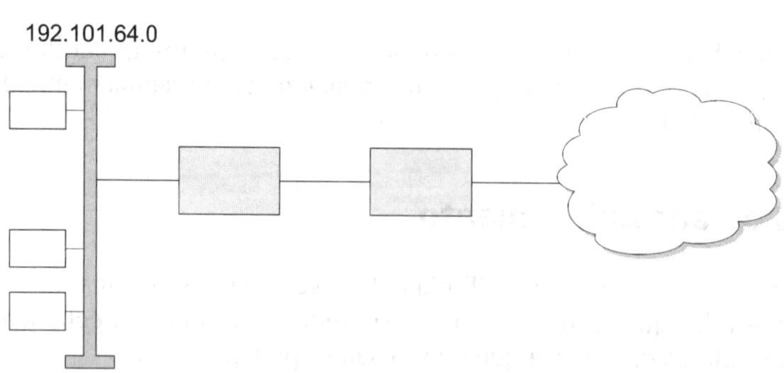

Figura 8.2. *Encaminamiento en una filial.*

El encaminamiento manual se puede usar en redes muy pequeñas. Pero en una red compleja que crece, cambia y tiene múltiples rutas potenciales a un destino, el encaminamiento manual se convertiría en una pesadilla.

En cierto punto se vuelve imposible para un ser humano analizar y responder a las condiciones de la red. Es entonces cuando se necesita un protocolo que permita automatizar:

- El intercambio de información entre los encaminadores sobre el estado actual de la red.
- Nuevos cálculos de la mejor selección según ocurren los cambios.

Con el tiempo, se ha realizado una sustancial investigación en protocolos de encaminamiento. Muchos se han implementado y se han debatido sus méritos. ¿Cuáles son las características del protocolo ganador?

- Cuando la red cambia, debería responder rápidamente.
- Debería calcular las rutas óptimas.
- Debería crecer según crece la red.
- Debería usar pocos recursos de transmisión.

Pero el cálculo de rutas óptimas en una gran red puede requerir CPU y memoria considerables, y una rápida respuesta puede requerir la transmisión inmediata de información en masa. Un buen diseño de un protocolo debe tener en consideración estos requisitos.

Empezaremos el estudio de los protocolos de encaminamiento con uno muy simple, RIP.

PROTOCOLO DE INFORMACIÓN DE ENCAMINAMIENTO

El Protocolo de pasarela interior de mayor uso en la actualidad es RIP, derivado del protocolo de encaminamiento *Xerox Network Systems* (XNS). La popularidad de RIP se basa en su simplicidad y su disponibilidad.

RIP se incluyó en la implementación de TCP/IP de la Distribución de software de Berkeley y se sigue distribuyendo con los sistemas Unix como el programa *routed.*

De hecho, el programa *routed* de RIP es estándar para la mayoría de los fabricantes, en los paquetes de TCP/IP de encaminador y de host. RIP se incluye gratis en un grupo de software de la Universidad de Cornell llamado *gated.* RIP se usó ampliamente durante muchos años antes de crearse el estándar en la RFC 1058. En 1993 se propuso una segunda versión y se mejoró en 1994. La versión original se ha pasado a llamar «histórica», lo que significa obsoleta.

RIP calcula las rutas usando un algoritmo de encaminamiento de *vector de distancias.* A cada salto en la red se le asigna un coste, normalmente de 1. La métrica total de un salto es la suma de los costes de salto. RIP elige el siguiente salto para que los datagramas sigan un camino de coste mínimo.

En la Figura 8.3 se muestra cómo se propagan las estimaciones de distancia por la red. El encaminador superior izquierdo puede decir que los datagramas que se envían por el Encaminador A llegan a la Red N en menos saltos que los datagramas que se envían por el Encaminador B.

Los puntos fuertes de RIP son su simplicidad y disponibilidad. A menudo no existen razones para usar un método más funcional, y complicado, en una red pequeña o en una red con una topología simple. Sin embargo, para redes grandes y complejas, RIP tiene serias desventajas. Por ejemplo:

- La métrica máxima para cualquier camino es de 15. Dieciséis significa «*No puedo llegar hasta allí*». Como se puede llegar fácilmente al máximo de saltos en una red compleja, RIP se suele configurar con un coste de 1 para cada salto, aunque ese salto sea una conexión telefónica lenta o un enlace de alta velocidad por fibra óptica.
- Tras un corte en la red, RIP suele ser lento para restablecer las rutas óptimas. De hecho, tras un corte de la red el tráfico de datagramas puede vagar en círculos durante un tiempo.
- RIP no puede responder a los cambios en retrasos o carga en los enlaces. No puede dividir tráfico para balancear la carga.

Inicialización de RIP

Al empezar, cada encaminador sólo necesita conocer las redes a las que está conectado. Un encaminador de RIP difunde esta información a todos sus encaminadores vecinos en la LAN. También envía información de encaminamiento a sus vecinos al otro extremo de una línea punto a punto o de un circuito virtual.

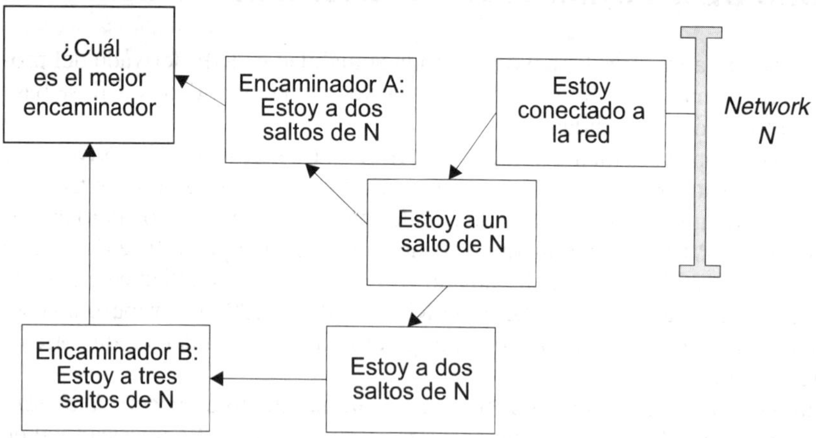

Figura 8.3. *Cálculo de la cuenta de saltos a un destino.*

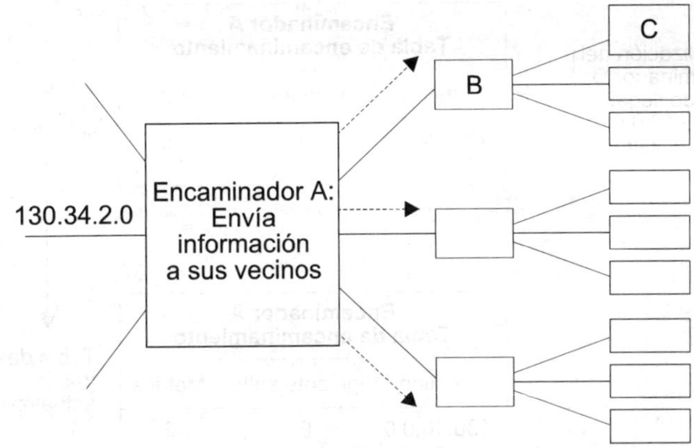

Figura 8.4. *Propagación de la información de encaminamiento.*

Como se muestra en la Figura 8.4, la noticia se expande como la espuma, cada encaminador transmite la información a sus vecinos. Por ejemplo, el Encaminador C aprende rápidamente que está a dos saltos de la subred 130.34.2.0.

Al igual que todos los protocolos de encaminamiento automatizados, RIP tiene que enviar las actualizaciones en el encaminamiento, recibir actualizaciones de rutas y volver a calcular las rutas. Un encaminador de RIP envía información a sus vecinos cada 30 segundos. El envío de información de encaminamiento se denomina «avisos» de rutas.

Un host de una LAN puede escuchar los avisos difundidos por RIP y usarlos para actualizar su propia tabla de encaminamiento, o al menos asegurarse de que sus encaminadores siguen vivos.

Actualización de una tabla de RIP

Como se muestra en la Figura 8.5, el Encaminador A ha estado enviando tráfico a la red 136.10.0.0 a través del Encaminador B. El Encaminador A recibe una actualización del Vecino D donde se anuncia un camino más corto y, por tanto, actualiza su tabla de encaminamiento.

Fíjese, que se añade el salto desde el Encaminador A al Encaminador D a la métrica de D para calcular la distancia (2) de A a 136.10.0.0.

Mecanismos de la versión 1 de RIP

Vamos a ver los pasos formales del encaminamiento de la versión 1 de RIP. Empezamos la tabla de encaminamiento con distancias que ya conocemos. A continuación, siempre que llegue una actualización de un vecino, se comprueba la tabla y se ve si se puede añadir o mejorar alguna entrada:

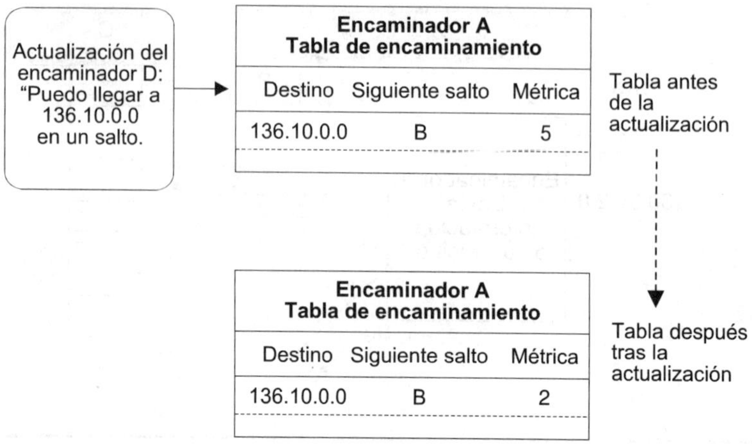

Figura 8.5. *Actualización de las tablas de encaminamiento con RIP.*

1. Se asigna un coste de atravesar una subred conectada, normalmente 1.
2. El encaminador envía su tabla de encaminamiento actual a sus vecinos cada 30 segundos.
3. Cuando un encaminador recibe la tabla de un vecino, comprueba cada entrada. Se añade a cada métrica el coste asignado a la subred por la que llegó la actualización.
4. Si hay algún destino nuevo, se añade a la tabla de encaminamiento local.
5. Si algún destino ya existe en la tabla, pero la actualización ofrece una ruta más corta, se sustituye la entrada.

Sería maravilloso si las rutas fuesen cada vez mejores, pero a veces un enlace o un encaminador queda fuera de servicio y el tráfico ha de seguir un camino más largo. Estas malas noticias se descubren de dos formas:

1. El Encaminador A ha estado enviando tráfico a un destino a través de un Encaminador X y X envía una actualización donde se anuncia que el número de saltos a dicho destino ha aumentado, o quizás que no se puede llegar a dicho destino. El Encaminador A cambia su entrada correspondientemente.
2. El Encaminador A ha estado enviando tráfico a un destino a través de un Encaminador X pero no ha recibido ninguna actualización durante 3 minutos. El Encaminador A supone que el Encaminador X ha quedado fuera de servicio y marca todas las rutas a través de X como inalcanzables, dándoles una métrica de 16. Si no se descubre ninguna nueva ruta a un destino inalcanzable en 2 minutos, su entrada se elimina[8]. Mientras tanto, las actualizaciones del Encaminador A indican al resto de los sistemas que el Encaminador A no puede llegar al destino.

---

[8] A esta operación se le llama *recogida de basura* (*garbage collection*).

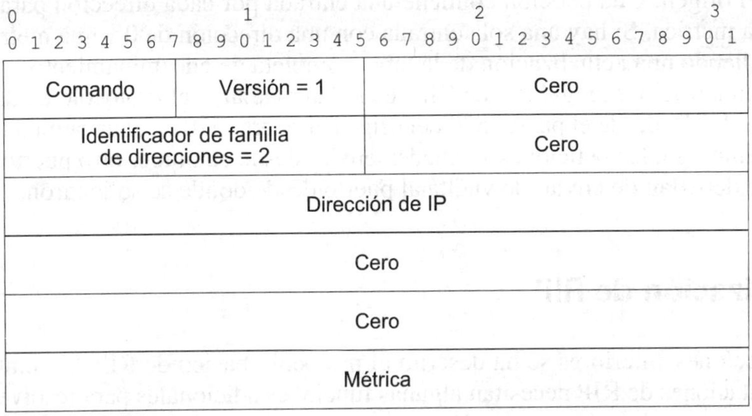

Figura 8.6. *Formato de un mensaje de la versión 1 de RIP.*

Mensajes de actualización de la versión 1 de RIP

Como se ha comentado anteriormente, se envían mensajes de actualización a intervalos regulares entre los encaminadores con RIP. Además, se pueden enviar mensajes de petición a un vecino para solicitar información de encaminamiento. Típicamente, un sistema enviaría una petición:

- Durante la inicialización del sistema.
- Cuando se realiza una función de seguimiento de la red.

En la Figura 8.6 se muestra el formato de un mensaje de respuesta/actualización de la versión 1 de RIP. Un campo de comando a 1 indica que es una petición y a 2 indica que es una respuesta o una actualización espontánea.

Detalles sobre los mensajes de la versión 1 de RIP

Cuando se redactó la RFC original de RIP, se anticipaba que estos mensajes de encaminamiento los podrían usar otros protocolos por encima de IP, por lo que se incluyó un campo *identificador de familia de direcciones* y espacio para hasta 14 octetos por dirección.

La familia de direcciones, direcciones de IP y campos de métricas se pueden repetir y el mensaje puede contener hasta 25 entradas de direcciones. El tamaño máximo de un mensaje es de 512 octetos. Si se necesita enviar más de 25 entradas se utilizan varios mensajes.

Una actualización contiene todos los destinos y métricas de la tabla de encaminamiento del origen. Una petición contiene una entrada por cada dirección para la que se quiere una métrica. Si hay una sola entrada con una dirección de 0 y una métrica de 16, se está pidiendo una actualización de la tabla completa de encaminamiento.

Las actualizaciones regulares de RIP se envían mediante el Protocolo de datagramas de usuario (UDP) desde el puerto 520 del origen al puerto 520 en el encaminador de destino. Sin embargo, las peticiones se pueden enviar desde cualquier otro puerto y las respuestas se deberían de enviar de vuelta al puerto desde donde se solicitaron.

Sintonización de RIP

En las secciones anteriores se ha descrito el protocolo básico de RIP. Sin embargo, las implementaciones de RIP necesitan algunas funciones adicionales para resolver algunos problemas:

- Con un intervalo entre actualizaciones de 30 segundos, podría tardarse mucho tiempo hasta que se transmitiesen los cambios en una red muy grande.
- Tras un cambio, concretamente si se pierde algún tipo de conectividad, hay cierta tendencia a que el tráfico se transmita en círculos.

En las siguientes secciones se describe cómo se pueden abordar estos problemas.

Desencadenado de actualizaciones y su mantenimiento

Las *actualizaciones desencadenadas* aceleran el proceso de descubrir los cambios. Siempre que un encaminador cambia su métrica en una ruta envía actualizaciones anunciando el cambio.

Tenga en cuenta que una nueva actualización desencadenará otras que desencadenarán otras más. Sin embargo, esta cascada de mensajes evitará que haya un montón de tráfico de los usuarios vagando por rutas equivocadas.

Como habrá una tendencia a muchas actualizaciones simultáneas, cada sistema espera un plazo de tiempo al azar antes de enviarlas. Además, se puede reducir el ancho de banda usado para las actualizaciones enviando sólo aquellas entradas que realmente han cambiado, en lugar de toda la tabla.

Mientras se están haciendo los ajustes, un encaminador que ha descubierto que un destino es inalcanzable puede recibir un camino obsoleto que indica que un encaminador muerto todavía está vivo. Si se acepta esta actualización, no sólo se sustituye información válida por mala, sino que desencadenará actualizaciones que expandirán información errónea.

Por ello, algunos fabricantes implementan una regla de *mantenimiento* que fija un período de tiempo durante el cual se ignoran las actualizaciones de un destino que acaba de marcarse como inalcanzable.

Horizonte dividido e Inversa envenenada

¿Por qué, a veces, el tráfico de RIP vaga en círculos? La razón es que tras un cambio, puede tardarse un tiempo hasta que todos los encaminadores están actualizados con la información correcta. En la Figura 8.7 se muestra un ejemplo muy simple[9]. El Encaminador D tiene dos rutas hacia la *Red N*. Una es un enlace directo de 1 salto y la otra es un camino de 10 saltos. Cuando se interrumpe el enlace directo, el Encaminador D sustituye la ruta por la alternativa, que tiene una métrica de 10.

Pero las entradas para la *Red N* en los Encaminadores A, B y C tendrán la forma:

Red N Métrica = 2

Estos mensajes *no* tienen ninguna posibilidad de indicar que la ruta es a través del Encaminador D. ¿Qué ocurriría si el Encaminador D recibe una actualización de A antes de que tenga la oportunidad de indicar al Encaminador A su propio cambio?

- D debería actualizar su tabla de encaminamiento:

Destino	**Siguiente salto**	**Métrica**
Red N	A	3

- D debería empezar a enviar tráfico a A, quien se lo devolvería.
- D también enviaría actualizaciones a A, B y C anunciándoles que no puede llegar a la *Red N* en tres saltos.
- A debería responder que ahora puede llegar a *N* en cuatro saltos. Los Encaminadores B y C quedarían igual de confundidos, dependiendo de los momentos en que ocurran las actualizaciones, y podrían enviarse tráfico para *N* uno al otro, hacia A o a D.
- Las actualizaciones de RIP se quedarán rebotando adelante y atrás.

La buena noticia es que las métricas de A, B y C se irán incrementando en cada mensaje de actualización hasta que finalmente llega a 11 y se descubre la ruta correcta. Este período de confusión se puede evitar con un par de sencillos mecanismos.

Horizonte dividido significa que un encaminador no debería informar de una ruta al siguiente sistema para esa ruta. Por ejemplo, en la Figura 8.7 quiere decir que los Encaminadores A, B y C no deberían decir al Encaminador D que tienen una ruta hacia la *Red N*, ya que la ruta pasa realmente por D.

[9] El ejemplo se ha tomado de la RFC 1058.

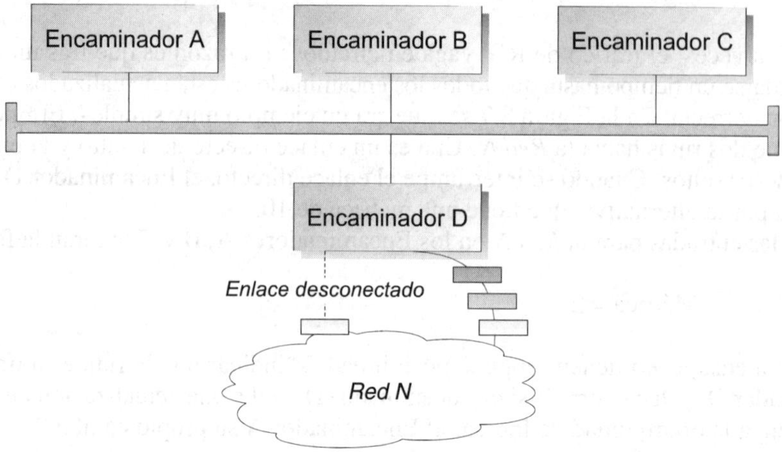

Figura 8.7. *Encaminamiento tras una interrupción.*

Inversa envenenada va más lejos. Con la Inversa envenenada, los Encaminadores A, B y C de la Figura 8.7 evitan malentendidos si envían actualizaciones por la LAN que dicen: «No intentes llegar allí a través de mi». Concretamente las actualizaciones deberían incluir la entrada:

Red N Métrica = 16

De esta forma se corrige el problema de la configuración que se ha mostrado, pero el tráfico de las redes con grandes bucles puede seguir transmitiéndose en círculos durante cierto tiempo aunque no se pueda llegar de ninguna manera al destino. Afortunadamente, las métricas llegarán en algún momento a 16 y se conseguirá el encaminamiento correcto. El proceso se llama *cuenta hasta infinito*.

Por cierto, no espere encontrarse las actualizaciones desencadenadas, el mantenimiento, el Horizonte dividido ni la Inversa envenenada en todos los encaminadores de RIP que se encuentre. Existen docenas de versiones de RIP para todo tipo de equipo [10]. Cuando tenga dudas respecto de lo que puede hacer un determinado encaminador, cambie el encaminador a una filial y configúrelo manualmente.

Existen ciertas deficiencias obvias en la versión 1 de los mensajes del protocolo de RIP. Se describen en las siguientes secciones.

Sin Máscara de subred

Fíjese que no se incluyen máscaras en la versión 1 de los mensajes de RIP (véase la Figura 8.6), así que un encaminador con la versión 1 de RIP no puede saber si una dirección representa una subred o una dirección de host.

[10] Probablemente alguien haya implementado un RIP para una tostadora.

Durante mucho tiempo los fabricantes de encaminadores resolvieron este problema obligando a que los usuarios eligiesen una Máscara de subred y la usasen en una red completa. Un encaminador conectado a esa red aprendería la Máscara de subred comprobando la configuración de su interfaz a la red.

Un encaminador que no estuviese conectado directamente a la red no tendría forma de aprender la Máscara de subred. Si recibiese una entrada de una subred de la red remota, la entrada no le serviría de nada. Por esta razón los encaminadores con la versión 1 no envían entradas de subred o de host de una red a los encaminadores que no están conectados a dicha red. A un encaminador externo se le envía una única entrada para toda la red, por ejemplo 145.102.0.0.

Tenga en cuenta que esto puede generar entradas *extra*, así como pocas entradas. Si una red tiene una dirección de encaminamiento entre dominios sin clase (CIDR - *Classless Inter-Domain Routing*), se debe dar una entrada separada para cada dirección de clase C del grupo. En contra, una entrada que incluya una máscara podría representar a una red CIDR completa.

Difusiones de LAN

Los mensajes de la versión 1 se difunden por la LAN. Todas las interfaces de red deben recoger y examinar el mensaje. Tendría mayor sentido el uso de *multienvíos* de LAN.

Falta de autenticación

Otro problema de la versión 1 es la falta de autenticación de los mensajes de RIP. Suponga que alguien con acceso a la red inyecta falsos mensajes de encaminamiento, usando una dirección de origen prestada, donde se informa de que la mayoría de los destinos son inalcanzables. Ocasionaría una seria interrupción del servicio.

No puede distinguir los enlaces lentos de los rápidos

Se permite que un administrador pueda asignar manualmente una cuenta de saltos a un enlace. Por ejemplo, se podría asignar una cuenta de saltos de 5 a un enlace punto a punto a 9600 bits por segundo para indicar que tiene menos capacidad que un enlace de LAN a 10.000.000 de bits por segundo.

Pero cuando los saltos suman más de 15, los destinos se vuelven inalcanzables. Por eso los administradores normalmente asignan la misma cuenta de saltos a los enlaces lentos y a los rápidos, es decir, 1.

Existe una ventaja de tener una cuenta máxima de saltos pequeña. Recuerde que un destino inalcanzable a veces origina un bucle de encaminamiento temporal. Las métricas de los mensajes de actualización en el buche aumentan bastante rápidamente hasta 16, y en ese momento se rompe el bucle. Un límite mayor ralentizaría recuperarse de un bucle.

Exceso de tráfico

Las tablas de encaminamiento crecen hasta un tamaño sustancial en una red grande. El enviar las tablas completas en cada actualización puede imponer una gran sobrecarga a la red. Los encaminadores también se ven ralentizados si tienen que procesar docenas o cientos de entradas de los mensajes de actualización, la mayoría de los cuales no han cambiado.

Incluso las pequeñas actualizaciones periódicas son un problema en las conexiones conmutadas a grandes distancias. Se pueden usar circuitos telefónicos o de X.25 en enlaces con tráfico ocasional y esporádico. Para ahorrar dinero estos circuitos se cierran cuando no hay tráfico que enviar. Siempre que es posible, se usa la configuración manual para describir las redes remotas, pero a veces no es factible.

Los nuevos protocolos de encaminamiento resuelven estos problemas enviando actualizaciones sólo cuando hay un cambio y anunciando sólo las rutas que han cambiado. Los encaminadores intercambian periódicamente mensajes de saludo (*Hello*) para indicar que siguen vivos, excepto por enlaces conmutados, donde se asume que el vecino está vivo hasta que falla un intento de transmisión.

VERSIÓN 2 DE RIP

Aunque la RFC 1058 donde se definía la versión 1 se publicó en 1983, la versión 2 de RIP no apareció hasta 1993. En todo ese tiempo, se había realizado mucho trabajo sobre diseño de complejos protocolos que resolvían todos los problemas. Pero en muchas organizaciones se prefería la simplicidad, la facilidad de instalación y la sencillez de uso de RIP.

Se había declarado la versión 1 de RIP como de «histórica» y los usuarios deberían actualizarse a la versión 2. La versión 2 ofrecía soluciones simples a algunos de los problemas de RIP.

Sin embargo, para conservar las interconexiones de red con los encaminadores de la versión 1 de RIP, los cambios eran modestos. La cuenta máxima de saltos seguía en 15 y se seguían intercambiando las tablas completas de encaminamiento cada 30 segundos. Pero las tablas se enviaban con *multienvío* en lugar de por difusión.

La mayoría de los cambios en la versión 2 se basaban en empaquetar más información en los mensajes de actualización. Las actualizaciones de encaminamiento de la versión 2 tienen el formato que se muestra en la Figura 8.8.

Máscara de subred — Va en el mensaje.

Siguiente salto — Se usa para informar de las rutas a través de *otros* encaminadores. Por ejemplo «vete a la *Red N* por el Encaminador B». En la Figura 8.9 se muestra cómo un único encaminador «bilingüe», el Encaminador A, traduce entre RIP y IGRP y traslada la información de siguiente salto entre los dos grupos de encaminadores.

0 1 2 3 4 5 6 7	8 9 0 1 2 3 4 5	6 7 8 9 0 1 2 3 4 5 6 7 8 9 0 1	
Comando	Versión = 2	Cero	
Identificador de familia de direcciones = 2		Etiqueta de ruta	
Dirección de IP			
Máscara de subred			
Siguiente salto			
Métrica			

Figura 8.8. *Formato de un mensaje de la versión 2 de RIP.*

Rutas externas — El nuevo campo *Etiqueta de ruta* incluye la información que ha aprendido un protocolo externo como BGP. Un uso habitual de esta etiqueta es para indicar el número del Sistema autónomo de una red externa.

Autenticación en la versión 2 de RIP

Opcionalmente, el espacio para la primera entrada en una actualización se puede utilizar para autenticación. El espacio se identifica como un campo de autenticación usando el Identificador de la familia de direcciones X'FFFF. El tipo de autenticación usada aparece en el siguiente campo.

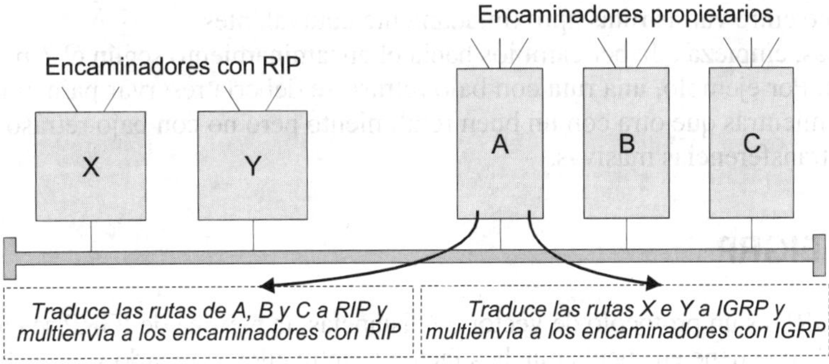

Figura 8.9. *Uso del campo siguiente salto para informar de las rutas.*

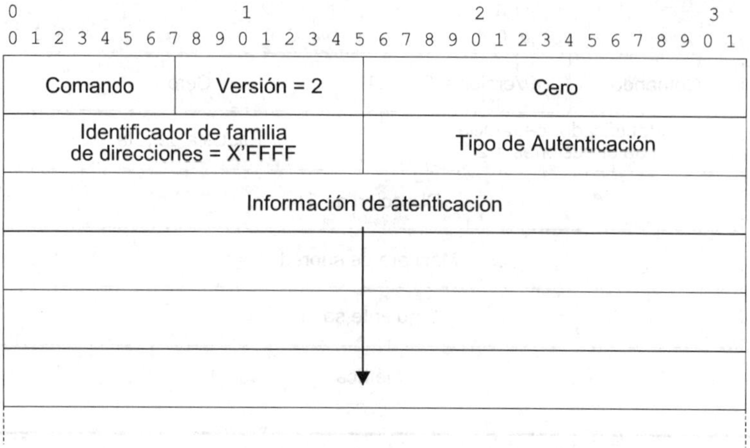

Figura 8.10. *Mensaje de la versión 2 que empieza con autenticación.*

Los restantes 16 bytes contienen la información de autenticación. Aunque el único tipo [11] de autenticación definido en la RFC de la versión 2 era una simple contraseña, los fabricantes de encaminadores se están inclinando hacia el uso de autenticación con MD5. En la Figura 8.10 se muestra el formato de un mensaje que empieza con autenticación.

CAMBIO A PROTOCOLOS MÁS SOFISTICADOS

Se han tratado dos formas de desarrollar protocolos más avanzados. IGRP de Cisco, al igual que RIP, es un protocolo de vector de distancias, pero IGRP resuelve los problemas de RIP. OSPF e IS-IS de OSI son protocolos de estado del enlace. Crean mapas de la red, descubren todas las rutas hasta un destino y comparan sus métricas para elegir la mejor.

Todos estos protocolos disponen de funciones avanzadas, como la posibilidad de dividir tráfico entre varias rutas aproximadamente equivalentes.

Además, empieza a haber cambios hacia el encaminamiento según el *Tipo de servicio* (TOS). Por ejemplo, una ruta con bajo retraso se debería reservar para el tráfico interactivo, mientras que otra con un buen rendimiento pero no con bajo retraso se podría usar para transferencias masivas.

IGRP y EIGRP

Aunque IGRP es un protocolo de vector de distancias, la métrica de IGRP se calcula con una fórmula que tiene en cuenta muchos factores, entre ellos el retardo y el ancho de ban-

[11] Aunque sólo hay un único tipo, su identificador es el 2.

da de la red. Además, IGRP puede elegir la ruta dependiendo del nivel actual de carga, de «ocupación» de cada enlace, así como la tasa actual de error extremo a extremo.

IGRP puede dividir el tráfico entre enlaces que son iguales de buenos, o casi iguales. Cuando existen varios caminos hasta un destino, la mayor parte del tráfico se envía por los caminos con un mayor ancho de banda.

Un encaminador IGRP en el límite de un proveedor de servicios puede recoger información de encaminadores de Sistemas autónomos externos. Las rutas a redes externas se tratan como a redes internas. Por ello, IGRP permite el encaminamiento entre distintos Sistemas autónomos.

EIGRP usa la misma métrica y las mismas fórmulas de encaminamiento que IGRP, pero introduce ciertas mejoras importantes. EIGRP reduce significativamente el tráfico enviando actualizaciones sólo cuando se ha producido un cambio y envía sólo las entradas que han cambiado. EIGRP también introduce un algoritmo que evita que se formen bucles.

En las siguientes secciones, se describe primero IGRP, y después las mejoras de EIGRP.

Encaminamiento con IGRP

Al igual que con RIP, un encaminador con IGRP difunde su tabla de encaminamiento a sus vecinos a intervalos regulares. Y al igual que con RIP, un encaminador con IGRP empieza con una tabla para las subredes directamente conectadas. Su tabla va creciendo debido a las actualizaciones de sus vecinos. Los mensajes de actualización de IGRP no incluyen las Máscaras de subred. En lugar de usar una simple cuenta de saltos como RIP, las actualizaciones de IGRP informan de varios tipos de métricas:

Retardo	El retardo es el tiempo, en unidades de 10 microsegundos, que tarda un bit en llegar a su destino cuando no hay carga en la red.
Ancho de banda	La métrica es 10.000.000 dividido por el menor ancho de banda de la ruta, medida en kilobits por segundo. Por ejemplo, un ancho de banda de 10 Kilobits por segundo daría una métrica de 1.000.000.
Carga	La carga es la proporción del ancho de banda de la ruta que se usa actualmente. Se codifica en una escala de 0 a 255, donde 255 significa cargado al 100 por ciento.
Fiabilidad	Es la fracción de datagramas que llegan sin problemas. Se codifica en una escala de 0 a 255, donde 255 significa que llegan bien el 100 por ciento.
Cuenta de saltos	Numero de saltos hasta el destino.
MTU de la ruta	La unidad máxima de transmisión (MTU) que se puede transmitir por cualquier enlace de la ruta.

El retardo, el ancho de banda y la MTU se obtienen de la información de configuración del encaminador. La carga y la fiabilidad se calculan dinámicamente a partir de la información que se intercambian los encaminadores. En la Tabla 8.3 se muestran algunos ejemplos de la codificación de los valores de retraso y ancho de banda.

Recuerde que en la Tabla 8.2 se mostraron los valores de las métricas que devolvía un sondeo del Protocolo básico de gestión de red (SNMP) de un encaminador Cisco. Por ejemplo:

Ruta de destino de IP	Métrica 1 de la ruta	Métrica 2 de la ruta	Métrica 3 de la ruta	Métrica 4 de la ruta	Métrica 5 de la ruta	Índice de interfaz de ruta de IP	Edad de la ruta de IP (segundos)
128.6.0.0	12610	1536	61000	2	255	3	11
128.96.0.0	14647	1170	61000	2	255	6	16
128.112.0.0	10667	1170	21200	1	255	6	23

Para IGRP/EIGRP los valores de las métricas tienen los siguientes significados:

Métrica 1 Métrica para toda la ruta

Métrica 2 Métrica del ancho de banda

Métrica 3 Métrica Suma de los retardos de interfaz

Métrica 4 Cuenta de saltos

Métrica 5 Fiabilidad del enlace (255 significa el 100 por ciento).

Tabla 8.3. *Medidas de retraso y ancho de banda de IGRP.*

Medio	Valores de retraso por defecto (en unidades de 10 microsegundos)	Métrica de ancho de banda (10.000.000 dividido por el ancho de banda en Kilobits por segundo)
Satélite (500 Megabits por segundo)	200.000 (2 segundos)	20
Ethernet (10 megabit)	100 (1 milisegundos)	1.000
1.544 megabit	2000 (20 milisegundos)	6.480
64 Kilobits	2000	156.250
56 Kilobits	2000	178.570
10 Kilobits	2000	1.000.000
1 Kilobits	2000	10.000.000

Otros valores configurados de IGRP

La configuración de un encaminador con IGRP es bastante sencilla. Además de las direcciones de IP, las Máscaras de subred, los anchos de banda de MTU y los retardos de los enlaces, se puede especificar:

- Un factor de varianza V. Si M es la menor métrica de ruta, se usarán las rutas con una métrica menor que M x V.
- Si se habilita o deshabilita el mantenimiento de la tabla de encaminamiento.

También se pueden configurar los temporizadores, aunque normalmente se usan los valores por defecto:

- Las actualizaciones se difunden cada 90 segundos.
- Si no se recibe la siguiente actualización de un encaminador en 270 segundos, su entrada expira. Si no hay una ruta alternativa, se marca el destino como inalcanzable.
- El mantenimiento durante el cual no se aceptará ningún camino para un destino inalcanzable será de 280 segundos.
- Si no se recibe una actualización para un destino en 540 segundos (tiempo de *flush*), se elimina de la tabla de encaminamiento.

Mecanismos del protocolo IGRP

Al igual que con RIP, un encaminador con IGRP envía actualizaciones periódicas a sus vecinos. Las actualizaciones contienen la tabla completa de encaminamiento, con todas las métricas.

El mantenimiento de la misma evita que una ruta extinta vuelva a quedar activa debido a un mensaje retrasado. No se acepta ningún nuevo mensaje para el destino durante el período de mantenimiento. Si se desea se puede deshabilitar este mantenimiento.

Se usa el Horizonte dividido para evitar el aviso de una ruta a un encaminador que está hacia arriba en la ruta. IGRP también proporciona su propia versión de envenenamiento de ruta. Si la métrica para una ruta crece en más de un factor de 1.1, es muy probable que se esté formando un bucle, por lo que la ruta se elimina.

Tras un cambio se envían actualizaciones desencadenadas, así como tras la eliminación de una ruta. Una ruta se elimina si:

- La comunicación con un vecino expira. Las rutas a través de ese vecino se eliminan.
- Un encaminador de siguiente salto envía una notificación de que la ruta no se puede usar.
- La métrica ha aumentado lo suficiente para que se invoque el envenenamiento de ruta.

Encaminamiento exterior

Una de las razones por la que IGRP es popular para los proveedores de servicios de Internet es porque puede manejar encaminamiento entre Sistemas autónomos. Las actualizaciones de IGRP pueden incluir múltiples rutas a redes externas. Se puede elegir una ruta hacia el mundo exterior a partir de las distintas rutas externas propuestas.

Características de IGRP mejorado

IGRP mejorado usa las mismas métricas y cálculos de distancia que IGRP. Sin embargo, mejora IGRP significativamente debido a las Máscaras de subred y al eliminar las actualizaciones periódicas. Sólo se envían los cambios y EIGRP se asegura que esos cambios se han recibido requiriendo una confirmación. Se usan mensajes simples periódicos de *saludo* para descubrir los vecinos y para comprobar que aún están activos. Otra mejora importante es el uso del *Algoritmo de actualización por difusión* (DUAL - *Diffusing Update ALgorithm*) que garantiza en encaminamiento sin bucles.

DUAL DE EIGRP

La idea básica de DUAL es simple. Se basa en la siguiente observación:

Si una ruta consistente te lleva más directo a un destino, la ruta no puede ser un bucle.

Dándole la vuelta a la frase, si una ruta es un bucle, contiene una ruta cuya distancia al destino es mayor que la distancia anterior de la ruta, tal como se muestra en la Figura 8.11.

DUAL se diseño para descubrir rutas con la propiedad de que los encaminadores de la ruta están cada vez más cerca del destino. El Encaminador E de la Figura 8.11 mirará con grandes sospechas la actualización de su vecino Z, que está camino abajo, que indica una métrica mucho mayor de la que tiene en su tabla actual.

Tabla de topología de DUAL

Para la implementación de DUAL, EIGRP guarda información que IGRP hubiese tirado. EIGRP guarda la información de la ruta que todos sus vecinos han enviado en sus actualizaciones. IGRP hubiese descartado la información sobre cualquier ruta que no fuese la óptima. La información se almacena en una tabla adicional llamada *Tabla de topología*. Los datos de la tabla de topología son:

Destino	Vecino	Métrica del vecino	Mi mejor métrica actual

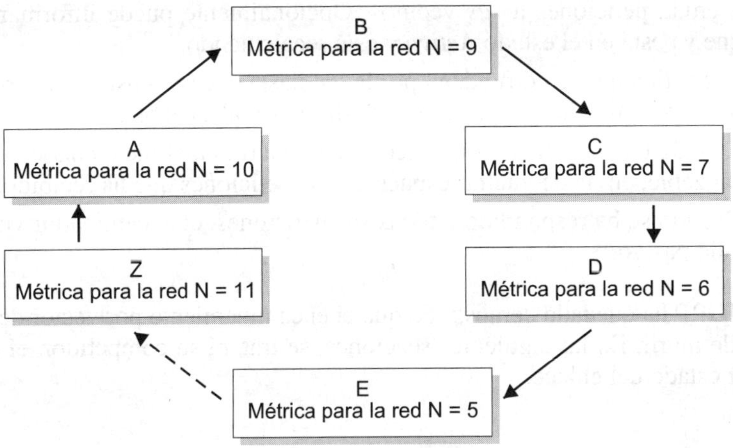

Figura 8.11. *Encaminamiento por un bucle.*

Sucesores factibles con DUAL

Las entradas interesantes de la tabla de topología son las que describen los *sucesores factibles*. Mis *sucesores factibles* son los vecinos más cercanos al destino que yo (actualmente).

Mientras exista al menos un sucesor factible, se dispone de una ruta al destino y se encuentra en el estado *Pasivo* para DUAL. Sin embargo, cuando una actualización cambia las cosas de manera que ya no tenga un sucesor factible, empieza a solicitar a los vecinos que descubran si el tráfico ha cambiado a una ruta más larga o si se está formando un bucle.

Veamos el proceso de manera más formal:

1. Suponga que se ha alcanzado un punto en el que sólo existe una ruta factible a un destino, a través del Encaminador Z.
2. Llega una actualización de Z que incrementa la métrica de Z. Más aún, la nueva distancia desde Z al destino es *mayor* que la distancia actual. Puede indicar que se está formando un bucle.
3. Pasa al estado *Activo* y empieza un *recálculo de ruta*.
4. Pero mientras se está efectuando el recálculo, se continúa encaminando por Z.
5. Se envía un mensaje de actualización, una petición, a todos los vecinos, excepto a Z. En el mensaje se indica mi nueva métrica de distancia, mayor, para el destino.
6. Si un vecino tiene una o más rutas factibles, envía una respuesta y anuncia que tiene una ruta buena hasta el destino.

7. Un vecino que no tiene una ruta factible pasa al estado *Activo*, si no está en él, y envía peticiones a *sus* vecinos. Opcionalmente puede informar de vuelta que ya está en el estado *Activo* y está recalculando.
8. Las peticiones se «difunden» por la red hasta que se consigue una ruta factible o un encaminador conoce que el destino es inalcanzable.
9. Cuando un encaminador ha encontrado una ruta factible o conoce que es inalcanzable, envía de vuelta respuesta a las peticiones que ha recibido.
10. Cuando se ha respondido a todas sus peticiones, el encaminador vuelve al estado pasivo.

Con EIGRP ha quedado demostrado que el encaminamiento por vector de distancias está lejos de morir. En las siguientes secciones, se tratará su competidor, el encaminamiento por estado del enlace.

PRIMERO EL CAMINO ABIERTO MÁS CORTO

En 1988, el *Internet Engineering Task Force* (IETF) empezó a trabajar en un nuevo protocolo estándar para sustituir al RIP. El resultado fue el Protocolo de pasarela interior *Primero el camino abierto más corto* (OSPF - *Open Shortest Path First*), un protocolo de encaminamiento para su uso con Sistemas autónomos de todos los tamaños. En 1990, se recomendó OSPF como propuesta a estándar. El protocolo es una tecnología pública sin propietario.

Recuerde que un encaminador de estado de enlace descubre las rutas construyendo un mapa de la red y usando dicho mapa para construir un árbol de rutas cuya raíz es el encaminador. Se calcula el valor de la métrica para cada ruta y se elige la ruta o las rutas óptimas para cada Tipo de servicio de IP.

OSPF usa tanto métricas de estado del enlace como de distancia. OSPF se diseñó para aceptar crecimientos en la red y para difundir rápidamente la información de encaminamiento. Además, OSPF dispone de:

- Rápida detección de cambios en la topología y restablecimiento muy rápido de rutas sin bucles.
- Baja sobrecarga, usando actualizaciones que informan de los cambios en lugar de todas las rutas.
- División de tráfico por múltiples rutas equivalentes.
- Encaminamiento según el tipo de servicio.
- Uso de multienvío en las LAN.
- Máscaras de subred y superred.
- Autenticación.

En abril de 1990, cuando la internet científica de la NASA cambió a OSPF, el tráfico de encaminamiento se redujo drásticamente. Tras un cambio o interrupción en la red, la información de encaminamiento global se restablecía muy rápidamente, normalmente en unos pocos segundos, comparados con los minutos de otros protocolos más antiguos.

La versión 2 de OSPF se publicó a mediados de 1991 y en marzo de 1994 apareció una versión 2 revisada. Era un documento de 216 páginas, por lo que la descripción que viene a continuación debe considerarse un somero resumen del protocolo.

Sistemas autónomos, áreas y redes

En la norma de OSPF, el término *red* significa una red de IP, una subred o una superred CIDR. De forma análoga, una *Máscara de red* identifica una red, una subred o una superred CIDR. Un *área* es un conjunto de redes y host contiguos, junto con cualesquiera encaminadores con interfaces a dichas redes.

Un Sistema autónomo que use OSPF está constituido por una o más áreas. A cada área se le asigna un número. El área 0 está conectada a la *red troncal* que enlaza con el resto de las áreas y aúna a todos los Sistemas autónomos. En la Figura 8.12 se muestra esta topología.

Encaminamiento de área de OSPF

El encaminamiento dentro de un área se basa en un mapa completo de estado del enlace de esa área. OSPF admite el crecimiento de la red por que un encaminador necesita conocer la topología detallada e información de métricas *sólo* de un área a la que pertenece.

Todos los encaminadores con OSPF en un área mantienen una *base de datos de encaminamiento* idéntica que describe la topología y estado de todos los elementos de esa

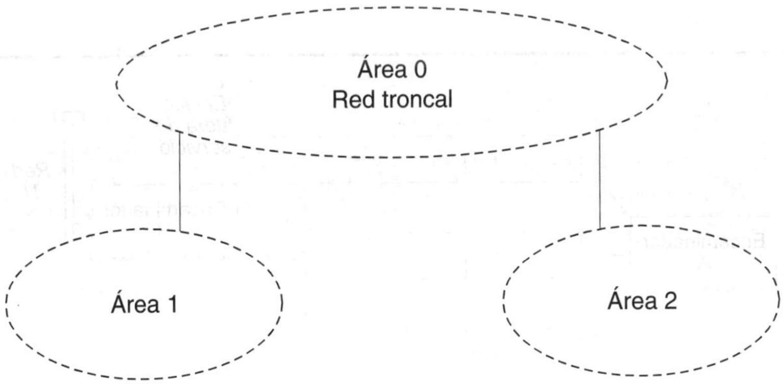

Figura 8.12. *Red troncal y áreas en OSPF.*

área. La base de datos se usa para construir el mapa del área. Esta base de datos incluye el estado de todos los encaminadores, las interfaces útiles de los encaminadores, las redes conectadas y sus encaminadores adyacentes.

Siempre que ocurre un cambio, como cuando un enlace se interrumpe, esta información se propaga por el área. De esta forma se informa con precisión del encaminamiento y se da una rápida respuesta a los problemas. Por ejemplo, si se usa el encaminamiento OSPF en la red de la Figura 8.13, el Encaminador A recibirá rápidamente información de que el enlace a B ha quedado fuera de servicio y rápidamente se dará cuenta de que no existe ruta posible a la *Red N*.

Un encaminador que esté arrancando obtiene una copia de la base de datos actual de encaminamiento de su vecino adyacente. Tras ello, sólo se comunican los cambios. Los cambios se llegan a conocer rápidamente ya que OSPF usa un algoritmo de distribución eficiente para extender la información de actualización por un área.

Caminos más cortos de un área de OSPF

Un encaminador usa su base de datos para construir un árbol de caminos más cortos poniéndose a sí mismo en la raíz. Este árbol se usa para construir la tabla de encaminamiento. Si se dispone de encaminamiento por Tipo de servicio en el área, se construye un árbol separado y un conjunto de rutas para cada Tipo de servicio.

Red troncal, fronteras y límites de OSPF

La red troncal aúna las áreas. La red troncal contiene todos los encaminadores que pertenecen a múltiples áreas, así como las redes y encaminadores no asignados a ninguna área. Recuerde que las áreas están numeradas y que la red troncal es el área 0.

El encaminador de *frontera* pertenece a una o más áreas y a la red troncal. Si el Sistema autónomo está conectado al mundo exterior, los encaminadores *límite* pueden aprender rutas a redes que son externas al Sistema autónomo.

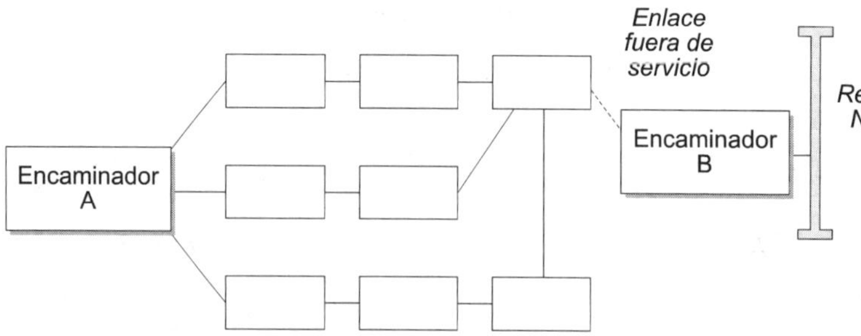

Figura 8.13. *Uso de información completa de encaminamiento.*

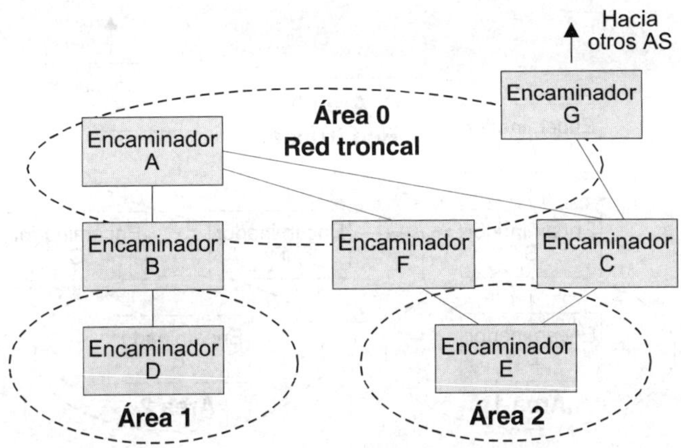

Figura 8.14. *Encaminadores y áreas en un Sistema autónomo.*

En la Figura 8.14, la red troncal, área 0, incluye los Encaminadores A, B, C, F y G. El área 1 incluye los encaminadores B y D. El área 2 incluye los Encaminadores C, E y F. Los Encaminadores B, C, y F son encaminadores de frontera. El Encaminador G es un encaminador límite. El Encaminador B conoce la topología completa del área 1 y de la red troncal. De forma similar, los Encaminadores C y F conocen la topología completa del área 2 y de la red troncal.

La red troncal debe ser contigua. ¿Qué ocurre si una reestructuración de la red o un fallo en un equipo hace que la red troncal se corte? A veces, se pueden usar *enlaces virtuales* para volver a unir los trozos de la red troncal.

Se puede definir un enlace virtual entre dos encaminadores de la red troncal con interfaz a la misma área. Este enlace virtual se trata como un enlace punto a punto sin numerar. El coste de un enlace virtual es el coste de la ruta completa entre los dos encaminadores.

Como se muestra en la Figura 8.15, si el enlace de A a F se interrumpe, el Encaminador F no se podría volver a conectar al resto de encaminadores de la red troncal. Se podría usar el enlace virtual F-E-C para restablecer la conectividad de la red troncal.

Encaminamiento por una frontera de área de OSPF

En encaminador de frontera conoce la topología completa de las áreas a las que está conectado. Recuerde que todos los encaminadores de frontera pertenecen a la red troncal, por lo que también conocen la topología completa de la red troncal.

Uso de resúmenes de información dentro de un área de OSPF

Los encaminadores de frontera resumen la información de área e indican a otros encaminadores de la red troncal lo lejos que se encuentran de las redes dentro de su propia

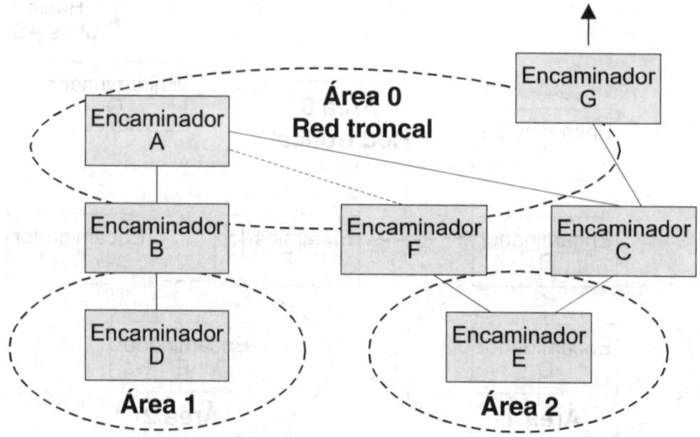

Figura 8.15. Definición de un enlace virtual.

área. De esta forma todos los encaminadores de frontera pueden calcular las distancias a destinos fuera de sus propias áreas y transmitir esta información dentro de sus propias áreas.

Los resúmenes incluyen un identificador de red, subred o superred, una Máscara de red y la distancia desde el encaminador a la red externa.

Por ejemplo, en la Figura 8.16, suponga que el Encaminador E quiere elegir un camino a la Red M. El Encaminador E usa su base de datos de área para descubrir las distancias d_c y d_f a los encaminadores de frontera C y F. Cada uno de ellos ha informado de sus distancias m_e y m_f hasta la *Red M*. El Encaminador E puede comparar d_c+m_e con d_f+m_f y escoger el camino más corto.

Tenga en cuenta que el Encaminador B no debería preocuparse de transmitir resúmenes de información de distancia dentro del área 1. Sólo existe un único camino hacia fuera del área, por lo que un único encaminador por defecto es suficiente para todos los destinos externos. Si un área tiene un único encaminador de frontera, o si no importa cual de ellos se usa, se denomina un *área* de resguardo, y se puede indicar uno o más encaminadores por defecto para llegar a los destinos externos.

Destinos fuera de los AS de OSPF

Muchos Sistemas autónomos están conectados a la Internet o a otros Sistemas autónomos. Los encaminadores límite de OSPF ofrecen información sobre distancias a las redes externas al Sistema autónomo.

Existen dos tipos de métricas de distancia externa de OSPF. La de tipo 1 es equivalente a la métrica local de estado del enlace. Las métricas de tipo 2 son métricas de larga distancia, se miden con un mayor orden de magnitud. Si se hace una analogía con las distancias en coche, puede pensar en las de tipo 2 como sacadas de un mapa de carreteras

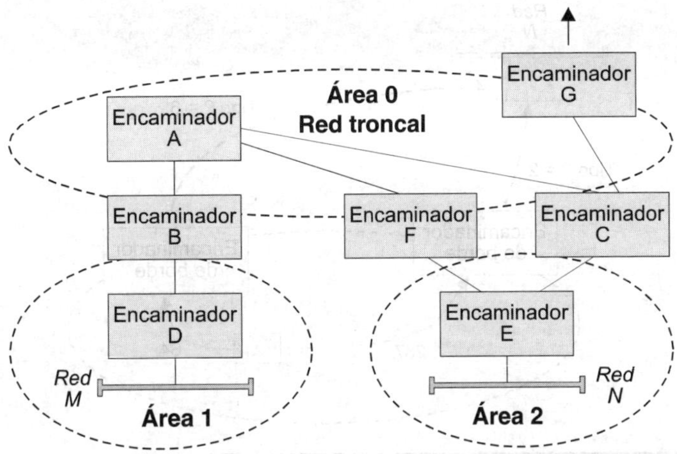

Figura 8.16. *Encaminamiento entre áreas.*

nacional que se mide en cientos de kilómetros, mientras que las de tipo 1 usan distancias locales en kilómetros.

En la Figura 8.17 se muestran dos rutas a una red externa *N*. En el cálculo de la distancia se hubiesen ignorado las métricas de tipo 1, y se hubiese elegido la ruta con la métrica de tipo 2 con valor 2.

Otra característica de OSPF, especialmente conveniente para los proveedores de servicios, es que un encaminador en el límite de un Sistema autónomo puede comportarse como un *servidor de encaminamiento* y puede informar de las entradas que identifican las rutas a otros encaminadores límite. Esta información incluiría:

Destino, Métrica, Encaminador límite a usar

Protocolo de OSPF

En este momento ya podemos describir algunos detalles del protocolo OSPF. Todos los encaminadores con OSPF mantienen una base de datos detallada con la información necesaria para construir un árbol de encaminamiento del área, con la descripción de:

- Todas las interfaces, conexiones y métricas de los encaminadores.
- Todas las redes de multiacceso y una lista de todos los encaminadores de la red.

¿Cómo consigue un encaminador esta información? Empieza descubriendo quienes son sus vecinos mediante mensajes de saludo (*Hello*).

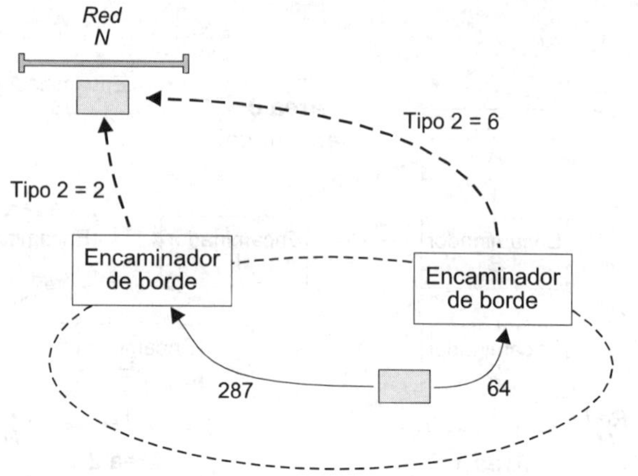

Figura 8.17. *Elección de ruta usando las métricas de tipo 2.*

Mensajes de saludo

Todos los encaminadores con OSPF están configurados con un identificador único que se usa en los mensajes. Normalmente, la parte menor de la dirección de IP del encaminador se usa como Identificador único.

Los encaminadores multienvían periódicamente mensajes de saludo (*Hello*) en una red multienvío, como Ethernet, Token-Ring, o de Interfaz de datos distribuidos por fibra (FDDI), para que el resto de encaminadores sepan que siguen activos. También envían mensajes de saludo al otro extremo de un enlace punto a punto o un circuito virtual para que esos vecinos sepan que siguen atentos.

Una de las razones por las que funcionan los mensajes de saludo es que un mensaje contiene la lista de todos los Identificadores de los vecinos cuyos saludos ha oído el emisor. De esta forma, todos los encaminadores conocen si sus mensajes se están escuchando.

Encaminador designado

En una red multiacceso, los mensajes de saludo también se usan para identificar a un *Encaminador designado*. El encaminador designado tiene dos funciones:

- Es responsable de la actualización fiable de sus vecinos adyacentes con la información más reciente de la topología de la red.
- Crea *avisos de enlaces de red* con la lista de todos los encaminadores conectados a la red de multiacceso

En la Figura 8.18, el Encaminador designado A intercambia información con los Encaminadores B, C y D de su LAN, así como con el Encaminador E conectado con un enlace punto a punto.

Adyacencias

El Encaminador designado A actúa como el experto local y mantiene actualizada la topología local completa. Después les comunica esta topología a los encaminadores adyacentes.

B, C y D mantienen sus propias bases de datos sincronizadas hablando con A. No tienen que hablar unos con otros. Dos encaminadores que sincronizan sus bases de datos uno con otro se llaman *adyacentes*. B y C son *vecinos* pero no son adyacentes el uno del otro.

Claramente, es un método eficiente de mantener sincronizadas las bases de datos de los encaminadores de la LAN. También se puede usar en redes de retransmisión de tramas o con X.25. Los encaminadores pueden intercambiar mensajes de saludo por circuitos virtuales, elegir un encaminador designado y sincronizan sus bases de datos con el encaminador designado. De esta forma se acelera la sincronización y se reduce el tráfico de la red.

La pérdida de un encaminador designado podría ser un evento perjudicial. Por ello, siempre se elige un encaminador designado de respaldo y siempre está listo para reemplazarle inmediatamente.

Inicialización de una base de datos de encaminamiento

Suponga que el Encaminador B acaba de arrancar tras un período de mantenimiento. En primer lugar B escucha los mensajes de saludo, descubre quienes son sus vecinos y descubre que el Encaminador A es el Encaminador designado. A continuación, B se pone al día dialogando con A.

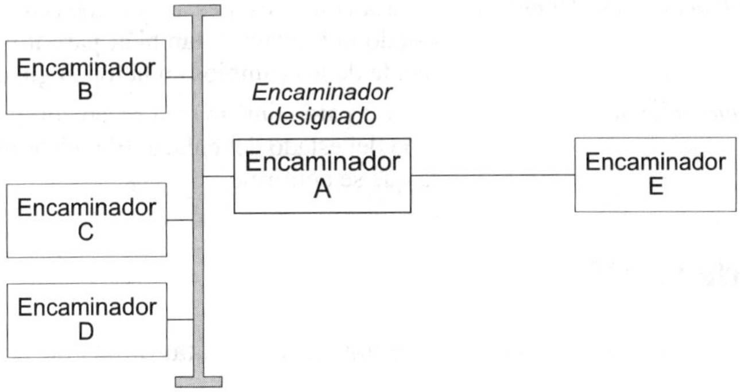

Figura 8.18. *Un encaminador designado actualiza a sus vecinos.*

Más concretamente, A y B intercambiarán mensajes de *descripción de la base de datos*. Estos mensajes contienen una lista de lo que tiene cada uno en su base de datos. Cada elemento tiene un número de secuencia que se usa para establecer qué encaminador tiene la información más reciente sobre dicho elemento. El número de secuencia de una entrada de encaminamiento se incrementa [12] siempre que se actualiza.

Tras terminar este intercambio de información, ambos conocen:

- Qué elementos no están todavía en su base de datos local.
- Qué elementos sí están presentes pero obsoletos.

Se usan mensajes de *petición de estado del enlace* (*Link State Request*) para solicitar todas las entradas que necesiten una actualización. Los mensajes de *actualización del estado del enlace* (*Link State Update*) son las respuestas a las peticiones. Tras un intercambio completo de información, con confirmaciones, las bases de datos quedan sincronizadas. Los mensajes de actualización del estado del enlace también se usan para informar de los cambios en la topología del área. La actualización de la topología se expande por el área de manera que todas las bases de datos se mantengan sincronizadas.

Tipos de mensajes de OSPF

Los cinco tipos de mensajes del protocolo OSPF que se han descrito son:

Saludo	Se usa para identificar a los vecinos, elegir un encaminador designado para una red de multienvío, para encontrar a un encaminador designado existente y para enviar señales de «estoy vivo».
Descripción de la base de datos	Durante la inicialización, se usa para intercambiar información de manera que un encaminador pueda descubrir los datos que le faltan en la base de datos.
Petición del estado del enlace	Se usa para pedir datos que un encaminador se ha dado cuenta que le faltan en su base de datos o que están obsoletos.
Actualización del estado del enlace	Se usa como respuesta a los mensajes de Petición del estado del enlace y también para informar dinámicamente de los cambios en la topología de la red.
ACK de estado del enlace	Se usa para confirmar la recepción de una Actualización del estado del enlace. El emisor retransmitirá hasta que se confirme.

Mensajes de OSPF

Los mensajes de OSPF se transmiten directamente en datagramas de IP con el tipo de protocolo 89.

[12] Los números, eventualmente, volverán a 0.

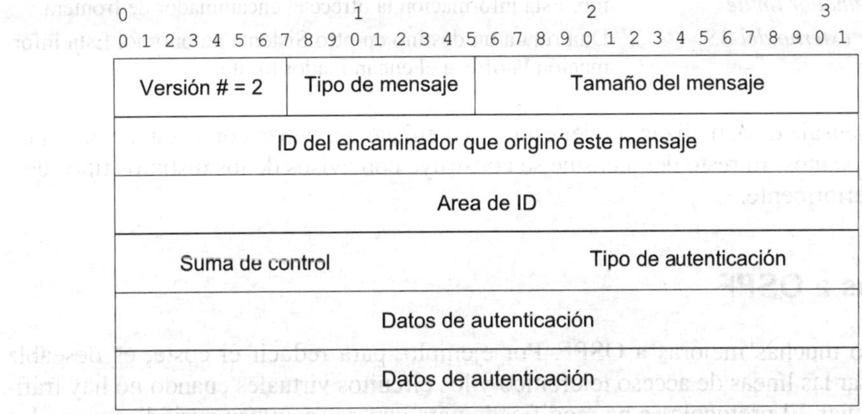

Figura 8.19. *Cabecera estándar de 24 octetos de un mensaje de OSPF.*

Como se muestra en la Figura 8.19, todos los mensajes de OSPF empiezan con una cabecera de 24 octetos. La versión actual es la 2. El *campo de tipo* contiene un número que se corresponde con el tipo del mensaje. El tamaño es el tamaño total incluyendo la cabecera.

Los *tipos de autenticación* están registrados en el IANA. La transmisión segura y con autenticación de la información de encaminamiento es especialmente importante para la robustez de la red.

Contenido de un mensaje de actualización del estado del enlace de OSPF

La información critica de encaminamiento de OSPF se transmite en los mensajes de actualización del estado del enlace. Las actualizaciones se envían entre dos encaminadores adyacentes. Cuando un encaminador designado en una red de difusión recibe una actualización, realiza un multienvío al resto de encaminadores de la red. La actualización se propaga por toda el área muy eficientemente. Todos los avisos de actualización del estado del enlace tienen que confirmarse.

Un mensaje de actualización del estado del enlace contiene los elementos llamados *Avisos* (*Advertisements*). Todos los mensajes incluyen los siguientes tipos de avisos:

Enlaces del encaminador	El estado de cada una de las interfaces de un encaminador.
Enlaces de la red	La lista de los encaminadores conectados a la red de multienvío. Esta información la ofrece el encaminador designado de la red.
Resumen de enlace a una red	Una ruta a una red fuera del área local, pero dentro del Sistema autónomo. Esta información la ofrece el encaminador de frontera.

Resumen de enlace a un encaminador límite	Una ruta a través del Sistema autónomo hasta el límite del mismo. Esta información la ofrece el encaminador de frontera.
Enlace externo del AS	Una ruta a un destino en otro Sistema autónomo. Esta información la ofrece el encaminador límite.

Un mensaje de actualización del estado del enlace comienza con la cabecera estándar de 24 octetos. El resto del mensaje se construye con avisos de los distintos tipos descritos anteriormente.

Mejoras a OSPF

Ha habido muchas mejoras a OSPF. Por ejemplo, para reducir el coste, es deseable desconectar las líneas de acceso telefónico y los circuitos virtuales cuando no hay tráfico que enviar. El protocolo se ha modificado para que no se envíen periódicamente los saludos, para no tener que mantener conectadas estas líneas todo el tiempo. OSPF también se ha extendido para permitir el multienvío de IP. OSPF se usa activamente y se espera que existan nuevas mejoras y refinamientos.

ENCAMINAMIENTO DE OSI

OSI utiliza el término *Sistema intermedio* en lugar de encaminador o pasarela. El protocolo de encaminamiento de OSI, *IS-IS*, se definió inicialmente para los encaminadores de OSI, pero se ha extendido para IP.

Como OSPF, IS-IS es un protocolo de estado del enlace que dispone de encaminamiento jerárquico, encaminamiento por tipo de servicio, división del tráfico por varias rutas y autenticación.

IS-IS tiene dos tipos de rutas: el encaminamiento de nivel 1 dentro de un área y de nivel 2 para el encaminamiento a destinos fuera del área. Los encaminadores de nivel 1 se podrían ver de forma análoga a los encaminadores de la red troncal en OSPF. Un encaminador de un Sistema intermedio de nivel 1 reenvía el tráfico a destinos fuera del área a su encaminador de nivel 2 más cercano. El tráfico se encamina, a continuación, a un encaminador de nivel 2 conectado al área de destino.

Muchos de los mecanismos de OSPF se basan en mecanismos similares, pero no idénticos, en IS-IS, como por ejemplo el uso de avisos de estado del enlace, difusión y números de secuencia.

Algunos que apoyan IS-IS creen que es mejor encaminar tráfico de IP y de OSI con este único protocolo integrado en lugar de usar protocolos distintos entre encaminadores.

PROTOCOLOS DE PASARELA EXTERIOR

Recuerde que por definición, un Protocolo de pasarela interior se usa dentro de un Sistema autónomo. Los distintos Sistemas autónomos tienen completa libertad para elegir el protocolo y la métrica que sea mejor para ellos. Pero, ¿cómo se pueden realizar decisiones razonables de encaminamiento sobre el tráfico que viaja entre dos Sistemas autónomos diferentes?

EGP

Durante muchos años, se usó el Protocolo de pasarela exterior (EGP - *Exterior Gateway Protocol*) básico en la Internet para que los Sistemas autónomos enviasen información a redes externas. EGP se usa ampliamente. Usa un diseño muy simple. Los encaminadores con EGP en la vecindad de los Sistemas autónomos se dicen unos a otros a qué redes pueden llegar.

EGP se diseñó a principios de los años 80 cuando la Internet era aún relativamente pequeña y tenía una topología simple con una red troncal y un conjunto de redes conectadas directamente a la red troncal. La Internet ha evolucionado hasta la fecha con una mezcolanza de topologías y EGP empezó a enviar información de alcanzabilidad a través de cadenas de Sistemas autónomos, como se muestra en la Figura 8.20.

EGP no indica las rutas que siguen los datagramas hacia lugares externos. Oculta hasta cuáles son los Sistemas autónomos que se atraviesan por el camino. La información simple de alcanzabilidad de EGP se ha demostrado como inadecuada en el entorno actual. El uso de EGP disminuye rápidamente. Este protocolo se describirá muy someramente.

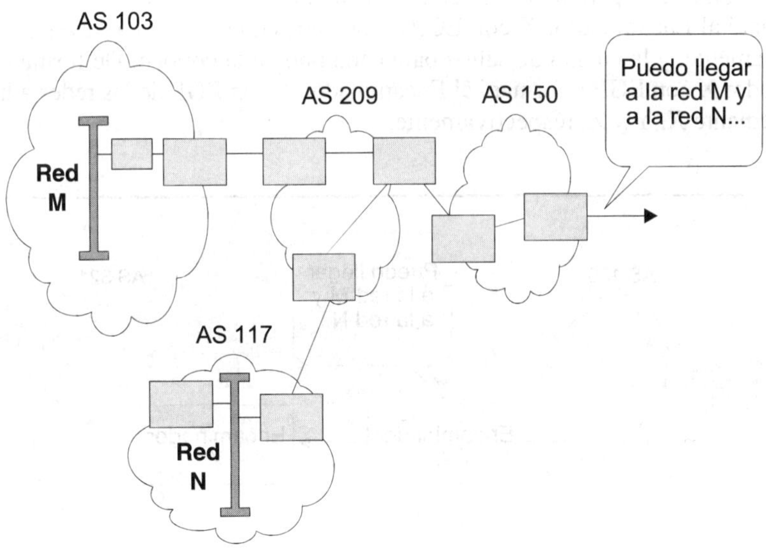

Figura 8.20. *Mensajes básicos de EGP en una red compleja.*

Modelo de EGP

Un encaminador de EGP se configura con las direcciones de IP de uno o más encaminadores de EGP vecinos exteriores. Normalmente, los vecinos exteriores están conectados a una red común de multiacceso o unidos por enlaces punto a punto.

EGP permite que un encaminador descubra qué redes se pueden alcanzar a través de sus vecinos exteriores. EGP tiene los siguientes componentes:

Adquisición de vecino Un encaminador envia una Petición de adquisición de vecino (*Neighbor Acquisition Request*). El receptor envía de vuelta tanto una Respuesta de adquisición de vecino como un mensaje de Petición de adquisición de vecino.

Liberación de vecino Para dejar de ser un vecino, el encaminador envía un mensaje de Cese de vecino (*Neighbor Cease*).

Alcanzabilidad de vecino La relación entre los vecinos adquiridos se mantiene mediante el intercambio periódico de mensajes «Hola» y «Te recibo».

Alcanzabilidad de red Un encaminador envía un sondeo a los vecinos exteriores solicitando información de las redes alcanzables. Los vecinos responden con un mensaje de Alcanzabilidad de red.

El contenido de los mensajes de Alcanzabilidad de red necesita mayor explicación. Si los vecinos exteriores están conectados mediante un enlace punto a punto, el mensaje identificará a las redes que se pueden alcanzar mediante el emisor. También se da una cuenta de saltos hasta cada destino. En la Figura 8.21 se muestra esta configuración: el encaminador A informa de las redes alcanzables al encaminador X.

Como se muestra en la Figura 8.22, a veces varios encaminadores de distintos Sistemas autónomos comparten una red común de multienvío. En este caso, el Encaminador A informará al Encaminador X con EGP de las redes que alcanza a través de A, B y C respectivamente, y la cuenta de saltos para cada uno, si la conoce. De forma similar, el encaminador X con EGP informará al Encaminador A con EGP de las redes a las que alcanza mediante X, Y y Z, respectivamente.

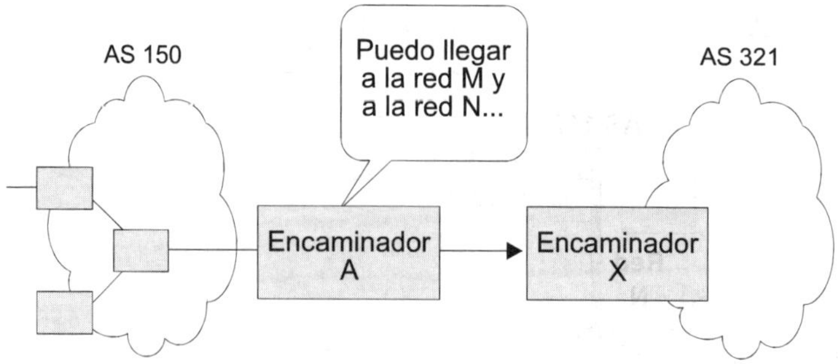

Figura 8.21. *Mensajes de Alcanzabilidad de red.*

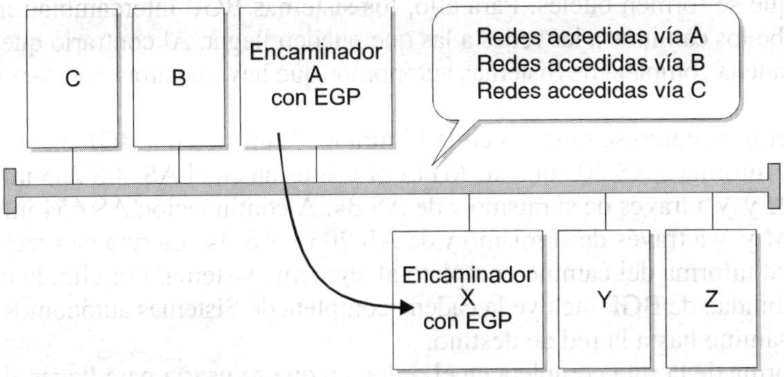

Figura 8.22. *Intercambio eficiente de información de EGP.*

Los Encaminadores A y X son vecinos *directos* y los Encaminadores B y C son vecinos *indirectos* del Encaminador X.

Si el Encaminador A quedase fuera de servicio, el Encaminador X intentaría adquirir uno de sus vecinos indirectos, B o C, como vecino directo de EGP.

Los mensajes de EGP se envían directamente dentro de datagramas de IP cuyo campo de protocolo se pone a 8.

BGP

El Protocolo de pasarela de frontera (BGP - *Border Gateway Protocol*) se usa ampliamente en la Internet. La versión actual es BGP-4.

En la Internet actual existen muchos Proveedores de servicios conectados por una maraña de interconexiones. El tráfico se envía, a menudo, por redes de varios Proveedores de servicios diferentes hacia su destino. Por ejemplo, la siguiente ruta empieza en JVNC y atraviesa encaminadores de MCI, SPRINT y NYSERNET antes de llegar a su destino.

```
> traceroute nyu.edu
traceroute to CMCL2.NYU.EDU(128.122.128.2), 30 hops max, 40 byte packets
1 nomad-gateway.jvnc.net  (128.121.50.50)3 ms 3 ms 2 ms
2 liberty-gateway.jvnc.net     (130.94.40.250)49 ms 10 ms 21 ms
3 border2-hssi2-0.NewYork.mci.net  (204.70.45.9) 13 ms 12 ms 19 ms
4 sprint-nap.NewYork.mci.net  (204.70.45.6) 33 ms 25 ms 19 ms
5 sl-pen-2-F4/0.sprintlink.net(192.157.69.9) 24 ms 21 ms 21 ms
6 ny-nyc-2-H1/0-T3.nysernet.net     (144.228.62.6) 31 ms 29 ms 24 ms
7 ny-nyc-3-F0/0.nysernet.net  (169.130.10.3) 31 ms 23 ms 20 ms
8 ny-nyu-1-h1/0-T3.nysernet.net     (169.130.13.18) 21 ms 34 ms 19 ms
9 NYU.EDU  (128.122.128.2) 19 ms 22 ms 21 ms
```

El objetivo de BGP es el encaminamiento por una cadena de Sistemas autónomos evitando que se formen bucles. Para ello, los sistemas BGP intercambian información que describe los caminos a las redes a las que pueden llegar. Al contrario que EGP, BGP revela la cadena completa de Sistemas autónomos que hay que atravesar para llegar a una red.

Por ejemplo, como se muestra en la Figura 8.23, un sistema BGP en el Sistema autónomo 34 informa a AS 205 que las *Redes M* y *N* están en el AS. AS 205 informa de un camino a *M* y *N* a través de sí mismo *y* de AS 34. A continuación AS 654 informa de un camino a *M* y *N* a través de sí mismo *y* de AS 205 *y* AS 34. La ruta va creciendo por el camino y se informa del camino completo al siguiente sistema. Por ello, la información de alcanzabilidad de BGP incluye la cadena completa de Sistemas autónomos que se cruzan en el camino hasta la red de destino.

Se informa de la ruta completa en el orden en que se usaría para llegar al destino, es decir:

AS 654, AS 205, AS 34

Si AS 117 enviase esta información, debería añadirse a sí mismo al principio:

AS 117, AS 654, AS 205, AS 34

Fíjese en lo fácil que es detectar y evitar bucles. Si un AS recibe un aviso y ve su propio Identificador en la ruta, basta que tire la información.

Además de informar de rutas a redes individuales, BGP puede identificar conjuntos agregados de redes mediante prefijos CIDR.

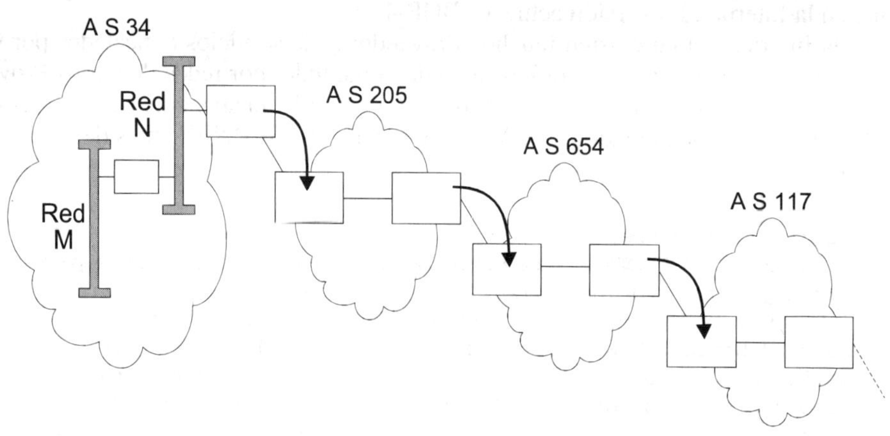

Figura 8.23. *Una cadena de Sistemas autónomos de BGP.*

Agregación de rutas de BGP

Una *ruta* de Internet consiste en una red de destino e instrucciones de cómo llegar hasta ella. Se ha producido un crecimiento explosivo en el número de rutas debido al rápido crecimiento del número de redes.

Una solución de salto ha sido poner el encaminamiento bajo control. El método actual de reducción de ruta es asignar un bloque de direcciones con un prefijo común a un Proveedor de servicios. El Proveedor asigna sub-bloques a las redes de sus clientes.

El tamaño del prefijo del Proveedor de servicios se identifica por un número que indica el tamaño en bits del prefijo de la dirección. El tráfico se puede enviar desde un AS externo al Proveedor y a sus clientes mediante una única ruta que corresponda con la del prefijo. El Proveedor puede usar prefijos mayores para reenviar el tráfico a cada uno de sus AS clientes.

Es simple para el tráfico entrante, pero hay que dar la vuelta al escenario para ver qué debe hacer un Proveedor de servicios con los avisos salientes desde el punto de vista saliente. Los AS cliente informarán a su Proveedor de servicio de las rutas a sus redes internas.

El Proveedor de servicios *agregará* las rutas con un prefijo común en una única entrada de encaminamiento antes de anunciarlas al mundo exterior.

Mecanismos de BGP

Un sistema BGP abre una conexión de TCP en el puerto público 179 de un vecino con BGP. Cada mensaje de apertura identifica al Sistema autónomo del emisor y el identificador de BGP y puede incluir información de autenticación.

Tras establecer la conexión, los extremos intercambian información de sus rutas. La conexión permanece abierta y se envían las actualizaciones necesarias. Para asegurarse de que siguen en contacto, los sistemas intercambian periódicamente mensajes de viveza, normalmente cada 30 segundos.

Una red de un proveedor de servicios transmite tráfico entre Sistemas autónomos y es muy probable que incluya múltiples sistemas que hablen BGP. Estos sistemas se comunicarán entre sí mediante conexiones *internas* de BGP. Las conexiones *externas* se usan para comunicarse con un sistema BGP en un Sistema autónomo diferente. A estas conexiones se les llama *enlaces*, aunque sean conexiones de TCP que puedan pasar por encaminadores intermedios.

Una gran diferencia entre BGP y otros protocolos de encaminamiento es que los sistemas que intercambian información de encaminamiento de BGP pueden ser host, no tienen que ser sólo encaminadores. Una configuración posible es dar a un host la función de comunicarse con todos los sistemas BGP externos en Sistemas autónomos de la vecindad. El host se podría usar como un servidor de encaminamiento, trasladando información a los encaminadores de frontera de su propio AS.

Contenido de los mensajes de actualización de BGP

Un mensaje de actualización de BGP puede contener al menos una ruta factible. Pero también puede incluir una lista de una o más rutas *abandonadas*, que son rutas que no se deberían usar más.

Una descripción de ruta consta de una secuencia de *atributos de ruta*, que están formados de:

Origen de información de ruta	Una de: El origen fue un IGP del AS original. El origen fue un EGP. Otro.
Ruta de AS	La ruta por la que se envió esta actualización.
Siguiente salto	Dirección de IP del encaminador límite que se debería usar en el siguiente salto al destino. Debería ser un encaminador que pertenezca al Sistema autónomo local o un encaminador externo directamente conectado tanto al origen como al receptor de esta actualización.
Discriminador de salida múltiple	Si existen múltiples puntos de salida que le conectan a los Sistemas autónomos de los vecinos, el vecino puede asignar números para indicar qué salida es la mejor. El *menor* número de vecino indica la mejor ruta.
Preferencias locales	Información puramente interna que se usa cuando se envía actualización de BGP a sistemas en el AS local. Cuando existen múltiples rutas de BGP a un destino, se prefiere el número *mayor*.
Agregados atómicos	Indica que un Sistema autónomo ha agregado varios destinos en una única entrada de encaminamiento.
Agregador	La dirección de IP y el número de AS del último sistema que agregó varias rutas a ésta.
Redes alcanzables	Una lista de los prefijos de redes que se pueden alcanzar mediante esta ruta.

Elección

En la Figura 8.24 se muestra la diferencia entre el Discriminador multisalida y las Preferencias locales. Los sistemas en el AS 117 quieren llegar a la *Red N* en el AS 433. AS 654 tiene dos rutas hasta el destino y AS 654 anuncia que la que va a través del Encaminador E es la mejor. Sin embargo, AS 117 tiene asignada internamente una preferencia por la ruta AS 119 hacia la *Red N*.

Uso de la agregación

El objetivo de la agregación de rutas es evitar incluir mucha información innecesaria en las tablas remotas de encaminamiento. Un Proveedor de servicios puede agregar las rutas de las que recibe información en sus Sistemas autónomos clientes.

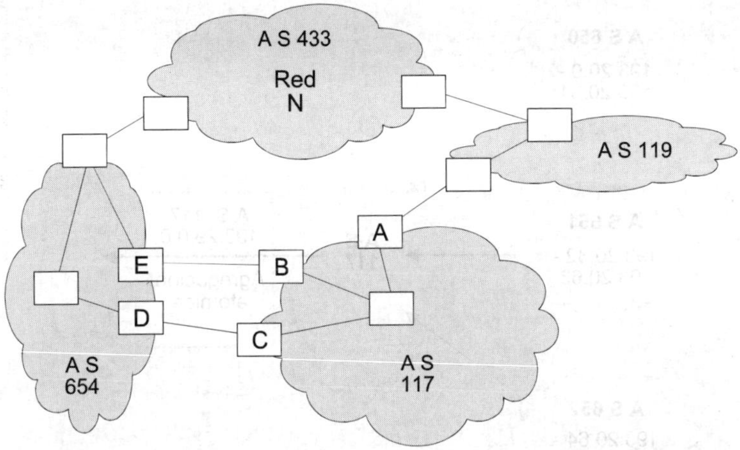

Figura 8.24. *Preferencia de rutas.*

Como se muestra en la Figura 8.25, los encaminadores BGP en los AS 650, 651 y 652 pueden informar de sus rutas pero el Proveedor en AS 117 las agrega en una única entrada. El que esto se ha hecho queda señalado en el atributo *Agregado atómico.*

Tenga en cuenta que AS 652 podría ser un Proveedor de servicios local y que podría haber agregado ya las rutas de clientes, por lo que puede que la mayor parte de la ruta quede oculta para los sistemas remotos. Los encaminadores de los Sistemas autónomos que agregan rutas reenvían el tráfico a los destinos de los clientes de acuerdo con sus propias tablas de encaminamiento.

Eliminación de rutas de BGP

Una ruta se elimina cuando:

- Se encuentra en la lista de listas a eliminar enviada en una actualización.
- Una actualización proporciona una ruta sustitutiva.
- El sistema BGP decide cerrar su conexión. Todas las rutas aprendidas a través de ese sistema se eliminan.

LECTURAS RECOMENDADAS

El encaminamiento es una función muy importante y existen muchas RFC sobre el tema. Algunas de las más importantes y útiles son las que se listan a continuación. Compruebe el índice de RFC para ver las versiones más recientes.

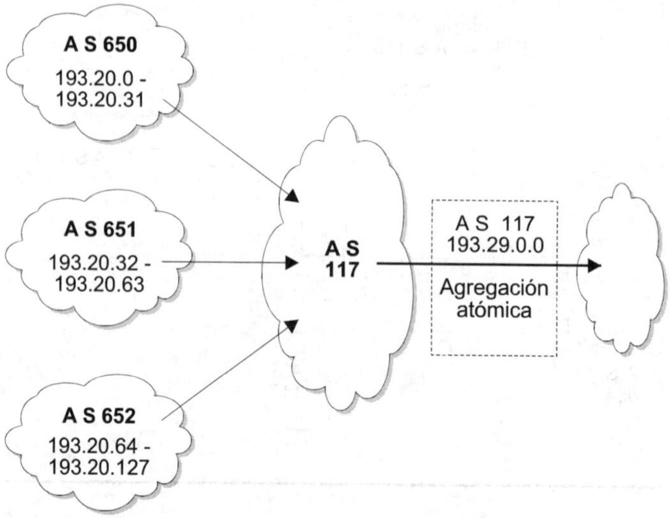

Figura 8.25. Agregación de rutas.

RIP:

RFC 1058 *Routing Information Protocol*
RFC 1723 *RIP Version 2 Carrying Additional Information*
RFC 1582 *Extensions to RIP to Support Demand Circuits*

OSPF:

RFC 1583 *OSPF Version 2*
RFC 1793 *Extending OSPF to Support Demand Circuits*
RFC 1586 *Guidelines for Running OSPF Over Frame Relay Networks*
RFC 1584 *Multicast Extensions to OSPF*
RFC 1403 *BGP OSPF Interaction*
BGP: [13]
RFC 1771 *A Border Gateway Protocol 4 (BGP-4)*
RFC 1773 *Experience with the BGP-4 Protocol*
RFC 1772 *Application of the Border Gateway Protocol in the Internet*

Consulte la documentación en línea de Cisco en la dirección *www.cisco.com* para ver más información sobre IGRP y EIGRP.

[13] Se espera que en el futuro el Protocolo de encaminamiento interdominios (IDRP- *Inter-Domain Routing Protocol*) de OSI suplante a BGP.

CAPÍTULO 9

Protocolo de datagramas de usuario

INTRODUCCIÓN

Una vez que se ha tratado el movimiento físico de los bits por un medio y el encaminamiento de datagramas por una internet, ya estamos preparados para empezar con los servicios que usan las aplicaciones para la transferencia de datos. El primero de ellos, el *Protocolo de datagramas de usuario* (UDP - *User Datagram Protocol*) es muy directo. UDP permite que las aplicaciones se envíen entre sí mensajes individuales.

¿Por qué definir este tipo de servicio? Existen muchas aplicaciones que se pueden construir usando los datagramas de usuario de manera muy natural. Por ejemplo, un simple intercambio de datagramas se puede usar para ejecutar una consulta rápida en una base de datos. Ya nos hemos encontrado con un importante servicio basado en UDP, el *Sistema de nombres de dominio* (DNS - *Domain Name System*). Véase la Figura 9.1.

Se evita la sobrecarga de enviar y recibir los múltiples mensajes necesarios para establecer y cerrar una conexión, mediante un simple mecanismo de petición y respuesta. UDP también es una pieza perfecta para construir funciones de monitor, depuración, gestión y prueba.

UDP es un servicio muy básico, solamente envía mensajes individuales a IP para su transmisión. Como IP no es fiable, no se garantiza su entrega. Si una aplicación envía una petición en un datagrama de UDP y no llega una respuesta en un tiempo razonable, es responsabilidad de la aplicación el retransmitir la petición.

A veces, este esquema hace que aparezcan peticiones duplicadas en el servidor. Si la aplicación incluye un identificador de transacción con su mensaje de petición, el servidor puede reconocer los duplicados y descartarlos. Este mecanismo es responsabilidad de la aplicación, no de UDP.

Difusión y multienvío

Otra ventaja de UDP es que lo pueden usar las aplicaciones que necesitan mensajes de difusión o multienvío. Por ejemplo, un cliente de BOOTP difunde una petición de parámetros de inicialización.

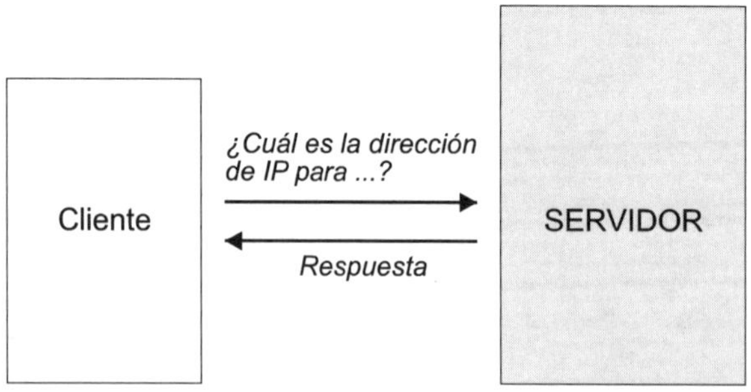

Figura 9.1. *Petición y respuesta de DNS.*

PUERTOS DE LAS APLICACIONES

¿Qué ocurre con los datos cuando llegan a un host de destino? ¿Cómo se entregan al proceso apropiado?

Como se muestra en la Figura 9.2, para cada capa, existe un identificador de protocolo que indica qué hacer con los datos entrantes. En la capa 2 un tipo Ethernet de X'08-00 en una cabecera de la trama indica que la trama se debe pasar a IP. En la capa 3, el campo *Protocolo* de la cabecera IP identifica el protocolo de la capa 4 al que hay que trasladar los datagramas, por ejemplo 6 para TCP, 17 para UDP.

Se puede esperar que un host participe en muchas comunicaciones simultáneas en un cierto momento. ¿Cómo se ordenan y se entregan apropiadamente los datagramas de UDP a los procesos de la capa de aplicación?[1] La respuesta es que a cada extremo de una comunicación de UDP se le asigna un identificador de 16 bits llamado número de *puerto*[2].

Los números de puerto del 0 al 1023 están reservados para servicios estándar. Los puertos estándar se llaman puertos *públicos* (*well-known*). El uso de puertos públicos permite que los clientes identifiquen el servicio al que se desea acceder. Por ejemplo, al Servicio de nombres de dominio usando UDP se accede por el puerto público 53.

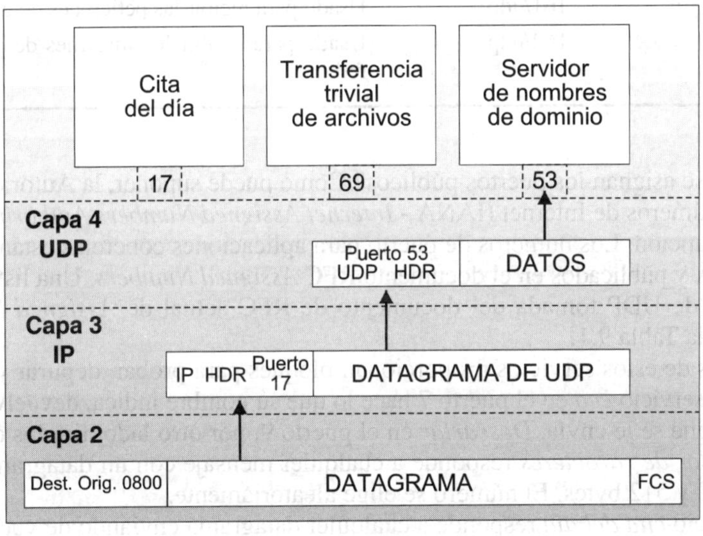

Figura 9.2. *Paso de los datos hacia arriba a la capa de aplicación.*

[1] Este proceso de pasar los datos al proceso correcto se llama algunas veces *demultiplexar*.

[2] El término *puerto* fue una pobre elección para este identificador. Los números de puerto de aplicación identifican los clientes y servidores y no tienen *nada* que ver con el hardware del sistema o las rutas físicas que siguen los datos.

Tabla 9.1. *Ejemplos de puertos públicos de UDP.*

Servicio	Puerto/protocolo	Descripción
Eco (*Echo*)	7/udp	Eco del datagrama de usuario de vuelta al emisor.
Descartar (*Discard*)	9/udp	Descartar el datagrama de usuario.
Fecha y hora (*Daytime*)	13/udp	Indica la hora de manera sencilla para el usuario.
Cita (*Quote*)	17/udp	Devuelve una «cita del día».
Carácter gen. (*Chargen*)	19/udp	Generador de caracteres.
Servidor de nombres (*Nameserver*)	53/udp	Servidor de nombres de dominio.
Bootps	67/udp	Puerto del servidor usado para descargar la información de configuración.
Bootpc	68/udp	Puerto cliente usado para recibir información de configuración.
TFTP	69/udp	Puerto del Protocolo trivial de transferencia de archivos.
SunRPC	111/udp	Llamada a procedimientos remotos de Sun.
NTP	123/udp	Protocolo de tiempo de red.
SNMP	161/udp	Usado para recibir las peticiones de gestión de red.
SNMP-trap	162/udp	Usado para recibir los informes de problemas de red.

¿Cómo se asignan los puertos públicos? Como puede suponer, la Autoridad de asignación de números de Internet (IANA - *Internet Assigned Numbers Authority*) se encarga de esta función. Los números de puerto para aplicaciones concretas están registrados por la IANA y publicados en el documento RFC *Assigned Numbers*. Una lista parcial de los puertos de UDP tomada del documento de RFC actual de *Assigned Numbers* se muestra en la Tabla 9.1.

Algunos de estos servicios proporcionan bloques para probar, depurar y medir. Por ejemplo, el servicio *eco* en el puerto 7 hace lo que su nombre indica, devuelve cualquier datagrama que se le envía. *Descartar* en el puerto 9, por otro lado, tira los datagramas. Un *generador de caracteres* responde a cualquier mensaje con un datagrama que contiene entre 0 y 512 bytes. El número se elige aleatoriamente.

El servicio *cita del día* responde a cualquier datagrama enviando de vuelta un mensaje, por ejemplo, alguna frase de la sabiduría para tenerla en cuenta durante el día tras cerrar la sesión. En muchos sistemas se puede ejecutar el comando *fortune* que responde con una cita:

```
> fortune
Churchill's Commentary on Man:
  Man will occasionally stumble over the truth, but most of the
  time he will pick himself up and continue on.
```

Un servidor de *fecha y hora* responde a cualquier datagrama con un mensaje que contiene la fecha y hora actual en un formato ASCII legible. Por otra parte, el *Protocolo de tiempo de red* (NTP - *Network Time Protocol*) proporciona un método robusto para sincronizar los relojes de las computadoras de una red.

El servidor y el cliente de BOOTP se usan para inicializar un dispositivo sin configuración. Una estación de trabajo puede descubrir su dirección de IP, su Máscara de dirección, la situación de su encaminador por defecto, la dirección de servidores importantes y, si lo necesita, el nombre y ubicación de un archivo de descarga de software desde el servidor de arranque. El software de la estación de trabajo se descarga mediante el *Protocolo trivial de transferencia de archivos*[3].

Ya se ha comentado sobre el *Servidor de nombres* en el puerto 53 con el comando *nslookup*. Los puertos 161 y 162 los usa el *Protocolo básico de gestión de red*.

Además de los números asignados oficialmente, cualquier sistema que ejecuta TCP/IP puede reservar un intervalo de números para servicios y aplicaciones de red importantes.

El resto de los números de red, por encima del 1023, se asignan a los clientes mediante un software de red según se necesitan. El siguiente escenario indica lo que ocurre:

1. Un usuario invoca un programa cliente, por ejemplo *nslookup*.
2. El proceso cliente ejecuta una rutina del sistema que dice: «Quiero una comunicación de UDP. Dame un puerto».
3. La rutina del sistema elige un puerto no usado de los puertos disponibles y se lo da al proceso cliente.

Ya se verá más adelante que TCP también identifica al origen y al destino con identificadores de puerto de 16 bits. Por ejemplo, el puerto 21 se usa para el servicio de *Transferencia de archivos* y el puerto 23 se usa para el servicio de conexión remota *telnet*.

Los números de TCP y de UDP son independientes unos de otros. Un proceso puede enviar mensajes por el puerto 1700 de UDP a la vez que otro está manteniendo una sesión en el puerto 1700 de TCP. Existen algunos servicios que necesitan acceder tanto a TCP como a UDP. En este caso, el IANA intenta asignar el mismo número a los puertos asignados al servicio de UDP y de TCP. Sin embargo, como extremos de la comunicación siguen estando en «lugares» diferentes.

DIRECCIONES DE LOS CONECTORES

A la combinación de una dirección de IP y de puerto para una comunicación se le llama una *dirección de conector*. Tenga en cuenta que una dirección de conector ofrece toda la información que necesita un cliente o un servidor para identificar a su otro extremo.

La cabecera de IP contiene las direcciones de IP de origen y de destino. Las cabeceras de UDP o de TCP contienen los números de puerto de origen y de destino. Por tanto, cada mensaje de UDP o de TCP contiene las direcciones de conector de su origen y de su destino.

---

[3] El *Protocolo trivial de transferencia de archivos* se describirá en el Capítulo 14.

A continuación se muestra parte de la pantalla resultado de usar el comando *netstat –na* para ver las direcciones de los conectores locales y remotos de las comunicaciones activas actualmente en *tigger*. Las direcciones de los conectores se muestran en el formato *Dirección.número-puerto*.

```
> netstat -na
Active Internet connections (including servers)
Proto  Recv-Q Send-Q Local Address   Foreign Address   (state)
tcp         0      0 127.0.0.1.1340      127.0.0.1.111         TIME_WAIT
tcp         0      8 128.121.50.145.25   128.252.223.5.1526    SYN RCVD
tcp         0      0 128.121.50.145.25   148.79.160.65.3368    ESTABLISHED
tcp         0    438 128.121.50.145.23   130.132.57.246.2219   ESTABLISHED
tcp         0      0 128.121.50.145.25   192.5.5.1.4022        TIME_WAIT
tcp         0      0 128.121.50.145.25   141.218.1.100.3968    TIME_WAIT
tcp         0      0 128.121.50.145.25   35.8.2.2.3722         TIME_WAIT
tcp         0      0 128.121.50.145.1338 165.247.48.4.25       ESTABLISHED
tcp         0      0 128.121.50.145.25   128.173.4.8.3826      ESTABLISHED
tcp         0      0 128.121.50.145.25   192.48.96.14.3270     ESTABLISHED
. . .
udp         0      0 *.7                 *.*
udp         0      0 *.9                 *.*
udp         0      0 *.37                *.*
udp         0      0 *.19                *.*
udp         0      0 *.111               *.*
. . .
```

Por ejemplo, la entrada en negrita muestra una sesión de conexión remota de TCP desde el puerto de cliente 2219 de TCP en la dirección 130.132.57.246 al puerto estándar de *telnet*, el 23, en 128.121.50.145. Las entradas como *.7 y *.9 representan servicios de UDP en *tigger* esperando que haya clientes que hagan una petición.

MECANISMOS DEL PROTOCOLO UDP

¿Qué mecanismos se necesitan para que funcione el Protocolo de datagramas de usuario? En primer lugar, se ha asignado a UDP su identificador único de protocolo, el 17. Este número se sitúa en el campo *Protocolo* de IP en los mensajes salientes de UDP. Los mensajes entrantes cuyo campo *Protocolo* de IP contenga un 17 se entregan a UDP.

UDP crea un mensaje añadiéndole una cabecera simple a los datos de la aplicación. Esta cabecera contiene los números de puerto del origen y el destino.

Cabecera de UDP

En la Figura 9.3 se muestra el formato de una cabecera de UDP. La cabecera contiene los números de puerto de 16 bits del origen y el destino que identifican los extremos de la comunicación. El campo tamaño indica el número total de octetos en la cabecera y en la parte de los datos del mensaje de UDP. Dispone también de un campo suma de control para validar el contenido del mensaje.

```
0                   1                   2                   3
0 1 2 3 4 5 6 7 8 9 0 1 2 3 4 5 6 7 8 9 0 1 2 3 4 5 6 7 8 9 0 1
```

Puerto de origen	Puerto de destino
Tamaño	Suma de control

Figura 9.3. *Cabecera de UDP.*

Suma de control

Recuerde que la cabecera de IP contenía un campo suma de control para validar los campos de la cabecera de IP. El objetivo de la suma de control de UDP es validar el *contenido* de un mensaje de UDP.

La suma de control de UDP se calcula sobre la combinación de una *seudocabecera* construida especialmente con cierta información de IP, la cabecera de UDP y los datos del mensaje.

El formato de la seudocabecera que añade la suma de control se muestra en la Figura 9.4. Fíjese que los campos dirección de origen, dirección de destino y protocolo se toman de la cabecera de IP.

El uso de la suma de control de UDP en una comunicación en particular es opcional. Si no se usa, el campo vale 0. Si se ha calculado una suma de control y su valor llega a valer 0, se representa con un campo de unos.

Otras funciones de UDP

Además de enviar y aceptar datagramas, UDP debe obedecer las reglas de sentido común para trasladar las opciones desde una aplicación de IP y trasladar las notificaciones de error desde IP a la aplicación.

Ejemplo de mensajes de UDP

La Figura 9.5 muestra en dos columnas las porciones de IP y de UDP de una petición y su correspondiente respuesta. Las pantallas se generaron usando el monitor de LAN *Sniffer* de Network General. La petición contiene una consulta de información de estado enviada a un host por una estación de gestión de red. Las porciones de datos de los mensajes de consulta y respuesta no se muestran en esta figura.

La consulta se envió desde la dirección de IP de origen 128.1.1.1 y el puerto 1227 de UDP, a la dirección de IP de destino 128.1.1.10 y el puerto 161 de UDP. Las consultas de gestión de red siempre se envían al puerto 161 de UDP.

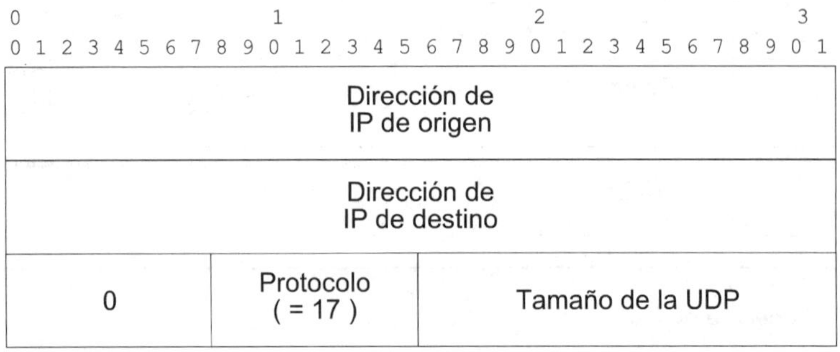

Figura 9.4. *Campos de la seudocabecera incluidos en la suma de control de UDP.*

```
IP: ---- IP Header ----
IP:
IP: Version = 4, header length = 20
bytes
IP: Type of service = 00
IP:       000. .... = routine
IP:       ...0 .... = normal delay
IP:       .... 0... = normal through-
put
IP:       .... .0.. = normal reliability
IP: Total length = 131 bytes
IP: Identification = 21066
IP: Flags = 0X
IP: .0.. .... = may fragment
IP: ..0. .... = last fragment
IP: Fragment offset = 0 bytes
IP: Time to live = 60 seconds/hops
IP: Protocol = 17 (UDP)
IP: Header checksum = 2A13 (correct)
IP: Source address = [128.1.1.1]
IP: Destination address = [128.1.1.10]
IP: No options
IP:
UDP: ---- UDP Header ----
UDP:
UDP: Source port = 1227 (SNMP)
UDP: Destination port = 161
UDP: Length = 111
UDP: No checksum
UDP:
```

```
IP: ---- IP Header ----
IP:
IP: Version = 4, header length = 20
bytes
IP: Type of service = 00
IP:       000. .... = routine
IP:       ...0 .... = normal delay
IP:       .... 0... = normal through-
put
IP:       .... .0.. = normal reliability
IP: Total length = 160 bytes
IP: Identification = 2015
IP: Flags = 0X
IP: .0.. .... = may fragment
IP: ..0. .... = last fragment
IP: Fragment offset = 0 bytes
IP: Time to live = 64 seconds/hops
IP: Protocol = 17 (UDP)
IP: Header checksum = 7061 (correct)
IP: Source address = [128.1.1.10]
IP: Destination address = [128.1.1.1]
IP: No options
IP:
UDP: ---- UDP Header ----
UDP:
UDP: Source port = 161 (SNMP)
UDP: Destination port = 1227
UDP: Length = 140
UDP: Checksum = 4D4F (correct)
UDP:
```

Figura 9.5. *Cabeceras de IP y de UDP en una consulta y una respuesta.*

En ambas cabeceras de IP, el campo *Protocolo* de IP se fijó en 17, lo que significa «UDP». La suma de UDP no se calculó en la consulta pero sí se incluyó en la respuesta.

El analizador *Sniffer* reconoce que el puerto 16 es un puerto de gestión de red.

DESBORDAMIENTO DE UDP

Cuando una aplicación adquiere un puerto de UDP, el software de red reservará algunos búfer para contener una cola de los datagramas de usuario que llegan a dicho puerto. Un servicio de UDP no tiene ninguna forma de predecir o controlar cuántos datagramas se enviarán en un momento dado.

Si se bombardea el servicio con más datagramas de los que puede manejar, ese exceso simplemente se descarta. Lo que ha ocurrido queda reflejado en las estadísticas de la red bajo un encabezamiento como «Desbordamiento del conector de UDP» (*UDP Socket Overflows*). Por ejemplo, el siguiente informe se ha generado con el comando *netstat*.

```
> netstat -a
. . .
udp:
 0 incomplete headers
 0 bad data length fields
 0 bad checksums
 17 socket overflows
```

LECTURAS RECOMENDADAS

El Protocolo de datagramas de usuario se define en la RFC 768. Las RFC 862 a la 865 tratan de los servicios de UDP *eco*, *descartar*, *generador de caracteres* y *cita del día*. La RFC 867 describe la utilidad *fecha y hora* y la RFC 1119 presenta la versión 2 del *servicio* de *hora de la red*. El protocolo BOOTP se describe en el Capítulo 11. En otros capítulos se examinan otros servicios de UDP.

Biblioteca profesional

CAPÍTULO 10

Protocolo de control de transmisión

INTRODUCCIÓN

IP es simple para que la capa de red se centre en una importante función, el encaminamiento de datos desde el emisor hasta el destino. La función de TCP es convertir el intercambio de datagramas en una conexión de datos entre aplicaciones sólida y fiable, que se implementa en el host final. Los servicios como World Wide Web (WWW), conexión a terminales remotos, transferencia de archivos y transferencia de mensajes se efectúan con conexiones TCP.

Principales servicios de TCP

Se puede pensar en TCP como si ofreciera *llamadas* de datos, de forma similar a las llamadas telefónicas de voz. Quien efectúa la llamada identifica el destino. En el otro extremo, se avisa a una aplicación que está escuchando que existe una llamada entrante y acepta la conexión. Los dos extremos intercambian información durante cierto tiempo. Cuando han terminado, ambos dicen «adiós» y cuelgan.

IP utiliza una entrega de datagramas lo mejor que se pueda, pero puede que algunos se destruyan en el camino y otros lleguen desordenados. Puede que un datagrama esté en la red durante un largo período de tiempo y llegue inesperadamente. Es tarea de TCP asegurar que los datos se entregan *fiablemente*, *en secuencia* y *sin confusiones o errores*.

Una aplicación rápida, en un host potente, puede saturar a un receptor lento de datos. TCP proporciona *control de flujo* lo que permite al *receptor* regular la cantidad de datos a la que el emisor debe enviarlos. TCP también dispone de mecanismos que le permiten responder a las condiciones de la red, ajustando su propio comportamiento para optimizar el rendimiento.

TCP y el modelo cliente/servidor

TCP funciona de forma muy natural en un entorno cliente/servidor (véase la Figura 10.1). Una aplicación servidora *escucha* solicitudes entrantes de conexión. Por ejemplo, los servidores de World Wide Web, transferencia de archivos y terminal virtual escuchan a los clientes. Una aplicación cliente inicia la comunicación TCP invocando las rutinas de comunicación que establecen una conexión con un servidor[1].

El «cliente» puede ser realmente otro servidor, por ejemplo, un servidor de correo se conecta a otro servidor de correo para transferir el correo entre dos computadoras.

CONCEPTOS DE TCP

¿De qué forma traslada una aplicación datos a TCP? ¿De qué forma TCP traslada datos a IP? ¿Cómo se identifican las conexiones entre aplicaciones a las que pertenecen las unidades de datos? Estas preguntas se responden en las siguientes secciones, que tratan sobre el diseño conceptual de TCP.

---

[1] En el Capítulo 21 se describe la Interfaz de programación de conectores

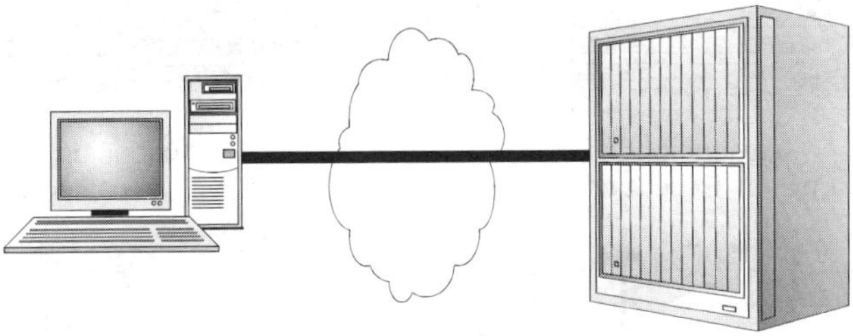

Figura 10.1. Cliente llamando a un servidor.

Flujos de datos de entrada y de salida

El modelo *conceptual* de una conexión es que una aplicación envía un flujo de datos a otra aplicación pareja. Al mismo tiempo, recibe un flujo de datos de la otra. TCP proporciona un servicio *dúplex* que maneja simultáneamente los *dos flujos* de datos, como se puede observar en la Figura 10.2.

Segmentos

TCP debe convertir los flujos de datos salientes [2] de una aplicación de forma que se puedan entregar como datagramas. ¿Cómo se hace?

La aplicación traslada los datos a TCP y TCP sitúa estos datos en un búfer de *envío*. TCP toma un trozo de los datos y le añade una cabecera, creando un *segmento*. En la Figura 10.3 se muestra cómo los datos del búfer de *envío* se empaquetan en segmentos. TCP traslada el segmento a IP para que lo entregue como un único datagrama. El empaquetado de datos en trozos del tamaño adecuado permite usar de manera eficiente los servicios de transmisión, por lo que TCP debería esperar a recoger una cantidad razonable de datos antes de crear un segmento.

Push

Pero, a veces no resultan apropiados para una determinada aplicación trozos de datos grandes, eficientes. Por ejemplo, suponga un programa cliente que ha iniciado una sesión interactiva con un servidor remoto y el usuario ha tecleado un comando y pulsado *retorno de carro*.

El programa cliente quiere que TCP sepa que los datos deberían enviarse al host remoto y entregarse a la aplicación del servidor inmediatamente. Esto es posible con la función *push*.

[2] Se trata tan solo de un modelo. En realidad, las aplicaciones trasladan trozos de datos de distinto tamaño en una transmisión de TCP.

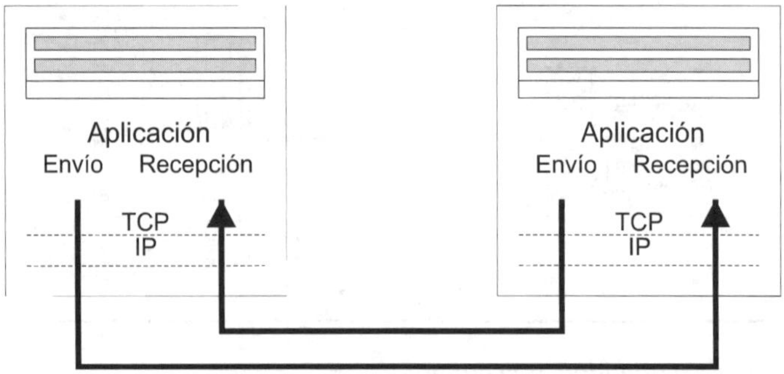

Figura 10.2. Aplicaciones intercambiándose flujos de datos.

Si observa una traza de una sesión interactiva, podrá observar muchos segmentos que contienen muy pocos datos y probablemente pueda ver una señal de *push* en cada uno de ellos. Por otra parte, no se debería usar *push* durante una transferencia de archivos (excepto para el último segmento), para que TCP pueda empaquetar los datos en segmentos de la forma más eficiente posible.

Datos urgentes

Recuerde que la transmisión de datos de una aplicación se modela como un flujo ordenado de bytes hacia su destino. Pero siguiendo con el ejemplo de una sesión interactiva, suponga que un usuario ha pulsado una tecla de *aviso* o *interrupción*. La aplicación debería ser capaz de saltarse los bytes intermedios y avisar lo antes posible.

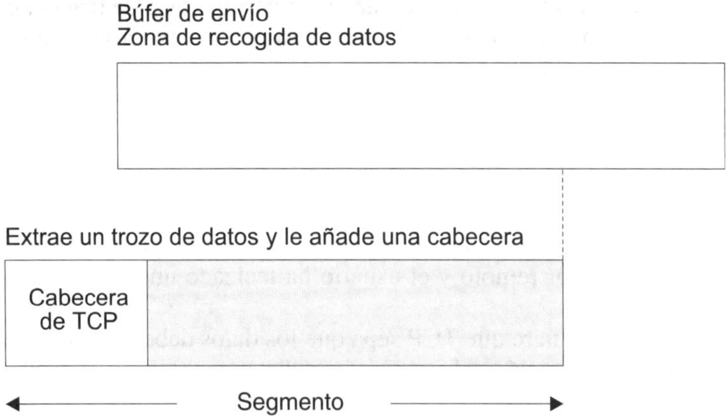

Figura 10.3. Creación de un segmento de TCP.

Existe un mecanismo de *Datos urgentes* para marcar un segmento concreto como *urgente*. TCP puede avisar al otro extremo de que un segmento contiene datos urgentes y puede indicar cuales son los datos. El TCP del otro extremo puede trasladar esta información a la aplicación de destino.

Puertos de aplicación

Un cliente debe identificar el servicio que desea. Esto se realiza especificando la dirección de IP del host y su número de puerto de TCP. Al igual que para el Protocolo de datagramas de usuario (UDP) los números de puerto de TCP están en el intervalo 0 a 65.535. Recuerde que los puertos en el intervalo 0 a 1.023 ya están asignados y se usan para acceder a servicios estandarizados.

En la Tabla 10.1 se ofrece una lista de algunos puertos de TCP y sus aplicaciones. *Discard* en el puerto 9 y *Chargen* en el puerto 19 son las versiones de TCP de los servicios de utilidad descritos para UDP. Recuerde que el tráfico que se envía al puerto 9 de TCP está totalmente separado del tráfico que se envía al puerto 9 de UDP.

¿Y los puertos que usan los clientes? Existen algunos casos en que un cliente trabaja con un puerto distinto de uno de los estandarizados, pero la mayor parte de las veces, un cliente que quiere una conexión pide al sistema operativo que le asigne un número de puerto en desuso, sin reservar. Al finalizar la conexión, el cliente devuelve el puerto al sistema y lo puede utilizar otro cliente. Como existen más de 63.000 puertos sin reservar, los clientes no tienen ningún problema de uso de puertos.

Direcciones de conectores

Recuerde que la combinación de una dirección de IP y el puerto que se usa en la comunicación se denomina una *dirección de conector* (*socket*). Una conexión de TCP queda

Tabla 10.1. *Puertos de TCP estandarizados y sus aplicaciones.*

Puerto	Aplicación	Descripción
9	Discard	Descartar todos los datos entrantes
19	Chargen	Intercambiar flujos de caracteres
20	FTP-Data	Puerto de transferencia de datos para la transferencia de archivos
21	FTP	Puerto de diálogo para la transferencia de archivos
23	TELNET	Puerto de conexión remota mediante Telnet
25	SMTP	Puerto del Protocolo simple de transferencia de correo
110	POP3	Servicio de recuperación de correo de PC
119	NNTP	Acceso a las noticias de la red

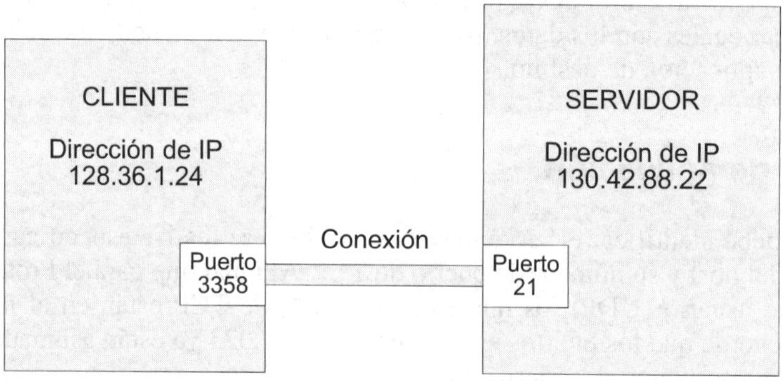

Figura 10.4. *Direcciones de conectores.*

completamente definida mediante las direcciones de los conectores de ambos extremos. En la Figura 10.4 se muestra una conexión entre un cliente con una dirección de conector (128.36.1.24, puerto=3358) y un servidor con una dirección de conector (130.42.88.22, puerto=21).

Todas las cabeceras de un datagrama contienen las direcciones de IP del emisor y del receptor. Como se verá más tarde, los números de puerto del emisor y del destino están en la cabecera del segmento de TCP.

Normalmente, un servidor es capaz de manejar muchos clientes a la vez. Todos los clientes deben acceder simultáneamente a la dirección del conector único del servidor, como se muestra en la Figura 10.5.

Como un datagrama transporta un segmento para una conexión concreta de TCP e identifica ambas direcciones de IP y ambos puertos, resulta sencillo que el servidor mantenga conexiones con múltiples clientes.

MECANISMOS DE FIABILIDAD DE TCP

En las siguientes secciones se describen los mecanismos que usa TCP para entregar datos de forma fiable, en orden y sin pérdidas o duplicados.

Numeración y confirmación

TCP emplea la numeración y la confirmación (ACK) para la transferencia fiable de datos. El esquema de numeración de TCP no es el habitual: *todos los octetos* enviados por una conexión de TCP es como si tuviesen su número de secuencia. La cabecera de un segmento de TCP contiene el número de secuencia del *primer octeto de los datos en el segmento.*

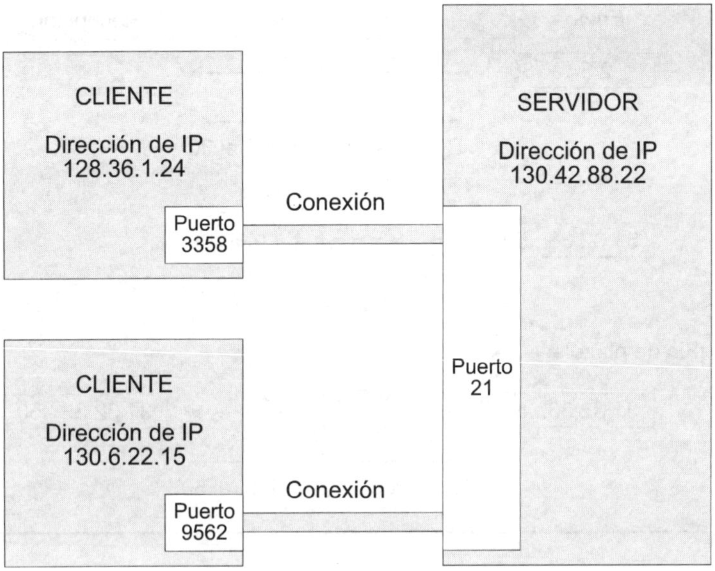

Figura 10.5. *Múltiples clientes conectándose a una dirección de conector de un servidor.*

Se espera que el receptor confirme la recepción de los datos. Si no llega un ACK en un plazo dado se retransmiten los datos. Esta estrategia se denomina *confirmación positiva con retransmisión.*

El TCP receptor va observando cuidadosamente la secuencia de números que llegan para mantener los datos en orden y para asegurarse de que no se pierden datos. Como a veces se pierden algunos ACK, o llegan tarde, pueden llegar segmentos duplicados al receptor. Los números de secuencia indican cuáles son los datos duplicados que, por tanto, se pueden descartar.

En la Figura 10.6 se muestra una parte simplificada de un fin de plazo en TCP y la retransmisión.

Campos de la cabecera de TCP para los puertos, números de secuencia y los ACK

Como se muestra en la Figura 10.7, en los primeros campos de la cabecera de TCP hay espacio para los puertos de origen y destino, el número de secuencia del primer byte de los datos y el valor del asentimiento, que contiene el número de secuencia del *siguiente* byte que se espera del otro extremo. En otras palabras, si TCP ha recibido desde el otro extremo todos los bytes hasta el 30, escribirá un 31 en el campo de asentimiento del segmento que va transmitir.

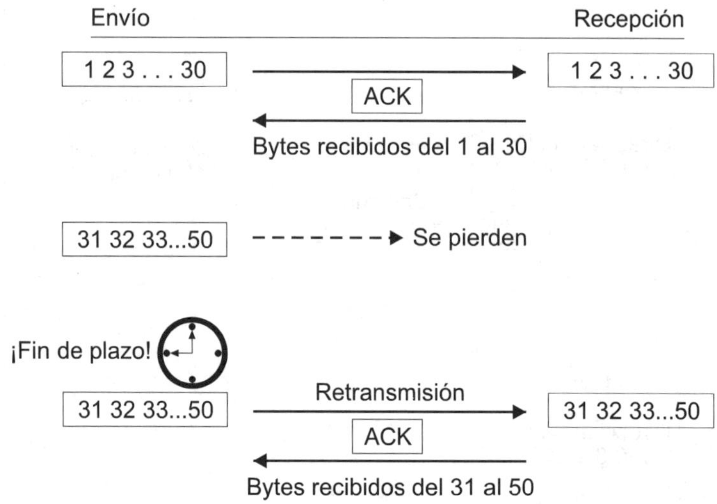

Figura 10.6. *Fin de plazo en TCP y la retransmisión.*

Hay que hacer hincapié en un pequeño detalle. Suponga que TCP ha transmitido los bytes del 1 al 50 y ya no hay más datos que transmitir. Si llegan datos desde el otro extremo, TCP necesita asentirlos. Para ello, TCP enviará una cabecera y ningún dato. Naturalmente, la cabecera contendrá el valor del asentimiento. El campo del número de secuencia debería contener el valor 51, el número del siguiente byte que TCP *pretende* enviar. Cuando TCP envíe datos más tarde, la nueva cabecera de TCP también tendrá un 51 en el campo de número de secuencia.

ESTABLECIMIENTO DE UNA CONEXIÓN

¿Cómo se inicia una conexión entre dos aplicaciones? Antes de poder comunicarse, cada parte llama a una subrutina que crea un bloque de memoria para almacenar los parámetros de TCP y de IP durante la conexión, como las direcciones de los conectores (sockets), los números actuales de secuencia, el valor inicial de IP para el tiempo de vida y otros.

La aplicación servidora espera a los clientes. Un cliente que desee acceder al servidor lanza una solicitud de *conexión* mediante la dirección de IP y el puerto del servidor.

Hay un aspecto técnico. En lugar de empezar a numerar los bytes en 1, cada parte genera un *número inicial de secuencia* aleatorio[3]. Más tarde, en este mismo capítulo, se explicará por qué es una buena idea.

[3] La especificación advertía originalmente que el número inicial de secuencia debería generarse a partir de un reloj interno de 32 bits que se suponía se incrementaba aproximadamente cada 4 microsegundos.

```
0                   1                   2                   3
0 1 2 3 4 5 6 7 8 9 0 1 2 3 4 5 6 7 8 9 0 1 2 3 4 5 6 7 8 9 0 1
```

Puerto de origen	Puerto de destino
Número de secuencia	
Número de confirmación	

Figura 10.7. *Campos iniciales de una cabecera de TCP.*

Escenario de una conexión

El procedimiento de conexión se denomina un acuerdo en tres pasos, ya que se intercambian tres mensajes para establecer la conexión, llamados SYN, SYN y ACK.

Durante el establecimiento de la conexión se intercambian importantes elementos de información. Cada parte notifica a la otra:

1. Del espacio disponible en su búfer para recibir datos.
2. La cantidad máxima de datos que puede llevar un segmento.
3. El número inicial de secuencia que se usará para numerar los datos de salida.

Tenga en cuenta que cada parte usa los elementos 1 y 2 para *establecer los límites de lo que puede hacer la otra parte*. Una PC podría tener un pequeño búfer de recepción, mientras una supercomputadora podría tener un búfer muy grande. La estructura de memoria de una PC podría limitar el tamaño de los trozos de datos a 1K, mientras que una supercomputadora podría manejar segmentos de datos de mayor tamaño.

La posibilidad de controlar cómo la otra parte envía los datos, es una característica importante para la escalabilidad de TCP/IP.

En la Figura 10.8 se muestra un escenario simple de conexión. Se muestran los números de secuencia inicial, para facilitar su lectura. Tenga en cuenta que en este ejemplo, el cliente es capaz de recibir mayores segmentos que el servidor.

Los pasos son:

1. El servidor se inicializa y está listo para aceptar conexiones de clientes. A esto se denomina apertura pasiva (*passive open*).
2. El cliente solicita a TCP que abra una conexión con un servidor en una determinada dirección y puerto de IP. A esto se denomina una apertura activa (*active open*).

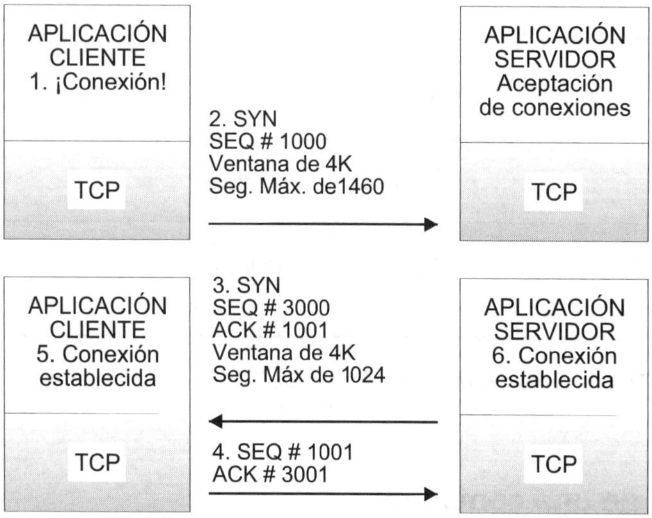

Figura 10.8. *Establecimiento de una conexión.*

3. El TCP cliente recoge un número inicial de secuencia, 1000 en el ejemplo. El TCP cliente envía un *segmento de sincronización*, llamado SYN, con este número de secuencia, *el tamaño de la ventana de recepción (4K) y el tamaño del mayor segmento que puede recibir el cliente (1460 bytes).*
4. Cuando llega SYN, el TCP servidor genera *su* número inicial de secuencia (3000). El TCP servidor envía un segmento SYN con su número inicial de secuencia (3000), un ACK 1001, que significa que el primer byte de datos enviados por el cliente debería tener el número 1001, el tamaño de su ventana de recepción (4K) y el tamaño del mayor segmento de datos que puede recibir (1024 bytes).
5. Cuando el TCP cliente recibe el mensaje SYN/ACK del servidor, envía de vuelta un ACK 3001, lo que significa que el primer byte de datos enviado por el servidor debería tener el número 3001.
6. El TCP cliente notifica a su aplicación que la conexión está abierta.
7. Cuando el TCP servidor recibe el ACK del TCP cliente, el servidor notifica a su aplicación que la conexión está abierta.

El cliente y el servidor han anunciado sus reglas para la recepción de datos, han sincronizado sus números de secuencia y están listos para intercambiar datos [4].

[4] La especificación de TCP también permite, en un escenario poco probable, que cada parte realice simultáneamente una apertura pasiva (*passive open*) a la otra parte.

Figura 10.9. *Flujo sencillo de datos y sus ACK.*

Configuración de parámetros de IP

La llamada de programación que establece una conexión puede fijar parámetros de los datagramas de IP que transportarán los datos de la conexión. Cuando no se dan valores concretos, se usan los valores por defecto del sistema.

Por ejemplo, una aplicación puede pedir una Precedencia o Tipo de servicio de IP concretos. Como cada extremo de una conexión elige su propia Precedencia o Tipo de servicio de forma independiente, en teoría, podrían ser diferentes en cada sentido del flujo de datos. En la práctica, normalmente se usan los mismos.

Cuando las aplicaciones usan la opción de seguridad de IP del gobierno/militar, ambos extremos de la conexión deben trabajar con el mismo nivel de seguridad o, si no, la conexión termina.

TRANSFERENCIA DE DATOS

La transferencia de datos comienza después de terminar el establecimiento en tres pasos[5]. En la Figura 10.9 se muestra un intercambio directo de datos. Para que la numeración resulte sencilla, se usan mensajes de 1000 bytes. *Todas las cabeceras de los segmentos de TCP llevan un campo ACK que identifica el número de secuencia del siguiente byte que se espera del otro extremo.*

El primer segmento que envía el cliente contiene los bytes del 1001 al 2000. Su campo ACK anuncia que el número de secuencia del siguiente byte que espera del servidor es 3001.

El servidor responde con un segmento que contiene 1000 bytes de datos que empieza en el 3001. El campo ACK de la cabecera de TCP indica que se han recibido correctamente los bytes 1001 a 2000, por lo que el número de secuencia que se espera del siguiente byte del cliente es 2001.

[5] La norma real de TCP permite la inclusión de datos en los segmentos de negociación. Estos datos no se entregarán a la aplicación hasta que se complete el establecimiento.

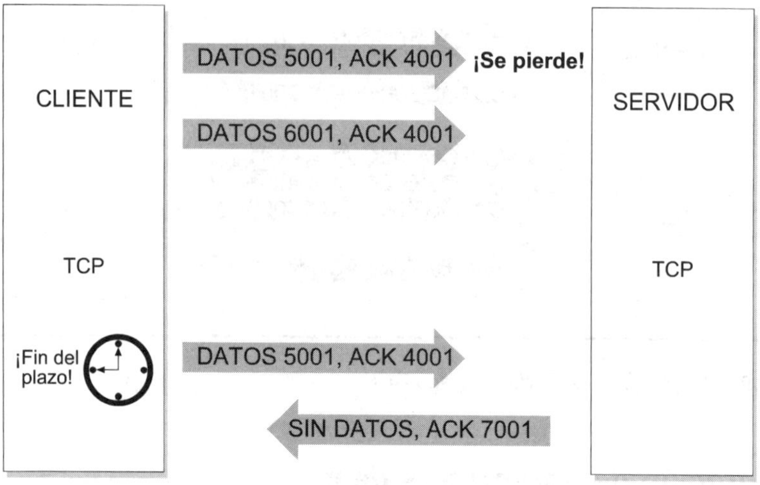

Figura 10.10. *Pérdida de datos y su retransmisión.*

A continuación, el cliente envía segmentos que empiezan en los bytes 2001, 3001 y 4001. Tenga en cuenta que el cliente no tiene que esperar a que llegue el ACK de cada segmento. Se pueden enviar datos al otro extremo siempre que disponga de espació no utilizado en el búfer[6].

El servidor ahorra ancho de banda si se usa un único ACK para indicar que todos los segmentos se recibieron correctamente.

En la Figura 10.10 se muestra una transferencia en la que se pierde el primer segmento. Tras un cierto plazo, el segmento se vuelve a transmitir. Tenga en cuenta de que una vez que llega el segmento perdido, el receptor puede enviar un único ACK que confirma que ambos segmentos han llegado correctamente.

TERMINACIÓN DE UNA CONEXIÓN

La terminación normal de una conexión se lleva a cabo mediante un proceso en tres pasos similar al del establecimiento. Cualquiera de las partes puede lanzar el proceso de terminación, que suele seguir el siguiente proceso:

A: «He terminado. No tengo más datos para enviar».
B: «OK».
B: «Yo también he terminado».
A: «OK».

[6] Más adelante se verá que el receptor controla la cantidad de datos que se puede enviar en cualquier instante de forma precisa.

También es válida la siguiente secuencia aunque raramente se usa:

A: «Ya he terminado. No tengo más datos para enviar».

B: «OK. Pero yo tengo algunos datos...».

B: «Yo también he terminado».

A: «OK».

En el ejemplo, el servidor empieza a cerrar la conexión, como suele ocurrir en una interacción real cliente/servidor. Por ejemplo, tras una sesión de *telnet* el usuario escribe «logout», el servidor invoca a una llamada para cerrar la conexión. Los pasos de la Figura 10.11 son:

1. La aplicación servidora indica a TCP que termine la conexión.
2. El TCP servidor envia un Segmento final (*Final Segment*) (FIN), informando a la otra parte que no va a enviar más datos.
3. El TCP cliente envía un ACK del segmento FIN.
4. El TCP cliente notifica a su aplicación que el servidor quiere terminar.
5. La aplicación cliente indica a TCP que termine.
6. El TCP cliente envía un mensaje FIN.
7. El TCP servidor recibe el FIN del cliente y responde con un ACK.
8. El TCP servidor notifica a su aplicación que la conexión se ha terminado.

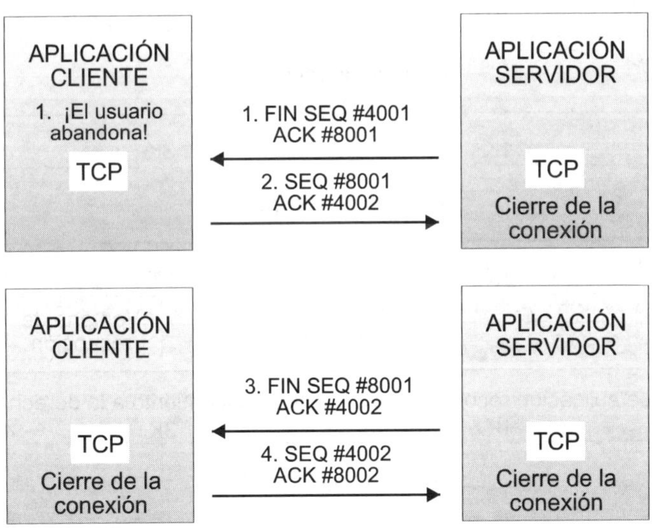

Figura 10.11. *Terminación de una conexión.*

Ambas partes puede iniciar la terminación simultáneamente. En este caso la terminación normal se completa cuando cada una de las partes ha enviado un ACK.

Terminación abrupta

Cualquiera de las partes puede invocar una terminación abrupta. Puede realizarse si una aplicación quiere abortar una conexión o si TCP ha detectado un problema serio en la comunicación que no se puede resolver. Se solicita una terminación abrupta enviando uno o más «reset» al otro extremo. El «reset» se indica mediante una bandera de la cabecera de TCP.

CONTROL DE FLUJO

El TCP que recibe los datos se encarga del flujo de los datos de entrada. El receptor decide cuántos datos desea aceptar y el emisor debe actuar dentro de estos límites. A continuación se describe lo que ocurre desde un punto de vista conceptual. Los fabricantes pueden implantar estos mecanismos de la forma que les sea más conveniente.

Durante el establecimiento de la conexión, cada parte asigna espacio para los búfer de recepción para esa conexión y lo comunica «Este es el número de bytes que puedes enviarme». Este número suele ser un múltiplo entero del tamaño máximo de segmento.

El flujo de datos llega al búfer de recepción y permanece ahí hasta que lo recoge la aplicación asociada a ese puerto de TCP. En la Figura 10.12 se muestra un búfer de recepción que puede almacenar 4K.

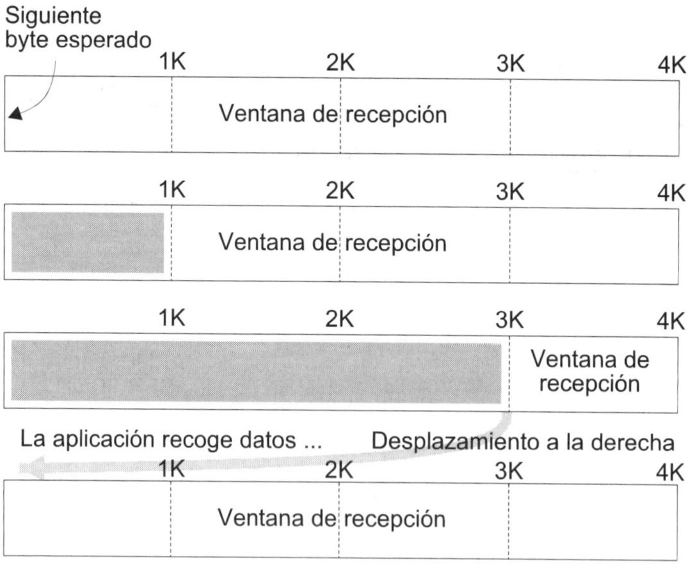

Figura 10.12. *Ventana de recepción del búfer de recepción.*

El espacio del búfer se utiliza según llegan los datos. Cuando la aplicación recoge los datos, el espacio se libera para los próximos datos de entrada.

Ventana de recepción

La *ventana de recepción* es cualquier espacio del búfer de recepción que no está ocupado. Los datos permanecen en el búfer de recepción hasta que la aplicación a la que van dirigidos los recoge. ¿Por qué puede una aplicación no recoger los datos inmediatamente?

Se puede explicar con un escenario sencillo. Suponga que un cliente envía un archivo a un servidor de transferencia de archivos que se ejecuta en una computadora multiusuario muy ocupada. El programa del servidor de transferencia de archivos leerá los datos del búfer de recepción y los escribirá a disco. Cuando el servidor realice la entrada/salida a disco, el programa ha de esperar a que termine. Durante ese tiempo, otros programas entrarán a ejecutarse de acuerdo con el sistema operativo. Mientras el proceso de transferencia de archivos del servidor está esperando a ejecutarse de nuevo, pueden llegar más datos.

La ventana de recepción se extiende desde el último byte que se ha confirmado hasta el final del búfer. En la Figura 10.12 está libre todo el búfer, por lo que hay una ventana de recepción de 4K. Llega 1K de datos y la ventana de recepción se reduce a 3K[7]. Llegan dos segmentos más de 1K, con lo que la ventana se reduce a 1K.

Finalmente la aplicación absorbe los 3K de datos del búfer, con lo que el espacio libre para mas datos aumenta. Se puede ver como una ventana que se *desplaza* hacia la derecha. En este momento los 4K del búfer están libres.

Los ACK del receptor contienen una actualización del estado de la ventana de recepción. El flujo de datos desde el emisor se regula de acuerdo con estas actualizaciones de la ventana.

La mayor parte del tiempo, el búfer de recepción que se establece durante el establecimiento de la conexión se mantiene durante la misma. Sin embargo, la norma de TCP no restringe de qué forma una cierta implementación controla sus búfer. El búfer de recepción puede crecer o reducir, siempre que el receptor no «se vuelva atrás» de lo que ha concedido al emisor.

¿Qué ocurre cuando llegan segmentos que están dentro de la ventana, pero llegan desordenados? Virtualmente todas las implementaciones guardan todos los datos que se encuentren dentro de la ventana y asienten con ACK el bloque completo de datos contiguos cuando llegan los datos que faltan. Es una ventaja, pues tirar datos puede conducir a una caída del rendimiento.

Ventana de envío

El transmisor de los datos controla dos cosas; cuántos datos se han enviado y ya se han asentido y el tamaño actual de la ventana de recepción del otro lado. El *espacio de envío*

[7] Para hacer las cosas sencillas, en este ejemplo todos los segmentos de datos son de 1K. En una sesión real el tamaño varía, dependiendo de las necesidades de la aplicación.

activo va desde el primer octeto sin asentir hasta la parte derecha de la ventana de recepción actual. La parte de la *ventana de recepción* de este espacio indica cuantos datos adicionales se pueden enviar hacia el otro lado.

El número de secuencia inicial y el tamaño inicial de la ventana de recepción se obtienen durante la fase de establecimiento de la conexión. Con un ejemplo (véase la Figura 10.13), se pueden ver algunos de los mecanismos de la transmisión de datos.

1. El emisor comienza con una ventana de envío de 4K.
2. El emisor transmite 1K. Hay que mantener una copia de dichos datos hasta que llegue el asentimiento, ya que puede ser necesario retransmitirlos.
3. Llega un ACK para los primeros 1K y se envían otros 2K de datos. El resultado se muestra en la tercera parte de la Figura 10.13. Hay que mantener los 2K.
4. Finalmente, llega un ACK que indica que todos los bytes transmitidos se han recibido. El ACK también actualiza la venta del receptor a 4K.

Hay que destacar algunas características interesantes:

- El emisor no tiene que esperar un ACK para cada segmento de datos transmitido. La única limitación para la transmisión es el tamaño de la ventana de recepción. Por ejemplo, el emisor podría transmitir 4096 segmentos de 1 byte.
- Suponga que el emisor tiene que retransmitir datos que se enviaron utilizando segmentos muy pequeños (por ejemplo de 80 bytes). Los datos se pueden volver a empaquetar de una manera más eficiente, por ejemplo en un único segmento.

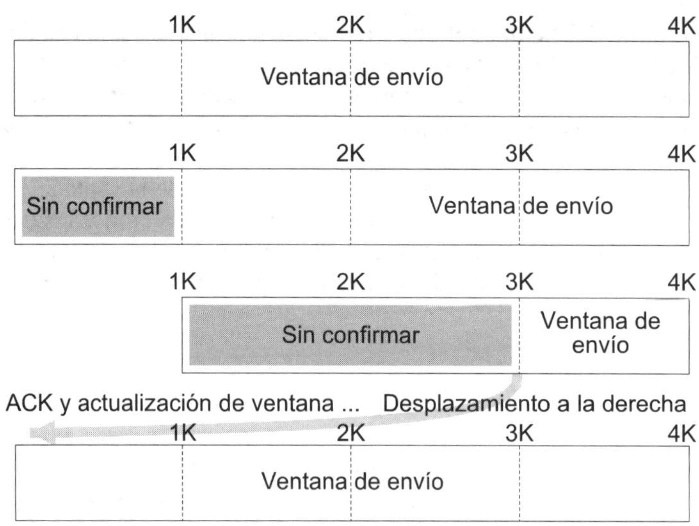

Figura 10.13. *Ventana de envío.*

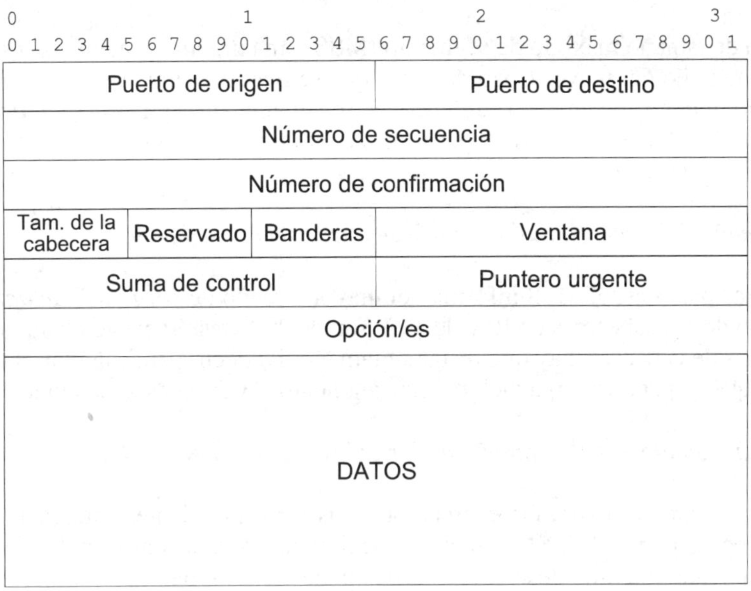

Figura 10.14. *Segmento de TCP.*

CABECERA DE TCP

En la Figura 10.14 se muestra el formato de un segmento, es decir, la cabecera y datos de TCP. La cabecera de TCP comienza con los identificadores de puerto de origen y de destino. El campo *Numero de secuencia* identifica la posición de los datos del flujo de salida de este segmento de datos. El campo *ACK* identifica dónde se espera que comience el próximo segmento de datos dentro del flujo de datos de entrada. Hay seis banderas:

URG 1 si los datos son urgentes.

ACK 1 para todos excepto para el segmento SYN inicial.

PSH Indica si los datos se deben enviar inmediatamente.

RST Indica un error; también se usa para abortar una sesión.

SYN Se pone a 1 durante el establecimiento de la conexión.

FIN Se pone a 1 durante una terminación correcta.

El campo *Desplazamiento de datos* contiene el tamaño de la cabecera de TCP, medido en palabras de 32 bits. La cabecera de TCP debe terminar en múltiplos de 32 bits.

Opción de tamaño máximo de segmento

La opción de tamaño máximo de segmento (MSS – maximum segment size) se usa para indicar el tamaño del mayor trozo de datos que se puede recibir (y reensamblar) de un flujo. El nombre resulta un poco equívoco. Normalmente, un segmento se define como la cabecera de TCP mas los datos. A pesar de su nombre, el tamaño máximo de segmento del sistema se define como:

El tamaño del mayor datagrama que se puede recibir – 40

En otras palabras, el MSS informa del mayor tamaño de *carga útil de datos* del receptor cuando las cabeceras de IP y de TCP son de 20 bytes. Si existe cualquier número de opciones de cabecera, hay que restar su tamaño. Es decir, para calcular el tamaño de los datos que se pueden empaquetar en un segmento, TCP necesita calcular:

MSS anunciado + 40 – (tamaño de las cabeceras de IP y de TCP)

Normalmente, los extremos intercambian sus correspondientes valores de MSS junto con el mensaje inicial «SYN» en el establecimiento de una conexión. Si el sistema no indica su tamaño máximo de segmento, se supone un valor de MSS por defecto de 536 bytes.

El tamaño máximo de segmento se codifica con un elemento inicial de 2 bytes seguido de un valor de 2 bytes, por lo que el tamaño máximo posible de segmento es de 2^{16}-1, o sea, 65.535 bytes.

El MSS impone una restricción limite en el tamaño máximo que TCP puede enviar, el receptor no puede manejar nada que sea mayor. Pero el TCP emisor podría enviar segmentos *menores* debido al tamaño del MTU de la ruta de la conexión.

Uso de los campos de la cabecera en la solicitud de conexión

El primer segmento que se envía para iniciar una conexión tiene la bandera SYN a 1 y la bandera ACK a 0. El segmento SYN inicial es el *único* segmento que tiene el campo ACK a 0. Los cortafuegos lo utilizan para controlar las solicitudes entrantes de sesiones de TCP.

El campo *Numero de secuencia* (*Sequence Number*) contiene un *número inicial de secuencia*. El campo *Ventana* (*Window*) contiene el tamaño inicial de la *ventana de recepción*. La única opción que se ha definido actualmente en TCP es el tamaño máximo de segmento que podría recibir TCP. El tamaño máximo de segmento ocupa 32 bits y, normalmente, se incluye en la solicitud de conexión, en el campo de *Opciones* (*Options*)[8]. El tamaño de la cabecera SYN de TCP que contiene la opción MSS es de 24 bytes.

[8] Si no se indica el MSS, el valor por defecto es de 536.

Uso de los campos de cabecera en la respuesta de conexión

En una respuesta de aceptación de conexión, las dos banderas SYN y ACK están a 1. El número inicial de secuencia del que responde se encuentra en el campo *Numero de secuencia* (*Sequence Number*), y el tamaño de la ventana de recepción está en el campo *Ventana* (*Window*). El tamaño máximo del segmento que desea recibir quien responde se incluye, normalmente, en la respuesta de la conexión, en el campo de *Opciones* (*Options*). Puede ser un tamaño diferente de quien inicia la conexión, no tienen por que ser iguales.

Se puede rechazar una solicitud de conexión poniendo en la respuesta la bandera RST a 1.

Elección del número inicial de secuencia

Durante el establecimiento de la conexión, la norma de TCP indica que cada extremo de la conexión debe elegir un *número inicial de secuencia* a partir de un reloj interno de 32 bits. ¿Por qué preocuparse de ello?

Imagínese lo que ocurre cuando un sistema deja de funcionar. Suponga que un usuario ha abierto la conexión justo antes de que dejase de funcionar y ya ha enviado una pequeña cantidad de datos. Tras recuperarse, el sistema no recuerda nada sobre lo que estaba haciendo antes de dejar de funcionar, lo que incluye las conexiones establecidas y los números de puertos asignados. Los usuarios han de volver a comenzar las conexiones de nuevo. Los números de puertos empiezan a asignarse de forma que el primero que lo pide, es el primero a quien se le da, y algunos de dichos puertos podría que estuviesen usándolos otras conexiones hacía tan sólo unos segundos.

Durante ese intervalo, un sistema lejano de una de las conexiones podría no haberse dado cuenta que el otro extremo había dejado de funcionar y había vuelvo a hacerlo. Podría crearse una gran confusión si datos antiguos que tardan mucho en llegar a la red se entremezclasen con datos de una nueva conexión. Haciendo que los nuevos empiecen con cierto valor de un reloj, impide que se cree este problema.

Los datos antiguos, probablemente, estarán numerados con valores fuera del nuevo intervalo de números de secuencia[9].

Uso general de los campos

Para preparar la transmisión de una cabecera de TCP se incluye el número de secuencia del primer octeto en el campo *Número de secuencia.*

Se rellena el campo *Número de confirmación* con el número del siguiente octeto que se espera del otro extremo y se pone el bit ACK a 1. El campo *Ventana* contiene el ta-

[9] Hay piratas que han conseguido acceder a máquinas que usan un número de secuencia inicial predecible forzando la dirección de IP de origen de una máquina confiable en sus mensajes. Una mejor forma de seleccionar el número inicial de secuencia es con una función de dispersión criptográfica según cierto valor secreto interno.

maño actual de la ventana de recepción, es decir: *el número de bytes, empezando con el número de confirmación, que se puede recibir*. Tenga en cuenta que de esta forma se consigue un control de flujo muy preciso. Se dice al otro extremo el estado exacto de la ventana de recepción durante la sesión.

Si la aplicación envía un *push* a TCP, se pone la bandera PUSH a 1. El TCP receptor se supone que reacciona ante la bandera PUSH entregando los datos a su aplicación lo más rápido que la aplicación está dispuesta a recibirlos.

Si la bandera URGENT está a 1 indica que hay datos urgentes pendientes y el apuntador *Urgente* apunta al último octeto de datos urgentes. Recuerde que un uso habitual de los datos urgentes es enviar una señal de interrupción a un terminal.

A veces a los datos urgentes se les llama datos *fuera de la conexión*. Esté término suele ser confuso. Los datos urgentes se envían por el mismo flujo de datos de TCP. Es responsabilidad de la implementación local de TCP disponer de algún mecanismo que avise a la aplicación de que hay datos urgentes esperando y deje a la aplicación examinar dichos datos urgentes antes de leer todos los bytes que componen dichos datos.

La bandera RESET se pone a 1 para abortar una conexión. También se puede poner en respuesta a un segmento que no tiene sentido en la conexión actual que maneja TCP.

La bandera FIN se pone a 1 en los mensajes que sirven para cerrar una conexión.

Suma de control

La suma de control de IP sólo se aplica a la cabecera de IP. La suma de control de TCP se aplica sobre el segmento completo [10] así como a una seudocabecera que se construye con información extraída de la cabecera de IP. La seudocabecera que se muestra en la Figura 10.15 es similar a la que se utiliza en la suma de control de UDP.

El tamaño de TCP se calcula sumando el tamaño de la cabecera de TCP más el tamaño de los datos. La suma de TCP es *obligatoria*, no opcional como en UDP. En un segmento entrante se calcula la suma de control y se compara con el campo suma de control de la cabecera de TCP. Si los valores no coinciden, el segmento se descarta.

EJEMPLO DE SEGMENTOS DE TCP

En la Figura 10.16 se muestra una pantalla de una serie de segmentos de TCP, de un análisis con el *Analizador de red* (*Sniffer*) de Network General. Los primeros tres segmentos establecen una conexión entre un cliente de *telnet* y un servidor de *telnet*. El último segmento contiene 12 bytes de datos.

El *Analizador de red* traduce la mayoría de los números a decimal. Sin embargo, los valores de las banderas se muestran en hexadecimal. Flags = 12 corresponde al patrón 010010. La suma de control también se muestra en hexadecimal.

[10] El campo suma de control de la cabecera de TCP se pone a 0 durante el cálculo de la suma de control.

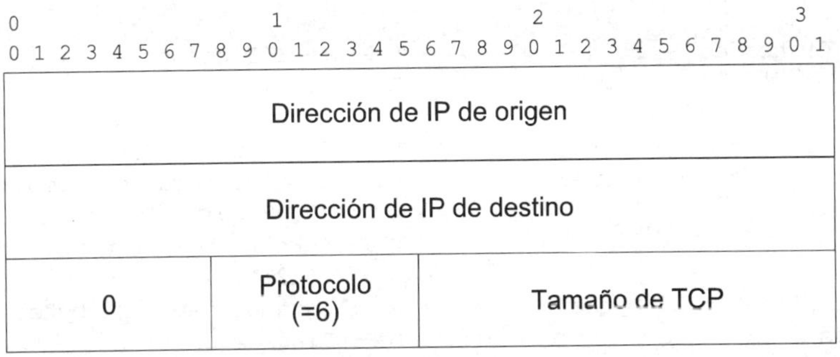

Figura 10.15. *Campos de la seudocabecera que se incluye en la suma de control de TCP.*

MANTENIMIENTO DE UNA CONEXIÓN

Sondas de ventanas

Si existe un emisor activo y un receptor perezoso se puede llegar a tener una ventana de recepción de 0 bytes. Es lo que se denomina una *ventana cerrada*. Cuando se abre un hueco se envía un ACK que actualiza el tamaño de la ventana. Pero, ¿qué ocurre si se pierde el ACK? Ambos extremos podrían esperar indefinidamente.

Para evitar que ocurra esta situación, el emisor envía unos *temporizadores persistentes*[11] cuando la ventana de recepción se cierra. Cuando el temporizador expira, se envía un segmento llamado *sonda de ventana* al otro extremo. En algunas implementaciones la sonda incluye datos. La sonda hace que el otro extremo envíe de vuelta un ACK con el estado actual de la ventana.

Si la ventana continúa a 0, se duplica el valor del temporizador persistente. Este proceso se repite hasta que el valor del temporizador alcanza un valor máximo de 60 segundos.

TCP continuará enviando sondas indefinidamente cada 60 segundos, o hasta que la ventana se abra o un usuario interrumpa el proceso o un temporizador de la aplicación expire.

MUERTE DE UNA SESIÓN

Fin de plazo

El sistema del otro extremo puede quedar fuera de servicio, o el camino hasta el otro extremo puede cortarse o perderse debido a una pasarela o un enlace. ¿Cómo sabe TCP que no debe retransmitir los datos eternamente? Existen varios mecanismos.

[11] Su valor se fija al del plazo de retransmisión.

```
1. SYN
TCP: -- TCP header --
TCP:
TCP: Source port = 2345
TCP: Dest port = 23 (Telnet)
TCP: Initial sequence number =
     16421121


TCP: Data offset = 24 bytes
TCP: Flags = 02
TCP: ..0. .... = (No urg ptr)
TCP: ...0 .... = (No ack)
TCP: .... 0... = (No push)
TCP: .... .0.. = (No reset)
TCP: .... ..1. = SYN
TCP: .... ...0 = (No FIN)
TCP: Window = 2048
TCP: Checksum = F2DA (correct)
TCP:
TCP: Options follow
TCP: Max segment size = 1460
```

```
2. SYN
TCP: -- TCP header --
TCP:
TCP: Source port = 23 (Telnet)
TCP: Dest port = 2345
TCP: Initial sequence number =
     390272001
TCP: Acknowledgment number =
     16421122
TCP: Data offset = 24 bytes
TCP: Flags = 12
TCP: ..0. .... = (No urg ptr)
TCP: ...1 .... = Acknowledgment
TCP: .... 0... = (No push)
TCP: .... .0.. = (No reset)
TCP: .... ..1. = SYN
TCP: .... ...0 = (No FIN)
TCP: Window = 4096
TCP: Checksum = C13A (correct)
TCP:
TCP: Options follow
TCP: Max segment size = 1024
```

```
3. ACK
TCP: -- TCP header --
TCP:
TCP: Source port = 2345
TCP: Dest port = 23 (Telnet)
TCP: Sequence number =
     16421122
TCP: Acknowledgment number =
     390272002
TCP: Data offset = 20 bytes
TCP: Flags = 10
TCP: ..0. .... = (No urg ptr)
TCP: ...1 .... = Acknowledgment
TCP: .... 0... = (No push)
TCP: .... .0.. = (No reset)
TCP: .... ..0. = (No SYN)
TCP: .... ...0 = (No FIN)
TCP: Window = 2048
TCP: Checksum = DF43 (correct)
TCP: No TCP options
```

```
4. DATA
TCP: -- TCP header --
TCP:
TCP: Source port = 23 (Telnet)
TCP: Dest port = 2345
TCP: Sequence number =
     390272002
TCP: Acknowledgment number =
     16421122
TCP: Data offset = 20 bytes
TCP: Flags = 18
TCP: ..0. .... = (No urg ptr)
TCP: ...1 .... = Acknowledgment
TCP: .... 1... = Push
TCP: .... .0.. = (No reset)
TCP: .... ..0. = (No SYN)
TCP: .... ...0 = (No FIN)
TCP: Window = 4096
TCP: Checksum = 9FEF (correct)
TCP: No TCP options
TCP: [12 byte(s) of data]
```

Figura 10.16. *Pantalla de un analizador de red de cabeceras de TCP.*

Tras llegar a un primer umbral en el número de retransmisiones, TCP avisa a IP que compruebe si el problema es un encaminador que ha quedado fuera de servicio y notifica a la aplicación que existe un problema. TCP procede a retransmitir hasta que se alcanza un segundo umbral, después corta la conexión.

Por supuesto, antes de que ello ocurra, puede llegar un mensaje de ICMP indicando que no se podía alcanzar el destino por alguna razón. En algunas implementaciones, TCP seguirá intentando llegar al destino hasta que fallen los plazos, después de todo, puede que el problema se solucione. Después hace llegar a la aplicación el estado de Destino inalcanzable.

Una aplicación también puede fijar su propio limite en el tiempo de entrega de los datos, junto con la acción que hay que tomar cuando el plazo expire. Normalmente, la acción es cortar la conexión.

Mantenimiento de la sesión

¿Qué ocurre con una conexión en la que ninguna de las partes tiene datos que enviar durante un largo período de tiempo? Durante el período en que está libre, la red puede dejar de funcionar o se pueden cortar los cables y volverse a conectar. Basta que la red esté en funcionamiento cuando las dos partes vuelvan a intercambiar datos, la sesión no se pierde. Este diseño se adaptaba muy bien a los patrocinadores del Departamento de defensa (DOD).

Pero cualquier conexión, incluso una ociosa, ocupa bastante memoria en una computadora. A algunos administradores les gustaría reclamar los recursos que no se utilizan. Por tanto, muchas implementaciones de TCP envían mensajes de *mantener viva* (*keep-alive*) para comprobar si la conexión está ociosa. TCP envía este mensaje periódicamente para comprobar que aún existe la conexión. Este mensaje devuelve una respuesta ACK. El uso de los mensajes mantener viva es opcional. Si el sistema dispone de él, una aplicación puede desactivarlo para sus propias conexiones. ¡El tiempo del plazo sugerido por *defecto* es de dos horas!

Recuerde que las aplicaciones pueden enviar sus propios temporizadores de la capa de aplicación en niveles que tengan sentido para la misma y que la aplicación puede abortar las sesiones ociosas.

RENDIMIENTO

¿Cómo de bien se comporta TCP? Hay muchos factores que afectan al rendimiento. Los básicos son los recursos como la memoria y el ancho de banda. En la Figura 10.17 se resumen los elementos que afectan al rendimiento.

El ancho de banda y los retardos de la red subyacente imponen límites al rendimiento. Una baja calidad de transmisión implica un gran número de datagramas descartados. Al descartarlos se desencadenan retransmisiones con lo que se reduce el ancho de banda efectivo.

Un receptor que dispone de un gran búfer de entrada permite que el emisor continúe transmitiendo sin interrupción. Resulta especialmente importante en las redes con gran-

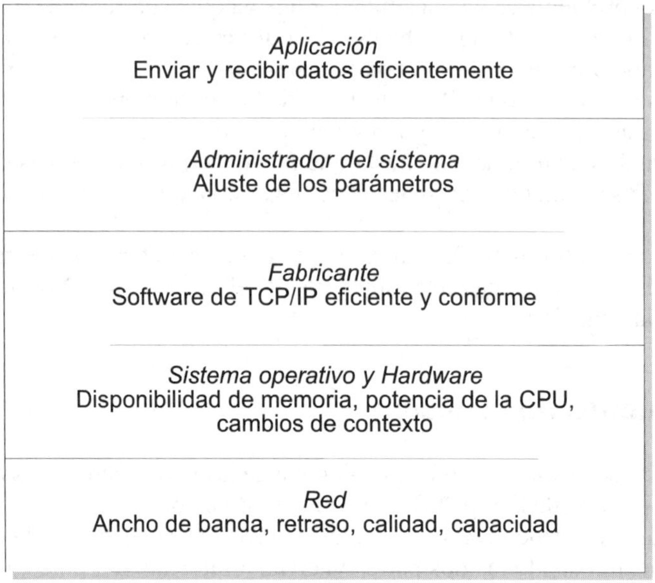

Figura 10.17. *Factores en el rendimiento de TCP.*

des retardos, donde pasa mucho tiempo entre el envío y recepción de datos y la actualización de la ventana. Para conseguir un flujo continuado de datos desde el emisor al receptor, el destino necesita una ventana de recepción que sea al menos del tamaño ancho de banda x retardo.

Por ejemplo, si se pueden enviar 10.000 bytes por segundo y el ACK tarda 2 segundos en llegar, el receptor debe disponer de un búfer de al menos 20.000 bytes para mantener un flujo continuo de datos. Con un búfer que sólo puede guardar 10.000 bytes, el rendimiento se reduce a la mitad.

Otro factor que afecta al rendimiento es la capacidad del host para reaccionar a eventos de alta prioridad y realizar rápidamente *cambios de contexto*, es decir, dejar de hacer una cosa y pasar a hacer otra. Un host puede estar dando servicio a muchos usuarios locales interactivos, procesos de fondo y docenas de conexiones de comunicaciones. El cambio de contexto para ocuparse de las comunicaciones es un sobrecoste oculto. Una implementación que integra TCP/IP con el núcleo del sistema operativo puede reducir significativamente el sobrecoste del cambio de contexto.

Se necesitan recursos de CPU capaces de llevar a cabo rápidamente los pasos necesarios para el procesamiento de una cabecera de TCP. Una CPU que no puede calcular rápidamente los valores de la suma de control puede ralentizar una transmisión de datos.

Por último, los fabricantes deberían de hacer que resultase más sencillo establecer los parámetros de configuración para que los administradores de la red pudiesen ajustarlos a las condiciones locales de TCP. Por ejemplo, la posibilidad de que el tamaño de los búfer coincida con el ancho de banda y el retardo puede mejorar sustancialmente el rendimiento. Por desgracia, hay muchas implementaciones donde la configuración se fija en el código software.

Ahora, suponga que su entorno es el ideal, con exceso de recursos y un cambio de contexto más rápido que el rayo. ¿Se conseguirá un rendimiento perfecto?

Quizá. La calidad del software de TCP es importante. Durante muchos años de experiencia con TCP, se ha diagnosticado y resuelto muchos problemas de rendimiento. El software conforme con la RFC 1122, que es donde se definen los requisitos de las capas de comunicación de los host de Internet, trata de estas soluciones.

Resulta especialmente importante evitar el *Síndrome de la ventana tonta* (SWS - *Silly Window Syndrome*) y usar los algoritmos de Jacobson, Karn y Partridge. Estos algoritmos se verán en las siguientes secciones.

Y por último, los desarrolladores del software pueden marcar la diferencia, si escriben programas que no realicen pequeños envíos y recepciones innecesarios y con temporizadores que liberen recursos de red cuando no se esté realizando ningún trabajo útil.

ALGORITMOS DE RENDIMIENTO

En este momento nos adentramos en una de las partes más complejas de TCP. Se han descubierto muchos mecanismos para mejorar el rendimiento o resolver los cuellos de botella. En este capítulo se describen varios.

- El *arranque lento* previene que una sesión incorpore grandes cantidades de tráfico a una red que puede que ya esté congestionada.
- Curar el *Síndrome de la ventana tonta* evita que un pobre diseño de las aplicaciones cargue la red con una sobrecarga de mensajes.
- Con el *retraso de los ACK* se reduce la sobrecarga, al reducir el número de mensajes de confirmación.
- El *cálculo de los plazos de retransmisión* de acuerdo con los tiempos de vuelta reales de la sesión reduce el número de retransmisiones innecesarias y, además, no retrasa innecesariamente las retransmisiones cuando realmente son necesarias.
- Moderando las transmisiones de TCP cuando la red está *congestionada* permite que los encaminadores vuelvan al estado normal y proporciona un mecanismo justo de compartición de los recursos entre todas las sesiones.
- El envío de *ACK duplicados* cuando llegan segmentos desordenados permite que el otro extremo retransmita antes de que venza el temporizador.

Arranque lento

¿Qué ocurriría si conecta a la vez todos los electrodomésticos de la casa? No resulta muy diferente de lo que ocurre todas las mañanas cuando todo el mundo llega a la oficina y busca el correo electrónico. Sin embargo, el *arranque lento* impide que a la red se le funda su fusible.

Una nueva conexión que empieza inmediatamente a transferir montones de datos por una red congestionada podría ocasionar un grave problema. La idea del arranque lento es que una nueva conexión empieza despacio, aumentado su tasa de trasferencia gradualmente según las condiciones de la red. Se hace de la siguiente forma.

Durante el establecimiento de la conexión, el otro extremo indica su ventana de recepción. Se calcula el tamaño de una segunda *ventana de congestión* con el propósito de moderar la transmisión de acuerdo con las condiciones de la red. El emisor está limitado por la ventana de congestión en lugar de por la (mayor) ventana de recepción.

La ventana de congestión empieza con un segmento. Por cada segmento del que recibe un ACK correctamente, aumenta en un segmento la ventana de congestión, mientras sea menor que la ventana de recepción. Si la red no está sobrecargada, la ventana de congestión alcanza pronto el tamaño de la ventana de recepción. Durante el estado normal de la transmisión, el tamaño de la ventana de congestión es idéntico al tamaño de la ventana de recepción.

Tenga en cuenta que el arranque lento no es realmente lento. Tras el primer ACK, la ventana de congestión es de dos segmentos. Si llegan ACK para dos segmentos, la ventana se incrementa a cuatro segmentos. Si estos también se confirman correctamente, la ventana incrementa a ocho segmentos. Es decir, la ventana crece a su tamaño natural exponencialmente.

Suponga que vence un temporizador en lugar de llegar un ACK. Un poco más adelante se verá que hace TCP cuando vence un temporizador.

Síndrome de la ventana tonta

En las primeras implementaciones de TCP/IP se observó que ocurría con bastante frecuencia un fenómeno al que se llamó *Síndrome de la ventana tonta* (SWS). Para entenderlo, veamos el peor de los escenarios:

1. Una aplicación envía datos rápidamente.
2. La aplicación receptora lee lentamente byte a byte de datos del búfer de recepción.
3. Se llena el búfer.
4. La aplicación receptora lee un byte, y TCP envía un ACK que dice «Tengo sitio para un byte de datos».
5. El TCP emisor empaqueta un byte y lo transmite.
6. El TCP receptor envía un ACK que dice «Gracias. Ya lo tengo y no me queda más sitio».
7. La aplicación receptora lee un byte y envía un ACK, repitiéndose el proceso.

La lenta aplicación receptora ya tiene un montón de datos esperando y darse prisa en insertar bytes en la parte derecha de la ventana no resulta útil, sino que añade un tráfico innecesario en la red.

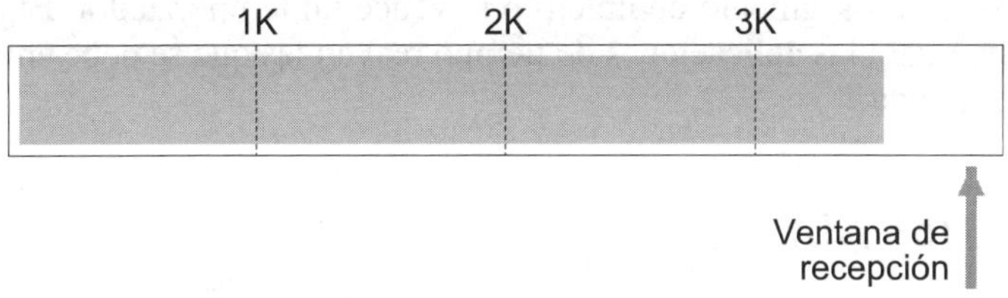

Figura 10.18. *Búfer con una ventana de recepción muy pequeña*

Esta situación no tiene por que ser tan extrema para generar problemas. Se puede producir con un emisor rápido, una aplicación que recibe lentamente y lee trozos de datos de tamaño relativamente pequeño comparado con el tamaño máximo de segmento y un búfer de recepción casi lleno. En la Figura 10.18 se muestra un búfer cuyo estado podría producir un Síndrome de la ventana tonta.

La solución es sencilla. Cuando la ventana se reduce a menos de un determinado tamaño, TCP empieza a mentir. TCP no debe decir al otro extremo que existe espacio *adicional* en la ventana cuando la aplicación receptora realiza una pequeña lectura. En lugar de ello, TCP debe mantener los recursos extra en secreto hasta que el tamaño objetivo de espacio de búfer quede libre. El tamaño recomendado es de un segmento, excepto en el caso en que en el búfer completo sólo quepa un segmento, en cuyo caso sirve medio segmento. El tamaño objetivo con el que TCP vuelve a decir la verdad es:

mínimo (1/2 Tamaño del búfer de recepción, Tamaño máximo de un segmento)

TCP empieza a mentir cuando el tamaño de la ventana es menor que dicha cantidad y dice la verdad cuando el tamaño de la ventana es al menos dicha cantidad. Tenga en cuenta que no ocurre nada malo por mantener los envíos, ya que la aplicación receptora no ha recogido la mayor parte de los datos que están esperando.

La solución resulta más sencilla de entender con el caso anterior del escenario del caso peor. Supondremos que el búfer de recepción puede almacenar varios segmentos, lo que suele ser normal. El emisor rápido llenará el búfer de recepción y se indicará al emisor que no queda sitio disponible hasta que quede libre suficiente espacio para recibir un segmento completo.

Algoritmo de Nagle

De forma independiente el emisor debería evitar transmitir segmentos cortos acumulando datos durante un tiempo antes de servirlos. El algoritmo de Nagle presenta una idea muy simple que reduce el número de datagramas pequeños en la red.

Nagle recomienda retener las retransmisiones, incluso los datos *push*, si el emisor está esperando un ACK de datos transferidos previamente.

Los datos acumulados se envían si los datos anteriores están confirmados con ACK, si se puede enviar un segmento completo o si vence un temporizador. El algoritmo se puede desactivar para las aplicaciones de tiempo real en las que se debe enviar los datos lo antes que se pueda.

Retraso de los ACK

El retraso de los ACK es otro de los mecanismos que puede mejorar el rendimiento. Al reducir el número de ACK enviados se ahorra ancho de banda que se puede utilizar para otro tráfico. Si el otro extremo espera un poco antes de enviar un ACK, existe la posibilidad de que:

- Pueda confirmar varios segmentos con un único mensaje de ACK.
- La aplicación del otro extremo pueda recoger datos para enviar dentro del plazo del temporizador, en cuyo caso el ACK puede ir en la cabecera del mensaje de salida y no haría falta un mensaje separado.

Para evitar el retraso de segmentos completos, por ejemplo cuando se realiza una transferencia de archivos, debería enviarse un ACK al menos por cada dos segmentos.

Muchas implementaciones usan un plazo de 200 milisegundos. Hay que recordar que retrasar los ACK no ralentiza la transmisión. Si llegan pequeños segmentos, habrá mucho sitio en el búfer y el transmisor puede seguir enviando aunque las retransmisiones se ralenticen. Si llegan segmentos completos, cada segundo segmento activará inmediatamente un ACK.

Plazo de retransmisión

Tras el envío de un segmento, TCP arranca un temporizador y espera un ACK. Si el ACK no llega en el plazo establecido, TCP retransmite el segmento. ¿Cuál debería ser el plazo de espera?

Si el plazo de retransmisión es demasiado corto, el emisor abarrotará la red con segmentos innecesarios y cargará al receptor con duplicados. Pero si los plazos son demasiado largos se pierde la oportunidad de recuperarse rápidamente cuando realmente se pierde un segmento y se reduce el rendimiento.

¿Cómo elegir el plazo ideal? Un valor que funciona bien en una Red de área local (LAN) de alta velocidad podría resultar desastroso en una conexión de larga distancia con muchos saltos, por lo que «un plazo que siempre funciona» no es la solución. Más aún, incluso durante una misma conexión las condiciones de la red pueden cambiar y los retrasos pueden aumentar o disminuir.

Los algoritmos de Jacobson, Karn y Partridge [12] permiten que TCP se adapte a las condiciones cambiantes y en este momento son obligatorios en las implementaciones de TCP. Más adelante se describen estos algoritmos.

---

[12] Véase *Congestion Avoidance and Control*, Van Jacobson e *Improving Round-Trip Time Estimates in Reliable Transport Protocols*, Karn and Partridge.

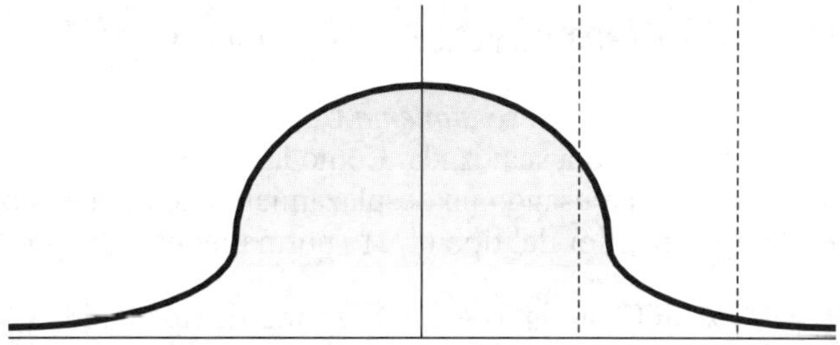

Figura 10.19. *Distribución de tiempos de ida y vuelta.*

El sentido común indica que la mejor base para estimar un buen plazo de retransmisión para una determinada conexión es mantener un reloj durante la conexión para registrar los *tiempos de vuelta* que se tarda entre la transmisión de los datos y la llegada de la confirmación de los mismos.

Unas estadísticas elementales pueden ofrecer una buena idea de qué hacer a continuación (véase la Figura 10.19). Obviamente, tiene sentido calcular el tiempo medio de ida y vuelta. Pero el tiempo medio puede ser una mala elección para el plazo ya que, la mitad de los tiempos de ida y vuelta serán superiores a la media. Sin embargo, si se añade un par de veces la desviación, se puede obtener una estimación que sigue las variaciones normales sin ocasionar esperas demasiado grandes en las retransmisiones.

No es necesario realizar muchos cálculos para obtener la desviación estándar matemática. Una estimación aproximada es suficiente y se puede calcular usando el valor absoluto de la diferencia entre el último valor y la media:

Ultima desviación = | Ultimo tiempo de ida y vuelta – media |

Hay que considerar otro factor para calcular un buen plazo de retransmisión. Es el hecho de que los tiempos de ida y vuelta cambian de acuerdo con las condiciones de la red. Es más importante lo que haya ocurrido en el último minuto que lo que ocurrió hace una hora.

Por ejemplo, suponga que se tiene el cálculo de la media de los tiempos de ida y vuelta de una sesión muy larga. Supongamos que al principio la red estaba poco cargada y que hubo 1000 valores pequeños, pero a partir de entonces se produjo un aumento significativo de los retardos.

Por ejemplo, si los 1000 primeros valores daban una media de 170 y les siguieron 60 valores de media 282, la media actual sería:

$$170 \times 1000/1050 + 282 \times 50/1050 = 175$$

Una media que responde mejor, es el *Tiempo de vuelta suavizado* (SRTT - *Smoothed Round-Trip Time*), que da un mayor peso a los valores más recientes:

Nuevo SRTT = (1 – α) x (SRTT anterior) + α x Último tiempo de ida y vuelta

El valor de α varía entre 0 y 1. Si se *aumenta* α, el último tiempo de ida y vuelta tiene mayor influencia sobre la media suavizada. Como las computadoras dividen entre potencias de dos muy rápidamente usando un desplazamiento de números binarios hacia la derecha, siempre se elige un valor del tipo $(1/2)^n$, normalmente 1/8, por lo tanto:

Nuevo SRTT = 7/8 x SRTT antiguo + 1/8 x Último tiempo de ida y vuelta

En la Tabla 10.2 se muestra lo rápido que se ajusta la fórmula de SRTT si el tiempo actual de SRTT es 230 y un cambio en la red hace que haya mayores tiempos de ida y vuelta (RTT) [13]. El valor de la columna 3 se realimenta a la columna número 1 como antiguo SRTT.

Y ahora, ¿qué valor se debería elegir para el plazo de retransmisión? Un vistazo a los tiempos de ida y vuelta muestra que existen variaciones bastante grandes entre distintos tiempos individuales y la media actual. Por ello, tiene sentido dejar un buen margen para estas desviaciones. Si no se puede conseguir una estimación razonable de una desviación suavizada (SDEV – *Smoothed Deviation*), la siguiente formula consigue buenos valores para los plazos de retransmisión [14]:

T = PLAZO DE RETRANSMISIÓN – SRTT +2 × SDEV

Es la fórmula de la RFC 1122. Sin embargo, algunas implementaciones usan:

T = SRTT + 4 × SDEV

Para calcular SDEV, en primer lugar se calcula el valor absoluto de la siguiente desviación:

DEV = | Ultimo tiempo de ida y vuelta – SRTT antiguo |

A continuación, use la fórmula suavizada para obtener el último valor:

Nuevo SDEV = 3/4 × SDEV antiguo + 1/4 × DEV

Sólo queda una pregunta, ¿Cómo se empieza? Se establecen los siguientes valores:

Plazo inicial = 3 segundos.
SRTT inicial = 0.
SDEV inicial = 1,5 segundos.

---

[13] Suponemos que no ocurre la finalización de los plazos.

[14] Los documentos de los estándares se refieren al mismo como RTO (*Retransmission TimeOut* - Plazo de retransmisión)

Tabla 10.2. *Cálculo del tiempo de vuelta suavizado*

SRTT antiguo	Último SRTT	(7/8)(SRTT antiguo) + (1/8)(RTT)
230,00	294	238,00
238,00	264	241,25
241,25	340	253,59
253,59	246	252,64
252,64	201	246,19
246,19	340	257,92
257,92	272	259,68
259,68	311	266,10
266,10	282	268,09
268,09	246	265,33
265,33	304	270,16
270,16	308	274,89
274,89	230	269,28
269,28	328	276,62
276,62	266	275,29
275,29	257	273,00
273,00	305	277,00

Van Jacobson definió un algoritmo rápido para calcular el plazo de retransmisión muy eficientemente.

Ejemplos de estadísticas

¿Qué tal funciona este plazo? Cuando se implementa este plazo se observaban mejoras en el rendimiento más que apreciables. Se puede obtener una indicación de la sobrecarga de retransmisiones en el caso peor viendo algunas estadísticas básicas con *netstat* desde *tigger*. *Tigger* es un servidor de Internet comunicado con host de todo el mundo:

```
tcp:
1301644 packets sent
879137 data packets (226966295 bytes)
21815 data packets (8100927 bytes) retransmitted
```

```
2012869 packets received
762469 acks (for 226904227 bytes)
35803 duplicate acks
0 acks for unsent data
1510769 packets (314955304 bytes) received in-sequence
9006 completely duplicate packets (867042 bytes)
74 packets with some dup. data (12193 bytes duped)
13452 out-of-order packets (2515087 bytes)
```

Tigger ha retransmitido menos del 2,5 por ciento de los segmentos de TCP. En 1,5 millones de segmentos entrantes de datos el 0,6 por ciento eran duplicados, el resto eran ACK puros. Parece apropiado decir que el porcentaje de datos de entrada perdidos que no llegaron será aproximadamente igual al porcentaje de salida. Por tanto, el número de «retransmisiones innecesarias» constituiría el 0,6 por ciento del tráfico.

Cálculos tras una retransmisión

El tiempo de ida y vuelta que se usa en los cálculos anteriores es el tiempo que transcurre entre la emisión de un segmento y la recepción de su confirmación. Pero suponga que la confirmación no llega dentro del plazo y hay que retransmitir los datos.

Karn observó que el tiempo de ida y vuelta no se puede actualizar cuando ocurre esto. El tiempo actual de ida y vuelta y la *desviación suavizada* hay que mantenerlas hasta que se confirma un segmento sin que haya habido retransmisiones. Entonces se continúa con los cálculos utilizando los valores guardados y las nuevas medidas.

Acciones tras una retransmisión

¿Pero, qué se debería hacer mientras tanto? De hecho, El comportamiento de TCP no cambia muy drásticamente tras una retransmisión. La causa predominante de la pérdida de datos es la congestión. Por eso, la reacción ante una retransmisión debería ser:

- Reducir las retransmisiones.
- Luchar contra la congestión reduciendo el tráfico total que satura la red.

Crecimiento exponencial

Tras una retransmisión se duplica el plazo. ¿Qué ocurre si el plazo vuelve a terminarse? Se retransmiten de nuevo los datos y se duplica de nuevo el plazo. Es lo que se denomina *crecimiento exponencial.*

Si continúa fallando, el plazo sigue duplicándose hasta que alcanza un máximo preestablecido, por ejemplo 1 minuto. Sólo se enviará un segmento si el plazo vence. Tras un número preestablecido de retransmisiones sin que haya una confirmación, la conexión se corta.

Reducción de la congestión mediante la reducción de los datos en la red

La reducción de los datos es un poco complicada. Comienza igual que el arranque lento descrito anteriormente. Pero según se va acercando el nivel umbral de tráfico que inicialmente nos puso en problemas, realmente se ralentiza, añadiendo gradualmente cada vez un segmento a la ventana de congestión. Se definirá un valor umbral para la reducción. Primero se calcula el valor del umbral de peligro:

Umbral = 1/2 × mínimo (ventana de congestión actual, ventana de recepción del otro extremo).

Si este valor es mayor que dos segmentos, se usa como umbral. Si no lo es, el umbral será de dos segmentos. El algoritmo completo de recuperación es:

- Inicialmente, se establece la ventana de congestión a un segmento.
- Por cada ACK recibido se incrementa la ventana de congestión en un segmento hasta que se alcanza el umbral. Es lo que se suele llamar arranque lento.
- A partir de entonces, se añade un pequeño incremento a la ventana de congestión cada vez que se recibe un ACK. El incremento se elige de forma que dicho incremento sea al menos de un segmento cada tiempo de ida y vuelta[15].

En el siguiente escenario ideal se ofrece una idea de cómo funciona la recuperación. Supongamos que la ventana de recepción del otro extremo, y nuestra ventana de congestión, es de ocho segmentos cuando vence el plazo, por lo que el umbral es de cuatro segmentos. Supongamos, también, que la aplicación de recepción lee los datos inmediatamente, por lo que la ventana siempre tiene ocho segmentos libres.

1. Envía un segmento (ventana de congestión = un segmento).
2. Se recibe un ACK, se envían dos segmentos.
3. Se recibe un ACK para dos segmentos. Se envían cuatro segmentos (se ha alcanzado el umbral).
4. Se envía un ACK para los cuatro segmentos. Se envían cinco segmentos.
5. Se envía un ACK para los cinco segmentos. Se envían seis segmentos.
6. Se envía un ACK para los seis segmentos. Se envían siete segmentos.
7. Se envía un ACK para los siete segmentos. Se envían ocho segmentos. En este momento la ventana de congestión iguala la ventana de recepción.

Mientras se reciban los ACK de todos los datos dentro del plazo de retransmisión este proceso continúa hasta que la ventana de congestión alcanza el tamaño de la ventana de

[15] El incremento es (MSS/N) donde N es el tamaño de la ventana de congestión en segmentos.

recepción. En la Figura 10.20 se muestra lo que ocurre. El tamaño de la ventana crece exponencialmente (se duplica) durante el arranque «lento» y a partir de entonces el tamaño crece linealmente.

ACK duplicados

Algunas implementaciones admiten una característica especial llamada *retransmisión rápida* (*fast retransmit*). El objetivo es acelerar la retransmisión si se dan ciertas condiciones. La idea básica es que el receptor enviará ACK duplicados para indicar que existe un «agujero» en sus datos.

Cuando el receptor reciba un segmento fuera de secuencia, envía un ACK que identifica al último byte de los datos *perdidos* (véase la Figura 10.21).

El emisor no retransmite los datos inmediatamente, ya que IP puede entregar datos en desorden en condiciones normales. Sin embargo, tras recibir un cierto número de ACK duplicados, por ejemplo tres, se retransmite el segmento perdido sin esperar a que venza su plazo.

Tenga en cuenta que cada señal de un ACK duplicado sólo significa que el otro extremo ha recibido un segmento. Varios ACK duplicados indican que la red sigue entregando cantidades razonables de datos, por los que se puede suponer que no está muy congestionada [16].

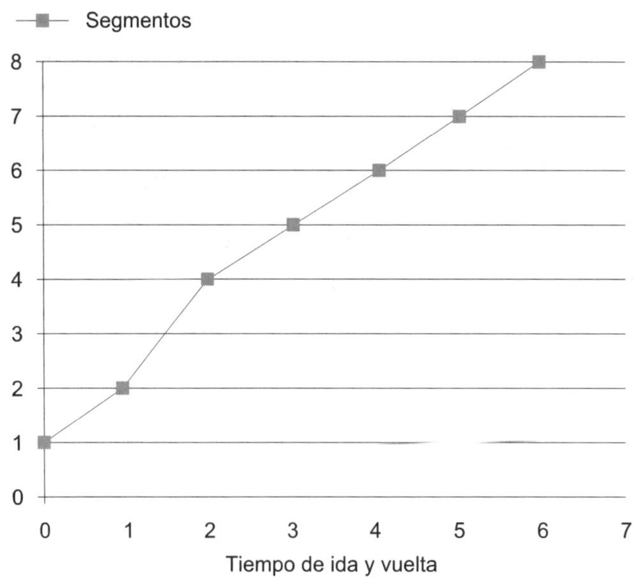

Figura 10.20. *Limitación de transmisiones durante la congestión.*

[16] Como parte de este algoritmo, la ventana de congestión se reduce un poco en el caso en que realmente exista congestión. No se usa el drástico proceso de recuperación descrito en la sección anterior.

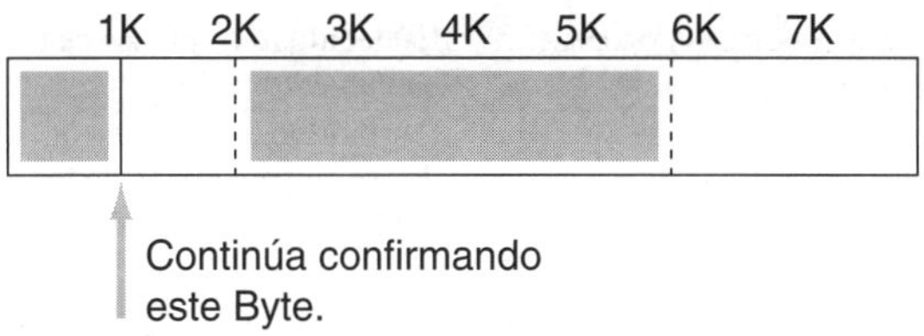

Figura 10.21. *ACK duplicados*

Qué hacer tras un silencio de emisión

Según la norma de *Requisitos de host*, TCP debe realizar el mismo arranque lento descrito en la sección anterior cuando llega un acallamiento de emisión (*Source Quench*). Sin embargo, los mensajes de acallamiento de emisión no son, en particular, muy efectivos, la conexión que los recibe puede que no envíe mucho tráfico. La norma actual de *Requisitos del encaminador* indica que los encaminadores *no* deberían enviar mensajes de acallamiento de emisión.

Estadísticas de TCP

Por último, veamos las estadísticas que se pueden obtener con *netstat* para ver cómo funcionan muchos de estos mecanismos.

`tcp:`	
`1301644 packets sent`	«Packets» son segmentos.
`879137 data packets (226966295 bytes)`	
`21815 data packets (8100927 bytes) retransmitted`	Retransmisiones.
`132957 ack-only packets (104216 delayed)`	Fíjese en el número tan alto de ACK retardados.
`4 URG only packets`	
`1038 window probe packets`	Se comprueba si se ha abierto alguna ventana de tamaño cero.
`248582 window update packets`	
`22413 control packets`	Son los SYN y los FIN.
`2012869 packets received`	
`762469 acks (for 226904227 bytes)`	
`35803 duplicate acks`	Son señales de segmentos que han llegado desordenados.
`0 acks for unsent data`	

`1510769 packets (314955304 bytes) received in-sequence`	
`9006 completely duplicate packets (867042 bytes)`	Es debido a los plazos cuando los datos realmente se habían entregado.
`74 packets with some dup. data (12193 bytes duped)`	Por motivos de eficiencia, algunos datos retransmitidos se empaquetaron de forma diferente para contener bytes adicionales.
`13452 out-of-order packets (2515087 bytes)`	
`530 packets (8551 bytes) of data after window`	Probablemente debido a datos incluidos en mensajes de sondeo.
`526 window probes`	
`14158 window update packets`	
`402 packets received after close`	Se trata de retransmisiones tardías.
`108 discarded for bad checksums`	Suma de control de TCP con errores.
`0 discarded for bad header offset fields`	
`7 discarded because packet too short`	
`6378 connection requests`	
`9539 connection accepts`	
`14677 connections established (including accepts)`	
`18929 connections closed (including 643 drops)`	
`4100 embryonic connections dropped`	
`572187 segments updated rtt (of 587397 attempts)`	Fallo al actualizar el tiempo de ida y vuelta debido a que el ACK no llegó antes de que el plazo venciera.
`11014 retransmit timeouts`	
`26 connections dropped by rexmit timeout`	Estas retransmisiones repetidas fallidas muestran que la conexión se ha perdido.
`1048 persist timeouts`	Plazos para comprobar una ventana de tamaño cero.
`535 keepalive timeouts`	Plazos para comprobar si la conexión sigue existiendo.
`472 connections dropped by keepalive`	

CONFORMIDAD DEL FABRICANTE

La norma actual de TCP requiere que las implementaciones conformes utilicen el arranque lento cuando inicien una conexión y usen los algoritmos de Karn y Jacobson para estimar los plazos de retransmisión y para el control de congestión. Las pruebas han demostrado que estos mecanismos mejoran significativamente el rendimiento.

¿Qué ocurre cuando se instala un sistema que no sigue esta norma? No sólo ofrece un pobre rendimiento a sus usuarios, sino que se comportará como un mal vecino para el resto de los sistemas de la red, obstaculizando la recuperación de congestiones temporales y generando un tráfico excesivo que provoca el descarte de datagramas.

BARRERAS AL RENDIMIENTO

TCP ha demostrado ser muy flexible, funcionando en redes que transportan cientos o millones de bits por segundo. El protocolo ha conseguido buenos resultados en LAN modernas con Ethernet, Token-Ring y la Interfaz de datos distribuidos por fibra (FDDI), así como en enlaces con poco ancho de banda y en enlaces con grandes retardos, como en los enlaces por satélite.

TCP está afinado para que responda a condiciones poco normales como las congestiones. Sin embargo, tiene algunas características que limitan la tasa de TCP usando tecnologías emergentes que ofrecen un ancho de banda de cientos o miles de megabytes por segundo. Para comprender el problema, veamos un ejemplo sencillo, aunque irreal.

Supongamos que se está realizando una transferencia de archivos entre dos sistemas y se quieren enviar los datos de la forma más eficiente posible. Suponga que:

- El tamaño máximo del segmento receptor es de 1 Kilobyte.
- La ventana de recepción es de 4 Kilobytes.
- *Existe suficiente ancho de banda para enviar dos segmentos por segundo.*
- La aplicación receptora recoge los datos en cuanto llegan.
- Los ACK llegan tras dos segundos.

El emisor podrá enviar datos rápidamente, pues en cuanto se termina la asignación de ventana, llega un ACK que permite enviar otro segmento:

```
ENVIO SEGMENTO 1.
ENVIO SEGMENTO 2.
ENVIO SEGMENTO 3.
ENVIO SEGMENTO 4.
```

Han pasado dos segundos.

```
SE RECIBE EL ACK DEL SEGMENTO 1, SE PUEDE ENVIAR EL SEGMENTO 5.
SE RECIBE EL ACK DEL SEGMENTO 2, SE PUEDE ENVIAR EL SEGMENTO 6.
SE RECIBE EL ACK DEL SEGMENTO 3, SE PUEDE ENVIAR EL SEGMENTO 7.
SE RECIBE EL ACK DEL SEGMENTO 4, SE PUEDE ENVIAR EL SEGMENTO 8.
```

Han pasado otros dos segundos.

```
SE RECIBE EL ACK DEL SEGMENTO 5, SE PUEDE ENVIAR EL SEGMENTO 9.
...
```

Si la ventana de recepción hubiese sido de tan sólo 2 Kilobytes, el emisor hubiese estado forzado a esperar un segundo de cada dos antes de poder enviar más datos. De hecho, para mantener un flujo continuo la ventana de recepción ha de tener un tamaño de al menos:

Ventana = ancho de banda x tiempo de ida y vuelta

Aunque el ejemplo era exagerado, para poder disponer de números sencillos, una ventana pequeña puede ocasionar problemas en enlaces de satélites con largos retardos.

Veamos ahora lo que ocurre con conexiones con un gran ancho de banda. Por ejemplo, si el ancho de banda y la tasa de transmisión son de 10 millones de bits por segundo, pero el tiempo de ida y vuelta es de 100 milisegundos (1/10 segundos), la ventana de recepción para mantener un flujo continuo ha de mantener al menos 1.000.000 de bits, es decir, 125.000 bytes. Pero el mayor número que se puede escribir en el campo ventana de recepción de la cabecera de TCP es de 65.536.

Puede ocurrir otro problema con muy altas velocidades de transmisión debido a que se usan muy rápidamente los números de secuencia. Si pudiese transmitir datos a 4 Gigabytes por segundo, los números de secuencia se volverían a repetir en 1 segundo. No sería posible distinguir antiguos datagramas duplicados que se han retrasado más de 1 segundo durante su transmisión por Internet de los últimos datos.

Existe una activa investigación en marcha para mejorar TCP/IP y eliminar estas barreras.

FUNCIONES DE TCP

TCP es un protocolo de tamaño considerable. En este capítulo se han tratado muchas de las funciones que tiene que realizar TCP. La siguiente lista es un resumen de sus funciones:

- Asociar puertos con conexiones.
- Establecer conexiones usando un acuerdo en tres pasos.
- Realizar un arranque lento para evitar sobrecargar la red.
- Dividir los datos en segmentos para su transmisión.
- Numerar los datos.
- Manejar los segmentos entrantes duplicados.
- Calcular las sumas de control.
- Regular el flujo de datos usando las ventanas de envío y recepción.
- Terminar las conexiones de manera ordenada.
- Abortar conexiones.
- Marcar datos urgentes.
- Confirmación positiva con retransmisión.
- Cálculo de los plazos de retransmisión.
- Reducir el tráfico cuando la red se congestiona.
- Indicar los segmentos que llegan en desorden.
- Comprobar si las ventanas de recepción están cerradas.

ESTADOS DE TCP

Una conexión de TCP pasa por cierto número de estados. En primer lugar se establece la conexión mediante un intercambio de mensajes, después se transmiten los datos y después se cierra la conexión mediante un intercambio de mensajes. Cada paso en el progreso de una conexión se corresponde con un *estado* de la conexión. El software de TCP en cada extremo de una conexión mantiene un registro del estado en su lado en todo momento.

Más adelante se esquematiza una progresión típica de los estados de una conexión en los extremos cliente y servidor. No pretende representar todas las posibles transiciones entre estados. Véase la RFC 793 y el documentos *Requisitos de host* para obtener una discusión más completa sobre los estados de TCP.

Durante el establecimiento de la conexión, la secuencia de estados es ligeramente diferente en el cliente y en el servidor. Los estados del servidor durante el establecimiento se muestran en la Tabla 10.3. Los estados del cliente durante el establecimiento se muestran en la Tabla 10.4.

En el caso improbable en que ambas partes intenten iniciar una conexión simultáneamente con el otro extremo, cada uno de ellos pasaría por los estados CLOSED, SYN-SENT, SYN-RECEIVED y ESTABLISHED.

El extremo de una conexión se mantiene en el estado ESTABLISHED hasta que uno de los extremos inicia un *cierre* (*close*) enviando el segmento FIN. Durante la terminación normal, quien cierra pasa a través de los estados que se muestran en la Tabla 10.5. El otro extremo pasa por los estados que se muestran en la Tabla 10.6.

Tabla 10.3. *Transiciones de estado del servidor.*

Estado del servidor	Evento	Descripción
CLOSED		Estado ficticio anterior a una conexión.
	Apertura pasiva por la aplicación servidora	
LISTEN		El servidor espera una solicitud de conexión de un cliente.
	El TCP servidor recibe un SYN, envía SYN/ACK	El servidor ha recibido un SYN y ha enviado un SYN/ACK. Espera un ACK.
SYN-RECEIVED		
	El TCP servidor recibe el ACK	
ESTABLISHED		Se ha recibido el ACK y la conexión está abierta.

Tabla 10.4. Transiciones de estado del cliente.

Estado del servidor	Evento	Descripción
CLOSED		Estado ficticio anterior a una conexión.
	El cliente solicita una conexión. El TCP cliente envía un SYN.	
SYN-SEN		El TCP cliente ha enviado un SYN al servidor.
	El TCP servidor recibe un SYN/ ACK envía ACK	El cliente ha recibido un SYN/ACK del servidor y ha enviado de vuelta un ACK.
ESTABLISHED		Puede empezar la transferencia de datos.

Estados de las conexiones de TCP

Se puede utilizar el comando *netstat –an* para examinar el estado actual de las conexiones. La siguiente pantalla muestra conexiones en los estados *listen* (*escucha*), *startup* (*comienzo*), *established* (*establecida*), *closing* (*cerrando*) y *time-wait* (*en espera*).

Fíjese que los números de puerto de las conexiones se añaden al final de las direcciones lógicas locales y externas. Se puede ver que hay tráfico de TCP tanto en las colas de emisión como en las de recepción.

```
> netstat -an
Active Internet connections
Pro Recv-Q Send-Q Local Address        Foreign Address      (state)
t
tcp  0     0      128.121.50.145.25    128.252.223.5.1526   SYN_RCVD
tcp  0     0      128.121.50.145.25    148.79.160.65.3368   ESTABLISHED
tcp  0     0      127.0.0.1.1339       127.0.0.1.111        TIME_WAIT
tcp  0     438    128.121.50.145.23    130.132.57.246.2219  ESTABLISHED
tcp  0     0      128.121.50.145.25    192.5.5.1.4022       TIME_WAIT
tcp  0     0      128.121.50.145.25    141.218.1.100.3968   TIME_WAIT
tcp  0     848    128.121.50.145.23    192.67.236.10.1050   ESTABLISHED
tcp  0     0      128.121.50.145.1082  128.121.50.141.6000  ESTABLISHED
tcp  0     0      128.121.50.145.1022  128.121.50.141.1017  ESTABLISHED
tcp  0     0      128.121.50.145.514   128.121.50.141.1020  CLOSE_WAIT
tcp  0     1152   128.121.50.145.119   192.67.239.23.3572   ESTABLISHED
tcp  0     0      128.121.50.145.1070  192.41.171.5.119     TIME_WAIT
tcp  579   4096   128.121.50.145.119   204.143.19.30.1884   ESTABLISHED
tcp  0     0      128.121.50.145.119   192.67.243.13.3704   ESTABLISHED
tcp  0     53     128.121.50.145.119   192.67.236.218.2018  FIN_WAIT_1
tcp  0     0      128.121.50.145.119   192.67.239.14.1545   ESTABLISHED
tcp  0     0      *.19                 *.*                  LISTEN
```

```
tcp  0      0      *.13              *.*               LISTEN
tcp  0      0      *.9               *.*               LISTEN
tcp  0      0      *.7               *.*               LISTEN
tcp  0      0      *.37              *.*               LISTEN
```

TEMAS DE IMPLEMENTACIÓN

Desde el comienzo, TCP fue propuesto para interconexión de redes de distintos fabricantes. La norma del protocolo TCP no intenta llegar al funcionamiento interno exacto de una implementación. Se deja al fabricante que descubra el mecanismo que va mejor en su entorno.

Incluso la RFC 1122, el documento *Requisitos de host*, deja mucha libertad de variaciones en la implementación. Cada función se marca con un cierto nivel de conformidad:

Tabla 10.5. *Transiciones de estado de quien cierra*

Estado de quien cierra	Evento	Descripción
ESTABLISHED	La aplicación local solicita cerrar	
	TCP envía un FIN/ACK	
FIN-WAIT-1		Quien cierra espera la respuesta del otro extremo. Recuerde que en este punto pueden llegar todavía datos del otro extremo.
	TCP recibe un ACK	
FIN-WAIT-2		Quien cierra ha recibido un ACK del otro extremo, pero no un FIN. Espera un FIN aceptando mientras tanto los datos que lleguen.
	TCP recibe un FIN/ACK. Envía un ACK	
TIME-WAIT		La conexión se mantiene en un limbo para permitir que lleguen datos duplicados o FIN duplicados que puedan existir en la red. El período de espera es el doble del tiempo máximo de vida estimado de un segmento.
CLOSED		Se elimina toda la información sobre la conexión.

Tabla 10.6. *Transiciones de estado del extremo cerrado*

Estado del extremo cerrado	Evento	Descripción
ESTABLISHED	TCP recibe un FIN/ACK	
CLOSE-WAIT		Llega un FIN.
	TCP envía un ACK	
		TCP espera a que su aplicación indique que cierre. La aplicación puede, opcionalmente, enviar más datos.
	La aplicación local indica el cierre	
	TCP envía un FIN/ACK	
LAST-ACK		TCP está esperando el último ACK.
	TCP recibe el ACK	
CLOSED		Se elimina toda la información sobre la conexión.

- MUST (Requerido)
- SHOULD (Debería)
- MAY (Puede)
- SHOULD NOT (No debería)
- MUST NOT (Rechazado)

En algunos casos, existen productos que no implementan algo que es MUST (Requerido). El resultado es que sus usuarios sufren una degradación en el rendimiento.

Algunas buenas prácticas de implementación no son requeridas por la norma. Por ejemplo, para mejorar la seguridad es una buena idea restringir el uso de puertos públicos para los procesos del sistema, si el sistema operativo dispone de esta noción. Para mejorar el rendimiento, las implementaciones deberían copiar y mover los datos enviados o recibidos lo menos posible.

Como política *no* se ha definido una Interfaz de programación de aplicaciones estándar. El objetivo era dejar el campo libre para experimentar con distintas herramientas. Sin embargo, podría haber llevado a distintas interfaces de programación en distintas plataformas, sin portabilidad entre plataformas del software de aplicación.

De hecho los fabricantes eligieron utilizar en sus herramientas la Interfaz de programación de conectores de Berkeley. El valor de una interfaz de programación estándar quedó demostrado cuando salió la interfaz de programación WINSock (Windows Socket – conectores de Windows). Ello condujo a la proliferación de nuevas aplicaciones que podían ejecutarse sobre cualquier pila de TCP/IP conforme con WINSock.

LECTURAS RECOMENDADAS

La norma original de TCP está definida en la RFC 793. En la RFC 1122 se especifican actualizaciones, correcciones y requisitos de conformidad.

Karn y Partridge publicaron su artículo *Improving Round-Trip Estimates in Reliable Transport Protocols* en *Proceedings of the ACM SIGCOMM 1987*. El artículo de Jacobson *Congestion Avoidance and Control* apareció en *Proceedings of the ACM SIGCOMM 1988 Workshop*. Jacobson ha publicado varias RFC refinando algoritmos de rendimiento.

Biblioteca profesional

CAPÍTULO 11

Configuración con BOOTP y con DHCP

INTRODUCCIÓN

Uno de los cambios más destacables del uso de las computadoras en los últimos años ha sido la expansión de la conectividad de red con TCP/IP desde la mesa del despacho a toda la organización. La infraestructura necesaria para soportar el crecimiento de la red, encaminadores, puentes, conmutadores y concentradores, ha crecido a una velocidad similar.

El personal técnico lucha por mantenerse con las demandas de conectividad y los cambios, movimientos y reconfiguraciones de red frecuentes que caracterizan el entorno actual. Estas circunstancias han generado una necesidad de mecanismos que permitan automatizar la configuración de nodos y la distribución del sistema operativo y del software en la red. La forma más efectiva de conseguirlo es almacenar los parámetros de configuración e imágenes del software en una o más estaciones de *arranque* de red. Al arrancar, los sistemas interactúan con un servidor de arranque, recogen los parámetros de arranque y, opcionalmente, descargan el software apropiado.

En este capítulo se describirán dos protocolos. El primero, el Protocolo de arranque, *BOOTP*, asigna direcciones de IP de una tabla de direcciones físicas y las correspondientes direcciones de IP. Con este protocolo el administrador tenía que crear la tabla manualmente en el servidor de BOOTP. La versión actualizada de BOOTP, el *Protocolo de configuración dinámica de host* (DHCP – *Dynamic Host Configuration Protocol*), puede automatizar completamente la asignación de direcciones de IP y tiene otra serie de útiles mejoras.

REQUISITOS DEL PROTOCOLO DE ARRANQUE

Algunas computadoras sólo necesitan unas cuantas variables de configuración antes de arrancar. Otras, puede que deban disponer de una lista detallada, más larga, de valores de parámetros. A veces, las estaciones de trabajo, los host con Unix u otros sistemas operativos necesitan descargar completamente los sistemas operativos. Otros sistemas, como los encaminadores, puentes, conmutadores o incluso los concentradores puede que necesiten información de configuración de arranque y descargar software.

La inicialización debe ser robusta y flexible. Dependiendo del tamaño de la red, su topología y requisitos de disponibilidad, podría ser más conveniente centralizar la información de arranque en un único servidor, distribuirla por la red en varios servidores o replicarla.

FUNCIONES DE ARRANQUE

BOOTP fue el primer estándar para el arranque automático en un entorno TCP/IP. Tras algunas mejoras incorporadas al protocolo como extensiones, BOOTP ya era capaz de ofrecer a los sistemas todos sus parámetros básicos de configuración, así como algunos parámetros especializados. BOOTP también permitía a un sistema descubrir de donde podía conseguir descargar el software apropiado.

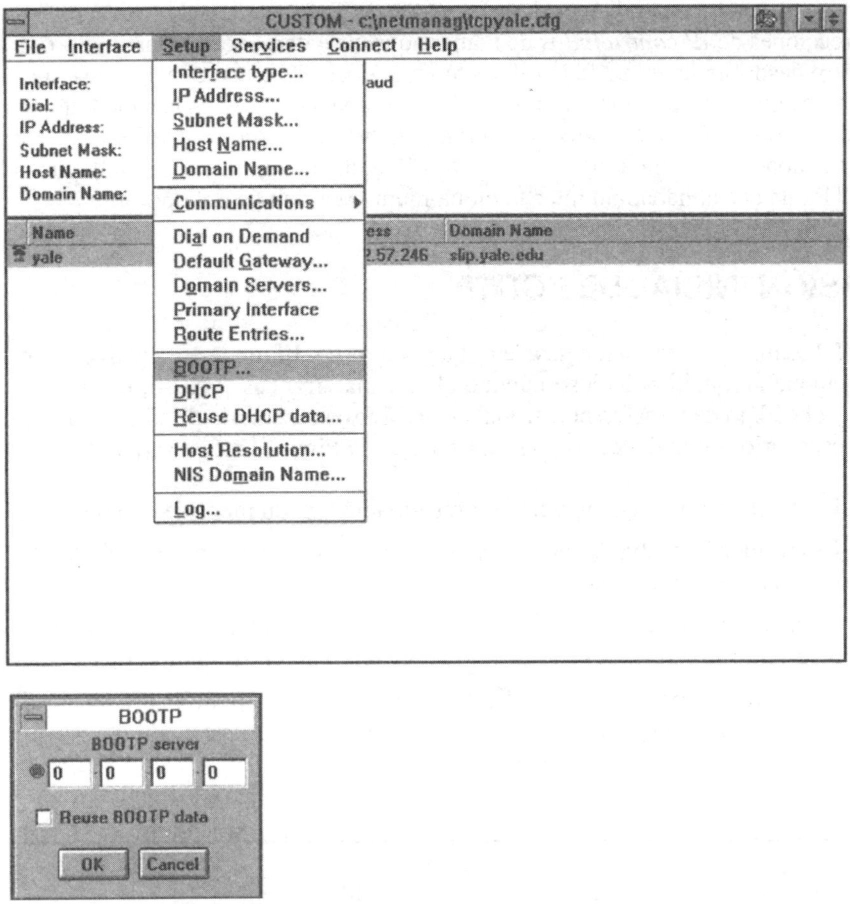

Figura 11.1. *Configuración de BOOTP en la estación de trabajo cliente.*

La configuración de una estación de trabajo cliente para que use BOOTP o DHCP es muy simple. En la Figura 11.1 se muestra como se puede seleccionar BOOTP o DHCP de un menú de configuración de *Chameleon*. El cuadro de diálogo desplegable permite al usuario introducir la dirección del servidor de BOOTP, si se conoce. Si no se introduce ninguna dirección se difunde una petición de arranque.

NECESIDAD DE DHCP

El uso de BOOTP hizo que los administradores se dieran cuenta de que se necesitaban más funciones. Los administradores querían una configuración *automática* de las direcciones de IP por lo que no deseaban teclear, ni mantener, largas listas de direcciones de hardware y sus correspondientes direcciones de IP. También deseaban una configuración de direcciones de IP *contra fallos* de manera que si se desconectaba un equipo, se llevaba a otro despacho de un edificio diferente y se conectaba a la red, el sistema pudiese recibir datos de configuración válidos y pudiese empezar a funcionar inmediatamente.

El *Protocolo de configuración dinámica de host* extendió BOOTP para disponer de estas funciones, así como muchas otras. DHCP también eliminó ciertas ambigüedades de BOOTP que ocasionaban un interfuncionamiento por debajo del óptimo.

VERSIÓN INICIAL DE BOOTP

BOOTP se diseño para estaciones de trabajo sin disco. El modesto objetivo era permitir un arranque automático incluso aunque el sistema arrancase con sólo lo básico de IP, UDP y el código de transferencia trivial de archivos en memoria de sólo lectura. Por tanto, el escenario original era, como se muestra en la Figura 11.2, el siguiente:

- El cliente difunde una petición de información en un mensaje de UDP.
- El servidor devuelve la dirección de IP del cliente y, opcionalmente, la ubicación del archivo que debe descargar.
- El cliente usa el *Protocolo trivial de transferencia de archivos*[1] (TFTP - *Trivial File Transfer Protocol*) para descargar el software en la memoria y ejecutarlo.

Los administradores se dieron cuenta enseguida que se podría aprovechar BOOTP para conseguir más datos de configuración y para configurar sistemas con discos sin necesidad del paso de descargar el software.

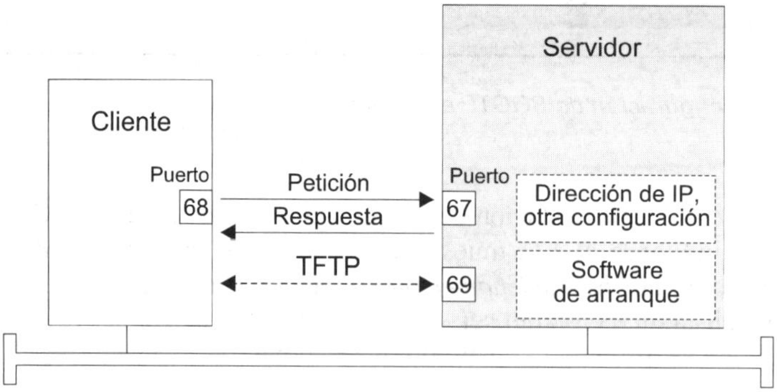

Figura 11.2. *Interacción local entre un cliente y un servidor de arranque.*

[1] Véase el Capítulo 14.

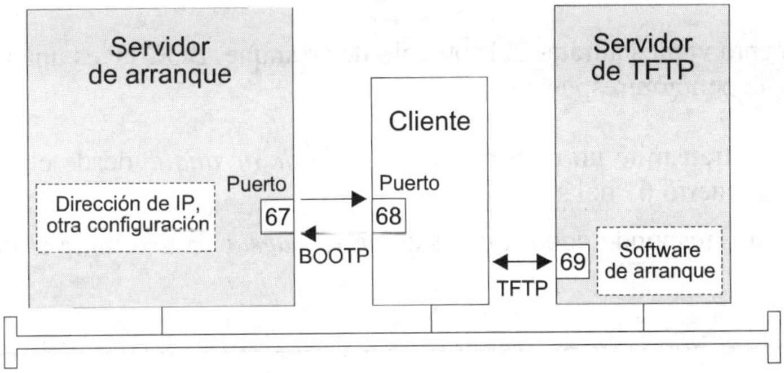

Figura 11.3. *Uso de servidores separados para los parámetros y para el software.*

Para los sistemas que *sí* necesitaban descargar el software de TFTP, a menudo solía ser conveniente usar un servidor para los parámetros de BOOTP y uno o más servidores separados para descargar el software, como se muestra en la Figura 11.3. Por ejemplo, el software del sistema operativo se podría conseguir de un servidor con el mismo tipo de sistema operativo del cliente.

EVOLUCIÓN DE BOOTP

BOOTP consiguió ser muy flexible:

- Un cliente podía empezar sin ninguna información o podía estar parcialmente configurado.
- El cliente podía estar dispuesto a aceptar información de cualquier servidor de arranque o podía elegir un servidor concreto.
- El cliente podía no descargar software, realizar una descarga por defecto o un archivo concreto.

No se tardó mucho en incluir en los mensajes de BOOTP parámetros adicionales, como la máscara de subred, las direcciones de los encaminadores por defecto, las direcciones de los Servidores de nombres de dominio, así como otras informaciones,

La lista de parámetros fue creciendo continuamente[2]. Se llegaron a definir tantos parámetros que en un mensaje de UDP de tamaño razonable no cabía ni una fracción de los mismos. Para resolver este problema se introdujeron valores de sobrecarga en un archivo de configuración que se podía descargar mediante TFTP. Se añadió a la lista un parámetro para identificar este archivo.

[2] La lista de parámetros de BOOTP definida hasta el momento se puede ver en la Tabla 11.1, al final del capítulo.

PROTOCOLO DE BOOTP

En este momento vamos a tratar el Protocolo de arranque. BOOTP es una aplicación de UDP de simple petición/respuesta.

- El cliente transmite un mensaje de *petición de arranque* desde el puerto 68 del cliente al puerto 67 del servidor.
- El servidor responde con un mensaje de *respuesta de arranque* al puerto 68 del cliente.

1 octeto	1 octeto	1 octeto	1 octeto
1=petición 2=respuesta	**Tipo de Hardware**	**Tamaño de la dirección de Hardware**	**Contador de saltos** (inicialmente 0)
ID de la transacción (Debe ser el mismo para la petición y la respuesta)			
Segundos transcurridos desde que el cliente envió su primer mensaje de petición. (inicialmente 0)		Campo de banderas (bandera de difusión)	
Dirección IP del cliente (si el cliente la conoce, si no a 0)			
En la respuesta, dirección IP del cliente proporcionada por el servidor			
En la respuesta, dirección IP del servidor (que dispone del archivo de arranque)			
Dirección de IP del encaminador de reenvío			
Dirección del hardware del cliente			
Nombre del host del servidor (el cliente puede identificar, opcionalmente, el servidor que desea)			
Nombre del archivo de arranque El cliente puede indicar un nombre genérico, como Windows o Sunos El servidor proporcionará el nombre real completo de un archivo de arranque			
"Área para el fabricante" Parámetros adicionales			

Figura 11.4. *Formato de los mensajes de petición de arranque y respuesta de arranque.*

Como UDP no es fiable, el cliente retransmitirá si no recibe una respuesta dentro de un plazo.

Formato de mensajes de BOOTP

Se usa el mismo formato de mensaje para el mensaje de *petición de arranque* y el mensaje de *respuesta de arranque*. Algunos campos se ponen a cero en la respuesta. En la Figura 11.4 se muestra el formato del mensaje.

Los campos que hay que rellenar en una *petición de arranque* se muestran en negrita. Los campos que el cliente puede incluir *opcionalmente* en una petición se muestran en itálica. Para ver los detalles de codificación de los mensajes y sus parámetros, consulte los documentos indicados en la sección «Lecturas recomendadas» de este capítulo.

Envío de una petición del cliente al servidor

Un cliente que no disponga de información previa enviará una petición con la dirección de origen de IP 0.0.0.0 y la dirección de destino 255.255.255.255.

Un servidor, o varios, de la red de área local (LAN) del cliente escuchará la respuesta. Si el cliente ha rellenado el *Nombre del servidor del host*, sólo responderá dicho servidor, como se muestra en la Figura 11.5. Si no se incluye un nombre, puede que respondan varios servidores.

Uso de agentes de envío

Puede que sea más conveniente usar uno o más servidores de arranque centralizados en lugar de situar uno en cada LAN. Pero si un cliente de BOOTP difunde una solicitud en

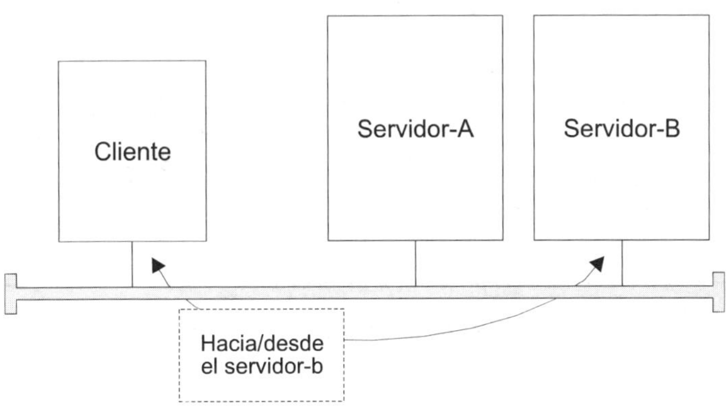

Figura 11.5. *Selección de un servidor concreto.*

su LAN, ¿cómo puede llegar a un servidor remoto? La respuesta es que un sistema de ayuda reenviará la petición del cliente, como se muestra en la Figura 11.6.

Un *agente de envío* es un sistema de ayuda que envía las peticiones locales de BOOTP a servidores remotos. Los encaminadores, normalmente, se usan como agentes de envío, aunque la especificación permite que se usen como host.

Normalmente, un encaminador se configura con la dirección, o direcciones, de IP de uno o más servidores de arranque a los que reenviar las peticiones [3]. Cuando un agente de envío recibe una petición del cliente:

- Comprueba el campo *Encaminador de envío* (*Relay Router*) de la petición de BOOTP. Si es cero, el agente de envío inserta la dirección de IP de la interfaz por la que ha recibido la petición.

El servidor de BOOTP usará esta dirección para enviar la respuesta del servidor de BOOTP de vuelta al cliente usando el agente de envío.

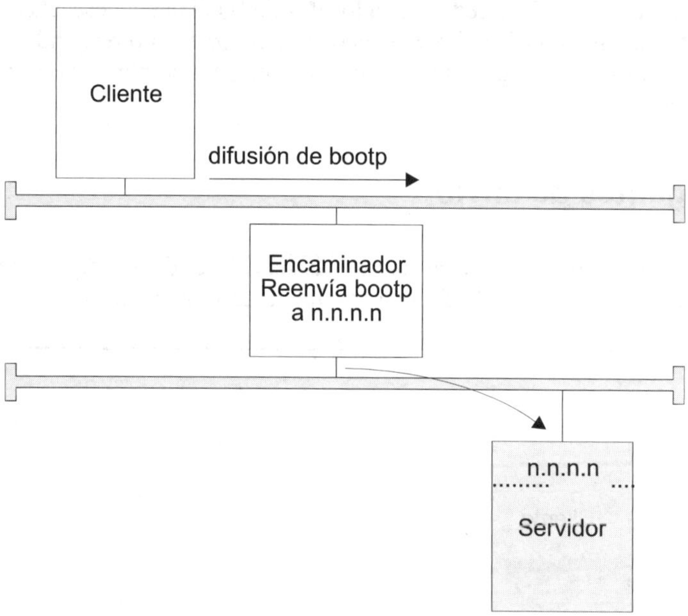

Figura 11.6. *Envío de las peticiones de arranque a un servidor externo.*

[3] Es la mejor implementación, ya que la especificación también permite que un encaminador difunda la solicitud en ciertos enlaces seleccionados para que llegue a un servidor de arranque cuando se desconoce su dirección de IP. Se incluye el campo *saltos* (*hops*) para evitar que se produzca un bucle sin fin.

- A continuación el agente envía la petición del cliente a una o más direcciones preconfiguradas de servidor.

Asignación de una dirección de IP

Un administrador configura manualmente un servidor de BOOTP asignando direcciones de IP a los sistemas mediante la creación de una tabla que hace corresponder combinaciones de tipo de hardware del cliente y dirección de hardware a direcciones de IP. Los códigos de los tipos de hardware se encuentran en el documento *Números asignados* (*Assigned Numbers*). Por ejemplo, 1 es Ethernet. Una tabla podría tener el siguiente aspecto.

Tipo de hardware	Dirección de hardware	Dirección de IP
1	02 60 8C 12 14 AA	128.121.2.5
1	08 00 20 D3 20 14	128.121.2.19

La mayoría de las implementaciones incluyen otra columna con los nombres de host para mejorar la legibilidad de la tabla. Un escenario básico en el que un cliente no conoce su dirección de IP es:

- El cliente difunde una petición, dirigida al puerto 67 del servidor.
- El servidor recibe la petición.
- El servidor usa el tipo de hardware y la dirección de hardware del cliente como clave para buscar la dirección de IP en la tabla.
- Si el cliente es local, el servidor difunde la respuesta al puerto 68 del cliente.
- Si el cliente es remoto, la respuesta se envía al puerto 67 en la dirección de IP que haya rellenado el agente de envío en el campo *Dirección de IP del encaminador de envío* (*Relay Router IP Address*). A continuación, el agente difunde la respuesta por la LAN del cliente.

Arranque de clientes que tienen dirección de IP

Suponga que se ha preconfigurado un cliente de arranque con una dirección de IP o que dispone de una dirección de IP que se le dio en un proceso de arranque anterior. En este caso el cliente pondrá esta dirección en el campo *Dirección de IP del cliente* (*Client IP Address*) en la petición.

Según el estándar de BOOTP original, el servidor de BOOTP debería permitir que el cliente mantuviese su antigua dirección y la usase en la cabecera de IP que envía la respuesta al cliente. Tenga en cuenta que si desde la última vez que se arrancó la computadora, se ha trasladado a un nuevo edificio y se ha conectado a una subred completamente diferente, el cliente no recibirá la respuesta enviada a su antigua subred.

Como se verá más adelante, DHCP ofrece una solución muy robusta a este problema.

Configuración de las descargas de software

Recuerde que, inicialmente, el modelo de BOOTP supone que tanto los datos de configuración como el software de TFTP se pueden obtener del mismo servidor. Sin embargo, es fácil separar el servicio de configuración del servicio de descarga de software. El servidor de configuraciones de BOOTP tan sólo devolverá la dirección de IP del host servidor de TFTP, junto con la ruta completa del archivo que se debe descargar.

Pero, ¿cómo selecciona el servidor de BOOTP el servidor de TFTP y el archivo que debe descargarse? Las descargas de software podrían dispersarse por muchos servidores de TFTP.

Se puede configurar el servidor de BOOTP con una tabla que haga corresponder alias con direcciones de IP del sistema servidor de TFTP de donde se debe descargar el archivo y la ruta completa de ese archivo. Por ejemplo:

Alias	Dirección de IP del servidor de BOOTP	Ruta del archivo
Sunos	128.121.50.2	/bin/vmunix

Un cliente de BOOTP envía un alias apropiado al servidor en el campo *Nombre del archivo de arranque* (*Boot File Name*). (DHCP proporciona un campo de opción separado, *Identificador de clase*, con este propósito.) El servidor busca el alias en la tabla, sitúa la ruta completa del archivo en el campo *Nombre del archivo de arranque* y escribe la dirección de IP del servidor de TFTP en el campo *Dirección de IP del servidor* en el mensaje.

El cliente envía el campo *Nombre de archivo de arranque* a cero si no necesita un archivo de arranque o si puede aceptar los valores preconfigurados por defecto.

«Área para el fabricante»

El *Área para el fabricante* (*Vendor Specific Area*) se incluyó originalmente en el mensaje para que los fabricantes de sistemas incluyesen la información que deseasen. Sin embargo, con el uso de BOOTP, se concluyó pronto que se había dejado fuera del mensaje mucha información útil de configuración como la dirección y Máscara de subred o el encaminador por defecto. El espacio de *Área para el fabricante* se usó para parámetros adicionales de configuración así como para información opcional del fabricante. Se han definido muchos subcampos para esta área.

Envío de la respuesta a un cliente sin dirección

Si el cliente no ha rellenado una dirección preexistente de IP, la dirección la asigna el servidor. La forma más sencilla de enviar una respuesta de vuelta al cliente es:

- Usar una cabecera de IP con la nueva dirección de IP asignada como dirección de destino.
- Envolver el datagrama en una trama dirigida a la dirección física del cliente.

Pero algunos antiguos clientes se han implementado para que no puedan recibir ningún datagrama de IP con una dirección de IP explícita a no ser que se hayan configurado previamente con esa dirección. Es lo que se llama el problema del «huevo y la gallina».

Sin embargo, este cliente será capaz de recibir un datagrama destinado al puerto 68 y con una dirección de difusión de IP 255.255.255.255. Los nuevos clientes de BOOTP indican su preferencia para recibir una respuesta mediante una dirección de difusión de IP poniendo en la petición la *bandera de difusión*, en el campo de banderas, a 1.

Segundos transcurridos

Cuando un cliente envía su petición inicial de datos de arranque, el campo *Segundos transcurridos* (*Seconds Elapsed*) se pone a 0. Si no se recibe respuesta, vence el temporizador del cliente, actualiza el campo segundos transcurridos y lo vuelve a intentar. El cliente usa plazos aleatorios que incrementa hasta que se llega a los 60 segundos de promedio.

Este campo no tiene ningún uso concreto. Lo podrían examinar los servidores o los monitores de la red para descubrir cuantas veces ha intentado arrancar un cliente. Un servidor podría usar esta información para dar prioridad a ciertas peticiones, pero en la actualidad las implementaciones reales ignoran este campo.

CARACTERÍSTICAS DE DHCP

El Protocolo de configuración dinámico de host extiende significativamente las posibilidades de BOOTP. Las mejoras más importantes son:

- Administración más sencilla.
- Configuración automatizada.
- Permite cambios y traslados.
- Posibilidad de que el cliente solicite los valores de ciertos parámetros.
- Nuevos tipos de mensajes de DHCP que soportan interacciones cliente/servidor robustas.

Otra característica muy importante es que un cliente de BOOTP puede acceder a un servidor de DHCP. El estándar es compatible hacia atrás.

Administración y configuración automatizada

Con DHCP se reduce significativamente el esfuerzo administrativo necesario para configurar los sistemas. Si se desea, el administrador tan sólo ha de indicar el bloque de direcciones de IP que el servidor de DHCP puede asignar a los clientes de la LAN. También es sencillo introducir otros parámetros críticos como la Máscara de subred, las direcciones del Servidor de nombres de dominio y las direcciones de los encaminadores por defecto en la LAN. Si es necesario, el administrador también puede introducir parámetros adicionales específicos del sistema.

En este caso, a un cliente de DHCP que solicite información de arranque al servidor se le asigna automáticamente una dirección de IP del bloque y se le envía el conjunto apropiado de parámetros.

DHCP hereda la posibilidad de BOOTP de ofrecer datos de configuración concretos y detallados para identificar la imagen del software que hay que descargar. Una limitación de BOOTP era que un cliente no tenía control sobre los parámetros que obtenía. DHCP permite que el cliente solicite parámetros concretos.

Cambios y traslados

¿Qué ocurre cuando un usuario desconecta una computadora, la traslada a otro edificio y la vuelve a conectar a una nueva red o subred? Durante el proceso de arranque, la computadora que usa DHCP automáticamente cambia su dirección de IP y actualiza su Máscara de subred, el encaminador por defecto y el Sistema de nombres de dominio (DNS), si lo requiere.

Con DHCP, la configuración manual es cosa del pasado.

MECANISMOS DE DHCP

Asignación de direcciones de IP

De hecho, DHCP permite tres tipos de asignación de direcciones:

- *Asignación manual*. Una dirección de IP que se ha introducido manualmente en el servidor se asigna permanentemente al cliente.
- *Asignación automática*. Se selecciona una dirección de IP de las que estén disponibles en el servidor y se asigna permanentemente al cliente.
- *Asignación dinámica*. Se asigna una dirección de IP al cliente durante un tiempo limitado o hasta que el cliente la devuelve.

Por ejemplo, los usuarios que usan computadoras portátiles y las conectan esporádicamente a la LAN de la oficina puede que no necesiten direcciones permanentes o ni siquiera de larga duración.

Alquiler

El modo de funcionamiento del proceso de asignación funciona de manera que el cliente solicita el uso de una dirección durante un período de tiempo, que puede ser para siempre. El servidor concede al cliente un *alquiler*, que indica el período de tiempo que el cliente puede disponer de la dirección. El cliente puede reiniciar el alquiler periódicamente o puede dejarlo expirar. Las direcciones de IP que han expirado se pueden volver a usar.

Para reiniciar un alquiler, el cliente debe identificar el alquiler. Cuando se fija un alquiler, el cliente puede dar un valor de *Identificador de cliente de DHCP* que se usará para referirse al alquiler del cliente en todas las negociaciones futuras. Si no, el alquiler se indica junto con el tipo de hardware, la dirección de hardware y la dirección de IP asignada.

Enlace

El servidor de DHCP almacena la correspondencia entre el cliente y sus parámetros de configuración. Un *enlace* (*binding*) consiste en una dirección de IP y el conjunto de parámetros que se asignan a un cliente concreto.

COMPATIBILIDAD Y DIFERENCIAS

Para mantener la compatibilidad con BOOTP, el formato de los mensajes de DHCP es idéntico al de BOOTP. Por ello:

- Los clientes de BOOTP pueden usar los servidores de DHCP.
- Los clientes de DHCP pueden usar el servicio de envío de BOOTP.

El cambio más sencillo es que el *Área para el fabricante* se ha renombrado apropiadamente como campo de *Opciones*. Se ha añadido algunos subcampos de opción adicionales:

- El parámetro *Identificador de clase de DHCP*. El cliente envía este parámetro al servidor, quien lo usa como clave para seleccionar los parámetros apropiados para el cliente.
- La opción de identificar el alquiler del cliente y enlazar[4] esta información mediante un *Identificador de cliente* en lugar de mediante el tipo de hardware y dirección de hardware del cliente.
- Un parámetro que indica el tamaño máximo del mensaje que el cliente puede recibir del servidor.

---

[4] Un enlace es la asociación entre un conjunto de parámetros y un cliente.

Un cambio significativo del protocolo es la posibilidad de negociar los parámetros de configuración. Para ello se han definido nuevos tipos de mensajes.

Por ejemplo, suponga que una respuesta no incluye todos los parámetros que espera el cliente. DHCP permite que el cliente solicite más parámetros.

Opción tipo de mensaje

El tipo del mensaje se define en el campo de opción *Tipo de mensaje de DHCP* (*DHCP Message Type*). Los clientes de DHCP incluyen esta opción. Entre los tipos están:

DHCPDISCOVER	El cliente envía un mensaje para descubrir servidores.
DHCPOFFER	Los servidores responden al cliente y envían una dirección de IP y parámetros.
DHCPREQUEST	El cliente selecciona un servidor y envía un mensaje de petición. Opcionalmente, el cliente puede solicitar a este servidor parámetros adicionales.
DHCPACK	El servidor responde y envía más parámetros si se los han pedido.
DHCPNAK	El servidor rehusa una petición, por ejemplo si el cliente ha solicitado una dirección de IP que ya estaba usándose. El cliente debe iniciar todo el proceso de nuevo.
DHCPDECLINE	El cliente rehusa los parámetros de configuración porque uno o más no son válidos.
DHCPRELEASE	El cliente ya no necesita su dirección de IP y la libera.

Escenario típico inicial de mensajes cliente/servidor

A continuación se describe un ejemplo de interacción inicial entre cliente y servidor:

1. El cliente difunde un mensaje de búsqueda (*DHCPDISCOVER*) para descubrir uno o más servidores.
2. Puede haber varios servidores que respondan al cliente. El cliente espera hasta que ha recibido una o más respuestas (*DHCPOFFER*). Cada respuesta incluye una dirección de IP, una Máscara de subred, una fecha de expiración del alquiler, la identidad del servidor (en el campo de opción *Identificador de servidor de DHCP*) y algunos parámetros de configuración para el cliente.
3. De acuerdo con el contenido de las respuestas, el cliente selecciona el servidor que quiere usar. El cliente difunde una petición (*DHCPREQUEST*) con ese identificador de servidor en el campo de opción *Identificador de servidor de DHCP*. El mensaje del cliente puede incluir una opción *Lista de petición de parámetros de DHCP*, que indica que el cliente desea datos de configuración adicionales.
4. El servidor seleccionado guarda el *enlace* para este cliente en memoria permanente, con un índice con la clave apropiada. El servidor envía parámetros al cliente en un mensaje *DHCPACK*. El cliente debería usar una petición ARP para asegurarse de que ninguna otra estación usa su dirección de ARP.

Reinicio

Los clientes pueden mantener activos su alquiler mediante una rápida interacción de petición/respuesta:

- Un cliente, previamente configurado, envía un *DHCPREQUEST* que incluye su dirección de IP asignada.
- El servidor o servidores, que haya guardado la configuración del cliente responde con un *DHCPACK* si todo va bien.
- Si la información del cliente ya no es válida, por ejemplo la estación de trabajo se ha conectado a una LAN diferente, los servidores responden con un *DHCPNAK* y el cliente debe empezar con el procedimiento completo de configuración.
- El cliente también debe volver a empezar si la información de vuelta desde el servidor en el *DHCPACK* no es válida.

PARÁMETROS DE ARRANQUE

Los parámetros de la Tabla 11.1 se pueden incluir tanto en los mensajes de respuesta de BOOTP como de DHCP. Los parámetros de la Tabla 11.2 sólo se pueden utilizar con DHCP.

Puede que se añadan más parámetros a la lista. Compruebe la versión más reciente de la RFC *Números asignados* (*Assigned Numbers*) para ver el estado actual.

Muchos de los valores son listas de direcciones de IP. Las direcciones de IP deberían aparecer en una lista por orden de preferencia.

OTROS MÉTODOS DE CONFIGURACIÓN AUTOMÁTICA

Ha habido varias propuestas para automatizar partes concretas del proceso de configuración. Un sistema conectado a la LAN puede usar el ARP inverso (RARP) para descubrir su propia dirección de IP. La consulta y respuesta de *Mascara de dirección de ICMP* pueden proporcionar la Máscara de subred. Pero no se consigue ninguna ventaja particular de usar varios protocolos y mensajes para obtener la información que se pueden obtener con una única respuesta de BOOTP o DHCP.

El mecanismo de descubrimiento de encaminador de ICMP tiene una ventaja, ya que proporciona información continuamente actualizada de los encaminadores disponibles.

LECTURAS RECOMENDADAS

Las siguientes lecturas fueron válidas mientras se escribió este libro:

- BOOTP se define en la RFC 951.
- En la RFC 1533 se definen las opciones de DHCP y las extensiones del fabricante de BOOTP.

- En la RFC 1534 se describe la interoperabilidad entre DHCP y BOOTP.
- En la RFC 1542 existen aclaraciones y extensiones a BOOTP.
- DHCP se define en la RFC 1541.

Tabla 11.1. *Parámetros de BOOTP y DHCP.*

Parámetros de configuración de IP	
Máscara de subred	
Diferencia en el desplazamiento de hora	Diferencia en segundos entre la hora local y el Tiempo universal coordinado (UTC).
Nombre de host del cliente	Con o sin nombre local de dominio.
Nombre de dominio	Usado en la resolución de nombres de host.
Activar/desactivar el reenvío de IP	Indica si el sistema encamina los datagramas.
Activar/desactivar la ruta de origen no local	Indica si se reenvían los datagramas con ruta de origen.
Filtro de políticas	Una lista con las direcciones y máscaras de IP para filtrar las rutas de origen entrantes.
Tamaño máximo de reensamblado de datagramas	Tamaño máximo del datagrama entrante para el que el cliente debe estar preparado para su reensamblado.
Tiempo de vida de IP por defecto	Valor inicial del campo TTL.
Lista de direcciones de IP	
Encaminadores	
Servidores de hora	
Servidores de nombres IEN 116	(Obsoleto).
Servidores de nombres de dominio	
Servidores de registro	
Servidores de cookie	Servidores de la cita del día «galleta de la fortuna».
Servidores de impresión	Servidores de impresora en línea.
Servidores de ubicación de recursos	Servidores de la RFC 887.
Parámetros varios	
Tamaño del archivo de arranque	Número de bloques de 512 bytes del archivo de arranque.

Archivo volcado	Nombre de ruta del archivo donde está un volcado imagen del núcleo si el cliente tiene un fallo general.
Servidor de intercambio	Dirección de IP del servidor de intercambio de disco.
Camino raíz	Nombre de camino que contiene el disco raíz del cliente.
Camino de extensiones	Nombre de camino de un archivo que contiene los parámetros de configuración que se pueden obtener mediante FTP.

Parámetros de la unidad máxima de transmisión (MTU)

Plazo de envejecimiento de la MTU de ruta	Plazo para los valores de la MTU que se determinan mediante el descubrimiento de la MTU.
Tabla de valores base de la MTU de ruta	Serie de tamaños de MTU que se prueban cuando se ejecuta el descubrimiento de MTU y las rutas no incluyen los tamaños utilizables de la MTU en los mensajes de ICMP.

Parámetros de IP para cada interfaz

Interfaz de la MTU	MTU; mayor tamaño de la MTU que se pueden enviar por la interfaz.
Todas las subredes son locales	Indica si todas las subredes de la red admiten la misma MTU de la subred local.
Dirección de difusión de la interfaz	
Descubrimiento de Máscara	Indica si el cliente debería usar el descubrimiento de máscara de subred de ICMP.
Proveedor de Máscara	Indica si el cliente debería responder a las peticiones de Máscara de subred de ICMP.
Descubrimiento de encaminador	Indica si el cliente debería usar el procedimiento de descubrimiento de encaminador.
Dirección de solicitud de encaminador	Proporciona la dirección a la que el cliente debería enviar las peticiones de solicitud de encaminador.
Rutas estáticas	Lista de las rutas estáticas, pares destino/encaminador, para la tabla de encaminamiento del cliente.

Parámetros de la capa de enlace para cada interfaz	
Encapsulado de cola	Si se negocia el uso de las colas (obsoleto) cuando se usa ARP.
Temporización de la caché de ARP	Plazo para limpiar la tabla de ARP.
Encapsulación de Ethernet	Versión 2 de Ethernet (DIX) o IEEE 802.3.

Parámetros de TCP	
TTL de TCP por defecto	Tiempo de vida usado cuando se envían segmentos de TCP.
Intervalo de TCP para seguir vivo	Plazo para enviar los mensajes de seguir vivo en una sesión que de otra forma sería interactiva. 0 significa no enviar los mensajes a no ser que la aplicación los solicite.
Enviar un octeto de basura de TCP de seguir vivo	Incluye un octeto de «basura» en el mensaje de seguir vivo.

Parámetros de aplicación y servicios	
Dominio de NIS	Nombre del Dominio de servicio de información de red, cuando ejecuta servicios de la base de datos de NIS.
Direcciones del Servidor de información de red (NIS)	
Direcciones del servidor del Protocolo de hora de red	
Información del fabricante	El fabricante queda identificado en la opción de identificador de clase
Lista de servidores de NetBIOS sobre TCP/IP	
Servidor de distribución de datagramas de NetBIOS sobre TCP/IP	
Tipo de nodo de NetBIOS sobre TCP/IP	
Ámbito de NetBIOS sobre TCP/IP	
Servidor de fuentes del Sistema X Window	Lista de direcciones de IP.
Administradores de terminales del Sistema X Window	Lista de direcciones de IP.

Tabla 11.2. *Parámetros para DHCP.*

Extensiones sólo para DHCP	
Dirección de IP solicitada	El cliente solicita una dirección concreta de IP.
Plazo de alquiler de la dirección de IP	En una petición, el cliente puede solicitar un plazo concreto de alquiler. En la respuesta el servidor establece el tiempo real concedido.
Sobrecarga de opciones	Indica que los campos *Nombre de host del servidor de DHCP* o *Nombre de archivo de arranque* llevan opciones de DHCP, además de su contenido estándar.
Tipo de mensaje de DHCP	Por ejemplo, *DISCOVER*, *OFFER* o *REQUEST*.
Identificador del servidor	Se usa para diferenciar entre servidores por lo que el cliente puede identificar que el alquiler se aceptó.
Lista de petición de parámetros	Lista de códigos de opciones, que permiten que un cliente solicite valores de determinados parámetros.
Mensaje	Se usa como mensaje de error en una respuesta del servidor, por ejemplo, informando que no existen direcciones disponibles de IP. El cliente puede usarlo para indicar porque rechaza un conjunto de valores de parámetros.
Tamaño máximo de los mensajes de DHCP	El mayor mensaje de DHCP que el cliente va a aceptar.
Valor del plazo de reinico (T1).	Intervalo de tiempo desde la asignación de dirección hasta que el cliente intenta entrar en contacto con su servidor original y reinicia su alquiler.
Valor del plazo de reenlace (T2>T1)	Si el cliente no puede obtener una respuesta de su servidor original, en el intervalo de tiempo desde que se asigna la dirección hasta que el cliente intenta reiniciar su alquiler con *cualquier* servidor.
Identificador de clase	Un identificador asignado localmente que usa el cliente para identificar su tipo y su configuración. Algunos de los parámetros se pueden devolver dependiendo de esta clase.
Identificador de cliente	Identificador único para el cliente incluido en el mensaje *DHCPDISCOVER*. El ID podría ser un nombre del DNS o algún otro ID. Se usa para asociar a un cliente con su alquiler.

Biblioteca profesional

CAPÍTULO 12

Sistema de nombres de dominio

INTRODUCCIÓN

Normalmente, un usuario final conoce el nombre de un host, pero no su dirección. Sin embargo, IP necesita conocer la dirección de un host para poder comunicarse con él. También el usuario final, o la aplicación que el usuario final haya invocado, necesita un mecanismo para obtener la dirección a partir del nombre de un host determinado.

Las redes pequeñas y aisladas pueden satisfacer esta necesidad manteniendo una tabla centralizada de traducción de nombres a direcciones. Los sistemas individuales de la red pueden mantenerse actualizados si copian esta tabla en sus propios discos periódicamente.

En los comienzos de TCP/IP, en Internet se utilizaba una tabla centralizada. El Centro de información de red del Departamento de defensa (DOD NIC - *Department of Defense Network Information Center*) disponía de la versión maestra de la tabla de traducción de nombres a direcciones de Internet y otros sistemas realizaban una copia regularmente. Conforme fue pasando el tiempo, este método se fue haciendo pesado e ineficaz.

PROPÓSITO DEL SISTEMA DE NOMBRES DE DOMINIO

El Sistema de nombres de dominio (DNS - *Domain Name System*) se creó para proporcionar un método mejor para seguir la pista a los nombres y direcciones en Internet. Las bases de datos del DNS proporcionan servicios automáticos de conversión de nombre a dirección. El sistema funciona bien, y muchas organizaciones que no están conectadas a Internet usan el software de base de datos del DNS para rastrear internamente los nombres de sus propios ordenadores.

DNS es una base de datos *distribuida*. Los nombres y direcciones de Internet se almacenan en servidores de todo el mundo[1]. La organización que posee un Nombre de dominio, como *yale.edu*, es responsable del funcionamiento y mantenimiento de los servidores de nombres que traducen sus propios nombres a direcciones. El personal local introduce altas, bajas y cambios de nodos de forma rápida y precisa en el *servidor primario* del dominio.

Puesto que la traducción de nombre a dirección es tan importante, la información se duplica en uno o varios *servidores secundarios*.

SOFTWARE BIND

Muchos vendedores de computadoras ofrecen software gratuito que permite a sus sistemas funcionar como servidores de nombres. Normalmente este software es una adaptación del paquete de *Dominio de Internet de Berkeley* (BIND-*Berkeley Internet Domain*). Periódicamente están disponibles en Internet nuevas versiones de BIND de forma gratuita.

[1] Posteriormente veremos que los servidores de nombres también contienen información importante sobre encaminamiento de correo.

Una organización puede usar este software gratuito internamente para realizar un servicio de traducción de nombre a dirección. Si la organización desea conectarse a Internet, tendrá que disponer, al menos, de dos servidores públicos de nombres, ambos formarán parte del Sistema de nombres de dominio de Internet.

RESOLUTORES

Un programa cliente capaz de consultar información en el Sistema de nombres de dominio es parte estándar de los productos TCP/IP y se denomina un *resolutor*. Normalmente, un resolutor trabaja discretamente en segundo plano y los usuarios ni siquiera lo notan. En el ejemplo que sigue, un usuario solicita una conexión *telnet* a *minnie.jvnc.net.* La aplicación *telnet* del usuario llama a un programa *resolutor* local que busca la dirección de IP de ese lugar:

```
> telnet minnie.jvnc.net
Trying 128.121.50.141 ...
Connected to minnie.jvnc.net.
```

Cuando se instala TCP/IP en un host que va a realizar consultas a la base de datos de Nombres de dominio, la información de configuración del host debe incluir las direcciones de IP de dos o más Servidores de nombres de dominio. Los programas resolutores necesitan saber las direcciones de los Servidores de nombres de dominio a los que quieren consultar.

La demostración que sigue fue ejecutada en *tigger*, un servidor de correo, noticias y *telnet* de *Global Enterprise Systems*. Como la mayoría de los sistemas Unix, *tigger* posee un archivo de configuración llamado */etc/resolv.conf,* que identifica el nombre de dominio local y las direcciones de IP de dos Servidores de nombres de dominio de ese dominio.

```
> more /etc/resolv.conf
domain jvnc.net
128.121.50.2
128.121.50.7
```

Los sistemas TCP/IP de escritorio también necesitan información del Servidor de nombres de dominio. Como se muestra en la Figura 12.1, el paquete de software de TCP/IP *Chameleon* para Microsoft Windows, dispone de un menú de configuración para introducir dicha información.

CONSULTA DE DIRECCIONES DE HOST

Como se ha visto, muchos sistemas disponen de un programa resolutor que permite a un usuario comunicarse directamente con un Servidor de nombres de dominio, enviando consultas y obteniendo respuestas. El siguiente diálogo utiliza el programa resolutor de Unix *nslookup*. En el diálogo:

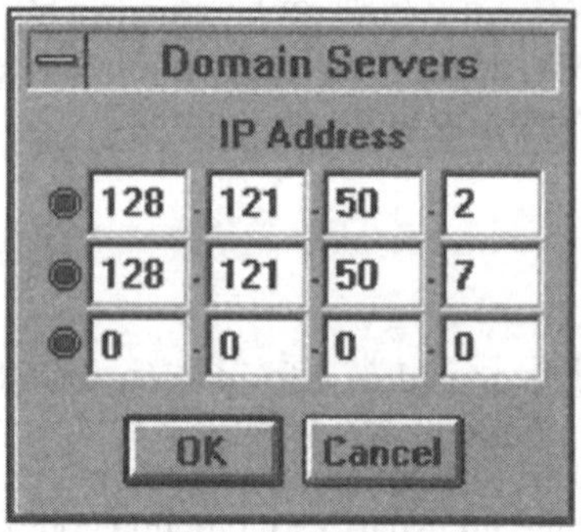

Figura 12.1. *Configuración del DNS.*

1. Inmediatamente después de que el usuario teclee *nslookup,* el servidor local por defecto se identifica mostrando en pantalla su nombre y dirección. En este caso el nombre del servidor es *r2d2.jvnc.net* y la dirección del servidor es 128.121.50.2.
2. El usuario teclea el nombre del host cuya dirección desea conocer.
3. La petición se envía al servidor.
4. Después de cada consulta, el servidor (*r2d2*) se identifica y proporciona la respuesta.
5. Si el usuario ha solicitado información local, el servidor extrae la respuesta de su propia base de datos.
6. Si el usuario ha solicitado información sobre un host externo, el servidor comprueba primero su *caché* de consultas recientes para ver si la información está disponible y, si no es así, interacciona con un servidor remoto de confianza para obtener la respuesta.
7. Cuando se recibe una respuesta del servidor remoto de confianza, la respuesta se almacena en la caché de disco del servidor local para futuras referencias y, a continuación, se envía al usuario solicitante.

Cada paso del diálogo se explica con comentarios a la derecha. Nótese que una respuesta obtenida de la caché del servidor se ha designado como *no de confianza.*

`> nslookup`
`Default Server:`
`r2d2.jvnc.net`
`Address: 128.121.50.2`
	Se muestra el nombre y dirección del servidor local.

`> mickey.jvnc.net.`	El usuario realiza una consulta cuya respuesta se encuentra en la base de datos local.

`Server: r2d2.jvnc.net`	De nuevo ID y dirección del servidor.
`Address: 128.121.50.2`	
`Name: mickey.jvnc.net`	El nombre en la consulta.
`Address: 128.121.50.143`	La respuesta.
`> www.novell.com.`	El usuario realiza una consulta sobre un host externo.
`Server: r2d2.jvnc.net`	De nuevo ID y dirección del servidor.
`Address: 128.121.50.2`	
`Name: www.novell.com`	El nombre en la consulta.
`Address: 137.65.2.5`	La respuesta se almacena en el disco de r2d2 y se envía al usuario.
`> www.novell.com.`	El usuario repite consulta sobre un host externo.
`Server: r2d2.jvnc.net`	De nuevo ID y dirección del servidor.
`Address: 128.121.50.2`	
`Non-authoritative answer:`	Ésta se obtuvo de la caché local.
`Name: www.novell.com`	El nombre en la consulta.
`Address: 137.65.2.5`	La respuesta.

¿Por qué el servidor continúa identificándose a sí mismo? Recuerde que una organización mantendrá en funcionamiento dos o más servidores ya que uno de ellos podría estar muy ocupado o, incluso, fuera de servicio, por ejemplo, para mantenimiento. Si el resolutor no puede obtener una respuesta del primer sistema de la lista, lo intenta con el siguiente. Un administrador que utilice *nslookup* puede ver de inmediato qué servidor está atendiendo una consulta.

Observe que se ha incluido un punto final después de cada nombre solicitado. Más adelante, en este mismo capítulo, se descubrirá por qué es una buena idea.

RESPUESTAS DE CONFIANZA Y DE CACHÉ

Todos los datos se introducen y actualizan en el servidor de nombres *primario*. Los datos del servidor primario están en su propio disco duro. Los servidores *secundarios* obtienen su información del primario.

Cuando un sistema envía una consulta a un Servidor de nombres de dominio, no le preocupa si está dialogando con un servidor primario o con uno secundario. Todos los servidores de nombres de una organización, ya sean primarios o secundarios, son *de confianza* para su dominio.

Recuerde que, para disminuir el tráfico, el servidor local *almacenará* temporalmente las respuestas en caché en su disco duro. Cualquier usuario que repita una de las últimas consultas realizadas obtendrá la respuesta directamente a partir de la caché local.

¿Durante cuánto tiempo permanece la información almacenada en la caché? El tiempo máximo se configura en los servidores de confianza y se envía al solicitante junto con el resultado de la consulta.

TRADUCCIÓN DE DIRECCIÓN A NOMBRE

El Sistema de nombres de dominio es versátil y también permite realizar traducciones de dirección a nombres. La forma de hacerlo utilizando *nslookup* puede parecer un poco extraña:

- Se determina que la consulta sea de tipo *ptr*.
- Se escribe la dirección *en sentido inverso*, seguida de *.in-addr.arpa*.

Por ejemplo:

```
> set type=ptr
> 143.50.121.128.in-addr.arpa.
Server: r2d2.jvnc.net
Address: 128.121.50.2

143.50.121.128.in-addr.arpa    host name = mickey.jvnc.net
>
```

Esta singularidad tiene sentido cuando se conoce cómo están construidas las consultas globales inversas. La organización que posee una dirección de red es responsable de registrar todas sus traducciones de dirección a nombre en la base de datos del DNS. Esto se hace en una tabla que es *independiente* de las correspondencias entre nombres y direcciones.

El subárbol especial de dominio *in-addr.arpa* que aparece en la Figura 12.2 se creó para apuntar hacia todas esas tablas de red. Cuando se colocan las direcciones en el árbol, tiene sentido poner el primer número en la parte superior y bajar poco a poco. De esta forma, todas las direcciones del tipo 128.x.x.x están debajo del nodo 128.

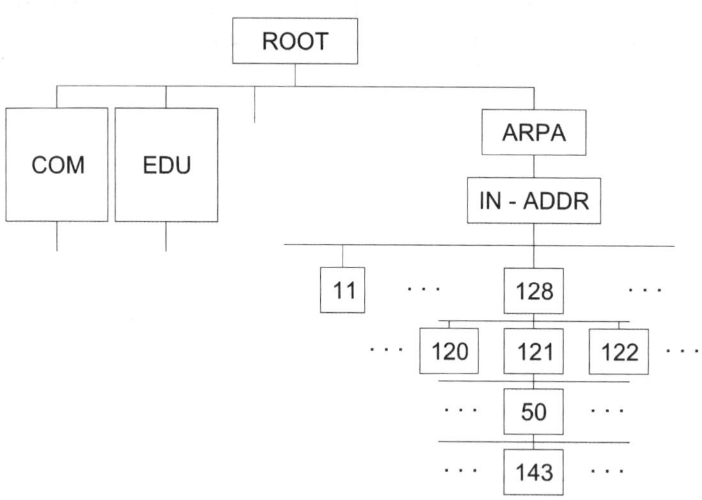

Figura 12.2. *Subárbol del dominio* in-addr.

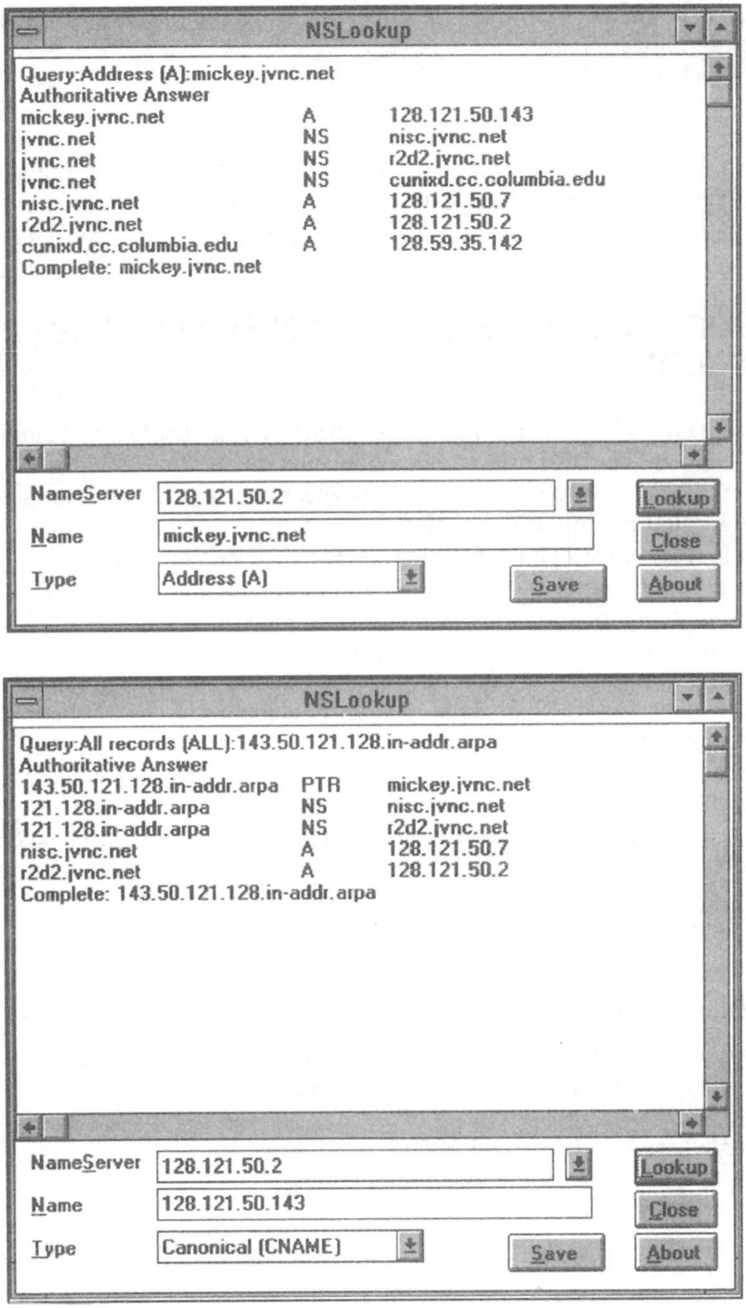

Figura 12.3. *Consultas al DNS.*

Si leemos las etiquetas del árbol utilizando el mismo convenio de abajo hacia arriba que utilizábamos para los nombres, la dirección aparece en sentido inverso, es decir, *143.50.121.128.in-addr.arpa*.

Por supuesto, la interfaz de usuario de *nslookup* podría haber ocultado este tecnicismo, pero ¡esto es Unix! En la Figura 12.3 se muestra un programa *NSLookup* de escritorio más amigable, de Ashmount Research Ltd. Las consultas se introducen en un recuadro situado en la parte inferior de la ventana y las respuestas aparecen en el área de pantalla de la parte superior. Observe que ambas respuestas incluyen los nombres y direcciones de servidores de nombres que contienen información de confianza relativa a las consultas.

SERVIDORES DE NOMBRES DE DOMINIO LOCALES Y GLOBALES

Si se posee una red TCP/IP independiente, se puede utilizar el software gratuito del DNS para crear una base de datos primaria de traducción de nombres y duplicarla en los lugares de la red que se estime conveniente. Todas las consultas de usuarios serán atendidas por los servidores propios de nombres.

Pero si la red se conecta a Internet, los servidores de nombres necesitarán obtener información global. ¿Cómo se consigue? La clave para que funcione está en que cuando una organización, por ejemplo, *microsoft.com*, quiere conectarse a Internet, se inscribe en una *autoridad de registro* al efecto, en este caso, *InterNIC*, e identifica los nombres y direcciones de, al menos, dos Servidores de nombres de dominio que vaya a utilizar. La autoridad de inscripción InterNIC añade esta información a su listado principal de Servidores de nombres de dominio.

Este listado principal se duplica en muchos servidores raíz que tienen un papel fundamental a la hora de procesar consultas remotas. Por ejemplo, supongamos que se envía una petición de traducción de nombre a dirección para *www.microsoft.com* al Servidor local de nombres de dominio de *tigger*:

- El servidor comprueba si *www.microsoft.com* pertenece al dominio local.
- Si no es así, el servidor comprueba si el nombre se encuentra en su caché.
- Si el nombre no está en la caché, el servidor envía una consulta a un servidor raíz.
- El servidor raíz devuelve el nombre y dirección de los Servidores de nombres de dominio que contienen información sobre *microsoft.com*.

Para ver la lista actual de servidores raíz, ejecutamos *nslookup* indicando que la consulta sea de tipo *ns*. Si introducimos «.» (que indica la raíz), nos devolverá los nombres y direcciones de varios servidores base.

```
> nslookup

> set type= ns
> .
Server: r2d2.jvnc.net
```

```
Address: 128.121.50.2

Non-authoritative answer:
(root) nameserver = C.ROOT-SERVERS.NET
(root) nameserver = D.ROOT-SERVERS.NET
(root) nameserver = E.ROOT-SERVERS.NET
(root) nameserver = I.ROOT-SERVERS.NET
(root) nameserver = F.ROOT-SERVERS.NET
(root) nameserver = G.ROOT-SERVERS.NET
(root) nameserver = A.ROOT-SERVERS.NET
(root) nameserver = H.ROOT-SERVERS.NET
(root) nameserver = B.ROOT-SERVERS.NBT

Authoritative answers can be found from:
C.ROOT-SERVERS.NET   internet address = 192.33.4.12
D.ROOT-SERVERS.NET   internet address = 128.8.10.90

E.ROOT-SERVERS.NET   internet address = 192.203.230.10
I.ROOT-SERVERS.NET   internet address = 192.36.148.17
F.ROOT-SERVERS.NET   internet address = 192.5.5.241
F.ROOT-SERVERS.NET   internet address = 39.13.229.241
G.ROOT-SERVERS.NET   internet address = 192.112.36.4
A.ROOT-SERVERS.NET   internet address = 198.41.0.4
H.ROOT-SERVERS.NET   internet address = 128.63.2.53
B.ROOT-SERVERS.NET   internet address = 128.9.0.107
>
```

Los servidores raíz proporcionan referencias directas a servidores de los dominios de segundo nivel, como *microsoft.com* o *yale. edu*, bajo COM, EDU, GOV y el resto de los niveles superiores originales. Por ejemplo, a continuación se muestra parte de la información sobre *3com.com* que se obtiene directamente del archivo del listado raíz:

```
3COM.COM.        172800[2]   NS   NS.3COM.COM.
NS.3COM.COM.     172800      A    129.213.128.2
3COM.COM.        172800      NS   TMC.EDU.
TMC.EDU.         172800      A    128.249.1.1
```

Observe que el segundo servidor de nombres *3com* no se encuentra en la red propia de *3com*. Con frecuencia las organizaciones tienen servidores de nombres que se encuentran en la red de su Proveedor de servicios o en un campus universitario.

Podemos obtener toda la información sobre servidores de nombres de una organización por medio de *nslookup* especificando *type = ns*:

```
> set type = ns
> 3com.com.
```

[2] El número representa un temporizador (medido en segundos) que marca el plazo de validez de la entrada.

```
3com.com    nameserver = NS.3COM.COM
3com.com    nameserver = TMC.EDU
3com.com    nameserver = XANTH.CS.ODU.EDU
3com.com    nameserver = AEROSPACE.AERO.ORG
3com.com    nameserver = ANTARES.AERO.ORG
Authoritative answers can be found from:
NS.3COM.COM             inet address = 129.213.128.2
TMC.EDU                 inet address = 128.249.1.1
XANTH.CS.ODU.EDU        inet address = 128.82.4.1
AEROSPACE.AERO.ORG      inet address = 130.221.192.10
>
```

DELEGACIÓN

En lugar de que InterNIC mantenga actualizadas las listas de servidores pertenecientes a organizaciones de Australia, Canadá o Suiza, cada país mantiene su servicio propio de inscripción y publica una lista de servidores de dominio en sus propios servidores principales.

Cuando se buscan servidores de nombres para un código de país, la base de datos raíz de InterNIC devuelve una lista de nombres y direcciones de servidores raíz de ese país. En el diálogo *nslookup* que aparece a continuación se muestra la lista de servidores raíz canadienses:

```
> ca.

ca    nameserver = RELAY.CDNNET.CA
ca    nameserver = RSO.INTERNIC.NET
ca    nameserver = CLOUSO.CRIM.CA
ca    nameserver = SNORT.UTTC.UTORONTO.CA
ca    nameserver = NS2.UUNET.CA
RELAY.CDNNET.CA            inet address = 192.73.5.1
RSO.INTERNIC.NET           inet address = 198.41.0.5
CLOUSO.CRIM.CA             inet address = 192.26.210.1
SNORT.UTCC.UTORONTO.CA     inet  address = 128.100.102.201
NS2.UUNET.CA               inet  address = 142.77.1.5
>
```

De hecho, el Sistema de nombres de dominio es muy flexible y permite una cadena larga de referencias. Un país puede dividirse en regiones de nombres y la raíz nacional podría apuntar a servidores raíz en cada región.

De forma similar, cualquier organización puede establecer un árbol raíz propio que apunte a Servidores de nombres de dominio de confianza para *partes* de su dominio de nombres.

En la práctica, se realizan relativamente pocas subdivisiones y, por tanto, los nombres se encuentran en muy pocos pasos. En la Figura 12.4 se indican los pasos seguidos para resolver el nombre *viper.cs.titech.ac.jp*:

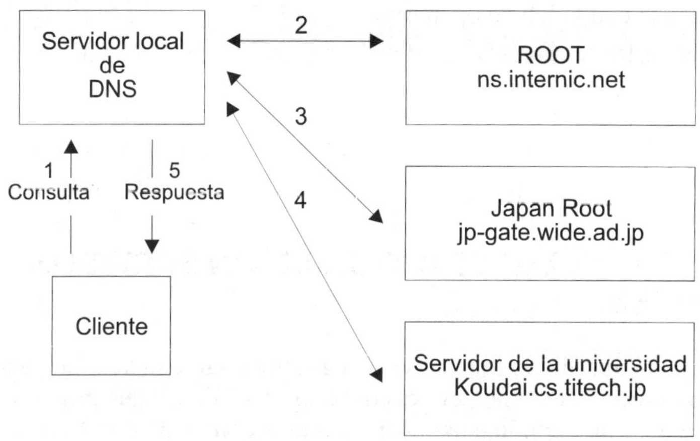

Figura 12.4. *Resolución de un nombre en Japón.*

1. En primer lugar se consulta la raíz del *InterNIC*. Se identifican los servidores de Japón.
2. Se consulta a uno de los servidores raíz de Japón. Éste identifica los servidores del dominio *Titech University*.
3. El servidor de *Titech* proporciona la dirección del host.

Observe que fue el servidor local el que asumió la responsabilidad de encontrar la respuesta para el cliente. Se debe a que los clientes, normalmente, piden una resolución de nombres recursiva, queriendo indicar, «insiste hasta que obtengas la respuesta».

Por el contrario, el propio servidor local trabajó de forma no recursiva, de forma iterativa. Cada servidor que consultó le devolvió un puntero hacia el siguiente paso. A continuación, el servidor local envió su siguiente consulta directamente a esa base de datos.

CONEXIÓN A INTERNET DE UN SERVIDOR DE NOMBRES

La conexión de un Servidor de nombres de dominio particular a la base de datos mundial de Internet necesita:

1. Registrar uno o más bloques de direcciones IP (y, opcionalmente, un número de Sistema autónomo).
2. Asignar nombres y direcciones a los host propios.
3. Obtener la lista de servidores raíz que, en conjunto, cubran el servicio mundial.
4. Constituir un Servidor de nombres de dominio primario y, al menos, una copia secundaria.

5. Comprobar los servidores.
6. Pasar a la condición de operativo.
7. Registrar los nombres de dominio y servidores de la organización en los servicios de inscripción de la región.

Véase el Apéndice C para obtener más información sobre inscripciones.

DISEÑO DE LA BASE DE DATOS DE UN SERVIDOR DE NOMBRES

Si se tiene una organización pequeña, se puede estructurar toda la información como una base de datos única. Puede no ser adecuado en organizaciones grandes, distribuidas geográficamente. Por ejemplo, supongamos que la compañía con Nombre de dominio *fishfood.com* tiene su oficina central en Maine y filiales en Maryland y Georgia. Puede tener más sentido delegar la gestión del árbol de nombres de la organización en los administradores de esos lugares e, incluso, tener en funcionamiento servidores de nombres independientes en esas ubicaciones.

Zonas

El árbol de nombres de una organización se compone de una o más *zonas. Una zona es una parte contigua del árbol de nombres que se administra como una unidad.* En la Figura 12.5 se muestra una estructura de zona que se podría usar para el dominio *fishfood.com.*

La base de datos raíz de Internet apuntará a los servidores de nombres de la oficina central de *fishfood.com.* Estos servidores responderán directamente a peticiones de nombres que pertenezcan a su zona. Si se solicita un nombre de Maryland, o Georgia, un servidor de la oficina central devolverá los nombres y direcciones de los servidores ubicados en Maryland, o Georgia. Entonces, el Servidor de nombres de dominio que originó la consulta enviará la petición al servidor correcto para esa zona.

Ubicación de los Servidores de nombres de dominio

Para muchas organizaciones resulta más sencillo tener en funcionamiento un único grupo de servidores primarios y secundarios en su red interna, incluso aunque los datos se repartan en varias zonas. Resulta completamente aceptable la utilización de un servidor para varias zonas e, incluso, para varios dominios. Los datos de cada zona se almacenarán en un archivo diferente. Cada archivo puede actualizarlo un administrador diferente, si es necesario.

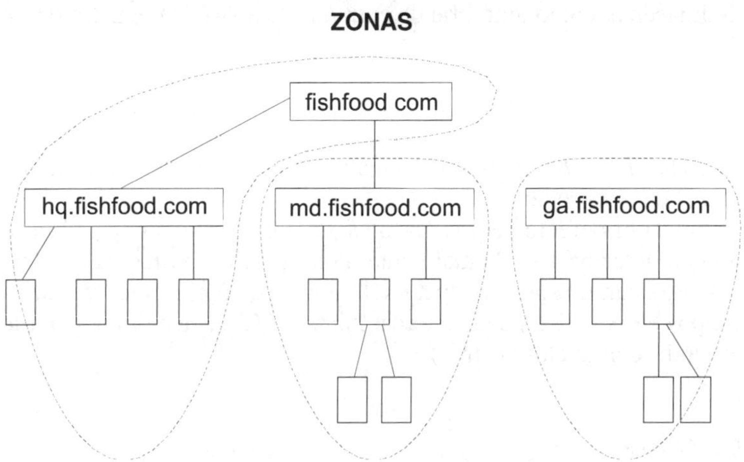

Figura 12.5. *Definición de zonas.*

Transferencia de zona

Para poder acceder a una copia de la información sobre una o más zonas se instala un servidor secundario. Éste obtiene su información del servidor primario de la zona mediante una *transferencia de zona*.

Se puede configurar un servidor secundario para que consiga información de varias zonas, de servidores primarios diferentes. De esta forma, un servidor puede actuar como secundario para varios primarios diferentes. Un servidor puede actuar, incluso, como primario para algunas zonas y secundario para otras. El Sistema de nombres de dominio se diseñó para ser flexible.

DATOS DEL DNS

¿Qué información necesita un Servidor de nombres de dominio para hacer su trabajo? Necesita, al menos:

- Una lista de los servidores *raíz* mundiales para conocer a dónde debe enviar las consultas externas. Se puede copiar un archivo de InterNIC que contiene esta lista del registro.
- Una lista de nombres con sus direcciones correspondientes.
- Una lista de direcciones con sus nombres correspondientes.

ENTRADAS DEL DNS

Los datos del DNS se almacenan como una serie de entradas de texto. Un registro de información contiene:

```
[name] [TTL] [class] Record-Type Record-Data [; comment]
```

El tiempo de vida (TTL - *Time-To-Live*) indica cuánto tiempo debe guardarse un registro en la caché después de almacenarse.

Si se omiten los valores por defecto de *nombre* o *clase*, por defecto son los últimos que se hayan indicado con anterioridad. Actualmente, la *única* clase utilizada es «IN» para Internet, por lo que este campo suele aparecer sólo una vez, en el primer registro.

El orden de los campos *class* y *TTL* puede intercambiarse. *TTL* es numérico y, por lo tanto, no se puede confundir con la clase («IN»).

Registros de recursos

La parte de una entrada de datos que consta de:

```
[TTL] [class] Record-Type Record-Data
```

se denomina un *registro de recursos*, o *RR* (*Resource Record*). Hay varios tipos de registros de recursos, cada uno identificado por un carácter o un acrónimo corto. Los tipos de registros de recursos se muestran en la Tabla 12.1.

EJEMPLO DE ARCHIVO NOMBRE: DIRECCIÓN

En la Figura 12.6 se muestra un archivo que traduce nombres a direcciones para nuestro dominio *fishfood.com*. El archivo contiene varios comentarios, precedidos por el carácter «;».

El registro SOA

El primer registro del archivo es muy importante. Se trata del registro de Inicio de autoridad (SOA):

```
FISHFOOD.COM.    IN   SOA   NS.FISHFOOD.COM.(
                 postmaster.FISHFOOD.COM.
                    94101101.  ; serial number
                        86400  ; refresh after 24 hours
                         7200  ; retry after 2 hours
                      2592000  ; expire after 30 days
                       345600  ; default TTL of 4 days
                            )
```

Tabla 12.1. *Tipos de Registros de recursos*

Tipo de registro	Descripción
SOA	Inicio de autoridad (*Start Of Authority*): identifica el dominio o la zona y fija una serie de parámetros.
NS	Hace corresponder el nombre de dominio con el nombre de una computadora de confianza para el dominio.
A	Hace corresponder el nombre de un sistema con su dirección. Si un sistema, por ejemplo, un encaminador, tiene varias direcciones, habrá un registro diferente para cada una de ellas.
CNAME	Hace corresponder un alias con el *nombre canónico*, verdadero.
MX	Intercambiador de correo (*Mail Exchanger*). Identifica a los sistemas que transmiten correo en la organización.
TXT	Proporciona una forma de añadir comentarios de texto a la base de datos. Por ejemplo, un registro *txt* podría hacer corresponder *fishfood.com* con el nombre, dirección y número de teléfono de la compañía.
WKS	Servicios públicos (*Well-Known Services*). Puede listar los servicios de las aplicaciones disponibles en el host. Se usa muy poco o nada.
HINFO	Información del host (*Host Information*), como el tipo y modelo de computadora. Raramente usado.
PTR	Hace corresponder una dirección de IP con el nombre de un sistema. Usado en archivos dirección - nombre.

El paréntesis en el registro SOA le permite extenderse varias líneas. En el registro se incluyen varios valores de temporización, medidos en segundos. Este registro SOA indica que:

- El servidor *ns.fishfood.com* es primario para el dominio *fishfood.com.*
- Se deben comunicar los problemas a *postmaster@fishfood.com*, cambiando el primer punto por @.

Los servidores secundarios copiarán este archivo completo y obtendrán información importante de los cuatro siguientes elementos del registro SOA. El registro que se muestra anteriormente indica que cada servidor secundario debería:

- Conectarse al primario cada 24 horas.
- Comprobar si su número de serie actual es menor que el del primario. Si es así, se ha actualizado el primario y el secundario necesita realizar una *transferencia de zona*, es decir, copiar en su sistema la base de datos completa para esa zona.
- Si el secundario no logra conectarse a la hora prevista debería intentarlo de nuevo 2 horas más tarde.

```
;        fishfood.com file
FISHFOOD.COM.   IN      SOA     NS.FISHFOOD.COM. (
                                postmaster.FISHFOOD.COM.
                                 94101101  ; serial number
                                    86400  ; refresh after 24 hours
                                     7200  ; retry after 2 hours
                                  2592000  ; expire after 30 days
                                   345600  ; default TTL of 4 days
                                )

FISHFOOD.COM.   IN      NS      NS.FISHFOOD.COM
FISHFOOD.COM.   IN      NS      NS.FISHFOOD.COM

LOCALHOST       IN      A       127.0.0.1
NS              IN      A       172.66.1.1
NS2             IN      A       172.66.1.100
;
MAIL-RELAY      IN      A       172.66.1.2
                IN      TXT     www, ftp on mail-relay
                IN      TXT     gopher on mail-relay
                IN      HINFO   SUN UNIX  ;should not include
;
WWW             IN      CNAME   MAIL-RELAY
FTP             IN      CNAME   MAIL-RELAY
GOPHER          IN      CNAME   MAIL-RELAY
;
FISHFOOD.COM.   IN      MX      1    MAIL-RELAY
*               IN      MX      1    MAIL-RELAY
NS              IN      MX      1    MAIL-RELAY
;
;end of fishfood.com file
;
```

Figura 12.6. *Ejemplo de archivo de traducción de nombre a dirección*

- Si el secundario no es capaz de contactar con el primario en un período de 30 días, debe dar por caducados todos los datos y dejar de responder a consultas.

Los valores que aparecen en el ejemplo son los recomendados[3] para servidores de nivel máximo.

Tiempo de vida

En la RFC 1035, donde se define el protocolo DNS, se estipula que el *TTL* del registro SOA es el valor del plazo *mínimo* permitido para todos los registros. Pero, en realidad, lo

[3] Véase la RFC 1537.

que un administrador quiere hacer es usar el *TTL* del registro SOA como valor por defecto, poniendo valores más pequeños para host determinados cuya información debe cambiar pronto. Las implementaciones siguen esta definición de sentido común en lugar de la recogida en la norma.

En el ejemplo, el *TTL* por defecto es de 4 días. Los valores tienden a oscilar entre un día y una semana, dependiendo de lo estables que suelan ser las entradas de una ubicación.

Terminación de nombres

Un nombre que no termina en . se completa añadiéndole el Nombre de dominio de esa zona, *fishfood.com*. Por tanto, en ese archivo, *ns* corresponde a *ns.fishfood.com*.

Registros de Servidores de nombres (NS)

Los registros de (NS – *Name Server*) indican los Servidores de nombres del dominio. Si hay subzonas se necesitan entradas para los servidores de nombres de las subzonas «hijas» de forma que el servidor de más alto nivel pueda facilitar apuntadores a los servidores de bajo nivel. También se necesitan registros de direcciones para poder acceder a esos servidores hijo. Esos registros de direcciones se denominan registros de *asociación*.

Observe que el servidor de nivel superior *no es* de confianza para esos servidores hijo; a cargo de un servidor hijo puede estar, perfectamente, un administrador diferente.

El administrador del servidor padre debe preocuparse de mantenerse en contacto con los administradores hijos y de actualizar la lista de nombres y direcciones de servidores hijos cuando se producen cambios.

Registros de direcciones

Los registros de direcciones, simplemente hacen corresponder un nombre con una dirección. Así, la dirección de *nsfishfood.com* es 172.66.1.1.

Registros CNAME

Recuerde que se pueden asignar alias a los host para que los usuarios puedan adivinar sus nombres. En el ejemplo, se ejecuta en la misma máquina un servicio de *World Wide Web*, un servicio de transferencia de archivos y un servicio *gopher*, máquina que soporta, además, un servicio de retransmisión de correo. Los registros de nombres canónicos (*CNAME - Canonical Name*) definen los alias de los host y permiten a los usuarios teclear *www.fishfood.com*, *ftp.fishfood.com*, y *gopher.fishfood.com*.

Registros de intercambio de correo

Los servidores de intercambio de correo (MX-*Mail Exchanger*) reenvían correo electrónico entre redes[4]. Hay tres registros *MX* en el archivo que identifica a los servidores MX de *fishfood.com:*

```
fishfood.com.   IN MX 1 MAIL-RELAY
*               IN MX 1 MAIL-RELAY
ns              IN MX 1 MAIL-RELAY
```

De hecho indican que:

- El correo dirigido a *somebody@fishfood.com* debería reenviarse a *mail-relay.fishfood.com.*
- El comodín (*) permite reenviar correo dirigido a host determinados que *no* aparecen listados en el directorio del DNS. El correo dirigido a *somebody@anyhost.fishfood.com* se pasaría a *mail-relay.fishfood.com.*
- El correo dirigido a *somebody@ns.fishfood.com* debería pasarse a *mail-relay.fishfood.com.*

Da la impresión de que el comodín debería hacerse cargo de *ns.fishfood.com.* Entonces, ¿por qué se necesita una declaración independiente? Las reglas establecen que el asterisco sólo se aplica a los sistemas que *no* tienen ningún otro registro en la base de datos del DNS.

Los números que aparecen después de MX se llaman *números de prioridad* y se tratan en el Capítulo 16, que versa sobre correo electrónico.

Registros TXT e HINFO

Los registros TXT no poseen una función real, pero permiten al administrador incluir comentarios en la base de datos.

Los registros HINFO se pueden utilizar para identificar el tipo de hardware y sistema operativo de un sistema. Puesto que los usuarios pueden leer estos datos por medio de un programa como *nslookup,* muchos administradores piensan que los registros HINFO *no* deberían incluirse en la base de datos; ayudan a los *piratas* a encontrar sistemas de los que se conoce algún tipo de vulnerabilidad.

TRADUCCIÓN DE DIRECCIÓN A NOMBRE

¿Por qué querría alguien realizar una consulta inversa y traducir una dirección a un nombre? Algunos programas del sistema recurren a consultas inversas para mejorar el aspecto de presentaciones administrativas. Por ejemplo, la presentación de *netstat* que aparece a continuación muestra todos o parte de los nombres de host en lugar de sus direcciones de IP:

[4] Véase el Capítulo 16.

```
> netstat -a
Active Internet connections (including servers)
Proto  Recv-Q  Send-Q  Local Address   Foreign Address          (state)

tcp         0     121  tigger.nntp     c3po.4809                ESTABLISHED
tcp         0       0  tigger.smtp     news.std.com.1472        TIME_WAIT
tcp         0     925  tigger.1176     sun3.nsfnet-rela.smtp    ESTABLISHED
tcp         0       0  tigger.pop-3    ringotty8.16284          TIME_WAIT
```

Las consultas inversas también se usan en transferencias de archivos y servidores de *World Wide Web*, que crean informes para registrar los nombres de los sistemas que están usando el servicio. *Algunos servicios rechazan a los clientes cuyas direcciones de IP no se corresponden con algún registro de la base de datos de Nombres de dominio.*

Recuerde que las direcciones se han situado en un dominio especial llamado *IN-ADDR.ARPA* y que, puesto que el árbol debe crecer hacia abajo desde la parte más general a la menos general, el orden de los números en cada dirección está invertido. Por esta razón, el subárbol para la red 172.66 se denomina 66.172.in-addr.arpa. En la Figura 12.7 se muestran algunos registros de consulta inversa.

Las entradas también están invertidas. Por ejemplo, la entrada para 100.1 se corresponde con la dirección 172.66.1.100.

FORMATO DE LOS MENSAJES DEL DNS

Los mensajes de consulta y respuesta intercambiados entre los clientes y los servidores del DNS tienen un formato sencillo. Un servidor añade la información requerida a la consulta original y la envía de vuelta. El formato general del mensaje se muestra en la Figura 12.8.

```
66.172.in-addr.arpa.    IN    SOA    NS. FISHFOOD.COM (
                                     postmaster. FISHFOOD.COM.
                                     94101101 ; serial
                                        86400 ; refresh after 24 hours
                                         7200 ; retry after 2 hours
                                      2592000 ; expire after 30 days
                                       345600 ; default TTL of 4 days
                                     )
66.172.in-addr.arpa.    IN    NS     NS.FISHFOOD.COM.
1.1                     IN    PTR    NS.FISHFOOD.COM.
66.172.in-addr,aroa.    IN    NS     NS2.FISHFOOD.COM.
100.1                   IN    PTR    NS2.FISHFOOD.COM.
2.1                     IN    PTR    MAIL-RELAY.FISHFOOD.COM.
```

Figura 12.7. *Tabla de consulta inversa.*

Sección de cabecera

La sección de cabecera contiene los campos que se muestran en la Tabla 12.2.

Sección de consulta

Una consulta contiene los campos que se muestran en la Tabla 12.3. Normalmente, un mensaje contiene una única consulta, pero se permite concatenar varias peticiones en la sección de consulta.

Secciones de respuesta

Las secciones de respuesta, información de autoridad e información adicional se estructuran todas ellas de la misma forma. Consisten en una secuencia de registros de recurso. Los registros de recurso contienen los campos que se muestran en la Tabla 12.4.

La sección de información de autoridad identifica los servidores de nombres de confianza para el dominio. La sección de información adicional proporciona información, como las direcciones de IP de los servidores de nombres de confianza.

TRANSPORTE

Las consultas y respuestas a/del DNS se transmiten normalmente mediante UDP, pero también se permite TCP. TCP se usa para transferencias de zonas.

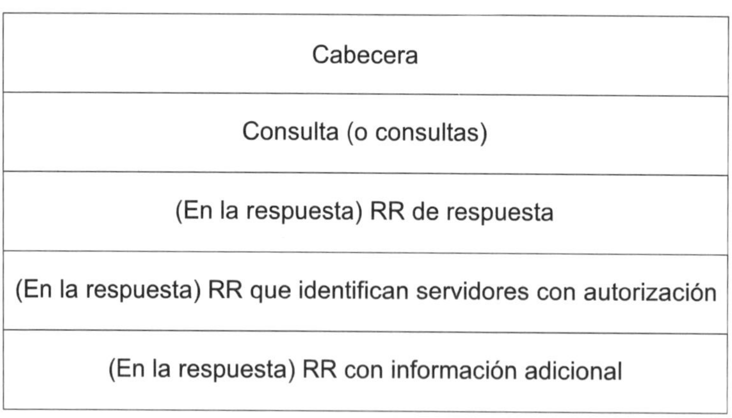

Figura 12.8. *Formato general de mensaje del DNS.*

Tabla 12.2. *Campos de una cabecera de mensaje del DNS.*

Campo	Descripción
ID	Identificador para hacer corresponder una respuesta con su petición.
Parámetros	Consulta o respuesta. Consulta normal o inversa. En respuestas, si es de confianza. En respuestas, si está truncada. Recursivo o no. En respuestas, si la recursión está disponible. En respuestas, código de error.
Número de consultas	Proporcionado en una consulta y en una respuesta.
Número de respuestas	Proporcionado en una respuesta.
Número de registros de autoridad	Proporcionado en una respuesta. La información de los registros de autoridad incluye los nombres de los servidores que contienen los datos de confianza.
Número de registros adicionales	Proporcionado en una respuesta. La información incluye las direcciones de los servidores de confianza.

EJEMPLOS

Algunas implementaciones del programa *nslookup* permiten observar en detalle los intercambios de mensajes. A continuación, se ejecuta *nslookup* en un host de la Universidad de Yale y se pone en funcionamiento un depurado detallado por medio del comando *set d2*.

La consulta pide una traducción de nombre a dirección de *www.microsoft.com*, y la respuesta proporciona dos direcciones. Da la impresión de que hay dos computadoras distintas actuando como servidores de *World Wide Web* para *Microsoft* compartiendo el tráfico del cliente entre ellas. Si un cliente no obtiene respuesta de la primera dirección (porque el sistema está demasiado ocupado), lo intentará con la segunda.

Tabla 12.3. *Campos de una consulta al DNS*

Campo	Descripción
Nombre	Nombre de dominio o dirección de IP en el subárbol IN-ADDR.ARPA.
Tipo	Tipo de consulta, por ejemplo, A o NS.
Clase	IN para Internet, se representa como 1.

Tabla 12.4. *Campos del registro de recursos.*

Campo	Descripción
Nombre	Nombre del nodo para este registro.
Tipo	Tipo de registro, como SOA o A, indicado por un código numérico.
Clase	IN, se representa como 1.
TTL	Tiempo de vida (Time-to-Live), un entero con signo de 32-bit que indica cuánto tiempo el registro puede permanecer en la caché.
RDLENGTH	Tamaño del campo de datos de recursos.
RDATA	La información; por ejemplo, para un registro de direcciones, es la dirección de IP. Para un registro SOA, incluye información más extensa.

```
> nslookup
Server: DEPT-GW.cs.YALE.EDU
Address: 128.36.0.36

> set d2
> www.microsoft.com.
Server: DEPT-GW.cs.YALE.EDU
Address: 128.36.0.36

res_mkquery(0, www.microsoft.com, 1, 1)
------
SendRequest(), len 35
HEADER:
    opcode = QUERY, id = 5, rcode =. NOERROR
    header flags: query, want recursion
    questions = 1, answers = 0, auth. records = 0, additional = 0

QUESTIONS:
    www.microsoft.com, type = A, class = IN
------
------
Got answer (67 bytes):
HEADER:
    opcode = QUERY, id = 5, rcode = NOERROR
    header flags: response, auth. answer, want recursion,
    recursion avail.
    questions = 1, answers = 2, auth. records = 0, additional = 0

QUESTIONS:
    www.microsoft.com, type = A, class = IN
ANSWERS:
    -> www.microsoft.com
       type = A, class = IN, ttl = 86400, dlen = 4
```

```
      inet address = 198.105.232.5
   -> www.microsoft.com
      type = A, class = IN, ttl = 86400, dlen = 4
      inet address = 198.105.232.6
```

La respuesta proporcionada por nuestro servidor local no incluía ningún registro de autoridad o adicional. Sin embargo, el servidor local recibió información de autoridad y adicional de los servidores a los que consultó y ha guardado esa información en la caché.

Si introducimos la consulta de nuevo, la respuesta se recupera de la caché del servidor local. Como la información no es de confianza, el servidor local incluye en su respuesta los nombres y direcciones de los servidores de confianza de *microsoft.com.*

```
> www.microsoft.com.
Server: DEPT-GW.cs.YALE.EDU
Address: 128.36.0.36
res_mkquery(0, www.microsoft.com, 1, 1)
------

SendRequest(), len 35
HEADER:
   opcode = QUERY, id = 8, rcode = NOERROR
   header flags: query, want recursion
   questions = 1, answers = 0, auth. records = 0, additional = 0

QUESTIONS:
   www.microsoft.com, type = A, class = IN

------
------
Got answer (194 bytes):
HEADER:
   opcode = QUERY, id = 8, rcode = NOERROR
   header flags: response, want recursion, recursion avail.
   questions = 1, answers = 2, auth. records = 3, additional     = 3

QUESTIONS:
   www.microsoft.com, type = A, class = IN
   ANSWERS:
   -> www.microsoft.com
      type = A, class = IN, ttl = 86392, dlen = 4
      inet address = 198.105.232.5
   -> www.microsoft.com
      type = A, class = IN, ttl = 86392, dlen = 4
      inet address = 198.105.232.6
AUTHORITY RECORDS:
   -> MICROSOFT.COM
      type = NS, class = IN, ttl = 172792, dlen = 7
      nameserver = ATBD. MICROSOFT. COM
   -> MICROSOFT.COM
```

```
        type = NS, class = IN, ttl = 172792, dlen = 16
        nameserver = DNS1.NWNET.NET
    -> MICROSOFT.COM
        type = NS, class = IN, ttl = 172792, dlen = 7
        nameserver = DNS2.NWNET.NET
ADDITIONAL RECORDS:
    -> ATBD.MICROSOFT.COM
        type = A, class = IN, ttl = 187111, dlen = 4
        inet address = 131.107.1.7
    -> DNS1.NWNET.NET
        type = A, class = IN, ttl = 505653, dlen = 4
        inet address = 192.220.250.1
    -> DNS2.NWNET.NET
        type = A, class = IN, ttl = 505653, dlen    = 4
        inet address = 192.220.251.1
```

Observe que para las dos consultas anteriores, se introdujo «*www.microsoft.com.*» incluyendo el punto final. Si se omite el punto final, la consulta se enviará inicialmente añadiéndole el nombre del dominio local.

Esta demostración se ejecutó en una computadora de Yale, por lo que se añadió el nombre *cs.yale.edu*. El ejemplo que sigue muestra cómo ocurre esto. Esta consulta fallará, pero, a continuación, se enviaría automáticamente una consulta sin etiquetas adicionales al final.

```
> www.microsoft.com
Server: DEPT-GW.cs.YALE.EDU
Address: 128.36.0.36

res_mkquery(0, www.microsoft.com.CS.YALE.EDU, 1, 1)
------
SendRequest(), len 47
HEADER
  opcode = QUERY, id = 6, rcode = NOERROR
  header flags: query, want recursion
  questions = 1, answers = 0, auth. records = 0, additional = 0

QUESTIONS:
www.microsoft.com.CS.YALE.EDU, type = A, class = IN
.  .  .
```

TIPOS ADICIONALES DE REGISTROS

Una forma de extender la utilidad del Sistema de nombres de dominio consiste en definir nuevos tipos de registros. Durante los últimos años, se han propuesto gran número de tipos. Aquellos de utilidad son adoptados por el sistema; otros nunca pasan la etapa experimental.

Hay un tipo de registro que se usa en algunos lugares. El Protocolo de red no orientado a la conexión (CLNP - *Connectionless Network Protocol*) de la capa 3 de la Interconexión para sistemas abiertos (OSI-*Open Systems Interconnect*) se implementa en partes de Internet.

OSI utiliza direcciones de Puntos de acceso al servicio de red (NSAP - *Network Service Access Point)* para encaminar datos hacia un host. Puesto que se necesitan correspondencias entre nombres y direcciones para los host de OSI, se han definido registros nombre-dirección con tipo NSAP para usarlos en las bases de datos del DNS. Las correspondencias entre direcciones y nombres se proporcionan, como siempre, por medio de registros de tipo PTR.

Más adelante se verá que se ha definido un nuevo tipo de registro para traducir de nombres a direcciones en la versión 6 de IP.

PROBLEMAS DEL DNS

El Sistema de nombres de dominio es un servicio crítico. Entradas incorrectas en la base de datos pueden hacer que sea imposible alcanzar los host de las aplicaciones. Puesto que la base de datos está distribuida y los datos se introducen de forma manual por muchos administradores diferentes, no es difícil cometer errores. Algunos problemas típicos son:

- Omitir un punto final en un nombre completo.
- Registros de NS perdidos. A veces un nuevo servidor de nombres no aparece listado en aquellos lugares en los que necesita estar, por ejemplo, en la base de datos de un dominio padre.
- El problema opuesto, *delegaciones débiles*. Una delegación débil es un registro del NS de un servidor de nombres que ha dejado de existir. Puede ocasionar multitud de problemas.
- Fallo al actualizar registros de *asociación*, que proporcionan las direcciones de servidores de nombres de zonas hijas, cuando cambian los servidores de nombres en la zona hija.
- Registros MX incorrectos que apuntan hacia sistemas que no actúan como Intercambiadores de correo para el dominio.
- Olvidar que los comodines de los registros MX *no* sirven para un sistema que ya tiene una entrada en la base de datos. Se necesitan registros MX independientes para estos sistemas.
- Alias que apuntan a otros alias.
- Alias que apuntan a nombres de host desconocidos.
- Registros de direcciones sin los correspondientes registros PTR.
- Registros PTR sin los correspondientes registros de direcciones.

Afortunadamente hay muchas herramientas gratuitas disponibles que ayudan en el depurado del DNS. Se describen en una RFC titulada, apropiadamente, *Tools for DNS Debugging* (*Herramientas para la depuración del DNS*).

LECTURAS RECOMENDADAS

Existen muchos documentos RFC que tratan sobre el Sistema de nombres de dominio. Se mencionan los más importantes.

La RFC 1034 define los conceptos y características de los Nombres de dominio. La RFC 1035 describe la implementación y la especificación de protocolo del Sistema de nombres de dominio. Debe consultarse si se necesitan más detalles acerca de los formatos de mensajes.

La RFC 1713 describe varias herramientas disponibles para la depuración del DNS. Las RFC 1912, 1536 y 1537 describen errores habituales sobre la configuración e implementación del DNS y su corrección.

El libro *DNS and BIND* de Albitz y Liu (O'Reilly & Associates) proporciona una excelente exposición sobre el Sistema de nombres de dominio.

Biblioteca profesional

CAPÍTULO 13

Telnet

INTRODUCCIÓN

¿De qué sirve una red con una rica oferta en aplicaciones si los usuarios no pueden acceder a las distintas computadoras y usar sus aplicaciones? TCP ofrece conectividad entre computadoras, pero existen otros problemas. Durante mucho tiempo dio la impresión de que cada fabricante de computadoras estaba decidido a lanzar al mercado un entorno totalmente propietario. Sólo se podía acceder a una aplicación en el host del fabricante desde terminales especiales manufacturados por él mismo.

El protocolo *telnet* (*terminal networking*) vence las diferencias entre fabricantes y permite a un usuario, conectado a un host de una red, conectarse a cualquier otro host. La emulación de terminal de *telnet* fue la primera aplicación de TCP/IP. El protocolo *telnet* se diseñó, además, como base para comunicaciones entre aplicaciones en general. Conforme las organizaciones se han ido alejando de la herencia de las aplicaciones basadas en terminal, se ha usado cada vez más *telnet* como herramienta para la creación de aplicaciones cliente/servidor. De hecho, *telnet* es el soporte de las interacciones cliente/servidor en la transferencia de archivos, el correo electrónico y la World Wide Web (WWW).

En este capítulo se trata la capacidad de *telnet* para ayudar a un usuario a acceder a una aplicación remota. También se verá lo que ofrece *telnet* al desarrollador de aplicaciones cliente/servidor.

USO DE TELNET PARA CONEXIONES

Telnet permite la emulación de varios tipos de terminal, por lo que se puede acceder a computadoras Unix, sistemas VAX/VMS o grandes computadoras de IBM. Algunas implementaciones de *telnet* disponen de procedimientos especiales de autenticación[1].

Si se ejecuta *telnet* desde un sistema multiusuario, probablemente se manejará una sencilla interfaz de usuario de texto. La utilización de un cliente *telnet* de texto es muy fácil. Basta con teclear:

```
> telnet hostname
```

A menudo, la emulación del IBM 3270 se suministra por separado y se accede a los host de IBM tecleando:

```
> tn3270 hostname
```

La mayoría de la gente consigue utilizar *telnet* sin necesidad de saber nada más. A continuación se muestra una conexión a *tigger* desde una computadora de Yale.

---

[1] Kerberos, del Instituto tecnológico de Massachusetts, es uno de ellos. Con Kerberos, las contraseñas nunca van por la red y se utiliza un procedimiento especial de autenticación cifrada. Puede ser necesario ejecutar algún comando especial, como *kinit*, para comenzar la autenticación de Kerberos. Existen procedimientos más sencillos basados en *Challenge handshakes*.

```
> telnet tigger.jvnc.net
Trying 128.121.50.145 ...
Connected to tigger.jvnc.net.
Escape character is '^]'.

SunOS UNIX (tigger.jvnc.net)

SunOS UNIX (pascal)

login: xxxxx
Password:
Last login: Wed Aug 23 19:24:02
TERM = vt100, PRINTER = lp
```

Los productos *telnet* de escritorio ofrecen funciones adicionales añadidas, como la elección del tipo de terminal a emular de una lista, salvar toda o parte de la sesión en un archivo de registro, configurar el teclado o almacenar toda la información necesaria para acceder a un lugar que se visita con frecuencia. Algunas de esas características se muestran en la Figura 13.1.

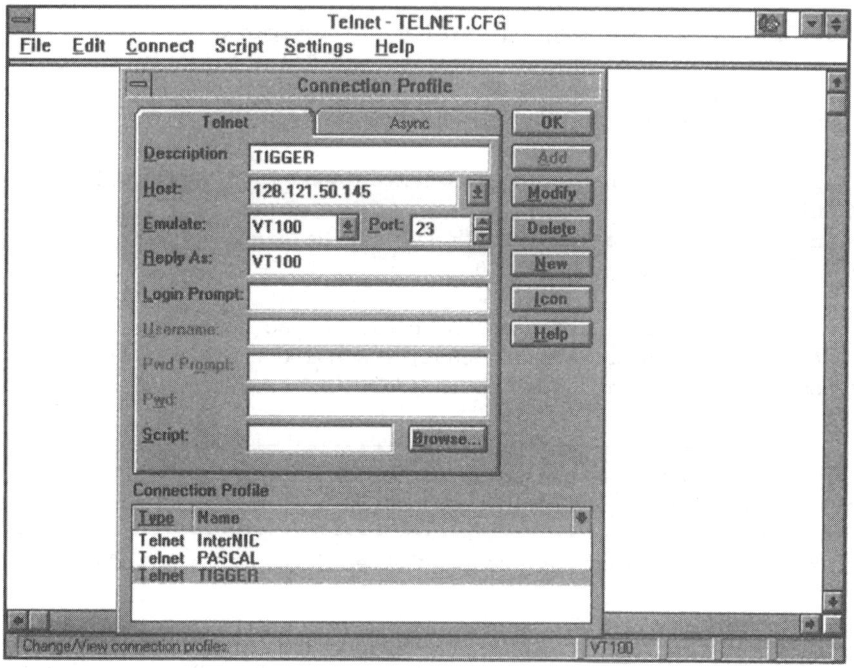

Figura 13.1. *Aplicación telnet de escritorio de Chameleon.*

ACCESO A UN PUERTO CONCRETO POR MEDIO DE TELNET

El puerto 23 es el puerto público normalizado para el terminal virtual de *telnet*. Cuando un cliente se conecta al puerto 23, la respuesta normal es un cursor para introducir un ID de conexión y una contraseña.

Pero, puesto que *telnet* se diseñó como herramienta general de comunicaciones entre aplicaciones, incluye una alfombra mágica que puede llevar al cliente a cualquier puerto. Por ejemplo, en el diálogo que aparece a continuación nos conectamos a un popular servicio de noticias meteorológicas de la Universidad de Michigan que funciona en el puerto 3000 y no requiere ID de conexión ni contraseña.

```
> telnet madlab.sprl.umich.edu 3000
Trying 141.213.23.12 ...
Connected to madlab.engin.umich.edu.
Escape character is '^]'.
---------------------------------------------------------------------
* University of Michigan                                            *
* WEATHER UNDERGROUND                                               *
---------------------------------------------------------------------

*                                                                   *
* College of Engineering, University of Michigan                    *
* Department of Atmospheric, Oceanic, and Space Sciences            *
* Ann Arbor, Michigan 48109-2143                                    *
* comments: ldm@cirrus.sprl.umich.edu                               *
*                                                                   *
* With Help from: The National Science Foundation supported         *
* Unidata Project                                                   *
* University Corporation for Atmospheric Research                   *
* Boulder, Colorado 80307-3000                                      *
*     *
*   Commercial, for-profit users should contact our data provider,  *
*  Alden Electronics, 508-366-8851 to acquire their own data feed.  *
* comments: ldm@cirrus.sprl.umich.edu                               *
*                                                                   *
---------------------------------------------------------------------
* NOTE:— > New users, please select option «H» on the main menu:    *
* H) Help and information for new users                             *
---------------------------------------------------------------------
Press Return for menu, or enter 3 letter forecast city code:
```

La posibilidad de acceder con *telnet* a cualquier puerto ha demostrado ser muy conveniente. También se ha convertido en una potencial fuente de problemas de seguridad cuando los piratas invaden un lugar a través de un programa deficientemente, que se ejecuta en algún puerto sin restricciones.

MODELO DE EMULACIÓN DE TERMINAL DE TELNET

Como se muestra en la Figura 13.2, un usuario en un terminal real interacciona con el programa *cliente de telnet* local. El programa cliente de *telnet* tiene que aceptar las pulsaciones del teclado del usuario, interpretarlas y mostrar la salida en la pantalla del usuario de forma consistente con la emulación en uso.

El cliente *telnet* abre una conexión de TCP con el servidor *telnet,* al que se accede por el puerto público 23. El servidor *telnet* interacciona con las aplicaciones y asiste en la emulación de un terminal nativo.

Terminal virtual de red

Para conseguir iniciar una sesión, ambos extremos intercambian información utilizando un protocolo muy sencillo llamado Terminal virtual de red (NVT - *Network Virtual Terminal).*

El protocolo de NVT se modeló en un antiguo teclado semidúplex y una impresora funcionando línea a línea. NVT posee unas características bien definidas:

- Los datos del NVT se componen de caracteres USASCII de 7 bits aumentados a 8 bits por medio de un 0 inicial.
- Los datos se envían línea a línea.
- Cada línea termina con una combinación de caracteres ASCII de Retorno de carro (CR - *Carriage Return*) y Salto de línea (LF - *Linefeed*).
- Los bytes cuyo bit inicial (más significativo) es 1 se usan para códigos de comandos.

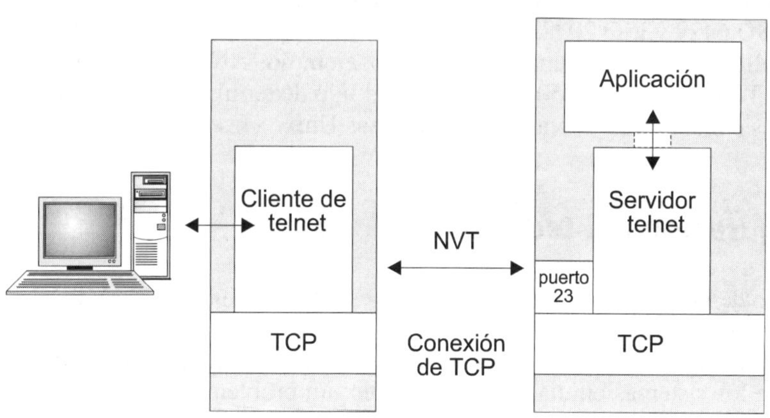

Figura 13.2. *Cliente y servidor telnet.*

- El protocolo es «semidúplex». Después de enviar una línea, el cliente espera hasta recibir una línea del servidor. El servidor envía sus datos y, a continuación, un comando *«Adelante»* (*Go Ahead*), indicando al cliente que ya puede enviar otra línea.

TIPOS COMUNES DE TERMINALES

Normalmente el cliente y el servidor permanecen en modo NVT muy poco tiempo, lo necesario para negociar el tipo de terminal a emular, como un ASCII VT100 o un IBM 3270.

En los años transcurridos desde que se introdujo *telnet,* se han añadido muchas emulaciones de terminal al protocolo.

Terminales ASCII

Los terminales ASCII se usan con computadoras Unix y VAX de Digital Equipment Corporation. Los terminales ASCII se caracterizan por:

- *Eco remoto* de cada carácter. Esto es, cada carácter se envía al host remoto y se reenvía de vuelta antes de aparecer en la pantalla del usuario. Es muy duro para la red.
- *Transmisión dúplex.* Los caracteres viajan en las dos direcciones simultáneamente. El servidor *no* necesita enviar códigos de control de «*Adelante*».
- Soporte para aplicaciones *interactivas* de pantalla completa (con mucha carga de red).
- Conjunto de caracteres ASCII mayor que el de NVT.

Las características básicas de los terminales ASCII se definen en las normas ANSI X3.64, ISO 6429 y ISO 2022. Han existido muchos productos de terminal ASCII, cada uno de ellos con alguna función extra (por ejemplo, ANSI, VT52, VT100, VT220, TVI950, TVI955, y WYSE50). A menudo, el tipo de terminal VT100 es el que se emula para las conexiones remotas a computadoras Unix.

Configuración del teclado

El teclado de una PC o de una Macintosh no es idéntico a un teclado VT100 o 3270. Un producto *telnet* suele disponer de una forma de configurar teclas individuales, o combinaciones de teclas de control, para realizar funciones disponibles normalmente en los teclados de los sistemas emulados. Por ejemplo, un problema que aparece en los terminales *VTXXX* consiste en que el carácter del comando utilizado para borrar un carácter mal tecleado no está normalizado. Algunos terminales usan *Backspace* mientras otros usan *Del.*

En los sistemas Unix, normalmente se personaliza el teclado del terminal por medio de referencias a entradas de un archivo de configuración llamado */etc/termcaps*. La pantalla de configuración de *telnet* de *Chameleon* para Windows que se muestra en la Figura 13.3 es mucho más sencilla de usar. Permite arrastrar teclas desde el teclado superior y soltarlas sobre la tecla adecuada de la PC. Por ejemplo, si se quisiera que una tecla *Backspace* de la PC enviara el código *Del,* bastaría con arrastrar la tecla *Del* del teclado *VT100* hasta la tecla *Backspace* del teclado de la PC.

Terminales IBM 3270 y 5250

Una gran computadora de IBM necesita, a menudo, dar servicio a cientos o miles de terminales interactivos. Durante muchos años, se han usado sistemas propietarios con el terminal 3270 para acceder a las grandes computadoras de IBM. Esos terminales estaban optimizados para aplicaciones de procesado de datos.

Los terminales 3270 operaban en *Modo de bloque,* lo que significa que un usuario trabaja con una pantalla de datos cada vez. Cuando el usuario pulsa INTRO u otra tecla de función, se envía al host la información de la pantalla. El teclado se bloquea y el host procesa los datos. A continuación el host envía de vuelta una o más pantallas de datos. Cuando el host termina, desbloquea el teclado. Los 3270 se caracterizan por:

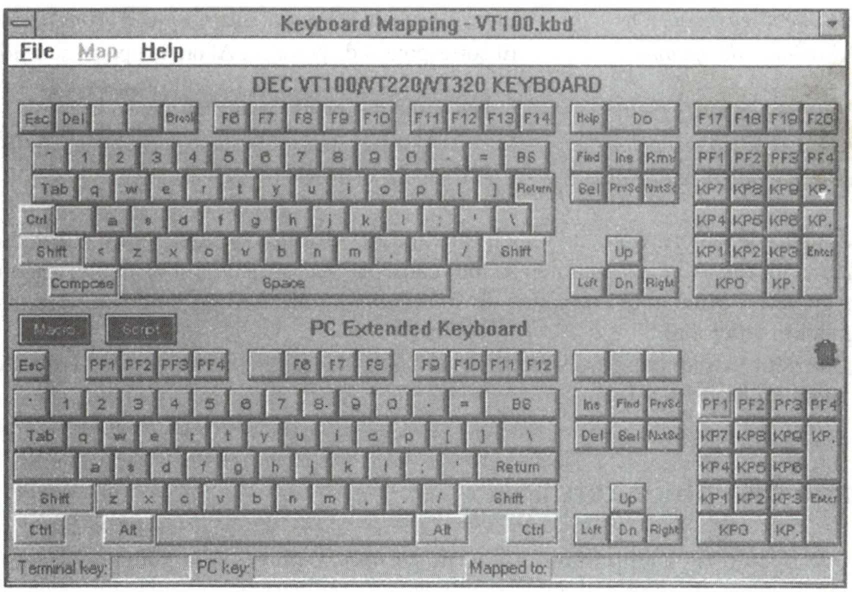

Figura 13.3. *Correspondencia de teclados arrastrando y soltando.*

- Códigos EBCDIC de 8 bit.
- Comunicación semidúplex.
- Modo de bloque.

Los terminales IBM 5250, para acceder a computadoras AS/400, también tienen esas características.

OPCIONES

Las características de emulación de terminal se establecen intercambiando comandos que negocian *opciones telnet*. Cualquiera de los extremos puede pedir a su corresponsal que *realice* (*DO*) una opción en particular, como «hacer eco de caracteres individuales». El corresponsal puede aceptar o rehusar. Cualquiera de los extremos puede ofrecerse para *realizar* (*WILL*) alguna opción. De nuevo, el corresponsal puede aceptar o no.

Existen cuatro intercambios petición/respuesta que suelen ocurrir durante la negociación de opciones:

DO (*código de opción*)	Pide al corresponsal que realice una opción.
WILL (*código de opción*)	El corresponsal acepta. Ahora la opción se realiza.
DO (*código de opción*)	Pide al corresponsal que realice una opción.
WON'T (*código de opción*)	El corresponsal rehusa. El estado no cambia.
WILL (*código de opción*)	Indica deseo de comenzar una opción.
DO (*código de opción*)	El corresponsal da permiso. Ahora la opción se realiza.
WILL (*código de opción*)	Indica deseo de comenzar una opción.
DON'T (*código de opción*)	El corresponsal rehusa. El estado no cambia.
WON'T (*código de opción*)	Confirma que el estado no va a cambiar.

Al inicio de la conexión, hay muchas peticiones de opciones que van y vuelven entre los interlocutores. A veces, también se intercambian opciones en mitad de una sesión. Algunas opciones señalan el comienzo de *subnegociaciones,* en las cuales se intercambia información adicional.

¿Qué ocurre si ambas partes rechazan todas las peticiones de opciones? La sesión se mantendrá en modo NVT.

Opción de tipo de terminal

Hay una opción muy importante, *Tipo de terminal*, que utiliza subnegociación. Un cliente que envía *WILL TERMINAL TYPE* quiere indicarle al servidor los tipos de terminal que puede emular. Si el servidor está dispuesto a ver esta información, responde con *DO TERMINAL TYPE*.

Posteriormente, en una subnegociación, el servidor pide al cliente que indique uno de los tipos de terminal que puede emular y el cliente responde. El servidor puede repetir la petición hasta que, o bien el cliente proporciona un tipo que es aceptable para el servidor, o bien la lista de tipos disponibles por el cliente se termina. Los identificadores formales de tipo de terminal, como DEC-VT100, HP-2648, o IBM-3278-2 se definen en el documento RFC (*Assigned Numbers*).

Negociación de opciones del VT100

En el diálogo de ejemplo que aparece a continuación, se ejecuta *telnet* y se introduce *toggle options* para hacer que *telnet* nos muestre sus negociaciones. Entonces se usa *open* para iniciar una conexión. Los interlocutores negocian una emulación ASCII VT100 seleccionando las siguientes características:

- El servidor no enviará *Adelante* (*Go Aheads*) porque la sesión será dúplex.
- Se utilizará una subnegociación de *Tipo de terminal* para indicar el tipo concreto de terminal ASCII a emular.
- El servidor hará eco de los caracteres del cliente.

Ninguna de las partes necesita esperar una respuesta a una petición de opción antes de enviar otra petición. Ni siquiera un negociador tiene que responder a las opciones en el mismo orden en que las recibió. Como resultado, a veces para entender una serie de negociaciones hay que desenredarla.

```
> telnet
telnet> toggle options
Will show option processing.
telnet> open cantor.cs.yale.edu
Trying 128.36.12.26 ...
Connected to cantor.cs.yale.edu.
Escape character is '^]'.

SENT do SUPPRESS GO AHEAD
SENT will TERMINAL TYPE (reply)
RCVD do TERMINAL TYPE (don't reply)
RCVD will SUPPRESS GO AHEAD (don't reply)
RCVD will ECHO (reply)
SENT do ECHO (reply)

login:
```

Negociación de opciones del 3270

Para establecer una emulación 3270 se utiliza un intercambio similar. El diálogo que aparece a continuación muestra la negociación de opciones para una conexión de un 3270 a un host VM de IBM. En este ejemplo, el host remoto muestra la subnegociación de tipo de terminal por la pantalla. Los interlocutores negocian una emulación IBM 3278 Modelo 2 seleccionando las siguientes características:

- Una *subnegociación* de tipo de terminal identifica el terminal 3270 específico a emular, un 3278 modelo 2.
- Tanto el cliente como el servidor solicitan opciones de *Fin de registro* (*END OF RECORD*) para establecer el entorno de Modo de bloque utilizado por los 3270.
- Ambas partes acuerdan usar datos BINARIOS (*BINARY*) de 8 bits para representar los caracteres de flujo de datos del 3270.

```
> tn3270

tn3270> toggle options
Will show option processing.

tn3270> open uoft.utoledo.edu
Trying...
Connected to uoft.utoledo.edu.
RCVD do TERMINAL TYPE (reply)
SENT will TERMINAL TYPE (don't reply)
Received suboption Terminal type - request to send.
Sent suboption Terminal type is IBM-3278-2.
RCVD do END OF RECORD (reply)
SENT will END OF RECORD (don't reply)
RCVD will END OF RECORD (reply)
SENT do END OF RECORD (reply)
RCVD do BINARY (reply)
SENT will BINARY (don't reply)
RCVD will BINARY (reply)
SENT do BINARY (reply)

RUNNING
```

CONTROL DE UN CLIENTE TELNET DE TEXTO

De vez en cuando, quizá queramos interaccionar con un cliente *telnet* de texto para establecer o mostrar sus parámetros. Podemos obtener información de nuestra implementación ejecutando *telnet* y tecleando «?» o «*help*» para averiguar los comandos locales.

```
> telnet

telnet> ?
Commands may be abbreviated. Commands are:

close     close current connection
display   display operating parameters
```

```
mode      try to enter line-by-line or character-at-a-time mode
open      connect to a site
quit      exit telnet
send      transmit special characters ('send ?' for more)
set       set operating parameters ('set ?' for more)
status    print status information
toggle    toggle operating parameters ('toggle ?' for more)
z         suspend telnet
?         print help information
```

Una vez dentro del entorno *telnet*, se usa el comando *open* para conectarse a un host remoto.

```
telnet> open plum.math.yale.edu
Trying 130.132.23.16 ...
Connected to plum.math.yale.edu.
Escape character is '^]'.

login: xxxxxxxx

Password: xxxxxxxx

Last login: Sat Dec 28 06:30:44 from golem.cs.yale.ed
Sun UNIX 4.2 Release 3.4 (Plum-EGP) #3: Tue Aug 2 10:25:24 EDT 1988
***********************************************************************
*                                                                     *
*        Welcome to the Yale Mathematics Department's Fabulous        *
*                              ** Plum  **                            *
***********************************************************************
You have mail.
```

Secuencia de control importante

¿Cómo puede cambiar un usuario las características de una sesión activa o abortar una sesión? Siempre se reserva una secuencia de control del teclado que significa *salida al modo de comandos de telnet*. La secuencia por defecto habitual es CONTROL y], se suele representar por ^]. Esta secuencia de escape la puede definir el usuario. Observe el comentario que aparece en el diálogo anterior, tres líneas después de iniciar la conexión con *plum.math.yale.edu*:

```
Escape character is '^]'.
```

Continuemos el diálogo a partir de este punto. Después de introducir la secuencia de escape, aparece un cursor de *telnet* y podemos observar el estado de la sesión actual:

```
^]
telnet> status
Connected to plum.math.yale.edu.
```

```
Operating in character-at-a-time mode.
Escape character is '^]'.
```

Después de ejecutar un comando, se vuelve al modo de emulación de terminal.

Para introducir otro comando de control, tenemos que introducir otra secuencia de escape. Vamos a pedirle a *telnet* que muestre sus atributos actuales:

```
^]
telnet> display
will flush output when sending interrupt characters.
won't send interrupt characters in urgent mode.
won't map carriage return on output.
won't recognize certain control characters.
won't process ^S/^Q locally.
won't turn on socket level debugging.
won't print hexadecimal representation of network traffic.
won't show option processing.

[^E]  echo.
[^]]  escape.
[^?]  erase.
[^O]  flushoutput.
[^C]  interrupt.
[^U]  kill.
[^\]  quit.
[^D]  eof.
```

CARACTERÍSTICAS DE NVT

En las próximas secciones se tratará la estructura de *telnet* con más detalle y se obtendrá una idea de las características que *telnet* puede ofrecer a un programador que esté desarrollando una aplicación cliente/servidor.

Después de completar la negociación de opciones, una emulación de terminal particular puede proporcionar un abundante repertorio de caracteres y símbolos gráficos para la interacción entre un usuario y una aplicación.

Sin embargo, cuando se usa *telnet* para construir aplicaciones cliente/servidor, a menudo la mayoría o todas las interacciones ocurren simplemente en modo NVT. Por lo tanto, veamos las características de una sesión NVT normal.

Juego de caracteres de NVT

Los octetos que se envían en una sesión NVT representan caracteres USASCII y comandos de *telnet*. Existen 128 caracteres USASCII. 95 son letras, números, símbolos y signos de puntuación imprimibles; 33 son caracteres ASCII de control, como el *tabulador horizontal*. USASCII se diseñó como un conjunto de códigos de 7 bit. Los caracteres USASCII se transmiten como octetos con el bit más significativo a 0.

«Impresora» de NVT

Durante una sesión básica NVT, el servidor de *telnet* envía caracteres y controles a la *impresora* de NVT del cliente, es decir, a la pantalla del usuario. La pantalla de NVT sólo puede mostrar los 95 caracteres USASCII imprimibles, que se corresponden con los caracteres ASCII del 32 al 126.

El servidor puede usar un pequeño repertorio de caracteres ASCII de control para manipular la pantalla del cliente. Se muestran en la Tabla 13.1. En esta tabla, los códigos ASCII se han traducido a números decimales.

Interacción cliente/servidor telnet de NVT

Recuerde que una interacción de NVT es semidúplex, lo que significa que, en un momento dado, o bien el cliente de *telnet* o bien el servidor de *telnet* está al mando:

- En cuanto el cliente de *telnet* envía una línea terminada con CR y LF, el control pasa al servidor.
- El servidor envía líneas de salida al cliente. Al final de cada línea de salida, el servidor utiliza CR y LF para pasar a la siguiente línea de la pantalla del cliente.
- El cliente de *telnet* acepta la salida del servidor y puede volver a introducir una entrada después de recibir del servidor la secuencia de códigos de control *Adelante* (*Go Ahead*).

Observe que las líneas que se envían a través de la sesión de *telnet* terminan con CR LF, independientemente de lo que usen los host cliente y servidor como caracteres locales de fin de línea. Cada host traduce sus caracteres de fin de línea a, y desde, los caracteres de fin de línea de *telnet*.

Tabla 13.1. *Controles de impresión de NVT*

Descripción	**Código ASCII**
Nulo (Null) (para tiempo de relleno)	0
Timbre (Bell), emite una señal audible	7
Retroceso (Backspace), mover un espacio a la izquierda	8
Tabulador horizontal (Horizontal tab)	9
Salto de línea (Line feed)	10
Tabulador vertical (Vertical tab)	11
Salto de página (Form feed) (salta al comienzo de la «página» siguiente)	12
Retorno de carro (Carriage return)	13

COMANDOS DE TELNET

Antes de que las redes fueran algo habitual, los terminales se unían directamente a las computadoras. El sistema operativo de la computadora interpretaba inmediatamente las teclas que pulsaba el usuario.

Había algunas teclas especiales de control que hacían que el sistema operativo despertara y se diera cuenta. Por ejemplo, un usuario de un terminal ASCII podía pulsar las teclas CONTROL y C a la vez, escrito ^C, para pedir al sistema operativo que terminase la aplicación que se estaba ejecutando.

Durante una sesión de *telnet,* es necesario traducir los códigos de control a comandos de *telnet* y pasarlos al sistema operativo del extremo *remoto* de la conexión de red. Por lo tanto, el programa cliente de *telnet* tiene que manejar en bruto todas las teclas pulsadas por el usuario, traducir las teclas especiales de control a comandos de *telnet* y pasar estos comandos al servidor de *telnet.*

Los comandos de *telnet* se representan con un byte de *Interpretar como comando* (IAC - *Interpret As Command),* seguido de uno o más bytes de código:

Interpretar como comando es X'FF o, en decimal, 255.

El cliente de *telnet* envía secuencias de comandos al servidor para realizar funciones útiles, como:

Pausa (*BRK*)	Envía una pausa o señal de atención al proceso de la aplicación remota.
Interrumpir proceso (*IP*)	Indica al sistema operativo remoto que detenga el programa de la aplicación remota que está en ejecución, por ejemplo, para detener un programa que está en un bucle.
Abortar la salida (*AO*)	Pide a la aplicación del servidor que no envíe el resto de la salida de la operación actual.
¿Estás ahí? (*AYT*)	Solicita al servidor que muestre una indicación de que el servidor continúa en funcionamiento.
Borrar carácter (*EC*)	Un usuario que teclea un carácter erróneo al escribir una línea de datos normalmente lo corrige utilizando la tecla de retroceso (*Backspace)* o de borrado (*Del).* Al operar en modo ASCII carácter a carácter, los caracteres ya se han enviado a la aplicación remota, por lo que debe enviarse el comando EC a través de la conexión.
Borrar línea (*EL*)	Pide a la aplicación remota que borre la línea actual.

Se pueden enviar los comandos incluso después de la negociación, cuando los interlocutores ya no están en el modo NVT básico. Pero supongamos que la negociación permite a los interlocutores enviar datos binarios. ¿Cómo se puede reconocer una secuencia de comandos? La forma de hacerlo consiste en que cada vez que aparece X'FF como dato, el emisor lo duplica. El receptor elimina el duplicado. Cuando el receptor ve llegar un único X'FF, o un número impar de ellos, detecta que se trata de un comando.

Resulta sencillo ver lo útiles que pueden ser los comandos de *telnet* para el desarrollo de productos cliente/servidor. Por ejemplo, el resultado de pulsar el botón *STOP* de un editor de la World Wide Web podría ser el envío de un comando *Abortar la salida*, para detener la carga de una imagen muy grande o de un documento muy extenso.

Por cierto, lo más sencillo para entender las posibilidades de *telnet* es pensar en un usuario final trabajando en el lado del cliente y una aplicación en el lado del servidor. Pero es importante destacar que cuando se usa *telnet* como herramienta de desarrollo, pueden enviarse comandos en ambas direcciones.

Señales de sincronismo

Para algunas funciones, como *Interrumpir proceso*, el hecho de introducir un comando dentro del flujo de datos no sirve para resolver el problema. Cuando un terminal real envía una interrupción, el sistema operativo del host la detecta de inmediato. El host detiene enseguida la aplicación que se ejecuta en ese momento.

Pero *telnet* se ejecuta sobre una sesión de TCP que entrega los datos *en orden*. Y, normalmente, el servidor remoto de *telnet* procesa todos los datos que recibe también *en orden*.

Puede pasar algún tiempo antes de que el servidor de *telnet* vea el comando de interrupción escondido en el flujo de datos de entrada.

El cliente quiere captar la atención del servidor y decirle: «Elimina todos los caracteres que no sean comandos y tengas almacenados *hasta este momento*». El cliente indica al servidor que lo haga enviando un segmento especial de TCP denominado *Señal de sincronismo* (*Synch signal*).

- Este segmento aparece etiquetado como de *Datos urgentes*.
- El servidor eliminará todo lo que no sean comandos hasta que le llega un código especial de comando llamado de *Marca de datos* (DM - *Data Mark*).
- Una DM indica el punto en que el servidor *deja de* eliminar datos.

Cuando llega el segmento de Señal de sincronismo, el servidor extrae del flujo de datos los comandos de NVT y desecha el resto, hasta que llega la Marca de datos. El servidor ejecuta los comandos de NVT. Después de la Marca de datos, continúa el funcionamiento normal.

Codificación de los comandos más comunes

En la Tabla 13.2 aparece una lista de acrónimos de algunos de los comandos más habituales así como el valor decimal de su código. Todos ellos van precedidos de 255 (X'FF) cuando se envían a través de la conexión de *telnet*.

Codificación de las peticiones de opciones

Las peticiones de opciones se codifican con tres bytes: un código de IAC, un octeto de petición y un código de opciones. Por ejemplo, la representación decimal de la secuencia para *WILL TERMINAL TYPE* es:

IAC	WILL	TERMINAL TYPE
255	251	24

Esta es una de las opciones que permite iniciar una subnegociación. Por tanto, puede haber un intercambio de subnegociaciones:

SERVIDOR:

IAC	SB	TERMINAL TYPE	SEND	IAC	SE
255	250	24	1	255	240

CLIENTE:

IAC	SB	TERMINAL TYPE	IS	DEC-VT220	IAC	SE
255	250	24	0	DEC-VT220	255	240

Tabla 13.2. *Códigos de comando de telnet.*

Acrónimo	Comando	Código
EOF	End of File (Fin de archivo)	236
SUSP	Suspend Current Process (Suspender proceso en curso)	237
ABORT	Abort Process (Abortar proceso)	238
EOR	End of Record (Fin de registro)	239
NOP	No Operation (Sin operación)	241
DM	Data Mark (Marca de datos)	242
BRK	Break (Pausa)	243
IP	Interrupt Process (Interrumpir proceso)	244
AO	Abort Output (Abortar la salida)	245
AYT	Are You There (¿Estás ahí?)	246
EC	Erase Character (Borrar carácter)	247
EL	Erase Line (Borrar línea)	248
GA	Go Ahead (Adelante)	249

En la Tabla 13.3 aparecen los valores en decimal de los códigos de negociación y subnegociación. También se incluyen los números de código asociados a algunas de las opciones más utilizadas. Los parámetros de subnegociación y los números de opciones adicionales se definen en varias RFC que tratan de las opciones de *telnet* y se encuentran descritas en la RFC *Assigned Numbers*.

Más sobre opciones

Se han escrito más de 30 RFC que detallan opciones para definir características especializadas. Algunas opciones interesantes incluyen:

- La capacidad de sondear al corresponsal para saber los parámetros de la opción actual. Se envía una petición de estado y se recibe una respuesta por medio de una subnegociación.
- La negociación del tamaño de la ventana. Los corresponsales acuerdan que el cliente puede realizar una subnegociación para informar al servidor del alto y ancho de la ventana que se va a usar para la sesión de *telnet*. Esta característica es útil cuando se ejecuta una sesión de *telnet* en una estación basada en ventanas.

No es necesario que una implementación permita todas, ni siquiera la mayoría, de las opciones definidas. Dos de las opciones que se utilizan para la emulación del 3270 tienen características especiales:

- Transmitir en binario (*Transmit Binary*). Comenzar a transmitir datos binarios de 8 bits. Recuerde que las sesiones del 3270 de IBM se realizan en binario.
- Fin de registro (*End of Record*). El interlocutor que recibe la orden de fin de registro (*DO END-OF-RECORD)* usará un código de control estándar de IAC 239 para señalar un fin de registro en su flujo de datos.

Recuerde que, incluso después de pasar a modo binario, se pueden enviar los comandos de *telnet* al interlocutor duplicando los caracteres de escape de IAC.

USO DE TELNET

Desde el punto de vista de los usuarios que quieren acceder a las aplicaciones por medio de emulaciones de terminales ASCII o IBM, la característica más importante de *telnet* es la capacidad de negociar opciones y de realizar emulaciones. Pero para los programadores de aplicaciones, un NVT básico de *telnet* ofrece gran número de funciones cliente/servidor que sería difícil y tedioso enumerar. Como hemos visto, un NVT básico tiene capacidad para:

- Saber si la aplicación del otro extremo está viva.
- Señalar una pausa.

Tabla 13.3. *Códigos de negociación y de opciones.*

Petición	Código
Códigos de negociación	
WILL	251
WON'T	252
DO	253
DON'T	254
SB Start Subnegotiation (Inicio de subnegociación)	250
SE End Subnegotiation (Fin de subnegociación)	240
Opción del comando	Código
Ejemplos de códigos de opción	
Transmit Binary (Transmitir en binario)	0
Echo (Eco)	1
Suppress Go Ahead (Suprime Adelante)	3
Status (Estado)	5
Timing Mark (Marca de tiempo)	6
Output Line Width (Ancho de línea de salida)	8
Output Page Size (Tamaño de página de salida)	9
Extended ASCII (ASCII extendido)	17
Data Entry Terminal (Terminal de entrada de datos)	20
Terminal Type (Tipo de terminal)	24
End of Record (Fin de registro)	25
Window Size (Tamaño de ventana)	31
Terminal Speed (Velocidad del terminal)	32
Remote Flow Control (Control de flujo remoto)	33
Linemode (Modo de línea)	34
Authentication (Autenticación)	37
Encryption (Cifrado)	38
Extended Options List (Lista extendida de opciones)	255

- Pedir que se interrumpa el proceso remoto en curso.
- Utilizar una Señal de sincronismo para indicarle al otro extremo que deseche todos los datos que no sean comandos de *telnet*.
- Decirle al otro extremo que elimine los datos de salida pendientes en lugar de enviarlos.

TEMAS DE SEGURIDAD

En nuestros días, hay un uso generalizado de las LAN de difusión. Incluso muchas organizaciones utilizan una LAN de difusión del tipo Interfaz de datos distribuidos por fibra (FDDI - *Fiber Distributed Data Interface*) como red troncal.

Para un usuario de una PC o una Macintosh resulta muy sencillo obtener software que convierta un sistema de escritorio en un «fisgón» que pueda espiar el tráfico de la LAN. Muchas estaciones Unix poseen esa capacidad incorporada, basta con que el dueño de la estación la habilite.

Tradicionalmente, un usuario «demostraba» su identidad enviando una contraseña secreta a un host. Pero en un entorno con una LAN de difusión, enviar un identificador de usuario y una contraseña «tal cual» a través de la red es casi tan peligroso como contarlos a voz en grito en una habitación llena de gente. Basta con que cualquiera se tome la molestia de escuchar.

Solo cifrar la contraseña no resulta de gran ayuda. Un espía puede extraer la versión cifrada de la contraseña y enviar *eso* para acceder a nuestra cuenta. Se necesita un mecanismo seguro de autenticación.

Autenticación en telnet

Existe una opción de *autenticación* en *telnet* que permite a los interlocutores de *telnet* llegar a un acuerdo para utilizar una identificación segura y para negociar el método de autenticación específico. El escenario es:

- El servidor envía una petición de autenticación (DO *AUTHENTICATION*).
- El cliente envía una confirmación (*WILL AUTHENTICATION*).

A partir de este punto, se intercambiará toda la información por medio de mensajes de subnegociación.

- El servidor envía un mensaje con una lista de parejas de autenticación. Cada pareja incluye el *tipo de autenticación* que se va a usar y un modificador con información adicional, donde se indica si sólo enviará autenticación el cliente o si tanto el cliente como el servidor necesitan demostrar su identidad.
- El cliente envía un simple identificador de usuario o ID de cuenta.

- El cliente elige una de las parejas de autenticación de la lista. Entonces envía un mensaje en el que identifica el tipo de autenticación e incluye datos de autenticación. Dependiendo del protocolo, puede necesitar más de un mensaje.
- El servidor acepta la autenticación.
- Si la autenticación va a ser mutua, el cliente pide al servidor sus datos de autenticación.
- El servidor responde con un mensaje que incluye sus datos de autenticación.

La Autoridad de asignación de números de Internet (IANA - *Internet Assigned Numbers Authority*) es la encargada de registrar los tipos de autenticación, asignándoles un código numérico. Los códigos y tipos actuales incluyen:

Código	Tipo
1	KERBEROS_V4
2	KERBEROS_V5
3	SPX
6	RSA
10	LOKI
11	SSA

En las implementaciones actuales se están haciendo populares los *Challenge handshakes* y las tarjetas de ID seguro.

TEMAS DE EFICIENCIA

Telnet tiene algunos problemas serios de eficiencia. *Telnet* es muy poco eficiente cuando emula un terminal ASCII como el VT100. Los segmentos que envía el cliente a menudo contienen un único carácter o sólo unos pocos caracteres. Hay que hacer eco de cada carácter. Se utiliza mucha cabecera para transmitir sólo unos pocos datos.

Cada aplicación interactiva tiene una interfaz de usuario diferente, con comandos, códigos de control y convenciones particulares. Significa que hay que entrenar a los usuarios para que puedan utilizar la aplicación y, a veces, tardan mucho tiempo en ser eficientes.

En nuestros días, muchas aplicaciones nuevas se construyen de forma que el usuario pueda acceder a la información por medio de un cliente normalizado, como puede ser un editor de la World Wide Web. El programador de aplicaciones necesita escribir una interfaz entre una aplicación nueva y un servidor de la Web. Pero en ese caso los usuarios pueden trabajar con una interfaz de usuario uniforme y familiar.

X WINDOWS

Recientemente, se han diseñado muchas aplicaciones para una interfaz de terminal X normalizada, en lugar de hacerlo para terminales propietarios. El Sistema X-Window, diseñado y desarrollado en el Instituto de tecnología de Massachusetts, permite a un usuario ejecutar varias aplicaciones concurrentes en diferentes ventanas de su pantalla. X-Window no se preocupa de dónde está localizada una aplicación. De hecho, cada aplicación puede estar ejecutándose en una computadora diferente de la red.

El protocolo X-Window ofrece a las aplicaciones una forma uniforme de manejar la entrada y salida de una ventana de la pantalla. Se ha diseñado para ser independiente del hardware, del sistema operativo y del tipo de red. Las implementaciones actuales corren sobre TCP/IP.

El protocolo puede ejecutarse en una estación de trabajo o en una computadora multiusuario que controla pantallas de mapas de bits. Existen muchos productos dedicados para pantallas de X-Window. El soporte para X-Window está muy extendido y existen herramientas de desarrollo de aplicaciones muy funcionales. A menudo, los productos para TCP/IP incluyen herramientas de desarrollo para X-Window.

El uso de X-Window tiene algunos inconvenientes. Para dibujar la pantalla fluye una enorme cantidad de datos hacia la estación, es un gran consumidor de ancho de banda.

También existen problemas de seguridad asociados a X-Window. No resulta sencillo evitar que un proceso se disfrace para aparentar ser una fuente de datos legítima.

LECTURAS RECOMENDADAS

En la RFC 854 se define el protocolo de *telnet*. Las opciones que definen los diferentes tipos de terminales se han publicado en: la RFC 1205 para la emulación del 5250, la RFC 1096 para posición en la pantalla X, la RFC 1053 para la opción X.3 del PAD, la RFC 1043 para terminales de entrada de datos y la RFC 1041 para gestión del 3270. La opción de tipo de terminal se trata en la RFC 1091 y la opción del tamaño de ventana puede encontrase en la RFC 1073. En la RFC 1184 se describe la opción de modo de línea de *telnet*. En las RFC desde la 855 hasta la 861 se describen otras opciones de emulación utilizadas con frecuencia.

En la RFC 1416 se describe la opción de autenticación de *telnet*. En la RFC 1510 se presenta el Servicio de autenticación de red de Kerberos.

Biblioteca profesional

CAPÍTULO 14

Protocolo de transferencia de archivos

INTRODUCCIÓN

En un entorno de red, es natural que se quiera copiar archivos entre distintas computadoras. ¿Por qué a veces es tan complicado? Los fabricantes de computadoras han ideado cientos de sistemas de archivos. Estos sistemas difieren en docenas de detalles menores, ¡y también en unos cuántos detalles importantes! No es sólo un problema de que haya múltiples fabricantes. A veces es difícil copiar archivos entre dos tipos diferentes de computadoras de un mismo fabricante.

Cuando se trabaja en un entorno multisistema pueden aparecer, entre otros, los siguientes problemas:

- Convenciones diferentes para nombrar los archivos.
- Reglas diferentes para recorrer los sistemas de directorios.
- Restricciones de acceso a archivos.
- Formas diferentes de representar texto y datos dentro de los archivos.

Los diseñadores del conjunto de protocolos de TCP/IP no trataron de crear una solución general muy complicada que resolviera cualquier problema de transferencia de archivos. En lugar de ello, crearon un *Protocolo de transferencia de archivos* (FTP - *File Transfer Protocol*) bastante básico, pero elegante, útil y fácil de usar.

El Protocolo de transferencia de archivos se ha diseñado para su uso de forma interactiva por usuarios finales o por programas de aplicación. Aquí limitaremos la explicación al servicio de FTP de usuario final interactivo más familiar, disponible en todas las implementaciones de TCP/IP.

La interfaz de usuario desarrollada para el cliente de transferencia de archivos del Unix de Berkeley se ha implementado en muchos tipos de computadoras multiusuario. En este capítulo se verán diálogos de usuario final de esa interfaz de texto, así como algunas interfaces gráficas de usuario.

Las funciones esenciales de transferencia de archivos permiten a los usuarios copiar archivos de un sistema a otro, ver listados de directorios y realizar tareas normales, como cambiar de nombre o borrar archivos. Esas funciones forman parte del conjunto de protocolos normalizados de TCP/IP.

El Protocolo trivial de transferencia de archivos (TFTP - *Trivial File Transfer Protocol*), del que se trata al final de este capítulo, es un Protocolo de transferencia de archivos sencillo que se usa en situaciones especiales como cuando se carga software en encaminadores, puentes o estaciones de trabajo sin disco.

FTP PÚBLICO Y PRIVADO

Normalmente los sistemas de computadoras piden al usuario que introduzca un ID de conexión y una contraseña para poder ver o manipular los archivos. Sin embargo, a veces es útil crear un área pública de archivos. El FTP ofrece dos tipos de servicios para adaptarse tanto al acceso a información pública compartida como al acceso a archivos privados:

- Acceso a archivos públicos por medio de conexiones «anónimas».
- Acceso a archivos privados, restringido a usuarios que poseen un identificador de conexión al sistema y una contraseña.

Diálogo introductorio

El diálogo que aparece a continuación demuestra cómo se puede copiar un archivo del repositorio público de documentos de RFC, situado en el Servicio de datos de InterNIC de AT&T.

Actualmente muchas personas disponen de Interfaces gráficas de usuario (GUI - *Graphical User Interfaces*) para la transferencia de archivos, y más adelante se mostrará una de ellas. Sin embargo, la interfaz de texto ofrece una excelente idea de la forma real de operar del protocolo, por lo que, de momento, nos conectaremos a InterNIC usando un cliente de texto.

El registro de archivos de InterNIC es público, por lo que accederemos con el identificador *ftp*. Tradicionalmente, los sistemas públicos se configuraban para que aceptasen el identificador de acceso *anonymous* (*anónimo*). En la acualidad la mayoría acepta *ftp*, que es más sencillo de escribir. Los servidores de transferencia de archivos públicos esperan que se introduzca el identificador de correo electrónico como contraseña.

Cada vez que la aplicación de FTP local espera una entrada del usuario aparece el cursor *ftp>*. Las líneas que comienzan por números contienen mensajes del servidor de archivos remoto.

`> ` **`ftp ftp.internic.net`**	El comando ftp hace que comience el programa de la interfaz de usuario del cliente de FTP. El usuario quiere conectarse al host remoto ftp.internic.net.
`Connected to ftp.ds.internic.net.`	El cliente local de FTP avisa que se ha conectado con éxito.
`220- InterNIC Directory and Database Services`	Este mensaje llega directamente del sistema remoto.
`220- . . .`	Omitimos el mensaje de bienvenida.
`220 ds.internic.net FTP server ready.`	
`Name (ftp.internic.net:sfeit):` **`ftp`**	El cliente local de FTP pide un identificador de usuario. InterNIC aceptará *ftp*.
`331 Guest login ok, send ident as password.`	
`Password:`	El cliente local de FTP pide una contraseña. Introducimos la respuesta apropiada, que es nuestro identificador de correo.
`230 Guest login ok, access restrictions apply.`	
`ftp>`	El cursor *ftp>* significa «¿Qué quieres hacer ahora?».

`ftp>` **`cd rfc`**	El usuario cambia al directorio remoto rfc, que contiene los documentos de la RFC.
`250 CWD command successful.`	El comando *cd* se envió al servidor como el comando formal *cwd* (cambio de directorio de trabajo, *change working directory*). El directorio en el servidor es ahora rfc y ya se puede transferir un documento RFC.
`ftp>` **`get rfc1842.txt myrfc`**	Se quiere una copia de *rfc1842.txt*. Para copiar el archivo se abre una segunda conexión.
`200 PORT command successful.`	El cliente local de FTP ha obtenido un segundo puerto y ha enviado un comando *PORT* al servidor, diciéndole que se conecte a ese puerto.
`150 Opening ASCII mode data connection for rfc1842 txt(24143 bytes).`	Se abre la conexión de datos para la transferencia de archivos.
`226 Transfer complete.`	La transferencia ha terminado.
`local: newfile remote: rfc1842.txt`	Se ha creado un nuevo archivo local.
`24818 bytes received in 0.53 seconds (46 Kbytes/s)`	
`ftp>` **`quit`**	Suficiente por ahora.
`221 Goodbye.`	

Con el primer comando se ha pedido al servidor que cambie al directorio *rfc*. Después se ha copiado el documento remoto *rfc1842.txt* en un archivo local llamado *myrfc*. Si no hubiésemos indicado un nombre de archivo, se le habría asignado el mismo nombre que al archivo remoto.

FTP permite escribir nombres de archivos remotos igual que lo habrían hecho los usuarios de ese host remoto. Cuando se copia un archivo a la computadora local, se le puede asignar un nombre local. Si no se hace, FTP traducirá el nombre de archivo remoto, si es necesario, a un formato aceptable por el host local. A veces esto puede originar que algunos caracteres se conviertan a mayúsculas o que haya que truncar los nombres.

El Protocolo de transferencia de archivos tiene un estilo peculiar de funcionamiento. Cada vez que se necesita copiar un archivo se abre una segunda conexión para la transferencia de datos. En el diálogo precedente, después del comando *get,* el cliente local de FTP consiguió un puerto adicional y le indicó al servidor quc abriera una conexión con ese puerto. No se vio ese comando de salida, pero sí la respuesta:

```
200 PORT command successful.
150 Opening ASCII mode data connection for rfc1842.txt (24143 bytes).
```

En la Figura 14.1 puede verse como se accede a otro archivo público utilizando el cliente de transferencia de archivos *Chameleon* para Windows, con una Interfaz gráfica de usuario.

Se pueden copiar archivos arrastrándolos desde una ventana a otra o pulsando la flecha de copiar. Ofrece la posibilidad de teclear un nombre local en el campo de entrada de la izquierda, bajo la etiqueta «Files».

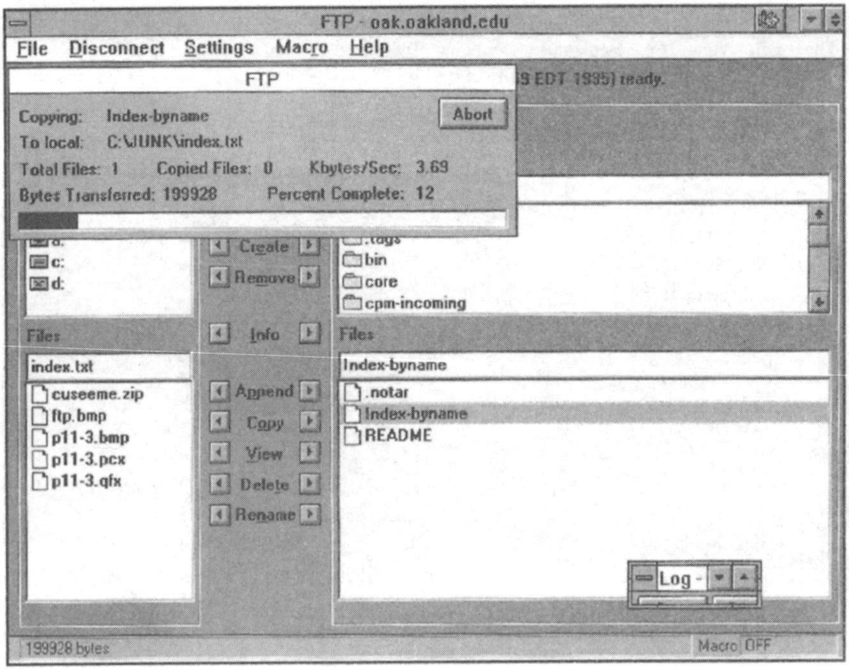

Figura 14.1. *Transferencia de archivos utilizando Chameleon.*

En la Figura 14.2 se accede al mismo lugar por medio del cliente de transferencia de archivos de *Netscape*. Se copia un archivo pulsando sobre su nombre. Si es un archivo de texto aparecerá en la pantalla y lo podremos guardar con el comando *Guardar* del menú *Archivo*. Si se trata de un archivo binario, aparecerá cuadro de diálogo que preguntará dónde se desea guardar.

MODELO DE FTP

Como se puede observar del diálogo anterior, un usuario interacciona con un proceso del *cliente local* de FTP. El software del cliente local entabla una conversación formal con el proceso del *servidor remoto* de FTP a través de una *conexión de control*. Cuando el usuario final introduce un comando de transferencia o de gestión de archivos, el comando se traduce a uno de los acrónimos especiales de la conexión de control.

En el fondo, la conexión de control no es más que una simple sesión del NVT de *telnet*. El cliente envía comandos al servidor a través de la conexión de control y el servidor envía respuestas de vuelta al cliente a través de la misma.

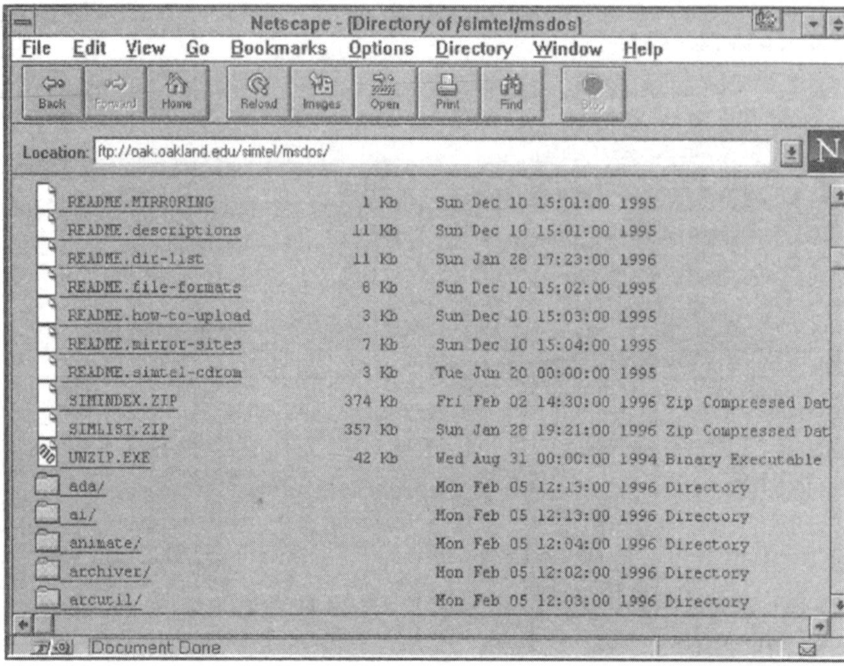

Figura 14.2. Transferencia de archivos utilizando Netscape.

Si el usuario pide una transferencia de archivos, se abre una conexión de datos independiente y el archivo se copia a través de dicha conexión. También se utilizan conexiones de datos para transmitir los listados de directorios. En la Figura 14.3 se muestra este modelo. El servidor utiliza normalmente el puerto 20 para su extremo de la conexión de datos.

Durante el diálogo de la sección anterior, el usuario final solicitó un cambio de directorio para copiar un archivo. Esta petición se convirtió en un comando formal de FTP y se envió al servidor remoto de FTP a través de la conexión de control. La transferencia del archivo se realizó por la conexión de datos independiente que se creó al efecto.

COMANDOS DE FTP

¿Qué tipo de comandos se pueden enviar a través de la conexión de control? Hay comandos de autenticación que permiten a un usuario declarar el identificador, la contraseña y la cuenta que va a utilizar para un conjunto de actividades de FTP.

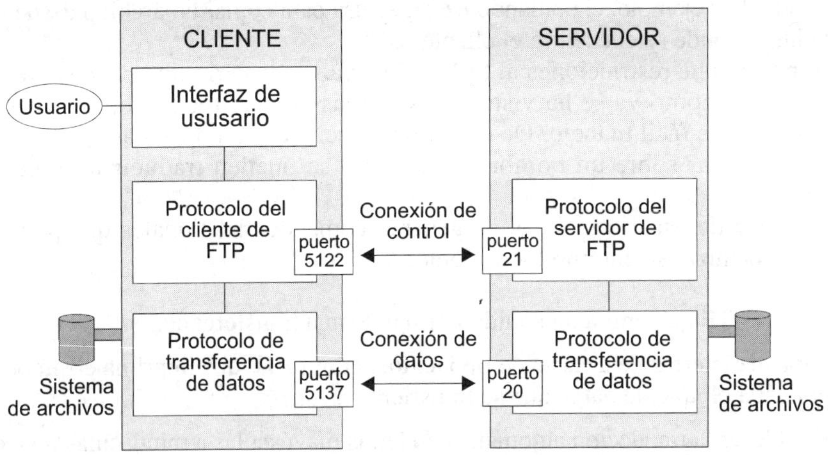

Figura 14.3. *Conexiones de control y de datos de FTP.*

Hay comandos de transferencia de archivos que permiten al usuario:

- Copiar un único archivo de un host a otro.
- Copiar varios archivos de un host a otro.
- Añadir un archivo local a un archivo remoto.
- Copiar un archivo y añadir un número al nombre para que sea un nombre único [1].

Hay comandos de gestión de archivos que permiten al usuario:

- Listar los archivos de un directorio.
- Identificar el directorio en uso y cambiar de directorio.
- Crear y eliminar directorios.
- Cambiar el nombre a un archivo o borrarlo.

Hay comandos de control que permiten al usuario:

- Indicar si se va a transferir texto ASCII, texto EBCDIC o datos binarios.
- Establecer si el archivo está estructurado como una serie de bytes o como una secuencia de registros.
- Describir cómo se va a transferir el archivo, por ejemplo, como un flujo de octetos.

[1] Por ejemplo, se podría recuperar un archivo diario de notas de forma que se llame automáticamente notas1, notas2 y así sucesivamente.

Los comandos que se envían a través de la conexión de control tienen un formato normalizado. Por ejemplo, el comando *RETR* se usa para copiar un archivo desde un servidor al lugar donde se encuentra el cliente.

FTP no impone restricciones al tipo de interfaz de usuario que pueda suministrar un vendedor y, como ya se ha visto, los sistemas de escritorio proporcionan ingeniosos clientes de fácil manejo. De este modo, acciones como teclear «*get*», arrastrar un icono o pulsar sobre un nombre de archivo se pueden traducir a un comando *RETR*.

La interfaz de usuario incluye, en general, comandos adicionales que permiten al usuario personalizar su entorno local, como:

- Pedir a FTP que emita un sonido al final de una transferencia.
- Para una interfaz de usuario de tipo texto, pedir a FTP que imprima el símbolo «#» por cada bloque de datos que se transfiera.
- Establecer la traducción automática de letras mayúsculas a minúsculas o viceversa en un nombre de archivo o crear una tabla para traducir automáticamente los caracteres de los nombres de los archivos transferidos.

Se puede obtener el conjunto completo de funciones disponibles en un host dado, por medio de la opción de ayuda del cliente de FTP. Para obtener mayor información deben consultarse los manuales del sistema.

Uso de comandos en un diálogo de texto

Aunque muchos usuarios prefieren las Interfaces gráficas de usuario disponibles en sus sistemas, una interfaz de usuario de texto revela muchos de los aspectos internos del Protocolo de transferencia de archivos.

El diálogo de texto que se muestra a continuación comienza con una pantalla de ayuda. Hay muchos comandos que tienen sinónimos, como *ls* o *dir* para pedir información del directorio, *put* o *send* para copiar un archivo en un host remoto y *bye* o *quit* para salir de FTP.

Se pueden copiar varios archivos usando *mget* o *mput* utilizando denominaciones con «comodines globales». Por ejemplo, *mget a** obtiene una copia de todos los archivos cuyo nombre empiece con la letra a. Esto funcionará si la opción *global* está activada; las denominaciones con comodines se activan y desactivan tecleando *glob*.

En el diálogo, hemos activado la opción de depuración para obtener información de la forma de trabajo del protocolo:

- Las líneas que comienzan por —> muestran los mensajes que envía el servidor remoto a través de la conexión de control.
- Las líneas que comienzan con un número muestran los mensajes que envía el servidor para presentar el resultado de un comando.

```
plum-feit > ftp
ftp> help
Commands may be abbreviated. Commands are:

!          cr           macdef     proxy        send
$          delete       mdelete    sendport     status
account    debug        mdir       put          struct
append     dir          mget       pwd          sunique
ascii      disconnect   mkdir      quit         tenex
bell       form         mls        quote        trace
binary     get          mode       recv         type
bye        glob         mput       remotehelp   user
case       hash         nmap       rename       verbose
cd         help         ntrans     reset        ?
cdup       lcd          open       rmdir
close      ls           prompt     runique

ftp> debug
Debugging on (debug =1).

ftp> open tigger.jvnc.net
Connected to tigger.jvnc.net.
220 tigger.jvnc.net FTP server (Version wu-2.4(l) Fri Apr 15 13:54:36
EDT 1994)
ready.
```

Se introduce un identificador de usuario y una contraseña reales para poder acceder a los archivos privados.

```
Name (tigger.jvnc.net:sfeit): feit
--> USER feit
331 Password required for feit.
Password:
--> PASS abcd1234
230 User feit logged in.
```

El comando *status* muestra las opciones establecidas en la sesión de FTP. Muchas de ellas se explicarán más adelante en este mismo capítulo. De momento, observe que el *Tipo* de datos es ASCII. FTP asume con frecuencia que, por defecto, vamos a transferir archivos de texto.

```
ftp> status
Connected to tigger.jvnc.net.
No proxy connection.
Mode: stream; Type: ascii; Form: non-print; Structure: file
Verbose: on; Bell: off; Prompting: on; Globbing: on
Store unique: off; Receive unique: off
Case: off; CR stripping: on
Ntrans: off
Nmap: off
Hash mark printing: off; Use of PORT cmds: on
```

A continuación se pide un listado del directorio. Los listados de los directorios pueden ser largos, por lo que FTP envía los listados de directorios en una conexión de datos:

```
ftp> dir
```

FTP necesita un puerto para la transferencia de datos. El cliente envía un comando *PORT* en el que indica su dirección de IP (4 bytes) y el nuevo puerto (2 bytes) que se va a usar para transferir datos. Los bytes se traducen a decimal y se separan por comas. La dirección de IP 128.36.4.22 se escribe 128,36,4,22. El puerto 2613 se convierte en 10,53.

```
-- PORT 128,36,4,22,10,53
200 PORT command successful.
```

El servidor abrirá una conexión con esta dirección de conector (*socket*). *LIST* es el mensaje formal para pedir un listado de directorio detallado:

```
-- LIST
```

En este momento el servidor abre la conexión con el puerto anunciado por el cliente:

```
150 Opening ASCII mode   data connection for /bin/ls.
total 531
-rw-r—r— 1 feit   tigers        0 Oct 24 1994    .addressbook
-rw-r—r— 1 feit   tigers     2808 Sep 23 1994    .article
-rw-r—r— 1 feit   tigers      397 Mar 14 1993    .cshrc
. . .
-rw-r—r— 1 feit   tigers      3113 Jul 31 13:29   subnets
-rw-r—r— 1 feit   tigers     59901 Jun  5 17:48  typescript
226 Transfer complete.
2239 bytes received in 0.31 seconds (7 Kbytes/s)
```

La conexión de datos se cierra tan pronto como se transmite el listado del directorio. A continuación vamos a obtener un archivo.

```
ftp> get subnets
```

El cliente indica una nueva dirección de conector para la transferencia del archivo. Observe que esta vez se utiliza el puerto 2614 (10,54) del cliente.

```
—> PORT 128,36,4,22,10,54
200 PORT command successful.
—> RETR subnets
150 Opening ASCII mode data connection for subnets (3113 bytes).
226 Transfer complete.
```

La conexión de datos se cierra tan pronto como se termina la transferencia del archivo.

```
local: subnets remote: subnets
3187 bytes received in 0.27 seconds (11 Kbytes/s)
ftp> quit
-> QUIT
221 Goodbye.
plum-feit>
```

Observe que el escenario de la conexión de datos era:

- El cliente local consiguió un puerto y utilizó la conexión de control para decirle al servidor de FTP el número de dicho puerto.
- El servidor de FTP se conectó al nuevo puerto de datos del cliente.
- Se transfirieron los datos.
- Se cerró la conexión.

Es posible un escenario alternativo. Si el cliente envía un comando *PASV*, el servidor le enviará un número de puerto y esperará una conexión de datos del cliente. En el pasado predominaba el uso de *PORT*. El cliente necesita utilizar *PASV* cuando transfiere archivos a través de un cortafuegos sencillo para el filtrado de seguridad que no permite que se establezcan conexiones entrantes. Se describirá con más detalle más adelante en este capítulo.

Alguna vez se pide la transferencia de un archivo muy grande y se descubre que no era el archivo que se quería transferir. Una buena implementación permitirá al usuario interrumpir la transferencia. En una interfaz de texto esto se hace, normalmente, generando una interrupción por medio de una combinación como *CONTROL-C*. Una Interfaz gráfica de usuario dispondrá de un botón *Abortar*.

TIPO DE DATOS, ESTRUCTURA DE ARCHIVO Y MODO DE TRANSFERENCIA

En un diálogo de transferencia de archivos los dos extremos necesitan conocer el formato de los datos que se van a transmitir. ¿Es texto o datos binarios? ¿Están los datos estructurados en registros o en bloques?

Para definir el formato de transferencia se utilizan tres atributos: tipo de datos, estructura de archivo y modo de transmisión. Los valores que pueden tener esos atributos se describen en las siguientes secciones. El caso más habitual es:

- Se transfiere texto ASCII o datos binarios.
- El archivo carece de estructura y aparece como una cadena de bytes.
- El modo de transferencia consiste en enviar los archivos como flujos de bytes.

Sin embargo, hay algunas excepciones notables. Algunos host organizan los archivos de texto como una serie de registros. Los host de IBM utilizan la codificación EBCDIC para sus archivos de texto. Y, con frecuencia, los host de IBM prefieren intercambiar archivos entre ellos como una serie de bloques con formato, en lugar de como un flujo de bytes.

En las siguientes secciones se describirán las opciones disponibles para tipo de datos, estructura de archivo y modo de transferencia.

Tipo de datos

Un archivo puede contener texto ASCII, texto EBCDIC o una imagen de datos binarios [2]. Un archivo de texto puede contener texto ordinario o con formato para una impresora. Un archivo de texto de impresora contiene códigos de formato vertical que pueden ser:

- Controles de formato vertical del NVT de *telnet* (por ejemplo, <CR>, <LF>, <NL>, <VT>,<FF>).
- Controles de formato vertical del ASA (FORTRAN).

El tipo de datos por defecto es texto ASCII no imprimible. Se modifica el tipo de datos enviando el comando formal *TYPE* a través de la conexión de control.

Transferencia de texto ASCII

Aunque el texto ASCII es un «estándar», las computadoras se las arreglan para utilizarlo de forma diferente. El problema que aparece con más frecuencia consiste en que las computadoras usan códigos diferentes para representar el final de línea. Los sistemas basados en Unix usan <LF>, las PC usan <CR><LF> y las Macintosh usan <CR>.

Para evitar problemas, el FTP que envía convierte un archivo local de texto ASCII al formato del NVT y el receptor lo convierte de nuevo a su formato local particular. Por ejemplo, si se copia un archivo de texto desde un sistema Unix a una PC, todos los códigos de fin de línea <LF> de Unix se almacenarán como <CR><LF> en la PC.

Transferencia de texto EBCDIC

Los host que admiten EBCDIC proporcionarán una interfaz de usuario adecuada que origine el envío del comando *TYPE E* a través de la conexión de control. Los caracteres de texto EBCDIC se envían con su formato normal de 8 bit. Las líneas terminan con el carácter EBCDIC de nueva línea <NL>.

---

[2] También existe un tipo llamado *local* o *byte lógico* para adaptarse a las computadoras que tienen un tamaño de byte inusual, como bytes de 11 bit.

Transferencia de datos binarios

Es sencillo pasar de ASCII estándar a datos binarios. Con una interfaz de usuario de texto basta con teclear el comando *binary* (*binario*). Con una Interfaz gráfica de usuario basta con pulsar el botón con la etiqueta «binario». El cliente cambiará de tipo enviando el comando formal *TYPE I* a través de la conexión de control.

¿Qué ocurre si nos olvidamos de cambiar de ASCII a binario al copiar un archivo binario? Las buenas implementaciones de FTP nos avisarán que estamos a punto de hacer algo peculiar y nos permitirán cambiar de opción. Desgraciadamente, muchas implementaciones simplemente seguirán adelante y cambiarán «amablemente» todos los bytes binarios que parezcan códigos de fin de línea, añadiendo o eliminando bytes. Algunas implementaciones realmente malas comenzarán la transferencia y se interrumpirán a la mitad.

Estructura de archivo

Las dos estructuras disponibles[3] son:

- *Estructura de archivo* (*File-structure),* lo que significa sin ninguna estructura. El archivo aparece como una secuencia de bytes.
- *Estructura de registro* (*Record-structure),* que se aplica a un archivo compuesto por una secuencia de registros.

La *estructura de archivo* es la más habitual y se usa por defecto en el protocolo. Esta estructura se cambia a *registro* enviando el comando formal *STRU R* a través de la conexión de control.

Modo de transmisión

El modo de transmisión, combinado con la estructura de archivo, determina cuál será el formato de los datos durante la transferencia. Los tres modos de transmisión son *flujo* (*stream*), *bloque* (*block*) y *comprimido* (*compressed*).

- En modo flujo con estructura de archivo, el archivo se transmite como un flujo de bytes. FTP confía en que TCP garantizará la integridad de los datos y no inserta ni cabeceras ni delimitadores entre los datos. La única forma de señalar que se ha llegado al final del archivo es terminando la conexión de datos.
- Para modo flujo con estructura de registro, cada registro se delimita con un código de control de Fin de registro (EOR - *End Of Record*) de dos bytes. El Fin de archivo (EOF - *End Of File*) se representa con otro código de 2 bytes[4].

[3] Se introdujo un tercer tipo, *estructura de página* (*page-structure*), para manejar los archivos TOPS-20 de DEC y ahora ha quedado obsoleto.

[4] EOR es X'FF 01 y EOF es X'FF 02. Para el último registro del archivo, EOR y EOF se pueden representar como X'FF 03. Si el archivo contiene un byte todo a 1, debe enviarse como X'FF FF.

8 bits	16 bits
Banderas del descriptor	Cuenta de bytes
Fin de bloque es EOR Fin de bloque es EOF reiniciar el marcador	Número de bytes siguientes

Figura 14.4. *Formato de cabecera usado para transferencias FTP en modo bloque.*

- En modo bloque, se transmite un archivo como una serie de bloques de datos. Cada bloque comienza con una cabecera de 3 bytes. La cabecera tiene el formato que se muestra en la Figura 14.4.
- Raramente se dispone del modo comprimido, ya que sólo proporciona un método muy burdo de comprimir cadenas de bytes repetidos. Normalmente el usuario utilizará uno de los programas de compresión que existen para comprimir el archivo antes de comenzar la transferencia. Entonces se transferirá el archivo como datos binarios.

Un bloque puede contener un registro completo, o bien, un registro puede ocupar varios bloques. Observe que el descriptor contiene:

- Un indicador de Fin de registro para identificar el límite del registro.
- Un indicador de Fin de archivo que indica si el bloque es el último en la transferencia del archivo.
- Un Marcador de reinicio que indica si ese bloque contiene una cadena de texto que puede utilizarse para identificar un punto de reinicio en el caso de que la transferencia falle en un momento posterior.

El modo de flujo es el que se utiliza con más frecuencia y es el que se toma por defecto. El modo se cambia a bloque enviando el comando formal *MODE B* a través de la conexión de control.

Una ventaja del uso de la estructura de registro o del modo bloque consiste en que el final del archivo aparece claramente identificado por lo que se puede mantener activada la conexión utilizándola para varias transferencias.

En el diálogo visto anteriomente, la respuesta al comando de estado incluía la sentencia:

```
Mode: stream; Type: ascii; Form: non-print; Structure: file
```

Es decir, el valor por defecto para transferencia de datos era flujo, para tipo de datos era ASCII no imprimible y la organización del archivo era estructura de archivo, que en realidad significa sin estructura.

PROTOCOLO FTP

El Protocolo de transferencia de archivos incluye muchos elementos:

- Los comandos y parámetros relacionados que se envían por la conexión de control.
- Los códigos numéricos devueltos en respuesta a los comandos.
- El formato de los datos a transmitir.

El conjunto de comandos de FTP que se puede enviar sobre la conexión de control se resume en las próximas secciones. Este conjunto ha ido creciendo regularmente con los años y es bastante amplio. Sin embargo, los host no tienen por qué implementar todos los comandos que aparecen más adelante.

A veces la interfaz local no dispone directamente del comando que el usuario quiere enviar (pero está disponible en el host remoto). Una buena implementación dispondrá del comando *quote* (*citar literalmente*), que permite escribir el comando formal tal como se quiere enviar. Esa expresión se transmitirá a través de la conexión de control exactamente como fue tecleada. Por tanto, puede resultar de utilidad conocer los comandos formales y sus parámetros.

Comandos de control de acceso

Los comandos y parámetros que definen el acceso de un usuario a un archivo de un host remoto aparecen definidos en la Tabla 14.1.

Comandos de gestión de archivos

Los comandos de la Tabla 14.2 permiten a un usuario ejecutar en el host remoto funciones típicas de acceso a directorios y gestión de archivos. El directorio de trabajo es aquel en que uno se encuentra en cada momento.

Comandos que establecen el formato de los datos

Los comandos de la Tabla 14.3 se usan para establecer la combinación de formato de los datos, estructura de archivos y modo de transmisión que se utilizará al copiar archivos.

Comandos de transferencia de archivos

Los comandos de la Tabla 14.4 establecen conexiones de datos, copian archivos y permiten realizar recuperación de reinicio.

Tabla 14.1. Comandos de autorización de acceso a archivos

Comando	Definición	Parámetro(s)
USER	Identifica al usuario	Identificador
PASS	Suministra una contraseña	Contraseña
ACCT	Suministra una cuenta	ID de la cuenta
REIN	Reinicializa al estado de comienzo	Ninguno
QUIT	Desconexión	Ninguno
ABOR	Aborta el comando anterior y la transferencia de datos asociada	Ninguno

Otros comandos

El último conjunto de comandos, que aparece en la Tabla 14.5, sirve para dar información de utilidad al usuario final.

Comando Site

Muchos servidores Unix con transferencia de archivos utilizan el software para transferencia de archivos desarrollado en la Universidad de Washington, en St.

Tabla 14.2. Comandos de gestión de archivos y directorios.

Comando	Definición	Parámetro(s)
CWD	Cambia a otro directorio del servidor	Nombre de directorio
CDUP	Cambia al directorio padre	Ninguno
DELE	Borra un archivo	Nombre de archivo
LIST	Lista información de archivos	Nombre de directorio, listado de archivos. Ninguno si se trata del directorio de trabajo
MKD	Crea un directorio	Nombre de directorio
NLST	Lista de archivos de un directorio	Nombre de directorio o ninguno para el directorio de trabajo
PWD	Imprime el nombre del directorio de trabajo	Ninguno
RMD	Elimina un directorio	Nombre de directorio
RNFR	Identifica un archivo para cambiarlo de nombre	Nombre de archivo
RNTO	Cambia de nombre un archivo	Nombre de archivo
SMNT	Monta un sistema de archivos diferente	Identificador

Tabla 14.3. *Comandos que definen el tipo, la estructura y el modo.*

Comando	**Definición**	**Parámetro(s)**
TYPE	Identifica el tipo de datos y, opcionalmente, el formato de impresión, si existe, para la transferencia	A (ASCII), E (EBCDIC), I (Imagen binaria), N (No-impresión), T *(telnet)*, C (ASA)
STRU	Organización del archivo	F (archivo, *file*) o R (registro)
MODE	Formato de transmisión	S (flujo, *stream*), B (bloque), C (comprimido)

Louis, llamado WU-FTP. Esa implementación acepta el comando *SITE* (*situar*), que se puede usar para ejecutar una serie de programas especiales en el servidor de transferencia de archivos. Por ejemplo, los usuarios pueden, primero, acceder con el identificador de usuario *ftp* y, a continuación, usar el comando *SITE* para conseguir un ID de conexión de grupo y una contraseña. El ID de conexión de grupo autoriza al usuario a acceder a más archivos de los permitidos a un usuario anónimo ordinario.

Recuperación de errores y reinicio

Muchas organizaciones necesitan transferir archivos muy extensos. Supongamos que falla un sistema que está realizando la transferencia de uno de estos archivos. Para solucionar ese problema se diseñó el servicio de reinicio de FTP. La implementación del servicio de reinicio es opcional. Desgraciadamente, a la hora de escribir estas líneas, muy pocos, si es que hay alguno, de los productos de TCP/IP incluye este servicio. Sin embargo, hay que ser optimista sobre el futuro y se describe a continuación.

Si se realiza una transferencia en modo bloque y se dispone del servicio de reinicio, el FTP emisor puede transmitir bloques que contengan marcadores de reinicio en puntos adecuados de la transferencia de datos. Cada marcador es una cadena de texto imprimible. Por ejemplo, los marcadores pueden seguir la sucesión 1, 2, 3, etc. Cada vez que el receptor recibe un marcador, escribe los datos del archivo en un soporte no volátil y toma nota de la posición del marcador dentro de los datos.

Si el receptor es el cliente, notifica cada marcador al usuario final cada vez que los datos se almacenan. Si el receptor es el sistema remoto, se envía de vuelta un mensaje al usuario por la conexión de control para indicar que se ha almacenado en lugar seguro la información hasta el marcador.

Después de un fallo del sistema, el usuario puede invocar un comando de reinicio con un valor de marcador como argumento. A continuación debe repetir el comando que se estaba ejecutando cuando el sistema falló.

Tabla 14.4. Comandos que realizan la transferencia de archivos.

Comando	Definición	Parámetro(s)
ALLO	Reserva (Allocate) espacio suficiente para los datos que siguen	Número entero de bytes
APPE	Añade (Append) un archivo local a uno remoto	Nombres de los archivos
PASV	Pide al servidor que identifique una dirección de IP y un puerto para que el cliente inicie una conexión de datos	Ninguno. El servidor devolverá una dirección de IP y un número de puerto
PORT	Identifica una dirección de red y un puerto para que el servidor inicie una conexión de datos	Dirección de IP y número de puerto
REST	Identifica un marcador de reinicio (restart marker), seguido del comando de transferencia que hay que reiniciar	Valor del marcador
RETR	Recupera *(retrieve)* un archivo	Nombre(s) de archivo(s)
STOR	Guarda *(store)* un archivo	Nombre(s) de archivo(s)
STOU	*(Store unique):* crea una versión de un archivo con un nombre único	Nombre de archivo

Tabla 14.5. Otros comandos de información de usuario

Comando	Definición	Parámetro(s)
HELP	Devuelve información sobre la implementación del servidor	Ninguno
NOOP	Pide al servidor que responda «OK»	Ninguno
SITE	Usado para subcomandos específicos del servidor que no forman parte del estándar, pero se pueden necesitar para ese servidor	Ninguno
SYST	Pide al servidor que identifique su sistema operativo	Ninguno
STAT	Solicita información sobre los parámetros y estado de la conexión	Ninguno

Códigos de respuesta

En un diálogo, se responde a cada comando con un código de respuesta y un mensaje. Por ejemplo:

```
ftp> get subnets
--> PORT 128,36,0,22,10,54
200 PORT command successful.
-- RETR subnets
150 Opening ASCII mode data connection for subnets (3113 bytes).
226 Transfer complete.
```

Los códigos de respuesta se componen de tres dígitos. Cada uno tiene un cometido específico:

- Los códigos en el rango de los 200 indican que el comando se realizó con éxito.
- Los códigos en el rango de los 100 indican que se ha comenzado a realizar una acción.
- Los códigos en el rango de los 300 indican que se ha alcanzado con éxito un punto intermedio.
- Los códigos en el rango de los 400 indican errores pasajeros.
- Los códigos en el rango de los 500 son noticias realmente malas e indican un error permanente.

Los dígitos segundo y tercero de un código de respuesta clasifican la respuesta de forma más precisa.

SEGURIDAD

Comprobación del nombre del host del cliente

A veces a los usuarios se les niega misteriosamente el acceso a un sistema de archivos anónimo. Si esto sólo ocurre de forma intermitente la causa es, simplemente, que el servidor está ocupado. Si ocurre todas las veces, existe un problema de Nombres de dominio.

Algunos servidores de transferencia de archivos no aceptan a clientes de sistemas que no aparecen listados en el Sistema de nombres de dominio. El servidor de FTP realizará una consulta inversa para cada dirección de IP que le llegue. Si no aparece en la base de datos del DNS, se le niega el acceso. La única solución consiste en entrar en contacto con el administrador del DNS para que la computadora aparezca en el listado. Algunos servidores hacen una *consulta doble*. Traducen la dirección del cliente a un nombre y, a continuación, traducen ese nombre de nuevo a una dirección y comparan el resultado con la dirección original. Significa que no es suficiente con un comodín como entrada en el DNS.

PASV frente a PORT

Las organizaciones protegen sus redes configurando un sistema de cortafuegos que aplica criterios de filtrado a los datagramas y rechaza el tráfico que no está autorizado de forma específica. A menudo un sencillo cortafuegos de filtrado permite a los usuarios de una LAN iniciar conexiones a lugares externos, pero rechaza todos los intentos de conexión entrantes.

La especificación original de FTP definía el comando *PORT* como el método por defecto para establecer una conexión de datos. Como resultado, se construyeron muchas implementaciones para las cuales ésta era la única forma de establecer una conexión de datos. Pero el uso de *PORT* necesita que un servidor de archivos externo inicie la conexión con el cliente, lo cual normalmente está prohibido por un cortafuegos.

Por fortuna, muchas de las implementaciones recientes admiten el comando *PASV,* que le indica al servidor que consiga un puerto adicional para una conexión de datos, envíe la dirección de IP del servidor y el número de puerto como respuesta y se quede escuchando en el puerto. Entonces el cliente abrirá la conexión de datos con el servidor.

Proxy cortafuegos de reenvío

Algunas organizaciones quieren un mayor nivel de protección. Cada petición se reenvía, en realidad, a un host cortafuegos intermedio. El host cortafuegos, instalado pensando en la seguridad, es el único sistema que se comunica realmente con el mundo exterior. Un cliente está listo para usar un cortafuegos introduciendo:

- El nombre o dirección de IP del cortafuegos.
- Un identificador de usuario y una contraseña para tener acceso al cortafuegos.
- El puerto por el que los usuarios de transferencia de archivos accederán al cortafuegos (no tiene por qué ser el 21).
- Información adicional, dependiendo de la implementación del cortafuegos.

En la Figura 14.5 se muestra una pantalla de configuración del cortafuegos de un cliente. Una vez introducidos los datos de configuración, el usuario final ejecuta la aplicación de transferencia de archivos de la forma habitual. El proceso de reenvío se produce en un segundo plano, dependiendo del tipo de cortafuegos utilizado. Algunos cortafuegos necesitan que el usuario se conecte primero al cortafuegos e introduzca un identificador y una contraseña antes de realizar ninguna transacción.

EFICIENCIA

El rendimiento de las operaciones de transferencia de archivos depende de una serie de factores:

- Eficiencia del disco y del sistema de archivos del host.
- Procesamiento requerido para volver a dar formato a los datos.
- Servicio TCP que sirve de base.

Observe que, normalmente, al final de una transferencia de archivos se imprime un breve informe de rendimiento:

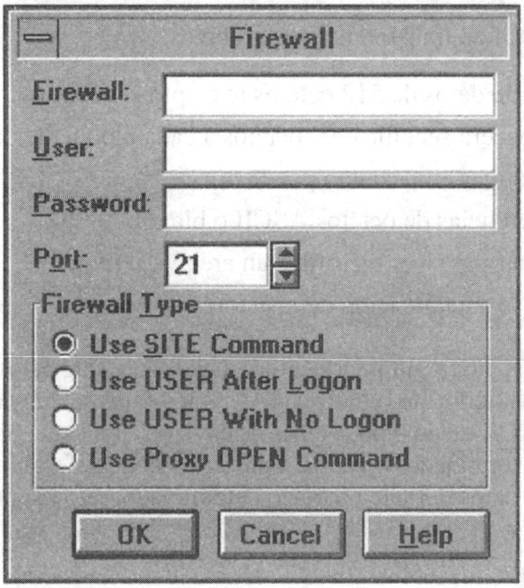

Figura 14.5. *Configuración de un cliente para utilizar un cortafuegos.*

```
226 Transfer complete
local: rfc1261 remote: rfc1261
4488 bytes sent in 0.037 seconds (1.2e+02 Kbytes/s)
```

Para obtener una medida aproximada del rendimiento de TCP y de FTP se puede realizar con una transferencia masiva.

PROTOCOLO TRIVIAL DE TRANSFERENCIA DE ARCHIVOS (TFTP)

Existen aplicaciones para copiar archivos que requieren un nivel de funcionalidad muy sencillo. Por ejemplo, el volcado inicial de software y archivos de configuración al arrancar un encaminador, un concentrador o una estación de trabajo sin disco se realiza mejor utilizando un protocolo que sea muy sencillo.

El Protocolo trivial de transferencia de archivos ha demostrado ser de gran utilidad para el copiado básico de archivos entre computadoras. TFTP transfiere datos utilizando datagramas de UDP[5]. El sistema que participa en un volcado de TFTP necesita ejecutar muy poco software de comunicaciones (sólo IP y UDP). TFTP ha demostrado ser de gran

[5] TFTP puede ejecutarse sobre un servicio de entrega de paquetes de otra familia de protocolos.

utilidad para inicializar dispositivos de red como encaminadores, puentes y concentradores.

El Protocolo trivial de transferencia de archivos:

- Envía bloques de datos de 512 octetos (excepto el último).
- Añade una cabecera sencilla de 4 octetos a cada bloque de datos.
- Numera los bloques empezando por 1.
- Admite transferencias de octetos ASCII o binarios.
- Se puede utilizar para leer o escribir un archivo remoto.
- No contempla la autenticación del usuario.

En una interacción TFTP, un interlocutor envía bloques de datos numerados de tamaño uniforme y el otro interlocutor confirma (ACK) los datos según van llegando. El emisor tiene que esperar el ACK de un bloque antes de enviar el siguiente. Si no se recibe un ACK dentro de un plazo determinado se vuelve a enviar el bloque afectado. De forma similar, si el receptor no recibe datos durante un plazo determinado, retransmite un ACK.

Protocolo TFTP

Una sesión de TFTP comienza con una *Petición de lectura* (*Read Request*) o con una *Petición de escritura* (*Write Request*). El cliente TFTP comienza obteniendo un puerto, enviando a continuación el mensaje de Petición de lectura o de Petición de escritura al puerto 69 del servidor. Entonces el servidor identifica un puerto diferente para el resto de la transferencia de archivos. El servidor dirige sus mensajes al puerto del cliente. La transferencia de datos se realiza intercambiando bloques de datos y ACK.

Todos los bloques deben contener 512 octetos de datos, excepto el último, lo que sirve para señalar el Fin de archivo. Si el tamaño del archivo es un múltiplo de 512, el último bloque consta sólo de la cabecera, sin datos. Los bloques de datos van numerados, empezando por 1. Cada ACK contiene el número de bloque de los datos que está confirmando.

Unidades de datos de protocolo de TFTP

Hay cinco tipos de unidades de datos de protocolo:

1. Petición de lectura (RRQ - *Read Request*).
2. Petición de escritura (WRQ - *Write Request*).
3. Datos (DATA).
4. Confirmación (ACK - *Acknowledgement).*
5. Error (ERROR).

Los mensajes de error indican condiciones como «archivo no encontrado» o «falta de espacio para escribir el archivo en el disco».

Petición de lectura:

2 octetos	Cadena	1 octeto	Cadena	1 octeto
Código de op.=1	Nombre de archivo	0	Modo	0

Petición de escritura:

2 octetos	Cadena	1 octeto	Cadena	1 octeto
Código de op.=2	Nombre de archivo	0	Modo	0

Datos:

2 octetos	2 octetos	
Código de op.=3	Nº de bloque	Datos

Confirmación:

2 octetos	2 octetos
Código de op.=4	Nº de bloque

Error:

2 octetos	2 octetos	Cadena	1 octeto
Código de op.=1	Código de error	Mensaje de erros	0

Figura 14.6. *Formato para las unidades de datos de protocolo de TFTP.*

Cada cabecera de TFTP empieza con un código de operación que indica el tipo de unidad de datos de protocolo (PDU - *Protocol Data Unit*). El formato de las PDU se muestra en la Figura 14.6.

Observe que el tamaño de las Peticiones de lectura y de las Peticiones de escritura varía dependiendo del tamaño de los campos de nombre de archivo y de modo, que contienen cada uno una cadena de texto ASCII seguida de un byte todo a 0. El campo modo contiene «*netascii*» (ASCII neto) u «*octet*» (octeto).

Opciones de TFTP

Se ha propuesto una extensión del protocolo TFTP para permitir la negociación de opciones por medio de Peticiones de lectura o escritura. La motivación principal consiste en permitir al cliente y al servidor llegar a un acuerdo sobre un tamaños de bloque superiores a 512 bytes, consiguiendo transferencias más eficaces.

Escenario de TFTP

El protocolo puede ilustrarse por medio de un sencillo escenario. En la Figura 14.7 se muestra cómo el origen de una conexión de TFTP lee un archivo remoto. Después de enviar un bloque al lector, el receptor espera a recibir un ACK para ese bloque antes de enviar el bloque siguiente.

LECTURAS RECOMENDADAS

En la RFC 959 se define el Protocolo de transferencia de archivos y en la RFC 1350 se describe el Protocolo trivial de transferencia de archivos.

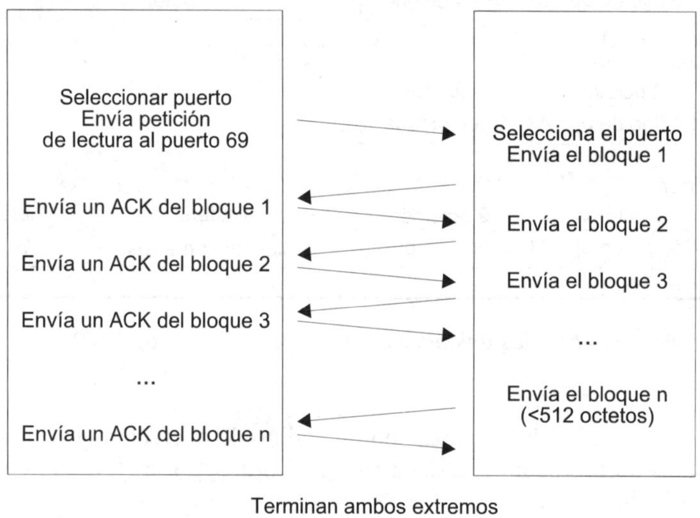

Figura 14.7. *Uso de TFTP para leer un archivo remoto.*

McGraw Hill
Biblioteca profesional

CAPÍTULO 15

RPC y NFS

INTRODUCCIÓN

El entorno de las computadoras ha cambiado en los últimos diez años. En lugar de terminales sin inteligencia conectados a una computadora central, encontramos estaciones de escritorio inteligentes, uno o varios servidores y redes de área local (LAN).

La conveniencia, disponibilidad y control que supone un sistema personal han atraído a los usuarios. Pero ellos también necesitan acceder a información común y compartir impresoras. Y continúa siendo necesario disponer de alguien que se responsabilice de las tareas de configuración, mantenimiento y de las copias de seguridad. En definitiva, los gestores de los actuales sistemas coordinan las actualizaciones del software, supervisan los recursos, programan las copias de seguridad y configuran los parámetros de la red para un gran número de computadoras.

Durante algunos años muchas organizaciones prefirieron un sistema operativo de red para compartir recursos y realizar una gestión centralizada. Más recientemente, las computadoras cliente/servidor han elevado las interacciones de red a la capa de aplicación.

Objetivo del Sistema de archivos en red

Sun Microsystems introdujo su *Sistema de archivos de red* (NFS - *Network File System*) para disponer de servicios de recursos compartidos para LAN en estaciones de trabajo Unix. NFS hace que los directorios remotos parezcan formar parte del sistema local de directorios, los usuarios y programas acceden a los archivos remotos exactamente igual que si estuvieran en un disco propio. NFS ofrece muchos beneficios.

Por ejemplo, se puede guardar una única copia del software o de los datos importantes en un servidor compartido por todos los usuarios. Se pueden instalar las actualizaciones en el servidor en lugar de hacerlo en muchas computadoras por toda la red. En la Figura 15.1 se muestra una LAN con un servidor central que proporciona servicios de NFS.

Relación entre NFS, RPC y XDR

NFS se construyó sobre la *Llamada a procedimiento remoto* (RPC - *Remote Procedure Call*), estructura diseñada desde un principio para permitir el desarrollo de aplicaciones generales cliente/servidor. En este capítulo se perfilan los servicios de NFS y se describe la arquitectura de *Llamada a procedimiento remoto* de la *Computación abierta de red* (ONC - *Open Network Computing*).

El estándar de *Representación externa de datos* (XDR - *eXternal Data Representation*) es una parte importante de la arquitectura de RPC. XDR incluye un lenguaje de definición de tipos de datos y un método de codificación de los mismos con un formato normalizado. Ello permite que tipos diferentes de computadoras, como host Unix, PC, Macintosh, sistemas VAX VMS de Digital Equipment Corporation y grandes computadoras de IBM puedan intercambiar datos.

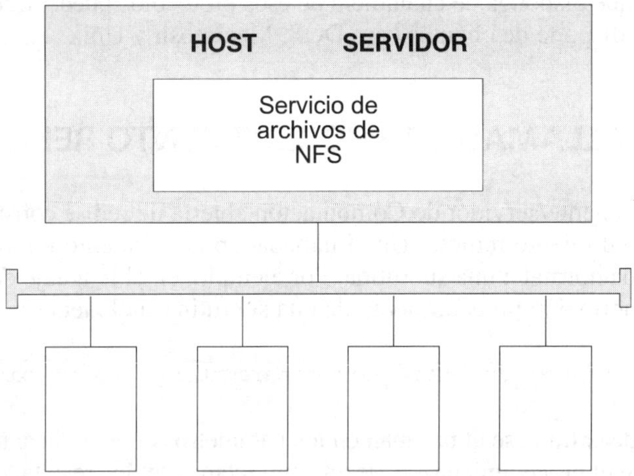

Figura 15.1. *Servidor de NFS en una LAN.*

RPC como estándar de Internet

Sun Microsystems publicó algunas RFC que describen las Llamadas a procedimiento remoto en 1988 y NFS en 1989. Sin embargo, Sun mantuvo el control de ambos protocolos hasta 1995, cuando se publicaron nuevas versiones. En ese momento, las Llamadas a procedimiento remoto de Computación abierta de red de Sun y los protocolos que las sustentan pasaron al Internet Engineering Task Force (IETF) y se sometieron al proceso de estandarización de Internet. Sun cooperó con el consorcio X/OPEN en el lanzamiento de las nuevas versiones de NFS.

Implementaciones de RPC y NFS

La mayoría de los vendedores de Unix han implementado RPC y NFS, que también se han trasladado a muchos sistemas operativos propietarios. Por ejemplo, los sistemas VM de IBM, MVS de IBM y VAX VMS de DEC pueden operar como servidores de archivos de NFS.

Algunos fabricantes incluyen software de cliente o de servidor de NFS en sus productos para TCP/IP, mientras que otros venden NFS como una opción disponible por una cantidad adicional. Muchos de los fabricantes de productos de NFS incluyen una biblioteca para programación de RPC.

La mayoría de los productos de TCP/IP para Windows ofrecen una opción que permite a un sistema Windows ser cliente de NFS. Algunas implementaciones también permiten a un sistema Windows actuar como servidor. Las últimas mejoras de NetWare de Novell disponen de NFS acompañando a los servicios de archivos e impresión de NetWare. El cliente que disponga de cualquiera de esos protocolos puede acceder al servidor. En particular, se dispone de clientes para DOS, Macintosh y Unix.

MODELO DE LLAMADA A PROCEDIMIENTO REMOTO

Las aplicaciones cliente/servidor de Computación abierta de red se construyen sobre las Llamadas a procedimiento remoto. Una Llamada a procedimiento remoto se construye como una llamada normal a una subrutina. Por ejemplo, en el lenguaje de programación C, una llamada normal al procedimiento de una subrutina suele tener la forma:

```
return-code = procedure-name (input_parameters, output_parameters)
```

Los valores de entrada se almacenan en los parámetros de entrada antes de invocar al procedimiento. Si el procedimiento se ejecuta correctamente, los resultados se almacenan en los parámetros de salida. Al acabar, el código de retorno indica si el procedimiento terminó con éxito.

Una Llamada a procedimiento remoto es similar. El sistema local envía una petición de llamada a un servidor remoto. La petición identifica el procedimiento e incluye los valores de los parámetros de entrada. El servidor remoto ejecuta el procedimiento. Cuando termina su trabajo contesta indicando si el procedimiento se realizó con éxito. Si fue así, la respuesta contiene los parámetros de salida del procedimiento. En la Figura 15.2 se muestra el intercambio de mensajes de petición y de respuesta. El protocolo de Llamada a procedimiento remoto define los mecanismos para que esto ocurra.

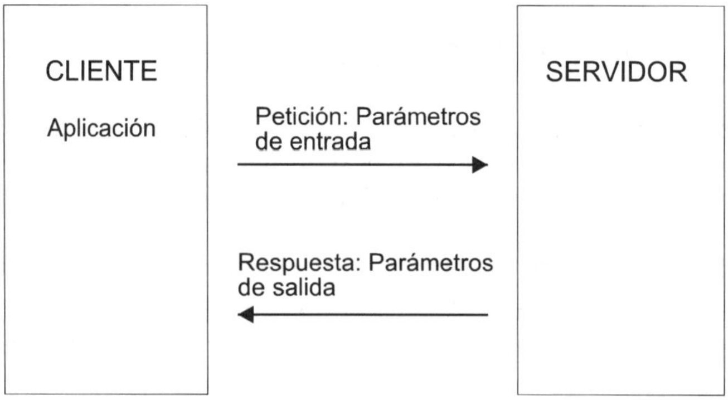

Figura 15.2. *Interacción de RPC.*

Tabla 15.1. *Asignación de números de RPC.*

0-1fffffff	Definido por Sun (rpc@sun.com)
20000000-3fffffff	Números usados sólo dentro de una ubicación
40000000-5fffffff	Para aplicaciones que generan números de programa de forma dinámica
60000000-7fffffff	Reservado
80000000-9fffffff	Reservado
a0000000-bfffffff	Reservado
c0000000-dfffffff	Reservado
e0000000-ffffffff	Reservado

PROCEDIMIENTOS Y PROGRAMAS DE RPC

Los componentes de la estructura de RPC son fáciles de entender:

- Uno o varios *programas* que se ejecutan en un servidor implementan un servicio de RPC. Por ejemplo, hay diferentes programas para implementar los servicios de acceso a archivos y de bloqueo de archivos.
- Cada programa puede ejecutar varios *procedimientos*. La idea es que un procedimiento debe realizar una sola función bien definida. Por ejemplo, existen procedimientos diferentes de acceso a archivos de NFS para leer, escribir, cambiar el nombre y borrar.
- Cada programa tiene un identificador numérico asignado.
- Cada procedimiento de un programa tiene un identificador numérico asignado.

Hasta el momento de escribir esto, Sun Microsystems administraba la asignación de números únicos de programa[1]. Los rangos para la asignación de números se muestran en la Tabla 15.1. Los ID numéricos de los procedimientos de los programas los asignan sus diseñadores. Por ejemplo, *read* (leer) es el procedimiento 6 de NFS y *rename* (cambiar el nombre) es el procedimiento 11 de NFS.

Una petición de un cliente de RPC identifica al programa y al procedimiento a ejecutar. Por ejemplo, para leer un archivo, la petición de RPC solicitará el programa 100003 (*NFS*) y el procedimiento 6 (*read*). En la Figura 15.3 aparece una aplicación cliente que accede a un procedimiento remoto dentro del programa 100003.

La experiencia muestra que, con el tiempo, los programas cambian. Los procedimientos se mejoran y se añaden otros nuevos. Por este motivo, una llamada a RPC debe identificar la versión del programa. No es inusual encontrar varias versiones de un programa de RPC ejecutándose en un host servidor.

[1] La Autoridad de asignación de números de Internet (IANA - *Internet Assigned Numbers Authority*) podría hacerse cargo de este cometido en el futuro.

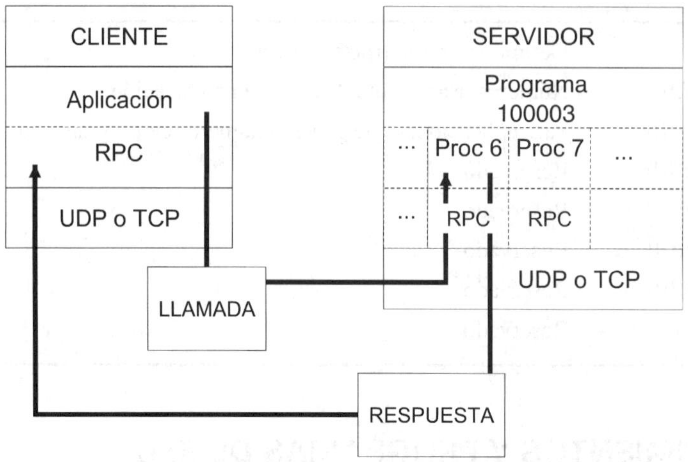

Figura 15.3. *Acceso de una aplicación cliente a un procedimiento remoto.*

Un cliente envía una Llamada a procedimiento remoto a un servidor por medio de un mensaje con formato. La RPC no se preocupa del protocolo de transporte que se usa para llevar sus mensajes. En el mundo TCP/IP, RPC se ejecuta tanto sobre TCP como sobre UDP, pero puede estar implementado sobre otros sistemas de transporte.

Aunque normalmente nos imaginamos a un cliente interactuando con un servidor único, las peticiones de RPC también pueden ser de multienvío o de difusión.

PROGRAMAS TÍPICOS DE RPC

NFS es el programa con RPC más conocido. El programa relacionado *mount* (montar), que permite a un cliente pegar un directorio remoto a su sistema de directorio local, también está implementado como un programa de RPC. Existen los programas *lock manager* (*gestor de bloqueos*) y *status* (*estado*), que proporcionan un sistema simple de bloqueo cuando los usuarios quieren actualizar archivos compartidos en un servidor de NFS.

Spray es un ejemplo de programa con RPC muy sencillo. Un *spray* cliente envía un grupo de mensajes a un sistema remoto y obtiene un informe sobre el resultado. El comando que aparece a continuación envía 100 datagramas al host *plum*:

```
> spray -c 100 plum
sending 100 packets of lnth 86 to plum ...
in 10.1 seconds elapsed time,
29 packets (29.00%) dropped by plum
Sent: 9 packets/sec, 851 bytes/sec
Rcvd: 7 packets/sec, 604 bytes/sec
```

El programa *rusers* averigua quien está conectado, bien a los host de una lista seleccionada, bien a todos los host de la red local. Un *rusers* cliente difunde su llamada de RPC por la LAN. Las respuestas contienen el nombre del host y los usuarios conectados a ese host.

```
> rusers
zonker.num.cs.yale.edu   leonard   jones harris
mark.num.cs.yale.edu     davis     sherman
duke.num.cs.yale.edu     burry     victor
. . .
```

RESOLUCIÓN DE PETICIONES DUPLICADAS DE RPC

Cuando un servicio de RPC se basa en TCP, las peticiones y las respuestas se entregan de forma fiable. TCP se encarga de asegurar que no se pierden durante la transmisión.

Si el servicio se basa en UDP, el cliente y el servidor deben proporcionar sus propias estrategias de temporización, retransmisión y detección de duplicados. Éstas variarán dependiendo de las necesidades de la aplicación. El programador de la aplicación puede adoptar una de las siguientes estrategias de cliente:

- Si no se recibe respuesta dentro de un plazo, se envía simplemente un mensaje de error al usuario. Se deja al usuario que intente de nuevo el servicio.
- Si no se recibe respuesta dentro de un plazo, se envía de nuevo la petición. Se repite el proceso hasta que se obtiene una respuesta o se alcanza un número máximo de retransmisiones.

Si el cliente repite peticiones, el programador de la aplicación debe proporcionar al servidor una estrategia para evitar duplicados. El servidor podría:

- No registrar nada de lo ocurrido en el pasado. Si llega una petición ejecuta el procedimiento, incluso teniendo en cuenta que puede ser un duplicado. Observe que hay procedimientos, como leer un conjunto determinado de bytes de un archivo, para los cuales esta forma de proceder podría ser inofensiva. Por supuesto, el cliente puede llegar a recibir respuestas duplicadas pero puede desechar los duplicados teniendo en cuenta las transacciones completadas recientemente.
- Guardar una copia de las respuestas enviadas durante los últimos minutos. Si llega una petición del cliente con un identificador de transacción duplicado y el servidor ya ha realizado el procedimiento y enviado una respuesta, el servidor puede devolver una copia de la respuesta original. Si el servidor está realizando el procedimiento en ese momento, podría desechar la petición duplicada.

Téngase en cuenta que cada aplicación cliente/servidor puede incorporar la estrategia que más le convenga.

GESTOR DE PUERTOS DE RPC

Se han escrito muchos programas cliente/servidor, y continúan apareciendo más a cada momento. La oferta de puertos públicos es limitada, ¿cómo podrán los clientes identificar la creciente familia de servicios?

Papel del gestor de puertos

La arquitectura de RPC introdujo un método para descubrir de forma dinámica el puerto por el que se puede acceder a un servicio determinado. En cada host servidor existe un programa, llamado el *gestor de puertos* (*portmapper* o, en las nuevas versiones, *rpcbind*), que actúa de agencia de noticias para la información sobre los puertos que usan otros programas de RPC. En el resto de la exposición nos referiremos al *gestor de puerto*, pero *rpcbind* realiza las mismas funciones.

El *gestor de puertos* mantiene una lista de:

- Los programas locales de RPC activos.
- El número de versión de los programas.
- Protocolo o protocolo de transporte.
- Puertos en los que se ejecutan los programas.

El programa *portmapper* arranca al inicializarse una computadora que es servidor de RPC. Como se muestra en la Figura 15.4, cuando un programa de RPC arranca, coge un puerto sin usar del sistema operativo y le dice al *portmapper* que está preparado para el trabajo, esto es, registra en el *portmapper* su puerto, número de programa y versión.

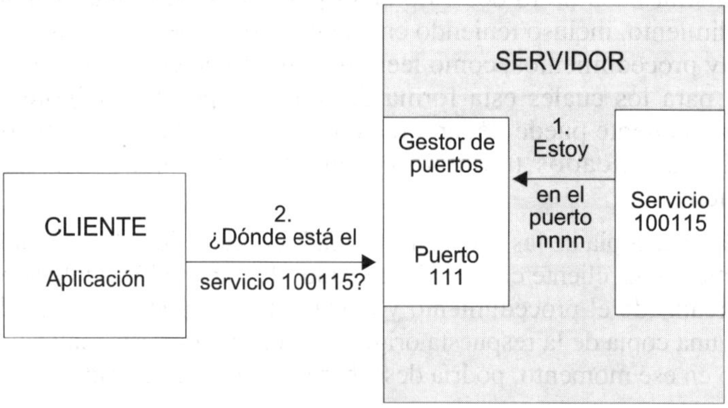

Figura 15.4. Búsqueda de puertos de servicio usando portmapper.

El *portmapper* (o *rpcbind*) escucha en el puerto público 111. Cuando un cliente quiere acceder a un servicio de RPC, envía un mensaje de RPC al *portmapper* por el puerto 111. El mensaje contiene el número de programa, versión y protocolo de transporte (UDP o TCP) del servicio. El *portmapper* responde, indicando el puerto actual para el servicio.

El *portmapper* también permite que algunos servicios de RPC sean de difusión. En este caso, el cliente difunde una petición de RPC en un enlace. Por ejemplo, la RPC de difusión *rusers* pide a todas las máquinas de una LAN que informen de los usuarios conectados.

Pero tenga en cuenta que el programa *rusers* puede ejecutarse en un puerto diferente en cada host. ¿Qué número de puerto debe poner el cliente en el mensaje de petición que difunde?

La respuesta es que el cliente introduce la petición dentro de una llamada especial de petición indirecta al *portmapper* y la envía al puerto 111. El *portmapper* reenvía la petición al servicio y reenvía de nuevo la respuesta al cliente. El número de puerto del servicio se añade a la respuesta para que las llamadas futuras, individuales, se puedan enviar directamente.

Procedimientos del Portmapper

Los procedimientos que puede ejecutar un programa *portmapper* se listan en la Tabla 15.2.

Servicios de RPC del Portmapper

El comando de Unix *rpcinfo* muestra información útil sobre los programas de RPC enviando consultas de RPC a un *portmapper*. Otros sistemas operativos que disponen de clientes de RPC disponen de comandos similares.

La consulta *rpcinfo -p* que se muestra a continuación pide al *portmapper* del host *bulldog.cs.yale.edu* una lista de los programas de Llamada a procedimiento remoto que se están ejecutando en ese host. Es decir, envía una petición al *procedimiento PMAP-PROC_DUMP* del *portmapper*.

La salida incluye, para cada programa en el servidor, el número de programa, versión, protocolo de transporte, puerto e identificador. Podemos ver que el mismo *portmapper* aparece el primero de la lista:

```
> rpcinfo -p bulldog.cs.yale.edu
program vers   proto  port
100000  2      tcp    111     portmapper
100000  2      udp    111     portmapper
100029  1      udp    657     keyserv
100005  1      udp    746     mountd
100005  2      udp    746     mountd
100005  1      tcp    749     mountd
100003  2      udp    2049    nfs
100005  2      tcp    749     mountd
```

Tabla 15.2. *Procedimientos del portmapper.*

Procedimiento	Descripción
PMAPPROC_NULL	Devuelve una respuesta que muestra que el *portmapper* está activo.
PMAPPROC_SET	Usado por un servicio para registrar, por ejemplo, añadir un programa local, versión, protocolo y número de puerto a la lista de servidores activos.
PMAPPROC_UNSET	Usado por un servicio para borrar la inscripción, por ejemplo, borrar un programa local de la lista de servidores activos.
PMAPPROC_GETPORT	Usado por un cliente para averiguar el número de puerto de un servidor. La entrada incluye un número de programa, versión y protocolo de transporte (UDP o TCP) concretos.
PMAPPROC_DUMP	Devuelve un listado de todos los programas locales de RPC, sus versiones, protocolos de comunicación y puertos (usado por *rpcinfo -p*).
PMAPPROC_CALLIT	Reenvía una petición indirecta del cliente a un programa de RPC local. Devuelve el resultado si el procedimiento termina con éxito. También devuelve el número de puerto del programa. Para ser usado en peticiones de difusión.

```
100026  1   udp   761    bootparam
100024  1   udp   764    status
100024  1   tcp   766    status
100021  1   tcp   767    nlockmgr
100021  1   udp   1033   nlockmgr
100021  3   tcp   771    nlockmgr
100021  3   udp   1034   nlockmgr
100020  1   udp   1035   llockmgr
100020  1   tcp   776    llockmgr
100021  2   tcp   779    nlockmgr
100021  2   udp   1036   nlockmgr
100011  1   udp   1070   rquotad
100001  2   udp   1111   rstatd
100001  3   udp   1111   rstatd
100001  4   udp   1111   rstatd
100002  1   udp   1124   rusersd
100002  2   udp   1124   rusersd
100012  1   udp   1127   sprayd
100008  1   udp   1132   walld
```

Observe que se ha utilizado una aplicación de Llamada a procedimiento remoto para conocer las actividades de otras aplicaciones de Llamada a procedimiento remoto. El comando *rpcinfo -b* se difunde por la red, buscando a los servidores que ejecutan un programa y versión determinados. En el ejemplo, preguntamos quién está ejecutando la versión 1 de *spray*. *Spray* es el programa número 100012.

```
> rpcinfo -b 100012 1
128.36.12.1 casper.na.cs.yale.edu
128.36.12.28 tesla.math.yale.edu
128.36.12.6 bink.na.cs.yale.edu
. . .
```

Todos los programas de RPC incluyen un procedimiento nulo, número 0, que lo único que hace es devolver la respuesta «estoy vivo». El comando *rpcinfo -u* que aparece a continuación envía un mensaje al procedimiento nulo del programa *spray* en *bulldog.cs.yale.edu*:

```
> rpcinfo -u bulldog.cs.yale.edu 100012
program 100012 version 1 ready and waiting
```

RPCBIND

Recuerde que las versiones más recientes de RPC han sustituido el programa *portmapper* por otro programa llamado *rpcbind*. El *portmapper* original estaba asociado a UDP y TCP. *Rpcbind* es independiente del transporte que se utilice.

Devuelve una cadena ASCII con la información sobre la dirección. Esta información, independiente del transporte, se denomina *formato universal de dirección* (*universal address format*).

Cometido de Rpcbind

Rpcbind funciona exactamente según los mismos principios que el *portmapper*. Un programa de RPC, al inicializarse, obtiene una o varias direcciones de transporte asignadas dinámicamente. Registra esas direcciones con el programa *rpcbind*, quien pone esas direcciones a disposición de los clientes.

Como antes, la consulta de un cliente contiene un número de programa y un número de versión. Pero la respuesta de *rpcbind* contiene la dirección universal, que puede dar información de SPX/IPX de NetWare, de SNA, de DECnet o de AppleTalk, en lugar de TCP o UDP. El tipo de dirección de transporte que se da en la respuesta depende del transporte utilizado en la consulta.

Igual que al *portmapper*, se accede a *rpcbind* por el puerto público 111 para UDP o TCP. Para otros protocolos de comunicación se usarán los puntos de acceso adecuados predefinidos.

Como el *portmapper, rpcbind* dispone de servicios de RPC de difusión. La difusión se reenvía al punto público de acceso al transporte del servicio *rpcbind*, por ejemplo, el puerto 111 para UDP o TCP. Cada programa *rpcbind* que detecta la difusión llama al programa local del servicio deseado en nombre del cliente, obtiene la respuesta y la dirige al cliente. La versión 4 de RPC permite a los clientes acceder al mismo tipo de servicio indirecto vía *rpcbind* cuando la consulta es de unienvío en lugar de difusión.

Procedimientos de Rpcbind

En la Tabla 15.3 aparecen listados los procedimientos de la versión 4 de *Rpcbind*.

MENSAJES DE RPC

Un cliente de RPC envía un mensaje de llamada a un servidor y obtiene el correspondiente mensaje de respuesta. ¿Qué deberían contener esos mensajes para que el cliente y el servidor se entiendan?

Para hacer corresponder cada respuesta con su llamada se necesita un identificador de transacción. La llamada del cliente debe identificar el programa y el procedimiento que quiere ejecutar. El cliente puede necesitar algún método para identificarse a sí mismo por

Tabla 15.3. *Procedimientos de Rpcbind*

Procedimiento	Descripción
RPCBPROC_SET	Usado por un servicio para registrar un programa con un RPCBIND local.
RPCBPROC_UNSET	Usado por un servicio para borrar la inscripción de un programa local.
RPCBPROC_GETADDR	Devuelve al cliente la dirección universal de un programa.
RPCBPROC_GETVERSADDR	Incluye el número de versión deseado en una petición de dirección universal.
RPCBPROC_GETADDRLIST	Proporciona una lista de direcciones de un programa. El cliente puede elegir entre varios transportes disponibles.
RPCBPROC_DUMP	Lista todas las entradas de la base de datos de RPCBIND, por ejemplo, da información para un informe de rpcinfo.
RPCBPROC_BCAST	Permite peticiones de difusión, RPCBIND pasa la petición a un programa local.
RPCBPROC_INDIRECT	Permite peticiones indirectas de unienvío, RPCBIND pasa la petición a un programa local y devuelve la respuesta o un mensaje de error.
RPCBPROC_GETTIME	Devuelve la hora local del servidor medida en segundos desde la medianoche del uno de enero de 1970.
RPCBPROC_UADDR2TADDR	Convierte direcciones universales en direcciones específicas del transporte.
RPCBPROC_TADDR2UADDR	Convierte direcciones específicas del transporte en direcciones universales.
RPCBPROC_GETSTAT	Proporciona estadísticas de la cantidad y tipo de peticiones recibidas.

medio de alguna credencial que demuestre su derecho a invocar el servicio. Por último, la llamada del cliente llevará los parámetros de entrada. Por ejemplo, una llamada *read* de NFS indica el archivo y el número de bytes que se quieren leer.

Además de informar del resultado de las llamadas que tuvieron éxito, el servidor tiene que dar a conocer al cliente cuáles de sus peticiones fueron rechazadas y el motivo. Se puede rechazar una llamada debido a que las versiones no se corresponden o a fallos en la autenticación del cliente. El servidor tiene que informar de los errores debidos a un parámetro incorrecto o a fallos como «imposible encontrar el archivo».

En la Figura 15.5 aparece un cliente en interacción con un programa servidor. El cliente envía una llamada. El programa servidor devuelve una respuesta cuando termina el procedimiento solicitado. Como se muestra en la Figura 15.5, una petición incluye:

- Un identificador de transacción.
- El número de versión actual de RPC.
- El número del programa.
- La versión del programa.
- El número de procedimiento.
- Credenciales de autenticación.
- Un comprobador de autenticación.
- Parámetros de entrada.

Si el procedimiento se ejecuta con éxito, la respuesta contiene el resultado. Si hay algún problema, la respuesta contiene la información de descripción del error.

AUTENTICACIÓN DE RPC

Algunos servicios no necesitan ninguna protección de seguridad. Un servicio de RPC para obtener la hora del día en un servidor puede dejarse abierto al público. Sin embargo, un cliente que quiere acceder a datos confidenciales necesita proporcionar cierta información de autenticación. En algunos casos también es importante verificar la autenticidad del servidor. No es conveniente enviar el número de la tarjeta de crédito a un servicio de compra electrónica sin estar seguro de la validez del servidor. Por tanto, a veces es necesario incluir algún tipo de información de autenticación tanto en las peticiones como en las respuestas.

En un mensaje de llamada, la información de autenticación de RPC aparece en dos campos:

- El campo *credenciales* (*credentials*) contiene la información de identificación.
- El campo *comprobador* (*verifier*) contiene información adicional y valida la identidad. Por ejemplo, el comprobador puede incluir una contraseña cifrada y una marca de tiempo.

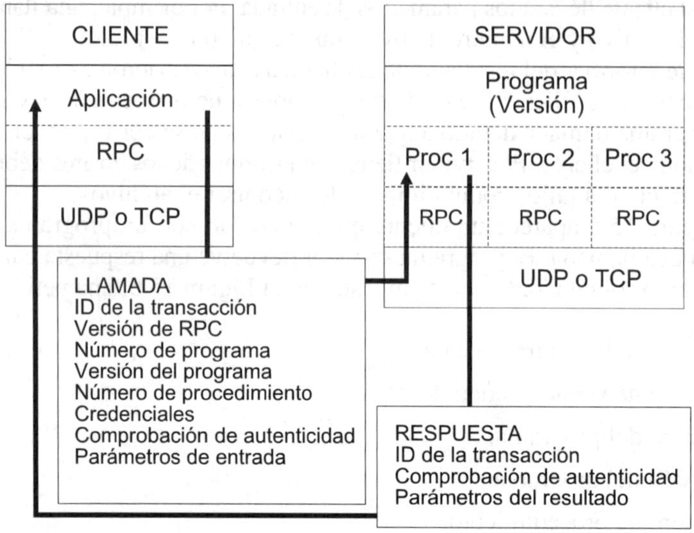

Figura 15.5. *Mensajes de Llamada a procedimiento remoto.*

No existe un estándar único para autenticación. Cada diseñador debe decidir las necesidades de sus programas. Sin embargo, existe un esfuerzo creciente para conseguir estándares en esta área.

Actualmente, a cada método de autenticación se le llama *sabor* (*flavor*). El sabor que se utiliza en los campos de credencial o de comprobador aparece como un valor de sabor entero al comienzo del campo. Se pueden registrar valores nuevos de sabores de autenticación de la misma forma que se registran los programas nuevos. Los campos de credencial y de comprobador comienzan con un número de sabor.

Autenticación nula

La autenticación nula es simplemente lo que parece. No aparece información, tanto la credencial y el comprobador del mensaje de llamada como el comprobador de la respuesta tienen un 0 como número de sabor, lo que quiere decir que no se incluye más información.

Autenticación del sistema

La autenticación del sistema da información según el modelo de información de usuario de Unix. Las credenciales del sistema incluyen:

stamp (sello)	Un ID arbitrario generado por la computadora que llama.
machinename	Nombre de la máquina que llama.
uid	El número de ID de usuario efectivo del que llama.
gid	El número de ID de grupo efectivo del que llama.
gids	Una lista con los grupos a los que pertenece el que llama.

El comprobador del que llama es nulo.

El comprobador que devuelve el servidor puede ser nulo o puede tener un sabor «corto» (*short*), lo que significa que se devuelve una cadena de octetos específica del sistema. En algunas implementaciones, el que llama utiliza esta cadena de octetos como credencial en los mensajes siguientes, en lugar de la información de usuario y grupo.

Observe que este método no ofrece ningún tipo de seguridad. Los dos métodos que aparecen a continuación utilizan cifrado para proteger la información de autenticación. Sin embargo, existe un compromiso entre proporcionar servicios de RPC seguros y conseguir un rendimiento satisfactorio. Incluso el cifrado de un único campo puede conllevar un exceso sustancial de carga a un servicio de alto rendimiento como NFS.

Autenticación DES

El *Estándar de cifrado de datos* (DES - *Data Encryption Standard*) es un algoritmo de cifrado simétrico. DES es un estándar federal de procesamiento de la información (FIPS - *Federal Information Processing Standard*) definido por la Oficina nacional de estándares de los Estados Unidos (*United States National Bureau of Standards*)[2].

La autenticación DES de RPC se basa en una mezcla de claves asimétricas públicas y privadas y un cifrado DES simétrico:

- Se asocia un nombre de usuario a una clave pública.
- El servidor cifra la clave de la sesión DES con la clave pública y se la envía al proceso cliente del usuario.
- Se usa la clave de sesión DES para cifrar la información de autenticación del cliente y del servidor.

Autenticación de Kerberos

La autenticación de Kerberos se basa en el uso de un servidor de seguridad de Kerberos en el que se almacenan los usuarios y las claves de servidores, basadas en contraseñas. Kerberos autentica un servicio de RPC:

[2] Ahora se denomina Instituto nacional de estándares y tecnología (NIST - *National Institute of Standards and Technology*).

- Utilizando las claves secretas de cliente y servidor registradas en el servidor de seguridad de Kerberos para distribuir una clave de sesión DES al cliente y al servidor.
- Utilizando la clave de sesión DES para cifrar la información de autenticación del cliente y el servidor.

EJEMPLOS DE MENSAJES DE LA VERSION 2 DE RPC

En la Figura 15.6 se muestra una pantalla de un *Analizador de red* (*Sniffer*) de Network General con la cabecera de UDP y los campos de RPC de un mensaje de llamada al NFS para solicitar atributos de un archivo. Se han omitido las cabeceras del enlace de datos y de IP.

```
UDP:   --- UDP Header ---
UDP:
UDP:   Source port = 1023 (Sun RPC)
UDP:   Destination port = 2049
UDP:   Length = 124
UDP:   No checksum
UDP:
RPC:   --- SUN RPC header ---
RPC:
RPC:   Transaction id = 641815012
RPC:   Type = 0 (Call)
RPC:   RPC version = 2
RPC:   Program = 100003 (NFS), version = 2
RPC:   Procedure = 4 (Look up file name)
RPC:   Credentials: authorization flavor = 1 (Unix)
RPC:   len = 32, stamp = 642455371
RDP:   machine = atlantis
RPC:   uid = 0, gid = 1
RPC:   1 other group id(s):
RPC:   gid 1
RPC:   Verifier: authorization flavor = 0 (Null)
RPC:   [Verifier: 0 byte(s) of authorization data]
RPC:
RPC:   [Normal end of "SUN RPC header".]
RPC:
NFS:   --- SUN NFS ---
NFS:
NFS:   [Params for Proc = 4 (Look up file name) follow]
NFS:   File handle = 0000070A00000001000A0000000091E3
NFS:                 5E707D6A000A000000044C018F294BE
NFS:   File name = README
NFS:
NFS:   [Normal end of "SUN NFS".]
NFS:
```

Figura 15.6. *Formato de un mensaje de RPC que contiene una petición de NFS.*

Observe que una llamada es un mensaje de RPC de *tipo 0*. La respuesta tendrá *tipo 1*. El protocolo RPC se actualiza periódicamente, por lo que hay que declarar la versión del protocolo RPC. En esta llamada la versión es 2.

El que llama utiliza *credenciales Unix*, que identifican la máquina e incluyen identificadores de usuario y de grupo efectivos de Unix. Se incluye un identificador de grupo adicional. El *sello* es un identificador arbitrario que crea el que llama. El campo comprobador tiene sabor 0, por lo que no da información adicional. NFS se implementa, con frecuencia, con autenticación incompleta porque una protección más amplia reduciría su eficiencia.

Los parámetros del programa 100003 (NFS) y procedimiento 4 (averiguar nombre de archivo) aparecen a continuación en el mensaje. Los parámetros son un *manejador de archivo (file handle)* y un nombre de archivo.

Un *manejador de archivo*[3] es un identificador especial asociado a un directorio o un archivo de un servidor. Estamos interesados en un archivo que se llama *README* del directorio que identifica el manejador de archivo.

Los campos del mensaje de llamada se codifican utilizando las sencillas reglas del formato XDR que se describirán en la sección siguiente.

Se puede hacer una idea de la forma de trabajar de XDR observando algunos de los códigos hexadecimales que aparecen en el mensaje de llamada:

Type = 0 se codifica, en hexadecimal, como:

```
00 00 00 00
```

RPC version = 2 se codifica como:

```
00 00 00 02
```

Machine = atlantis se codifica como:

```
(length of string = 8) a  t  l  a  n  t  i  s
     00 00 00 08       61 74 6C 61 6E 74 69 73
```

La respuesta que aparece en la Figura 15.7 contiene un identificador de transacción que se corresponde con la petición. Incluye información de autenticación nula. Se ha aceptado la llamada y se ha completado con éxito.

La respuesta contiene mucha información útil sobre el archivo *README*:

- Aparece su *manejador de archivo*. Cualquier operación posterior sobre este archivo utilizará el manejador como referencia.
- El *modo* (*mode*) describe el tipo de archivo e indica quién puede acceder, propietario, grupo o todo el mundo. El modo declara también si los usuarios pueden leer o escribir en el archivo. Si el archivo es una aplicación software, el modo muestra si los usuarios pueden ejecutar la aplicación.

[3] Un manejador de archivo de la versión 2 es una cadena de longitud fija de 32 bytes. Un manejador de archivo de la versión 3 es una cadena de longitud variable de 64 bytes como máximo.

```
RPC:   --- SUN RPC header ---
RPC:
RPC:   Transaction id = 641815012
RPC:   Type = 1 (Reply)
RPC:   Status = 0 (Accepted)
RPC:   Verifier: authorization flavor = 0 (Null)
RPC:   [Verifier: 0 byte(s) of authorization data]
RPC:   Accept status = 0 (Success)
RPC:
RPC:   [Normal end of "SUN RPC header".]
RPC:
NFS:   --- SUN NFS ---
NFS:
NFS:   Proc = 4 (Look up file name)
NFS:   Status = 0 (OK)
NFS:   File handle = 0000070A00000001000A000000005AC9
NFS:                 3298621C000A0000000044C018F294BE
NFS:   File type = 1 (Regular file)
NFS:   Mode = 0100644
NFS:   Type = Regular file
NFS:   Owner's permissions = rw-
NFS:   Group's permissions = r-
NFS:   Others; permissions = r-
NFS:   Link count = 1, UID = 303, GID = 1
NFS:   File size = 130, Block size = 8192,
        No. of blocks = 2
NFS:   File system id = 1802, File id = 23241
NFS:   Access time       = 23-Oct-95 16:35:01 GMT
NFS:   Modification time = 20-Oct-95 12:10:43 GMT
NFS:   Inode change time = 20-Oct-95 12:10:43 GMT
NFS:
NFS:   [Normal end of "SUN NFS".]
NFS:
```

Figura 15.7. *Formato de un mensaje de RPC que contiene una respuesta de NFS.*

- Se incluyen atributos de archivo adicionales, como tamaño de archivo, último acceso realizado y última actualización realizada. Se puede esperar que esos atributos sean similares para cualquier sistema de archivos.

XDR

Cuando varias máquinas heterogéneas quieren operar en un entorno cliente/servidor, ¿cómo pueden entender los datos de las demás? Por ejemplo, quizá un cliente del NFS quiera pedir a un servidor que lea 1000 bytes de datos a partir de una posición en un archivo. ¿Cómo se codifican los parámetros de esa petición? Los parámetros más comunes incluyen nombres de archivos o directorios, atributos del archivo como el tamaño y números enteros que indican la cantidad de bytes o la posición dentro del archivo.

Todos los parámetros de los mensajes de RPC de Sun se *definen* y *codifican* utilizando XDR, el Protocolo de *Representación externa de datos* (*eXternal Data Representation*). En concreto:

- Se utiliza el lenguaje de descripción de datos de XDR para definir los tipos de datos que aparecen en las llamadas y las respuestas.
- Se aplican las reglas de codificación de XDR a esas definiciones para dar formato a los datos para su transmisión.

Una parte importante de la librería de programación de RPC se compone de llamadas que traducen tipos de datos a y desde el formato de red de XDR.

Lenguaje de descripción de datos XDR

Las definiciones de XDR son similares a los tipos de datos de los lenguajes de programación y son muy sencillas de entender. Existe una serie de tipos de datos básicos de XDR, enteros con signo y sin signo, enteros enumerados, cadenas ASCII, booleanos y números de coma flotante. El tipo de datos *opaco* se utiliza para utilizar cadenas de octetos en general. La información cifrada puede aparecer en un campo opaco. A partir de los tipos de datos básicos se construyen otros más complicados como arrays, estructuras y uniones.

Un tipo entero enumerado asigna un significado a cada número de una lista corta de enteros. Un ejemplo sencillo del tipo entero enumerado es el tipo mensaje (*msg-type*), que indica si un mensaje es una llamada o una respuesta:

```
enum msg_type {
  CALL = 0,
  REPLY = 1
  };
```

Sólo puede aparecer en este campo uno de los valores enumerados. Cualquier otro entero que se introduzca será erróneo.

La estructura que define el cuerpo de un mensaje de llamada de RPC es:

```
struct call_body {
   unsigned int rpcvers;  /* La versión debe ser igual a dos    */
   unsigned int prog;     /* Éste es el número de programa      */
   unsigned int vers;     /* Ésta es la versión del programa    */
   unsigned int proc;     /* Es el procedimiento específico     */
   opaque_auth cred;      /* Credencial, p.ej., identificador */
   opaque_auth verf;      /* Comprobador de credenciales        */
                          /* Puede ser un campo cifrado         */
   /* Los parámetros específicos del procedimiento comienzan aquí */
};
```

Codificación de XDR

Los mensajes de llamada y respuesta de una versión determinada de programa y de procedimiento tienen un formato fijo. Se conoce el tipo de datos que habrá en un campo por su posición en el mensaje. El tamaño de cada campo debe ser un múltiplo de 4 bytes.

Muchos parámetros se representan con enteros sin signo, ocupando 4 bytes. Por ejemplo, *Procedure* = *5* se representa por:

```
00 00 00 05
```

Las cadenas ASCII se codifican como enteros de 4 octetos que contienen el tamaño de la cadena, seguido de los caracteres ASCII y se rellenan para que el tamaño del campo sea un múltiplo de 4. Por ejemplo, la cadena *README* aparece como:

```
(string length = 6) R  E  A  D  M  E (relleno)
   00 00 00 06      52 45 41 44 4D 45 00 00
```

El estándar de definición de datos *Notación de sintaxis abstracta número 1 (*ASN.1 - *Abstract Syntax Notation 1*) y el estándar de codificación *Reglas básicas de codificación (*VER - *Basic Encoding Rules*) de OSI proporcionan un método alternativo para la definición y codificación de datos. Algunas aplicaciones TCP/IP utilizan ASN.1 y VER, la más notable es el Protocolo básico de gestión de red, (SNMP - *Simple Network Management Protocol*).

La norma de codificación BER coloca un identificador y el tamaño del campo antes de los datos de dicho campo. ASN.1 y BER se tratarán en el Capítulo 20. La ventaja de XDR es que los datos se codifican con muy pocos bytes. El inconveniente de XDR consiste en que cada campo debe ocupar una posición determinada.

LA INTERFAZ DE PROGRAMACIÓN DE RPC Y XDR

Las aplicaciones cliente/servidor de RPC se desarrollan utilizando una biblioteca de subrutinas que crean, envían y reciben mensajes de RPC. Se utilizan otras rutinas de biblioteca para la conversión entre la representación local de datos de los parámetros del mensaje y su formato XDR. Una subrutina de RPC típica es:

```
int callrpc (host, prognum, versnum, procnum, inproc, inparams,
outproc, outparams)
```

El parámetro *host* identifica a la computadora servidor, *prognum* identifica al programa y *procnum* es el procedimiento a ejecutar. Los parámetros de entrada a enviar en el mensaje de llamada están en la estructura *inparams*. La rutina *inproc* convierte los parámetros de entrada al formato XDR. Al llegar la respuesta, la rutina *outproc* convertirá los parámetros XDR de la respuesta al formato local y los almacenará en la estructura *outparams*.

NetWise y Sun han desarrollado una herramienta que simplifica enormemente el desarrollo de aplicaciones cliente/servidor y oculta las llamadas de RPC subyacentes.

INTRODUCCIÓN A NFS

El Sistema de archivos de red (*Network File System*) es una arquitectura de servidores de archivos portable a través de diferentes hardware, sistemas operativos, protocolos de transporte y tecnologías de red. Sin embargo, se diseñó con el sistema de archivos de Unix en mente.

Un host cliente se prepara para usar NFS *montando* un subárbol de directorios remoto en su propio sistema de archivos. El cliente lo hace enviando una petición de RPC al programa *mount* (montar) del servidor.

El usuario final o la aplicación no tienen conciencia de la existencia de NFS. Cuando se hace una llamada para realizar una operación con un archivo, como abrir, leer, escribir, copiar, cambiar el nombre, borrar, etc., que se encuentra en una computadora remota, el sistema operativo redirige la petición a NFS. La petición se transmite en un mensaje de petición de Llamada a procedimiento remoto. Los parámetros de entrada y de salida se codifican utilizando XDR.

En la Figura 15.8 se muestran los componentes en los que se basan las llamadas a NFS. NFS normalmente se implementa sobre un transporte UDP, pero algunos productos recientes también corren sobre conexiones TCP. UDP trabaja bien cuando el cliente y el servidor residen en la misma LAN. Se debería utilizar TCP en comunicaciones a través de una red de área extensa, donde es necesario realizar cálculos de plazos de retransmisión y de recuperación de congestiones.

Una implementación típica de NFS consiste en ejecutar muchos procesos de servicio en el servidor para poder atender a muchos clientes de forma concurrente.

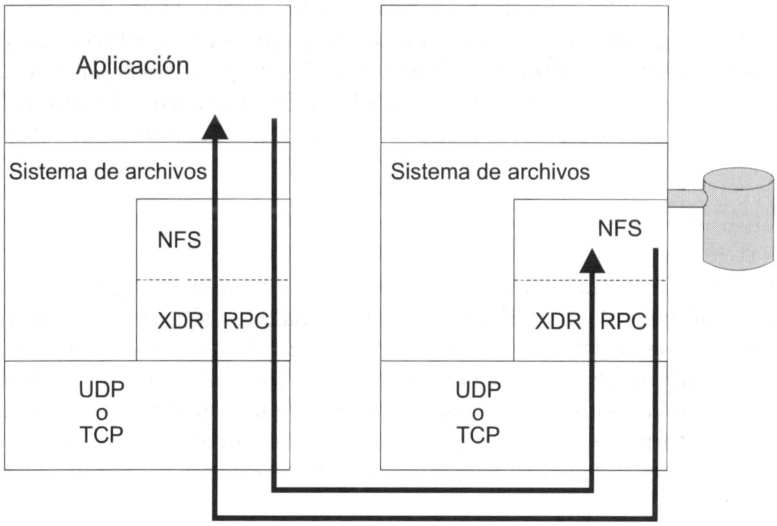

Figura 15.8. *Componentes en los que se basa NFS.*

MODELO DE ARCHIVOS DE NFS

NFS trabaja mejor para clientes y servidores que tienen una estructura de archivos del estilo de Unix. Los archivos de Unix se almacenan en un árbol jerárquico de directorios[4]. Se accede a un archivo Unix como un flujo secuencial de bytes.

Los directorios y archivos de Unix se identifican con nombres de camino formados por la lista de los nombres a lo largo de la ruta desde la raíz, separando los nombres con un barra inclinada (/). Por ejemplo, */etc/hosts* y */usr/john/abc* son nombres de camino.

La sintaxis que se utiliza para escribir nombres de camino en sistemas que no son Unix puede ser diferente. Por ejemplo, *E:\WP\LETTER.DOC* es un nombre de camino de DOS. NFS asume que cada archivo se puede identificar por un nombre de camino.

Origen del modelo de NFS

Las piezas de un sistema de directorios de Unix pueden residir en discos duros diferentes. Por ejemplo, los archivos y directorios bajo */etc* pueden estar en un disco, mientras */var* y todos sus subdirectorios estar en otro. El comando *mount* de Unix se utiliza para pegar una pieza como */var* en el árbol general de directorios. Un comando *mount* típico de Unix para hacer esto es:

```
mount /dev/xy0b /var
```

Los archivos del dispositivo físico *xy0b* se identifican con los archivos del directorio *var*.

Al diseñar NFS, resultó natural extender simplemente el comando *mount* para poder pegar también subárboles remotos en el árbol de directorios de una computadora. Por ejemplo, supongamos que un administrador de red quiere que los archivos de usuario del host *tiger* se encuentren localizados físicamente en la computadora *bighost*, donde se realizará una copia de seguridad cada noche. El administrador crea directorios para los usuarios en *bighost*, digamos bajo */users*. Desde *tiger*, el administrador ejecuta el comando:

```
mount -t nfs bighost:/users /usr
```

El directorio */users* del servidor y todos sus subdirectorios se pegan de forma lógica sobre el directorio */usr* de *tiger*. Para los usuarios finales, el sistema de directorios de *tiger* aparece como se muestra en la mitad izquierda de la Figura 15.9. Sin embargo, el archivo */usr/john/abc* se almacena realmente en */users/john/abc* del servidor *bighost*.

Otra forma de verlo consiste en que, cada vez que un usuario local pregunta por un archivo que en el árbol se encuentra bajo */usr*, el sistema operativo conoce que el archivo se encuentra en realidad en el host *bighost* bajo */users*.

[4] Existen implementaciones de servidores sin árbol jerárquico de directorios que han tenido éxito. Por ejemplo, un servidor VM de IBM tiene una estructura de archivos plana.

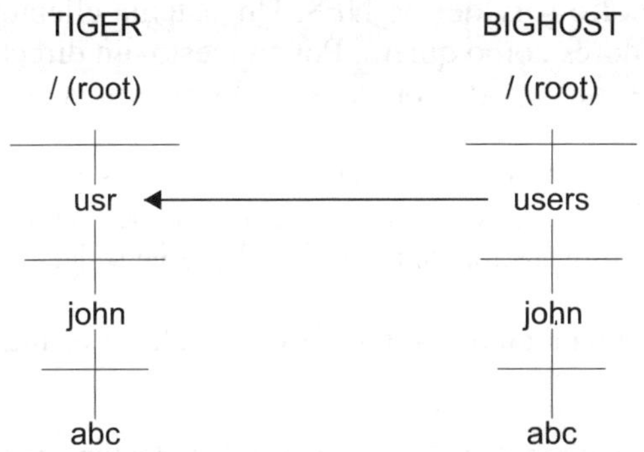

Figura 15.9. *Montaje de un directorio remoto.*

Mientras que los sistemas de directorios de Unix forman un solo árbol, los sistemas de directorios de DOS tienen muchos árboles (¿un bosque?) con los dispositivos A:, B:, C:, etc., como raíz. Las computadoras DOS pegan un directorio NFS remoto a un dispositivo como E:.

Otros muchos sistemas operativos tienen directorios jerárquicos. Los que no lo poseen, se convierten a este modelo incorporando restricciones sobre la profundidad del árbol que puede añadirse y en la sintaxis de directorios y archivos.

PROTOCOLO DE *MOUNT*

Mount, utilizado para pegar un directorio remoto al sistema local de archivos, es el programa de RPC número 100005, y su puerto lo hace público el *portmapper*. *Mount* funciona tanto sobre UDP como sobre TCP.

Antes de que una computadora pueda montar un directorio desde un servidor, hay que configurar el servidor para *exportar* dicho directorio. La forma habitual de hacerlo consiste en que un administrador edita un archivo que contiene la lista de los directorios del servidor que se van a exportar, los host que tienen permiso para acceder a ellos y las restricciones de acceso que se quieren imponer. Por ejemplo, una configuración de */etc/exports* de Unix puede tener la forma:

```
/man   -ro
/bin   -ro,access = tiger:lion
/users -rw,access = tiger
```

El primer directorio tiene permiso de sólo lectura (ro - *read-only*), y es accesible desde cualquier host. Los host *tiger* y *lion* pueden leer el segundo directorio. El host *tiger* tiene permiso de lectura y escritura (*read-write)* para acceder al tercer directorio.

Un servidor sólo puede exportar sus propios directorios. No puede exportar un directorio montado desde otro servidor de NFS. Un sistema cliente puede montar directorios de tantos servidores como quiera. Por supuesto, un directorio sólo se puede montar si las restricciones de exportación del servidor permiten al cliente disponer del mismo.

El cliente tiene que indicar todos los servidores remotos y directorios que quiere montar. Se hace, habitualmente, ejecutando una secuencia de comandos *mount* al arrancar el sistema. A veces la información de montaje del cliente se lee de un archivo de configuración.

El comando *mount* tiene muchos parámetros opcionales. Los más importantes deciden:

- Si el directorio se debe montar sólo de lectura o de lectura y escritura.
- Si se deben intentar de nuevo en segundo plano los montajes fallidos y el límite en el número de intentos.
- Si el usuario puede interrumpir una llamada de RPC a NFS que tarda mucho en completarse.
- Si se usa, o no, una versión de NFS que se basa en Llamadas a procedimiento remoto seguras.

El comando *mount* provoca el envío del mensaje de RPC *Add Mount Entry* (*Añadir entrada de montaje*) al servidor. *En el mensaje de respuesta, el protocolo de mount devuelve el manejador de archivo que debe utilizar el cliente para identificar ese directorio en las siguientes llamadas.* Recuerde que el manejador de archivo es una cadena con significado para el sistema servidor que identifica al directorio o archivo correspondiente. Por ejemplo, cuando montamos */users* como el directorio local */usr*, la respuesta a la petición de montaje contiene un manejador de archivo para el directorio */users*.

Procedimientos de Mount

Los procedimientos que permiten un programa *mount* servidor aparecen en la Tabla 15.4.

INDEPENDENCIA DEL ESTADO E IDEMPOTENCIA

El espíritu de NFS implica que el servidor debe ser tan *independiente del estado* como sea posible. Esto significa que el servidor de NFS debería recordar un mínimo de información del cliente para que la recuperación tras una caída del cliente o del servidor sea sencilla.

Un cliente sabe que el servidor de NFS ha completado todo el trabajo derivado de una petición cuando recibe una respuesta. Pero, con frecuencia, NFS corre sobre UDP, y UDP no es confiable. ¿Qué hay que hacer si no llega la respuesta? NFS repite la petición después de un período de tiempo.

Tabla 15.4. *Procedimientos de Mount.*

Procedimiento	Descripción
0	*Null*: Responde para mostrar que el programa está activo.
1	*Add Mount Entry*: Añade una entrada para el host del cliente en la lista de montaje y devuelve un manejador de archivo para el directorio montado.
2	*Return Mount Entries*: Informa al cliente de las rutas de nombres actualmente montadas.
3	*Remove Mount Entry*: Elimina el montaje de un directorio determinado.
4	*Remove All Mount Entries*: Elimina todos los montajes del cliente.
5	*Return Export List*: Devuelve una lista de directorios y host que tienen permiso para acceder a ellos.

Sin embargo, es posible que la petición original llegue realmente al servidor y que la respuesta se perdiera. Por esta razón, los servidores de NFS normalmente no son totalmente independientes del estado. Almacenan algunas de las respuestas recientes para que se puedan manejar correctamente las peticiones duplicadas.

¿Qué respuestas deberían guardarse? Algunas operaciones, como *read* (*leer*) o *lookup* (*consultar*), son *idempotentes*. Es decir, se pueden ejecutar varias veces y siempre dan el mismo resultado. Otras, como *remove file* (*eliminar archivo*) o *create directory* (*crear directorio*), no son idempotentes. Si se pierde el resultado original, una segunda ejecución devolverá un mensaje de error engañoso. El almacenamiento de los resultados de las operaciones que no son idempotentes permite a NFS enviar la respuesta apropiada a las peticiones retransmitidas.

PROTOCOLO DE NFS

La versión 3 de NFS es la más actual, pero es previsible que persistan durante bastante tiempo muchas implementaciones de la versión 2. El número de programa del servidor de NFS es el 100003. Por convención, un servidor de NFS toma el puerto 2049 al inicializarse.

Más sobre manejadores de archivos

Recuerde que, cuando un cliente monta un directorio, el protocolo de montaje devuelve un manejador de archivo que identifica al directorio para futuras llamadas. El directorio montado puede tener subdirectorios que, a su vez, pueden tener subdirectorios. El nombre completo de un archivo puede abarcar varios niveles de profundidad. Por ejemplo, antes de que un usuario pueda actualizar el archivo:

```
/usr/john/book/chapter3
```

es necesario que obtenga del servidor el manejador de archivo del archivo correspondiente, */users/john/book/chapter3*. La forma en que lo hace NFS consiste en consultar un elemento de la ruta cada vez. En nuestro ejemplo, el cliente NFS:

- Envía una llamada de consulta al servidor incluyendo el manejador de archivo de */users* y el componente de ruta *john*. La respuesta contiene un manejador para */users/john*.
- Envía una llamada de consulta al servidor incluyendo el manejador de archivo de */users/john* y el componente de ruta *book*. La respuesta contiene un manejador de archivo para */users/john/book*.
- Envía una llamada de consulta al servidor incluyendo el manejador de */users/john/book* y el archivo *chapter3*. La respuesta contiene el manejador de archivo que buscamos.

El resultado de esta interminable forma de obtener el manejador de archivo que queremos es que el cliente de NFS realiza muchas llamadas de consulta.

Procedimientos de NFS

Existen procedimientos de NFS que permiten que un cliente acceda, lea y escriba en archivos. El cliente puede hacer averiguaciones sobre la organización y la capacidad del sistema remoto de archivos y puede pedir que le muestren los atributos de archivos individuales. El cliente puede borrar archivos o cambiarles el nombre. Algunos de los procedimientos se refieren a características específicas del sistema de archivos de Unix, como asociar un alias a un archivo. Los procedimientos de las versiones 2 y 3 de NFS se describen brevemente en la Tabla 15.5.

Utilidades especiales

Idealmente, NFS debería ser transparente al usuario. Los archivos del servidor se abren, leen, escriben y cierran como si fueran locales. Se utilizan comandos locales ordinarios para copiar, cambiar el nombre o borrar archivos del servidor.

Cuando el cliente y el servidor tienen el mismo sistema operativo resulta sencillo. A veces, cuando las convenciones de archivos de cliente y servidor son muy diferentes, unos pocos comandos especiales adicionales hacen que NFS trabaje mejor. Un ejemplo puede ayudar a clarificarlo.

Cuando un cliente DOS usa un sistema Unix como servidor de archivos, los archivos creados y nombrados por el cliente DOS se ajustan a las convenciones de DOS y serán una parte natural del sistema de archivos del cliente.

Tabla 15.5. *Procedimientos de las versiones 2 y 3 de NFS.*

Procedimiento	Versión 2	Versión 3
0	Procedimiento nulo para pruebas.	Procedimiento nulo para pruebas.
1	Obtiene atributos de archivo.	Obtiene atributos de archivo.
2	Establece atributos de archivo.	Establece atributos de archivo.
3	Operación obsoleta.	Consulta un nombre de archivo. Es decir, dado el manejador de archivo de un directorio y el nombre de un subdirectorio o archivo, devuelve el manejador de archivo del directorio o archivo.
4	Consulta un nombre de archivo.	Comprueba permisos de acceso.
5	Lee información asociada con un enlace simbólico.	Lee información asociada con un enlace simbólico.
6	Lee datos de un archivo.	Lee datos de un archivo.
7	No se utiliza.	Escribe datos en un archivo. La llamada puede indicar si la escritura puede hacerse a una caché o si debe hacerse a un soporte estable antes de enviar la respuesta.
8	Escribe datos en un archivo.	Crea un archivo.
9	Crea un archivo.	Crea un directorio.
10	Elimina un archivo.	Crea un enlace simbólico.
11	Cambia el nombre de un archivo.	Crea un nodo, por ejemplo, un dispositivo especial.
12	Crea un enlace a un archivo.	Elimina un archivo.
13	Crea un enlace simbólico.	Elimina un directorio.
14	Crea un directorio.	Cambia el nombre de un archivo o directorio.
15	Elimina un directorio.	Crea un enlace a un objeto.
16	Lee nombres e identificadores de archivos de un directorio.	Lee nombres e identificadores de archivos de un directorio.
17	Obtiene información del sistema de archivos, como el tamaño de bloque y el número de bloques libres.	Lee nombres, identificadores, atributos y manejadores de archivos de un directorio.
18		Obtiene información dinámica del sistema de archivos, como el tamaño total y el espacio libre.
19		Obtiene información estática del sistema de archivos, como el tamaño máximo para peticiones de lectura y escritura.
20		Obtiene información POSIX, como atributos y el tamaño máximo del nombre de archivo.
21		Hace que los datos previamente almacenados en caché se escriban en un soporte estable. *(Commit)*.

Si el cliente de DOS quiere leer un archivo de texto creado por un usuario Unix, aparecen algunos problemas. En primer lugar, los nombres de DOS se componen de hasta ocho caracteres seguidos, opcionalmente, por un punto y hasta tres caracteres más. Cuando un usuario de DOS teclea un nombre de archivo todas las letras se convierten a mayúsculas. Por ejemplo, COMMAND.COM es un nombre de archivo de DOS. Los nombres de Unix pueden ser mucho más largos y contener una mezcla de letras mayúsculas y minúsculas. Por ejemplo, *unNombreLargo.muchoMas* es un nombre de archivo de Unix válido.

¿Cómo puede un usuario DOS acceder al archivo de Unix? Los fabricantes normalmente realizan traducciones automáticas de nombres e incluyen también una utilidad para ver el nombre del archivo original.

Hay que vencer otro obstáculo más. Las líneas de un archivo de texto de DOS terminan con caracteres de retorno de carro (CR) y salto de línea (LF) mientras que las líneas de un archivo de texto Unix acaban con un LF. Algunos fabricantes realizan traducciones automáticas mientras que otros proporcionan utilidades que permiten al usuario convertir un archivo de texto al formato local.

Bloqueo de archivos

Algunos archivos los comparten muchos usuarios. Por ejemplo, muchas aplicaciones pueden leer un mismo archivo de configuración. Un usuario que necesite actualizar un archivo compartido querrá obtener acceso exclusivo al archivo, es decir, bloquear el archivo durante el proceso de actualización.

El bloqueo de archivos en un entorno de NFS se lleva a cabo por medio de dos servicios de RPC: el *gestor de bloqueos* (*lock manager*) y el programa *status* (*estado*). El gestor de bloqueos maneja las peticiones de bloqueo de los clientes. El monitor de *estado* del servidor intenta seguir el rastro de los host cliente que realizan bloqueos en un momento dado. Si deja de funcionar el servidor, enviará la información del monitor de estado a los host clientes registrados, pidiéndoles que reinicien sus peticiones de bloqueo.

Implementación de NFS

Un programa puede pedir reiteradamente a su sistema operativo que lea o escriba unos pocos bytes de datos. El acceso frecuente a un disco duro para pequeñas cantidades de datos no es eficiente. Normalmente los sistemas operativos leen bloques enteros de datos anticipadamente y responden a las llamadas de lectura con los datos almacenados en la memoria. De forma similar, las escrituras se guardan en memoria y se escriben en el disco de forma periódica.

Los accesos frecuentes a un servidor remoto de NFS para pequeñas cantidades de datos son, incluso, menos eficientes que los accesos al disco local. Las implementaciones de clientes de NFS realizan lecturas anticipadas de bloques de datos.

Un servidor de NFS aumenta su rendimiento si conserva información de atributos de directorios y archivos en memoria y lee por adelantado para anticiparse a las llamadas de los clientes. La versión 3 admite escritura en la memoria caché, que puede trasladarse a un soporte permanente llamando a un procedimiento *commit*.

Monitorización de NFS

El comando de Unix *nfsstat* genera un informe de las actividades de NFS. En otros sistemas operativos se dispone de comandos similares. En el ejemplo que se muestra a continuación, el sistema local actúa como cliente y como servidor. En el informe hay muy poca actividad del servidor. Sin embargo, los usuarios del sistema realizan un gran número de llamadas.

La pantalla muestra el número de veces que se utiliza cada tipo de llamada durante el período de observación. Observe la gran cantidad de consultas. Recuerde que esas llamadas se utilizan para recorrer la ruta del nombre de un archivo paso a paso hasta obtener el manejador de archivo.

```
> nfsstat

Server rpc:
calls      badcalls     nullrecv    badlen    xdrcall
25162314   0            0           0         0

Server nfs:
calls      badcalls
25162314   491
null       getattr         setattr     root      lookup         readlink
478 0%     9689121 38%     380591 1%   0 0%      5596396 22%    5992775 23%
read
1009813 4%

wrcache    write          create      remove     rename     link      symlink
0 0%       1146142 4%     627381 2%   66180 0%   13089 0%   6042 0%   265 0%
mkdir      rmdir          readdir     fsstat
1718 0%    66 0%          626437 2%   5820 0%

Client rpc:
calls      badcalls   retrans   badxid   timeout   wait     newcred   timers
3931394    2069       0         42       2037      0        0         1697

Client nfs:
calls      badcalls       nclget      nclsleep
3929178    32             3929357     0
null       getattr        setattr     root       lookup          readlink
0 0%       2221718 56%    6689 0%     0 0%       1423702 36%     93498 2%
read       wrcache        write       create     remove          rename
54110 1%   0 0%           19501 0%    7362 0%    6493 0%         158 0%
link       symlink        mkdir       rmdir      readdir         fsstat
5 0%       0 0%           28 0%       12 0%      95804 2%        98 0%
```

LECTURAS RECOMENDADAS

En el momento de escribir este libro, el *portmapper* y *RPCBIND* aparecen definidos en la RFC 1833, la versión 2 de Llamadas a procedimiento remoto en la RFC 1831 y XDR en la RFC 1832.

La versión 2 de NFS se describe en la RFC 1094 y la versión 3 en la RFC 1813. Una especificación muy completa de la versión 2 de NFS se puede encontrar en *X/Open CAE Specification: Protocols for X/Open Internetworking: XNFS*, publicado por X/Open Company, Ltd.

Biblioteca profesional

CAPÍTULO 16

Correo electrónico

INTRODUCCIÓN

De todas las aplicaciones de TCP/IP, el correo electrónico es la que atrae a la mayor cantidad de gente. Cuando una organización ofrece un buen acceso al correo, su utilización aumenta de forma explosiva. El correo atrae a usuarios que nunca pensaron que utilizarían una computadora.

El correo electrónico es una buena forma de contactar con la gente, y de fácil manejo. El diálogo que aparece a continuación muestra una interacción muy sencilla con un programa muy simple de correo de Unix. El programa pregunta por el Asunto (*Subject*) y el usuario señala el fin del mensaje escribiendo un punto como único carácter de una línea.

```
> mail fred
Subject: New Materials
The manuals have arrived.
Let's discuss them next week.
.
```

Existen programas de correo mucho más elegantes, con interfaces de usuario de pantalla completa donde las opciones se seleccionan con un clic del ratón. Por ejemplo, en la Figura 16.1 se muestra la interfaz de la aplicación de correo electrónico de *Chameleon* para Windows, y en la Figura 16.2 se muestra el programa de correo electrónico *Eudora* para Macintosh.

El nombre formal para un programa de correo de usuario final es *Agente de usuario* (UA - *User Agent*). Se espera que un Agente de usuario realice varias tareas, como:

- Mostrar información de los mensajes de correo de entrada que esperan en el buzón del usuario.
- Guardar los mensajes de entrada o de salida en carpetas o en archivos locales.
- Disponer de un buen editor para componer el texto de los mensajes.

El estilo de Agente de usuario que prefiere cada individuo ha sido considerado siempre una cuestión de gusto personal y no está sujeto a normalización. Lo importante es que el resultado final sea siempre el mismo, que se envíen y entreguen los mensajes de correo.

Retomando la transacción de correo anterior. Todo parece muy sencillo, pero hay gran actividad escondida entre bastidores. Resulta que «*fred*» es un *seudónimo* o *alias* definido en la agenda de direcciones privada. Cuando el Agente de usuario hace la consulta, descubre que el identificador real del destinatario es *fred@microsoft.com*.

Este identificador tiene el formato típico del correo de Internet. Sin embargo, los fabricantes de software de correo electrónico propietario y los suministradores públicos del servicio de correo han demostrado mucho individualismo al diseñar sus propios formatos de destinatario. Existen *pasarelas de correo* muy ocupadas realizando conversiones entre esos formatos.

¿Cómo se entrega el correo? Al comienzo, el correo se transfería a través de una conexión TCP/IP directa entre el host origen y el host destino. Pero hoy es más habitual que el correo se reenvíe por medio de uno o varios host intermedios. Más adelante hablaremos mucho más sobre reenvíos.

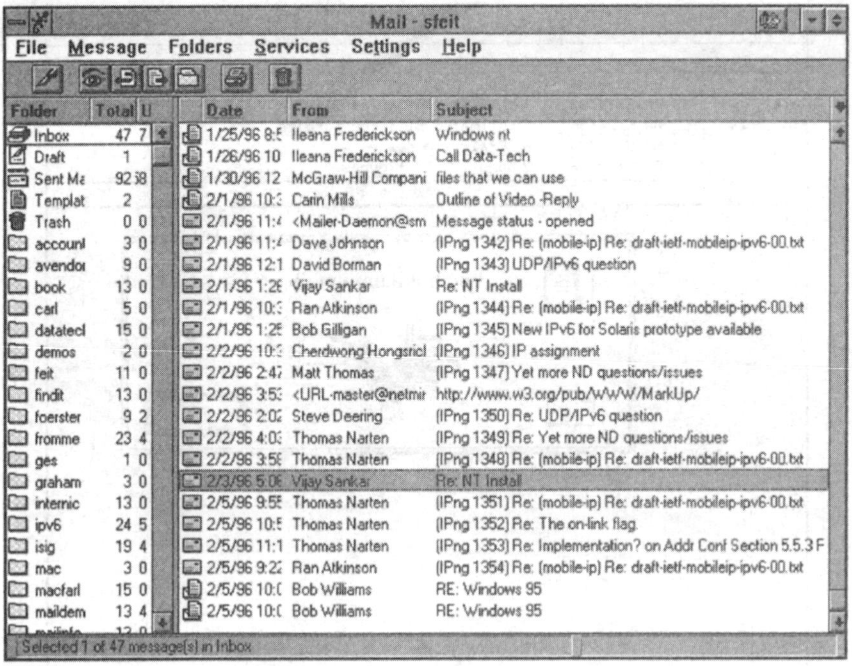

Figura 16.1. *Interfaz de usuario para Windows.*

PROTOCOLOS DE CORREO DE INTERNET

El correo es muy utilizado y son muchos los protocolos de Internet que han evolucionado para satisfacer las necesidades de los usuarios de correo electrónico. En la Figura 16.3 se describen los protocolos de correo de Internet.

El *Protocolo básico de transferencia de correo* (SMTP - *Simple Mail Transfer Protocol*) es el estándar clásico de Internet para la transferencia de correo entre computadoras. SMTP se diseñó para transportar sencillas notas de texto y se implementó sobre una simple sesión del Terminal virtual de red (NVT -*Network Virtual Terminal*) de *telnet*.

Al llegar el correo, un Agente de usuario tiene que interpretar algunos elementos del mensaje, como el identificador del remitente, fecha de envío, asunto y la parte de la información del mensaje. El venerable *Estándar para el formato de mensajes de texto en Internet de ARPA*, proporciona el formato para mensajes sencillos de correo de texto de Internet.

Un conjunto más reciente de normas define las *Extensiones de SMTP* (ESMTP), que permiten transportar cualquier tipo de información. Recientemente se han descrito los cuerpos de mensajes que constan de varias partes en las normas de *Extensiones de correo multipropósito de Internet* (MIME - *Multipurpose Internet Mail Extensions*). Pueden en-

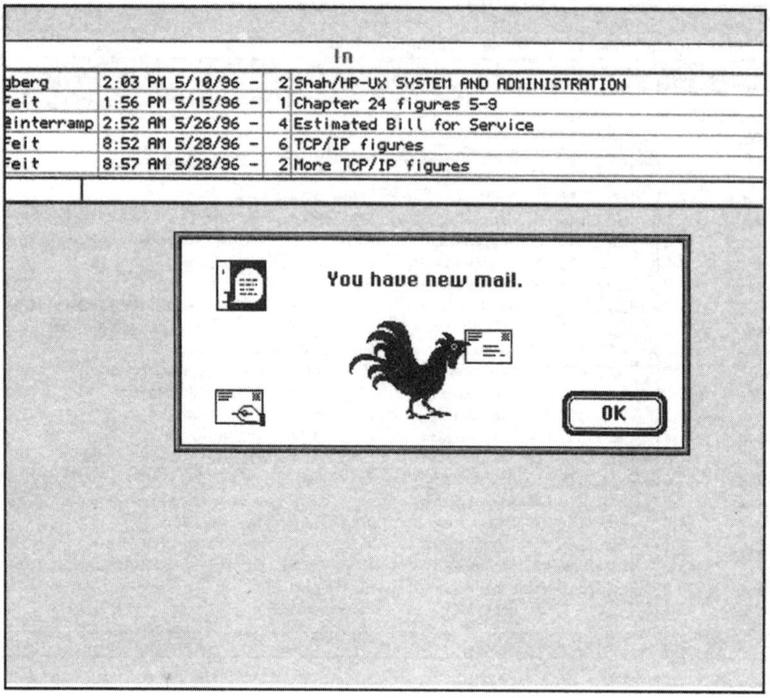

Figura 16.2. *Interfaz de usuario Eudora para una Macintosh.*

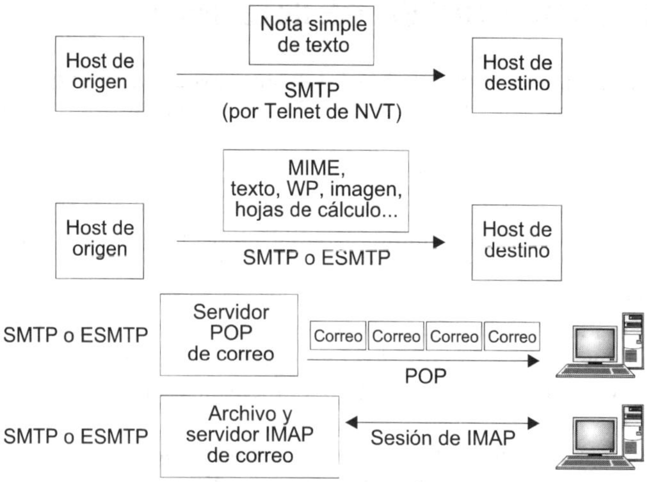

Figura 16.3. *Protocolos de correo de Internet.*

tregarse muchos tipos de información, como documentos creados por procesadores de texto, archivos Binhex de Macintosh, imágenes, vídeo, sonidos codificados, hojas de cálculo, código ejecutable o cualquier otra cosa. Los nuevos tipos MIME se definen según se necesitan y los registra la Autoridad de asignación de números de Internet.

Se ha diseñado otro conjunto de normas adaptadas a la forma de trabajo actual de mucha gente. El *Protocolo de oficina de correos* (POP - *Post Office Protocol*) permite a un cliente obtener correo de un servidor de correo. Como alternativa, el *Protocolo de acceso a correo de Internet* (IMAP - *Internet Message Access Protocol*), permite que un usuario lea, copie o borre los mensajes almacenados en un servidor, pero el servidor es el depositario autorizado de los mensajes. Resulta útil para los usuarios que quieren beneficiarse de los servicios administrativos, como la copia de seguridad diaria, evitar el uso de espacio en disco local o tener acceso a su correo cuando están de viaje. El correo se entrega a un servidor por medio de SMTP o de ESMTP.

Algunas organizaciones reenvían correo por medio de los protocolos X.400 de OSI, que se describirán brevemente más adelante en este capítulo.

MODELO PARA LA TRANSMISIÓN DE CORREO

En la Figura 16.4 se muestran los elementos de un sistema de correo. El correo se prepara con la ayuda de una aplicación de Agente de usuario. El Agente de usuario normalmente pone el correo en la cola de otra aplicación, llamada *Agente de transferencia de mensajes* (MTA - *Message Transfer Agent*), que es responsable de establecer la comunicación con el host remoto y transmitir el correo. *Agente de usuario* y *Agente de transferencia de mensajes* son términos que se utilizan en las normas del sistema de mensajes de X.400, pero esos términos describen componentes válidos también para el correo de SMTP.

Se puede enviar el correo directamente entre los MTA remitente y destinatario o reenviarse por medio de MTA intermedios. Cuando se reenvía un mensaje de correo, se transmite el mensaje completo a un host intermedio, donde se almacena hasta el momento en que se pueda reenviado. Los sistemas que utilizan reenvío se denominan sistemas de *almacenamiento y envío* (*store-and-forward*).

En el host de destino se coloca el correo en una cola de entrada para después transferirlo a una zona de almacenamiento de *buzones* de usuario. Cuando un destinatario llama a un programa de Agente de usuario, el Agente de usuario suele mostrar un resumen del correo de entrada que espera en el buzón.

REENVÍO DE CORREO

¿Para qué querría un Agente de transferencia de mensajes reenviar el correo en lugar de conectarse directamente al host de destino? Cuando un host utiliza una conexión directa tiene que asegurarse de que el correo ha llegado a su destino. El reenvío de correo utiliza los recursos de almacenamiento intermedio y necesita varias conexiones. Para reenviar correo hay que diseñar un mapa de ruta de reenvío del tipo almacenar y enviar y, si no se hace bien, el correo vagará por ahí ineficazmente.

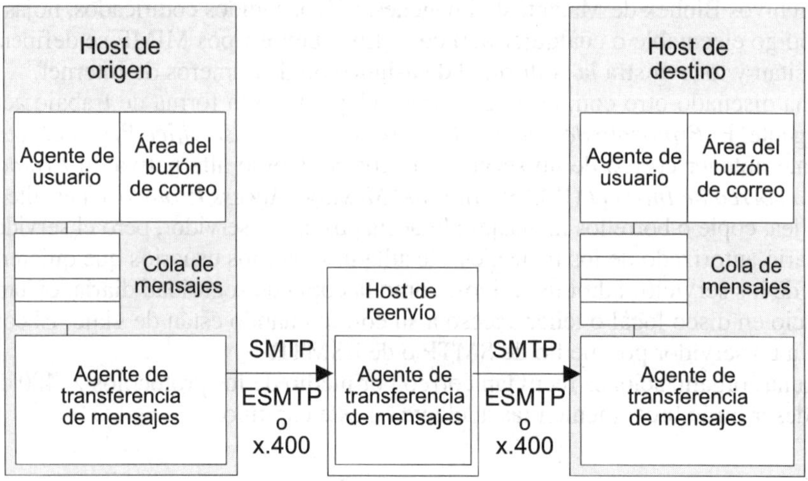

Figura16.4. *Componentes de un sistema de correo electrónico.*

Escenario de reenvío de correo

Para ver por qué el estilo de almacenar y enviar está tan extendido, fíjese en el escenario que se describe en la Figura 16.5. Pedro, que trabaja en Industrias ABC, envía un mensaje de correo a María, que trabaja en Computadoras JCN. La computadora de Pedro es una estación de trabajo de LAN que está apagada casi siempre. La estación de trabajo envía y recibe correo por medio de un servidor de reenvío de la LAN.

Tanto Industrias ABC como Computadoras JCN están muy preocupados por la seguridad. Solamente permiten intercambio de correo con el mundo exterior a través de un host de reenvío, *Intercambiador de correo* (*Mail Exchanger*) determinado. Ambas compañías se comunican con el mundo exterior por medio de un encaminador que bloquea todo el tráfico excepto las conexiones al puerto de correo, el 25, del Intercambiador de correo de la compañía.

En la LAN de Pedro se utiliza un producto propietario de correo electrónico de LAN. En donde trabaja María se utilizan protocolos TCP/IP de correo electrónico.

Como se muestra en la Figura 16.5, el correo se transfiere desde la computadora de Pedro a un servidor de LAN utilizando el protocolo propietario de correo. El servidor de LAN tiene software de pasarela que traduce el formato propietario de correo al formato de mensajes de Internet. Entonces se envía el correo al Intercambiador de correo de ABC. Desde ahí se transmite a través de una red externa, por ejemplo, Internet, hasta el Intercambiador de correo de JCN. Se reenvía de nuevo al servidor de correo electrónico de la LAN de María, donde se almacena hasta que María se conecta y recoge su correo por medio del Protocolo de oficina de correos.

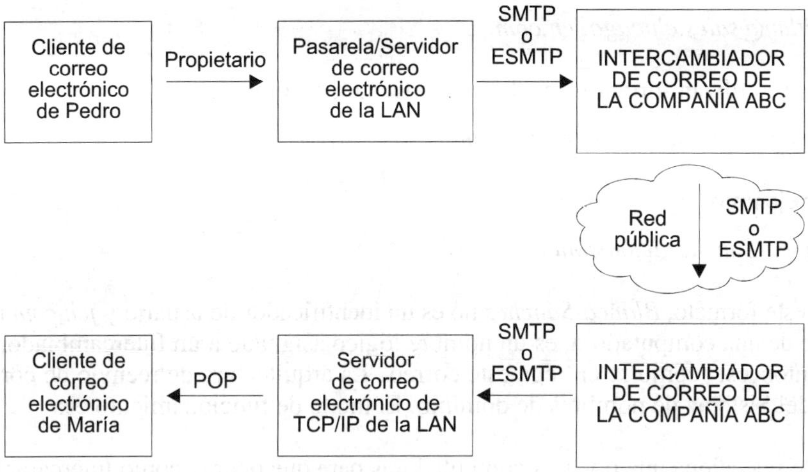

Figura 16.5. *Reenvío de correo electrónico.*

Este escenario muestra que el reenvío ofrece multitud de beneficios:

- Las PC y estaciones de trabajo cuentan con un sistema de servidores de LAN para enviar el correo de salida y mantener el correo electrónico de llegada.
- Los empleados de la compañía pueden utilizar el correo electrónico manteniendo la seguridad, al canalizar el correo a través de un Intercambiador de correo.
- Se puede ahorrar dinero agrupando correo de reenvío en los horarios más favorables.
- El reenvío de correo puede realizar traducciones de formato de correo.

En las siguientes secciones se describe con más detalle los mecanismos que han evolucionado dentro de la familia de protocolos de TCP/IP para manejar un universo de correo electrónico en expansión.

IDENTIFICADORES DE CORREO DEL DESTINATARIO E INTERCAMBIADORES DE CORREO

Los destinatarios de correo de Internet se identifican con nombres que siguen el patrón general:

parte-local@nombre-de-dominio

Veremos que este formato es bastante flexible. Durante años, el formato predominante para los nombres de estilo Internet era:

identificador-de-usuario@nombre-de-host

Por ejemplo:

smithm@sales.chicago.jcn.com.

Hoy se utilizan formatos mucho más adecuados, como:

nombre-apellido@nombre-de-dominio-de-correo

Por ejemplo:

Blanca-Sánchez@jcn.com

En este formato, *Blanca-Sánchez* no es un identificador de usuario y *jcn.com* no es el nombre de una computadora, es un nombre lógico asignado a un Intercambiador de correo. Entonces, ¿cómo se entrega este correo? La arquitectura de reenvío de correo depende del Sistema de nombres de dominio. El modo de funcionamiento es:

- Se selecciona una o varias computadoras para que operen como Intercambiadores de correo para la organización.
- Se selecciona un nombre lógico para el Intercambiador de correo, normalmente, el Nombre de dominio de la organización, y se añade una entrada de Intercambiador de correo (MX - *Mail eXchanger*) en la base de datos del DNS.
- Un programa de Agente de transferencia de mensajes consulta la parte de nombre-de-dominio-de-correo del identificador del destinatario en el DNS, obtiene el nombre real y la dirección del Intercambiador de correo, y reenvía el correo a dicho Intercambiador.

Una demostración puede aclarar todo esto. En el ejemplo que sigue, se ejecuta el programa *nslookup* y se solicita la identidad del Intercambiador de correo de Cisco. Se puede ver que, en realidad, existen dos (*hubbub.cisco.com* y *beasley.cisco.com*). Es una buena idea tener dos o más servidores de correo operativos para asegurar la disponibilidad del servicio.

Observe los números de preferencia, 5 y 10. Se prefiere antes el servidor de número *menor*, *hubbub*. Se contactará con *hubbub* en primer lugar. Si no fuera posible conectarse a *hubbub*, se intentará con *beasley*. De hecho, el valor de los números de preferencia utilizados no es importante, sólo importa su relación de orden.

```
> nslookup

Default Server: DEPT-GW.cs.YALE.EDU
Address: 128.36.0.36

> set type = mx

> cisco.com

cisco.com     preference = 5, mail exchanger = hubbub.cisco.com
cisco.com     preference = 10, mail exchanger = beasley.cisco.com
hubbub.cisco.com       inet address = 198.92.30.32
```

```
beasley.cisco.com      inet address = 171.69.2.135
dennis.cisco.com       inet address = 171.69.2.132
nsl.barrnet.net    inet address = 131.119.245.5
noc.near.net       inet address = 198.112.8.2
noc.near.net       inet address = 192.52.71.21
```

La consulta siguiente muestra cómo algunas organizaciones construyen un nivel adicional de seguridad. Observe que hay tres Intercambiadores de correo, pero dos de ellos pertenecen en realidad al proveedor de servicios UUNET:

```
> clarinet.com
Server: DEPT-GW.cs.YALE.EDU
Address: 128.36.0.36

clarinet.com preference = 10,  mail exchanger = looking.clarinet.com
clarinet.com preference = 100, mail exchanger = relay1.uu.net
clarinet.com preference = 100, mail exchanger = relay2.uu.net
looking.clarinet.com    inet address = 192.54.253.1
relay1.uu.net    inet address =    192.48.96.5
relay2.uu.net    inet address = 192.48.96.7
>
```

Clarinet podría configurar su red para que el correo de entrada se canalizase a través de uno de los Intercambiadores de correo de UUNET y después se reenviase a *looking. clarinet. com.*

En la Figura 16.6 se muestra la forma de hacerlo. Se ha instalado un encaminador que hace de filtro para rechazar las conexiones de todos los sistemas que no sean Intercambiadores de correo del proveedor de servicios UUNET. Un sistema exterior tratará de conectarse al lugar de mayor preferencia, *looking.clarinet.com.* Pero en el primer paso, el encaminador de filtrado evita que se realice la conexión. Por tanto, se intentará a uno de

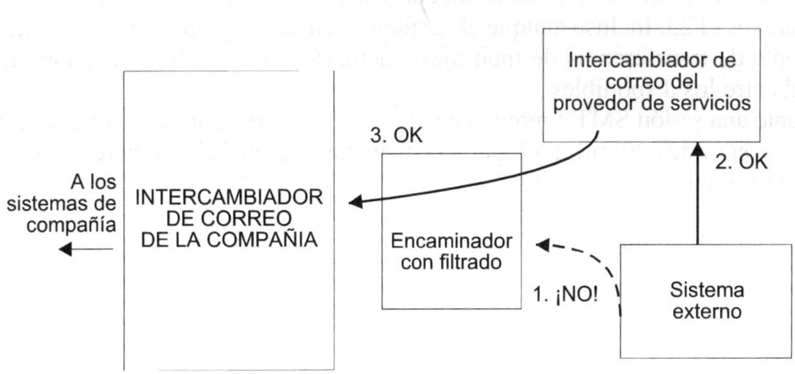

Figura 16.6. *Canalización de correo a través de una ruta.*

los lugares de menor preferencia y el correo se dirige a *relay1* o a *relay2*. El sistema UUNET puede enviar el correo al Intercambiador de correo de *Clarinet*.

Cuando el correo llega al Intercambiador de correo de una compañía, se busca la parte-local del nombre lógico en un archivo de alias y se convierte en un identificador de usuario y nombre del host, o cualquier otro tipo de identificador de correo que se utilice en la red de destino. Por tanto, un Intercambiador de correo puede actuar también como pasarela de servicios de correo que no sean del estilo de Internet.

Existe otro problema que hay que resolver para encaminar el correo a través de un Intercambiador de correo. Supongamos que los usuarios de los host de *sales.clarinet.com* tuvieran identificadores de correo de la forma *nombre-de-usuario@sales.clarinet.com*. ¿Qué ocurriría con el correo que tuviera una dirección como *jonesj@sales.clarinet.com*? Unas cuantas entradas más en la base de datos de *Clarinet* del DNS se ocupan de ese problema:

```
*.clarinet.com. IN MX  10 looking.clarinet.com.
*.clarinet.com. IN MX 100 relay1.uu.net
*.clarinet.com. IN MX 100 relay2.uu.net
```

Estas entradas «comodín» dirigen el correo con direcciones al antiguo estilo *identificador-de-usuario@nombre-de-host* a los Intercambiadores de correo.

Las organizaciones están reemplazando sus antiguos identificadores *identificador-de-usuario@nombre-de-host* por nombres lógicos, que no revelan los identificadores de usuario al exterior. Además de aumentar la seguridad de una red, los nombres lógicos también permiten a los usuarios conseguir identificadores de usuario nuevos o cambiar de computadora sin tener que modificar sus identificadores de correo.

PROTOCOLO BÁSICO DE TRANSFERENCIA DE CORREO

El Protocolo básico de transferencia de correo (SMTP - *Simple Mail Transfer Protocol*) define una forma directa de transferir correo entre host. Hay dos papeles en el protocolo SMTP: remitente y destinatario. El remitente actúa como cliente y establece una conexión TCP con el destinatario, que actúa como servidor. El puerto público que utiliza el destinatario es el 25. Incluso aunque el remitente sea un programa de servicio de correo, un «Agente de transferencia de mensajes», actuará como cliente utilizando un puerto temporal entre los disponibles.

Durante una sesión SMTP, remitente y destinatario intercambian una secuencia de comandos y respuestas. En primer lugar, el destinatario anuncia el nombre de su host. Entonces, el remitente:

- Anuncia el nombre de su host.
- Identifica el origen del mensaje.
- Identifica uno o varios destinatarios.
- Transmite los datos de correo.
- Transmite una línea que contiene «. <CR><LF>», que indica que el mensaje ha terminado.

Observe que un mensaje se puede entregar a varios destinatarios de un host en una sola transacción porque se pueden dar múltiples destinatarios. Al final de la transacción, el remitente puede:

- Comenzar otra transacción.
- Salir y cerrar la conexión.

La norma incluye un comando *TURN* que permite al remitente invertir los papeles y convertirse en destinatario. Sin embargo, no se implementa prácticamente nunca.

Diálogo de correo

En el diálogo que aparece a continuación, un remitente transfiere un mensaje a un destinatario. El host remitente es, a la vez, una pasarela Intercambiadora de correo para las computadoras de su departamento. El aspecto del mensaje de correo al ser entregado es el siguiente:

```
Received: from PASCAL.MATH.YALE.EDU (MATH-GW.CS.YALE.EDU) by
tigger.jvnc.net with SMTP id AA08294
   (5.65c/iDA-1.4.4 for feit); Sun, 27 Aug 1995 08:02:55 -0400
Received: by PASCAL.MATH.YALE.EDU; Sun, 27 Aug 1995 08:01:44 -0400
Date: Sun, 27 Aug 1995 08:01:44 -0400
From: Sidnie Feit <feit-sidnie@MATH.YALE.EDU>
Message-Id: <199508271201.AA02330@PASCAL.MATH.YALE.EDU>
To: feit@tigger.jvnc.net
Subject: It's OK to talk to yourself!
Date: 08/26/95 1:29:59 PM

Hi there.
See you soon.
```

El apartado *Recibido* (*Received*) del principio del mensaje lo añadió el MTA receptor de *tigger*. El resto del mensaje lo transmitió *pascal* hacia *tigger*.

Para transmitir, el remitente abre una conexión al puerto 25 del destinatario. A continuación el destinatario comienza el diálogo anunciando su nombre de dominio.

El modelo comando/respuesta que vimos en el Protocolo de transferencia de archivos (FTP) también sirve en este caso y la codificación de los mensajes de respuesta es similar. Por lo tanto, todos los mensajes del servidor de correo electrónico remoto comienzan por un número de respuesta.

Observe que los identificadores de correo electrónico aparecen entre paréntesis angulares en este protocolo, por ej., <*sfeit@pascal.math.yale.edu*>). Los nombres de host pueden ir indistintamente en mayúsculas o minúsculas. Sin embargo, para un nombre de usuario esto puede no ser indiferente, dependiendo de las convenciones para nombres de usuarios que utilice el sistema de correo electrónico.

`220 tigger.jvnc.net 5.65c/IDA-1.4.4`	El destinatario se identifica y muestra la hora.
`Sendmail is ready at Sun, 27 Aug 1995 08:02:55 -0400`	
`HELO MATH-GW.CS.YALE.EDU`	El remitente se identifica.
`250 Hello MATH-GW.CS.YALE.EDU, pleased to meet you`	
`MAIL FROM: <sfeit@pascal.math.yale.edu>`	Se envía el identificador de origen del correo.
`250 <sfeit@pascal.math.yale.edu>..`	`Sender ok`
`RCPT TO: <feit@tigger.jvnc.net>`	Se identifica un destinatario. Puede haber varias declaraciones RCPT TO.
`250 <feit@tigger.jvnc.net>.. Receiver ok DATA`	Aquí comienza el mensaje.
`354 Enter mail, end with "." on a line by itself`	
`Received: by PASCAL.MATH.YALE.EDU;`	Primero se envían las cabeceras.
`Sun, 27 Aug 1995 08:01:44 -0400`	
`Date: Sun, 27 Aug 1995 08:01:44 -0400`	
`From: Sidnie Feit`	
`<feit-sidnie@math.yale.edu>`	
`Message-Id: <199508271201.AA02330`	
`@PASCAL.MATH.YALE.EDU>`	
`TO: feit@tigger.jvnc.net`	
`Subject: It's OK to talk to yourself!`	
`Date: 08/26/95 1:29:59 PM`	
	Una línea en blanco sigue a las cabeceras.
`Hi there.`	Este es el cuerpo del mensaje.
`See you soon.`	
`.`	El mensaje termina con .<CR><LF>
`250 Ok`	
`quit`	Se pueden enviar más mensajes antes de abandonar.
`221 tigger.jvnc.net closing connection`	
`Connection closed by foreign host.`	

Observe que se indica el final del mensaje con una línea que sólo contiene un punto. Supongamos que el usuario quiere enviar realmente esa línea. En tal caso el SMTP remitente inserta un punto adicional que elimina el SMTP destinatario.

MARCAS DE TIEMPO E IDENTIFICADOR DEL MENSAJE

Al recibir correo, podemos querer saber cuándo se envió y cuándo llegó a nuestra computadora. SMTP añade esta información al mensaje. SMTP también deja constancia de todos los host que reenviaron el mensaje y la hora a la que cada uno de ellos recibió el mensaje.

Cuando se pasa un mensaje a un Agente de transferencia de mensajes del SMTP, este agente inserta una marca de tiempo al principio del mensaje. Cada vez que se reenvía el mensaje se inserta una marca de tiempo adicional. Cada marca de tiempo indica:

- La identidad del host que envía el mensaje.
- La identidad del host que recibe el mensaje.
- La fecha y la hora en que se recibe el mensaje.

Las marcas de tiempo de la cabecera del mensaje proporcionan información para depuración de incalculable valor cada vez que ocurre un problema de entrega de correo. Por ejemplo, puede mostrar que un mensaje ha estado retenido en algún host intermedio durante un día o dos.

Los formatos de las marcas de tiempo varían y diferentes fabricantes incluyen distintas informaciones. Las implementaciones más recientes ofrecen marcas de tiempo que informan sobre la hora local seguido de la diferencia con la Hora universal (*Universal Time*), antes llamada Hora media de Greenwich.

A veces, los relojes de las computadoras no están ajustados adecuadamente, por lo que algunas secuencias de marcas de tiempo no parecen tener sentido. Por ejemplo, de vez en cuando hay mensajes que, aparentemente, llegan antes de haberse enviado. Puesto que, normalmente, sólo los administradores de red necesitan prestar atención detallada a las marcas de tiempo, las anomalías son tolerables.

Cuando el correo llega a su destino final, el Agente de usuario destinatario puede, opcionalmente, añadir una línea que identifica al remitente original.

El ejemplo que aparece a continuación ilustra cómo se añaden líneas a los mensajes. El UA receptor añade la línea superior y muestra el identificador del origen y la hora final de llegada al buzón.

El primer Agente de transferencia de mensajes que manejó el mensaje añadió el identificador de mensaje (*Message-Id*) de la última línea.

Las marcas de tiempo, deben leerse de abajo hacia arriba, informan de la ruta seguida por el correo, desde *dial131.mbnet.mb.ca* hasta *access.mbnet.mb.ca*, después hasta *bulldog.cs.yale.edu* y, por último, hasta *pascal.math.yale.edu*.

```
From vsankar@ForeTell.CA Thu Aug 17 14:36:19 1995
Received: from BULLDOG.CS.YALE.EDU by PASCAL.MATH.YALE.EDU via SMTP; Thu, 17
Aug 1995 14:36:19 -0400
Received: from access.mbnet.mb.ca by bulldog.CS.YALE.EDU via SMTP; Thu, 17
Aug 1995 14:31:47 -0400
Received: from ft16 (dial131.mbnet.mb.ca) by access.mbnet.mb.ca with SMTP id
AA02060
(5.67b/IDA-1.4.4); Thu, 17 Aug 1995 14:31:33 -0500
Date: Thu, 17 Aug 1995 14:31:33 -0500
Message-Id: <199508171831.AA02060@access.mbnet.mb.ca>
```

DEVOLUCIÓN DE CORREO

De vez en cuando puede resultar imposible entregar el correo a su destinatario. La mayoría de las veces se debe a que el remitente ha indicado un identificador incorrecto de destinatario.

El correo que no se puede entregar se devuelve al origen y se denomina correo devuelto.

COMANDOS DE SMTP

El escenario de la sección «Diálogo de correo» contenía los comandos del SMTP más utilizados. El conjunto completo de comandos del SMTP se describe en la Tabla 16.1.

Los comandos se transmiten como mnemónicos de cuatro caracteres. A muchos comandos les sigue un parámetro.

Una sesión entre interlocutores de SMTP utiliza las convenciones del NVT de *telnet,* como el envío de caracteres ASCII de 7 bit en bytes de 8 bit, y la terminación de línea por medio de retorno de carro y salto de línea.

CÓDIGOS DE RESPUESTA

Los códigos de respuesta del SMTP están estructurados de forma muy parecida a los códigos de respuesta de FTP. Los códigos se componen de tres dígitos. El primer dígito indica el tipo de comando:

1yz Respuesta positiva preliminar, actualmente no se usa en SMTP.
2yz Respuesta positiva de terminación.
3yz Respuesta positiva intermedia.
4yz Respuesta negativa transitoria («inténtalo de nuevo»).
5yz Respuesta negativa permanente.

El segundo dígito clasifica la respuesta:

x0z En respuesta a un problema, indica error de sintaxis o comando desconocido.
x1z Respuesta a una petición de información, como *help*.
x2z Respuesta referida a la conexión.
x3z Sin especificar de momento.
x4z Sin especificar de momento.
x5z Respuesta que indica el estado del sistema de correo del receptor.

El significado del tercer dígito varía según el comando y los dos primeros dígitos.

MÁS SOBRE EL FORMATO DE MENSAJES DE INTERNET

La norma para el formato de los mensajes de Internet, definida en la RFC 822, es sencilla. Consiste en lo siguiente, en el mismo orden:

Tabla 16.1. *Comandos del SMTP.*

Comando	Descripción
HELO	Identifica el remitente al destinatario.
MAIL FROM	Comienza una transacción de correo e identifica al origen.
RCPT TO	Identifica un destinatario individual. Se repite el comando para identificar múltiples destinatarios. Si es posible, el receptor comprueba la validez del nombre del destinatario e indica el resultado en el mensaje de respuesta. En un host de reenvío no es práctica una comprobación inmediata. Si más adelante descubre que algún destinatario no era válido, envía un mensaje de correo breve al origen informando del error.
DATA	El que envía está preparado para transmitir una serie de líneas de texto. Cada línea debe terminar con <CR><LF>. El tamaño máximo de una línea, incluyendo <CR><LF>, es de 1000 caracteres. Una implementación de SMTP debe ser capaz de enviar y recibir mensajes de un tamaño de hasta 64 kilobytes. Sería aconsejable un tamaño máximo mayor, ya que el correo se utiliza con mucha frecuencia para copiar archivos entre usuarios.
RSET	Aborta la transacción de correo actual, eliminando toda la información de origen y destino.
NOOP	Pide al otro extremo que envíe una respuesta positiva.
QUIT	Pide al otro extremo que envíe una respuesta positiva y cierra la conexión.
VRFY	Pide al receptor que confirme que un nombre identifica a un destinatario válido.
EXPN	Pide al receptor que confirme que un nombre identifica a una lista de correo y, si es así, que devuelva los miembros de la lista. Es un comando puramente informativo y no se añade a la lista actual de destinos.
HELP	Pide al otro extremo información de su implementación, como la lista de comandos disponibles.
	Definidos, pero casi nunca implementados ni usados
TURN	Pide al corresponsal que invierta los papeles y pase a ser el remitente. El corresponsal puede negarse.
SEND	Si el destinatario está conectado, entrega el mensaje de correo directamente al terminal.
SOML	*Send or Mail* - Si el destinatario está conectado, entrega el mensaje de correo directamente al terminal. En otro caso, entregar como correo normal.
SAML	*Send and Mail* - Entregar en el buzón del destinatario. Si el usuario está conectado, entregar también en el terminal.

- Un conjunto de campos de cabecera (la mayoría son opcionales).
- Una línea en blanco.
- El texto o cuerpo del mensaje.

Un campo de cabecera tiene la forma:

Nombre-del-campo:Contenido-del-campo

Los nombres y contenido de los campos se indican con caracteres ASCII. Existen muchos campos de cabecera. Un ejemplo representativo incluye:

```
Received
Date
From
To
cc
bcc (copia ciega)
Message-Id
Reply-To
Sender (si no es el creador del mensaje)
In-Reply-To
References (a ID de mensajes anteriores)
Keywords
Subject
Comments
Encrypted
```

En toda cabecera de un mensaje se espera encontrar los campos *Date* (*Fecha*), *From* (*De*), y *To* (*A*). Los campos *Received* (*Recibido*) se construyen utilizando la información de marcas de tiempo conseguida cuando los Agentes de transferencia de mensajes se intercambian correo. La mayoría del software de correo puede crear un identificador de mensaje que se incluye en el mismo. Por ejemplo:

```
Message-Id: <199508271201.AA02330@PASCAL.MATH.YALE.EDU>
```

El Identificador de mensaje se diseña para ser único a través de la red. Para lograrlo incluye, normalmente, el nombre del host de origen junto a un identificador alfanumérico único. Observe que el identificador anterior contiene la fecha (1995 08 27), la Hora universal (12 01) y una cadena adicional que asegura que el ID es único para ese host y esa hora.

Los campos *Resent* (*Reenviado*) se añaden si el mensaje se envía a alguien más. Como ejemplo tenemos *Resent-To* (*Reenviado a*), *Resent-From* (*Reenviado desde*), *Resent-cc* (*Reenviado como copia*), *Resent-bcc* (*Reenviado como copia ciega*), *Resent-Date* (*Fecha de reenvío*), *Resent-Sender* (*Remitente de reenvío*), *ResentMessage-Id* (*Id de mensaje de reenvío*) y *Resent-Reply-To* (*Respuesta a, de reenvío*).

La línea en blanco que sigue a las cabeceras es importante. Indica al Agente de usuario que la información de la cabecera introductoria ha terminado y que a continuación aparece el mensaje.

EXTENSIONES DE CORREO Y MIME

La simplicidad de SMTP y del formato de correo hizo que el correo de Internet fuera fácil de implementar y extendió su uso. Sin embargo, los usuarios se fueron impacientando al estar limitado únicamente a mensajes de texto. Parecía claro que SMTP necesitaba una revisión, pero ¿cómo hacerla sin alterar las aplicaciones base de correo instaladas?

Se realizó un planteamiento muy práctico. Se implementarían nuevos clientes MIME con la posibilidad de crear y recibir mensajes con múltiples partes conteniendo muchos tipos útiles de información. Esos mensajes se podrían intercambiar:

- De forma eficiente, por medio de los nuevos Agentes de transferencia de mensajes de SMTP extendido.
- De forma menos eficiente, por medio del antiguo estándar SMTP. Antes de pasar una parte que no fuera texto al antiguo agente de SMTP, el mensaje tendría que convertirse para que «pareciera» texto ordinario del NVT.

En la Figura 16.7 se muestra cómo trabaja esta arquitectura.

MTA extendido

Un Agente de transferencia de mensajes extendido tiene que admitir un comando adicional. Envía un saludo *EHLO* en lugar de HELO. Si la respuesta es positiva, el corresponsal también es un MTA extendido. Si la respuesta es un mensaje de error, el MTA puede volver al modo SMTP y enviar un comando HELO.

Aunque el motivo para extender el MTA fue la necesidad de incluir MIME, se pueden añadir más servicios en cualquier momento sin más que definir nuevas palabras clave para EHLO. Por ejemplo, el tamaño de los mensajes ha crecido y existe un servicio nuevo que permite al remitente declarar el tamaño del mensaje antes de transmitirlo. El receptor puede indicar si está dispuesto a aceptar un mensaje de ese tamaño. También puede indicar el tamaño máximo que está dispuesto a aceptar.

Las extensiones oficiales se registran con la Autoridad de asignación de números de Internet. Existe software que incluye extensiones nuevas, experimentales. A esas extensiones se les asignan números provisionales que comienzan por X.

Diálogo de SMTP extendido

El ejemplo que aparece a continuación ilustra la forma en que un MTA extendido realiza una transacción para enviar un mensaje MIME que contiene un formato de 8 bit:

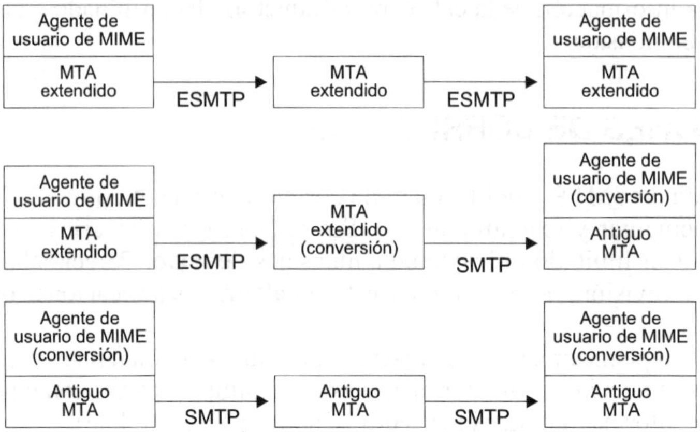

Figura 16.7. *Entrega de mensajes MIME.*

- El receptor anuncia sus posibilidades extendidas, incluyendo 8BITMIME.
- El comando MAIL FROM incluye un parámetro BODY = 8BITMIME.

```
EHLO MATH-GW.CS.YALE.EDU
250-Hello MATH-GW.CS.YALE.EDU, pleased to meet you
250-8BITMIME
250-HELP
250-SIZE
250-XONE
250-XVRB
250-XQUE
MAIL FROM: <feit-sidnie@math.yale.edu> BODY= 8BITMIME
250 <feit-sidnie@math.yale.edu>    ... Sender ok
RCPT TO:<Mary-Smith@jcn.com>
250 < Mary-Smith@jcn.com>... Recipient ok .
DATA
354 Send 8BITMIME message, ending in CRLF.CRLF.
...
.
250 OK
QUIT
250 Goodbye
```

FORMATO DE LOS MENSAJES MIME

Un mensaje MIME contiene un conjunto de cabeceras y una o varias *partes de cuerpo* (*body parts*). Un mensaje de correo ordinario de Internet comienza con cabeceras del tipo

De:, *A:*, y *Fecha:*. Un mensaje MIME contiene cabeceras introductorias adicionales que describen la estructura y contenido del mensaje.

Si hay varias partes, una de las cabeceras introductorias define una cadena que se usará para marcar las *fronteras* entre las partes. Además, después de la cadena frontera que sirve para introducir una parte, habrá cabeceras adicionales para describir el cuerpo de la parte que va a continuación.

Cabeceras MIME de Tipo de contenido

En un mensaje pueden transportarse muchos tipos de información. La estructura general del mensaje y el tipo de información de cada parte se anuncia por medio de cabeceras *Content-Type* (*Tipo de contenido*). Algunas cabeceras de ejemplo son:

```
Content-Type: MULTI PART/MIXED; BOUNDARY= "xxxxxxxxx"
Content-Type: TEXT/PLAIN; charset =US-ASCII
Content-Type: image/gif
Content-Type: audio/basic
```

En general una cabecera de tipo de contenido es de la forma:

Content-Type: *tipo/subtipo; param = valor; param = valor;...*

Los nombres de tipos de contenido, subtipos y parámetros son independientes de su escritura en mayúsculas, minúsculas o una mezcla de ambas. Sin embargo, algunos *valores* de parámetros sí dependen de la forma en que se escriben.

Observe que, aunque las cabeceras MIME se escriben como frases inglesas, una declaración *charset = parameter* puede anunciar una parte codificada en ISO-8859-1, japonés, cirílico, hebreo o árabe.

Ejemplo de mensaje MIME

El mensaje de ejemplo que aparece a continuación tiene varias partes, consta de un mensaje de texto y dos archivos de texto anexados.

La primera cabecera de Tipo de contenido:

```
Content-Type: MULTIPART/MIXED;
BOUNDARY= "plum.yale.edu:814898609:772210698:709846916:1916796928"
```

indica que es un mensaje con varias partes. Su parámetro *BOUNDARY* define el delimitador que va a marcar el principio y el final de cada parte. El delimitador lo selecciona el Agente de usuario. En este caso, el delimitador se construye con el nombre del host y una cadena de dígitos generada por el Agente de usuario. La línea frontera real se compone de dos guiones (—) seguidos de la cadena de frontera.

Las cabeceras MIME aparecen en negrita para que destaquen. Se han añadido comentarios a la derecha. Algunas líneas del mensaje se han ajustado para dejar espacio a los comentarios.

	Éstas son cabeceras de correo estándar.
Mime-Version: 1.0	Anuncia la versión de MIME.
Content-Type: MULTIPART/MIXED;	Anuncia que son varias partes
BOUNDARY ="plum.yale.edu:814898609: 772210698: 709846916:1916796928"	Proporciona un delimitador de frontera.
	Una línea vacía: no hay más cabeceras introductorias.
– plum.yale.edu:814898609:772210698: 709846916:1916796928	La frontera. Observe los guiones iniciales.
Content-Type: TEXT/PLAIN; charset= US-ASCII	Lo que sigue contiene texto normal.
	Línea vacía: final de las cabeceras de esta parte.
Here are some attachments.	El contenido de texto.
– plum.yale.edu:814898609:772210698: 709846916:1916796928	Otra frontera.
Content-Type: TEXT/plain; SizeOnDisk=28; name="ATT.TXT"; CHARSET= US-ASCII	Texto normal de nuevo. Los parámetros añaden información.
Content-Description: ATT.TXT	Cabecera con información extra (nombre del archivo).
	Fin de las cabeceras de esta parte.
** The first attachment **	El contenido de texto.
– plum.yale.edu:814898609:772210698: 709846916:1916796928	Otra frontera.
Content-Type: TEXT/plain; SizeOnDisk =58368; name="NFSCAP.TXT"; CHARSET=US-ASCII Content-Description: NFSCAP.TXT	Más texto normal.
	Fin de las cabeceras de esta parte.
This is the second attachment. Some captured text follows:	El contenido de texto.
. . .	. . .
. . .	. . .
– plum.yale.edu:814898609:772210698: 709846916:1916796928--	Frontera final.

Tipos de contenido de MIME

En la Tabla 16.2 se muestran los principales tipos y subtipos de contenido definidos hasta el momento. Como puede suponer, para obtener información actualizada debe consultar el documento *Assigned Numbers*.

Tabla 16.2. *Tipos de contenido de MIME.*

Tipo	Subtipo	Descripción
text		
	plain	Mensaje de correo de texto estándar.
	richtext	Formato intercambiable de editor de texto.
	tab-separated values	
multipart		Compuesto de varias partes, separadas por líneas frontera.
	mixed	
	alternative	El usuario puede elegir entre varias interpretaciones. Por ejemplo, texto ASCII o Postscript.
	digest	Cada parte es un mensaje en sí misma.
	parallel	Partes que van juntas, como vídeo y su sonido correspondiente.
	appledouble	
	header-set	
message		Mensaje encapsulado.
	rfc822	Mensaje de correo electrónico clásico.
	partial	Parte de un mensaje. Para enviar un mensaje muy largo por partes.
	external-body	Contiene un puntero hacia un documento remoto, no el documento en sí.
	news	Contiene el formato de Noticias de Usenet.
application		O datos binarios o datos formateados para una aplicación determinada.
	octet-stream	
	postscript	En formato para pantalla o impresora Postscript.
	oda	Arquitectura de documentos de Office.
	atomicmail	
	andrew-inset	
	slate	
	wita	Transferencia de información de Wang
	dee-dx	Formato de documentos de DEC.
	dca-rft	Arquitectura de contenido de documentos de IBM, Formato revisable, para documentos de editor de textos.
	activemessage	
	rtf	Formato de documento de texto enriquecido.

Tabla 16.2. Tipos de contenido de MIME (continuación)

Tipo	Subtipo	Descripción
	applefile	
	mac-binhex40	Archivo de Mac convertido para transferencia.
	news-message-id	
	news-transmission	
	wordperfect5.1.	
	pdf	Postscript de Adobe Acrobat.
	zip	Comprimido.
	macwriteii	
	msword	
	remote-printing	
image		Datos de imagen.
	jpeg	Joint Photographic Experts Group, que especifica un esquema de compresión de imágenes.
	gif	Formato gráfico de intercambio, usado para archivos gráficos.
	ief	Formato de intercambio de imágenes.
	tiff	Formato de archivos de imagen con marcas.
audio		Datos de audio.
	basic	
video		«Películas.»
	mpeg	
	quicktime	

Codificación de contenidos

En la RFC 822 se definió el formato original de los mensajes de texto de Internet. El contenido del correo consistía en una secuencia de líneas terminadas en <CR><LF>. El tamaño máximo de cada línea, incluyendo <CR> <LF>, era de 1000 caracteres.

¿Cómo habría que codificar los diferentes contenidos de un mensaje MIME para su transmisión? Acertadamente, el método de codificación se define por separado. Eso permite, por ejemplo, que SMTP pueda utilizar:

- Una codificación ineficiente que consiga que los datos binarios parezcan texto, si eso es lo único que admite el MTA receptor.
- Una codificación eficiente cuando el receptor lo permita.

En la Tabla 16.3 se muestra una relación de los métodos de codificación. Si se utiliza un método de codificación diferente de USASCII para el NVT ordinario, hay que declararlo en una cabecera de Codificación de transferencia de contenido (*Content-Transfer-Encoding*). Por ejemplo:

```
Content-Transfer-Encoding: base64
Content-Transfer-Encoding: Quoted-printable
```

Método de codificación *Quoted Printable*

El método de codificación *quoted-printable* se utiliza para mensajes que sólo contienen unos pocos caracteres que no pertenecen al conjunto ASCII básico. Esos caracteres se convierten en secuencias especiales, mientras que el resto del mensaje se mantiene en su formato natural. La codificación es de la forma:

=código hexadecimal del carácter

Por ejemplo, un salto de página, que es X'0C, se codifica como =0C.

Método de codificación Base64

La codificación *Base64* convierte cualquier tipo de datos en un conjunto de caracteres de texto con un tamaño un tercio mayor. Los datos se dividen en grupos de 3 bytes de 8 bit cada uno. Por ejemplo:

```
10001000 00110011 11110001
```

Tabla 16.3. *Métodos de codificación.*

Método	Descripción
7bit	Líneas de texto USASCII para NVT ordinarias.
quoted-printable	La mayoría del contenido es texto ASCII, pero es necesario incluir unos pocos caracteres especiales. Cada uno de esos caracteres se convierte en una secuencia especial de caracteres de texto.
base64	Todo el contenido se convierte en una representación que parece texto ordinario.
8bit	El mensaje continúa organizado como una secuencia de líneas que terminan en <CR><LF> de 1000 caracteres como máximo. Sin embargo, puede incluir caracteres de 8 bit.
binary	Datos binarios puros.
x-nombre	Cualquier codificación experimental tiene un nombre que comienza por x.

Para la conversión, lo dividimos primero en 6 grupos de 6 bit cada uno:

```
100010 000011 001111 110001
```

A continuación interpretamos cada grupo como un número:

```
34 3 15 49
```

Y, por último, sustituimos cada número por el carácter correspondiente, según la Tabla 16.4.

Si el numero total de octetos no es múltiplo de 3, aparecerán 1 o 2 octetos sueltos al final. El «sobrante» se rellena con ceros y se codifica. Un octeto se convierte en dos caracteres seguidos de = = y dos octetos pasan a ser tres caracteres seguidos de =.

PROTOCOLO DE OFICINA DE CORREOS

El Protocolo de oficina de correos (POP - *Post Office Protocol*) se utiliza para transferir correo desde un servidor de correo a una estación de escritorio o a una computadora portátil.

Tabla 16.4. *Codificación Base64.*

Valor	Código	Valor	Código	Valor	Código	Valor	Código
0	A	17	R	34	i	51	z
1	B	18	S	35	j	52	0
2	C	19	T	36	k	53	1
3	D	20	U	37	1	54	2
4	E	21	V	38	m	55	3
5	F	22	W	39	n	56	4
6	G	23	X	40	o	57	5
7	H	24	Y	41	p	58	6
8	I	25	Z	42	q	59	7
9	J	26	a	43	r	60	8
10	K	27	b	44	s	61	9
11	L	28	c	45	t	62	+
12	M	29	d	46	u	63	/
13	N	30	e	47	v		
14	0	31	f	48	w		
15	P	32	g	49	x		
16	Q	33	h	50	y		

En la especificación de POP se definen muchas funciones adicionales, como la posibilidad de ver un listado de los mensajes de correo de entrada y su tamaño para poder recoger y borrar mensajes de forma selectiva. Sin embargo, las implementaciones normalmente se limitan a entregar todo el correo pendiente. El usuario también puede tener la opción de, o bien dejar una copia del correo en el servidor, o bien borrar del servidor los mensajes después de recogerlos.

Los sistemas de escritorio utilizan POP para recoger el correo y SMTP para enviarlo. En la mayoría de los casos el servidor que recibe el correo de entrada es el mismo que la pasarela de correo de salida, como puede verse en la Figura 16.8. Sin embargo, la aplicación del cliente puede permitir, si se quiere, el uso de sistemas diferentes para el servidor POP y la pasarela de salida.

OTRAS APLICACIONES DE CORREO

En Internet existen muchas *listas de correo* que permiten a los participantes intercambiar preguntas y respuestas así como recibir las últimas novedades sobre un tema determinado, como lugares de vacaciones, nuevos CD-ROM o problemas de seguridad de las computadoras.

Los usuarios se suscriben a la lista enviando una petición a un buzón de correo determinado. Los mensajes que se envían a un segundo buzón se reenvían a todos los suscriptores, como aparece en la Figura 16.9. Existe software gratuito de listas de correo, incluyendo un programa muy popular que se llama *Majordomo,* disponible para muchas plataformas.

EFICIENCIA

Los servicios del Agente de transferencia de mensajes utilizan recursos de memoria, disco, procesamiento y ancho de banda de transmisión. El servicio de correo es tremendamente útil, por lo que es previsible que el tráfico aumente progresivamente.

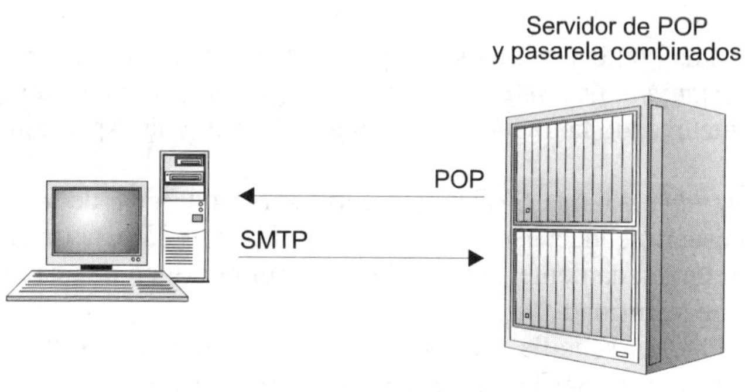

Figura 16.8. *Sistema que combina un servidor POP y una pasarela de correo.*

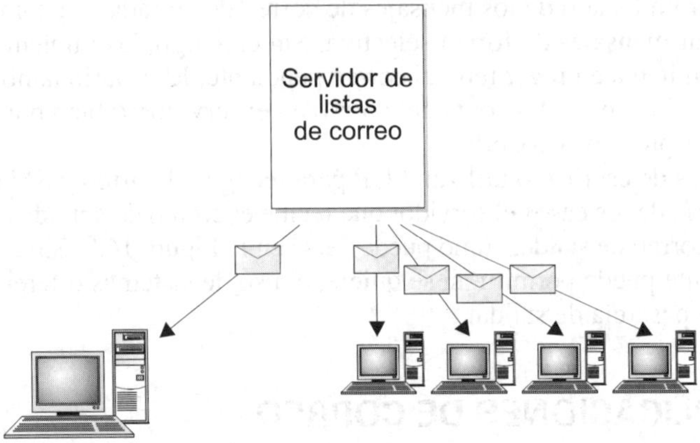

Figura 16.9. Servidor de listas de correo.

Los mensajes tienen que almacenarse a la espera de su transmisión o reenvío. A veces se mantienen en el servidor hasta que el usuario se conecta y accede a su buzón. Puede ser complicado predecir la cantidad de almacenamiento que se va a necesitar para servir de soporte a una aplicación de correo.

Puesto que el manejo del correo se realiza de forma automática, los mensajes podrían quedarse esperando indefinidamente en la cola del Agente de transferencia de mensajes. Es importante que el administrador defina temporizadores para cada actividad de correo, para prevenir la aparición de agujeros negros que consuman los recursos de la computadora.

SEGURIDAD

Problemas de sendmail

El programa de transferencia de mensajes que se utiliza con más frecuencia es una aplicación llamada *sendmail*. *Sendmail* es un programa grande y complicado que realiza muchas funciones, incluyendo la traducción de alias de correo y la expansión de las listas de correo.

Puesto que *sendmail* habla SMTP, que corre sobre un NVT de *telnet,* resulta muy sencillo para un usuario conectarse a *sendmail* por el puerto 25 para tratar de invadir una computadora. Desgraciadamente, *sendmail* parece ser el origen de una interminable lista de problemas de seguridad.

Existe una solución sencilla. Se han escrito programas muy sencillos y robustos que pueden recibir correo SMTP de forma mucho más segura. Es conveniente utilizar uno de ellos. Si se necesitan las funciones de *sendmail,* el programa sencillo puede pasar el correo de entrada a *sendmail.*

Correo electrónico seguro

A veces los piratas son capaces de intervenir las transmisiones de correo. Por suerte, los métodos descritos en el Capítulo 3 se han aplicado al correo electrónico y hay productos disponibles para autenticar y cifrar el correo.

MIME seguro (S/MIME)

El MIME seguro (*Secure MIME*) protege el correo por medio de una clasificación de mensajes, claves públicas y claves simétricas de sesión. Las claves públicas se asocian de forma confiable a sus propietarios a través de una jerarquía de certificados digitales cuyo formato aparece definido en la norma X.509. Véase la sección «Modelo de directorio».

MENSAJERÍA CON X.400

La Unión internacional de telecomunicaciones (ITU - *International Telecommunications Union*) es una agencia responsable de dar soporte a las comunicaciones internacionales y de editar *Recomendaciones* para definir la forma en que los países pueden desarrollar sus conectividades por medio del telégrafo, télex y teléfono.

El Sector de normalización de la Unión internacional de telecomunicaciones (ITU-T; *Telecommunication Standardization Sector of the International Telecommunications Union*) preside muchos grupos de trabajo que elaboran especificaciones para las nuevas tecnologías. Este sector se denominaba anteriormente Comité consultivo internacional en telefonía y telegrafía (CCITT). Como se apuntó en el Capítulo 4, el CCITT fue el responsable de la norma de comunicación de datos X.25.

El CCITT formó un grupo de trabajo que se reunió durante el período de 1981 a 1984 y desarrolló el conjunto de recomendaciones X.400 para un servicio internacional de manejo de mensajería electrónica. Esas recomendaciones eran amplias y fueron adoptadas más tarde por la ISO. Las normas se actualizaron en 1988, pero algunas implementaciones actuales se basan aún en la especificación de 1984. Algunas de las características de X.400 son:

- Definición de un servicio general de almacenamiento y reenvío que se puede utilizar para correo electrónico, llamado *mensajería interpersonal*, así como para otras aplicaciones.
- Ámbito global internacional para la entrega de mensajes y admisión de alfabetos internacionales.
- Posibilidad de enviar muchos tipos de información además de texto, como datos binarios, imágenes o voz digitalizada.
- Si el remitente lo desea, notificación de entrega al sistema destinatario y avisos detallados de imposibilidad de entrega. Existe una característica adicional que permite indicar que el usuario final destinatario ha recibido el correo [1].

[1] El significado de recibir un mensaje se ha dejado sin definir de forma deliberada. Puede significar observar un resumen del contenido del buzón, leer un mensaje o pulsar una tecla de función para confirmar la recepción.

- Admisión de prioridades de correo.
- Posibilidad de convertir un mensaje a un soporte diferente, por ejemplo, enviar vía fax o imprimir en papel para su envío por correo postal.
- Definición de identificadores amigables para remitentes y destinatarios.
- Utilización de sobres formales con campos que se pueden utilizar para seguir la pista a los mensajes y obtener otras información de gestión de correo.

En X.400 se define un estándar para el intercambio de correo entre administraciones nacionales. Esto puede entenderse también como un estándar de pasarela. Los vendedores de muchos de los sistemas de correo propietarios suministran software para convertir los mensajes entre su formato y el de X.400, permitiendo que los usuarios de esos productos puedan intercambiar mensajes.

X.400 ha conseguido respaldo en Europa y algunas agencias gubernamentales de Estados Unidos han ordenado su utilización.

Ejemplo de mensaje X.400

Al contrario que estándares de Internet, X.400 no depende de las convenciones ASCII de 7 bit, ni de NVT. Se da formato a los campos utilizando las Reglas básicas de codificación (VER - *Basic Encoding Rules*) de ISO que se describirán en el Capítulo 20. Esta codificación introduce cada campo con un valor hexadecimal de código de campo y de tamaño. En la Figura 16.10 se muestra un esquema de un mensaje de ejemplo que describe las características generales del formato de X.400.

Denominación de los destinatarios de X.400

¿Cómo se identifica a las personas cuando nos referimos a ellas en una conversación? Se puede decir «Blanche Jones, Consultora técnica de la delegación de Milwaukee de MCI Telecommunications Corporation». O se puede decir «Jacques Brun, que vive en el número 10 de la Rue Centrale en París, Francia». Los diseñadores de X.400 querían definir un sistema de nombres universal que se correspondiera con la forma natural de identificar a las personas.

Un nombre de remitente o destinatario de X.400 es una lista de atributos. La norma define muchos atributos opcionales que se pueden utilizar en diferentes combinaciones. Los atributos que se espera que sean los más habituales en los sistemas de correo electrónico son:

- Nombre de país.
- Nombre de dominio de la administración.
- Nombre propio, por ejemplo, John H. Jones III.
- Nombre de la organización.
- Nombre de las unidades de la organización.

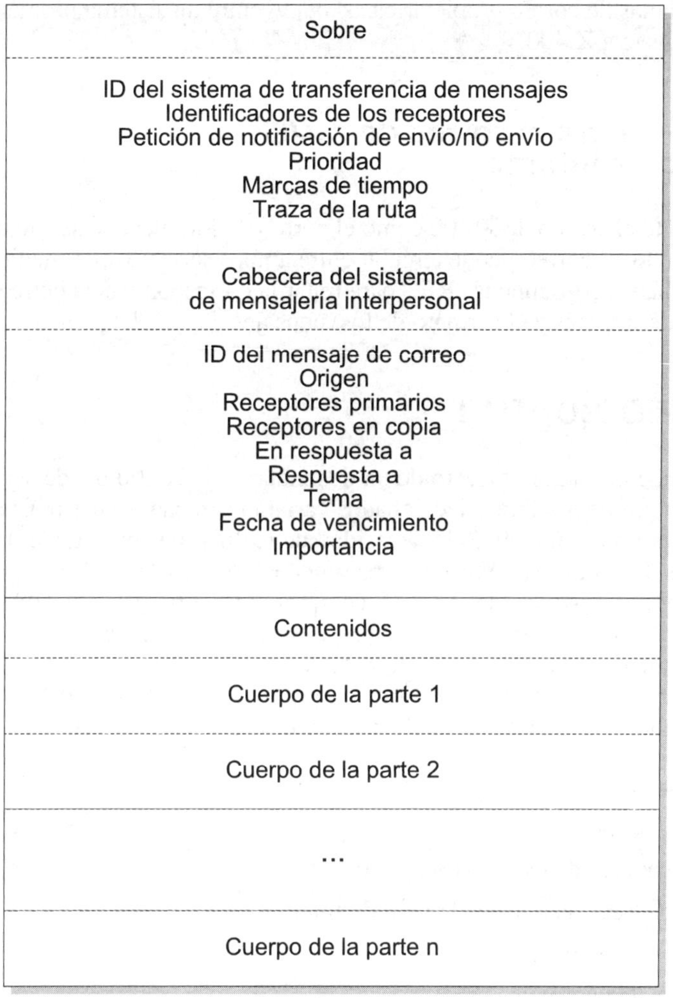

Figura 16.10. *Formato de un mensaje interpersonal de X.400.*

- Nombre de dominio privado.
- Atributos definidos dentro del dominio.

Los dominios privados incluyen facilidades como servicios de correo electrónico comercial y sistemas de correo electrónico corporativos que se basan en productos de correo propietarios.

Los atributos definidos dentro del dominio permiten que se pueda introducir dentro de un identificador de X.400 los nombres utilizados por los sistemas de correo existentes.

Es una característica importante. Permite a una pasarela de X.400 el intercambio de correo entre sistemas de correo propietarios así como entre un sistema propietario y un sistema que se ajuste a X.400.

Interacción entre el correo de X.400 y el correo de Internet

Puesto que tanto el correo de X.400 como el correo de Internet son servicios de almacenamiento y envío, el correo puede circular entre ambos servicios por medio de pasarelas de correo. Se han escrito muchas RFC para tratar la correspondencia entre el formato de los mensajes de Internet y el formato de los mensajes de X.400.

DIRECTORIO ISO/ITU-T

Establecer el identificador correcto de un destinatario de X.400 puede ser una tarea difícil. Los atributos de nombre seleccionados variarán con cada usuario. Cuando se completó X.400 surgió de inmediato la necesidad de realizar un servicio de directorio si se pretendía que X.400 tuviera éxito. Las recomendaciones X.500, que se prepararon durante el período de estudio del CCITT comprendido entre 1985 y 1988, definen los servicios y protocolos de directorio. Muchas asociaciones comerciales y de investigación han creado implementaciones piloto de X.500.

El estándar de directorio tiene un ámbito muy amplio. El directorio X.500 es una base de datos distribuida que pretende incluir muchos tipos de información. Por ejemplo:

- Nombres de personas.
- Direcciones postales.
- Identificadores de usuario de correo X.400.
- Identificadores de correo al estilo de Internet.
- Números de télex y de fax.
- Números de teléfono.
- Nombre y ubicación de impresoras.

En definitiva, se espera que las bases de datos de X.500 incluyan información que sirva a los usuarios para localizar cualquier recurso de la red.

Modelo de directorio

La Base de información de directorio (*Directory Information Base*) está distribuida a través de una comunidad de bases de datos controladas por *Agentes del servicio de directorio* (DSAs - *Directory Service Agents*). Los usuarios acceden a la información del directorio a través de un *Agente de usuario de directorio* (DUA - *Directory User Agent*).

Un DUA proporciona la interfaz de usuario para la realización de consultas interactivas y actualizaciones y pasa las peticiones del usuario a una DSA.

El estándar X.500 define un complicado protocolo formal que rige las interacciones entre un DUA y un DSA. El protocolo ligero de acceso a directorios (LDAP - *lightweight directory access protocol*) de Internet simplifica el acceso a los servicios de directorio. También existe un protocolo entre los DSA que permite a un DSA reenviar las peticiones de un usuario o conseguir copias de partes de la Base de información de directorios.

Existe una gran cantidad de similitudes estructurales entre el sistema de directorio de X.500 y el Sistema de nombres de dominio. Ambos son sistemas de directorio distribuidos y ambos tienen una estructura general organizada en forma de árbol jerárquico. Los usuarios de cada uno de ellos interaccionan con un cliente local para alcanzar un servidor determinado y ese servidor puede iniciar consultas distribuidas en nombre del usuario.

Los estándares de X.500 incluyen un método para validar la autenticidad de una entrada de directorio. Una entrada se valida por medio de un certificado cifrado de una fuente en la que se puede confiar. El formato del certificado se define en la norma X.509.

LECTURAS RECOMENDADAS

En la RFC 821 se define el Protocolo básico de transferencia de correo y en la RFC 822 se describe el formato de los mensajes de Internet. En la RFC 1939 se describe el Protocolo oficina de correo que se utiliza para la transferencia de correo entre estaciones de trabajo y un servidor de correo.

En las RFC 1521 y 1522 se describe la MIME. Existen muchas actualizaciones y contribuciones añadidas que se definen en otras RFC. Los tipos de MIME aparecen publicados en el documento *Assigned Numbers* y los procedimientos de inscripción se describen en la RFC 1590. En la RFC 1848 se define una estructura para la MIME segura. La especificación de S/MIME se puede obtener de RSA Data Security, Inc.

La estructura para la Extensión del servicio se describe en la RFC 1869 y en la RFC 1652 se especifica la Extensión del servicio de SMTP para el transporte de 8BITMIME.

X.400 se publicó inicialmente como parte de las recomendaciones del CCITT de 1984 y fue actualizado en las recomendaciones de 1988. ISO publicó su versión de X.400 en la ISO 10021, que se compone de varias partes. La X.500 fue una recomendación del CCITT de 1988.

En las RFC 1327 y 1495 se define actualmente la correspondencia entre los elementos de X.400 y el formato clásico de la RFC 822. Esta correspondencia se actualiza con frecuencia, por lo que es aconsejable consultar el índice de la RFC para conocer la versión actual. En la RFC 1496 se trata la traducción de MIME. La RFC 1506 es un tutorial para la realización de pasarelas entre el correo de X.400 y el correo de Internet. En otras muchas RFC se trata el tema de la traducción de direcciones de destinatarios de correo. Véase la RFC 1777 y la RFC 1798 para una descripción del protocolo ligero de acceso a directorio.

CAPÍTULO 17

Noticias de red

INTRODUCCIÓN

Todos los días se contribuye con información actualizada sobre ciencia, tecnología, computadoras, economía, viajes, deportes, música, educación y mucho más en las *Noticias de red* de Internet. Un *grupo de noticias* es como un servicio tablón de anuncios (*bulletin-board*). Las noticias se distribuyen en forma de artículos que se envían (*post*) al grupo.

En la actualidad, hay miles de grupos de noticias públicos y privados, y muchos ofrecen información difícil de encontrar en otros sitios. A menudo, los artículos consisten en preguntas y respuestas sobre un tema concreto. A veces el flujo de información es en un sentido: los grupos de noticias los usan individuos u organizaciones como medio de publicar información.

Cada grupo de noticias lo mantiene un administrador en un servidor de noticias primario. Si el grupo de noticias es privado, las noticias residen exclusivamente en dicho servidor y los usuarios pueden recoger las noticias de dicho servidor. Sin embargo, el envío a un grupo de noticias de Usenet se propaga desde el servidor de noticias primario a cientos de otros servidores por todo el mundo.

La aplicación de noticias se ha demostrado útil más allá de su misión original de tablón de anuncios de Internet. Hay organizaciones que reutilizan el software de noticias para distribuir su propia información interna. El software de noticias ha hecho crecer un nuevo negocio de publicación. Las agencias alimentan regularmente de noticias a los servicios de cables, como AP, UPI y Reuters, suscribiéndose a dichos lugares usando el protocolo de noticias de Internet.

JERARQUÍA DE LOS GRUPOS DE NOTICIAS DE INTERNET

Existen miles de grupos de noticias en Internet. Cada grupo tiene un nombre que indica su objetivo. Los nombres se ordenan en un árbol. En la Figura 17.1 se muestra parte de la estructura del árbol.

Al contrario que el resto de los nombres jerárquicos que han aparecido en el libro, estos nombres se leen *desde arriba hasta abajo*. Por ejemplo:

rec.sport.basketball.college

AGENTES DE NOTICIAS

Al igual que existen programas Agentes de usuario que permiten que los usuarios envíen y reciban correo, existen programas llamados *agentes de noticias* que permiten a los grupos suscribirse a los grupos de noticias, leer los artículos de las noticias y *enviar* sus propios artículos a los grupos.

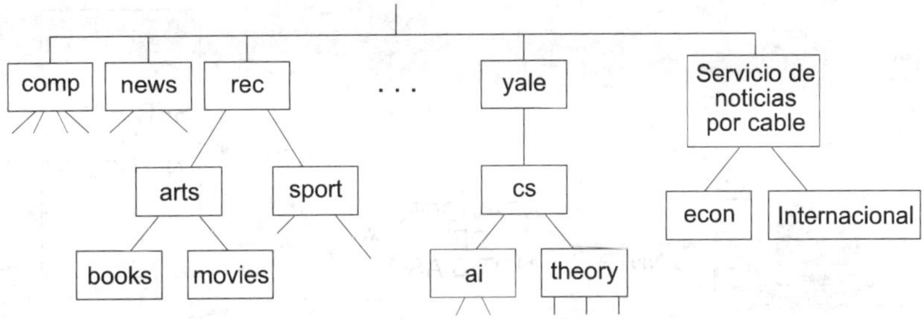

Figura 17.1. *Jerarquía de grupos de noticias.*

MODELO DE LAS NOTICIAS

Un cliente de noticias interactúa con un servidor de noticias de red usando el *Protocolo de transferencia de noticias de red* (NNTP - *Network News Transfer Protocol*). El proceso cliente puede encontrarse en un agente de noticias del usuario o en un servidor de noticias parejo. NNTP permite:

- A un servidor, obtener noticias de otro servidor de noticias.
- A un agente de noticias del cliente, obtener noticias de un servidor de noticias.
- A un agente de noticias del cliente, enviar un nuevo artículo al servidor de noticias.

En la Figura 17.2 se muestra a un cliente consiguiendo noticias de un servidor y a servidores intercambiándose noticias mediante NNTP.

ESCENARIO DE NNTP

Al igual que el Protocolo simple de transporte de correo (SMTP - *Simple Mail Transport Protocol*) NNTP funciona sobre una sesión de *telnet* de Terminal virtual de red (NVT - *Network Virtual Terminal*). El diálogo que se muestra a continuación muestra la interacción de la transferencia de noticias. En el diálogo el cliente:

- Se conecta al servidor.
- Solicita los comandos de noticias que admite el servidor.
- Solicita una lista de los grupos de noticias creados desde el 23 de octubre de 1995.
- Accede a un grupo de noticias llamado *news.answers*
- Lee un artículo de *news.answers*.

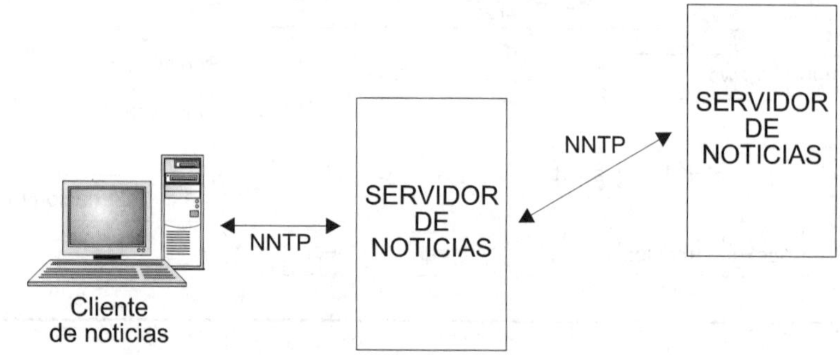

Figura 17.2. *Solicitud y transmisión de noticias.*

```
200 yale InterNetNews NNRP server
INN 1. 4 22-Dec-93 ready (posting ok).
```

El servidor se identifica a sí mismo e indica que acepta los artículos enviados por los usuarios.

```
help
100 Legal commands
```

Éstos son los comandos que admite el servidor de noticias.

```
  authinfo user Name|pass Password
  article [MessageID|Number]
  body [MessageID|Number]
  date
  group newsgroup
  head [MessageID|Number]
  help
  ihave
  last
  list
[active|newsgroups|distributions
     schema]
  listgroup newsgroup
  mode reader
  newgroups yymmdd hhmmss ["GMT"]
     [<distributions>]
  newnews newsgroups yymmdd hhmmss
    ["GMT"]
      [<distributions>]
```

```
  next
  post
  slave
  stat [MessageID|Number]
  xgtitle [group_pattern]
  xhdr header [range|messageID]
  xover [range]
  xpat header range|messageID pat
  [morepat...]
  xpath xpath MessageID
  Report problems to
<usenet@cs.yale.edu>
.
```

```
newgroups 951023 010000
```

Este comando de *grupos de noticias* solicita una lista de los nuevos grupos creados desde el 23 de octubre de 1995 (1 a.m.).

```
231 New newsgroups follow.
rec.music.iranian 14 1 y
soc.atheism 0 1 m
soc.culture.jewish.parenting 1 1 m
soc.culture.rep-of-georgia 3 1 y
.
```

```
newnews news.answers 951020 110101
```

En news.answers se publican documentos de Preguntas más frecuentes (FAQ - *Frequently Asked Questions*) sobre muchos temas. Este comando solicita una lista de las nuevas Preguntas más frecuentes publicadas desde el 20 de octubre de 1995 (11:01 a.m.).

```
230 New news follows
<unix-faq/faq/part2_814199602
 @rtfm.mit.edu>
<unix-faq/faq/part3_814199602
 @rtfm.mit.edu>
```

Se muestra una larga lista.

```
<unix-faq/faq/part4_814I99602
 @rtfm.mit.edu>
. . .
```

Aquí sólo se muestran unos pocos.

```
<skydiving-faq-814424705
 @frc2.frc.ri.cmu.edu>
<civil-war-usa/faq/part1_814453424
 @rtfm.mit.edu>
<civil-war-usa/faq/part2-814453424
 @rtfm.mit.edu>
```

```
...
<461fkk$lt2@cst715.iac.honeywell.com>
<461flf$lt2@cst715.iac.honeywell.com>
...
.
group news.answers
```

Se selecciona el grupo news.answers.

```
211 321 52807 53147 news.answers
article
```

Se solicita ver un artículo.

```
<461fkk$lt2@cst715.iac.honeywell.com>
```

Es una larga cabecera.

```
220 0 article
```

El host donde se encuentra el grupo es *iac.honeywell.com.*

```
<461fkk$lt2@cst715.iac.honeywell.com>
Path:
yale!yale.edu!spool.mu.edu!
  howland.reston.ans.net!newsfeed.
  internetmci.com
!in2.uu.net!news.iac.honeywell.
  com!dwe
From: dwe@eng.iac.honeywell.com
  (Dave Eaton)
. . .
Archive-name:
  sw-config-mgmt/cm-tools
Last-modified: 1995/10/25
Version: 2.5
```

Por fin el principio del artículo.

```
Posting-Frequency: monthly
-=-=-=-=-=-=-=-=-=-=-=-=-=-=-=-=-=-=-=-=-=
Configuration Management Tools Summary
-=-=-=-=-=-=-=-=-=-=-=-=-=-=-=-=-=-=-=-=-=
This is the newsgroup comp.
  software.config-mgmt
  "Frequently Asked Questions"
(FAQ) posting of a Software
  Configuration Management tools
  summary. This is part 2 of the
  3 part FAQ.
(. . . etc.)
.
```

El fin del artículo se indica con una línea que contiene sólo un punto.

```
quit
```

Fin de la sesión.

```
205
Connection closed by foreign host.
```

USO DE AGENTES DE NOTICIAS DE SOBREMESA

Veamos el parecido del diálogo anterior con el de un agente de noticias de sobremesa. En la Figura 17.3 se muestra un volcado de pantalla de *Chameleon*. Se puede solicitar la lista de grupos realizando la selección desde un menú.

En la Figura 17.4 se muestra que el agente de noticias de sobremesa mantiene información sobre los grupos de noticias seleccionados por el usuario (*suscritos*).

Para solicitar una lista de los artículos sin leer, del grupo *news.answers*, se hace doble clic en la línea *news.answers*. El resultado se muestra en la Figura 17.5. En la Figura 17.6 se muestra un artículo. No es necesario ver la larga cabecera si el usuario no lo quiere expresamente.

Por último, en la Figura 17.7 se muestra un artículo de noticias en el navegador de World Wide Web (WWW) *Netscape Navigator* utilizado para leer las noticias. El artículo lo ha escrito el servicio de noticias de Reuters y se publica electrónicamente en el servicio de noticias *Clarinet*.

PROTOCOLO NNTP

Comandos de NNTP

Para acceder a los artículos de las noticias, el proceso cliente se conecta al puerto 119 del servidor de noticias. El cliente envía una serie de comandos y recibe las respuestas. Los comandos pueden ir en mayúsculas o minúsculas.

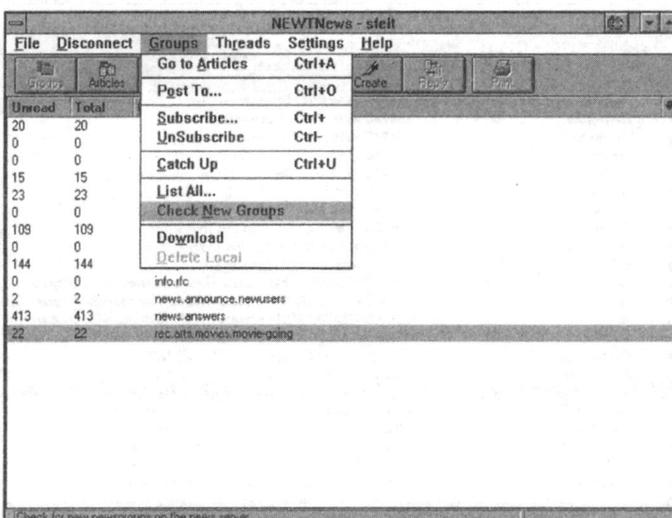

Figura 17.3. *Opciones del menú de grupos de noticias.*

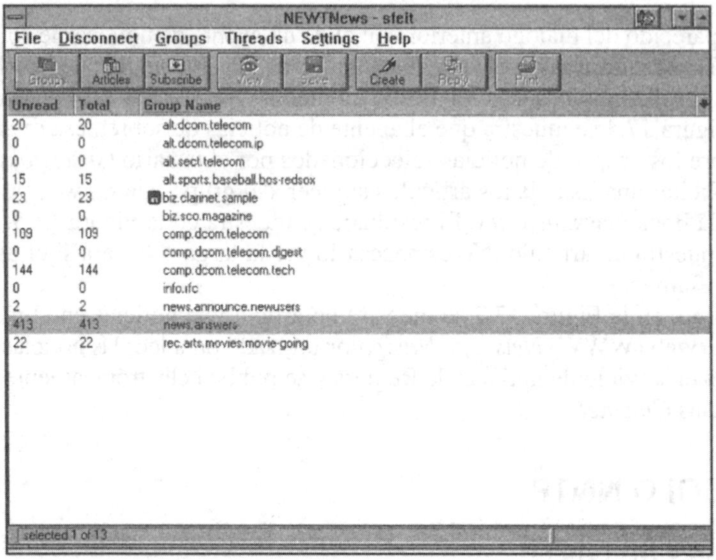

Figura 17.4. *Listado general de los grupos suscritos.*

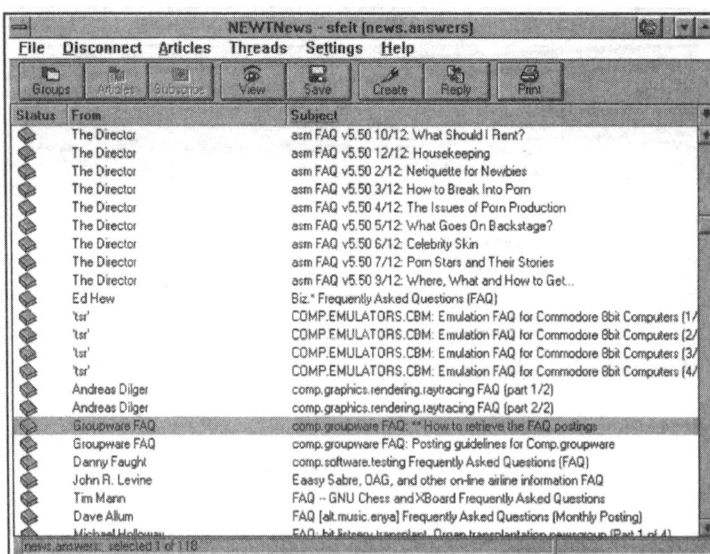

Figura 17.5. *Lista de artículos sin leer en news.answers.*

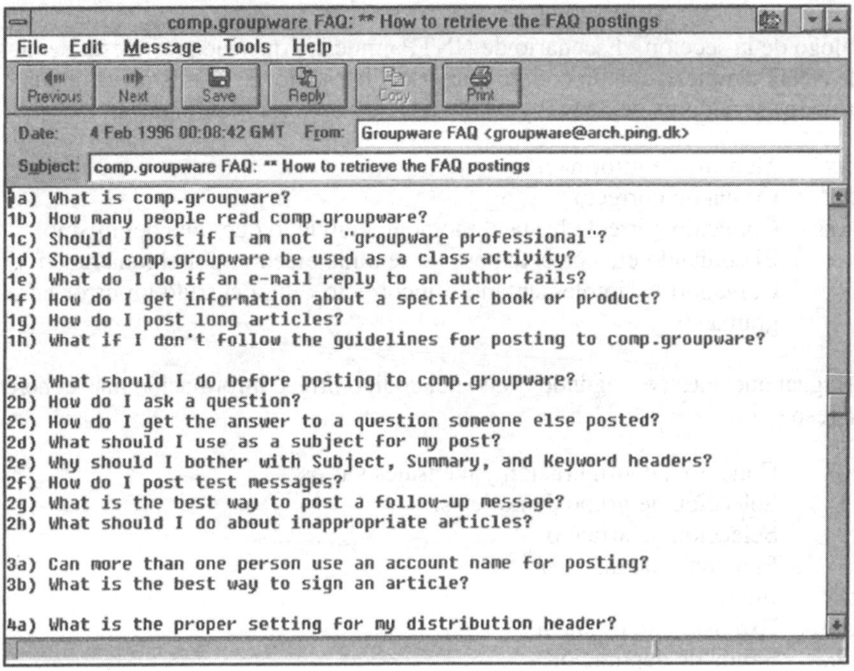

Figura 17.6. *Ejemplo de un artículo seleccionado.*

Hay comandos que permiten al cliente:

- Listar todos los grupos.
- Seleccionar un grupo.
- Seleccionar artículos concretos.

Con un *apuntador al artículo actual* en el servidor se mantiene un seguimiento de la posición del cliente. En la Tabla 17.1 se muestra un resumen de los comandos.

El parámetro opcional *distribuciones* permite que el usuario seleccione una lista de categorías del nivel superior, como, por ejemplo, *comp* o *news*. La lista debe ir entre menor y mayor, y los elementos separados por comas. Por ejemplo, a continuación se solicita una lista de los nuevos grupos de noticias bajo *sci*.

```
newgroups 950601 010000 <sci>
231 New newsgroups follow.
sci.physics.cond-matter 552 1 y
sci.techniques.mass-spec 279 1 m
sci.psychology.consciousness 164 1 m
...
```

Códigos de estado de NNTP

El diálogo de la sección «Escenario de NNTP» muestra que cada respuesta de un servidor de NNTP empieza con un código numérico de estado. Es el mismo esquema que se usaba en los servidores de SMTP y FTP. Los códigos son los siguientes:

1xx	Mensaje de información.
2xx	Comando correcto.
3xx	Comando correcto hasta el momento; envíe lo que falta del mismo.
4xx	El comando era correcto pero no se pudo ejecutar por alguna razón.
5xx	Comando no implementado o incorrecto o ha ocurrido un error en el programa

Al igual que antes, el segundo dígito del código ofrece información más concreta sobre la respuesta:

x0x	Conexión, configuración y mensajes varios.
x1x	Selección de grupo de noticias.
x2x	Selección de artículo.
x3x	Funciones de distribución.
x4x	Envío.
x8x	Extensión no estándar.
x9x	Salida de depuración.

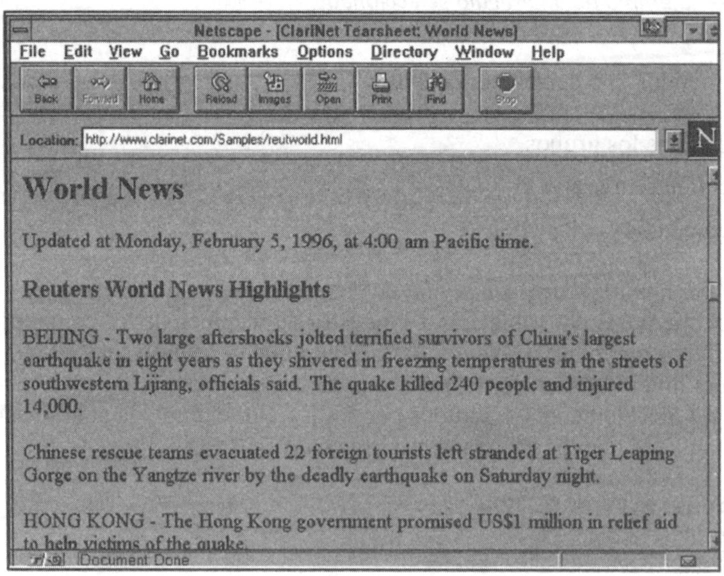

Figura 17.7. *Una noticia.*

DIFERENCIAS ENTRE NOTICIAS Y LISTAS DE CORREO

Una aplicación de noticias es más eficiente que una lista de correo en muchos aspectos.

Las noticias se almacenan en servidores centralizados a los que pueden acceder muchos usuarios. Muchos usuarios pueden leer las noticias desde una base de datos compartida.

Tabla 17.1. *Comandos y parámetros de NNTP.*

Comando	Parámetros	Descripción
article (artículo)	«<id del mensaje>» o número del mensaje o ninguno	Devuelve el artículo indicado por el identificador, o el número, o el artículo actual.
body (cuerpo)		Devuelve el cuerpo del artículo actual.
group (grupo)	Nombre del grupo	Cambia al grupo de noticias seleccionado.
head (cabecera)		Muestra la cabecera del artículo actual.
help (ayuda)		Solicita una lista de los comandos que entiende el servidor.
ihave (tengo)	<id del mensaje>	Un servidor le dice a otro servidor que tiene un artículo. El otro puede solicitar una copia del mismo.
last (último)		El apuntador al artículo actual se mueve al último artículo del grupo de noticias actual.
list (lista)		Solicita una lista de los grupos de noticias y el intervalo de artículos disponible.
newsgroups (grupos de noticias)	Fecha, hora y opcionalmente distribución.	Solicita una lista de los nuevos grupos, opcionalmente dentro de una categoría, creados desde una determinada fecha y hora.
newnews (noticias nuevas)	Grupo, fecha, hora y opcionalmente distribución.	Solicita una lista de los nuevos artículos de ciertos grupos desde una fecha y hora dados.
next (siguiente)		Se mueve el apuntador del artículo actual al siguiente artículo del grupo actual.
post (enviar)		Envía un artículo a un grupo de noticias.
quit (abandonar)		
slave (esclavo)		Indica que el solicitante es un servidor de correo en lugar de un cliente.
stat (estado)	Número de mensaje	Selecciona un artículo.

Las listas de distribución pueden saturar el buzón de correo con información extraña, haciendo difícil la extracción del correo realmente importante. Por el contrario, se accede a los grupos de noticias cuando se desea y ya existen agentes de noticias con sofisticadas posibilidades de presentación lo que los hace aún más convenientes de usar.

No hay que suscribirse a un grupo de noticias para leer sus noticias o enviarlas al mismo. De hecho la suscripción es tan sólo una función del agente de noticias que se usa para realizar un seguimiento de los grupos que se desea seguir y de los artículos que ya se han leído.

Existen muchas listas de correo que envían automáticamente sus artículos a grupos de noticias.

LECTURAS RECOMENDADAS

El Protocolo de transferencia de noticias de red se define en la RFC 977.

CAPÍTULO 18

Gopher y WAIS

INTRODUCCIÓN

Gopher se desarrollo en 1991 en la Unversidad de Minnesota, en el Microcomputer, Workstation and Networks Center. El personal que había, tenía que dar soporte a miles de usuarios que necesitaban ayuda para sus problemas con las computadoras y querían conocer los recursos de información del campus.

Había demasiada información repartida por todo el campus. ¿Cómo conseguir poner la información en línea, de manera que los estudiantes pudiesen localizarla fácilmente? La respuesta fue gopher, una jerarquía de menús sencillos y una inteligente arquitectura cliente/servidor.

Gopher proporciona una forma sencilla de navegar por muchos recursos de información. Con gopher se puede:

- Descubrir información de forma local.
- Acceder de manera transparente a lugares remotos.
- Obtener lo que se desea.

Los primeros en reconocer el valor de gopher para organizar y ofrecer información fueron los campus universitarios de todo el mundo. Rápidamente se extendió a las organizaciones gubernamentales.

A gopher le ha eclipsado un hermano más poderoso, la *World Wide Web* (WWW), que se tratará en el Capítulo 19. Sin embargo, todavía hay lugares donde se ofrece información mediante gopher. Los navegadores de World Wide Web también pueden acceder a la información de los servidores de gopher, aunque los usuarios no se den cuenta de qué está pasando.

USO DE GOPHER

La mejor forma de conocer gopher es usándolo. Si se encuentra conectado a un host multiusuario con una interfaz de texto, escriba *gopher* para arrancar un cliente local de gopher. En la Figura 18.1 se muestra un cliente textual en *tigger* accediendo al servidor local por defecto, que se encuentra en Global Enterprise Services.

Como se puede observar, gopher muestra unos menús. Un elemento de un menú puede conducir a:

- Un documento de texto.
- Una imagen.
- Otro menú.
- Una aplicación de búsqueda.
- Una sesión de *telnet* con una aplicación en un host remoto.
- Otras aplicaciones, como FTP.

```
> gopher

   Root gopher server: gopher.jvnc.net

--> 1. About this gopher.
    2. Search GES Gopher Tree <?>
    3. GES/
    4. Educational Services/
    5. Internet Resources/
    6. Medical Resources/
    7. Gophers Hosted by GES/
    8. Other Interesting gophers/
    9. Publishers Online/
   10. WAIS Based Information/
   11. InterNIC/


Press ? for Help, q to Quit, u to go up a menu
```

Figura 18.1. *Cliente textual accediendo a un servidor de gopher.*

Cualquier elemento puede conducir a un servidor de gopher, o a cualquier otra aplicación que resida en una computadora diferente.

En los navegadores de World Wide Web se incluye un cliente de gopher. En la actualidad es la forma más habitual de acceder a un servidor de gopher. En la Figura 18.2, se accede con el cliente desde *Netscape Navigator* al mismo menú de la Figura 18.1.

TIPOS DE INFORMACIÓN DE GOPHER

Los elementos de un menú de gopher pueden referirse a distintos tipos de información. A cada tipo se le asigna un código de identificación. Un cliente de texto indica el tipo del elemento con una etiqueta al final de la línea de menú. Los tipos, sus códigos y sus etiquetas se listan en la Tabla 18.1. En cliente gráfico muestra un icono diferente para cada tipo de información.

JERARQUÍA DE MENÚS DE GOPHER

Los menús de gopher se ordenan en una jerarquía en árbol. Un elemento de un menú puede apuntar a otro menú. De hecho el otro menú puede estar situado en un lugar completamente diferente. Las «hojas» de un árbol de menús son los documentos o las aplicaciones.

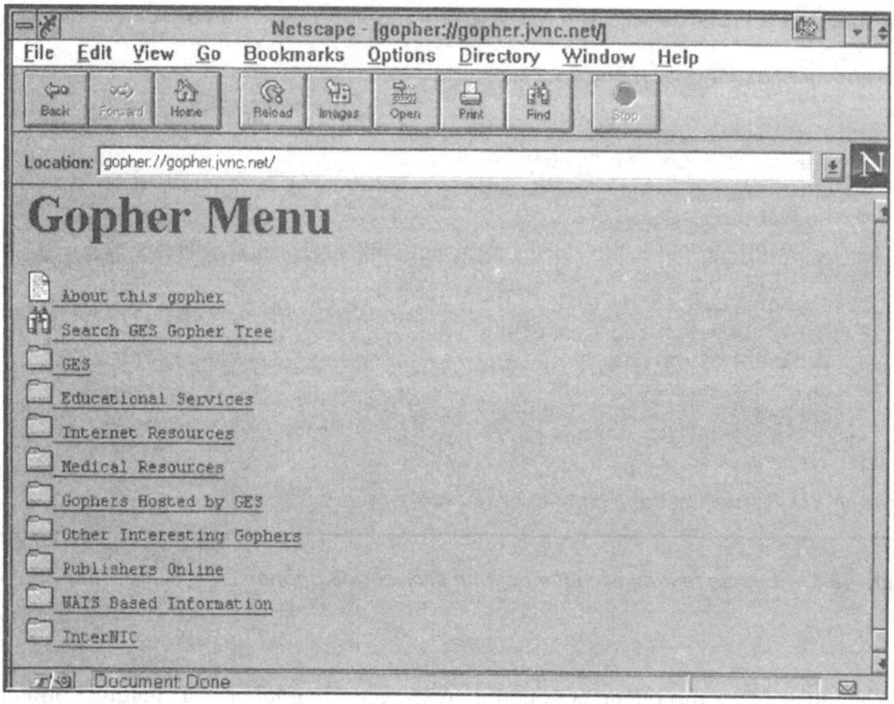

Figura 18.2. *Cliente de un navegador accediendo a un servidor de gopher.*

Como se verá más adelante, los menús de gopher se corresponden realmente con directorios, por lo que el uso de / para indicar un menú no es accidental. El directorio inicial del servidor de gopher forma parte de la información inicial de configuración. El menú inicial por defecto lista los títulos de los archivos y subdirectorios de directorio inicial.

ARQUITECTURA DE GOPHER

Tras todo ello, la arquitectura de gopher es muy simple. Como se muestra en la Figura 18.3, un cliente de gopher se conecta a un servidor de gopher, obtiene un menú o un archivo y se desconecta. Gopher muestra el elemento al usuario. El usuario no está conectado al servidor mientras lee el menú o el archivo.

Un servidor de gopher no mantiene el estado, es decir, no recuerda nada sobre sus clientes. Un cliente se conecta y solicita algo. El servidor responde a la petición y se olvida de él. De esta forma gopher es sencillo de usar e infalible. También por ello, un servidor gopher puede atender muchos más clientes por hora que servicios anteriores, como *telnet* o la transferencia de archivos.

Tabla 18.1. *Tipos de datos, códigos y etiquetas de gopher.*

Código de identificación	Tipo	Etiqueta	Comentario
0	Archivo	. o en blanco	
1	Menú	/	
2	Un servicio de listín telefónico, denominado Computer Services Organization en la Universidad de Illinois	<CSO>	Una simple aplicación de base de datos para números de teléfono, direcciones de correo electrónico, direcciones de oficina, etc.
3	Error		
4	Archivo BinHex de Macintosh		
5	Binario de PC	<PC bin>	El cliente *tiene* que leer hasta que se cierra la conexión de TCP.
6	Archivo uuencode de UNIX		
7	Servicio de búsqueda de índices	<?>	
8	Sesión textual de *telnet.*	<TEL>	Si se selecciona se arranca una sesión de *telnet.*
9	Archivo binario	<Bin>	El cliente *tiene* que leer hasta que se cierra la conexión de TCP.
s	Archivo de sonido	<)>	
e	Evento		
c	Aplicación de calendario		
T	Sesión textual con un terminal 3270	<3270>	Si se selecciona se arranca la sesión.
g	Archivo gráfico, en formato GIF estándar	<Picture>	
I	Algún otro tipo de imagen	<Picture>	El cliente decide cómo mostrarla.
M	Mensaje MIME	En blanco o <MIME>	
h	Documento hipertexto de World Wide Web	En blanco o <MIME>	

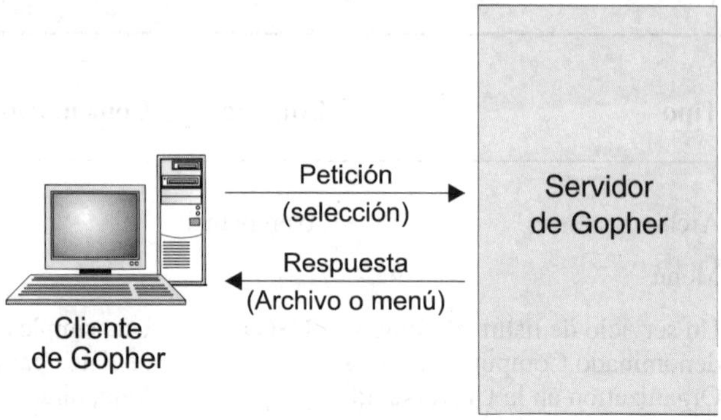

Figura 18.3. *Cliente consiguiendo información de un servidor de gopher.*

Este mismo principio se volvió a utilizar para que los servidores de World Wide Web fuesen eficientes.

RELACIÓN CON LA TRANSFERENCIA DE ARCHIVOS

Gran parte del diseño de gopher iba encaminado a ofrecer un acceso más amigable y eficiente para la transferencia de archivos. Cada menú de gopher realmente se corresponde con un directorio del servidor. El directorio puede tener archivos especiales como:

- Asignar títulos de menú a archivos y subdirectorios.
- Describir los enlaces a archivos y directorios en host remotos.
- Describir enlaces a aplicaciones.

Más adelante se verán algunos ejemplos.

PROTOCOLO DE GOPHER

Una sesión de gopher se ejecuta sobre una conexión de TCP. El puerto normal es el 70. Durante la sesión se usan algunas convenciones de *telnet*. Para obtener información de un servidor de gopher, un cliente necesita:

- Conectarse al host de gopher en el puerto apropiado.
- Enviar al servidor una *cadena de selección* terminada en <CR><LF>.

La cadena de selección identifica un elemento, como un documento de texto o un menú [1]. La cadena de selección nula, sólo <CR><LF>, indica que se envíe de vuelta el «menú raíz» por defecto del servidor.

Si el servidor envía de vuelta un menú, el cliente mostrará al usuario una lista de los elementos del menú. Sin embargo, el servidor envía mucha más información además de los títulos. Cada elemento del menú que el servidor envía de vuelta consiste en una secuencia de campos separados por tabuladores. Los campos incluyen:

- El tipo y título del elemento.
- La cadena de selección que hay que cnviar para obtener el elemento, normalmente el tipo del elemento junto con un nombre de archivo o de directorio.
- El nombre del host donde está el elemento.
- El puerto para acceder al host.

Toda esta información la puede ver usted mismo. A continuación se muestra una interacción en bruto con el gopher de Global Enterprise Systems (GES). Se ha realizado un *telnet* al puerto 70 del servidor y se pulsa la tecla Entrar una vez conectados.

```
> telnet gopher.jvnc.net 70
Trying 128.121.50.10 ...
Connected to nicol.jvnc.net.
Escape character is '^]'.
       (Pressing ENTER sends <CR><LF>)
0About this gopher          0/0about                         nicol.jvnc.net 70
7Search GES Gopher Tree     7/ts                             nicol.jvnc.net 70
1GES                        1/GES                            nicol.jvnc.net 70
1Educational Services       1/Educational_Services           nicol.jvnc.net 70
1Internet Resources         1/Internet_Resources             nicol.jvnc.net 70
1Medical Resources          1/Medical_Resources              nicol.jvnc.net 70
1Gophers Hosted by GES      I/Hosted                         nicol.jvnc.net 70
1Other Interesting Gophers  1/Other_Interesting_Gophers      nicol.jvnc.net 70
1Publishers Online          1/Publishers_Online              nicol.jvnc.net 70
1WAIS Based Information     1/WAIS_Based_Information         nicol.jvnc.net 70
1InterNIC                   /                                internic.net 70
.
Connection closed by foreign host.
```

Veamos en detalle el primer elemento. «0About this gopher» indica que el elemento es un archivo de texto y que se mostrará el título *About this gopher*. La cadena de selección «0/0about» repite el tipo (0) y apunta a un archivo llamado *0about* en el directorio inicial del servidor. Si se selecciona este elemento, el cliente de gopher enviará la cadena de selección al servidor.

La siguiente columna indica el host en el que se encuentra el elemento. La conexión se ha realizado a *gopher.jvnc.net* que es un alias de *nicol.jvnc.net*. Por último, la ultima

---

[1] Las cadenas de selección pueden identificar muchas otras cosas, como un programa que hay que ejecutar o una consulta a una base de datos.

columna indica que se debería usar el puerto de gopher estándar (70). El elemento termina con <CR><LF>.

Los siguientes elementos identifican subdirectorios del directorio inicial del gopher de *nicol*. El último elemento apunta al menú inicial del gopher de InterNIC.

Observe que el servidor de gopher indica el final de transmisión del menú con una línea que sólo contiene un punto. Cuando se transmite un archivo de texto, también se usa un punto para indicar el final del archivo.

ARCHIVO .NAMES

Se puede empezar a trabajar con un servidor básico de gopher con tan sólo configurar el programa servidor de gopher con la ubicación del directorio inicial y ejecutándolo. El menú principal del servidor debería ofrecer una lista de los nombres de los archivos y subdirectorios del directorio inicial. Si se selecciona un elemento subdirectorio, su menú debería ser una lista con los nombres de los archivos y subdirectorios de dicho directorio.

Para sustituir los nombres por títulos descriptivos, el administrador del servidor ha de crear un archivo de ayuda llamado *.names* en cada directorio de gopher. A continuación, se muestran algunas de las entradas del archivo *.names* del directorio inicial del gopher de GES.

```
# The Top Level Directory
Path = 0/0about
Name = About this gopher
Numb = 1

Path = 1/GES
Name = GES
Numb = 3

Path = 1/Educational_Services
Name = Educational Services
Numb = 4

Path = 1/Internet_Resources
Name = Internet Resources
Numb = 5
```

Los elementos del menú que conectan con gopher remotos o arrancan aplicaciones se listan en un archivo *.Links*. Las entradas de este archivo incluyen información adicional, identificación formal del tipo de información, el nombre del host y el puerto de acceso que se usa. Algunas entradas de ejemplo son:

```
Type = 7
Name = Search GES Gopher Tree
Path = 7/ts
Host = nicol.jvnc.net
```

```
Port = 70
Numb = 2

Type = 1
Name = InterNIC
Path = /
Host = internic.net
Port = 70
Numb = 11
```

Como se muestra en la Figura 18.4, el menú *Internet Resources* tiene muchos enlaces a sesiones de *telnet*. Una entrada típica de *telnet* en el archivo *.Links* es:

```
Type = 8
Name = CARL System
Path = CARL
Host = pac.carl.org
Port = 23
Numb = 2
```

Type = 8 significa *telnet* y en este caso, el parámetro *Path* indica el identificador de usuario que se usará en la conexión de *telnet*.

```
                        Internet Resources


--> 1. Area Code Info/
    2. CARL System <TEL>
    3. FreeNet (USA Today) <TEL>
    4. Ftp/
    5. Geographic Server <TEL>
    6. Libraries/
    7. Netfind (Internet White Pages) <TEL>
    8. News/
    9. Pilot Weather Service. [Airplane Pilot] <TEL>
   10. RFC/
   11. Sun Managers/
   12. Sunergy/
   13. Weather By State/
   14. Weather Service <TEL>
   15. World Wide Web <TEL>


Press ? for Help, q to Quit, u to go up a menu
```

Figura 18.4. *Menú* Internet Resources.

WAIS

Gopher ponía a disposición de los usuarios muchos archivos, pero los usuarios necesitaban una herramienta que les permitiese buscar un archivo o documentos de texto que les fuesen útiles. La mayoría de los servidores de gopher se engloban junto con una herramienta de indexación y búsqueda llamada el *Servicio de información de área extensa* (WAIS - *Wide Area Information Service*). Existen versiones de WAIS gratuitas y comerciales [2].

Se han desarrollado más herramientas de indexación y búsqueda. La búsqueda es una aplicación muy importante y existe una activa competición en el desarrollo de la metodología de indexación más eficiente, de búsquedas más funcionales y de recuperación más rápida.

LECTURAS RECOMENDADAS

El protocolo gopher se describe en la RFC 1436. Se puede obtener información y software de gopher en el servidor de gopher de la Universidad de Minnesota (*gopher.tc.umn.edu*).

---

[2] WAIS ahora es una marca registrada de WAIS, Inc.

Biblioteca profesional

CAPÍTULO 19

World Wide Web

INTRODUCCIÓN

Hipertexto

El hipertexto es una idea que ha estado presente durante bastantes años. La idea básica es que:

- Se asocia una frase subrayada con un apuntador a otro documento.
- Un usuario puede *enlazar* con el otro documento pulsando sobre la frase.

Los usuarios de la ayuda de Microsoft Windows o de Macintosh usan rutinariamente el hipertexto, aunque los usuarios no hayan oído hablar del mismo. Por ejemplo, suponga que aparece un menú de ayuda como el siguiente:

Guardar archivos

Búsqueda y sustitución

Cortar y pegar

Formatos de página

Resulta intuitivo que se puede obtener más información sobre uno de los temas subrayados pulsando sobre el mismo. En este caso las frases con un enlace a otro documento están subrayadas. En otras interfaces de usuario se pueden presentar estos enlaces en un color diferente o resaltados.

Hipermedia

La idea se ha extendido a *Hipermedia* en donde se tiene una frase subrayada que apunta a una imagen, a un archivo de sonido, a una película o cualquier otro tipo de datos binarios. O, una imagen puede tener elementos seleccionables que enlazan con documentos, imágenes, sonidos o vídeo. Este tipo de presentaciones suele distribuirse en CD-ROM.

Hipermedia y la WWW

El uso de hipermedia se extiende a la *información en la red* usando la World Wide Web (WWW). Una frase subrayada puede enlazar con un elemento local, o un elemento que realmente está almacenado en una computadora remota. Esta idea tan simple ha generado atractivas interfaces de usuario que permiten navegar fácilmente por la Internet.

PROCEDENCIA DE LA WWW

La idea de la World Wide Web procede de la comunidad de investigación física. Fue idea de Tim Berners-Lee del CERN, del Laboratorio europeo de física de partículas, situado en Suiza.

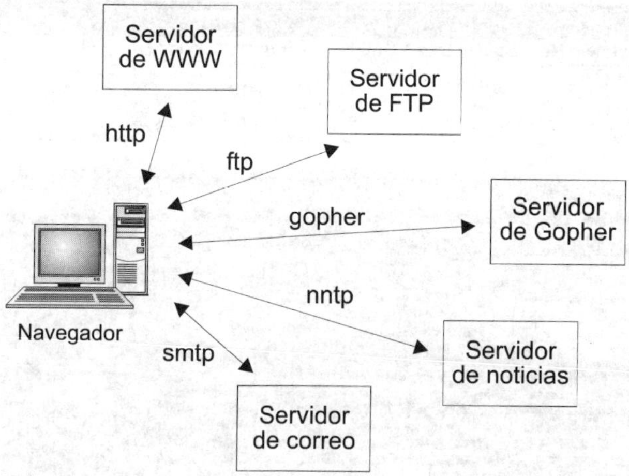

Figura 19.1. *Navegador con múltiples protocolos.*

NAVEGADORES DE LA WWW

La Web tuvo un tremendo lanzamiento cuando Marc Andreesseen, en 1982, creó el potente cliente de la WWW Mosaic, cuando era estudiante de la Universidad de Illinois y miembro del National Center for Supercomputing Applications (NCSA). Mosaic es un navegador de Internet, un programa que puede acceder a recursos de múltiples fuentes, incluyendo archivos de hipertexto, servidores gopher, bases de datos de búsqueda, lugares de transferencia de archivos y lugares de noticias.

Como se muestra en la Figura 19.1, un navegador puede usar los distintos protocolos requeridos para llegar a la información. A partir de Mosaic nació un navegador comercial muy popular llamado Netscape Navigator, de Netscape Communications Corporation. En la Figura 19.2 se muestra la página principal de Netscape con el navegador de Netscape.

El uso de la Web y los navegadores ha crecido exponencialmente y los protocolos y tecnologías han avanzado rápidamente.

LOCALIZADOR UNIFORME DE RECURSOS

De los esfuerzos de la World Wide Web nació un concepto unificador muy importante. Todos los recursos de información de la Web se identifican por su *Localizador uniforme de recurso*, llamado a veces Localizador universal de recurso, o *URL*. El URL:

- Tiene el nombre del elemento.
- Indica donde se encuentra.
- Indica el protocolo que hay que usar para obtenerlo.

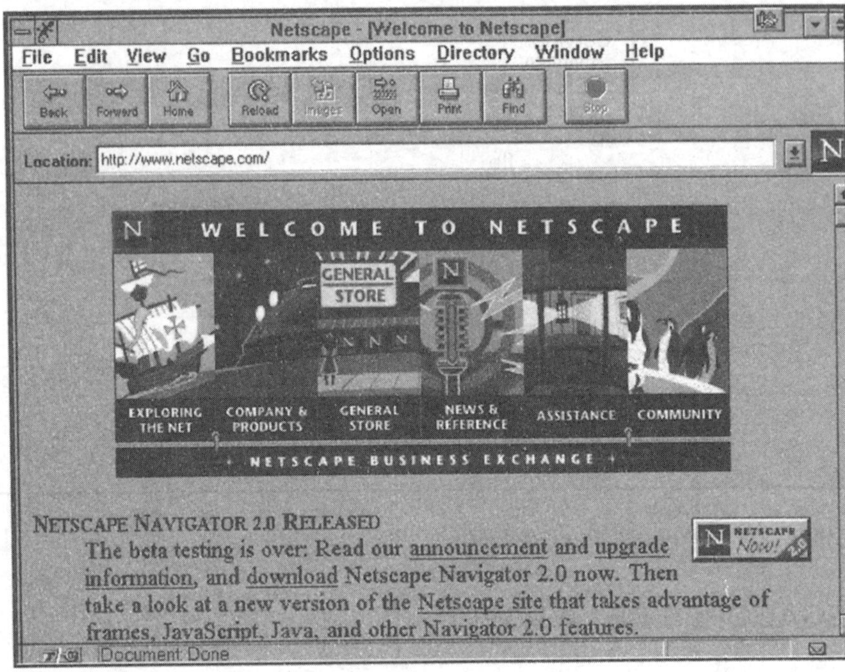

Figura 19.2. Navegador de Netscape con la página principal de Netscape.

Los URL son un caso especial de los *Identificadores universales de recursos* (URI - *Universal Resource Identifiers*). La sintaxis de los URI tiene una forma más general de expresar los nombres de recursos de información.

URL de hipertexto

Si se pone en un navegador Web el URL de un documento de hipertexto, el navegador buscará y obtendrá el documento usando un protocolo llamado *Protocolo de transferencia de hipertexto* (HTTP - *Hypertext Transfer Protocol*). Un URL de hipertexto tiene la forma:

http://nombre-de-sistema/nombre-de-archivo

Por ejemplo:

http://www.ibm.com/index.html

Si se pone:

http://nombre-de-sistema

el servidor Web devuelve su *página principal* por defecto, que normalmente se llama *home.html* o *index.html* El URL de HTTP más general tiene la forma:

http://host:puerto/camino?parte-de-búsqueda

Los URL se extienden fácilmente para otros protocolos.

URL de gopher

Si desde un navegador cliente se escribe el URL:

gopher://gopher.jvnc.net/

el navegador funcionará como un cliente de gopher y se conectará al servidor de gopher en *gopher.jvnc.net*. Si el servidor de gopher no está escuchando en el puerto habitual, el 70, sino en otro distinto, digamos el 3333, el URL tiene la forma:

gopher://gopher.somewhere.edu:3333/

URL de transferencia de archivos

Se puede conectar a la transferencia de archivos con un URL como:

ftp://ds.internic.net/

o identificar un archivo concreto con:

file://ds.internic.net/rfc/rfc1738.txt

Para hacer FTP a un sitio donde hay que introducir un nombre de usuario y una contraseña, se usa:

ftp://nombre-de-usuario:contraseña@host/

Por cierto, se puede identificar el host por su dirección de IP en lugar de por su nombre de dominio.

Cuando se accede a un archivo con un URL como:

```
file://ds.internic.net/rfc/rfc1738.txt
```

no se identifica el protocolo. Sin embargo, las implementaciones lo tratan por defecto como FTP.

URL de telnet

Se puede conectar con *telnet*, por ejemplo, con:

telnet://ds.internic.net/

La forma más general es:

telnet://nombre-de-usuario:contraseña@host

URL de noticias

El URL de un grupo de noticias tiene la forma *news:grupo-de-noticias*, por ejemplo:

news:rec.airplane

El servidor de noticias no se identifica. En lugar de ello, el nombre del servidor de noticias del usuario, o su dirección, se introduce entre la información de configuración del navegador.

URL de correo

Existe hasta un URL para enviar correo electrónico:

mailto:usuario@dirección-de-correo

Como en el caso de las noticias, el nombre o dirección de la pasarela de correo se introduce entre la información de configuración del navegador.

URL de WAIS

Aunque se usa en raras ocasiones, o nunca, se ha definido un URL para acceder a las bases de datos de WAIS mediante un protocolo llamado Z39.50. Por ejemplo, una interfaz a un directorio de servidores públicos de WAIS tiene la forma:

wais://cnidr.org/directorio-de-servidores

De forma general, los URL de WAIS tienen la forma:

wais://puerto-de-host/base-de-datos

wais://puerto-de-host/base-de-datos?búsqueda

wais://puerto-de-host/base-de-datos/tipo-w/camino-w

Mientras se escribía este libro, pocos navegadores disponían del protocolo de acceso a WAIS. Las búsquedas en bases de datos se realizaban introduciendo la consulta en un formulario y enviándola a un servidor de World Wide Web, quien a su vez invoca a la correspondiente máquina de búsqueda.

FORMATO GENERAL DE UN URL

Como resumen, observe que:

- Un URL empieza con el protocolo de acceso que se usa.
- En las aplicaciones que no sean de noticias o correo electrónico, le sigue el delimitador ://.
- A continuación va el nombre del host servidor.
- Por último, se identifica el recurso al que se accede, o se obtiene el archivo por defecto.

Recuerde que en el caso de las noticias o el correo electrónico, la situación del servidor de noticias preferido y la pasarela de correo forman parte de la información de configuración del navegador. En el URL sólo se usa el delimitador : sin nombre de host servidor.

Caracteres especiales

A veces un identificador de recurso contiene un espacio o algún otro carácter como una barra o un dos puntos, que se usan como delimitadores o caracteres especiales en un URL. Por ejemplo, los nombres de archivos de Macintosh y de Windows 95 contienen espacios u otros caracteres poco usuales.

Los caracteres especiales se identifican como que pertenecen al nombre real del recurso haciendo una correspondencia con cadenas que empiezan con el símbolo %. En la tabla 19.1 se muestra estas correspondencias.

INTRODUCCIÓN A HTML

Los documentos de la WWW contienen enlaces de hipertexto que se escriben usando el *Lenguaje de marcas hipertextuales* o *HTML*. Los archivos de hipertexto compatibles con la versión 1 y 2 normalmente tienen la forma:

nombre.html

Un archivo con características avanzadas de la versión 3 se debería llamar:

nombre.html3

Tabla 19.1. Correspondencia con los caracteres especiales.

Carácter especial	Representación correspondiente
Espacio	%20
/	%2F
#	%23
=	%3D
;	%3B
¿	%3F
:	%3A
~	%7E

En las computadoras DOS, se usa el sufijo *.htm* o *ht3*.

HTML proviene de un estándar de marcado de texto llamado *Lenguaje estándar generalizado de marcas* (SGML - *Standard Generalized Markup Language*). La idea es que un autor pone *marcas* (*tags*) en el documento para identificar elementos como su título, las cabeceras de secciones, los límites de los párrafos, las listas, las figuras y otros.

Se pretende que HTML sea independiente de la plataforma, de manera que los documentos de hipertexto se puedan ver en dispositivos cliente desde terminales sin inteligencia a sofisticadas estaciones de trabajo. Los clientes pueden ver los documentos en una pantalla de cualquier tamaño y pueden usar tipos de letra locales.

En las siguientes secciones se verán los aspectos básicos de HTML. Se seguirán los convenios de la versión 3 de HTML. HTML se está convirtiendo en un lenguaje extenso y muchas de sus posibilidades no se tratarán aquí.

Por ejemplo, una función importante que no se tratará es la construcción de sofisticados formularios para la introducción de datos que se pueden enviar desde el servidor al cliente. Estos formularios se pueden usar para realizar consultas en bases de datos o para pedir productos de un almacén en línea.

Otro elemento importante que no se incluye es la construcción de mapas seleccionables. Un usuario puede pulsar en un área de una imagen para seleccionar el documento con el que enlaza.

Escritura con el Lenguaje de marcas hipertextuales

Recuerde que algunos de los detalles de presentación se le dejan al cliente. El navegador cliente normalmente deja elegir al usuario el tipo de letra. El texto de un documento en HTML se ordena en la pantalla del usuario según el tamaño de la pantalla y el tipo de letra elegido.

Un autor de HTML define elementos del documento como:

- Título del documento.
- Cabeceras de sección.
- Definición de párrafos.
- Enlaces mediante un URL.
- Listas.
- Texto con formato previo.
- Formato de caracteres.
- Caracteres especiales.
- Imágenes en línea.
- Imágenes externas.
- Formularios de entrada de datos.
- Mapas seleccionables.
- Tablas y fórmulas.

Las marcas que se incluyen en un documento HTML indican qué es cada elemento. Por ejemplo, la marca <TITLE> indica el título del documento.

Se puede escribir un documento de hipertexto con un editor de texto normal. Sin embargo, algunos procesadores de texto disponen de funciones que automatizan la creación de las marcas y le permiten trabajar de forma «Lo que ve es lo que obtiene». Existen muchos productos dedicados a la creación de documentos de hipertexto. Automatizan la creación de los distintos elementos y si lo desea ocultan las marcas subyacentes.

Otra forma interesante de crear documentos de HTML es crear un documento con cualquier software de dar formato y luego usar un traductor apropiado que traduzca automáticamente el documento a HTML.

Una idea básica del funcionamiento de HTML puede ser de gran ayuda para usar cualquiera de estas herramientas. Además, las nuevas capacidades están fuera de las posibilidades de las herramientas y, por tanto, habrá que introducir manualmente parte de la información. Afortunadamente, HTML es fácil de entender.

Marcas de HTML

Las marcas son nombres de elementos y atributos encerrados entre menor y mayor (<...>). Más adelante se da una lista de las marcas más usuales. Las marcas se pueden escribir en mayúsculas o minúsculas, pero por mantener la consistencia, se escribirán todas en mayúsculas.

La mayor parte de las marcas son dobles, indicando donde empieza y termina un elemento. La marca de cierre es igual que la de inicio pero entre </...>. Por ejemplo:

<TITLE>Bienvenido a la Web</TITLE>

Formatos

Algunas de las marcas se usan para delimitar el inicio y fin de un documento HTML y para dividirlo en cabeza y cuerpo. Se muestra en el siguiente ejemplo:

`<HTML>`	Inicio del documento de hipertexto.
`<HEAD>`	Comienzo de los elementos del encabezado.
`<!–Last Modified on October 21, 1995–>`	Un comentario.
`<BASE HREF = "http: //www.abc.com/ind.html3">`	Útil. Identifica donde está almacenado el documento.
`<TITLE>Bienvenido a la Web </TITLE>`	El título se suele mostrar al principio de la pantalla del cliente.
`</HEAD>`	Fin de los elementos del encabezado.
`<BODY>`	Inicio del cuerpo del documento.
...	
`</BODY>`	Fin del cuerpo del documento.
`</HTML>`	Fin del hipertexto.

Cabeceras de HTML

Los capítulos, secciones y subsecciones de un documento se marcan con elementos de cabecera. Existen seis niveles de cabeceras. Cada una de ellas se mostrará con un formato distinto. Por ejemplo, las cabeceras de nivel 1 normalmente se muestran con una fuente mayor y en negrita:

<Hl>Cabecera de nivel 1, la mayor cabecera.</Hl>

<H2>Cabecera de nivel 2. Se puede usar para secciones.</H2>

<H3>También se pueden usar cabeceras de nivel 3, 4, 5 o 6.</H3>

Párrafos y salto de párrafo

Un autor debe identificar los límites de los párrafos. Si no, cuando se presente, todo el texto se mostrará seguido. El programa cliente eliminará múltiples espacios y líneas en blanco y dejará sólo un espacio si no se indica lo contrario.

En las antiguas versiones de HTML se delimitaba un párrafo poniendo <P> al inicio de cada nuevo párrafo:

```
<P>Esto es un párrafo.
<P>Este es otro párrafo.
```

Todavía se puede hacer en la versión 3, o se pueden poner un par de marcas para indicar dónde empieza y acaba un párrafo:

```
<P>Esto es un párrafo.</P>
```

Por defecto, la mayoría de los navegadores insertan una línea en blanco entre dos párrafos [1]. Si no quiere empezar un nuevo párrafo sino sólo saltar a la siguiente línea, use un salto:

```
Las rosas son rojas,<BR>
Las violetas azules.<BR>
```

Listas sin numerar

Una lista sin numerar aparece como una serie de elementos con viñetas. Por ejemplo:

```
<UL>
<LI>Manzana
<LI>Pera
</UL>
```

La versión 3 añadió una marca opcional de cabecera de lista y de fin de elemento:

```
<UL>
<LH>Tipos de fruta</LH>
<LI>Manzana</LI>
<LI>Pera</LI>
</UL>
```

Listas numeradas

Las listas numeradas tienen la misma estructura, pero los elementos se numeran:

```
<OL>
<LH>Es una lista numerada.</LH>
<LI>El primer elemento.
<LI>Otro elemento.
</OL>
```

Al igual que antes, la marca de fin de elemento, </LI> y la cabecera de la lista <LH>...</LH> son opcionales.

[1] En la versión 3 de HTML se pueden usar instrucciones que definen otros estilos de párrafos como los que sangran la primera línea.

Listas de definición

Una lista de definición es una secuencia de elementos y sus definiciones:

```
<DL>
<LH>Terminología de la World Wide Web< /LH>
<DT>Lenguaje de marcas hipertextuales (HTML)
<DD>Un lenguaje de marcas usado para escribir documentos hipertextuales.
Las marcas del documento identifican cabeceras, párrafos y listas.
<DT>Protocolo de transferencia hipertextual (HTTP)
<DD>Protocolo utilizado para solicitar y transmitir documentos de hi-
pertexto.
</DL>
```

Así es como quedan estas definiciones

```
Terminología de la World Wide Web
Lenguaje de marcas hipertextuales (HTML)
   Un lenguaje de marcas usado para escribir documentos hipertextuales.
   Las marcas del documento identifican cabeceras, párrafos y listas.
Protocolo de transferencia hipertextual (HTTP)
   Protocolo utilizado para solicitar y transmitir documentos de hiper-
   texto.
```

Se pueden anidar todos los tipos de listas.

Otras marcas

Se puede usar una línea horizontal para separar partes de una presentación. Una línea horizontal que cruza toda la página se inserta con:

```
<P><HR></P>
```

A veces, hay texto que se quiere que conserve exactamente el mismo formato que tiene. La marca preformateado (<PRE>) indica al navegador que lo presente como está:

```
<PRE>
   Este texto se mostrará
   exactamente como está escrito.
</PRE>
```

Un bloque de cita es una forma de resaltar un texto. Normalmente se presenta sangrado. En la versión 2 se usa la marca <BLOCKQUOTE>.

```
<BLOCKQUOTE>
   Es un bloque de cita.
   Probablemente se muestre sangrado al usuario.
</BLOCKQUOTE>
```

En la versión 3, la marca se abrevia a <BQ>.

Texto enfatizado

A veces se desea que parte del texto aparezca de manera especial, por ejemplo en negrita o en cursiva. Se puede hacer de dos formas:

1. Dejar los detalles al navegador
```
<EM>Normalmente se muestra en cursiva.</EM>
<STRONG>Normalemente en negrita.</STRONG>
<CODE>Normalmente con una fuente no proporcional.</CODE>
```

2. Especificar exactamente como se quiere que aparezca
```
<I>Ponerlo en cursiva.</I>
<B>Ponerlo en negrita.</B>
<U>Texto subrayado.</U>
<S>Texto tachado.</S>
<TT>Use una fuente de máquina de escribir no proporcional.</TT>
<SUB>Subíndice.</SUB>
<SUP>Superíndice.</SUP>
```

En la versión 3 hay muchas características, lo que permite que el autor tenga mayor control sobre la forma en que se muestran el texto en un cliente con la versión 3.

Enlaces

Para incluir enlaces en un documento se necesita:

- Marcas de inicio y fin de enlace.
- Un parámetro con el URL que identifica el documento al que se enlaza.
- Una etiqueta que seleccionar, que se muestra subrayada.

A continuación se muestra un ejemplo de enlace. La A es el nombre de la marca que se llama un *anclaje* (*anchor*). El parámetro HREF identifica el elemento al que se enlaza. El texto antes del delimitador </A> es el texto que se podrá seleccionar para este enlace.

```
<A HREF = "http://www.abc.com/wwwdocs/showme.html">Pulse aquí para ver
algo interesante</A>
```

No hay que escribir siempre el URL completo del elemento al que se enlaza. Suponga que el documento *uno.html* contiene un enlace a un archivo llamado *mas.html* que está en el mismo directorio. El siguiente enlace funciona:

```
<A HREF = "mas.html">aquí hay más< /A>
```

Es lo que se denomina un *nombre de camino relativo*. Se pueden usar, también, nombres relativos para los documentos de un subdirectorio del directorio actual.

Enlaces a documentos locales

Se puede hacer referencia a un documento en el host local. Por ejemplo, este es un enlace a un documento de DOS local:

```
<A HREF = "file:///c:\webdocs\home.htm">Mi documento principal</A>
```

Para obtener un documento local no se usa el protocolo de transferencia de archivos. Observe que el nombre de host no existe, no se escribe ningún host entre las barras (///).

También se puede enlazar con un punto dentro del mismo documento. En primer lugar se marca el punto. En la versión 2 se hace insertando un anclaje en ese punto con el parámetro NAME:

```
<A NAME = "Seccion3">3. Aviones</A>
```

Cuando uno se refiere a ese punto se antecede al nombre el símbolo #:

```
Véase la <A HREF = "#Seccion3 ">sección tres</A> para más información.
```

Si el usuario pulsa en la frase subrayada, (*sección tres*), el cliente salta al punto marcado.

En la versión 3, en lugar de marcar el lugar creando una marca de anclaje distinta, se puede añadir un parámetro identificador a una marca existente de un elemento. Por ejemplo, a continuación se añade un parámetro ID a una marca H2:

```
<H2 ID = "Seccion3">3. Aviones</H2>
```

Imágenes

Para insertar imágenes en un documento se usa la marca IMG. Esta marca tiene un parámetro SRC que indica el URL del archivo donde está la imagen. El URL de una imagen se parece a cualquier otro URL. Una referencia a una imagen tiene la forma:

```
<IMG SRC = "http://www.abc.com/wwwdocs/ourlogo.gif">
<IMG SRC = "bigpic.jpeg">
<IMG SRC = "file:///c:\webdocs\building.gif">
```

Normalmente los archivos de gráficos de una página de WWW están en el *Formato de intercambio de gráficos* (GIF - *Graphics Interchange Format*). Graficos portables de red (PNG - *Portable Network Graphics*) es un estándar para archivos de imágenes de bit comprimidas. Otro tipo popular son las imágenes comprimidas en *Joint Photographic Experts Group* (JPEG).

JPEG se diseño para imágenes fotográficas, pero a veces se puede usar para otro tipo de imágenes.

Un navegador que no puede mostrar imágenes ignorará los elementos IMG a no ser que tenga un parámetro ALT. Por ejemplo:

```
<IMG SRC = "bigpic.jpeg" ALT = "Monumento a Washington">
```

Un navegador que sólo muestre texto presentará la cadena «Monumento a Washington» en lugar de la imagen.

Visualización de fuentes de HTML

Una buena forma de aprender HTML es ver la fuente de algunos documentos por los que navegue. Normalmente el navegador le permitirá hacerlo guardando el documento en el disco y después leyéndolo con un editor de texto normal.

ARQUITECTURA DE HTTP

Como en gopher, la descarga de hipertexto es simple. Como se muestra en la Figura 19.3 un cliente se conecta a un servidor de WWW, descarga un elemento y se desconecta. El navegador muestra el elemento al usuario y el usuario puede pensar y elegir el siguiente paso.

Un servidor de Web que principalmente ofrezca documentos de texto funciona muy eficientemente y puede dar servicio concurrentemente a muchos usuarios. Sin embargo, la información se ve favorecida por imágenes estáticas y dinámicas y por sonido. Estos elementos son grandes y su transferencia consume muchos más recursos de CPU y ancho de banda que el texto. Más aún, algunas peticiones lanzan programas que crean la información para la respuesta. En este caso se requieren aún más recursos.

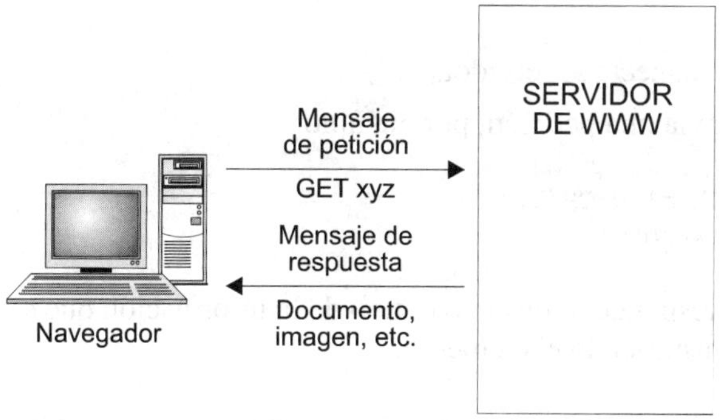

Figura 19.3. Navegador descargando un elemento de un servidor de WWW.

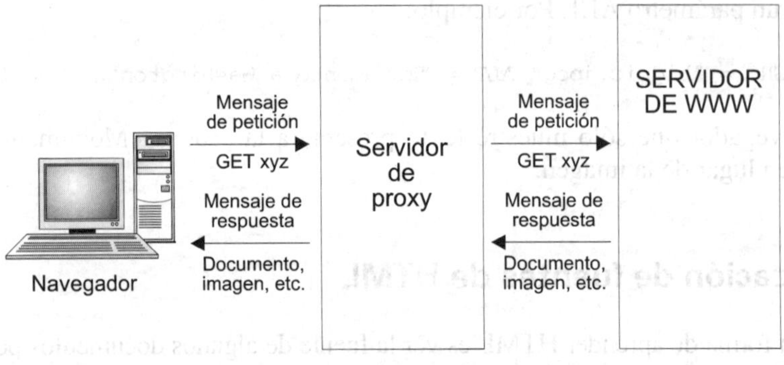

Figura 19.4. *Descarga de información a través de un servidor proxy de WWW.*

Servidor proxy

A veces se usa un servidor proxy de WWW cuando el usuario reside en un entorno seguro y desea acceder a servidores externos de WWW. Se debería configurar el navegador cliente para reenviar todas las peticiones a un servidor proxy. El proxy se comunica con el servidor real y reenvía el resultado de vuelta al cliente. En la Figura 19.4 se muestra a un cliente accediendo a un servidor de WWW a través de un proxy.

Algunos sistemas proxy hacen caché de los documentos de forma que pueden responder directamente a peticiones repetidas.

PROTOCOLO DE TRANSFERENCIA DE HIPERTEXTO

La Web ha crecido en Internet y se ha implementado sobre conexiones de TCP, pero se pueden utilizar otros transportes fiables. Un servidor de WWW funciona de forma simple:

- El cliente se conecta al servidor.
- El cliente envía una petición, por ejemplo:

```
GET /home.html HTTP/1.0
ACCEPT: text/html
```

- El servidor responde, indicando el tipo de la información que se enviará y a continuación transmitiendo el elemento.

Una razón por la que un servidor puede comunicarse con muchos tipos diferentes de clientes es que la información que se envía puede acomodarse a las capacidades de los clientes. Un cliente puede indicar sus capacidades enviando sentencias *Accept* junto con sus peticiones. Un cliente puede indicar que sólo puede aceptar text/html, mientras otro puede indicar que puede aceptar texto, imágenes y sonido.

Normalmente un servidor de WWW funciona en el puerto público de TCP 80. Ocasionalmente los servidores se configuran para funcionar en otros puertos.

Siguiendo el lenguaje de la orientación al objeto, se usa el término *método* en los documentos de HTTP en lugar de *comando* o *petición*. Un cliente puede enviar tres métodos estándar.

GET Descargar un elemento.

HEAD Solicitar ver las cabeceras que se enviarían con un elemento dado.

POST Enviar un elemento al servidor, como los datos que se introducen en un formulario.

Un GET obtiene una *página*. Una página es un documento, junto con las imágenes y sonidos que le puedan acompañar. Una página puede consistir en una única pantalla o puede ser un libro entero.

El comando HEAD permite a un cliente averiguar el tamaño y tipo de dato de un elemento, así como la última fecha de modificación asociada a la versión actual, antes de descargarlo. Si un navegador ya tiene en la caché la versión más reciente, no hace falta descargar el documento.

Ejemplo de diálogo de HTTP

Una de las razones por las que el protocolo WWW ha evolucionado rápidamente es que sus diseñadores no intentaron reinventar la rueda. Los formatos de las cabeceras y los tipos de datos se han tomado de los estándares de correo electrónico y MIME.

El siguiente diálogo muestra lo simple que puede ser la interacción de HTTP. GET / HTTP/1.0 solicita el documento por defecto del servidor e indica que el cliente está usando la versión 1.0 de http. El cliente también indica que sólo acepta documentos de texto HTML.

La respuesta del servidor indica su versión de HTTP (1.0) y un código de estado; 200 significa que la solicitud ha ido bien. A continuación le sigue una serie de cabeceras como las de MIME. Una línea vacía, <CR><LF>, indica el final de la sección de cabecera y a continuación sigue el documento:

```
GET / HTTP/1.0
ACCEPT: text/html

HTTP/1.0 200 Document follows
Date: Sat, 28 Oct 1995 14:07:25 GMT
Server: NCSA/1.5.1
Content-type: text/html
Last-modified: Tue, 09 May 1995 01:22:41 GMT
Content-length: 1563
```

```
<TITLE>InterNIC Directory and Database Services Home Page</TITLE>
<IMG src = "/Pics/logo.gif" alt = "">
<a href =ds/dspg01.html>
<H1>InterNIC Directory and Database Services</H1></a>
<P>
Welcome to InterNIC Directory and Database Services provided by
AT&amp;T.
These services are partially supported through a cooperative agreement
with
the National Science Foundation.
...
```

El servidor cierra la conexión cuando la transmisión ha terminado.

Cabeceras de los mensajes

En las Tablas 19.2 a 19.5 se proporcionan breves descripciones de las cabeceras que pueden acompañar a una solicitud o a una respuesta.

- Las cabeceras *generales* aparecen en el primer mensaje y se pueden encontrar tanto en las peticiones como en las respuestas. Puede verse en la Tabla 19.2.
- A continuación están las cabeceras específicas de las peticiones (Tabla 19.3) o de las respuestas (Tabla 19.4).
- Finalmente, aparecen las cabeceras de *entidad* con información sobre el elemento. Pueden verse en la Tabla 19.5.

Recuerde que una petición POST transfiere un elemento, la información de un formulario, de un cliente al servidor. Por tanto, las cabeceras de entidad pueden aparecer tanto en las peticiones como en las respuestas.

Tabla 19.2. *Cabeceras generales de HTTP.*

Cabeceras generales	Descripción
Date: fecha	La fecha está en tiempo universal. Date: Sun, 29 Oct 1995 15.15:23 GMT
MIME-Version: versión	La versión de MIME de las cabeceras. MIME-Version: 1.0
Pragma: directiva	Una directiva específica de la implementación. Por ejemplo, Pragma: no-cache indica al proxy que obtenga una nueva versión de un elemento aunque existe en la caché.

Tabla 19.3. Cabeceras de petición de HTTP.

Cabeceras de petición	Descripción
Authorization: credenciales	Incluye la información de identificación del cliente para acceder a recursos protegidos.
From: id de correo	Como en el campo de correo electrónico.
If-Modified-Since: fecha	Se usa para que el GET sea condicional. Si el elemento no se ha modificado, la respuesta devuelve un código 304 sin cuerpo.
Referer: URL	La identidad del elemento de donde se obtuvo este enlace. Referrer: http://www.abc.com/index.html
User-Agent: producto	Identifica el software del cliente.

Códigos de estado

Los códigos de estado se usan más que en el correo electrónico y en la transferencia de archivos. La asignación general de códigos es:

- 1xx Informativo. No se usa sino que se reserva para usos futuros.
- 2xx Correcto. La acción se ha recibido, entendido o aceptado correctamente.
- 3xx Redirección. Se debe realizar alguna acción adicional para completar la petición.
- 4xx Error del cliente. La petición tiene errores de sintaxis o no se puede conceder.
- 5xx Error del servidor. El servidor no ha podido realizar una petición aparentemente válida.

Los códigos concretos dan información más detallada.

Tabla 19.4. Cabeceras de respuesta de HTTP.

Cabeceras de respuesta	Descripción
Location: *URL*	La localización preferida del servidor para este elemento.
Server: *producto*	Identifica el software del servidor.
WWW-Authenticate: *acuerdo*	Son los datos que identifican el sistema de autenticación y acuerda con el cliente que se autentique el mismo.

Tabla 19.5. *Cabeceras de entidad de HTTP.*

Cabeceras de entidad	Descripción
Allow: *método*	Lista de métodos que admite un recurso *Allow: GET, HEAD*
Content-Encoding: *codificación-de-contenido*	Si el cuerpo está codificado, indica el algoritmo utilizado. *Content-Encoding: x-gzip*
Content-Length: *tamaño*	Indica el tamaño del cuerpo que hay transferir. *Content-Length: 2048*
Content-Type: *tipo-de-media*	Tipos que recoge la IANA. *Content-Type: text/html*
Expires: *fecha*	El elemento no será válido tras esta fecha.
Last-Modified: *fecha*	Última vez que se modificó el elemento.

TRABAJO EN CURSO

HTTP y HTML se están expandiendo en respuesta a las demandas de los clientes de una mayor funcionalidad. Mientras se escribía este libro la prioridad era la creación de estándares para la interacción segura cliente/servidor y el comercio seguro. Otros esfuerzos se dirigen a la definición e implementación de un esquema de nombres independiente de la ubicación, *Nombres uniformes de recursos* (URN - *Uniform Resource Names*). Uno de los problemas de enlazar con documentos a través de una red es que si los documentos cambian de directorio o de computadora el enlace ya no sirve.

Dado un URN, la ubicación debería obtenerse del sistema de directorios. Podrían existir varias ubicaciones de documentos replicados y se podría seleccionar la ubicación más próxima.

LECTURAS RECOMENDADAS

La RFC 1738 contiene una descripción de los URL. La RFC 1630 es una descripción técnica de los Identificadores universales de recursos.

La especificación HTTP 1.0 se publicó en la RFC 1945. Hay varios documentos relativos a HTML en Internet en estado de borrador. Los borradores de Internet se pueden obtener en *ftp://ftp.internic.net/internet-drafts*.

Se puede obtener información sobre seguridad en HTTP, HTML y WWW en un lugar dispuesto por el Consorcio W3, *http://www.w3.org/*.

CAPÍTULO 20

Protocolo básico de administración de red

INTRODUCCIÓN

La administración de red se ha desarrollado lentamente, retrasándose respecto a otras facilidades de red. Hay redes de TCP/IP muy grandes que han funcionado muy bien, pero la administración y gestión de dichas redes ha sido una labor muy intensa, requiriendo personal de gran experiencia con un gran nivel técnico.

Éste ha sido especialmente el caso de Internet, con su complejidad y tamaño siempre creciente. A finales de los años 80, la Internet Architecture Board (IAB), encargada de establecer las políticas técnicas de Internet, concluyó que había una necesidad crítica de definir un marco de administración de red y fijar un conjunto de protocolos estándar de forma que entrasen en funcionamiento lo más rápido posible.

Aunque los comités de la OSI responsable de los estándares de administración de red han trabajo mucho sobre el tema, no había esperanzas de que se trasladarán rápidamente los documentos en estatus de borrador en herramientas que cubriesen las necesidades de administración de TCP/IP.

Un grupo de trabajo de Internet creó el Protocolo básico de administración de red (SNMP - *Simple Network Management Protocol*) para cubrir las necesidades inmediatas de TCP/IP. La arquitectura de SNMP se diseño teniendo en cuenta el modelo OSI. Se pensaba que los estándares de administración de red de OSI – Servicios comunes de información de administración/Protocolo común de información de administración (CMIS/CMIP - *Common Management Information Services/Common Management Information Protocol*) serían una solución a largo plazo. Sin embargo, en unos pocos meses, quedó claro que SNMP debía evolucionar de manera independiente y debía recoger la experiencia de los implementadores y las necesidades de los administradores de red.

Resultados de la adopción de SNMP por el IAB

Las especificaciones iniciales de SNMP marcaron el punto de inicio. El IAB esperaba que se produjesen rápidamente cambios y mejoras. Como se expresa en la RFC1052, la recomendaciones del IAB para el desarrollo de los estándares de administración de red de Internet:

Aprenderemos qué es la administración de redes (interconexión de redes) haciéndolo:

a) En la mayor escala que sea posible.
b) Con la mayor diversidad de implementaciones que sea posible.
c) Con la mayor amplitud dc capas de protocolos que sea posible.
d) Con la mayor diversidad de administración que se pueda obtener.

Los resultados de la política de la IAB excedieron sus expectativas. Desde que se pusieron públicas las especificaciones y ejemplos de código fuente en Internet, el protocolo se ha incorporado a cientos de productos, desde grandes computadoras a los dispositivos de comunicación más sencillos. El ámbito de SNMP se ha ido ampliando y reforzando.

Los fabricantes han sido capaces de crear estaciones de administración de red que usan un protocolo bien definido para comunicarse con un gran abanico de dispositivos diferentes. Se ha creado un nuevo mercado en el que los fabricantes compiten por mejorar sus estaciones de administración con funciones como Interfaces gráficas de usuario (GUI), bases de datos históricas y funciones de generación de informes.

La continua producción de RFC dedicadas a la administración de red es la evidencia de la expansión dinámica y el ámbito del protocolo.

A principios de 1996 se publicó la versión 2 de SNMP. En este capítulo se incluyen algunas de las nuevas funciones más importantes de la versión 2.

MODELO DE SNMP

Base de datos lógica

SNMP sigue el modelo de una base de datos. Todos los sistemas de la red contienen información de configuración, estado, error y rendimiento a la que los administradores les gustaría acceder. Esta información se ve según se almacena en una *base de datos lógica* en el sistema.

Agentes

Para tener acceso a la información, el sistema administrado debe contener un componente de software llamado un *agente*. El agente responde a las peticiones, realiza actualizaciones e informa de los problemas. Una o más *estaciones de administración* envían peticiones, solicitan actualizaciones a los agentes y reciben mensajes de respuesta y de problemas.

Administradores

Como se muestra en la Figura 20.1, una estación de administración contiene el software de *administrador* que envía y recibe los mensajes de SNMP y una variedad de *aplicaciones de administración* que se comunica con los sistemas de red mediante el administrador.

Base de información de administración

La *Base de información de administración* (MIB - *Management Information Base*) es la descripción lógica de todos los datos de administración de la red. Existen muchos documentos RFC que describen las variables de la MIB. Cada documento describe un *Módulo* de MIB, que es un conjunto de variables relacionadas. También existen Módulos de MIB escritos por fabricantes. Los documentos de MIB de los fabricantes definen variables específicas para el producto.

La definición de una variable de la MIB no trata sobre cómo se guarda la variable, sino:

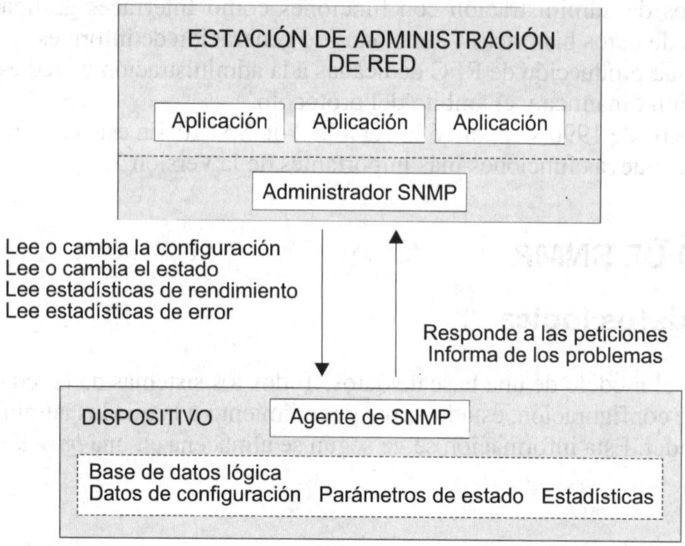

Figura 20.1. *Modelo de SNMP.*

- Una definición de lo que es la variable.
- Una descripción de cómo se mide su valor.
- Un nombre para cuando se lea o actualice el valor de la variable en la base de datos.

Aunque la MIB de administración es, formalmente, un conjunto de definiciones, resulta conveniente llamar a los datos concretos que se almacenan sobre un dispositivo, su *base de datos de la MIB* o simplemente su *MIB*. Una base de datos típica de la MIB contiene:

- Información de estado y del sistema
- Estadísticas de rendimiento
- Parámetros de configuración

Una MIB del sistema contiene sólo aquellas variables que tienen sentido para dicho sistema. Por ejemplo, un puente básico de LAN no necesita variables que recojan estadísticas de TCP.

FUNCIONES DE LOS ADMINISTRADORES Y LOS AGENTES

Una aplicación de administración de red proporciona la interfaz de usuario que permite a un operador invocar funciones remotas de administración de red, ver el estado de los componentes y analizar los datos extraídos de los nodos de la red.

Un administrador *supervisa* un sistema solicitando al agente del mismo que envía de vuelta los valores de los datos de su base de datos de la MIB. Los valores típicos de una MIB contienen los tipos de las interfaces físicas de red del sistema y la cuenta de tráfico por dicha interfaz.

Un administrador *controla* un sistema solicitando a sus agentes que actualicen el estado de las MIB o los parámetros de configuración. Se puede conectar un cambio en un parámetro con una acción. Por ejemplo, se puede desactivar una interfaz de red fijando una variable de estado a *desactivada* (*down*).

Se definen nuevas funciones de supervisión y control añadiendo nuevas variables a la base de datos de la MIB.

Desde las estaciones de administración actuales se puede realizar un seguimiento de un número creciente de dispositivos. Existen estaciones de administración que se ejecutan en plataformas desde PC a grandes computadoras. En las siguientes secciones se incluyen pantallas de *OpenView for Windows Workgroup Node Manager* de HP, que se ejecuta en Windows para PC.

Agentes proxy

En el modelo básico de SNMP, en el dispositivo residen un agente y una base de datos de la MIB controlada. Un agente *proxy* de administración extiende el modelo permitiendo acceder a los dispositivos indirectamente. La estación de administración interactúa con el proxy, solicitando y recibiendo la información. El proxy intercambia información con el dispositivo mediante una interacción distinta, como se muestra en la Figura 20.2.

En la versión 2 de SNMP, se usa proxy para reenviar información entre los entornos de las versiones 1 y 2.

NATURALEZA DE LA INFORMACIÓN DE ADMINISTRACIÓN

La definición de las *variables* de administración se separó completamente de la especificación del *protocolo* utilizado entre los administradores y los agentes. Es una característica importante de la arquitectura de administración.

La definición de las variables se delegó en comités de expertos en cada tecnología. Las MIB de puentes, host, interfaces de telefonía, etc., las diseñaron grupos separados.

El primer documento de MIB se centró en la información que sería útil administrar en una red de TCP/IP. Incluía datos como:

- ¿De qué tipo de sistema se trata?
- ¿Dónde está y cómo se llama?
- ¿Qué tipos de interfaces de red tiene el sistema?
- ¿Cuántas tramas, datagramas y segmentos de TCP ha enviado y recibido?

Por ejemplo, en la Figura 20.3 se muestra información de sistema obtenida de un encaminador mediante *Openview* de HP.

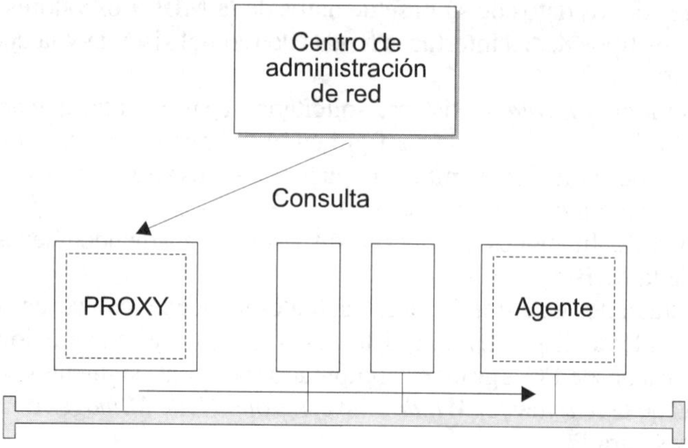

Figura 20.2. Agente proxy.

ESTRUCTURA DE LA INFORMACIÓN DE ADMINISTRACIÓN

El marco de definición de variables de administración de red debe incluir:

- *Una estructura administrativa.* Se delega el trabajo de definición de las variables de la MIB de distintos tipos de red en expertos del área. Se necesita una estructura administrativa para describir y llevar un seguimiento del reparto del trabajo y la delegación de autoridad
- *Una estructura de información.* La información de red no es estática. La información debe estar estructurada de forma que sea fácil de extender y revisar antiguas tecnologías y añadir las nuevas.
- *Una estructura de nombres.* Existirán cientos de variables que se definirán para la administración de la red. Se necesita un método consistente para definir, describir y dar nombre a dichas variables.

Una estructura en árbol cumple con los tres requisitos. Esta estructura se denomina *Estructura de información de administración* o *SMI.*

Árbol de SMI

Recuerde que inicialmente se suponía que SNMP era algo temporal hasta que se usasen los estándares de administración de ISO. El árbol de administración/nombres que se muestra en la Figura 20.4 refleja el esfuerzo inicial de coincidir con el mundo de ISO.

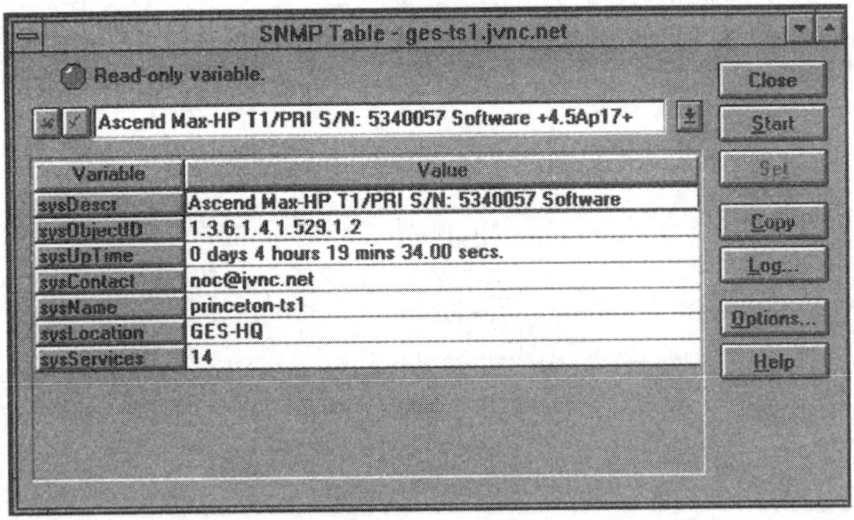

Figura 20.3. *Solicitud de información de un sistema.*

Los nodos superiores del árbol se suponía que representaban a las autoridades administrativas responsables de las partes inferiores del árbol, como se muestra en la Tabla 20.1. Administrativamente este árbol está obsoleto. Ya no existe el esfuerzo de coordinar el estándar de SNMP con ISO. El Departamento de Defensa (DOD) ya no lleva Internet.

Sin embargo, el árbol sigue sirviendo para su función principal de definir los nombres de las variables de la MIB. El árbol resulta inmensamente útil. Cuando se añade una nueva tecnología a un entorno de administración, se crea un comité y se asigna un nuevo nodo al árbol. A continuación el comité crea tantas variables como se necesiten en su propio subárbol.

Tabla 20.1. *Nodos del árbol de SMI.*

Etiqueta	Descripción
iso(1)	Organización internacional de normalización
org(3)	Organizaciones nacionales e internacionales
dod(6)	Departamento de defensa
internet(1)	Internet Architecture Board

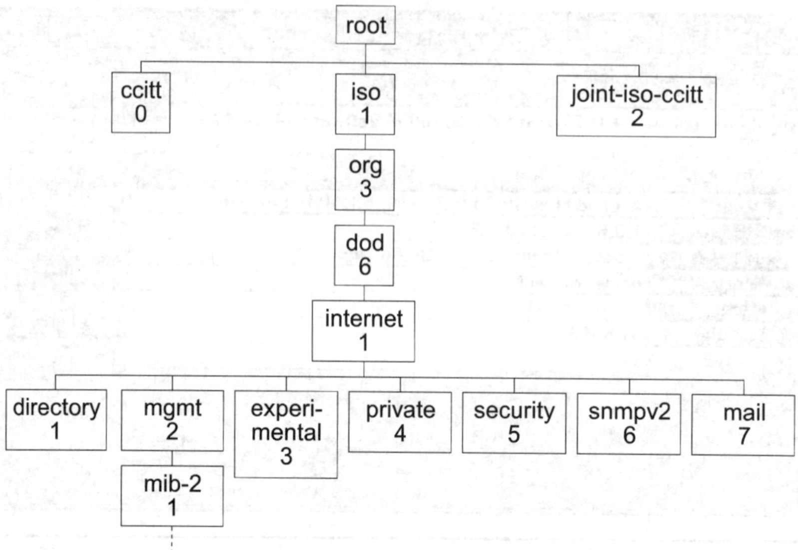

Figura 20.4. *Árbol administrativo de nombres de SMI.*

NOMBRES IDENTIFICADORES DE OBJETOS

En la Figura 20.5 se muestran las partes importantes del árbol. El árbol se usa para asignar nombres llamados *IDENTIFICADORES DE OBJETOS* (*OBJECT IDENTIFIER*) a las variables de administración.

Los *IDENTIFICADORES DE OBJETOS* se forman empezando desde la raíz del árbol y concatenando los identificadores numéricos de los nodos. A todos los nodos se les asigna también una etiqueta textual con el propósito de ayudar a los usuarios y diseñadores a entender de qué variable se trata. Por ejemplo:

IDENTIFICADOR DE OBJETO	**1.3.6.1.2.1.1.1**
Nombre	**iso.org.dod.internet.mgmt.system.sysDescr**

Identificación de los valores de la base de datos de MIB

Para identificar el valor real de un dispositivo, se añade un índice «de cuál» al final del *IDENTIFICADOR DE OBJETO* de la variable. Por ejemplo, la información de todas las interfaces de red se almacenan en una tabla. El *IDENTIFICADOR DE OBJETO* de la variable tabla *ifType* es 1.3.6.1.2.1.2.2.1.3. Si se desease identificar el *ifType* de la cuarta interfaz de un encaminador, su ID sería:

```
1.3.6.1.2.1.2.2.1.3.4
```

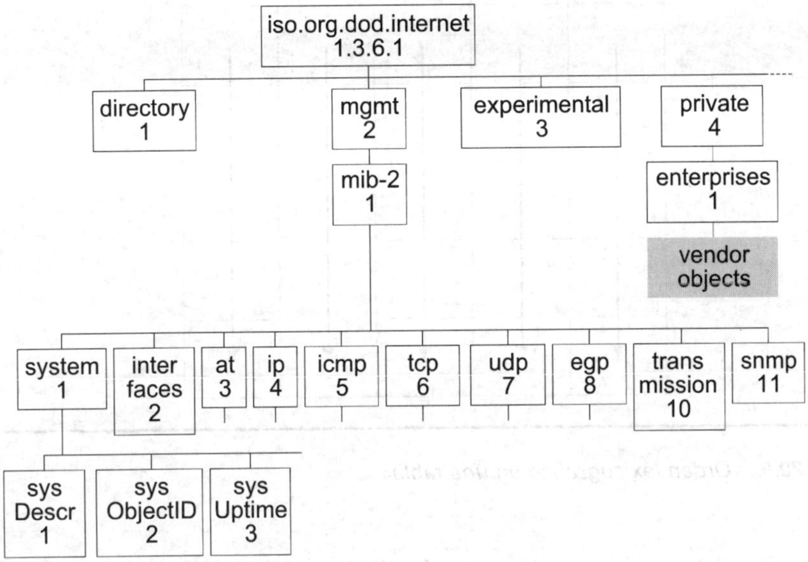

Figura 20.5. *Árbol de nombres para los objetos de la MIB.*

El convenio de añadir un índice al final se extiende a las variables del tipo una de varias, como *sysDescr* o *sysUpTime*. En estas variables se añade un cero al final. Por ejemplo, el identificador completo de una variable *sysDescr* es **1.3.6.1.2.1.1.1.0**.

Orden lexicográfico

Las variables de una MIB de un dispositivo se ordenan lexicográficamente, como en un diccionario. Para comparar dos valores:

1.3.6.1.2.1.2.2.1.**19**.3
1.3.6.1.2.1.2.2.1.**21**.2

- Se empieza por la izquierda.
- Se compara hasta que se encuentra el primer valor que es diferente.
- El elemento con el número mayor en esa posición es el mayor elemento.

El segundo de los elementos anteriores es el mayor. ¿Y del siguiente ejemplo?

```
1.3.6.1.2.1.2.2.1
1.3.6.1.2.1.2.2.1.21.2
```

Para este tipo de asociación, el identificador mayor es el de mayor valor.

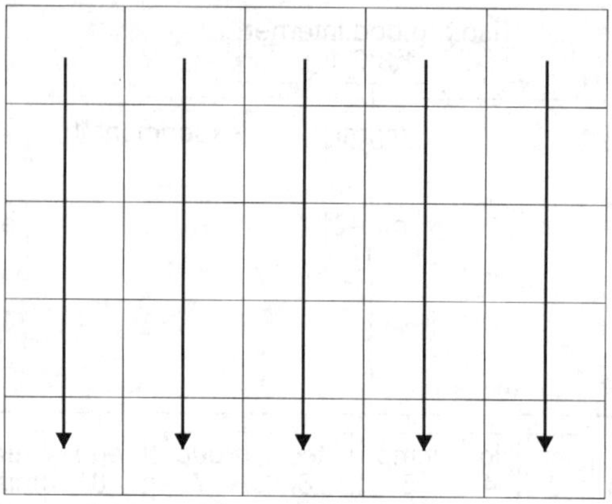

Figura 20.6. *Orden lexicográfico en una tabla.*

Cuando se atraviesa una tabla en orden lexicográfico, se debería recorrer una columna completa y luego saltar a la parte superior de la siguiente columna, como se muestra en la Figura 20.6.

MÓDULOS IMPORTANTES DE MIB

Se han escrito docenas de módulos de MIB, abarcando desde interfaces RS-232 a servidores de correo electrónico. En la siguiente sección se describirán algunos de los más importantes.

MIB-II

Los grupos de variables que se muestran en la Figura 20.5 (*system*, *interfaces*, etc.) se definieron en el primer documento de MIB, referentes a las variables para las redes de TCP/IP. Tras su prueba y con la experiencia, se actualizó el módulo y se le llamó *MIB-II*. MIB-II proporciona las definiciones básicas de las variables para las implementaciones de la versión 1 de SNMP. Se ha publicado una actualización para la versión 2 de SNMP que incluye algunas variables adicionales y algunas modificaciones.

Módulos de transmisión

Se han escrito muchos módulos que describen las variables relacionadas con las tecnologías de área local y de área extensa. En la Figura 20.7 se muestran algunos de los subárboles creados bajo el nodo de *transmisión*. Para ver una lista completa consulte el documento *Assigned Numbers*.

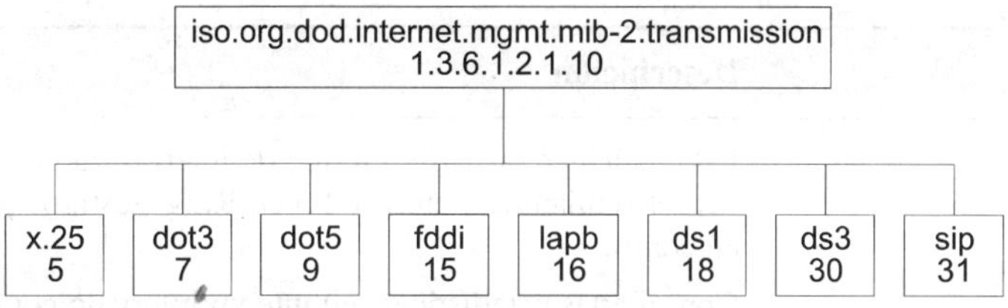

Figura 20.7. *Módulos de MIB de transmisión.*

MIB de RMON

Un *monitor de red* o *sonda* es un dispositivo que observa pasivamente el tráfico del enlace y que se puede configurar para recoger datos sobre el tráfico para observar patrones de uso y calcular estadísticas de rendimiento de la red. Los monitores se configuran con umbrales de cuenta de errores y se pueden utilizar para avisar de problemas antes de que se conviertan en críticos.

El *MIB de monitorización remota de red*, MIB de RMON, integra la valiosa información recogida por las sondas en el marco de SNMP. Así se acrecienta la potencia de las estaciones de administración de SNMP.

Un monitor remoto puede recoger de manera independiente datos locales, realizar diagnósticos y detectar situaciones de alarma. Como se avisa de los problemas cuando ocurren, una estación de administración de red puede reducir la frecuencia de solicitud de lectura de los datos de la MIB de los dispositivos individuales.

En la Tabla 20.2 se muestran los nueve grupos de datos definidos para las MIB de RMON.

Dónde casan las MIB de los fabricantes

Desde el comienzo hubo un lugar en el árbol de objetos para los objetos MIB de los fabricantes [1]. Para conseguir una rama del árbol, el fabricante tiene que registrarse con la Autoridad de asignación de números de Internet (IANA).

En la Figura 20.8 se muestra parte de la MIB de Cabletron. A Cabletron se le ha asignado el IDENTIFICADOR DE OBJETO

```
1.3.6.1.4.1.52.
```

PROTOCOLO DE MENSAJES DE SNMP

Veamos entonces el protocolo de mensajes que permite que los administradores se comuniquen con los agentes. Hubo pocos principios en el diseño de SNMP:

[1] Las empresas, como compañías, organizaciones o agencias del gobierno también pueden obtener identificadores y definir sus propias variables de la MIB.

Tabla 20.2. Grupos de variables de MIB de RMON.

Variable	Descripción
statistics (estadísticas)	Estadísticas relativas a un tipo de interfaz dado, como Ethernet (colisiones, etc.) o Token-Ring (testigos perdidos, etcétera).
history (histórico)	Compila las estadísticas durante un intervalo configurado de sondeo.
alarm (alarma)	Genera un evento si el valor durante un intervalo supera un umbral configurado.
host	Informa de los host detectados por el monitor así como de las estadísticas relacionadas, como el número de tramas enviadas.
hostTopN	Informe de estadísticas de los umbrales que se superan en una lista ordenada por valores de rendimiento seleccionado o estadísticas de error.
matrix (matriz)	Informe de estadísticas sobre las conversaciones entre pares de direcciones.
filter (filtro)	Define el criterio para la selección de un conjunto de tramas para un examen detallado.
packet capture (captura de paquetes)	Permite que se capturen las tramas que coinciden con el criterio de filtrado.
event (evento)	Controla la generación y notificación de eventos. Se puede generar un evento debido a algo local como que se ha superado cierto umbral. Un evento puede lanzar una actividad como escribir un mensaje en un registro o iniciar la captura de paquetes o puede enviar un mensaje de alarma a la estación de administración.

- Elegir un transporte preferido de muy baja demanda, pero no hacer que sea un elemento imprescindible, dejando la elección abierta de manera que se pudiese usar SNMP en redes que no fuesen TCP/IP.
- Usar un número de tipos de mensajes muy pequeño.

Tipos de mensajes de la versión 1 de SNMP

Los administradores y los agentes se comunican entre sí enviándose mensajes de SNMP. Como se muestra en la Figura 20.9, sólo hay cinco tipos de mensajes en la versión 1 de SNMP:

get-request Solicita uno o más valores de una MIB del sistema administrado.

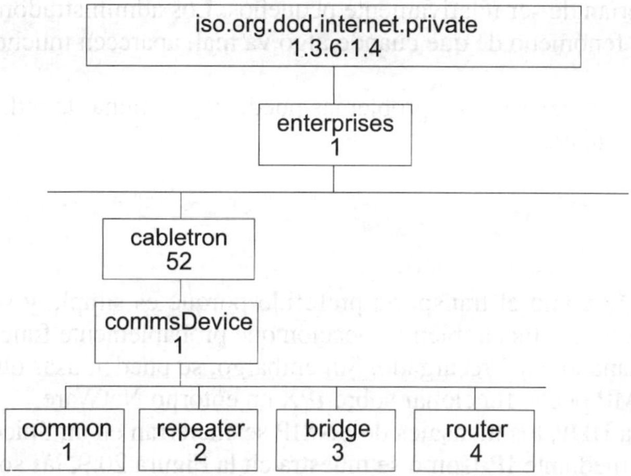

Figura 20.8. *Parte de la MIB de Cabletron.*

get-next-request Permite al administrador obtener los valores secuencialmente; se usa para leer las filas de una tabla o para ir leyendo una MIB completa.

set-request Permite al administrador actualizar las variables.

get-response Devuelve el resultado de una operación de *get*, *get-next* o *set* (en la versión 2 se llama sólo *response*).

trap Permite a un agente avisar de eventos importantes o de problemas.

Al limitar los intercambios a estos cinco mensajes la implementación resulta simple, a la vez que ofrece completa funcionalidad.

Normalmente, los administradores de red configuran una estación de administración para leer a intervalos regulares, cada 15 minutos. Estos valores se guardan y analizan para descubrir cuál es el comportamiento normal, detectar los cuellos de botella de las horas punta o avisar de actividad no usual.

Se usa una excepción (*trap*) para informar de eventos generales como:

- Auto-reinicialización.
- Fallo en el enlace local.
- El enlace vuelve a funcionar.

Los comités de estándares de MIB han definido mensajes adicionales de excepción para ciertas tecnologías de comunicaciones. Además, los fabricantes definen las excepciones que informan de problemas críticos relacionados con sus productos.

Dentro de la filosofía de SNMP está el hecho de que los mensajes de excepción transmitidos deberían de ser relativamente pequeños. Los administradores de red, están acostumbrados al fenómeno de que cuando algo va mal, aparecen muchos otros problemas.

Una avalancha de mensajes de problemas puede congestionar la red, ralentizando la recuperación de la misma.

Transportes

Se seleccionó UDP como el transporte preferido porque es simple y se puede implementar con poco código. Es también la elección que probablemente funcione, aunque el dispositivo esté dañado o sobrecargado. Sin embargo, se pueden usar otros transportes. Por ejemplo, SNMP puede funcionar sobre IPX en entorno NetWare.

Cuando se usa UDP, los mensajes de SNMP se encierran en un único datagrama de UDP y se envían mediante IP. Como se muestra en la Figura 20.9, las solicitudes se envían desde cualquier puerto conveniente de UDP al puerto 161. Las *Respuestas* se envían de vuelta al puerto solicitante. Las *excepciones* se envían desde cualquier puerto conveniente de UDP al puerto 162.

Todas las implementaciones de la versión 1 deben poder manejar mensajes de al menos 484 octetos.

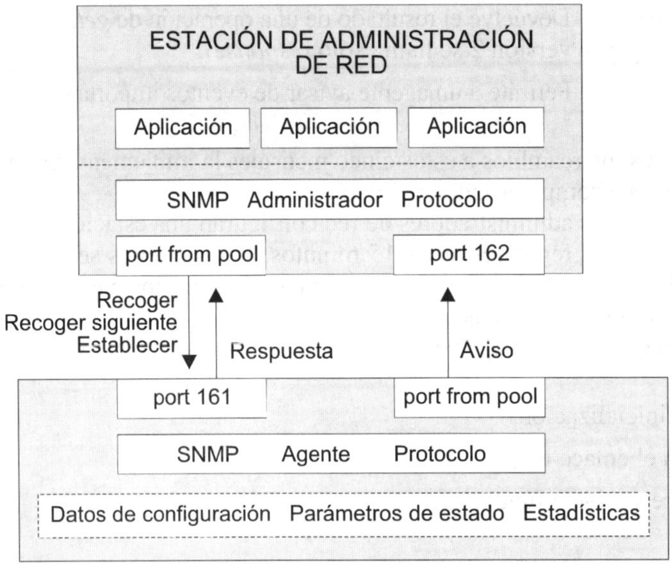

Figura 20.9. *Tipos de mensajes de la versión 1 de SNMP.*

FORMATO DE LOS MENSAJES DE SNMP

Un mensaje de la versión 1 de SNMP consta de cierto material introductorio seguido de la Unidad de datos del protocolo del mensaje, que es de uno de los cinco tipos, *get-request*, *get-next-request*, *get-response*, *set-request*, o *trap*. El material introductorio incluye:

Versión del protocolo	0 para la versión 1 y 1 para la versión 2.
Nombre de comunidad	Se usa como contraseña.

Se configura un agente para restringir la información a la que se puede acceder y si se puede leer o escribir según el nombre de comunidad. También se configuran los agentes con la dirección de IP de las estaciones de administración a las que se permite leer o escribir información de la MIB.

Desgraciadamente, los fisgones de la LAN pueden leer el nombre de comunidad del mensaje, y a veces se puede falsificar la dirección de IP de origen. Una solución es acceder a los dispositivos importantes, como encaminadores, mediante un enlace de comunicaciones de seguridad separado cuando se realiza una actualización del sistema o su estado.

Formato de los mensajes get, set y response de la versión 1

La información principal de que constan todos estos mensajes es la misma. Consiste en una lista:

Nombre de variable	Valor [2]
Nombre de variable	Valor

Los IDENTIFICADORES DE OBJETO se usan como nombres de variables. En un *get* o *get-next* el campo valor es un hueco vacío. El agente debe rellenar los valores que faltan.

Una Unidad de datos del protocolo *get-request*, *get-next-request*, *set-request* o *response* completa consta de:

Id de solicitud	Para relacionar solicitudes con respuestas.
Campo de estado de error	0 en las peticiones. Un valor distinto de 0 de las respuestas significa que algo ha ido mal.
Campo de índice de error	0 en las peticiones. En las respuestas indica la variable que ha ocasionado el problema.

[2] El emparejamiento de un nombre de variable y un valor se llama formalmente una asociación de variable (*variable binding*).

Lista de identificadores de objetos y valores En un *get* o *get-next* los valores son nulos. En un *set* o *response* se rellenan los valores.

Get-request y response

En la Figura 20.10 se muestra el análisis del *Sniffer* de Network General (un analizador de red) de un *get-request* y su *response*. La petición incluye la lista de cinco variables cuyos valores se solicitan. Se incluye un hueco nulo tras cada identificador de variable. Para crear la respuesta, el agente únicamente tiene que rellenar los huecos y sustituir los nulos por los valores reales.

Get-next-request y response

Get-next funciona de forma diferente. Cuando se envía un IDENTIFICADOR DE OBJETO, se devuelve el *siguiente* (*next*) IDENTIFICADOR DE OBJETO y su valor. Por ejemplo, si se envía una petición *get-next* con:

```
SNMP: Object = {1.3.6.1.2.1.5.1.0} (icmpInMsgs.0)
SNMP: Value = NULL
```

La respuesta debería ser el nombre y valor de la siguiente variable:

```
SNMP: Object = {1.3.6.1.2.1.5.2.0} (icmpInErrors.0)
SNMP: Value = 0 messages
```

De esta forma se puede recorrer una MIB o pasar de una fila a la siguiente de una tabla.

Petición set

Una petición *set* escribe datos en una base de datos del agente. El formato es muy simple, se parece al de *get-request*, excepto que los valores actualizados reales si están rellenos. En la Figura 20.11 se muestra una traza de una petición *set*.

Se tienen que realizar todas las actualizaciones, o sino la petición completa falla. Tiene sentido, ya que a menudo habrá muchas variables que debieran de cambiarse a la vez o no cambiar ninguna. Esta regla de todo o nada de *set* se mantiene en la versión 2.

La respuesta a *set* se parece a la petición, excepto que los campos de estado de error e índice de error tendrán valores distintos de cero si ha habido algún problema.

Mensajes *trap*

Un agente usa los mensajes de excepción (*trap*) para informar al administrador de problemas serios.

```
SNMP: Version = 0
SNMP: Community = public
SNMP: Command = Get request
SNMP: Request ID = 112
SNMP: Error status = 0 (No error)
SNMP: Error index = 0
SNMP:
SNMP: Object  = {1.3.6.1.2.1.1.3.0} (sysUpTime.0)
SNMP: Value   = NULL
SNMP:
SNMP: Object  = {1.3.6.1.2.1.5.1.0} (icmpInMsgs.0)
SNMP: Value   = NULL
SNMP:
SNMP: Object  = {1.3.6.1.2.1.5.2.0} (icmpInErrors.0)
SNMP: Value   = NULL
SNMP:
SNMP: Object  = {1.3.6.1.2.1.5.3.0} (icmpInDestUnreachs.0)
SNMP: Value   = NULL
SNMP:
SNMP: Object  = {1.3.6.1.2.1.5.4.0} (icmpInTimeExcds.0)
SNMP: Value   = NULL
```

```
SNMP: Version = 0
SNMP: Community = public
SNMP: Command = Get response
SNMP: Request ID = 112
SNMP: Error status = 0 (No error)
SNMP: Error index = 0
SNMP:
SNMP:
SNMP: Object  = {1.3.6.1.2.1.1.3.0} (sysUpTime.0)
SNMP: Value   = 1037388 hundredths of a second
SNMP:
SNMP: Object  = {1.3.6.1.2.1.5.1.0} (icmpInMsgs.0)
SNMP: Value   = 1 messages
SNMP:
SNMP: Object  = {1.3.6.1.2.1.5.2.0} (icmpInErrors.0)
SNMP: Value   = 0 messages
SNMP:
SNMP: Object  = {1.3.6.1.2.1.5.3.0} (icmpInDestUnreachs.0)
SNMP: Value   = 0 messages
SNMP:
SNMP: Object  = {1.3.6.1.2.1.5.4.0} (icmpInTimeExcds.0)
SNMP: Value   = 0 messages
```

Figura 20.10. *Ejemplo de get-request y response.*

```
SNMP: Version = 0
SNMP: Community = xyz
SNMP: Command = Set request
SNMP: Request ID = 0
SNMP: Error status = 0 (No error)
SNMP: Error index = 0
SNMP:
SNMP: Object  = {1.3.6.1.2.1.4.1.0} (ipForwarding.0)
SNMP: Value   = 2
SNMP: Object  = {1.3.6.1.2.1.4.2.0} (ipDefaultTTL.0)
SNMP: Value   = 70
```

Figura 20.11. *Actualización de los valores de la MIB con un set.*

En el estándar de SNMP se definen muy pocas excepciones. La definición de las excepciones se deja para los comités tecnológicos de estandarización y a los fabricantes, recordándoles que su número debe ser pequeño. Cuando la red se sobrecarga no se quiere que haya docenas de mensajes desde todos los dispositivos de la red, quejándose de sus problemas. Las excepciones de la versión 1 eran más complicadas de lo necesario. En la versión 2 se corrigieron. Veamos primero los mensajes de excepción de la versión 1. Existe un campo llamado excepción genérica cuyo valor identifica el tipo de excepción como uno de los siguientes:

coldStart(0) (Arranque frio)	El emisor se está reiniciando y su configuración puede cambiar.
warmStart(1) (Arranque caliente)	El emisor se está reiniciando, pero su configuración no cambiará.
linkDown(2) (Enlace caído)	Fallo en un enlace adyacente.
linkUp(3) (Enlace en funcionamiento)	Un enlace adyacente vuelve a funcionar.
authentication Failure(4) (Fallo de autenticación)	Alguien ha enviado al agente una petición que no se ha autenticado correctamente, por ejemplo, el mensaje tenía un nombre de comunidad incorrecto.
egpNeighbor Loss(5) (Pérdida de vecino de EGP)	Un vecino del Protocolo de pasarela exterior está fuera de servicio.
enterprise Specific(6) (De empresas)	Otros. Es una excepción definida por un comité de estandarización, un fabricante u otra empresa.

En la Figura 20.12 se muestra un mensaje simple de excepción que informa de un arranque frío.

- El campo *empresa* (*enterprise*) indica que esta excepción la envía un sistema ejecutando el producto de TCP/IP de FTP Software.
- Como el valor de *aviso genérico* es 0, este mensaje informa de un arranque frío.
- El campo *tiempo* contiene el *sysUpTime*, que es 0 porque el sistema acaba de realizar un arranque frío de inicialización.

Cualquier excepción definida por un comité de la MIB o un fabricante tiene el número genérico = 6. En este caso, el campo de empresa se puede combinar con el campo de excepción para indicar de qué trata el aviso. Si le parece complicado tiene la razón. Las excepciones se simplificaron en la versión 2.

Problemas de la versión 1 y correcciones de la versión 2

Algunas de las funciones de la versión 1 de SNMP resultaban irritantes:

- Si tan sólo una de las variables de una petición *get* o *get-next* no se encontraba en la base de datos del agente, fallaba toda la operación.
- Si una *petición* solicitaba varias variables y el agente no podía poner toda la respuesta en el mayor mensaje que podía enviar, la operación completa fallaba.
- Las excepciones realizaban una función simple, pero resultaban difíciles de describir.

La versión 2 solventa estos problemas. Un agente puede poner un código de error en el campo *valor* de las variables de que no se pueden obtener. Existe una nueva petición *get-bulk* que solicita al agente que devuelva tanta información de la solicitada como pueda. Y a los mensajes *trap* se les ha dado un formato más sencillo como al resto de los mensajes.

La versión 2 también extiende la lista de códigos de error para que los administradores tengan una mejor idea de lo que ha ido mal cuando ha fallado una petición.

```
SNMP: Version = 0
SNMP: Community = public
SNMP: Command = Trap
SNMP: Enterprise = {1.3.6.1.4.1.121.1.1}
SNMP: Network address = [198.207.177.10]
SNMP: Generic trap = 0 (Cold start)
SNMP: Specific trap = 0
SNMP: Time ticks = 0
```

Figura 20.12. *Mensaje de excepción de la versión 1.*

Mensaje get-bulk de la versión 2

Get-bulk se comporta como un *get-next*. El agente devuelve las variables cuyo IDENTIFICADOR DE OBJETO sigue al IDENTIFICADOR DE OBJETO de la petición.

La petición *get-bulk* tiene parámetros para indicar:

- El número de variables independientes (sin repetición) solicitadas.
- Para el resto de variables (con repetición), el número de repeticiones solicitadas.

Por ejemplo, se podría solicitar las dos variables independientes sin repetición:

sysDescr

sysUpTime

y a continuación pedir 10 filas de las tablas de variables: *ifIndex*, *ifDescr*, *ifType*, *ifMTU* y *ifSpeed*. En este caso:

- Habría siete variables en la lista de variables.
- Sin repetición = 2.
- Máx. repeticiones = 10.

En la respuesta se empaquetaría tanta información solicitada como se pudiese. Si no cupiese todo, a la aplicación le resulta sencillo enviar otro *get-bulk* para pedir más.

Como los campos de estado de error e índice de error en realidad no sirven para nada en las peticiones, se usan en las peticiones *get-bulk* para contener los parámetros de *sin repeticiones* y *máx. repeticiones*. Significa que el formato básico del mensaje no tiene que cambiar para acomodar los mensajes *get-bulk*.

Trap de la versión 2

En la versión 2, una excepción (*trap*) tiene el mismo formato que una respuesta. Empieza con la cabecera estándar de información, seguida de una lista de variables:

```
IDENTIFICADOR DE OBJETO       Valor
          ...                  ...
          ...                  ...
```

El *sysUpTime* y el identificador único de excepción se trasladan a la cabeza de la lista de variables. Se pueden incluir variables adicionales que aclaren el problema.

Mensajes de información de la versión 2

La versión 2 añadió la idea de mensajes *inform* (de información), que se trata simplemente de confirmación de excepciones. Resultan muy apropiados en comunicaciones entre administradores, en situaciones donde el emisor desea conocer realmente si el administrador de destino ha recibido el mensaje. Como confirmación se usa un mensaje de respuesta normal.

Otras mejoras de la versión 2

¿Cómo debe corresponderse la implementación de un módulo respecto a la definición de la MIB para que el fabricante indique que es conforme? Y ¿cómo puede un fabricante declarar alejarse necesariamente de la especificación debido a algunas limitaciones del producto?

La versión 2 ofrece mecanismos para expresar:

- La conformidad: Los requisitos mínimos actuales de un módulo.
- La capacidad: Los fabricantes ofrecen sentencias que describen las capacidades reales de un agente.

Con estas sentencias un cliente puede comprobar en detalle el «soportamos SNMP» cuando evalúa un producto.

LECTURA DE DOCUMENTOS MIB

Los documentos que definen las variables de la MIB contienen montones de información de gran utilidad. Describen con exactitud cómo se define y mide cada variable. A menudo existe mucho material adicional que describe la tecnología, las condiciones de error y las configuraciones típicas.

En las siguientes secciones, se tratarán algunos conceptos que deberían ayudar a leer las MIB.

Objetos administrados

Hasta ahora se ha usado el término informal *variable de la MIB*. Pero las MIB estándar realmente definen *Objetos administrados* (*Managed Objects*). Una variable tiene sólo un nombre y un valor, pero la definición de un Objeto administrado consta de:

- Un nombre, el IDENTIFICADOR DE OBJETO.
- Un conjunto de atributos, entre ellos.

1. Una base de datos.

2. Una descripción de detalles de implementación.
3. Información de estado.

- Un conjunto de operaciones que se pueden realizar con el objeto.

Veamos una definición típica de una MIB.

```
sysDescr OBJECT-TYPE
  SYNTAX DisplayString (SIZE (0..255))
  ACCESS read-only
  STATUS mandatory
  DESCRIPTION
    "Una descripción textual de la entidad. Este valor
    debería incluir el nombre completo y la identificación de la
    versión del tipo de hardware del sistema, el software del
    sistema operativo y el software de red. Es obligatorio que
    este campo contenga caracteres ASCII imprimibles".
::= { system 1 }
```

La definición comienza con la etiqueta de texto del nodo, *sysDescr*. Termina con { system 1 }, lo que significa «pon este nodo bajo system y asígnale al nodo el número 1». De esta forma se puede construir el IDENTIFICADOR DE OBJETO completo, que es:

```
1.3.6.1.2.1.1.1
```

El resto de la definición consiste en una serie de cláusulas SYNTAX, ACCESS, STATUS y DESCRIPTION.

En este caso, el SYNTAX (tipo de dato) es una cadena de caracteres, es decir, una cadena imprimible de caracteres, de un máximo de 255 caracteres.

El ACCESS identifica la operación u operaciones que se puede realizar. En este caso, el ACCESS es de lectura y escritura (*read-write*), por lo que el administrador puede leer o actualizar el valor.

En los primeros documentos de las MIB, el STATUS podía ser *mandatory* (obligatorio), *optional* (opcional), *obsolete* (obsoleto) o *deprecated* (desaprobado). Sin embargo, los valores de obligatorio y opcional no eran útiles. Las MIB más recientes no incluían variables suficientemente poco importantes como para etiquetarlas como opcionales. STATUS en la actualidad se usa para indicar si una variable es *current* (actual), *deprecated* (desaprobada) u *obsolete* (obsoleta).

Notación de sintaxis abstracta 1

Las definiciones de las MIB como la que se han mostrado anteriormente se escriben con un lenguaje estándar de ISO llamado Notación de sintaxis abstracta 1 (ASN.1 - *Abstract Syntax Notation 1*). ASN.1 se parece a un lenguaje de programación. También existen Reglas básicas de codificación (BER - *Basic Encoding Rules*) de ISO que definen el formato de transmisión de los valores definidos mediante ASN.1.

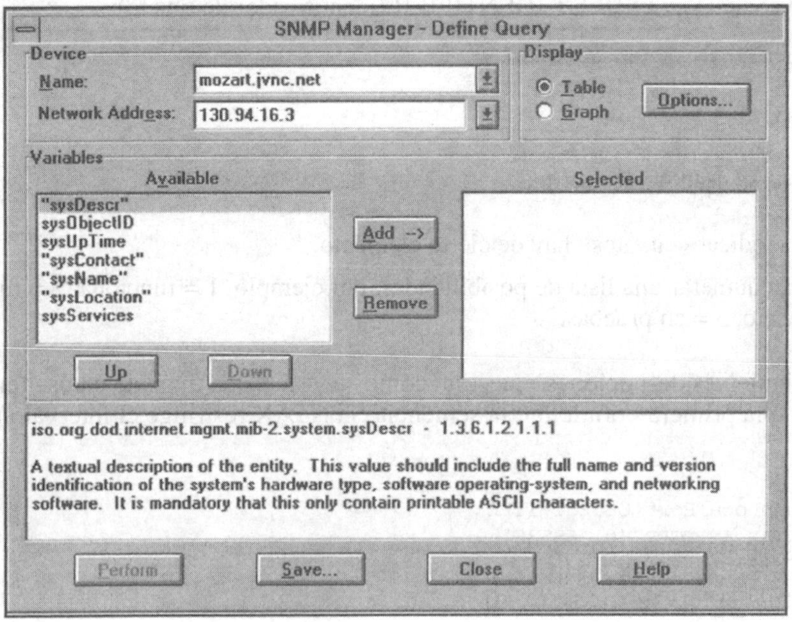

Figura 20.13. *Pantalla del administrador de una descripción de variable.*

Una estación de administración aprende las variables MIB *compilando* las definiciones de la MIB en ASN.1. Las buenas estaciones de administración permiten compilar las MIB que sean necesarias.

A partir de entonces, una estación de administración está preparada para enviar y recibir mensajes de SNMP que incluyan cualquiera de las variables compiladas. Una estación bien diseñada puede, también, mostrar las descripciones de las variables. En la Figura 20.13 se muestra cómo *OpenView* de HP muestra la cláusula DESCRIPCIÓN de la definición de *sysDescr*.

Tipos de datos de las MIB

Una de las razones por las que SNMP se ha extendido tanto es porque los diseñadores se acogieron a la regla «Mantenerlo simple»:

- Todos los datos de una MIB son variables escalares simples, aunque algunas partes de una MIB se puedan organizar lógicamente como una tabla.
- Sólo se usan unos pocos tipos de datos, como enteros y cadenas de caracteres, para expresar los valores de las variables de una MIB.

De hecho, los tipos de datos subyacentes son INTEGER (entero), OCTET STRING (cadena de octetos) y OBJECT IDENTIFIER (identificador de objeto).

Enteros

Los enteros se usan de dos formas:

- Para indicar «cuantos» hay de cierto elemento.
- Para enumerar una lista de posibilidades, por ejemplo, 1 = funciona, 2 = fuera de servicio, 3 = en pruebas.

Las siguientes definiciones muestran cómo se usan estos tipos de datos. Tenga en cuenta que la primera definición, la sentencia SYNTAX restringe el intervalo de valores.

```
tcpConnLocalPort OBJECT-TYPE
  SYNTAX INTEGER (0..65535)
  ACCESS read-only
  STATUS mandatory
  DESCRIPTION
    "El número de puerto local de esta conexión de TCP"
  ::= { tcpConnEntry 3

ifAdminStatus OBJECT-TYPE
  SYNTAX INTEGER {
    up(1), - listo para enviar paquetes
    down(2),
    testing(3) - en un modo de pruebas
  ACCESS read-write
  STATUS mandatory
  DESCRIPTION
  "El estado deseado de la interfaz. El estado prueba (3)
  indica que no se envían paquetes operativos"
  ::= { ifEntry 7 }
```

Contadores

Un contador es un número positivo que aumenta hasta un máximo y luego vuelve a empezar. Concretamente un contador de 32 bits puede contar hasta 2^{32}-1 (4.294.967.295) y luego vuelve a 0. La versión 2 añade contadores de 64 bits que pueden contar hasta 18.446.744.073.709.551.615 antes de volver a empezar.

Un único contador no tiene un valor intrínseco. Los contadores hay que consultarlos y comparar su valor con valores anteriores. Lo que importa es la *diferencia* entre las lecturas. Un ejemplo de variable contador es:

```
ifInOctets OBJECT-TYPE
  SYNTAX Counter
  ACCESS read-only
  STATUS mandatory
  DESCRIPTION
    "Número total de octetos recibidos por la interfaz, incluyendo los
    caracteres de trama"
  ::= { ifEntry 10 }
```

Nivel

Un *nivel* (*gauge*) es un entero que se comporta de una manera un poco distinta. Los valores de un *nivel* suben y bajan. Los niveles se usan para cantidades como el tamaño de una cola. A veces el valor aumenta y a veces disminuye.

Un *nivel* de 32 bits puede contar hasta 2^{32}-1 (4.294.967.295). Como se muestra en la Figura 20.14, si la cantidad que se desea medir es mayor, el nivel se queda «congelado» en el máximo valor hasta que vuelve a bajar. Un ejemplo de variable de tipo nivel es:

```
ifOutQLen OBJECT-TYPE
  SYNTAX Gauge
  ACCESS read-only
  STATUS mandatory
  DESCRIPTION
    "Tamaño de la cola de salida de paquetes (en paquetes)"
  ::= { ifEntry 21 }
```

Tics de tiempo

Intervalos de tiempo medidos en *Tics de tiempo* (*TimeTicks*), mide el tiempo en centésimas de segundo. Un valor de Tic de tiempo es un entero positivo entre 1 y 2^{32}-1 (4.294.967.295). Puede contar hasta unos 497 días.

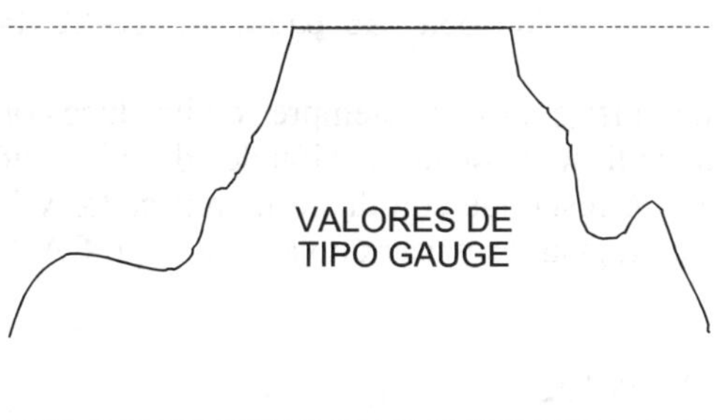

Figura 20.14. *Comportamiento de un valor de tipo nivel.*

La variable *sysUpTime* mide el tiempo desde que se inicializó el software del agente. Es la variable de tipo Tic de tiempo más usada.

```
sysUpTime OBJECT-TYPE
  SYNTAX TimeTicks
  ACCESS read-only
  STATUS mandatory
  DESCRIPTION
    "Tiempo (en centésimos de segundo) desde que se reinició
    por última vez la parte de administración de la red"
  ::= { system 3 }
```

Cadenas de octetos

Una Cadena de octetos (*OCTET STRING*) es sólo una secuencia de bytes. Con una cadena de octetos se puede representar casi todo.

Convenciones de texto

En lugar de definir muchos tipos de datos más, se usan *Convenciones de texto* en las definiciones de las MIB para indicar el tipo de información que se empaqueta en un valor CADENA DE OCTETOS y cómo se debería mostrar esta información a los usuarios.

Un tipo definido como una Convención de texto se codifica para su transmisión como una CADENA DE OCTETOS. Sin embargo, su significado real viene dado por la definición de la Convención de texto. Existe una plantilla de la MIB que se usa para definir Convenciones de texto. Esta es la definición de *DisplayString*:

```
DisplayString ::= TEXTUAL-CONVENTION
DISPLAY-HINT "255a"
STATUS current
DESCRIPTION
  "Representa la información textual recogida del conjunto de caracteres
  ASCII del NVT, de acuerdo con las págs. 4, 10-11 de la RFC 854"
```

Recuerde que en un mensaje, el valor siempre se introduce como un IDENTIFICADOR DE OBJETO. Una aplicación de la estación de administración puede usar la definición de la MIB que se corresponde con dicho identificador y la Convención textual para decidir cómo presentar, guardar y usar un valor del tipo CADENA DE OCTETOS.

Codificación BER de los tipos de datos

Junto con el lenguaje de definición de tipos de datos ANS.1, la ISO definió un conjunto de *Reglas básicas de codificación* (BER - *Basic Encoding Rules*) usadas para codificar los valores de los datos de SNMP durante la transmisión. La codificación BER de un valor de datos tiene la forma:

[*identificador*] [*Tamaño* (*del contenido*)] [*contenido*]

Por ejemplo, el identificador X'02 se usa para un ENTERO (*INTEGER*), el X'04 para una CADENA DE OCTETOS (*OCTET STRING*) y X'06 para un IDENTIFICADOR DE OBJETO (*OBJECT IDENTIFIER*).

Un mensaje de SNMP es realmente una secuencia de valores de ASN.1 donde los mensajes se codifican completamente usando las BER.

¿Y A CONTINACIÓN?

La parte más importante de trabajo sin realizar en la propuesta actual de actualización de la versión 2 de SNMP fue la definición de una nueva estructura administrativa y los estándares de autenticación y cifrado de manera que los dispositivos se pudiesen configurar remotamente con seguridad. Sin embargo, como se verá en el Capítulo 24, se han propuesto mecanismos de autenticación y cifrado de tráfico en el nivel de IP.

Ha habido animación entre los fabricantes y quienes crean los estándares para extender y refinar las definiciones de las MIB. El resultado es que las estaciones de administración de red disponen de abundante información en bruto.

Se necesitan buenas aplicaciones para poder usar de manera efectiva la información de SNMP en la detección de problemas y la planificación de capacidad a largo plazo. Los desarrolladores quieren herramientas de desarrollo de aplicaciones estandarizadas para poder portar las herramientas entre distintos productos de estaciones de administración.

Los sistemas inteligentes, como los encaminadores y los host, son capaces de hacerse un seguimiento a sí mismos. Hay interesantes trabajos sobre la inclusión de las aplicaciones de administración en los sistemas y el acceso a dicha información mediante navegadores Web y HTTP.

LECTURAS RECOMENDADAS

Hay una larga y creciente lista de RFC que tratan sobre SNMP y las MIB. Debería consultar el archivo de RFC de InterNIC para comprobar las versiones más recientes de estos documentos.

El libro *SNMP: A Guide to Network Management* contiene una descripción detallada de los conceptos y estructura de SNMP y describe en detalle algunos módulos MIB clave.

CAPÍTULO 21

Interfaz de programación de conectores

INTRODUCCIÓN

Los estándares de comunicaciones definen las reglas necesarias para el intercambio de datos por una red. Sin embargo, hasta hace poco tiempo se había ignorado la necesidad de estandarizar las Interfaces de programación de aplicaciones (API) para las comunicaciones. ¿Cómo escribir una aplicación cliente/servidor si los programas son completamente diferentes en distintas computadoras?

Interfaz de programación de Berkeley

Afortunadamente, la mayoría de las implementaciones de TCP/IP ofrecen una interfaz de programación que sigue un modelo único, la *Interfaz de programación de conectores* (*sockets*). Esta interfaz se introdujo en 1982 con la versión 4.1c del sistema operativo Unix de la Distribución de software de Berkeley (BSD). Con el tiempo se han ido incorporando algunas mejoras a la interfaz original.

La Interfaz de programación de conectores se diseñó para su uso con varios protocolos de comunicaciones, no sólo para TCP/IP. Sin embargo, cuando se terminó la especificación de la capa de transporte de OSI, quedó claro que la Interfaz de conectores no era lo suficientemente general como para satisfacer los requisitos de OSI.

En 1986, AT&T introdujo la Interfaz de la capa de transporte (TLI - *Transport Layer Interface*) para el Unix Sistema V. La TLI se puede utilizar como interfaz con la capa de transporte de OSI, TCP u otros protocolos.

Otra importante contribución a la familia de los conectores fue la Interfaz de programación de conectores de Windows, WinSock. Ha permitido que las aplicaciones de Windows puedan ejecutarse sobre pilas de TCP/IP de distintos fabricantes. Windows 95 dispone de una interfaz de programación multiprotocolo.

La Interfaz de conectores es un estándar de facto porque se encuentra casi universalmente disponible y por su amplio uso. En este capítulo se intenta proporcionar una visión general del funcionamiento de la Interfaz de conectores. Deberían existir pocas diferencias entre las API de distintas computadoras, por la forma en que cada fabricante haya implementado los servicios de comunicaciones en su sistema operativo. Para ver los detalles de programación debería consultarse el manual del sistema correspondiente.

Orientación a Unix

La Interfaz de conectores original se escribió para el sistema operativo Unix. La arquitectura de Unix proporciona un marco en el que los archivos normales, los terminales y las comunicaciones de E/S funcionan de forma similar. Todas las operaciones se realizan sobre archivos mediante llamadas como:

```
descriptor = open(filename, readwritemode)
read(descriptor, buffer, length)
write(descriptor, buffer, length)
close(descriptor)
```

Cuando un programa abre un archivo, la llamada crea un área temporal de memoria llamada *bloque de control de archivo*. En este bloque se guarda información sobre el archivo como su nombre, atributos y localización.

La llamada devuelve un pequeño entero denominado *descriptor de archivo*. El programa usa este descriptor para identificar al archivo en las siguientes operaciones. Cuando el usuario va leyendo o escribiendo en el archivo, un apuntador del descriptor del archivo lleva el seguimiento de la localización real del archivo.

Una estrategia muy parecida es la que se usa en las comunicaciones mediante conectores de TCP/IP. La principal diferencia entre la Interfaz de programación de conectores y la interfaz de E/S de archivos en Unix es que se requieren un par de llamadas iniciales para reunir toda la información necesaria para llevar a cabo las comunicaciones. Después de este trabajo extra durante la inicialización, se pueden usar llamadas normales a leer y escribir para recibir y enviar datos por una red.

SERVICIOS DE CONECTORES

La Interfaz de programación de conectores proporciona tres servicios de TCP/IP. Se puede usar para la comunicación de *flujos* de TCP, para la comunicación de *datagramas* de UDP, y para la transmisión de datagramas *en bruto* a la capa de IP. En la Figura 21.1 se pueden ver estos servicios.

Recuerde que la API de conectores no se ha diseñador exclusivamente para TCP/IP. La idea original era que se usase la misma interfaz también con otras familias de protocolos como Xerox Network Systems (XNS).

El resultado puede ser algo confuso. Por ejemplo, más adelante se verá que algunas llamadas de conectores tienen parámetros opcionales que no son relevantes para las comunicaciones de TCP/IP, sino que son para algún otro protocolo. Además, a veces, se puede requerir que un programador indique el tamaño de una dirección de la versión 4 de IP. La razón para ello es que aunque parece obvio que una dirección de IP tiene 4 bytes, la interfaz de programación se puede usar con otros protocolos con diferentes tamaños para las direcciones.

LLAMADAS BLOQUEANTES Y NO BLOQUEANTES

Cuando un programa lee datos de una conexión de red, es difícil predecir lo que tardarán en llegar los datos de manera que se pueda terminar la llamada. Algo que el programador debe decidir es si esperar a que lleguen los datos o terminar inmediatamente y recoger los datos, ya sea comprobando periódicamente una variable de estado, o por la respuesta a una interrupción.

- A las llamadas que esperan se les llama bloqueantes o síncronas.
- A las llamadas que terminan inmediantamente se les llama no bloqueantes o asíncronas.

¿La Interfaz de programación de conectores es bloqueante o no bloqueante? La respuesta es: Sí. Normalmente el programador puede decidir sobre cómo se comportarán las llamadas.

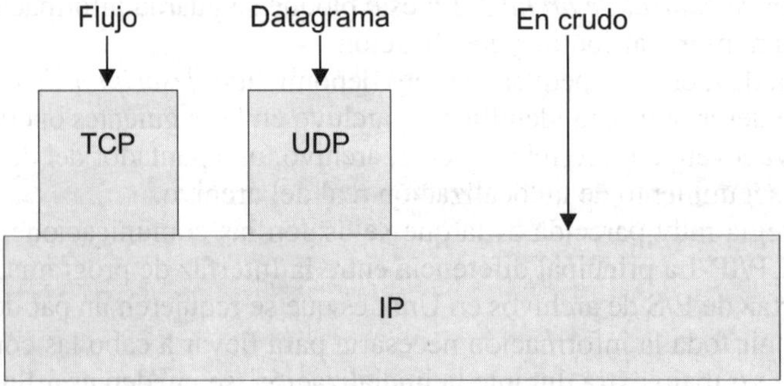

Figura 21.1. *Interfaces de programación de aplicaciones con conectores.*

LLAMADAS DE CONECTORES

Una llamada de *conector* prepara una comunicación creando un *Bloque de control de transmisión* (TCB - *Transmission Control Block*). Algunos manuales llaman a este proceso «creación de un conector». La llamada de *conector* devuelve un pequeño entero llamado *descriptor de conector* que se usa para identificar la comunicación en las siguientes operaciones.

En un TCB se pueden incluir muchos parámetros. Una lista de ellos, para tener una idea del tipo de información que se incluye en el TCB de una sesión de TCP, es:

- Dirección local de IP.
- Puerto local.
- Protocolo, por ejemplo TCP o UDP.
- Dirección remota de IP.
- Puerto remoto.
- Tamaño del búfer de envío.
- Tamaño del búfer de recepción.
- Estado actual de TCP.
- Tiempo de ida y vuelta suavizado.
- Desviación del tiempo de ida y vuelta suavizado.
- Valor actual del plazo de retransmisión.
- Numero de retransmisiones enviadas.
- Tamaño actual de la ventana de envío.
- Tamaño máximo del segmento de envío.
- Número de secuencia del último byte confirmado.

- Tamaño máximo del segmento de recepción.
- Número de secuencia del próximo byte a enviar.
- Activar o desactivar el trazado.

PROGRAMACIÓN DE CONECTORES DE TCP

En esta sección se examinarán las llamadas de la programación de conectores utilizadas como interfaz con TCP. Por sencillez, se omitirán los parámetros de E/S en este punto y se hará más énfasis en su función principal y la relación de unas con otras. Los detalles se pueden ver más adelante.

Modelo servidor de TCP

Un escenario típico de un servidor de TCP es en el que hay un proceso maestro que dedica su tiempo a escuchar a los clientes. Cuando un cliente se conecta, normalmente el servidor crea un nuevo proceso «hijo» que trabajará para el cliente. El servidor va dando los clientes a los procesos hijos y vuelve a quedarse escuchando.

A veces los clientes llegan más rápidos de lo que el proceso maestro puede atenderles. ¿Qué debería hacer con ellos? El mecanismo estándar es que cuando el maestro arranque, indica a TCP que cree una cola para mantener un cierto número de peticiones de conexión. A los clientes a los que se puede servir inmediatamente se les encola y se les da servicio por turno. Suponga que la cola se llena y llega un cliente más. La nueva petición de conexión del cliente no se acepta.

Servidor de TCP con apertura pasiva

Un servidor se prepara para la comunicación y espera pasivamente a los clientes. Para estar listo, el servidor realiza una serie de llamadas:

socket() El servidor identifica el tipo de comunicación, TCP en este caso. El sistema local crea una estructura de datos TCB apropiada para la comunicación y devuelve un *descriptor de conector.*

bind() El servidor establece la dirección local de IP y el puerto que desea usar. Recuerde que un host puede tener múltiples direcciones de IP. El servidor puede especificar una dirección de IP o no, indicando que está listo para aceptar conexiones.

listen() El servidor fija el tamaño de la cola de clientes.

accept() El servidor está preparado para recibir conexiones de clientes. Si la cola no está vacía, se acepta la primera conexión de un cliente. La llamada *accept*() crea un *nuevo* TCB que se usará para esta conexión del cliente y devuelve un *nuevo descriptor* al servidor.

Normalmente se usa una forma síncrona de *accept* de manera que si la cola está vacía, *accept*() espera hasta que llegue el siguiente cliente antes de volver.

Cliente de TCP con apertura activa

Un cliente solicita activamente una conexión realizando dos llamadas:

socket() El cliente indica el tipo de comunicación, TCP en este caso. El sistema local crea una estructura de datos TCB apropiada para la comunicación y devuelve un descriptor local de conector.

connect() El cliente indica la dirección y puerto de IP del servidor. TCP intenta establecer una conexión con el servidor.

Si el cliente desea especificar exactamente el puerto local que desea usar, el cliente debe llamar a *bind*() antes de llamar a *connect*(). Si el puerto está disponible, *bind* se lo asignará al cliente.

Si el cliente no llama a *bind*() para pedir un puerto, la llamada a *connect* asignará al cliente un puerto sin uso. El número de puerto se pondrá en el TCB.

Otras llamadas

El resto de las llamadas se usan exactamente de la misma forma para el cliente como para el servidor. Los datos se pueden transmitir y recibir usando llamadas normales a *write* y *read*. La conexión puede terminar llamando a *close*. También existen las llamadas a *send* y *recv* que son específicas de las comunicaciones. Permiten enviar y recibir tanto datos urgentes como datos normales.

send() Escribe un búfer de datos en el conector. También se puede usar *write*().

sendv() Traslada al conector una secuencia de búfer. También se puede usar *writev*().

recv() Recibe un búfer de datos de un conector. También se puede usar *read*().

recvmsg() Recibe una secuencia de búfer de un conector. También se puede usar *readv*().

A veces un programa necesita más información de la que se guarda en el TCB.

getsockopt() Lee del TCB la información elegida. Opcionalmente, el sistema puede disponer de llamadas adicionales al sistema de E/S que se pueden usar para leer distintas partes del TCB.

Más adelante, cuando se examinen los parámetros de entrada de las llamadas para abrir, enviar y recibir, se verá que estas llamadas tienen pocos parámetros. La razón es que normalmente se usan los valores por defecto para la mayoría de los parámetros del TCB. Por ejemplo, para la información importante del entorno se establecen valores por defecto como para el tamaño del búfer de recepción, si está activado el registro de eventos y el uso de proceso bloqueantes o no bloqueantes en las llamadas como *recv*(). Algunos de los valores por defecto se pueden cambiar con las funciones:

setsockopt() Fija cierto número de parámetros de un TCB como los tamaños de los búfer de entrada y salida, el uso de un registro, si los datos urgentes se deben recibir en la secuencia normal y si se bloquea la función *close* hasta que se han enviado con seguridad todos los datos.

iocntl() o *fcntl*() Establece si la E/S del conector es bloqueante o no bloqueante.

En la Figura 21.2 se muestra la secuencia de llamadas de una sesión típica de TCP. Las llamadas a las funciones *socket*(), *bind*() y *listen*() terminan rápidamente y vuelven.

Se supone que las llamadas a *accept*(), *send*() y *recv*() son bloqueantes [1] que es su funcionamiento por defecto. Se podrían haber usado *write*() y *read*() en lugar de *send*() y *recv*().

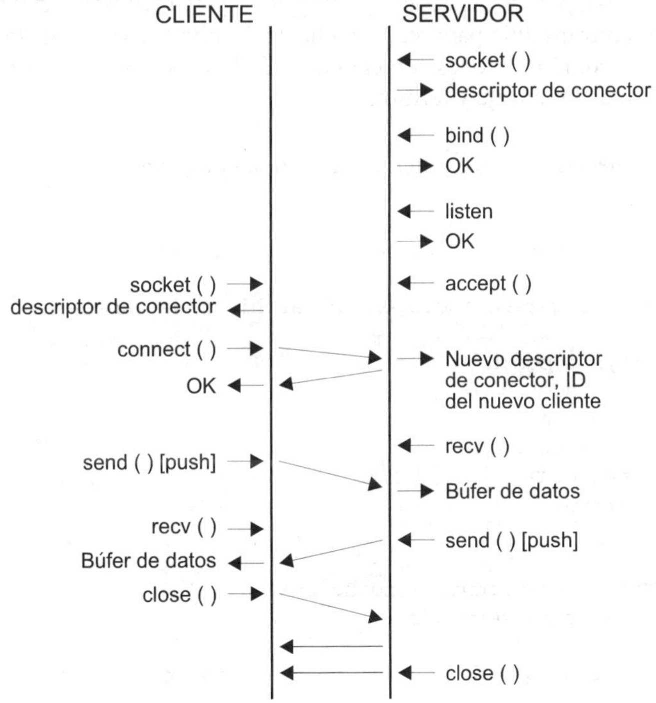

Figura 21.2. *Serie de llamadas de un programa a conectores de TCP.*

[1] Una llamada a *send* se bloquea cuando el búfer de TCP ya está lleno.

Programa servidor de TCP

Ya está preparado para observar más de cerca un programa servidor sencillo. El servidor se ha diseñado para que se ejecute indefinidamente.

1. Llama a *socket* para crear un TCB maestro y devolver un entero con el descriptor del conector que identificará a este TCB en las siguientes llamadas.
2. Inserta la dirección local de conector del servidor en la estructura de datos del programa.
3. Llama a *bind*, para copiar la dirección local del conector en el TCB.
4. Configura la cola para que pueda aceptar a cinco clientes.

Los siguientes pasos se repiten indefinidamente:

5. Espera a un cliente. Cuando el cliente llega, crea un nuevo TCB para él. El nuevo TCB se construye realizando una copia del TCB maestro y escribiendo en el TCB la dirección de conector del cliente y otros parámetros del mismo.
6. Crea un proceso hijo para servir al cliente. El hijo hereda el nuevo TCB y maneja todas las comunicaciones con el cliente. El hijo espera por un mensaje del cliente, escribe el mensaje y termina.

En la siguiente sección se explica cada paso del programa.

```
/* tcpserv.c
 *   Para ejecutar el programa escriba "tcpserv".
 */
/* En primer lugar se incluyen los archivos de cabeceras estándar.
 */
#include <sys/types.h>
#include <sys/socket.h>
#include <stdio.h>
#include <netinet/in.h>
#include <netdb.h>
#include <errno.h>

main()
int sockMain, sockClient, length, child;
struct sockaddr_in servAddr;

/* 1. Crea el bloque de control de transmisión maestro.
 */

if (sockMain = socket(AF_INET, SOCK_STREAM, 0)) < 0)
   {perror("Server cannot open main socket.");
exit(1);
   }
```

```
/*  2.Crea una estructura de datos para mantener la dirección
 *    y puerto local de IP a usar. Se podrían aceptar conexiones
 *    de clientes a cualquier dirección local de IP (INADDR_ANY).
 *    Como el servidor no usa ningún puerto público, se fija en
 *    puerto = 0. La llamada a bind asignará un puerto al
 *    servidor y lo escribirá en el TCB.
 */

bzero( (char *) &servAddr, sizeof(servAddr));
servAddr.sin_family = AF_INET;
servAddr.sin_addr.s_addr = htonl(INADDR_ANY);
servAddr.sin_port = 0;

/* 3. Llama a bind. Bind recoge un número de puerto y lo
 * escribe en el TCB.
 */
if ( bind(sockMain, &servAddr, sizeof(servAddr))
   { perror("Server's bind failed.");
     exit(1);
   }

/* Queremos ver el número del puerto. Se usará la función
 * getsockname() para copiar el puerto en servAddr.
 */
length = sizeof(servAddr);
if ( getsockname(sockMain, &servAddr, &length)
   { perror("getsockname call failed.");
     exit(1);
   }
printf("SERVER: Port number is %d\n", ntohs(servAddr.sin_port) );

/* 4. Configura una cola que pueda dar cabida a cinco clientes.
 */
listen(sockMain,5);

/* 5. Espera a que llegue un cliente. Accept devolverá
 * un nuevo descriptor de conector que se usará con dicho cliente.
 */
for ( ; ; ) {
if (sockClient = accept (sockMain, 0, 0)) < 0)
   { perror("Bad client socket.");
     exit(1);
   }
/* 6. Crea un proceso hijo para manejar al cliente.
 */
if ( (child = fork()) < 0)
   { perror("Failed to create child.");
     exit(1);
   }
else if (child == 0) /* Es el código que ejecuta el hijo. */
   { close(sockMain); /* Al hijo no le interesa sockMain. */
```

```
      childWork(sockClient);
      close(sockClient);
      exit(0);
    }

/* 7. Este es el padre. No está interesado en el conector
 *     del cliente, ya que es el hijo quien le está atendiendo.
 *  El padre cierra su entrada del conector del cliente
 *  y vuelve a repetir un nuevo accept().
 */
  close(sockClient);
 }
}

/* El hijo lee un búfer de entrada, imprime un mensaje y termina.
 */
#define BUFLEN 81
int childWork(sockClient)
int sockClient;
{
char buf[BUFLEN);
int msgLength;

/* 8. Limpia el búfer. A continuación ejecuta recv
 *    para conseguir un mensaje del cliente.
 */
bzero(buf, BUFLEN);
if ( (msgLength = recv (sockClient, buf, BUFLEN, 0)) < 0)
    { perror("Bad receive by child.»";
      exit(1);
    }
printf("SERVER: Socket used for this client is %d\n", sockClient);
printf("SERVER: Message length was %d\n", msgLength);
printf("SERVER: Message was: %s\n\n", buf);
}
```

Llamadas usadas en el programa servidor de TCP

1. *sockMain = socket(AF_INET, SOCK_STREAM, 0);*

La llamada a socket() tiene la forma:

```
descriptor_de_conector = socket (dominio_de_dirección, tipo_de_comuni-
caciones, protocolo)
```

Recuerde que la Interfaz de conectores se puede usar para otros tipos de comunicaciones, como XNS. *AF_INET* selecciona la familia de direcciones de Internet. *SOCK_STREAM* solicita un conector de TCP. Esta variable se podría poner como *SOCK_DGRAM* para crear un conector de UDP y *SOCK_RAW* como interfaz directa con IP.

Para TCP, o UDP, no hay que especificar más información del protocolo. Sin embargo, se necesita el parámetro *protocolo* para la interfaz en bruto y para algunas otras familias que usan conectores.

2. *struct sockaddr_in servAddr;*
   ...
   *bzero((char *) &servAddr, sizeof(servAddr));*
   servAddr.sin_family =AF_INET;
   servAddr.sin_addr.s_addr = htonl(INADDR_ANY);
   servAddr.sin_port = 0;

La estructura *servAddr* del programa se usa para guardar la información de dirección del servidor. La llamada a *bzero*() inicializa la *servAddr* poniendo a cero todos los parámetros. La primera variable de la estructura *servAddr* indica que el resto de los valores contienen datos de la familia de direcciones de Internet.

La siguiente variable contiene la dirección local de IP en la que está el servidor. Por ejemplo, si el servidor está conectado a una LAN Ethernet y a una red X.25, se podría querer restringir el acceso a los clientes a través de la interfaz Ethernet. En este programa, no importa. *INADDR_ANY* significa que los clientes se pueden conectar a través de cualquier interfaz.

La función *htonl*() (*host-to-network-long*) se usa para traducir un entero de 32 bit en la computadora al formato de Internet de una dirección de IP de 32 bits. Los estándares de Internet representan los enteros con el byte más significativo en primer lugar. Es lo que se denomina estilo de representación de datos Big Endian. Algunas computadoras almacenan los datos poniendo primero el byte menos significativo, con un estilo Little Endian. Si la computadora sigue el estilo Big Endian, *htonl*() no tiene que hacer nada.

Si el servidor estuviese escuchando en un puerto público, se pondría este número de puerto en la siguiente variable. Como se quiere que sea el sistema operativo quien asigne un puerto al programa de prueba, basta con poner un cero.

3. *bind (sockMain, &servAddr, sizeof(servAddr));*
   getsockname(sockMain, &servAddr, &length);

La llamada a *bind* tiene la forma:

```
código_de_retorno = bind (descriptor_de_socket,
estructura_de_direccion, tamaño_de_la_estructura_de_direccion)
```

Si la estructura de dirección identifica a un puerto, *bind* intentará obtenerlo para el servidor. Si en la variable de puerto hay un cero, *bind* conseguirá un puerto sin uso. *Bind* pondrá el número de puerto y la dirección de IP en el TCB. La llamada a *getsockname* tiene la forma:

```
código_de_retorno = getsockname(descriptor_de_socket,
estructura_de_direccion, tamaño_de_la_estructura_de_direccion)
```

Se solicita a *bind* que consiga un puerto, pero *bind* no nos devuelve el puerto conseguido. Si se desea la información, hay que leerla del TCB. La función *getsockname*() obtiene información del TCB y la copia en la estructura de dirección de donde se puede leer. El número de puerto se extrae e imprime en la sentencia:

```
printf("SERVER: Port number is %d\n", ntohs(servAddr.sin_port)
```

La función *ntohs*() (*network-to-host-short*) se usa para convertir el orden de bytes de red del número de puerto al orden de byte del host.

4. *listen(sockMain,5);*

La llamada a *listen* se usa en los servidores orientados a conexión y tiene la forma:

```
código_de_retorno = listen (descriptor_de_conector, tamaño_de_cola)
```

La llamada a *listen* indica que se tratará de un conector pasivo y crea una cola del tamaño especificado para mantener las peticiones de conexión entrantes.

5. *sockClient = accept(sockMain, 0, 0);*

La llamada *accept* tiene la forma:

```
nuevo_descriptor_de_conector = accept (descriptor_de_conector,
estructura_de_direccion_del_cliente, tamaño_de_la_estructura_del_cliente)
```

Por defecto, la llamada es bloqueante, hasta que un cliente se conecta al servidor. Si se da una variable estructura_de_direccion_del_cliente, la dirección y el puerto de IP del cliente se ponen en esta variable cuando el cliente se conecta. En este programa de prueba, como no se comprueba la dirección y número de puerto de IP del cliente, se ponen a cero los dos últimos parámetros.

6. *child =fork();*

   ..

   close(sockMain);

Se trata del comando *fork* del lenguaje C para crear un nuevo proceso hijo. El proceso hijo hereda todos los descriptores de E/S del programa padre y tiene acceso a *sockMain* y *sockClient*. El sistema operativo lleva la cuenta del número de procesos que tienen acceso a un conector.

Una conexión se cierra cuando el último proceso que tiene acceso al conector llama a *close*(). Cuando el hijo cierra *sockMain* el padre sigue teniendo acceso al conector.

7. *close(sockClient);*

Esta llamada se hace en la parte del padre del programa. Cuando el padre cierra *sockClient* el hijo sigue teniendo acceso a este conector.

8. *msgLength = recv(sockClientbuf BUFLEN, 0));*
   ...
   close(sockClient);

La llamada a *recv* tiene la forma:

```
tamaño_mensaje = recv (descriptor_de_conector, búfer,
tamaño_del_búfer, banderas)
```

Por defecto, la llamada a *recv* es bloqueante. Se pueden usar las funciones *fcntl*() o *iocntl*() para cambiar el estado de un conector a no bloqueante.

Una vez que el hijo ha recibido los datos y ha imprimido el mensaje, cierra su acceso a *sockClient*. De esta forma la conexión entra en su fase de terminación.

PROGRAMA CLIENTE DE TCP

El cliente se conecta al servidor, envía un único mensaje y termina. Los pasos del programa se explican en la siguiente sección. Para ejecutar este programa, un usuario introduce el nombre y puerto del host y el mensaje que desea enviar. Por ejemplo:

```
tcpclient plum.cs.yale.edu 1356 hola
/* tcpclient.c
 * Arranque el servidor antes que el cliente. Busque el
 * puerto del servidor.
 * Para ejecutar el cliente escriba:
 * tcpclient nombre_de_host puerto mensaje
 */
#include <sys/types.h>
#include <sys/socket.h>
#include <netinet/in.h>
#include <netdb.h>
#include <stdio.h>
#include <errno.h>
main(argc, argv) /* El programa cliente tiene argumentos de entrada */
int argc;
char *argv[];
{
int sock;
struct sockaddr_in servAddr;
struct hostent *hp, *gethostbyname();

/* Los argumentos son 0:nombre del programa, 1:nombre de host, 2:puerto
y 3:mensaje */
if (argc < 4)
   {fprintf("ENTER tcpclient hostname port message\n");
    exit(1);
   }
```

```
/* 1. Crea un bloque de control de transmisión. */
if ( (sock = socket (AF_INET, SOCK_STREAM, 0)) < 0)
   { perror("Could not get a socket\n");
     exit(1);
    }

/* 2. Se rellena la dirección y puerto del servidor en servAddr.
 *    Primero se rellena la estructura de dirección con ceros.
 *    Después se busca la dirección de IP de este nombre de host
 *    y se rellena con ella.
 *    Por último, se pone el número de puerto, que está en argv[2].
 */
bzero( (char *) &servAddr, sizeof(servAddr);
servAddr.sin_family = AF_INET;
hp = gethostbyname(argv[1]);
bcopy(hp->h_addr, &servAddr.sin_addr, hp->h_length);
servAddr.sin_port = htons(atoi(argv[2]) );

/* 3. Se conecta al servidor. No hay que llamar a bind.
 *    El sistema asignará un puerto libre en la función
 *    de conexión.
 */
if ( connect(sock, &servAddr, sizeof(servAddr) ) < 0)
    {perror("Client cannot connect.\n");
     exit(1);
   }

/* 4. El cliente anuncia que ya está listo para enviar
 *    el mensaje. Lo envía e imprime un mensaje de despedida.
 */

printf("CLIENT: Ready to send\n");

if (send(sock, argv[3], strlen(argv[3]), 0) < 0)
   {perror("problem with send.\n");
    exit(1);
   }

printf("CLIENT: Completed send. Goodbye.\n");
close(sock);
exit(0);
}
```

Llamadas utilizadas en el programa cliente de TCP

1. *sock = socket(AF-INET, SOCK STREAM, 0);*

El cliente crea un Bloque de control de la transmisión («conector»), al igual que hizo el servidor.

2. El servidor tiene que inicializar la estructura que va a usar en la llamada a *bind.*

Esta estructura incluye la dirección y número de puerto local de IP del servidor. El cliente también inicializa una estructura de dirección, que igualmente contiene la información sobre la dirección y puerto de IP del *servidor*. Esta estructura se usará en la llamada a *connect* para indicar el destino.

La llamada a *bzero*() pone ceros en la estructura de dirección, *servAddr*. Como antes, se indica que la familia de direcciones es Internet.

A continuación hay que convertir el nombre de host introducido por el usuario a una dirección de IP. La función *gethostbyname* es quien lo hace, devolviendo un apuntador a la estructura *hostent*. Esta estructura contiene el nombre y dirección de IP del servidor.

La función *bcopy* se usa para copiar la dirección de IP, que está en *hp->h_addr*, en *servAddr*.

El segundo argumento que introduce el usuario es el puerto del servidor. Se lee como una cadena de caracteres en ASCII, por lo que primero hay que convertirla a un entero con la función *atoi*() y a continuación al orden de bytes de la red con *htons*(). Por último, se copia el número de puerto en la variable de dirección *servAddr*.

```
bzero( (char *) &servAddr, sizeof(servAddr) );
servAddr.sin_family = AF_INET;
hp = gethostbyname(argv[1]);
bcopy(hp->h_addr, &servAddr.sin_addr, hp->h_length);
servAddr.sin_port = htons(atoi(argv[2]) );
```

3. *connect(sock, &servAddr, sizeof(servAddr)*

La llamada a *connect* tiene la forma:

```
connect(descriptor_de_conector, estructura_de_dirección,
tamaño_de_la_estructura_de_dirección)
```

El cliente abre una conexión con el servidor cuya dirección y puerto de IP están en la estructura de dirección.

4. *send(sock, argv[3], strlen(argvs[3]), 0);*

La llamada a *send* tiene la forma:

```
código_de_retorno= send(descriptor_de_conector, búfer,
tamaño_del_búfer, banderas)
```

Recuerde que el tercer argumento que introduce el usuario, que aparece en el programa como *argv[3]* es un mensaje de texto. Un uso habitual del parámetro banderas es para indicar que los datos son urgentes. En este caso, el parámetro banderas se pone a cero.

5. *close(sock);*

El cliente llama a *close* para terminar la conexión.

SERVIDOR MÁS SIMPLE

Muchos servidores tienen la forma que se ha mostrado en el ejemplo anterior. Sin embargo, se puede usar un modelo más sencillo cuando el servidor sólo tiene que realizar una sola tarea para un cliente, como en el caso anterior.

En lugar de crear un proceso hijo para cada cliente, el servidor puede realizar directamente la tarea y a continuación cerrar la conexión del cliente. La cola del servidor permite que haya otros clientes esperando hasta que el servidor esté listo para atenderles.

A continuación se presenta el código de un servidor más sencillo. Los clientes también pueden acceder a este servidor ejecutando el programa *tcpclient* anterior.

```
/* tcpsimp.c
 * Para ejecutar el programa escriba "tcpsimp".
 */
/* En primer lugar se incluyen los archivos de cabecera estándar.
 */
#include <sys/types.h>
#include <sys/socket.h>
#include <stdio.h>
#include <netinet/in.h>
#include <netdb.h>
#include <errno.h>

main()
{
int sockmain, sockClient, length, child;
struct sockaddr_in servAddr;

/* 1. Crea el conector principal.
 */

if (sockMain = socket(AF_INET, SOCK_STREAM, 0)) < 0)
   { (perror("Server cannot open main socket.");
    exit(1);
   }

/*  2. Introduce la información en una estructura de datos
 *     para guardar la dirección y puerto local de IP.
 *     El "sin" de los nombres de variables es una abreviatura
 *     de "conector de internet" (socket internet).
 */
bzero( (char *) &servAddr, sizeof(servAddr) );
servAddr.sin_family = AF_INET;
servAddr.sin_addr.s_addr = htonl(INADDR.ANY);
servAddr.sin_port = 0;

/* 3. Llama a bind. Bind escribe un número de puerto
 *    libre en servAddr.
 */
```

```
if ( bind(sockMain, &servAddr, sizeof(servAddr)) )
   { perror("Server's bind failed.");
    exit(1);
   }

/*    4. Se desea el número de puerto. Se usa la función getsockname()
 *    para copiar el puerto en servAddr.
 */

length = sizeof(servAddr);
if ( getsockname(sockMain, &servAddr, &length) )
   { perror("getsockname call failed.");
    exit(1);
   }
printf("SERVER: Port number is %d\n", ntohs(servAddr.sin_port) );

/* 5. Configura una cola que pueda contener hasta cinco clientes.
 */
listen(sockmain,5);

/* 6. Espera una conexión de un cliente. La acepta y devuelve
 *    un nuevo descriptor de conector que se usará para este
 *    cliente.
 */

for ( ; ; ) {
if ( (sockClient = accept (sockMain, 0, 0) ) < 0)
{ perror("Bad client socket.");
exit(1);
}

/* 7'. Atiende al cliente y cierra la conexión.
*/
  doTask(sockClient);
  close(sockClient);
  }
}

/* Lee un búfer de entrada, imprime la información y termina.
*/

#define BUFLEN 81
int doTask(sockClient)
int sockClient;
{
char buf[BUFLEN];
int msgLength;

/* 8'. Rellena de ceros el búfer y a continuación
 * llama a recv para obtener el mensaje del cliente.
 */
```

```
bzero(buf, BUVLEN);
if ( (msgLength = recv (sockClient, buf, 80, 0)) < 0)
   { perror("Bad receive.");
    exit(1);
   }

printf("SERVER: Socket used for this client is %d\n", sockClient);
printf("SERVER: Message length was %d\n", msgLength);
printf("SERVER: Message was: %s\n\n", buf);
}
```

INTERFAZ DE PROGRAMACIÓN DE CONECTORES DE UDP

Ya se ha tratado en primer lugar la Interfaz de programación de TCP, que es la más compleja. Ahora se verá cómo programar un servidor y un cliente de UDP. En la Figura 21.3 se muestra una descripción general del diálogo de UDP entre un cliente y un servidor. Las llamadas a *socket*() y *bind*() terminan rápidamente y vuelven de inmediato. La llamada a *recvfrom* se supone que es bloqueante, que es lo normal por defecto. Se puede cambiar al modo no bloqueante, es decir, asíncrono.

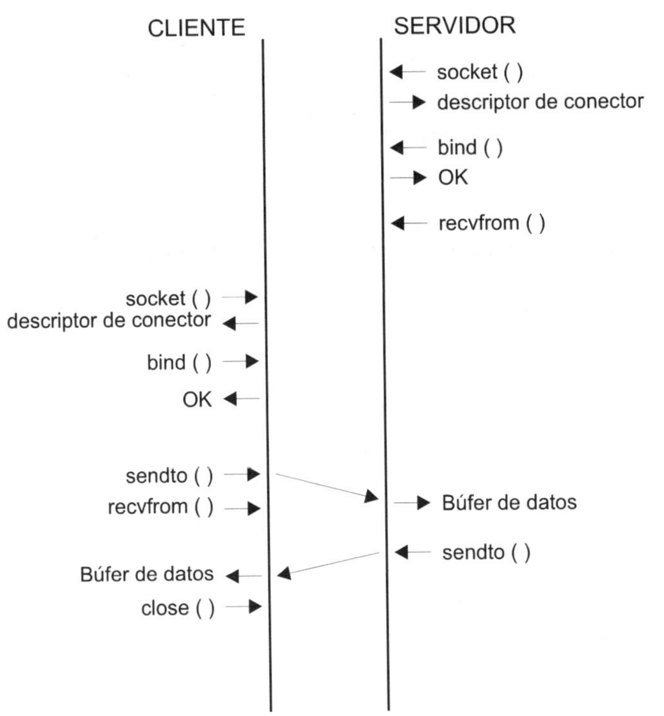

Figura 21.3. *Llamadas típicas de conectores de UDP.*

PROGRAMA SERVIDOR DE UDP

El siguiente programa crea un conector de UDP, se conecta a un puerto y a continuación empieza a recibir e imprimir los mensajes que se envían a dicho puerto.

```
/* udpserv.c
 * Para ejecutar el programa escriba "udpserv".
 *
 * Primero se incluyen los archivos de cabecera estándar.
 */
#include <sys/types.h>
#include <sys/socket.h>
#include <stdio.h>
#include <netinet/in.h>
#include <netdb.h>
#include <errno.h>
#define BUFLEN 81

main()
{
int sockMain, addrLength, msgLength;
struct sockaddr_in servAddr, clientAddr;
char buf[BUFLEN];

/* 1. Crea un conector de UDP.
 */
if ( (sockMain = socket(AF_INET, SOCK_DGRAM, 0)) < 0)
     {perror("Server cannot open UDP socket.");
      exit(1);
   }

/* 2. Introduce la información en una estructura de datos
 *    que se usa para guardar la dirección y puerto local de IP.
 *    Se deja que bind consiga un puerto libre.
 */
bzero( (char *) &servAddr, sizeof(servAddr) );
servAddr.sin_family = AF_INET;
servAddr.sin_addr.s_addr = htonl(INADDR_ANY);
servAddr.sin_Port = 0;

/* 3. Se llama a bind. Bind escribirá un puerto libre en el TCB.
 */

if ( bind(sockMain, &servAddr, sizeof(servAddr)) )
   { perror("Server's bind failed.");
     exit(1);
   }

/* 4. Se desea obtener el número de puerto. Se usa la función
 *      getsockname() para copiar el puerto en servAddr.
```

```
 */
addrLength = sizeof(servAddr);
if ( getsockname(sockMain, &servAddr, &addrLength) )
   { perror("getsockname call failed.");
     exit(1);
   }
printf("SERVER: Port number is %d\n", ntohs(servAddr.sin_port);
/* 5. Bucle infinito esperando los mensajes de los clientes.
 */
for ( ; ; ) {
   addrLength = sizeof(clientAddr);
   bzero(buf, BUFLEN);
   if ( (msgLength = recvfrom(sockmain, buf, BUFLEN, 0,
                     &clientAddr, &addrLength)) < 0)
      { perror("Bad client socket.");
        exit(1);
      }
/* 6. Imprime la dirección y puerto de IP del cliente, y el mensaje.
 */
   printf("SERVER: Client's IP address was: %s\n",
                   inet_ntoa(clientAddr.sin_addr) );

   printf("SERVER: Client's port was: %d\n",
                   ntohs(clientAddr.sin_port));
   printf("SERVER: Message length was %d\n", msgLength);
   printf("SERVER: Message was: %s\n\n", buf);
   }
}
```

Llamadas usadas en el programa servidor de UDP

1. *sockMain = socket(AF_INET, SOCK_DGRAM, 0);*

La familia de direcciones es, de nuevo, Internet.

2. *bzero((char *) &servAddr, sizeof(servAddr));*
   servAddr.sin_family =AF_INET;
   servAddr.sin_addr.s_addr = htonl(INADDR_ANY);
   servAddr.sin_Port = 0;

Las llamadas de inicialización de la estructura de dirección del servidor son las mismas que se usan en los programas de TCP.

3. *bind(sockMain, &servAddr, sizeof(servAddr));*

Al igual que antes, *bind* obtiene el puerto del servidor y escribe los valores en el Bloque de control de la transmisión. Por supuesto, UDP tiene mucha menos cantidad de información de control que TCP.

4. *getsockname(sockMain, &servAddr, &length);*

Se usa *getsockname* para extraer el puerto asignado al conector.

5. *msgLength = recvfrom(sockMain, buf, BUFLEN, 0, &clientAddr, &length);*

La llamada a *recvfrom* tiene la forma:

```
recvfrom(descriptor_de_conector, búfer_de_recepción,
tamaño_del_búfer, banderas, estructura_de_dirección_de_origen,
puntero_al_tamaño_de_la_estructura_de_dirección_de_origen)
```

El parámetro banderas se puede poner para permitir al llamante que recoja un mensaje aunque no lo haya recibido.

Cuando termina, la estructura de dirección de origen se rellena con la dirección y número de puerto de IP del cliente. Se usa un apuntador al tamaño de la dirección de origen porque este tamaño puede cambiar cuando se reciben y rellenan los campos de dirección real del cliente.

6. *inet-ntoa(clientAddrsin-addr);*

Esta llamada convierte la dirección de Internet de 32 bits del cliente en la notación de puntos para la dirección de IP.

PROGRAMA CLIENTE DE UDP

El cliente se conecta al servidor, envía un único mensaje y termina. Para ejecutar este programa, el usuario final indica el nombre de host, el puerto del servidor y el mensaje que desea enviar. Por ejemplo:

```
udpclient plum.cs.yale.edu 2315 "Esto es un mensaje."
```

```
/* udpclient.c
 * Arranque el servidor antes que el cliente.
 * Obtenga el puerto del servidor.
 * Para ejecutar el cliente, escriba:
 * udpclient nombre_de_host puerto mensaje
 */
#include <sys/types.h>
#include <sys/socket.h>
#include <netinet/in.h>
#include <netdb.h>
#include <stdio.h>
#include <errno.h>

main(argc, argv)
int argc;
```

```
char *argv[]; /* Son los argumentos que introduce el usuario. */
    /* argv[0] es el nombre del programa. */
              /* argv[1] apunta al nombre de host. */
              /* argv[2] apunta al puerto y argv[3] apunta al mensaje. */
{
int sock;
struct sockaddr_in servAddr, clientAddr;
struct hostent *hp, *gethostbyname();

/* Debería haber cuatro argumentos */
if (argc < 4)
   {printf("ENTER udpclient hostname port message\n");
    exit(1);
   }

/* 1. Crea un conector de UDP. */
if ( (sock = socket(AF_INET, SOCK_DGRAM, 0)) < 0)
   { (perror("Could not get a socket\n");
      exit(1);
   }

/* 2. Se rellena servAddr con la dirección y puerto del servidor.
 *    En primer lugar se llena la estructura de dirección de ceros.
 *    Se usa la función gethostbyname para buscar el nombre del
 *    host y conseguir su dirección de IP. A continuación se copia
 *    la dirección de IP en servAddr mediante la función bcopy.
 *    Por último se rellena el número de puerto,
 *    que está en argv[2].
 */
bzero( (char *) &servAddr, sizeof(servAddr) );
servAddr.sin_family = AF_INET;
hp = gethostbyname(argv[1]);
bcopy(hp->h_addr, &servAddr.sin_addr, hp->h_length);
servAddr.sin_port = htons(atoi(argv[2]) );

/* 3. Hay que llamar a bind para conseguir un puerto de UDP.
 *    El sistema asigna un puerto libre.
 */
bzero( (char *) &clientAddr, sizeof(clientAddr) );
clientAddr.sin_family = AF_INET;
clientAddr.sin_addr.s_addr = htonl(INADDR_ANY);
clientAddr.sin_port = 0;
if ( bind(sock, &clientAddr, sizeof(clientAddr)) < 0)
    {perror("Client cannot get a port.\n");
     exit(1);
    }

/* 4. El cliente anuncia que ya está listo para enviar mensajes.
 *      Envía e imprime un mensaje de despedida.
 */
printf("CLIENT: Ready to send\n");
```

```
if (sendto(sock, argv[3], strlen(argv[3]), 0, &servAddr,
  sizeof(servAddr)) < 0)
    {perror("problem with sendto.\n");
     exit(1);
   }
printf("CLIENT: Completed send. Goodbye.\n");

/* Cierra el conector. */
close(sock);
}
```

Llamadas usadas en el programa cliente de UDP

1. *sock = socket(AF_INET, SOCK_DGRAM, 0);*

El cliente de UDP crea un conector de UDP.

2. *bzero((char*) &servAddr, sizeof(servAddr));*
   servAddr.sin_family =AF_INET;
   hp =gethostbyname(argv[1]);
   bcopy(hp->h_addr, &servAddr.sin_addr, hp->h_length);
   servAddr.sin_port = htons(atoi(argv[2]));

La estructura *servAddr* se rellena usando los valores que ha introducido el usuario, de la misma forma que se hizo en el cliente de TCP.

3. *bind(sock, &clientAddr, sizeof(clientAddr);*

El cliente llama a *bind* para conseguir un puerto.

4. *sendto(sock, argv [3], str1en(argv [3]), 0, &servAddr, sizeof(servAddr));*

La llamada a *sendto* tiene la forma:

```
sendto(descriptor_de_conector, búfer, tamaño_de_búfer, banderas,
estructura_de_dirección_de_destino,
tamaño_de_la_estructura_de_dirección_de_destino)
```

Tenga en cuenta que esta llamada contiene toda la información de destino necesaria para enviar un datagrama de usuario.

LECTURAS RECOMENDADAS

Cualquier manual del programador de Unix contiene una descripción de las llamadas a programas de conectores. *Unix Network Programming* de W. Richard Stevens ofrece una detallada discusión de la programación con conectores. Los manuales de programación de TCP/IP de otros sistemas operativos describen las llamadas a conectores y a menudo suelen incluir programas de ejemplo. Se debería consultar el manual del producto de TCP/IP que se usa ya que existen pequeñas variaciones debido a las diferencias entre los sistemas operativos.

McGraw Hill

Biblioteca profesional

CAPÍTULO 22

IP versión 6

INTRODUCCIÓN

En un impresionante corto período de tiempo, se han conectado las PC a LAN, se han conectado las LAN entre sí, y a las WAN, y todo ello, a menudo, se ha conectado con el mundo externo. El resultado es una Internet extraordinariamente diversa con millones de usuarios.

El diseño del sistema original de direcciones de IP no era el apropiado para un entorno como éste. El espacio de números resultaba pequeño. Al contrario que con el sistema telefónico, que utiliza un código de país y de área, la numeración no era jerárquica. Los bloques de números se asignaban a las organizaciones de manera muy ineficiente, desperdiciándose gran parte del espacio de números.

El resultado es que el espacio de números se ha agotado. Además, como los números no se asignan jerárquicamente las tablas de encaminamiento crecen muy rápidamente.

No se espera una reducción de la expansión de Internet. Hay un crecimiento continuado en la expansión de las computadoras personales y su conectividad a la red global. Además, aparecen nuevos desafíos:

- La comunicación de las nuevas generaciones de computadoras personales móviles, la evolución de los actuales mensáfonos y los asistentes personales digitales.
- La anticipación en la demanda de audio y vídeo en tiempo real, que pondrá la actual tecnología en sus límites.

El mundo del comercio se ha trasladado a Internet y ha quedado claro que ya es hora de crear una infraestructura segura de red.

Hay otro problema que preocupa a los administradores. Muchas organizaciones usan redes troncales de IP para conectar entre sí redes y para trasladar el tráfico de un lugar a otro envuelto en cabeceras de IP. En la actualidad se hace de cualquier manera y, a menudo, sin utilizar ningún mecanismo de control de congestión en la red.

El desarrollo de la versión 6 de IP, IPv6, llamada también IP de *siguiente generación*, se ha visto estimulado por la urgente necesidad de resolver los problemas de direcciones de Internet, encaminamiento, rendimiento, seguridad y congestión. En este capítulo se tratarán las principales características de IPv6. Los implementadores que deseen más detalles pueden consultar las RFC más recientes.

DESCRIPCION GENERAL DE IPv6

Las características de IPv6 son las siguientes:

- Dispone de direcciones de 128 bits, 16 octetos, que se pueden estructurar jerárquicamente para simplificar la delegación de direcciones y el encaminamiento.
- Simplifica la cabecera principal de IP, pero define muchas *cabeceras de extensión* opcionales. De esta forma se pueden incorporar las nuevas funciones de intercomunicación cuando se necesiten.

- Dispone de autenticación, integridad de datos y confidencialidad en el nivel de IP.
- Introduce flujos, que se pueden utilizar para disponer de nuevos tipos de requisitos de transmisión, como el vídeo en tiempo real.
- Facilita el encapsulado de otros protocolos y proporciona un mecanismo de control de congestión cuando transporta protocolos «extraños».
- Proporciona nuevos métodos de autoconfiguración automática de direcciones e incorpora una comprobación de que las direcciones son únicas.
- Mejora el descubrimiento de encaminador y la detección de encaminadores fuera de servicio o vecinos inalcanzables por un enlace.

Mientras se escribía este libro, todavía se estaba trabajando en muchos detalles de diseño de IPv6. Sin embargo, los principales elementos arquitectónicos ya existen y son los que se describirán en este libro [1].

TERMINOLOGÍA

La versión 6 realiza ciertos cambios de nomenclatura respecto a la versión 4 e introduce algunos nuevos términos:

- Un *paquete* es una cabecera de IPv6 más una carga útil.
- Un *nodo* es cualquier sistema con IPv6.
- Un *encaminador* es un nodo que reenvía paquetes de IPv6 que no son para él.
- Un *enlace* es un medio por el que se comunican los nodos usando la capa de enlace.
- *Vecinos* son los nodos conectados a un mismo enlace.

El término *paquete* es uno de los que más se ha abusado en el mundo de las redes. La gente lo usa para describir las unidades de datos del protocolo (PDU) de la capa de enlace, hasta la capa de aplicación.

¿Por qué los autores de la versión 6 cambiaron *datagrama* por *paquete*? Una de las innovaciones de IPv6 es que se puede utilizar para transportar tráfico de otros muchos protocolos y, por tanto, su carga útil puede que no fuese una PDU del grupo de TCP/IP. Cuando la PDU es de IP, sigue siendo apropiado el término *datagrama*.

En este capítulo se seguirá la terminología empleada en los documentos actuales de IPv6 y, por tanto, se empleará el término *paquete*.

DIRECCIONES DE IPv6

Las direcciones de IPv6 tienen 16 octetos (128 bits). Se usa una notación bastante compacta, aunque un tanto fea, para escribirlas. Se representan como ocho números hexa-

[1] Mientras se escribía este libro IPv6, ICMPv6, las extensiones de DNS y la arquitectura de direcciones de IPv6 estaban en la fase de propuesta de estándar.

decimales separados por dos puntos. Cada número en hexadecimal representa 16 bits. Por ejemplo:

41BC:0:0:0:5:DDE1:8006:2334

Observe que se pueden eliminar los ceros de la izquierda de un campo (por ejemplo, se pone 0 en lugar de 0000 o 5 en lugar de 0005). El formato se puede comprimir aún más eliminando una serie de campos a 0 por ::. Por ejemplo:

41BC::5:DDE1:8006:2334

Se han eliminado tres grupos y por tanto :: representa la cadena :0:0:0:.

Por último, a veces las direcciones de la versión 4 de IP se insertan en los últimos 4 octetos de las direcciones de la versión 6. Se puede escribir usando un formato de direcciones que utiliza tanto la notación punto como la de dos puntos, como:

0:0:0:0:0:FFFF:**128.1.35.201**

Asignación de direcciones

Con un espacio de direcciones de 128 bits hay sitio para muchos tipos diferentes de direcciones, como:

- Proveedores jerárquicos de servicios según una dirección de unienvío global.
- Direcciones geográficas jerárquicas de unienvío globales.
- Direcciones privadas para uso exclusivo dentro de una organización.
- Direcciones locales y globales de unienvío.

La versión 6 no usa difusión, sino que confía en el multienvío para funciones de control como la resolución de direcciones y el arranque. La razón para ello es que la difusión de un mensaje interrumpe a todos los dispositivos de un enlace. En la mayoría de las ocasiones sólo unos pocos dispositivos necesitan realmente examinar el mensaje. Además, al restringir los mensajes de control de la versión 6 a direcciones de multienvío se evita que haya interferencias entre las versiones 4 y 6 cuando comparten un mismo enlace.

Asignación completa de direcciones

La *Autoridad de asignación de números de Internet* (IANA - *Internet Assigned Numbers Authority*) tiene la tarea de delegar trozos del espacio de direcciones de IPv6 a las organizaciones regionales de registro repartidas por el mundo. Estas últimas pueden, a su vez, trasladar bloques de direcciones a menores regiones, a registros nacionales o a Proveedores de servicios.

En la Tabla 22.1 se muestra el plan sugerido de asignación del espacio de direcciones.

Se usa un gran bloque para el direccionamiento a través de proveedores de servicios.

Existen bloques para LAN independientes o lugares completos que no estén conectados a Internet, de manera que pueden asignarse sus propias direcciones.

Se han asignado bloques para las direcciones de IPX y para las direcciones de Puntos de acceso al servicio de red de OSI (NSAP).

Sc ha reservado un gran bloque para las direcciones geográficamente distribuidas.

En la actualidad, casi las tres cuartas partes del espacio de direcciones no tiene asignado ningún uso.

Prefijo de formato de las direcciones

Los primeros bits de una dirección, llamados *Prefijo de formato* (*Format Prefix*) identifica el tipo de dirección. Por ejemplo, el prefijo 010 indica las direcciones de unienvío asignadas a proveedores de servicios. Como es de suponer, el formato del resto del espacio de direcciones depende del prefijo de formato.

Direcciones para Proveedores

Actualmente se propone una estructura jerárquica simple para las direcciones para Proveedores:

3 bits	n bits	m bits	o bits	125-n-m-o bits
010	ID de registro	ID del proveedor	ID del cliente	Dentro del cliente

Observe que resulta sencillo encaminar el tráfico a un Proveedor comparando la primera parte de la dirección con las entradas de la tabla de encaminamiento. El Proveedor, a su vez, puede encaminar el tráfico a sus clientes comparando un trozo mayor de la dirección con sus entradas en la tabla de encaminamiento. Cuando se usa este formato, la organización cliente poseerá el espacio de direcciones suficiente para crear una jerarquía interna apropiada. Una organización puede estructurar su espacio de direcciones en subredes y host, como en la actualidad, o podría añadir algunos niveles jerárquicos adicionales. Por ejemplo, se podría usar una jerarquía consistente en área, subred y host.

Por cierto, en la versión 6 no están prohibidas las direcciones con todos los bits a cero o a uno.

Tabla 22.1. *Asignación del espacio de direcciones de IPv6.*

Asignación	**Fracción del prefijo (binario)**	**Espacio de direcciones**
Reservado	0000 0000	1/256
No asignado	0000 0001	1/256
Reservado para la asignación de NSAP	0000 001	1/128
Reservado par la asignación de IPX	0000 010	1/128
No asignado	0000 011	1/128
No asignado	0000 1	1/32
No asignado	0001	1/16
No asignado	001	1/8
Direcciones unienvío para proveedores	**010**	**1/8**
No asignado	011	1/8
Reservado para las direcciones unienvío geográficas	100	1/8
No asignado	101	1/8
No asignado	110	1/8
No asignado	1110	1/16
No asignado	1111 0	1/32
No asignado	1111 10	1/64
No asignado	1111 110	1/128
No asignado	1111 1110 0	1/512
Direcciones de uso por el enlace local	1111 1110 10	1/1024
Direcciones para uso local	1111 1110 11	1/1024
Direcciones de multienvío	1111 1111	1/256

Direcciones para lugares independientes

En la actualidad, para una LAN o una red que no está conectada a Internet se usa un bloque especial de direcciones, como la 10.0.0.0 o la 172.16.0.0, reservadas con este objetivo. Pero si la organización necesita posteriormente conectarse al mundo externo, tiene que realizar un gran esfuerzo de reconfiguración.

La versión 6 ha tenido en cuenta este problema de reasignación mucho mas elegantemente, como se verá en las siguientes secciones.

Direcciones de enlace local

Recuerde que un *enlace* es un elemento de comunicaciones, como una Ethernet[2], Token-Ring, una LAN de Interfaz de datos distribuidos por fibra (FDDI), una red de retransmisión de tramas, una red de Modo de transferencia asíncrono (ATM) o una línea punto a punto. Resulta sencillo automatizar las direcciones de un enlace aislado sin conexión con un encaminador. Las direcciones de enlace local tienen la forma:

1111111010 (10 bits)	00 ... 00	Dirección única para la tecnología del enlace

Por ejemplo, si el enlace es una LAN:

1111111010	00 ... 00	Dirección MAC de la LAN

Una dirección de enlace local también es útil durante la inicialización.

Direcciones locales

Un lugar con encaminadores, pero sin conexión con un Proveedor de servicios, puede generar automáticamente direcciones internas de la forma:

1111111011 (10 bits)	00 ... 00	ID de subred	Dirección única para la tecnología del enlace

Los encaminadores se dan cuenta del prefijo (incluyendo el ID de subred) en el enlace.

Observe lo sencillo que es migrar a una conectividad de proveedor de servicios. Tan sólo hay que configurar el encaminador con un nuevo prefijo que incluye el Registro, el Proveedor de servicio y los números de cliente junto con los números de subred. El encaminador se dará cuenta del nuevo prefijo y los host empezarán a utilizarlo. No sería necesario modificar ninguna parte de las direcciones asignadas al lugar.

Formato de las direcciones de multienvío

En la versión 6 las direcciones de multienvío tienen una definición más clara y flexible que las direcciones de multienvío de la versión 4. Existen muchos tipos diferentes de di-

[2] Para IPv6 se ha definido un nuevo código de tipo de Ethernet, el X'86-DD.

recciones de multienvío. Tiene elementos iniciales diferentes para diferenciar si la dirección es permanente o temporal, local o global. Las direcciones de multienvío tienen el formato:

8 bits	4	4	112 bits
11111111	000T	Ámbito	ID de grupo

T = 0 para una dirección permanente de multienvío, pública.
T = 1 para una dirección temporal de multienvío.

Los códigos de ámbito indican si el ámbito es el mismo nodo, un enlace local, el lugar, la organización o global. El ámbito del mismo nodo incluye el caso en que un cliente envía un mensaje de multienvío a servidores situados en el mismo host. Los códigos concretos de ámbito son:

0	*reservado*
1	ámbito local al nodo
2	ámbito local al enlace
3	*no asignado*
4	*no asignado*
5	ámbito local al lugar
6	*no asignado*
7	*no asignado*
8	ámbito local a la organización
9	*no asignado*
A	*no asignado*
B	*no asignado*
C	*no asignado*
D	*no asignado*
E	ámbito global
F	*reservado*

Direcciones de envío a uno

Se ha propuesto un nuevo tipo, experimental, de direccionamiento, el direccionamiento de *envío a uno* (*anycast*). Una dirección de envío a uno es una dirección de unienvío asignada a más de una interfaz. Inicialmente, sólo los encaminadores podían tener direcciones de envío a uno. Por ejemplo una dirección de envío a uno podría identificar:

- Todos los encaminadores de un Proveedor de servicios concreto.
- Todos los encaminadores de la frontera de un Sistema autónomo dado.
- Todos los encaminadores conectados a una determinada LAN.

Se puede incluir una dirección de envío a uno en una ruta de origen. Significa «Usa el encaminador más cercano con esta dirección de envío a uno». Por ejemplo, si la dirección de envío a uno identifica los encaminadores de un proveedor de servicios, se podría usar para decir «Accede a este proveedor de servicio usando el camino más corto».

Por supuesto, una Interfaz de encaminador que dispone de una dirección de envío a uno también tiene su propia dirección real.

DIRECCIONES ESPECIALES

Existen varios formatos de direcciones especiales en IPv6.

Dirección sin especificar

La dirección con todo ceros

0:0:0:0:0:0:0:0

significa «dirección sin especificar» (*unspecified address*). A veces se utiliza como origen durante la inicialización, cuando un sistema todavía no conoce su propia dirección.

Bucle interno en la versión 6

La dirección de *bucle interno* (*loopback*) de la versión 6 es:

0:0:0:0:0:0:0:1

Direcciones de la versión 4

En un entorno con mezcla de versión 4 y 6, las direcciones de los sistemas de IP versión 4 que *no* admiten la versión 6 se traducen en direcciones de la versión 6 de la forma:

0:0:0:0:0:FFFF:a.b.c.d

donde a.b.c.d es la dirección original de IP.

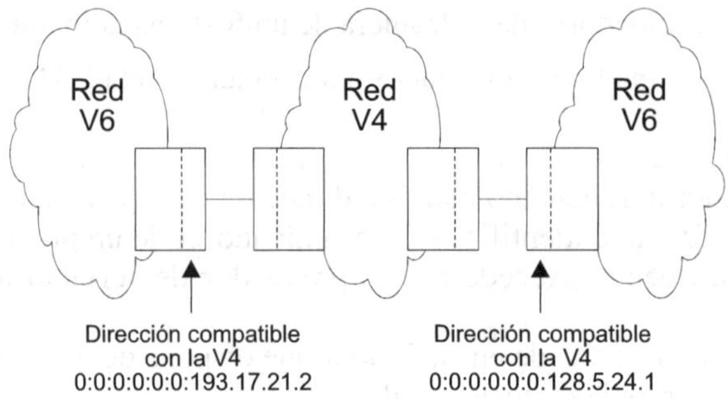

Figura 22.1. *Direcciones de IPv6 compatibles con IPv4.*

Direcciones de la versión 6 que interactúan con redes de la versión 4

Se usa otro formato especial para los nodos de la versión 6 que se comunican con otros a través de una red intermedia de la versión 4. Se denomina encapsulamiento (*tunneling*) de IPv4. Como se muestra en la Figura 22.1, las interfaces de la frontera deben tener direcciones de la versión 4. Se hacen corresponder con direcciones de IPv6 especiales con un formato *compatible con IPv4*:

0:0:0:0:0:0:a.b.c.d

Por tanto, existe una relación sencilla entre las representaciones de la versión 4 y la versión 6.

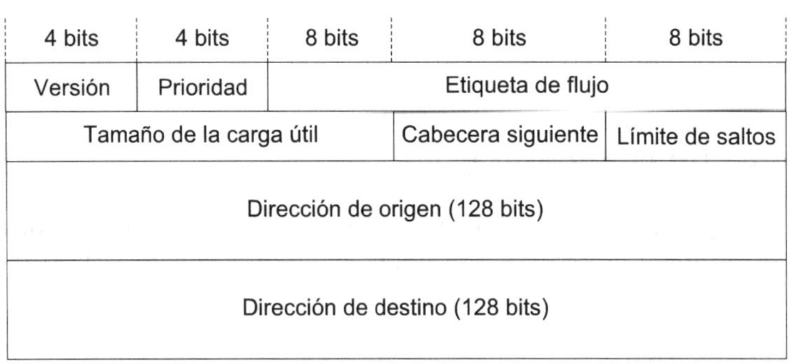

Figura 22.2. *Formato de la cabecera de IPv6.*

FORMATO DE LA CABECERA DE IPv6

La cabecera básica es muy simple, como se muestra en la Figura 22.2. Observe que existen muy pocos campos:

Versión	Es 6 para IP siguiente generación.
Prioridad	Diferencia el tráfico interactivo del flujo, o define la posibilidad de descarte durante la congestión.
Tamaño de la carga útil	(16 bits) Si el tamaño es menor o igual a 64 Kilobits, este campo indica el tamaño de la parte del paquete que sigue a la cabecera inicial de IPv6. Si el tamaño es mayor de 64 Kilobits, se pone el tamaño de carga útil a cero y el tamaño real se indica en una opción *carga útil extra* (*Jumbo payload*) de una cabecera posterior.
Limite de saltos	Se decrementa en uno en cada encaminador. Si el valor llega a cero el paquete se descarta.
Siguiente cabecera	Indica el tipo de cabecera de protocolo que sigue, por ejemplo, 6 para la cabecera de TCP.
Etiqueta de flujo	Indica que el tráfico necesita un tipo especial de tratamiento, por ejemplo, vídeo en tiempo real

Prioridad

El campo prioridad tiene una doble función. Para el tráfico de TCP con control de congestión, asigna números altos a los paquetes de control y al tráfico interactivo y números bajos al tráfico en bruto. Concretamente, los valores son:

0 Trafico sin caracterizar.

1 Tráfico de «relleno», por ejemplo, las noticias de red.

2 Transferencia de datos sin atención, por ejemplo, el correo electrónico.

3 Reservado.

4 Transferencias de datos atendidas, por ejemplo, transferencias de archivos.

5 Reservado.

6 Tráfico interactivo, por ejemplo, *telnet*.

7 Tráfico de control de Internet, por ejemplo, protocolos de encaminamiento.

IPv6 se puede usar para transmitir tráfico de ISO, DECnet y otros. Los valores de prioridad entre 0 y 7 se pueden usar con cualquier protocolo que imponga su propio control de flujo.

Los valores del 8 al 15 se usan como mecanismo de control de congestión cuando un protocolo, por ejemplo, UDP o IPX, no imponen su propio mecanismo de control de congestión. Cuando la red se congestiona, el tráfico se descarta. Es peor descartar unos tipos de datos de aplicaciones que otros. Valores bajos, como 8 o 9 significa que ese paquete es más elegible para descartar.

Uso de la etiqueta de flujo

Un *flujo* es una secuencia de paquetes desde un origen a un destino que necesita cierto tratamiento especial. Por ejemplo, la voz o el vídeo en tiempo real requieren distinto tratamiento que la transferencia masiva de datos.

La *etiqueta de flujo* se usa para identificar un flujo de datos que tiene un mecanismo de manejo especial, como por ejemplo la reserva de ancho de banda.

El que unos paquetes pertenezca a un flujo se indica poniendo una etiqueta de flujo distinta de cero. Los paquetes que pertenecen a un flujo concreto tienen los mismos datos de dirección de origen, dirección de destino, prioridad y etiqueta de flujo.

EXTENSIÓN DE CABECERAS DE IPv6

El uso de extensión de cabeceras es una idea innovadora que permite añadir funcionalidad incrementalmente a la versión 6 de IP.

Recuerde que en la cabecera de la versión 4 de IP, se usaba el campo *Protocolo* para indicar qué tipo de cabecera seguía a la cabecera de IP, por ejemplo TCP o UDP. La versión 6 usa un campo *Siguiente cabecera* más general. Si la siguiente cabecera es una cabecera de TCP o de UDP, el valor del campo Siguiente cabecera vale 6 o 17, el identificador de protocolo de TCP o de UDP.

Pero algunas extensiones de cabecera se pueden emparedar entre la cabecera de IPv6 y una cabecera de mayor nivel. Se usan para opciones, como las de ruta de origen o las de seguridad. La fragmentación también se ha trasladado a una extensión de cabecera.

Como se muestra en la Figura 22.3, cada una de las extensiones de cabecera contiene un campo Siguiente cabecera de manera que las cabeceras se van encadenando. Por último, en la última extensión de cabecera se identifica el protocolo de la siguiente capa.

Este esquema proporciona una gran flexibilidad. Se pueden definir nuevas opciones en cualquier momento según se necesiten y no se necesita restringir su tamaño. Tenga en cuenta, también, que la última extensión de cabecera puede apuntar a una cabecera que pertenece a un grupo de protocolos completamente diferente, como por ejemplo, ISO o DECnet.

En la Tabla 22.2 se muestran los identificadores definidos actualmente. Algunas cabeceras contienen información que se debe procesar en todos los nodos de la ruta, mientras que otras contienen información que sólo se necesita procesar en el destino.

El orden que se muestra en la Figura 22.3 refleja el orden recomendado en que se deben incluir las cabeceras. Tenga en cuenta que pueden aparecer dos cabeceras de *Opciones de destino*. La primera se situaría antes de la cabecera de *Encaminamiento* y debería aplicarse a todos los saltos de la lista de la cabecera de *Encaminamiento*. La segunda debería de aparecer como última cabecera y se aplicaría sólo al destino final.

Tabla 22.2. *Cabeceras de IPv6.*

Cabecera	Número en el campo «siguiente cabecera» anterior
Opciones de salto a salto	0
Opciones de destino	60
Encaminamiento	43
Fragmentación	44
Autenticación	51
Encapsulado de seguridad de la carga útil	50
Sin siguiente cabecera	59

Es posible que algún día exista algún uso en que se envíe un paquete que conste de una cabecera sin carga útil. En este caso, el último campo Siguiente cabecera será 59, que significa «no sigue nada».

Uso de la cabecera de encaminamiento

La cabecera de *encaminamiento* es una función muy importante de la versión 6. Cuando se combina con las direcciones de envío a uno, puede usarse para controlar las rutas de acuerdo con las preferencias del Proveedor o por la necesidad de usar un Proveedor concreto, por ejemplo, para llegar a un usuario móvil. Recuerde que una dirección de envío

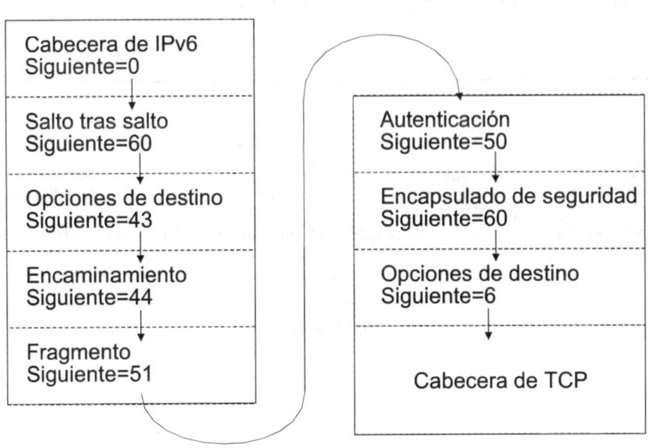

Figura 22.3. *Extensiones de cabeceras.*

a uno se puede usar para decir «Vete por el encaminador más cercano que pertenezca al Proveedor de servicios X».

Cuando se usa la cabecera de encaminamiento, el destino debe dirigirse de vuelta por esa ruta e invertir el camino hasta el origen.

Funcionamiento de la cabecera de encaminamiento

La cabecera de encaminamiento tiene un campo de tipo, que permitirá añadir distintos tipos en el futuro. En la actualidad sólo está definido el tipo 0. Una cabecera de encaminamiento de tipo 0 es similar a una ruta de origen de IPv4.

En la Figura 22.4 se muestra el formato de una cabecera de encaminamiento de tipo 0. La cabecera contiene una lista de nodos que hay que atravesar para llegar hasta el destino.

Al igual que en la versión 4 el destino final es la *Dirección n*. El paquete se envía en primer lugar a la dirección de la cabecera principal de IPv6. A continuación se consulta la cabecera de encaminamiento. Se traslada la Dirección 1 al campo de dirección de destino de la cabecera de IPv6, se decrementa en uno el contador *Segmentos restantes* y se reenvía el paquete. La dirección final de la cabecera de *encaminamiento* es el destino real. Al llegar, la lista de direcciones contiene las direcciones de todos los nodos visitados.

La máscara de bit estricta/desconectada indica si el salto correspondiente debe ser un vecino (estricta) o no (desconectada).

Extensión de cabecera salto a salto

La cabecera salto a salto lleva información de opción que hay que examinar en todos los saltos de la ruta. En la Figura 22.5 se muestra el formato de esta cabecera.

La cabecera salto a salto puede llevar un número variable de opciones. Cada una de ellas es autocontenida y se codifica en tres campos:

8 bits	8 bits	8 bits	8 bits
Cabecera siguiente	Tamaño de la parte de dirección	Tipo de encaminamiento = 0	Segmentos pendientes
Reservado	Máscara de bits estricta/desconectada		
Dirección 1			
Dirección 2			
. . .			
Dirección n			

Figura 22.4. *Cabecera de encaminamiento de tipo 0.*

Tipo de opción	Tamaño de la opción	Valor de la opción
8 bits	8 bits	n bits

La opción *carga útil extra* es un ejemplo de opción de salto a salto. Se usa para declarar el tamaño de una carga útil de más de 64 Kilobits. El tamaño de la carga útil, en octetos, se describe por un valor de 4 bytes. El tamaño de la carga útil indicado incluye todo el paquete excepto la cabecera de IPv6.

Fragmentación

Al contrario que en la versión 4, *la fragmentación no la realizan nunca los encaminadores* sino sólo el nodo de origen. Se debería evitar la fragmentación siempre que fuese posible, pero a veces es necesaria. Es responsabilidad del nodo de origen el fragmentar los paquetes y el nodo de destino debe reensamblarlos.

Si un encaminador recibe un paquete demasiado grande para enviarlo, debe descartar el paquete y enviar de vuelta un mensaje de ICMP que indique la Unidad máxima de transmisión (MTU) del siguiente salto.

Cuando un nodo de origen crea un fragmento, tiene que incluir una cabecera de *Fragmento*. En la Figura 22.6 se muestra el formato de la cabecera de fragmento.

Como en la versión 4, el campo *Desplazamiento de fragmento* tiene 13 bits e indica desplazamientos en bloques de 8 octetos. El bit *más* indica si éste es el último fragmento o no. El campo *Identificación* se ha extendido hasta los 32 bits.

Opciones de destino

La cabecera de *Opciones de destino* contiene opciones que deben procesarse en el destino del paquete, o en los destinos en el caso de multienvío. Actualmente, no se han definido opciones, distintas de los campos de relleno. En la Figura 22.7 se muestra el formato de esta cabecera.

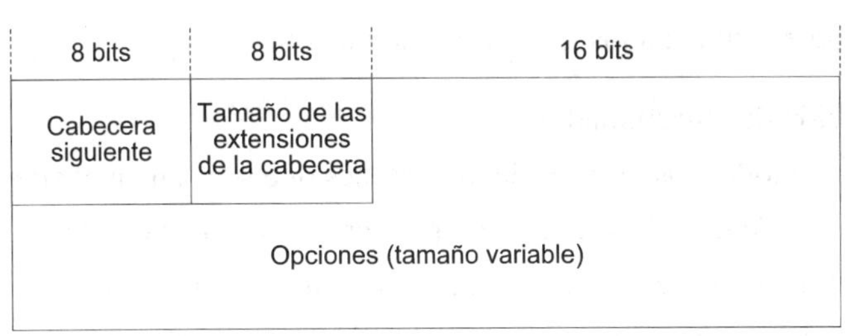

Figura 22.5. *Cabecera de salto a salto.*

8 bits	8 bits	13 bits	2	1
Cabecera siguiente	Reservado	Desplazamiento de fragmento	Res	M
Identificación				

Figura 22.6. *Formato de una cabecera de fragmento.*

Recuerde que si se incluye una cabecera de *encaminamiento*, el protocolo permite que se incluyan cabeceras de *Opciones de destino*. La primera, justo antes de la cabecera de *encaminamiento*, contiene las opciones que aplican a todos los nodos de la lista de la cabecera. La segunda, situada tras el resto de las cabeceras, se aplica sólo al destino final.

AUTOCONFIGURACIÓN DE LA VERSIÓN 6

En el pasado, los administradores de redes hubiesen pagado por disponer de una red de IP con pequeña carga de configuración y mantenimiento. Uno de los objetivos de la versión 6 es proporcionar un procedimiento efectivo de inicialización automática. Es importante para ayudar a que un lugar migre al nuevo formato de direcciones. También es vital automatizar el cambio de direcciones que puede sobrevenir tras un cambio en la elección de proveedor de servicios.

En una LAN independiente, un host IPv6 puede construir automáticamente una dirección de IP usando una dirección de tarjeta interfaz de red u otro identificador único del nivel de enlace que conozca el sistema.

Cuando una organización tiene una red con un encaminador o está conectada a un Proveedor de servicios, los encaminadores proporcionan a los host la información que debieran conocer para autoconfigurar sus direcciones y empezar a trabajar.

Función de los encaminadores

Los encaminadores envían a los host información como:

- La dirección del encaminador.
- Una lista de todos los prefijos de direcciones que se usan en el enlace.
- Qué prefijos de host debería utilizar para crear su propia dirección.
- Una sugerencia sobre el límite máximo de saltos que debería usar.
- Si el host debiera recuperar datos adicionales de configuración de un servidor del Protocolo de configuración dinámica de host (DHCP - *Dynamic Host Configuration Protocol*).

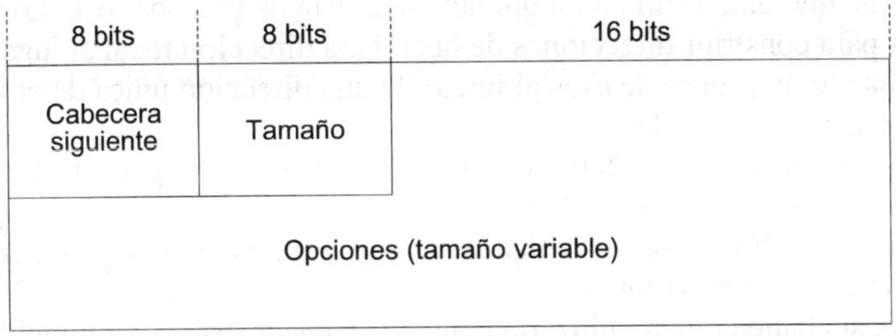

Figura 22.7. Cabecera de las Opciones de destino.

- El valor de MTU para un enlace con MTU variable.
- Los valores de diversos temporizadores.

Lista de prefijos de direcciones

Muchos administradores de red se alegrarán de la desaparición de la Máscara de subred. Las decisiones de encaminamiento se harán comparando prefijos de direcciones.

Un encaminador anuncia la lista de prefijos de direcciones que se usan en el enlace local. El prefijo se expresa como parte de una dirección de IPv6, o toda, junto con un número que indica cuántos bits pertenecen realmente al prefijo. Los host almacenan estas listas de prefijos.

Cuando un host necesita decidir si un destino está en el enlace o no, recorre la lista de los prefijos del enlace y compara el número de bits relevantes con los bits de la dirección de destino.

Direcciones de interfaz de IPv6

Todas las interfaces de la versión 6 tienen asociada una lista de direcciones. Como mínimo, la lista incluye la *dirección local del enlace*, de la forma:

111111010 (10 bits)	00...00	Dirección única para la tecnología del enlace

Los nodos necesitan un mecanismo para generar su dirección única de interfaz de enlace. Por ejemplo, en una interfaz de LAN la dirección de MAC es la única parte de una dirección que ocupa los 48 bits de más a la derecha. Un sistema se puede comunicar con otro sistema del enlace usando su dirección local de enlace.

¿Cómo puede generar un host automáticamente direcciones locales al lugar o globales? Recuerde que un encaminador anuncia una lista de prefijos. Algunos de estos están marcados para construir direcciones de host. Una dirección local al lugar o global se construye situando un prefijo de esos al inicio de una dirección única de enlace. Esta dirección se añade a la lista de host.

El anuncio del encaminador también indica si deberían recoger información adicional de dirección de un servidor de DHCP, quien puede asignar direcciones configuradas por el administrador. Y el anuncio indica si esta información adicional de configuración debería obtenerla de un servidor.

Asimismo, si alguien quiere utilizarla también se puede usar configuración manual en la versión 6.

Cambio de direcciones

La posibilidad de usar más de un prefijo global facilita la transmisión de un Proveedor de servicios a otro.

Los anuncios del encaminador asocian a cada prefijo de Proveedor un temporizador de caducidad. Cuando se cambia de un Proveedor a otro, se deja que el antiguo prefijo caduque. Por supuesto, los valores de caducidad de un prefijo nuevo, activo, se reactivan periódicamente para que no caduquen.

Estos plazos también permiten llevar un host y conectarlo a un enlace diferente del lugar. Recuerde que el prefijo incluye el identificador de subred así como el Proveedor y la información regional. Los antiguos prefijos irán caducando y se irán aprendiendo los nuevos.

Comprobación de que las direcciones son únicas

Antes de usar la dirección local del enlace, el host debe multienviar una solicitud que compruebe si la dirección ya se está usando en el enlace. De esta forma se asegura que la dirección de IP local del enlace, y todas las direcciones que se formen con ella con un prefijo diferente, son únicas. Las direcciones que se configuran manualmente, o que se aprenden de un servidor de DHCP, también se comprueban antes de usarse.

CONFIGURACIÓN MEDIANTE DHCPV6

Los sistemas pueden obtener un conjunto completo de parámetros de configuración de un servidor de DHCP. Para migrar a la versión 6 de DHCP hay que hacer algunos cambios.

Obviamente, el nuevo protocolo debe permitir las direcciones de la versión 6. Además, el antiguo temporizador de alquiler se sustituye por los tiempos de vida de depreciación e invalidación.

Se pretende que DHCPv6 no sólo autoconfigure host sino también registre automáticamente nombres y direcciones de host en el Sistema de nombres de dominio.

Un host, en su inicialización, puede solicitar el uso de un nombre de host concreto o le puede asignar un nombre el servidor de DHCPv6.

Si expira el tiempo de vida de invalidación del cliente, el servidor de DHCPv6 debería de eliminar el registro de DNS del cliente.

TRANSICIÓN A IPv6

Dada la universalidad de IP en el mundo, *no* es posible decir «En tal o cual día, todo el mundo debe pasarse a la versión 6». Está claro que la transición debe ser gradual.

- Los nodos de la versión 6 necesitan interconectarse con nodos de versión 4.
- No se puede forzar a las organizaciones a abandonar sus direcciones actuales.
- Las organizaciones deberían ser capaces de actualizar algunos nodos, dejando otros sin cambiar.
- La transición debería ser fácil de entender y realizar.

¿Por qué cambiar?

Los Proveedores de servicios necesitan IPv6 para realizar un encaminamiento más eficiente por la red troncal y ofrecer números a sus futuros clientes. Pero, ¿por qué debería una organización con una red de IP independiente funcionando correctamente cambiar a la versión 6? Si no está habiendo problemas con el manejo de las direcciones de IP y no se necesitan los nuevos servicios, como los flujos, la respuesta es: no se preocupe.

Es más probable que los servidores de Internet ejecuten pilas duales con direcciones duales durante mucho tiempo. Sin embargo, al mismo tiempo, irá siendo más conveniente usar la versión 6 que no usarla.

Cómo realizar el cambio

El primer paso para cambiar a la versión 6 es actualizar el software del Servidor de nombres de dominio de manera que el DSN responda a las solicitudes que usan el nuevo formato de direcciones.

Es muy probable que los primeros sistemas que se conviertan con versiones duales de los protocolos sean los encaminadores que hacen de interfaz con las redes externas. Poco a poco, los servidores importantes añadirán una pila de la versión 6. En un entorno mezclado, el tráfico de la versión 6 tendrá, a veces, que ser encapsulado a través de redes con la versión 4.

En el período de tiempo de este proceso, se pueden usar las direcciones locales del lugar de IPv6. Cuando los lugares se conecten a un Proveedor de servicios, las direcciones crecen con los prefijos apropiados de región, proveedor y cliente.

Cambios en el DNS

Existe un nuevo tipo de registro de recurso dirección, AAAA, que hace corresponder nombres de dominio a direcciones de la versión 6 de IP. Una entrada de ejemplo es:

MICKEY IN AAAA 4321:0:1:2:3:4:567:89AB

También tiene que disponer de búsquedas inversas. Se ha añadido un nuevo dominio para manejar la asociación de *dirección a nombre* de IPv6. El dominio de búsqueda inversa tiene su raíz en *IP6.INT*.

Recuerde que las direcciones de IP de la versión 4 se invierten para obtener sus etiquetas en el dominio *in-addr.arpa*. Una dirección de la versión 6 también se invierte y se rescribe con una serie de dígitos hexadecimales separados por dos puntos. Por ejemplo, una entrada de búsqueda inversa para:

4321:0:1:2:3:4:567:89AB

aparece en el árbol de dominios como:

B.A.9.8.7.6.5.0.4.0.0.0.3.0.0.0.2.0.0.0.1.0.0.0.0.0.0.0.1.2.3.4.IP6.INT

Encapsulamiento a través de una red con la versión 4

Durante el período de transición, los datagramas a veces han de atravesar un camino como el que se muestra en la Figura 22.8. En la figura, los proveedores de servicios A y C disponen de la versión 6, pero el proveedor de servicios B no. A las interfaces del encaminador de frontera se le asignarán direcciones de IPv6 compatibles con IPv4, que se pueden convertir fácilmente a direcciones de la versión 4 eliminando sus prefijos a

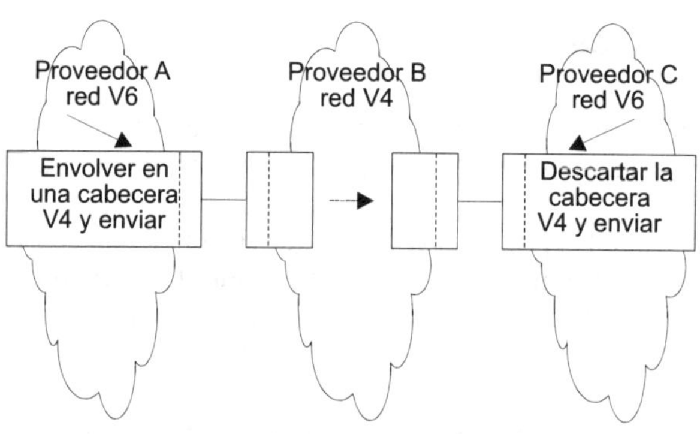

Figura 22.8. *Encapsulamiento de tráfico a través de una red de la versión 4.*

cero. Los paquetes de la versión 6 se empaquetarán dentro de cabeceras de la versión 4 y se encapsulan a través de las redes involucradas.

También puede ocurrir el encapsulamiento cuando un lugar ha convertido algunas de sus redes a la versión 6. Se puede usar el encapsulamiento siempre que sea conveniente hacerlo. Se puede usar entre encaminadores, entre host o en un camino host/encaminador.

RESUMEN

Los grupos de trabajo en IP siguiente generación han establecido los pilares de una versión que resuelve el problema de agotamiento del espacio de direcciones de Internet y promueve un encaminamiento más eficiente. El nuevo protocolo proporciona atractivas opciones para la configuración automática y permite la coexistencia y una migración gradual. El encadenamiento de cabeceras permite una futura actualización sencilla y proporciona un mecanismo para que otros protocolos puedan atravesar redes de IP.

LECTURAS RECOMENDADAS

En la RFC 1884 se describen las direcciones de IPv6 y la RFC 1883 describe el protocolo versión 6. La RFC 1885 describe ICMPv6 y en la RFC 1886 se trata sobre las extensiones y el Sistema de nombres de dominio. En la RFC 1887 se propone una arquitectura para la asignación de nombres. Mientras se escribía este libro se estaban preparando varias RFC más.

CAPÍTULO 23

ICMPv6 y descubrimiento de vecindad

INTRODUCCIÓN

La versión 6 del Protocolo de mensajes de control de Internet (ICMPv6 - *Internet Control Message Protocol*) mantiene muchas de las funciones de la versión 4, pero introduce algunos cambios importantes:

- Los mensajes de ICMPv6 ayudan en la configuración automática de direcciones.
- Existen nuevos mensajes y procedimientos que sustituyen al Protocolo de resolución de direcciones (ARP).
- El descubrimiento de la Unidad máxima de transmisión (MTU - *Maximum Transmission Unit*) de una ruta es automático. Como los encaminadores ya no fragmentan los paquetes, siempre que se elimina un paquete por que es demasiado grande, se envía al origen un nuevo mensaje *Paquete demasiado grande* (*Packet Too Big*).
- ICMPv6 no envía mensajes de *Acallamiento de origen* (*Source Quench*).
- ICMPv6 incorpora las funciones de información de miembros de multienvío del Protocolo de administración de grupos de Internet.
- ICMPv6 ayuda en la detección de los encaminadores que ya no están en servicio o de los extremos que ya no están activos.

ICMPv6 es lo suficientemente diferente para tener un nuevo número de protocolo asignándole el valor 58 para la Siguiente cabecera.

MENSAJES BÁSICOS DE ICMP

En la Tabla 23.1 se listan los tipos básicos de mensajes de ICMP. Observe que los mensajes de error tienen tipos en el intervalo 0 a 127, mientras que los mensajes de información tienen tipos en el intervalo 128 a 255. En la Figura 23.1 se muestra el formato general de los mensajes de IMCP. En primer lugar se examinan los mensajes que se parecen a los correspondientes de la versión 4.

Destino inalcanzable

Las razones para el envío de un mensaje de *Destino inalcanzable* (*Destination Unreachable*) se describen con los códigos:

0	No hay ruta hasta el destino.
1	La comunicación con el destino está administrativamente prohibida.
2	El siguiente destino de la cabecera de encaminamiento no es un vecino, y está el bit de «estricto».
3	Dirección inalcanzable.
4	Puerto inalcanzable.

Tabla 23.1. *Tipos de mensajes de ICMP.*

Mensaje de error	Tipo
Destino inalcanzable	1
Paquete demasiado grande	2
Plazo superado	3
Problema con los parámetros	4
Mensaje de información	Tipo
Petición de eco	128
Respuesta de eco	129
Petición de pertenencia a un grupo	130
Informe de pertenencia a un grupo	131
Reducción de pertenencia a un grupo	132

En la Figura 23.2 se muestra el formato del mensaje *Destino inalcanzable.*

Paquete demasiado grande

Un encaminador envía un mensaje de *Paquete demasiado grande* cuando el paquete es mayor que la MTU del enlace del siguiente salto. En el mensaje se indica la MTU que se puede usar en el siguiente salto. Observe que en la versión 4, se informaba de ello en el mensaje *Destino inalcanzable*. En la Figura 23.3 se muestra el formato del mensaje *Paquete demasiado grande*.

Mensaje de plazo superado

Se envía el mensaje de *Plazo superado* (*Time Exceeded*) cuando un encaminador decrementa el límite de salto a 0 (código = 0) o cuando el plazo de reensamblado del sistema

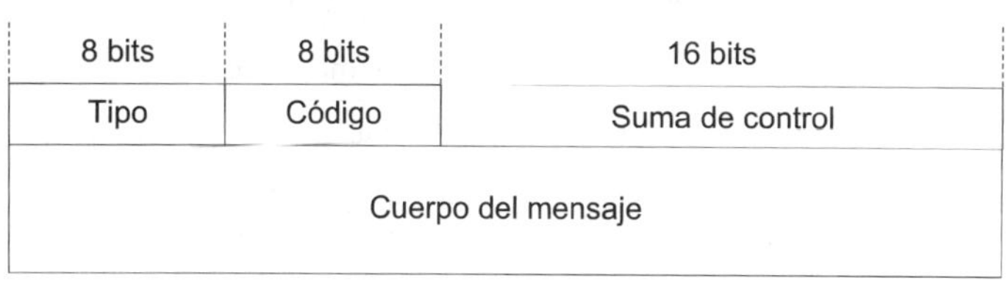

Figura 23.1. *Formato de un mensaje de ICMPv6.*

8 bits	8 bits	16 bits
Tipo=1	Código	Suma de control
No usado		
Lo máximo que queda del paquete original en un paquete ICMPv6 de 576 octetos o menos.		

Figura 23.2. *Formato de un mensaje de Destino inalcanzable.*

termina (código = 1). El formato del mensaje es idéntico al del mensaje *Destino inalcanzable*, excepto en que el tipo es 3.

Mensaje problema con los parámetros

Un sistema envía un mensaje de *Problema con los parámetros* (*Parameter Problem*) cuando no puede procesar un paquete debido a un problema con un campo de la cabecera. Los códigos son:

0 Se ha encontrado un campo erróneo en la cabecera.

1 No se reconoce el tipo de Siguiente cabecera.

2 No se reconoce una opción de IPv6.

El formato del mensaje es similar al del mensaje *Destino inalcanzable*, excepto que el campo «no usado» se sustituye por un apuntador que indica el desplazamiento al octeto con el error y que el tipo es 4.

8 bits	8 bits	16 bits
Tipo=2	Código	Suma de control
MTU del siguiente salto		
Lo máximo que queda del paquete original en un paquete ICMPv6 de 576 octetos o menos.		

Figura 23.3. *Formato de un mensaje de Paquete demasiado grande.*

8 bits	8 bits	16 bits
Tipo	Código	Suma de control
Máximo retraso de la respuesta		No usado
Dirección de multienvío		

Figura 23.4. *Formato de un mensaje de pertenencia a un grupo.*

Petición y respuesta de eco

Los mensajes de *Petición* y *Respuesta de eco* tienen formatos idénticos a los mensajes de la versión 4, excepto que se usa el tipo 128 para las peticiones y el tipo 129 para las respuestas.

Mensaje de pertenencia a un grupo

Se ha cambiado el formato de los mensajes de pertenencia a un grupo (véase la Figura 23.4) de forma que sea consistente con el formato general de ICMPv6. El *Retraso máximo de respuesta* es distinto de cero sólo en los mensajes de respuesta. Informa del tiempo máximo que se pueden retrasar los mensajes de *Información.*

130 Petición de pertenencia a un grupo.

131 Informe de pertenencia a un grupo.

132 Reducción de pertenencia a un grupo.

DESCUBRIMIENTO DE VECINDAD

Mientras se escribía este libro, se estaba trabajando en un conjunto de protocolos muy importantes para la automatización de muchas funciones del enlace. Entre ellas:

Descubrimiento de encaminador	Encontrar encaminadores en el enlace local.
Descubrimiento de prefijo	Descubrir y usar los prefijos que indican los destinos que se encuentran en el enlace y los que son remotos. Sustituyen a las Máscaras de subred.
Descubrimiento de parámetros	Descubren parámetros como la MTU del enlace y el valor para el límite de saltos.
Autoconfiguración de direcciones	Autoconfiguración de direcciones de IP para las interfaces del enlace.

Resolución de direcciones	Correspondencia entre la dirección de IP del vecino y su dirección de la capa de enlace.
Determinación del siguiente salto	Correspondencia entre una dirección de IP y la dirección del siguiente salto.
Detección de inalcanzabilidad de un vecino	Detección de host y encaminadores vecinos muertos.
Detección de direcciones duplicadas	Comprobación de que una dirección de IP asignada no está ya en uso.
Redirección	Conseguir información de que existe un encaminador mejor para llegar a un destino dado o que el destino se encuentra en el enlace local.

En la Tabla 23.2 pueden encontrar la lista de mensajes de ICMPv6 propuestos para implementar las funciones de Descubrimiento de vecindad.

Autoconfiguración mediante los encaminadores

Los encaminadores proporcionan a los host:

- Información de la dirección del encaminador.
- Una lista de todos los prefijos que se usan en el enlace.
- Prefijos que deberían usar los host para crear sus propias direcciones.
- El límite de saltos que se debería usar para las rutas por ese encaminador.
- Indicación de si los host debieran usar un servidor de arranque para obtener datos adicionales de configuración.
- La MTU para un enlace con MTU variable.
- Los valores de los distintos temporizadores.

Todo ello se realiza mediante los mensajes de *Información de encaminador* de ICMPv6, cuyo tipo es el 134. Los host escuchan los mensajes de *Información de encaminador* en la dirección de multienvío local al enlace de «todos los nodos».

Cuando un host arranca, puede que no quiera esperar por *Información de encaminador*. El host puede enviar un mensaje de *Solicitud de encaminador* (tipo = 133) para provocar un anuncio. El encaminador responde con un anuncio a la dirección local del host en el enlace.

Anuncio y solicitud de vecindad

Los trabajos actuales proponen sustituir las antiguas peticiones del Protocolo de resolución de direcciones (ARP) por los nuevos mensajes de *Solicitud de vecindad* y *Anuncio de vecindad*. Un *Anuncio de vecindad* es una respuesta a una *Solicitud de vecindad*. Además de descubrir las direcciones de la capa de enlace de los vecinos, los mensajes de *Solicitud de vecindad* también se usan para:

Tabla 23.2. Mensajes de Descubrimiento de vecindad de ICMP.

Mensaje de información	Tipo
Mensaje de Solicitud de encaminador	133
Mensaje de Anuncio de encaminador	134
Mensaje de Solicitud de vecindad	135
Mensaje de Anuncio de vecindad	136
Redirección	137

- Detectar direcciones de IP duplicadas
- Comprobar si un encaminador está muerto
- Comprobar si un vecino al que se está enviando paquetes está muerto.

Resolución de direcciones

Para descubrir la dirección del nivel de enlace de un vecino, se envía una *Solicitud de vecindad* a una dirección especial llamada *dirección de multienvío del nodo solicitado para la dirección objetivo*. La dirección de multienvío del nodo solicitado se forma tomando los 32 bits de menor peso de la dirección de IP y añadiendo el prefijo de 96 bits FF02:0:0:0:0:1. Esto genera una dirección de multienvío de ámbito local para el enlace. El emisor incluye en el mensaje su propia dirección de la capa de enlace.

Tenga en cuenta que usando este multienvío especializado se reduce sustancialmente el número de sistemas que probablemente «oigan» la petición. De hecho, es muy probable que sea sólo el sistema objetivo quien examine la petición.

Detección de direcciones de IP duplicadas

Antes de usar su dirección de IP local del enlace u otra dirección que *no* se ha generado añadiendo un prefijo a la dirección local del enlace, un nodo debe enviar un mensaje de *Solicitud de vecindad* preguntando si algún vecino tiene esa dirección de IP. El nodo usa en el mensaje una dirección «origen sin especificar» como dirección de origen. Si la dirección de IP ya se está usando, su poseedor multienviará una respuesta.

Detección de inalcanzabilidad de un vecino

La detección de que un encaminador estaba fuera de servicio era una tarea de casualidad en IPv4. En la versión 6, si un temporizador indica que puede que un encaminador esté

8 bits	8 bits	16 bits
Tipo	Código	Suma de control
Reservado		
Dirección objetivo		
Dirección de destino		
Opciones		

Figura 23.5. *Formato del mensaje Redirección.*

inactivo, el sistema lo comprueba enviando un mensaje de unienvío de *Solicitud de vecindad* al encaminador.

Este mismo procedimiento se usa para comprobar si no se puede alcanzar un host vecino.

Mensajes de Redirección

Al igual que en la versión 4, cuando un host envía un datagrama al encaminador local equivocado, el encaminador le devuelve un mensaje de *Redirección* indicando el nodo correcto del primer salto. El mensaje de *Redirección* también se puede usar para indicar al emisor que el destino se encuentra actualmente en el enlace local. Quizá es la razón por la que el mensaje *Redirección* se define en la especificación de Descubrimiento de vecindad.

En la Figura 23.5 se muestra el formato propuesto para los mensajes *Redirección* de ICMPv6. La dirección objetivo es la dirección de IP del siguiente salto que se debería usar. La dirección de destino es el destino deseado. El campo de opciones incluye la dirección de la capa de enlace del sistema objetivo y puede, también, incluir parte del datagrama redirigido.

LECTURAS RECOMENDADAS

En la RFC 1885 se describe el ICMPv6. Mientras se escribía este libro los protocolos de Descubrimiento de vecindad aún estaban en el estado de borrador.

CAPÍTULO 24

Seguridad de IP

INTRODUCCIÓN

Con la necesidad de desarrollar una nueva versión de IP se creó un estímulo adicional para resolver los problemas de seguridad de TCP/IP. Los mecanismos propuestos introducen la seguridad en la capa de IP. Se han diseñado para su uso tanto con la versión 4 como con la versión 6. Por simplicidad, los escenarios de este capítulo usarán las direcciones de la versión 4.

Todo el mundo está de acuerdo en que se necesita la seguridad, pero ¿por qué en la capa de IP? ¿Por qué no utilizar la capa de aplicación? De hecho, es probable que muchas aplicaciones añadan sus propios mecanismos de seguridad. Pero en un entorno en que los fisgones pueden capturar tráfico fácilmente, usarlo todo o parte para repetirlo posteriormente falsificando sus direcciones de IP cuando lo hacen, no se puede estar seguro de que cualquier datagrama sea válido.

¿Por qué no utilizar la capa física? Se podría cifrar todo el tráfico de los enlaces. Ello resolvería los problemas de las escuchas, pero se necesitaría que todos los encaminadores descifraran el tráfico automáticamente. En la actualidad no hay ninguna razón para confiar en los encaminadores.

Y ello no resolvería los problemas de autenticación. Podría causar graves problemas de cuello de botella en el tráfico de alta velocidad, aunque el cifrado y descifrado se realice por hardware. Más aún, todas las tarjetas de interfaz deberían ser capaces de cifrar y descifrar y ello sería muy costoso.

ELEMENTOS DE SEGURIDAD

Recuerde que en el Capítulo 3 se trataron tres atributos de seguridad:

Autenticación	Validación de la identidad de los usuarios, de los procesos cliente o las aplicaciones servidoras.
Integridad	Asegurar que los datos no han cambiado.
Confidencialidad	Evitar la publicidad de la información.

En el Capítulo 3 se presentaron varios mecanismos para implantar estos atributos. En las siguientes secciones se verá como se han adoptado estos mecanismos para que la capa de IP ofrezca seguridad.

ESTRATEGIA DE SEGURIDAD

La integración de la seguridad en IP es uno de los trabajos más espinosos que ha tenido que afrontar el Internet Engineering Task Force (IETF). La necesidad de autenticación, integridad de datos y confidencialidad es inmediata y de amplio uso. La estrategia de seguridad es:

- Promover la intercomunicación, empezar con mecanismos bien conocidos y ya implantados para la autenticación, integridad y confidencialidad.
- Diseñar un marco de seguridad que haga posible cambiar a otros mecanismos.

Los mecanismos iniciales seleccionados son:

- Clasificación de mensajes 5 (MD5 - Message Digest 5) para la autenticación e integridad de datos [1].
- Cifrado simétrico con el modo de Encadenamiento de bloques de cifrado del Estándar de cifrado de datos de Estados Unidos (CBC-DES) para la confidencialidad.

Se puede usar clave pública para la distribución de claves.

ESCENARIOS DE SEGURIDAD

Existen muchas formas de usar las funciones de seguridad que se describirán más adelante. Veamos algunos escenarios para entender, al menos, algunas de las posibilidades.

Escenario 1 La compañía XYZ quiere salvaguardar sus comunicaciones internas cliente/servidor. Quieren eliminar la posibilidad de que alguien pueda comprometer sus datos falsificando las direcciones de origen o alterando los datos en tránsito.

Escenario 2 Hay un administrador de la compañía XYZ quien copia archivos muy sensible entre distintos host. Sólo este administrador tiene permiso para realizar estas transferencias. También es importante evitar una escucha no autorizada de estos datos y un uso posterior de los mismos.

Escenario 3 La compañía XYZ conecta su división de fabricación a su oficina remota mediante Internet. La compañía desea que todas las comunicaciones sean opacas respecto al mundo exterior.

Por simplicidad, se puede pensar que los clientes y servidores tienen una única interfaz y una única dirección de IP. Sin embargo, todos los mecanismos de seguridad siguen funcionando cuando el sistema tiene múltiples interfaces y múltiples direcciones de IP.

Escenario 1

La tecnología de clasificación de mensajes se usa para satisfacer los requisitos del escenario 1, es decir, autenticar a los emisores y detectar si se han modificado los datos. Revisemos cómo funciona la clasificación de mensajes (véase la Figura 24.1):

- El origen y el destino conocen una clave secreta.
- El origen realiza un cálculo usando la clave secreta como entrada.
- El origen envía la respuesta con los datos
- El destino realiza el mismo cálculo y compara las respuestas.

[1] Actualmente, hay un problema cuando se usa MD5 con comunicaciones de muy alta velocidad, debido al tiempo necesario para realizar los cálculos.

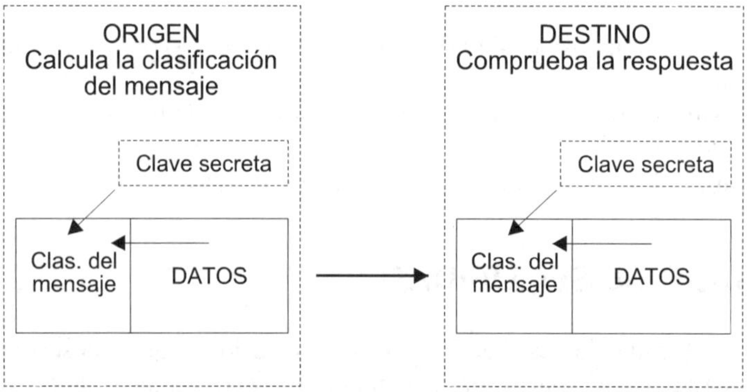

Figura 24.1. *Uso de la clasificación de mensajes.*

Configuración de la información de autenticación en el escenario 1

Suponga que la compañía XYZ tiene un servidor importante en la dirección de IP 130.15.20.2. El administrador de la seguridad del servidor numera los host clientes y asigna una clave secreta de autenticación a cada dirección de IP del cliente.

El servidor necesita almacenar esta información de seguridad. Para almacenar estos parámetros de seguridad se puede emplear una tabla como la que se muestra en la Tabla 24.1. La tabla tiene un índice que es el número asignado a cada host cliente, más formalmente, el número se denomina el índice de parámetros de seguridad (*Security Parameters Index*), o SPI[2].

Por supuesto, se necesita configurar cada cliente con el Índice de parámetros de seguridad y la clave secreta que debe usar cuando acceda al servidor. En la Tabla 24.2 se muestran los datos de configuración del segundo cliente. Observe que el cliente necesita entradas distintas para cada destino al que accede.

¿Qué ocurre cuando un host cliente quiere enviar un datagrama autenticado al servidor?

- El cliente busca la dirección de IP de destino en su tabla.
- Se usa la clave de autenticación para calcular la clasificación del mensaje del datagrama.
- Se pone el número de SPI y la clasificación del mensaje en la cabecera de autenticación.
- Se envía el datagrama.

[2] Si el servidor tiene múltiples direcciones de IP, la tabla también tiene como índice la dirección de IP de destino.

Tabla 24.1. *Información de seguridad en el destino 130.15.20.2*

SPI (del host cliente)	**Dirección de IP de origen**	**Clave de autenticación del cliente**	**Método de autenticación del cliente**
301	130.15.24.4	X'2E-41-43-11-5A-5A-74-53-E3-01-88-55-10-15-CD-23	MD5
302	**130.15.60.10**	**X'35-14-4F-21-2B-2C-12-34-82-22-98-44-C0-1C-33-56**	**MD5**
...	...	...	...

Cuando el servidor recibe el datagrama:

- El servidor usa el SPI de la cabecera de autenticación para buscar la entrada del cliente en la tabla.
- Se compara la dirección de IP de origen del mensaje con la dirección de origen de la tabla.
- Se calcula la clasificación del mensaje usando la clave de autenticación de la entrada de la tabla.
- Se compara la respuesta con el valor de la cabecera de autenticación.

Asociación de seguridad en un sentido

Tenga en cuenta que únicamente se ha realizado la mitad del trabajo. Se ha establecido la autenticación en *sólo una dirección*. Se autentican los datagramas que envía el cliente al servidor.

Se dice que la información que se ha descrito define una *Asociación de seguridad* en un sentido. En ambos extremos, el origen y el destino, la combinación de la dirección de IP de *destino* de esta asociación y el SPI son suficientes para identificar la entrada a usar. Por tanto, una Asociación de seguridad se corresponde con un destino y un SPI.

Tabla 24.2. *Información de seguridad en el origen 130.15.60.10.*

Dirección de IP de destino	**SPI**	**Dirección de IP de origen del cliente**	**Clave de autenticación del cliente**	**Método de autenticación del cliente**
130.15.20.2	**302**	**130.15.60.10**	**X'35-14-4F-21-2B-2C-12-34-82-22-98-44-C0-1C-33-56**	**MD5**
130.15.65.4	...	...	...	...

Para autenticar los datos que van desde el servidor al cliente, se necesita un conjunto de distintas entradas en la tabla que definan las claves de autenticación de la Asociación de seguridad de la dirección inversa. Es decir, cada host necesita:

- Una tabla de seguridad cuando el host es el origen de los datagramas.
- Otra tabla de seguridad cuando el host es el destino de los datagramas.

En la Figura 24.2 se muestra un par de Asociaciones de seguridad.

¿Cuántas claves de autenticación?

¿Cuántas claves de autenticación necesita usar un servidor cuando envía datagramas a sus clientes? Intuitivamente, parecería natural asignar a un servidor una única clave de autenticación MD5, que usaría para decir a sus clientes «Soy el servidor y ...».

Pero en ese caso, todos los clientes conocerían la clave. Un cliente podría usar una dirección de IP falsa y sustituir al servidor. Para evitar que esto ocurra, se debería de asignar una clave de autenticación distinta para cada host cliente. El número total de claves se puede reducir usando la misma clave para la autenticación en el sentido cliente a servidor y para el sentido servidor a cliente.

Escenario 2

En el escenario 1, la seguridad se imponía en el nivel del host. Pero suponga que hay un usuario o un rol que requiere un nivel de seguridad diferente. El marco de seguridad se ofrece según la sensibilidad del usuario, el rol o la información.

Suponga que el host cliente que se ha tratado en el escenario 1 es un sistema multiusuario. Para el escenario 2, para los usuarios normales del host cliente 130.15.60.10 es

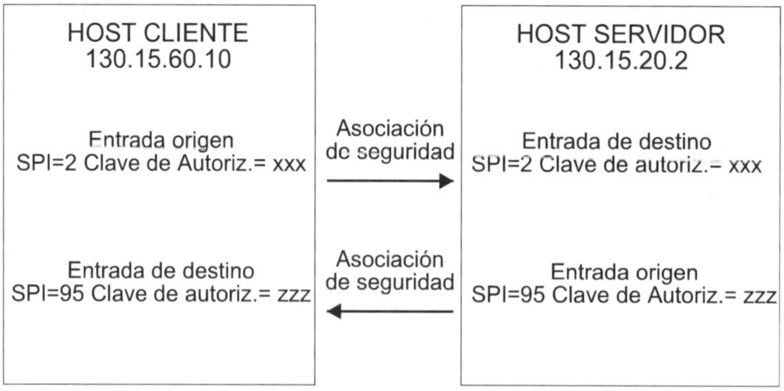

Figura 24.2. *Un par de asociaciones de seguridad.*

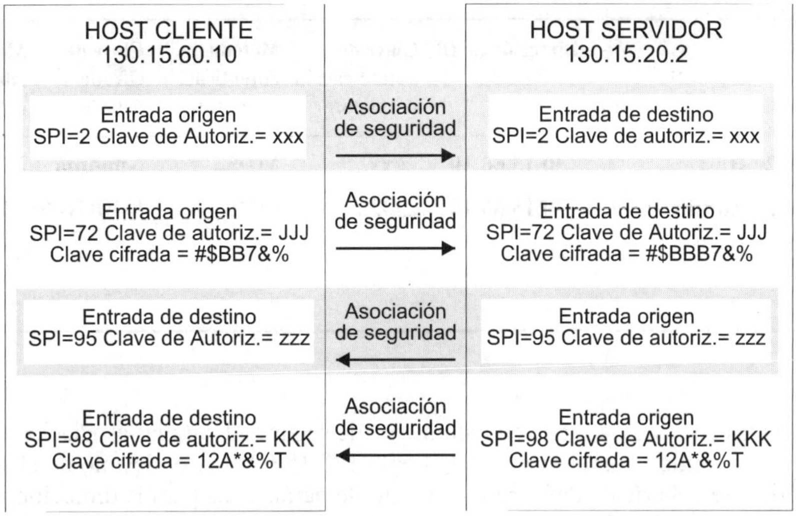

Figura 24.3. *Múltiples asociaciones de seguridad para un cliente y un servidor.*

suficiente una clave de autenticación por host. Sin embargo, la transferencia de archivos del administrador del sistema hacia el servidor necesita una autenticación especial y se necesita cifrar. En la Figura 24.3 se muestran las Asociaciones de seguridad creadas.

Veamos las tablas de las asociaciones de seguridad cuando se añaden entradas adicionales para el administrador con sus claves de cifrado. En la Tabla 24.3 se muestra la información de destino en el servidor y en la Tabla 24.4 la información de origen en el cliente.

Ahora hay SPI distintas para los usuarios normales en 130.15.60.10 y para los administradores de la misma dirección.

Tabla 24.3. *Información de seguridad de destino en 130.15.20.2.*

SPI	**Dirección de IP de origen**	**Clave de autenticación del cliente**	**Método de autenticación del cliente**	**Clave de cifado del cliente del cliente**	**Método de cifrado**
301	130.15.24.4	...	MD5	Ninguna	Ninguno
2	**130.15.60.10**	**..xxx..**	**MD5**	**Ninguna**	**Ninguno**
72	**130.15.60.10**	**..JJJ..**	**MD5**	**#$BB7&%**	**CBC-DES**
...	...	...	...	...	...

Tabla 24.4. Información de seguridad de origen en 130.15.60.10.

Dirección de IP de destino	Rol o ID de usuario	SPI	Dirección de IP de origen	Clave de autenticación del cliente	Método de autenticación del cliente	Clave de cifrado del cliente	Método de cifrado del cliente
130.15.20.2	**Host**	**2**	**130.15.60.10**	**..xxx..**	**MD5**	**Ninguna**	**Ninguno**
130.15.20.2	**Admin.**	**72**	**130.15.60.10**	**..JJJ..**	**MD5**	**#$BB7&%**	**CBC-DES**
130.15.65.4	Host	...	...	...	...	...	...
...	...	...	...	...	...	...	...

Las Tablas 24.3 y 24.4 incluyen parámetros de seguridad para las asociaciones de seguridad en un sentido con el origen del cliente 130.15.60.10 y el destino en el servidor 130.15.60.2. Se debería de definir un conjunto de parámetros para la dirección inversa. De nuevo, hay que planificar si se decide usar las mismas claves en ambas direcciones o se asignan distintas claves para el tráfico cliente a servidor y para el tráfico servidor a cliente.

Escenario 3

El escenario 3 se muestra en la Figura 24.4. El objetivo es que todo el tráfico que la compañía XYZ envía por una red en la que no confía resulte opaco para el resto del mundo. Se usa en encapsulado en *modo encapsulado*. Es decir, los datagramas se cifran y se encapsulan dentro de otros datagramas.

Como se muestra en la figura, cuando un datagrama cuya dirección de destino está en la red 193.40.3 llega al encaminador de frontera de la red 130.15, el encaminador cifra el datagrama completo, incluso sus cabeceras. El encaminador añade una cabecera de IP[3] (en abierto) temporal y reenvía el datagrama por la red del proveedor de servicios hacia el encaminador de frontera de la red 193.40.3. Entonces, se elimina la cabecera temporal, se descifra el datagrama y se reenvía a su verdadero destino. En este caso, la asociación de seguridad se define entre dos encaminadores de frontera.

Generalización

Se han visto algunos ejemplos concretos para familiarizarse con el marco básico de seguridad. Resulta fácil ver que, en general, se puede usar un conjunto común de mecanismos para asegurar el tráfico cuando se transmite:

[3] Además de la cabecera principal, también hay que añadir otras cabeceras. Por ejemplo, se podría añadir una cabecera distinta de autenticación para autenticar la transferencia entre encaminadores.

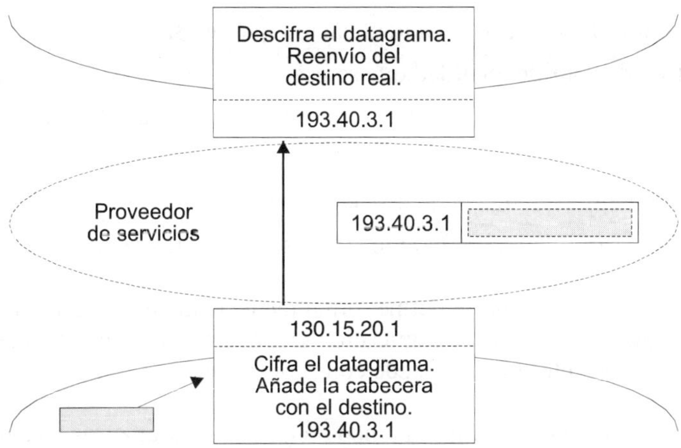

Figura 24.4. *Encapsulamiento de tráfico entre dos redes.*

- De un host a otro
- De un encaminador a otro
- De un host a un encaminador
- De un encaminador a un host

Si un host de destino tiene más de una dirección de IP, se pueden definir conjuntos de parámetros de asociaciones de seguridad para cada dirección de destino. No existe ninguna barrera para proporcionar autenticación, integridad de datos y confidencialidad para las direcciones de destino de multienvío.

En el escenario 2, vimos que la seguridad se puede definir en el nivel de usuario o rol. Se puede hacer de grano tan fino como sea necesario. Más aún, los parámetros de seguridad se podrían configurar de acuerdo con la sensibilidad de la información, por ejemplo, sin clasificar o alto secreto. Por supuesto, el mantenimiento de los distintos conjuntos de parámetros dependerá de disponer de una buena aplicación de distribución de claves.

ELEMENTOS DEL PROTOCOLO DE SEGURIDAD

Ya es el momento de realizar un acercamiento más formal a cómo se implementa la seguridad.

Asociaciones de seguridad

Como ya se ha visto, la seguridad se maneja en una sentido cada vez. Para permitir que un origen se comunique de forma segura con un destino, tanto el origen como el destino necesitan almacenar un conjunto de parámetros, como:

- Dirección de origen.
- Los algoritmos de integridad y autenticación que se usan.
- El algoritmo de confidencialidad que se usa.
- Las claves secretas y cualquier otra información que necesite el algoritmo.
- El tiempo de vida de las claves.
- El límite de tiempo de vida de la asociación segura.
- El nivel de sensibilidad, por ejemplo sin clasificar o alto secreto.

Una *Asociación de seguridad* se define formalmente como el conjunto de parámetros de seguridad de que dispone una comunicación en un sentido entre un origen y un destino. De los escenarios anteriores se puede comprobar que:

- Un host origen debería de usar un único conjunto de parámetros cuando envía datos a un destino.
- Alternativamente, un host podría tener varias asociaciones seguras que usa para enviar datos a un host de destino. La asociación elegida puede hacerse de acuerdo con el ID de usuario de origen, el rol o la sensibilidad.

Recuerde que se asigna un identificador numérico, denominado Índice de parámetros de seguridad, a cada uno de los conjuntos de parámetros *para un destino dado*[4].

Se pueden reutilizar los mismos números para distintos destinos. Es muy probable que los conjuntos de parámetros para (destino = A, SPI = 300) y (destino = B, SPI = 300) sean diferentes. Es decir, los conjuntos de parámetros se localizan tanto por el destino como por el SPIc

La *cabecera de autenticación* de IP y la *cabecera de encapsulado de seguridad de la carga útil* se usan para implementar la seguridad de las versiones 4 y 6 de IP.

Cabecera de autenticación

Cuando se usa la clasificación de mensajes para la autenticación, la cabecera de *autenticación* sirve para un doble propósito:

- Valida al origen, ya que el origen conoce la clave secreta que se usa para calcular la clasificación de mensaje.
- Indica que los datos no han cambiado durante su transmisión.

En la Figura 24.5 se muestra el formato de la cabecera de autenticación. El receptor usa el Índice de parámetros de seguridad para buscar el protocolo y la clave de autenticación. El receptor usa la clave de autenticación para realizar los cálculos MD5.

[4] La Autoridad de asignación de número de Internet (IANA) asignará Índices de parámetros de seguridad a algunos conjuntos de parámetros estándar.

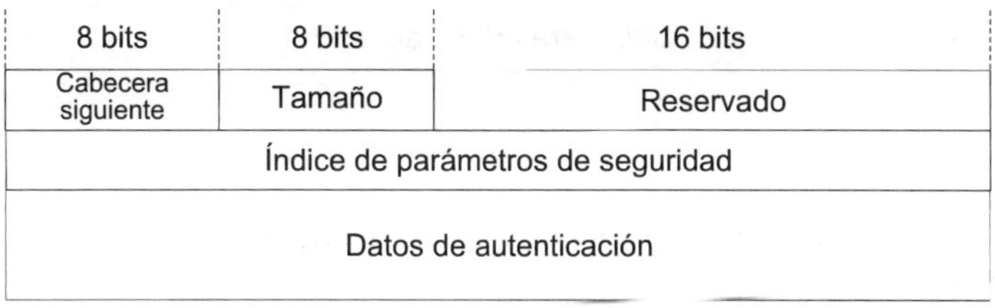

Figura 24.5. *Formato de la cabecera de autenticación.*

El cálculo de la autenticación MD5 se realiza con todos los campos del datagrama de IP que no cambian durante la transmisión. Los campos que se modifican, como la cuenta de saltos o en la versión 6 de IP el apuntador de encaminamiento se tratan en los cálculos como si fuesen ceros. La respuesta del receptor se compara con el valor del campo *Datos de autenticación*. Si son diferentes, el datagrama se descarta.

Modo de transporte y modo encapsulado

Veamos ahora cómo se implementa la confidencialidad. En la Figura 24.6 se muestra el formato de un datagrama de la versión 6 de IP cuya carga útil de la capa superior está cifrada. A este formato se le llama *modo de transporte*.

En la Figura 24.7 se muestra el formato del *modo encapsulado*. Se cifra el datagrama completo, incluyendo todas sus cabeceras. Se añade una nueva cabecera para poder reenviar el datagrama. Tenga en cuenta que el encapsulado de un host a otro puede tener problemas si en la ruta entre ellos existe el filtro de un cortafuegos. El encaminador cortafuegos puede querer comprobar la información de las direcciones de origen y destino y los puertos, que se encuentran ocultos dentro del mensaje cifrado.

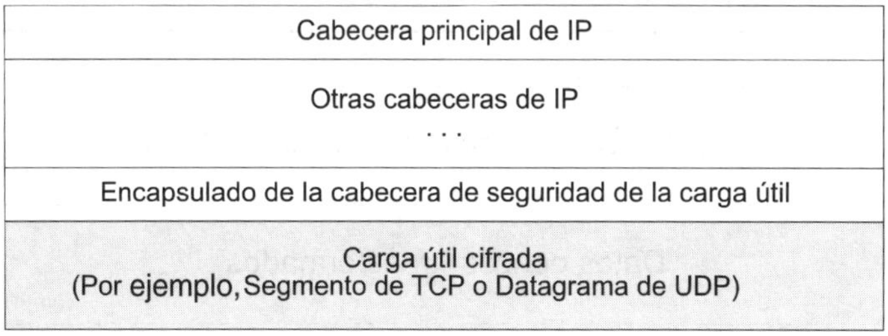

Figura 24.6. *Cifrado en modo de transporte.*

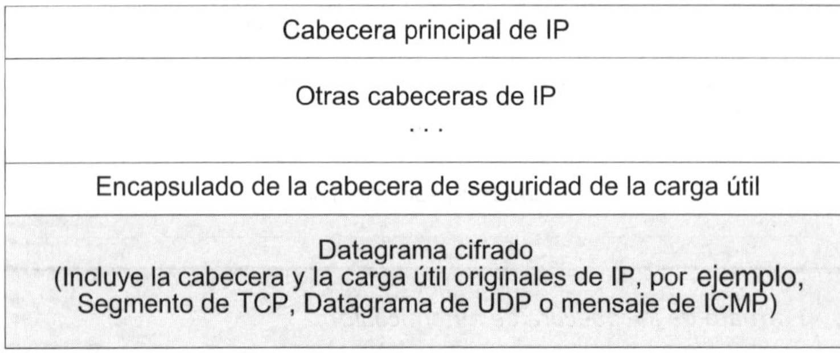

Figura 24.7. *Cifrado en modo encapsulado.*

Encapsulado de seguridad de la carga útil

La cabecera de encapsulado de seguridad de IP de la carga útil se usa tanto para el cifrado en modo de transporte como en modo encapsulado.

En la Figura 24.8 se muestra el formato de la cabecera de encapsulado de seguridad de la carga útil. El receptor usará el Índice de parámetros de seguridad para buscar el algoritmo y la(s) clave(s) que ha de utilizar. El resto de los datos depende del algoritmo elegido.

En la Figura 24.9 se muestra el formato de la cabecera de encapsulado de seguridad de la carga útil y el resto del mensaje, cuando se usa el CBC-DES.

El *Vector de inicialización* es un bloque de datos necesarios para empezar el algoritmo CBC-DES. El área sombreada se transmite cifrado. Tipo = 4 significa que la carga útil encapsula un datagrama completo (modo encapsulado).

Aunque se espera que los sistemas usen inicialmente CBC-DES, se espera que los futuros protocolos de encapsulado de seguridad de la carga útil combinen la autenticación e integridad de datos con el cifrado.

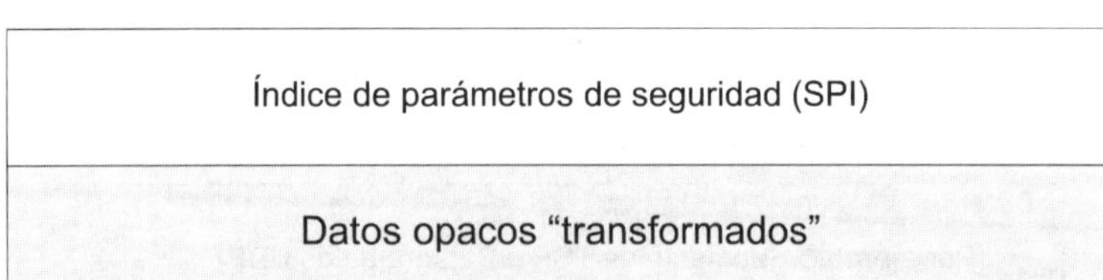

Figura 24.8. *Una cabecera de encapsulado de seguridad de la carga útil.*

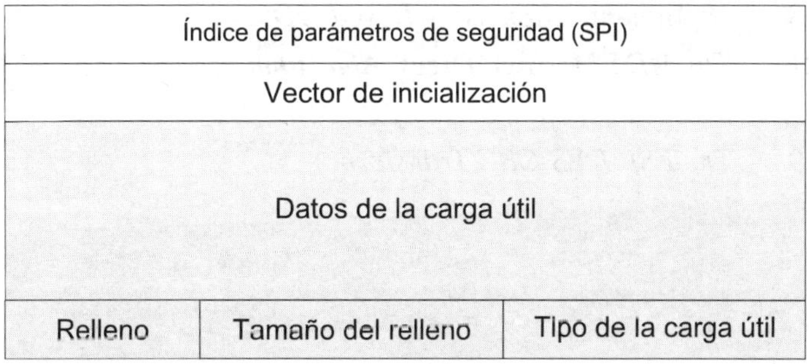

Figura 24.9. *Cabecera y carga útil cuando se usa CBC-DES.*

Uso de la autenticación en el modo encapsulado

Se deberían incluir dos cabeceras separadas de autenticación cuando se usa el cifrado en el modo encapsulado entre encaminadores de frontera. Una debería ser la cabecera original del datagrama, que debería ir cifrada y oculta durante todo, o parte, de la ruta. Esta cabecera debería proporcionar autenticación extremo a extremo. La otra cabecera de autenticación debería formar parte de la cabecera de IP en abierto que se usa entre los encaminadores de frontera. Esta cabecera proporcionaría autenticación entre fronteras.

Administración de claves

Como ya se ha visto, un amplio uso de la seguridad de IP requiere la distribución de muchas claves secretas a un gran número de nodos. Se necesita cambiar las claves periódicamente y hay que sincronizar la correspondencia entre claves.

La literatura sobre la administración de claves crece día a día. No existe ningún método estándar obligado de administración de claves, y se está experimentando con ello.

El uso de pares de claves pública/privada en lugar del CBC-DES simétrico puede reducir significativamente el número de claves que hay que administrar.

LECTURAS RECOMENDADAS

La siguiente lista de RFC estaba actualizada durante la escritura del libro. Compruebe el índice de RFC para ver las posibles actualizaciones.

RFC 1825 *Security Architecture for the Internet Protocol.* La sección de referencia de este documento contiene una lista con muchas otras publicaciones relacionadas con la seguridad.

RFC 1826	*IP Authentication Header.*
RFC 1828	*IP Authentication using Keyed MD5.*
RFC 1321	*The MD5 Message-Digest Algorithm.*
RFC 1827	*IP Encapsulating Security Payload (ESP).*
RFC 1829	*The ESP DES-CBC Transform.*

McGraw Hill

Biblioteca profesional

APÉNDICE A

Abreviaturas y acrónimos

AAL	Capa de adaptación de ATM (*ATM Adaptation Layer*)
ACK	Una confirmación (*An Acknowledgment*)
AF	Familia de direcciones (*Address Family*)
AH	Cabecera de autenticación (*Authentication Header*)
ANSI	Instituto americano de normalización (*American National Standards Institute*)
API	Interfaz de programación de aplicaciones (*Application Programming Interface*)
ARP	Protocolo de resolución de direcciones (*Address Resolution Protocol*)
ARPA	Agencia de proyectos avanzados de investigación (*Advanced Research Projects Agency*)
ARPANET	Red de la agencia de proyectos avanzados de investigación (*Advanced Research Projects Agency Network*)
AS	Sistema autónomo (*Autonomous System*)
ASA	American Standards Association
ASCII	Código americano normalizado para el intercambio de información (*American National Standard Code for Information Interchange*)
ASN.1	Notación de sintaxis abstracta nº 1 (*Abstract Syntax Notation 1*)
ATM	Modo de transferencia asíncrono (*Asynchronous Transfer Mode*)
BBN	Bolt, Beranek, and Newman, Incorporated
BCP	Mejor modo de actuación (*Best Current Practices*)
BECN	Notificación explícita de congestión de vuelta (*Backward Explicit Congestion Notification*) (Frame Relay)
BER	Reglas básicas de codificación (*Basic Encoding Rules*)
BGP	Protocolo de pasarela de frontera (*Border Gateway Protocol*)
BIND	Dominio de nombres de Internet de Berkeley (*Berkeley Internet Name Domain*)
BOOTP	Protocolo de arranque (*Bootstrap Protocol*)
BPDU	Unidad de datos del protocolo de puente (*Bridge Protocol Data Unit*)
BRI	Interfaz de tasa básica (*Basic Rate Interface*)
BSD	Distribución de software de Berkeley (*Berkeley Software Distribution*)
CBC	Encadenamiento de bloques de cifrado (*Cipher-Block Chaining*)
CCITT	Comité consultivo internacional para telegrafía y telefonía; ahora ITU-T (*Comite Consultatif International de Telegraphique et Telephonique*)
CERT	Computer Emergency Response Team
CHAP	Protocolo de autenticación *Challenge Handshake* (*Challenge Handshake Authentication Protocol*)
CIDR	Encaminamiento sin clase entre dominios (*Classless Inter-Domain Routing*)

CLNP	Protocolo de red no orientado a conexión (*Connectionless Network Protocol*)
CMIP	Protocolo genérico de información de gestión (*Common Management Information Protocol*)
CMIS	Servicios genéricos de información de gestión (*Common Management Information Services*)
CMOT	Protocolo y servicios genéricos de información de gestión sobre TCP/IP (*Common Management Information Services and Protocol over TCP/IP*)
CPU	Unidad central de proceso (*Central Processing Unit*)
CR	Retorno de carro (*Carriage Return*)
CRC	Comprobación de redundancia cíclica (*Cyclic Redundancy Check*)
CSLIP	SLIP comprimido (*Compressed SLIP*)
CSMA/CD	Acceso múltiple con detección de portadora y detección de colisiones (*Carrier Sense Multiple Access with Collision Detection*)
CSO	Organización de servicios computacionales (*Computer Services Organization*)
CSU	Unidad de servicio del canal (*Channel Service Unit*)
DAP	Protocolo de acceso a directorios (*Directory Access Protocol*)
DARPA	Agencia de proyectos avanzados de investigación para la defensa (*Defense Advanced Research Projects Agency*)
DCA	Agencia de comunicaciones de defensa (*Defense Communications Agency*)
DCE	Equipo de terminación del circuito de datos (*Data Circuit-terminating Equipment*)
DCE	Entorno de computación distribuida (*Distributed Computing Environment*)
DDN	Red de datos para la defensa (*Defense Data Network*)
DDN NIC	Centro de información de red de la Red de datos para la defensa (*Defense Data Network Network Information Center*)
DE	Posibilidad de descarte (*Discard Eligibility*) (Frame Relay)
DEC	Digital Equipment Corporation
DES	Estándar de cifrado de datos (*Data Encryption Standard*)
DEV	Desviación (*Deviation*)
DFS	Servicio distribuido de archivos (*Distributed File Service*)
DHCP	Protocolo de configuración dinámica de host (*Dynamic Host Configuration Protocol*)
DISA	Agencia de sistemas de información para la defensa (*Defense Information Systems Agency*)
DIX	Protocolo Ethernet de Digital, Intel y Xerox (*Digital, Intel, and Xerox Ethernet protocol*)

DLCI	Identificador de conexión del enlace de datos (*Data Link Connection Identifier*)
DLL	Biblioteca de enlace dinámico (*Dynamic Link Library*)
DME	Entorno de gestión distribuida (*Distributed Management Environment*)
DMI	Interfaz de gestión de equipos de escritorio (*Desktop Management Interface*)
DMTF	Desktop Management Task Force
DNS	Sistema de nombres de dominio (*Domain Name System*)
DOD	Departamento de defensa (*Department of Defense*)
DOS	Sistema operativo de disco (*Disk Operating System*)
DSA	Agente del sistema de directorios (*Directory System Agent*)
DSAP	Punto de acceso al servicio de destino (*Destination Service Access Point*)
DSU	Unidad del servicio de datos (*Data Service Unit*)
DTE	Equipo terminal de datos (*Data Terminal Equipment*)
DUA	Agente de usuario de directorio (*Directory User Agent*)
DUAL	Algoritmo de actualización por difusión (*Diffusing Update Algorithm*)
DXI	Interfaz de intercambio de datos (*Data Exchange Interface*)
EBCDIC	Código extendido de intercambio decimal codificado en binario (*Extended Binary-Coded Decimal Interchange Code*)
EGP	Protocolo de pasarela exterior (*Exterior Gateway Protocol*)
EIGRP	Protocolo mejorado de encaminamiento de pasarela de Internet (*Enhanced Internet Gateway Routing Protocol*)
EOF	Fin de archivo (*End of File*)
EOR	Fin de registro (*End of Record*)
ESMTP	Extensiones a SMTP (*Extensions to SMTP*)
ESP	Encapsulamiento de seguridad de la carga útil (*Encapsulating Security Payload*)
FAQ	Preguntas más frecuentes (*Frequently Asked Questions*)
FCS	Secuencia de comprobación de trama (*Frame Check Sequence*)
FDDI	Interfaz de datos distribuidos por fibra (*Fiber Distributed Data Interface*)
FECN	Notificación explícita de congestión hacia delante (*Forward Explicit Congestion Notification*) (Frame Relay)
FIN	Segmento final (*Final Segment*)
FIPS	Estándar federal de procesamiento de la información (*Federal Information Processing Standard*)
FTAM	Transferencia, acceso y gestión de archivos (*File Transfer, Access, and Management*)

FTP	Protocolo de transferencia de archivos (*File Transfer Protocol*)
FYI	Para su información (*For Your Information*)
GGP	Protocolo entre pasarelas (*Gateway-to-Gateway Protocol*)
GIF	Formato de intercambio de gráficos, usado para archivos de gráficos (*Graphics Interchange Format*)
GMT	Tiempo medio de Greenwich (*Greenwich Mean Time*)
GOSIP	Registro de interconexión de sistemas abiertos del gobierno (*Government Open Systems Interconnection Profile*)
GUI	Interfaz gráfica de usuario (*Graphical User Interface*)
HDLC	Protocolo de control de enlace de datos de alto nivel (*High Level Data Link Control Protocol*)
HIPPI	Interfaz paralela de alto rendimiento (*High Performance Parallel Interface*)
HTML	Lenguaje de marcas hipertextuales (*Hypertext Markup Language*)
HTTP	Protocolo de transferencia de hipertexto (*Hypertext Transfer Protocol*)
IAB	Internet Architecture Board *(Internet Activities Board*)
IAC	Interpretar como comando (*Interpret As Command*)
IANA	Autoridad de asignación de números de Internet (*Internet Assigned Numbers Authority*)
IBM	International Business Machines
ICMP	Protocolo de control de mensajes de Internet (*Internet Control Message Protocol*)
ID	Identificador (*Identifier*)
IDRP	Protocolo OSI de encaminamiento entre dominios (*OSI Inter-Domain Routing Protocol*)
IEEE	Institute of Electrical and Electronics Engineers
IEN	Notas de ingeniería de Internet (*Internet Engineering Notes*)
IESG	Internet Engineering Steering Group
IETF	Internet Engineering Task Force
IGMP	Protocolo de gestión de grupos de Internet (*Internet Group Management Protocol*)
IGP	Protocolo de pasarela interior (*Interior Gateway Protocol*)
IGRP	Protocolo de encaminamiento de pasarela de Internet (Internet Gateway Routing Protocol) Propietario de Cisco
ILMI	Interfaz provisional de gestión local (*Interim Local Management Interface*)
IMAP	Protocolo de acceso a correo de Internet (*Internet Mail Access Protocol*)
I/O	Entrada/Salida (*Input/Output*)
IP	Protocolo de Internet (*Internet Protocol*)

IPng	IP de siguiente generación (*IP next generation*) (versión 6)
IPSO	Opción de seguridad de IP (*IP Security Option*)
IPX	Intercambio de paquetes entre redes (*Internetwork Packet eXchange*) (de NetWare)
IRQ	Petición de interrupción (*Interrupt Request*)
IRTF	Internet Research Task Force
IDSI	Red digital de servicios integrados (ISDN - *Integrated Services Digital Network*)
IS-IS	Entre sistemas intermedios (*Intermediate System to Intermediate System*)
ISN	Número inicial de secuencia (*Initial Sequence Number*)
ISO	Organización internacional de normalización (*International Organization for Standardization*)
ISOC	Sociedad de Internet (*Internet Society*)
ISODE	Entorno de desarrollo de ISO (*ISO Development Environment*)
ISP	Proveedor de servicios de Internet (*Internet Service Provider*)
ITU	Unión internacional de telecomunicaciones (*International Telecommunications Union*)
ITU-T	Sector de normalización en telecomunicaciones de la ITU (*Telecommunication Standardization Sector of the ITU*)
JPEG	Joint Photographic Experts Group
LAN	Red de área local (Local Area Network)
LAPB	Procedimiento equilibrado de acceso al enlace (*Link Access Procedures Balanced*)
LAPD	Procedimiento de acceso al enlace por canal D (*Link Access Procedures on the D-channel*)
LF	Salto de línea (*Line Feed*)
LLC	Control lógico de enlace (*Logical Link Control*)
MAC	Control de acceso al medio (*Media Access Control*)
MAN	Red de área metropolitana (*Metropolitan Area Network*)
MD5	Clasificación de mensajes 5 (*Message Digest 5*)
MIB	Base de información de gestión (Management Information Base)
MIME	Extensión de correo multipropósito de Internet (*Multipurpose Internet Mail Extensions*)
ms	Milisegundo
MSS	Tamaño máximo de segmento (*Maximum Segment Size*)
MTA	Agente de transferencia de mensajes (*Message Transfer Agent*)
MTU	Unidad máxima de transmisión (*Maximum Transmission Unit*)
MX	Intercambiador de correo (*Mail Exchanger*)

NAP	Punto de acceso a la red (*Network Access Point*)
NCSA	Centro nacional de aplicaciones de supercomputación (*National Center for Supercomputing Applications*)
NDIS	Especificación de interfaz de dispositivo de red (*Network Device Interface Specification*)
NETBIOS	Sistema básico de entrada salida de red (*Network Basic Input Output System*)
NFS	Sistema de archivos en red (*Network File System*)
NIC	Centro de información de red (*Network Information Center*)
NIS	Sistema de información de red (*Network Information System*)
NISI	Infraestructura del servicio de información de red (*Network Information Service Infrastructure*)
NIST	Instituto nacional de estándares y tecnología (*National Institute of Standards and Technology*)
NLPID	Identificador de protocolo del nivel de red (*Network Level Protocol ID*)
NNTP	Protocolo de transferencia de noticias en red (Network News Transfer Protocol)
NOC	Centro de operaciones de red (*Network Operations Center*)
NREN	Red nacional para la investigación y la educación (*National Research and Education Network*)
NS	Servidor de nombres (*Name Server*)
NSAP	Punto de acceso al servicio de red (*Network Service Access Point*)
NSF	Fundación nacional de ciencias (*National Science Foundation*)
NTP	Protocolo de tiempo de red (*Network Time Protocol*)
NVT	Terminal virtual de red (*Network Virtual Terminal*)
ODI	Interfaz abierto de dispositivos (*Open Device Interface*)
ONC	Computación abierta de red (*Open Network Computing*)
OSF	Fundación para el software abierto (*Open Software Foundation*)
OSI	Interconexión de sistemas abiertos (*Open Systems Interconnect*)
OSPF	Primero el camino abierto más corto (*Open Shortest Path First*)
OUI	Identificador único de organización (*Organizationally Unique Identifier*)
PAD	Ensamblador/desensamblador de paquetes (*Packet Assembler/Disassembler*)
PAP	Protocolo de autenticación de contraseña (*Password Authentication Protocol*)
PC	Computadora personal (*Personal Computer*)
PDU	Unidad de datos del protocolo (*Protocol Data Unit*)
PGP	Pretty Good Privacy
PI	Intérprete del protocolo (*Protocol Interpreter*)

PING	Explorador de paquetes de Internet (*Packet Internet Groper*)
POP	Punto de presencia (*Point Of Presence*)
POP	Protocolo de oficina de correos (*Post Office Protocol*)
PPP	Protocolo punto a punto (*Point-to-Point Protocol*)
PTT	Telegrafía y telefonía postal (*Postal Telegraph and Telephone*)
QoS	Calidad de servicio (*Quality of Service*)
RA	Árbitro de encaminamiento (*Routing Arbiter*)
RARP	Protocolo de resolución de direcciones inversas (*Reverse Address Resolution Protocol*)
RFC	Petición de comentarios (*Request For Comments*)
RIF	Campo de información de encaminamiento (*Routing Information Field*)
RIP	Protocolo de información de encaminamiento (*Routing Information Protocol*)
RIPE	Reseaux IP Europeens
RMON	Monitor remoto de red (*Remote Network Monitor*)
ROM	Memoria de solo lectura (*Read Only Memory*)
RPC	Llamada a procedimiento remoto (*Remote Procedure Call*)
RR	Registro de recurso (*Resource Record*)
RR	Registro de encaminamiento (*Routing Registry*)
RST	Reset
RTO	Plazo de retransmisión (*Retransmission Timeout*) (en TCP)
RTT	Tiempo de ida y vuelta (*Round-Trip Time*)
SDEV	Desviación suavizada (*Smoothed Deviation*)
SDLC	Control síncrono del enlace de datos (*Synchronous Data Link Control*)
SEI	Instituto de ingeniería del software (*Software Engineering Institute*)
SGML	Lenguaje estándar generalizado de marcas (*Standard Generalized Markup Language*)
SIP	Protocolo de interfaz de SMDS (*SMDS Interface Protocol*)
SLIP	Protocolo de interfaz de línea serie (*Serial Line Interface Protocol*)
SMDS	Servicio conmutado de datos multimegabit (*Switched Multimegabit Data Service*)
SMI	Estructura de gestión de información (*Structure of Management Information*)
SMTP	Protocolo básico de transferencia de correo (*Simple Mail Transfer Protocol*)
SNA	Arquitectura de sistemas en red (*Systems Network Architecture*)
SNAP	Protocolo de acceso a subredes (*Sub-Network Access Protocol*)
SNMP	Protocolo básico de gestión de red (*Simple Network Management Protocol*)

SOA	Inicio de autoridad (*Start of Authority*)
SONET	Red óptica síncrona (*Synchronous Optical Network*)
SPF	Primero el camino más corto (*Shortest Path First*)
SPI	Índice de parámetros de seguridad (*Security Parameters Index*)
SPX	Intercambio secuencial de paquetes (*Sequenced Packet Exchange*) (en Netware)
SRTT	Tiempo de ida y vuelta suavizado (*Smoothed Round-Trip Time*)
SSAP	Punto de acceso al servicio de origen (*Source Service Access Point*)
SSL	Capa de conectores seguros (*Secure Sockets Layer*)
SWS	Síndrome de la ventana tonta (Silly Window Syndrome)
SYN	Segmento de sincronización (*Synchronizing Segment*)
TCB	Bloque de control de la transmisión (*Transmission Control Block*)
TCP	Protocolo de control de la transmisión (*Transmission Control Protocol*)
TCU	Unidad de acoplamiento del enlace (*Trunk Coupling Unit*)
TELNET	Conexión de terminales (*Terminal Networking*)
TFTP	Protocolo trivial de transferencia de archivos (*Trivial File Transfer Protocol*)
TLI	Interfaz de la capa de transporte (*Transport Layer Interface*)
TOS	Tipo de servicio (*Type of Service*)
TP4	Transporte de OSI de clase 4 (*OSI Transport Class 4*)
TSAP	Punto de acceso al servicio de transporte (*Transport Service Access Point*)
TTL	Tiempo de vida (*Time-To-Live*)
UA	Agente de usuario (*User Agent*)
UDP	Protocolo de datagramas de usuario (*User Datagram Protocol*)
ULP	Protocolo de la capa superior (*Upper Layer Protocol*)
URI	Identificador universal de recursos (*Universal Resource Identifier*)
URL	Localizador uniforme de recursos (*Uniform Resource Locator*)
URN	Nombre uniforme de recursos (*Uniform Resource Name*)
UTC	Tiempo universal coordinado (*Universal Time Coordinated*)
VCC	Conexión de canal virtual (*Virtual Channel Connection*)
VLSM	Máscaras de subred de longitud variable (*Variable Length Subnet Masks*)
VPC	Conexión de camino virtual (*Virtual Path Connection*)
W3	World Wide Web
WAIS	Servicio de información de área extensa (*Wide Area Information Service*)
WAN	Red de área extensa (*Wide Area Network*)

WWW	World Wide Web
WYSIWYG	Lo que se ve es lo que se obtiene (*What You See is What You Get*)
XDR	Representación externa de datos (*eXternal Data Representation*)
XNS	Sistema de red de Xerox (*Xerox Network Systems*)

Biblioteca profesional

APÉNDICE B

RFC y otros documentos de TCP/IP

UBICACIÓN DE LOS DOCUMENTOS RFC

Mientras se escribe este libro, se pueden obtener los documentos Petición de comentarios (RFC - *Request For Comments*) de los servicios de directorio y base de datos de InterNIC (de AT&T), a donde se puede acceder en:

http://www.internic.net/

seleccionando *DIRECTORY AND DATABASE SERVICES* y siguiendo los enlaces a los documentos RFC. También se pueden encontrar en:

ftp://ftp.internic.net/
en el directorio /rfc

Consulte el documento de InterNIC */rfc/rfc-index.txt* para obtener una lista completa de todos los documentos RFC.

NÚMEROS ASIGNADOS

La autoridad de asignación de números de Internet (IANA - *Internet Assigned Numbers Authority*) coordina la asignación de valores únicos de los parámetros de los protocolos de Internet. La IANA está financiada por la Sociedad de Internet (ISOC) y el Federal Network Council.

Periódicamente, IANA publica un RFC titulado *Números asignados* (*Assigned Numbers*) con los parámetros asignados y sus valores. La nueva asignación de parámetros se pone inmediatamente a disposición pública en el archivo:

ftp://ftp.isi.edu/in-notes/iana/assignments

FORMULARIOS DE REGISTRO

Los formularios de registro de nombres y direcciones de Internet se puede obtener del Servicio de registro de InterNIC en la dirección:

http://www.internic.net/

seleccionando *REGISTRATION SERVICES* y a continuación *Templates*.

SISTEMA DE NOMBRES DE DOMINIO

El servicio de registro dispone de información del Sistema de nombres de dominio (DNS) en su repositorio de transferencia de archivos, a donde se puede acceder seleccionando *FTP Archive* desde la página principal y, a continuación, el directorio *domain*, o en:

ftp://rs.internic.net/domain/

ESTÁNDARES DE RFC

Periódicamente, se publica la lista oficial de estándares y su estatus actual en un documento RFC. La propia lista es un estándar (STD 1). La información de las Tablas B.1 a B.5 se ha extraído de la RFC 1920 publicada en marzo de 1996 y refleja el estado y posición de los estándares de Internet mientras se está escribiendo este libro. Para ver el documento actualizado de los estándares compruebe el documento *rfc-index.txt*.

El *estado* del protocolo indica su progreso por el proceso de revisiones.

Tabla B.1. *Protocolos estándar.*

Protocolo	Nombre	Estatus*	RFC	STD
	Internet Official Protocol Standards	Req.	1920	1
	Assigned Numbers	Req.	1700	2
	Host Requirements-Communications	Req.	1122	3
	Host Requirements-Applications	Req.	1123	3
IP	Internet Protocol	Req.	791	5
	IP Subnet Extension		950	5
	IP Broadcast Datagrams		919	5
	IP Broadcast Datagrams with Subnets		922	5
ICMP	Internet Control Message Protocol	Req.	792	5
IGMP	Internet Group Multicast Protocol	Rec.	1112	5
UDP	User Datagram Protocol	Rec.	768	6
TCP	Transmission Control Protocol	Rec.	793	7
TELNET	Telnet Protocol	Rec.	854 855	8
FTP	File Transfer Protocol	Rec.	959	9
SMTP	Simple Mail Transfer Protocol	Rec.	821	10
SMTP-SIZE	SMTP Service Ext for Message Size	Rec.	1870	10
SMTP-EXT	SMTP Service Extensions	Rec.	1869	10
MAIL	Format of Electronic Mail Messages	Rec.	822	11
CONTENT	Content Type Header Field	Rec.	1049	11
NTPv2	Network Time Protocol (Version 2)	Rec.	1119	12

(*continúa*)

* Ele = seleccionable; Rec. = recomendado; Req. = requerido.

Tabla B.1. *Protocolos estándar* (continuación).

Protocolo	Nombre	Estatus*	RFC	STD
DOMAIN	Domain Name System	Rec.	1034 1035	13
DNS-MX	Mail Routing and the Domain System	Rec.	974	14
SNMP	Simple Network Management Protocol	Rec.	1157	15
SMI	Structure of Management Information	Rec.	1155	16
Concise-MIB	Concise MIB Definitions	Rec.	1212	16
MIB-II	Management Information Base-II	Rec.	1213	17
NETBIOS	NetBIOS Service Protocols	Ele.	1001 1002	19
ECHO	Echo Protocol	Rec.	862	20
DISCARD	Discard Protocol	Ele.	863	21
CHARGEN	Character Generator Protocol	Ele.	864	22
QUOTE	Quote of the Day Protocol	Ele.	865	23
USERS	Active Users Protocol	Ele.	866	24
DAYTIME	Daytime Protocol	Ele.	867	25
TIME	Time Server Protocol	Ele.	868	26
TFTP	Trivial File Transfer Protocol	Ele.	1350	33
TP-TCP	ISO Transport Service on Top of the TCP	Ele.	1006	35
ETHER-MIB	Ethernet MIB	Ele.	1643	50
PPP	Point-to-Point Protocol	Ele.	1661	51
PPP- HDLC	PPP in HDLC Framing	Ele.	1662	51
IP- SMDS	IP Datagrams over the SMDS Service	Ele.	1209	52

* Ele = seleccionable; Rec. = recomendado; Req. = requerido.

Tabla B.2. *Protocolos estándar de redes concretas.*

Protocolo	Nombre	Estado*	RFC	STD
IP-ATM	Classical IP and ARP over ATM	Prop.	1577	
IP-FR	Multiprotocol over Frame Relay	Draft	1490	
ATM-ENCAP	Multiprotocol. Encapsulation over ATM	Prop.	1483	
IP-TR-MC	IP Multicast over Token-Ring LANs	Prop.	1469	

(*continúa*)

* Prop. = propuesto; Std. = estándar.

Tabla B.2. *Protocolos estándar de redes concretas* (continuación).

Protocolo	Nombre	Estado*	RFC	STD
IP-FDDI	Transmission of IP and ARP over FDDI Net	Std.	1390	36
IP-HIPPI	IP and ARP on HIPPI	Prop.	1374	
IP-X.25	X.25 and ISDN in the Packet Mode	Draft	1356	
IP-FDDI	Internet Protocol on FDDI Networks	Draft	1188	
ARP	Address Resolution Protocol	Std.	826	37
RARP	A Reverse Address Resolution Protocol	Std.	903	38
IP-ARPA	Internet Protocol on ARPANET	Std.	BBN 1822	39
IP-WB	Internet Protocol on Wideband Network	Std.	907	40
IP-E	Internet Protocol on Ethernet Networks	Std.	894	41
IP-EE	Internet Protocol on Exp. Ethernet Nets	Std.	895	42
IP-IEEE	Internet Protocol on IEEE 802	Std.	1042	43
IP-DC	Internet Protocol on DC Networks	Std.	891	44
IP-HC	Internet Protocol on Hyperchannel	Std.	1044	45
IP-ARC	Transmitting IP Traffic over ARCNET Nets	Std.	1201	46
IP-SLIP	Transmission of IP over Serial Lines	Std.	1055	47
IP-NETBIOS	Transmission of IP over NETBIOS	Std.	1088	48
IP-IPX	Transmission of 802.2 over IPX Networks	Std.	1132	49

* Prop. = propuesto; Std. = estándar.

Tras una revisión inicial, un estándar pasa al estado de *propuesto* (*proposed*). Tras un mayor examen, mejoras y revisiones puede llegar al estado de *borrador* (*draft*). El protocolo se convierte en un *estándar* (*standard*) tras su prueba, uso y revisión final.

El estatus del protocolo indica si se *requiere*, se *recomienda*, es *seleccionable*, de *uso limitado* o *no recomendado*.

Tabla B.3. *Opciones de telnet.*

Protocolo	Nombre	Opción	Estado	Estatus	RFC	STD
TOPT-BIN	Binary Transmission	0	Std.	Rec.	856	27
TOPT-ECHO	Echo	1	Std.	Rec.	857	28
TOPT-RECN	Reconnection,	2	Prop.	Ele.		

(*continúa*)

* Ele. = seleccionable; Exp. = experimental; Hist. = histórico; Prop. = propuesto; Rec. = recomendado; Std = estándar.

Tabla B.3. *Opciones de telnet* (continuación).

Protocolo	Nombre	Opción	Estado	Estatus	RFC	STD
TOPT-SUPP	Suppress Go Ahead	3	Std.	Rec.	858	29
TOPT-APRX	Approx Message Size Negotiation	4	Prop.	Ele.		
TOPT-STAT	Status	5	Std.	Rec.	859	30
TOPT-TIM	Timing Mark	6	Std.	Rec.	860	31
TOPT-REM	Remote Controlled Trans and Echo	7	Prop.	Ele.	726	
TOPT-OLW	Output Line Width	8	Prop.	Ele.		
TOPT-OPS	Output Page Size	9	Prop.	Ele.		
TOPT-OCRD	Output Carriage-Return Disposition	10	Prop.	Ele.	652	
TOPT-OHT	Output Horizontal Tabstops	11	Prop.	Ele.	653	
TOPT-OHTD	Output Horizontal Tab Disposition	12	Prop.	Ele.	654	
TOPT-OFD	Output Formfeed Disposition	13	Prop.	Ele.	655	
TOPT-OVT	Output Vertical Tabstops	14	Prop.	Ele.	656	
TOPT-OVTD	Output Vertical Tab Disposition	15	Prop.	Ele.	657	
TOPT-OLD	Output Linefeed Disposition	16	Prop.	Ele.	658	
TOPT-EXT	Extended ASCII	17	Prop.	Ele.	698	
TOPT-LOGO	Logout	18	Prop.	Ele.	727	
TOPT-BYTE	Byte Macro	19	Prop.	Ele.	735	
TOPT-DATA	Data Entry Terminal	20	Prop.	Ele.	1043	
TOPT-SUP	SUPDUP	21	Prop.	Ele.	736	
TOPT-SUPO	SUPDUP Output	22	Prop.	Ele.	749	
TOPT-SNDL	Send Location	23	Prop.	Ele.	779	
TOPT-TERM	TerminalType	24	Prop-	Ele.	1091	
TOPT-EOR	End of Record	25	Prop.	Ele.	885	
TOPT-TACACS	TACACS User Identification	26	Prop.	Ele.	927	
TOPT-OM	Output Marking	27	Prop.	Ele.	933	
TOPT-TLN	Terminal Location Number	28	Prop.	Ele.	946	
TOPT-3270	Telnet, 3270 Regime	29	Prop.	Ele.	1041	
TOPT-X.3	X.3 PAD	30	Prop.	Ele.	1053	
TOPT-NAWS	Negotiate About Window Size	31	Prop.	Ele.	1073	
TOPT-TS	Terminal Speed	32	Prop.	Ele.	1079	
TOPT-RFC	Remote Flow Control	33	Prop.	Ele.	1372	
TOPT-LINE	Linemode	34	Draft	Ele.	1184	
TOPT-XDL	X Display Location	35	Prop.	Ele.	1096	
TOPT-ENVIR	Telnet Environment Option	36	Hist.	None	1408	
TOPT-AUTH	Telnet Authentication Option	37	Exp.	Ele.	1416	
TOPT-ENVIR	Telnet Environment Option	39	Prop.	Ele.	1572	
TOPT-EXTOP	Extended-Options-List	255	Std.	Rec.	861	32

* Ele. = seleccionable; Exp. = experimental; Hist. = histórico; Prop. = propuesto; Rec. = recomendado; Std = estándar.

Tabla B.4. *Estándares en borrador.*

Protocolo	Nombre	Estatus *	RFC
COEX-MIB	Coexistence between SNMPv1 & SNMPv2	Ele.	1908
SNMPv2-MIB	MIB for SNMPv2	Ele.	1907
TRANS-MIB	Transport Mappings for SNMP`v2	Ele.	1906
OPS-MIB	Protocol Operations for SNMPv2	Ele.	1905
CONF-MIB	Conformance Statements for SNMPv2	Ele.	1904
CONV-MIB	Textual Conventions for SNMPv2	Ele.	1903
SMIV2	SMI for SNMPv2	Ele.	1902
CON-MD5	Content-MD5 Header Field	Ele.	1864
OSPF-MIB	OSPF Version 2 MIB	Ele.	1850
STR-REP	String Representation of Distinguished Names	Ele.	1779
X.500syn	X. 500 String Representation of Standard Attribute Syntaxes	Ele.	1778
X.5001ite	X.500 Lightweight Directory Access Protocol	Ele.	1777
BGP-4-APP	Application of BGP-4	Ele.	1772
BGP-4	Border Gateway Protocol 4	Ele.	1771
PPP-DNCP	PPP DECnet Phase IV Control Protocol	Ele.	1762
RMON-MIB	Remote Network Monitoring MIB	Ele.	1757
802.5-MIB	IEEE 802.5 Token Ring MIB	Ele.	1748
BGP-4-MIB	BGP-4 MIB	Ele.	1657
POP3	Post Office Protocol, Version 3	Ele.	1725
RIP2-MIB	RIP Version 2 MIB Extension	Ele.	1724
RIP2	RIIVersion 2-Carrying Additional Info.	Ele.	1723
RIP2-APP	RIP Version 2 Protocol App. Statement	Ele.	1722
SIP-MIB	SIP Interface Type MIB	Ele.	1694
	Def Man Objs Parallel-printer-like	Ele.	1660
	Def Man Objs RS-232-like	Ele.	1659
	Def Man Objs Character Stream	Ele.	1658
SMTP-8BIT	SMTP Service Ext or 8bit-MIMEtransport	Ele.	1652
OSI-NSAP	Guidelines for OSI NSAP Allocation	Ele.	1629
OSPF2	Open Shortest Path First Routing V2	Ele.	1583
ISO-TS-ECHO	Echo for ISO-8473	Ele.	1575
DECNET-MIB	DECNET MIB	Ele.	1559
	Message Header Ext. of Non-ASCII Text	Ele.	1522
MIME	Multipurpose Internet Mail Extensions	Ele.	1521
802.3-MIB	IEEE 802.3 Repeater MIB	Ele.	1516
BRIDGE-MIB	BRIDGE-MIB	Ele.	1493
NTPv3	Network Time Protocol (Version 3)	Ele.	1305
IP-MTU	Path MTU Discovery	Ele.	1191
FINGER	Finger Protocol	Ele.	1288
BOOTP	Bootstrap Protocol	Rec.	951,1497
NICNAME	WhoIs Protocol	Ele.	954

* Ele. = seleccionable; Rec. = recomendado.

Tabla B.5. *Estándares propuestos.*

Protocolo	Nombre	Estatus *	RFC
W'HOIS++M	How to Interact with a Vvhois++ Mesh	Ele.	1914
WHOIS++A	Architecture of Whois++ Index Service	Ele.	1913
DSN	Delivery Status Notifications	Ele.	1894
EMS-CODE	Enhanced Mail System Status Codes	Ele.	1893
MIME-RPT	Multipart/Report	Ele.	1892
SMTP-DSN	SMTP Delivery Status Notifications	Ele.	1891
RTP-AV	RTP Audio/Video Profile	Ele.	1890
RTP	Transport Protocol for Real-Time Apps	Ele.	1889
DNS-IPv6	DNS Extensions to.Support IPv6	Ele.	1886
ICMPv6	ICMPv6 for IPv6	Ele.	1885
IPv6-Addr	IPv6 Addressing Architecture	Ele.	1884
IPv6	IPv6 Specification	Ele.	1883
HTML	Hypertext; Markup Language - 2.0	Ele.	1866
SMTP-Pipe	SMTP Serv. Ext. for Command Pipelining	Ele.	1854
MIME-Sec	MIME Object Security Services	Ele.	1848
MIME-Encyp	MIME: Signed and Encrypted	Ele.	1847
WHOIS++	Architecture of the WHOIS++ service	Ele.	1835
	Binding Protocols for ONC RPC Version 2	Ele.	1833
XDR	External Data Representation Standard	Ele.	1832
RPC	Remote Procedure Call Protocol V. 2	Ele.	1831
	ESP DES-CBC Transform	Ele./Req.	1829
	IP Authentication Using Keyed MD5	Ele./Req.	1828
ESP IP	Encapsulating Security Payload	Ele./Req.	1827
IPv6-AH	IP Authentication Header	Ele./Req.	1826
	Security Architecture for IP	Ele./Req.	1825
RREQ	Requirements for IP Version 4 Routers	Ele.	1812
URL	Relative Uniform Resource Locators	Ele.	1808
CLDAP	Connectionless LDAP	Ele.	1798
OSPF-DC	Ext. OSPF to Support Demand Circuits	Ele.	1793
TMUX	Transport Multiplexing Protocol	Ele.	1692
TFTP-Opt	TFTP Options	Ele.	1784
TFTP-Blk	TFTP Blocksize Option	Ele.	1783
TFTP-Ext	TFTP Option Extension	Ele.	1782
OSI-Dir	OSI User Friendly Naming	Ele.	1781

* Ele. = seleccionable.

(continúa)

Tabla B.5. *Estándares propuestos* (continuación).

Protocolo	Nombre	Estatus*	RFC
MIME-EDI	MIME Encapsulation of EDI Objects	Ele.	1767
Lang-T	Tags for Identification of Languages	Ele.	1766
XNSCP	PPP XNS IDP Control Protocol	Ele.	1764
BVCP	PPP Banyan Vines Control Protocol	Ele.	1763
Print-MIB	Printer MIB	Ele.	1759
ATM-SIG	ATM Signaling Support for IP over ATM	Ele.	1755
IPNG	Recommendation for IP Next Generation	Ele.	1752
802.5-SSR	802.5 SSR MIB using SMIv2	Ele.	1749
SDLCSMIv2	SNADLC SDLC MIB using SMIv2	Ele.	1747
BGP4/IDRP	BGP4/IDRP for IP/OSPF Interaction	Ele.	1745
AT-MIB	Appletalk MIB	Ele.	1742
MacMIME	MIME Encapsulation of Macintosh files	Ele.	1740
URL	Uniform Resource Locators	Ele.	1738
POP3-AUTH	POP3 AUTHentication, Command	Ele.	1734
IMAP4-AUTH	IMAP4 Authentication Mechanisms	Ele.	1731
IMAP4	Internet Message Access Protocol V4	Ele.	1730
PPP_MP	PPP Multilink Protocol	Ele.	1717
RDBMS-MIB	RDMS MIB -using SMIv2	Ele.	1697
MODEM-MIB	Modem MIB -using SMIv2	Ele.	1696
ATM-MIB	ATM Management Version 8.0 using SMIv2	Ele.	1695
SNANAU-MIB	SNA NAUs MIB using SMIv2	Ele.	1665
PPP-TRANS	PPP Reliable Transmission	Ele.	1663
BGP-4-IMP	BGP-4 Roadmap and Implementation	Ele.	1656
	Postmaster Convention X.400 Operations	Ele.	1648
TN3270-En	TN3270 Enhancements	Ele.	1647
PPP-BCP	PPP Bridging Control Protocol	Ele.	1638
UPS-MIB	UPS Management Information Base	Ele.	1628
AAL5-MTU	Default IP MTU for use over ATM AAL5	Ele.	1626
PPP-SONET	PPP over SONET/SDH	Ele.	1619
PPP-ISDN	PPP over ISDN	Ele.	1618
DNS-R-MIB	DNS Resolver MIB Extensions	Ele.	1612
DNS-S-MIB	DNS Server MIB Extensions	Ele.	1611
FR-MIB	Frame Relay Service MIB	Ele.	1604
PPP-X25	PPP in X.25	Ele.	1598

* Ele. = seleccionable.

(*continúa*)

Tabla B.5. *Estándares propuestos* (continuación).

Protocolo	Nombre	Estatus *	RFC
OSPF-NSSA	The OSPF NSSA Option	Ele.	1587
OSPF-Multi	Multicast Extensions to OSPF	Ele.	1584
SONET-MIB	MIB SONET/SDH Interface Type	Ele.	1595
RIP-DC	Extensions to RIP to Support Demand Cir.	Ele.	1582
	Evolution of the Interfaces Group of MIB-II	Ele.	1573
PPP-LCP	PPP LCP Extensions	Ele.	1570
X500-MIB	X.500 Directory Monitoring MIB	Ele.	1567
MAIL-MIB	Mail Monitoring MIB	Ele.	1566
NSM-MIB	Network Services Monitoring MIB	Ele.	1565
CIPX	Compressing IPX Headers Over WAN Media	Ele.	1553
IPXCP	PPP Internetworking Packet Exchange Control	Ele.	1552
DHCP-BOOTP	Interoperation Between DHCP and BOOTP	Ele.	1534
DHCP-BOOTP	DHCP Options and BOOTP Vendor Extensions	Ele.	1533
BOOTP	Clarifications and Extensions BOOTP	Ele.	1532
DHCP	Dynamic Host Configuration Protocol	Ele.	1541
SRB-MIB	Source Routing Bridge MIB	Ele.	1525
CIDR-STRA	CIDR Address Assignment	Ele.	1519
CIDR-ARCH	CIDR Architecture	Ele.	1518
CIDR-APP	CIDR Applicability Statement	Ele.	1517
	802.3 MAU MIB	Ele.	1515
HOST-MIB	Host Resources MIB	Ele.	1514
	Token Ring Extensions to RMON MIB	Ele.	1513
FDDI-MIB	FDDI Management Information Base	Ele.	1512
KERBEROS	Kerberos Network Authentication Ser (V5)	Ele.	1510
GSSAPI	Generic Security Service API: C-bindings	Ele.	1509
GSSAPI	Generic Security Service Application...	Ele.	1508
DASS	Distributed Authentication Security...	Ele.	1507
	X.400 Use of Extended Character Sets	Ele.	1502
HARPOON	Rules for Downgrading Messages...	Ele.	1496
Mapping	MHS/RFC-822 Message Body Mapping	Ele.	1495
Equiv	X.400/MIME Body Equivalences	Ele.	1494
IDPR	Inter-Domain Policy Routing Protocol	Ele.	1479
IDPR-ARCH	Architecture for IDPR	Ele.	1478
PPP/Bridge	MIB Bridge PPP MIB	Ele.	1474

* Ele. = seleccionable.

(*continúa*)

Tabla B.5. *Estándares propuestos* (continuación).

Protocolo	Nombre	Estatus *	RFC
PPPAP MIB	IP Network Control Protocol of PPP MIB	Ele.	1473
PPP/SEC MIB	Security Protocols of PPP MIB	Ele.	1472
PPP/LCP MIB	Link Control Protocol of PPP MIB	Ele.	1471
X25-MIB	Multiprotocol Interconnect on X.25 MIB	Ele.	1461
PEM-KEY	PEM - Key Certification	Ele.	1424
PEM-ALG	PEM - Algorithms, Modes, and Identifiers	Ele.	1423
PEM-CKM	PEM - Certificate-Based Key Management	Ele.	1422
PEM-ENC	PEM - Message Encryption and Auth	Ele.	1421
SNMP-IPX	SNMP over IPX	Ele.	1420
SNMP-AT	SNMP over AppleTalk	Ele.	1419
SNMP-OSI	SNMP over OSI	Ele.	1418
FTP-FTAM	FTP-FTAM Gateway Specification	Ele.	1415
IDENT-MIB	Identification MIB	Ele.	1414
IDENT	Identification Protocol	Ele.	1413
DS3/E3-MIB	DS3/E3 Interface Type	Ele.	1407
DS1/E1-MIB	DS1/EI Interface Type	Ele.	1406
BGP-OSPF	BGP OSPF Interaction	Ele.	1403
	Route Advertisement In BGP2 And BGP3	Ele.	1397
SNMP-X.25	SNMP MIB Extension for X.25 Packet Layer	Ele.	1382
SNMP-LAPB	SNMP MIB Extension for X.25 LAPB	Ele.	1381
PPP-ATCP	PPP AppleTalk Control Protocol	Ele.	1378
PPP-OSINLCP	PPP OSI Network Layer Control Protocol	Ele.	1377
TABLE-MIB	IP Forwarding Table MIB	Ele.	1354
TOS	Type of Service in the Internet	Ele.	1349
PPP-AUTH	PPP Authentication	Ele.	1334
PPP-LINK	PPP Link Quality Monitoring	Ele.	1333
PPP-IPCP	PPP Control Protocol	Ele.	1332
	X.400 1988 to 1984 downgrading	Ele.	1328
	Mapping between X.400(1988)	Ele.	1327
TCP-EXT	TCP Extensions for High Performance	Ele.	1323
FRAME-MIB	Management Information Base for Frame	Ele.	1315
NETFAX	File Format for the Exchange of Images	Ele.	1314
IARP	Inverse Address Resolution Protocol	Ele.	1293
FDDI-MIB	FDDI-MIB	Ele.	1285

* Ele. = seleccionable.

(*continúa*)

Tabla B.5. *Estándares propuestos* (continuación).

Protocolo	Nombre	Estatus *	RFC
	Encoding Network Addresses	Ele.	1277
	Replication and Distributed Operations	Ele.	1276
	COSINE and Internet X.500 Schema	Ele.	1274
BGP-MIB	Border Gateway Protocol MIB (Version 3)	Ele.	1269
ICMP-ROUT	ICMP Router Discovery Messages	Ele.	1256
IPSO	DoD Security Options for IP	Ele.	1108
OSI-UDP	OSI TS on UDP	Ele.	1240
STD-MIBs	Reassignment of Exp MIBs to Std MIBs	Ele.	1239
IPX_IP	Tunneling IPX Traffic through IP Nets	Ele.	1234
GINT-MIB	Extensions to the Generic-Interface MIB	Ele.	1229
IS-IS	OSI IS-IS for TCPAP Dual Environments	Ele.	1195
IP-CMPRS	Compressing TCP/IP Headers	Ele.	114
NNTP	Network News Transfer Protocol	Ele.	977

* Ele. = seleccionable.

Biblioteca profesional

APÉNDICE C

Centros de información de red y otros servicios

REGISTRO

Antes de que una organización pueda conectar su red a Internet, necesita obtener uno o más bloques de direcciones de IP, bien de su proveedor de servicios o directamente de un servicio de registro de Internet. La organización debe registrar su Nombre de dominio e identificar sus Servidores de nombres de dominio (DNS). Puede que la organización necesite un *número de Sistema autónomo*, que es un entero único asignado a la red.

NIC PRIMARIOS DE REGISTRO

El Servicio primario de registro de Internet se encuentra financiado actualmente por la Fundación nacional de ciencias (NSF - *National Science Foundation*). Sirve de mecanismo de coordinación mundial y delega los servicios de registro para América del norte y del sur. Puede encontrarle en:

Network Solutions
Attn: InterNIC Registration Services
505 Huntmar Park Drive
Herndon, Virginia 22070

Mediante corro electrónico: hostmaster@internic.net

El registro de host y dominios, y la actualización de la información de registro, se puede realizar por correo electrónico. Como se ha dicho en el Apéndice B, se pueden obtener los formularios de registro en la World Wide Web (WWW) siguiendo los enlaces en:

http://www.internic.net/

o mediante transferencia de archivos en:

ftp://ftp.internic.net/templates

NIC europeo

El NIC primario europeo es:

RIPE Network Coordination Centre (RIPE NCC)
(Registro para la región de Europa)

Mediante correo electrónico: hostmaster@ripe.net, ncc@ripe.net

Por teléfono: + 31 20 592 5065

Por fax: + 31 20 592 5090

Por correo postal: RIPE NCC
Kruislaan 409
1098 SJ Amsterdam
The Netherlands

Se puede acceder al Centro de coordinación de red de RIPE en:

http://www.ripe.net/

NIC para Asia-Pacífico

El NIC para la región de Asia-Pacífico es:

Asia Pacific Network Information Center
c/o Internet Initiative Japan, Inc.
Sanbancho Annex Bldg.
1-4 Sanbancho, Chiyoda-ku
Tokyo 102, Japan
Mediante correo electrónico: ip-request@rs.apnic.net
Por teléfono: + 81-3-5276-3973
Por fax: + 81-3-5276-6239

Se puede acceder al Centro de información de Asia-Pacífico en:

http://www.apnic.net/
ftp://archive.apnic.net/apnic/docs/

Estos tres grandes Centros de información de red (NIC - *Network Information Centers*) delegan el registro de direcciones a los NIC nacionales y los NIC proveedores de servicios en sus regiones del mundo.

OTROS NIC

El NIC de servicios de datos de AT&T dispone de una lista de los NIC en:

http://ds.internic.net/pub/niclocator/

La lista la mantiene el grupo de trabajo Infraestructura de servicios de información de red (NISI - *Network Information Services Infrastructure*) del Internet Engineering Task Force (IETF).

LOCALIZACIÓN DE ADMINISTRADORES CON WHOIS

La información de registro de una organización incluye los nombres de sus administradores las personas de contacto técnico e información de cómo localizarlas.

Esta información está disponible en una base de datos en línea a la que se puede acceder con la aplicación whois. A continuación, se solicita la información del dominio *yale.edu*. La primera respuesta nos da el "handle" de Yale, YALE-DOM que se usa para obtener más información sobre el dominio.

```
> whois -h rs.internic.net yale.edu
Yale University (YALE-DOM)                                      YALE.EDU
Yale University (YALE)           YALE.EDU      128.36.0.1, 130.132.1.1

The InterNIC Registration Services Host contains ONLY Internet Informa-
tion (Networks, ASN's, Domains, and POC's).
Please use the whois server at nic.ddn.mil for MILNET Information.

> whois -h rs.internic.net yale-dom
Yale University (YALE-DOM)
  Yale University Computing & Information Systems
  Mail Stop 2112
  New Haven, CT 06520

  Domain Name: YALE.EDU

  Administrative Contact:
    Paolillo, Joseph (JP218) joseph_paolillo@yale.edu
    (203) 432-6673
  Technical Contact, Zone Contact:
    Long, Morrow H. (HML1) LONG-MORROW@CS.YALE.EDU
    (203) 432-1254

  Record last updated on 15-Dec-93.
  Record created on 17-Mar-87.

  Domain servers in listed order:

  SERV1.NET.YALE.EDU          130.132.1.9
  SERV2.NET.YALE.EDU          130.132.1.10
  SERV3.NET.YALE.EDU          130.132.1.11
  YALE.EDU                    128.36.0.1, 130.132.1.1
  NIC.NEAR.NET                192.52.71.4

The InterNIC Registration Services Host contains ONLY Internet Informa-
tion (Networks, ASN's, Domains, and POC's).
Please use the whois server at nic.ddn.mil for MILNET Information.
```

IDENTIFICADORES DE REGISTRO DE IPv6

La autoridad de asignación de números de Internet (IANA) coordina el uso de las direcciones de IPv6. Los identificadores de registro actuales para las direcciones de Ipv6 de los proveedores son:

Registro regional	ID de registro
Multiregional (IANA)	10000
RIPE NCC	01000
INTERNIC	11000
APNIC	10100

FUNCIONES DE SEGURIDAD DEL CERT

El Centro de coordinación del CERT se creó en 1988 y se encuentra localizado en el Instituto de ingeniería del software (SEI - *Software Engineering Institute*), Carnegie Mellon University, Pittsburgh, PA. CERT es el acrónimo de Computer Emergency Response Team.

CERT publica noticias sobre problemas de seguridad que se descubren en sistemas operativos o en paquetes de software y proporciona enlaces a las soluciones. El CERT coordina la respuesta a los ataques contra la seguridad en Internet. Puede encontrarse más información sobre el CERT en:

http://www.sei.cmu.edu / technology / cert.cc.html

ftp://cert.org /

Se puede localizar el CERT en:

CERT Coordination Center
Software Engineering Institute
Carnegie Mellon University
Pittsburgh, Pennsylvania 15213-3890

Mediante correo electrónico: cert@cert.org

Por teléfono: + 1-412-268-7090 (las 24 horas)

Por fax: + 1-412-268-6989

Los avisos del CERT se publican en el grupo de noticias:

comp.security.announce

Los avisos se envían a una lista de correo a la que se puede apuntar enviando un mensaje a:

cert-advisory-request@cert.org

Biblioteca profesional

APÉNDICE D

Máscaras de subred de longitud variable

INTRODUCCIÓN

El formato de direcciones de Internet ha ocasionado múltiples problemas a los administradores de red. El espacio de direcciones de 32 bits es demasiado pequeño y reducido.

Las computadoras trabajan con estas direcciones usándolas hasta el límite del bit. Una computadora se sentiría feliz de disponer de un número de red de 16 bits, un número de subred de 7 bits y 9 bits para el número de host. Los humanos no se sienten igual de confortables manejando estas ristras de bits.

Para añadir más confusión, las direcciones se *escriben* traduciendo los *bytes* a números decimales, como por ejemplo 130.15.1.2. Cuando los límites de la subred no caen en el límite de un byte, se necesita realizar mentalmente ciertas operaciones aritméticas para extraer la parte de subred y la parte de host de una dirección.

El objetivo de este apéndice es facilitar el trabajo con máscaras de subred que no se encuentran alineadas en los límites del byte. Se verán varios ejemplos de definición de subredes de la red de Clase B 130.15. Véase en la Tabla 5.2, del Capítulo 5, una lista completa de las máscaras de subred de la Clase B. *Aunque no se hayan incluido en los ejemplos las subredes con todo ceros, recuerde que muchos sitios los usan normalmente.*

Subredes de siete bits

Cuando la parte de subred de una dirección tiene menos de ocho bits, se está decidiendo utilizar más subredes con menos host. Por ejemplo:

Bits de subred	Subredes	Bits de host	Número de host
7	128	9	510
6	64	10	1022

Con una subred de siete bits, el primer host de la primera subred tiene la dirección (en binario y en notación punto):

10000010 00001111 0000001**0 0000001**
130 . 15 . 2 . 1

Observe que la parte de host de la dirección está en negrita. El último host de la primera subred tiene la dirección (en binario y en notación punto):

10000010 00001111 0000001**1 11111110**
130 . 15 . 3 . 254

Es decir, cuando se traduce a la notación punto, la primera subred consta de las direcciones:

130.15.2.1 a 130.15.2.255
130.15.3.0 a 130.15.3.254

Todas las direcciones que empiezan con 130.15.2 y 130.15.3 son de la misma subred. Tenga en cuenta que la dirección de host 130.15.2.255 es legal. Esta dirección termina con todos sus bits a uno, pero no con todos los bits a uno en el *campo* de host, debido al 0 del byte anterior. De forma parecida, 130.15.3.0 es legal, ya que acaba con todos los bits a cero, pero no con todos los bits a cero en el campo de host.

La segunda subred consta de las direcciones:

130.15.4.1 a 130.15.4.255
130.15.5.0 a 130.15.5.254

Ya puede ver el patrón. Cada subred empieza con un par adyacente de número par e impar. Las nuevas subredes empiezan en número par.

Subredes de seis bits

En esta sección se verán las subredes de seis bits. Con una subred de seis bits, el primer host de la primera subred tiene la dirección:

10000010 00001111 000001**00** **00000001**
130 . 15 . 4 . 1

El último host de la primera subred tiene la dirección:

10000010 00001111 000001**11** **11111110**
130 . 15 . 7 . 254

Es decir, cuando se traduce a la notación punto, la primera subred consta de las direcciones:

130.15.4.1 a 130.15.4.255
130.15.5.0 a 130.15.5.255
130.15.6.0 a 130.15.6.255
130.15.7.0 a 130.15.7.254

Todas las direcciones que empiezan con 130.15.4, 130.15.5, 130.15.6 y 130.15.7 pertenecen a la misma subred. Al igual que antes, las direcciones 130.15.4.255, 130.15.5.255 y 130.15.6.255 son legales. Estas direcciones acaban con el último *byte* a uno, pero no todos los bits del *campo de host*, debido a los ceros del byte anterior. De forma similar, las direcciones 130.15.5.0, 130.15.6.0 y 130.15.7.0 son legales, ya que aunque acaban con todos los bits a cero no están a cero todos los bits del campo de host.

La segunda subred consta de las direcciones:

130.15.8.1 a 130.15.8.255
130.15.9.0 a 130.15.9.255
130.15.10.0 a 130.15.10.255
130.15.11.0 a 130.15.11.254

Ya se puede observar el patrón. Todas las subredes constan de cuatro números consecutivos. Las subredes empiezan en un número múltiplo de cuatro.

Si viésemos las subredes de cinco bits, la primera subred constaría de las direcciones 130.15.8.1 a 130.15.15.254. Las nuevas subredes empezarían en múltiplos de ocho. Una vez que ya conoce bien los campos de red pequeños, veamos los campos de red largos.

Subredes de nueve bits

Resulta más sencillo comprender las subredes largas si se empieza con 130.15.1 en lugar de empezar a partir de la primera subred. En una subred de nueve bits, el primer host de la subred tiene la dirección:

10000010 00001111 00000001 0**0000001**
130 . 15 . 1 . 1

El último host de la subred tiene la dirección:

10000010 00001111 00000001 0**1111110**
130 . 15 . 1 . 126

Es decir, cuando se traduce a la notación punto, la subred consta de las direcciones:

130.15.1.1 a 130.15.1.126

El primer host de la siguiente subred tiene la dirección:

10000010 00001111 00000001 1**0000001**
130 . 15 . 1 . 129

El último host de esta subred tiene la dirección:

10000010 00001111 00000001 1**1111110**
130 . 15 . 1 . 254

Las subred consta de las direcciones:

130.15.1.129 a 130.15.1.254

El primer host de la siguiente subred tiene la dirección:

10000010 00001111 00000010 0**0000001**
130 . 15 . 2 . 1

El último host de la siguiente subred tiene la dirección:

10000010 00001111 00000010 0**1111111**
130 . 15 . 2 . 126

Es decir, la siguiente subred consta de las direcciones:

130.15.2.1 a 130.15.2.126

Ya se puede observar el patrón. El último byte se usa para construir dos subredes, cada una con 126 direcciones. Los números de host para uno de ellos van desde el 1 al 126. Para el otro intervalo van del 129 al 254.

Subredes de diez bits

Al igual que antes, es más fácil entender las subredes de diez bits si se empieza con la dirección 130.15.1 en lugar de empezar con la primera de las subredes. El primer host tiene la dirección:

10000010 00001111 00000001 00**000001**
130 . 15 . 1 . 1

El último host de esta subred tiene la dirección:

10000010 00001111 00000001 00**111110**
130 . 15 . 1 . 62

Es decir, cuando se traduce a la notación punto, la subred consta de las 62 direcciones:

130.15.1.1 a 130.15.1.62

El primer host de la siguiente subred tiene la dirección:

10000010 00001111 00000001 01**000001**
130 . 15 . 1 . 65

El último host de la segunda subred tiene la dirección:

10000010 00001111 00000001 01**111110**
130 . 15 . 1 . 126

Es decir, cuando se traduce a la notación punto, la subred consta de las 62 direcciones:

130.15.1.65 a 130.15.1.126

El último byte se usa para construir cuatro subredes, cada una con 62 direcciones. El último byte contiene los intervalos:

1	a	62
65	a	126
129	a	190
193	a	254

MÁSCARAS DE SUBRED DE LONGITUD VARIABLE

Puede resultar difícil elegir una única máscara de red para toda una organización. Muchas redes empresariales se construyen con una mezcla de sistemas de comunicaciones, con líneas de larga distancia, circuitos de retransmisión de tramas, grandes LAN en las oficinas centrales y pequeñas LAN en las filiales. Afortunadamente, en la actualidad se pueden asignar direcciones, de manera eficiente, usando la máscaras de subred de longitud variable. Es decir, utilizar distintos tamaños de máscara de red que casen con cada una de las subredes.

La única razón por la que no se hizo en el pasado fue porque los encaminadores no reenviaban la información de la máscara de subred con los antiguos protocolos. Por ejemplo, los encaminadores con el clásico Protocolo de encaminamiento de información (RIP) intercambiaban mensajes con:

- Una red, subred o host de destino.
- Una cuenta de los saltos hasta el destino.

Las entradas en el encaminador no incluían información de máscaras. Los implementadores tuvieron que tratar con esta limitación insistiendo en utilizar una única máscara para toda la red. Las organización con direcciones de red de Clase B solían hacer la elección habitual y usar ocho bits para numerar las subredes y ocho bits para numerar los host. Esto les limitó a un máximo de 254 subredes, cada una con un máximo de 254 host.

La versión 2 de RIP, Primero el camino abierto más corto (OSPF) y el Protocolo mejorado de encaminamiento de pasarela de Internet de Cisco (EIGRP) permiten el uso de máscaras de subred de longitud variable. Implica que los encaminadores incluyen una máscara con cada destino que conocen.

A continuación se continúa con el ejemplo de la red de Clase B, 130.15.0.0. La forma más sencilla de trabajar con máscaras de longitud variable es aislar los intervalos de números de cada tamaño.

Asignación de máscaras para los enlaces punto a punto

Empecemos con los enlacen punto a punto [1]. Para cualquier enlace punto a punto sólo se necesitan dos direcciones. Con una máscara de subred de 14 bits se generan este tipo de sistemas. Si se usan máscaras de direcciones de 14 bits que empiezan con 130.15.251, se obtienen las siguientes 64 subredes:

130.15.251.1 a 130.15.251.2
130.15.251.5 a 130.15.251.6
130.15.251.9 a 130.15.251.10
...
130.15.250.253 a 130.15.250.254

Si se usan máscaras de subred de 14 bits para todas las direcciones del intervalo:

130.15.251.0 a 130.15.255.255

se consiguen cinco veces más, es decir, 320 subredes.

LAN de pequeñas filiales

Suponga que una organización dispone de 100 filiales y que cada una necesita entre 30 y 40 direcciones. Para estar seguros, usemos una máscara de subred de 10 bits, lo que permite 62 host en cada lugar. Si se usa una máscara de 10 bits con las direcciones que empiezan en 130.15.10.1, se obtienen las siguientes cuatro subredes:

130.15.101.1 a 130.15.101.62
130.15.101.65 a 130.15.101.126
130.15.101.129 a 130.15.101.190
130.15.101.193 a 130.15.101.254

Si se necesitan 100 de estas subredes, se pueden aplicar máscaras de 10 bits en el intervalo:

130.15.101.0 a 130.15.125.255

Podríamos reservar un intervalo algo más amplio para permitir que se puedan añadir más lugares en el futuro.

---

[1] Algunos lugares utilizan una estrategia diferente. No asignan direcciones de IP a las interfaces que conectan con las líneas punto a punto. Muchos encaminadores disponen de esta opción.

Grandes LAN

Por último, suponga que dispone de seis grandes LAN. Se desea que en cada una se puedan conectar hasta 500 host. Con una máscara de subred de 7 bits se consigue.

Ya se vieron las subredes de siete bits en la sección «Subredes de siete bits». Recuerde que una subred típica de siete bits consta de un intervalo de direcciones como:

130.15.2.1 a 130.15.2.255
130.15.3.0 a 130.15.3.254

Como se necesitan seis de estas LAN, se necesitan máscaras de siete bits en el intervalo:

130.15.2.0 a 130.15.13.255

Se podría reservar un intervalo más amplio para permitir futuras expansiones.

Resumen

Las máscaras de longitud variable permiten un uso eficiente de las direcciones de IP. El primer paso para usarlas es examinar la red e identificar los tamaños de subred necesarios. A continuación, se pueden aislar los intervalos de números que se van a utilizar con cada tamaño de máscara. Es una buena idea dejar lagunas entre estos intervalos, para permitir futuras expansiones.

Biblioteca profesional

BIBLIOGRAFÍA

ALBITZ, PAUL y CRICKET LIU, *DNS y BIND*, O'Reilly & Associates, Sebastopol, California, 1993.

——American National Standards Institute, *Fiber Distributed Data Interface (FDDI)-Token-Ring Physical Layer Protocol (PHY)*, ANS X3.148-1988, (también ISO 9314-1, 1989).

——, *Fiber Distributed Data Interface (FDDI)-Token-Ring Media Access Control (MAC)*, ANS X3.139-1987, (también ISO 9314-2, 1989).

——, *Tl.602-Telecommunications-ISDN-Data Link Layer Signalling Specification for Application at the Network Interface*, 1990.

——, *T1.606-Frame Relaying Bearer Service-Architectural Framework and Service Description*, 1990.

——, *T1S1/90-175-Addendurn to T1.696-Frame Relaying Bearer Service-Architectural Framework and Service Description*, 1990.

——, *T1S1/90-214-DSS1-Core Aspects of Frame Protocol for Use with Frame Relay Bearer Service-Architectural Framework and Service Description*, 1990.

BELLCORE TA-TSV-00160, *Exchange Access SMDS Service Generic Requirements*, diciembre 1990.

BELLOVIN, S. y M. MERRITT, «Limitations of the Kerberos Authentication System», *Computer Communications Review*, October 1990.

BLACK, UYLESS D., «Data Communications», *Networks, and Distributed Processing*, Reston, 1983.

BOLT, BERANEK y NEWMAN, *A History of the ARPANET. The First Decade*, Technical Report, 1981.

BORMAN, D., «Implementing TCP/IP on a Cray Computer», *Computer Communication Review*, abril 1989.

BRAND, R., *Coping with the Threat of Computer Security Incidents: A Pri-*

mer from Prevention through Recovery, at cert.sei.cmu.edu in /pub/info/primer, June 1990.

CALLON, ROSS, «An Overview of OSI NSAP Addressing in the Internet», *ConneXions, The Interoperability Report*, diciembre 1991. -

CCITT Recommendation I.22, *Framework for providing additional packet mode bearer services*, Blue Book, ITU, Génova, 1988

CCITT Recommendation X.25, *Interface between data terminal equipment (DTE) and data-circuit-terminating equipment (DCE) for terminals operating in the packet mode on public data networks*, 1980 y 1984.

CCITT Recommendation X.400, *Message Handling System*, 1984 y 1988.

CCITT Recommendation X.500, *The Directory*, 1988.

CERF, V., «A History of the ARPANET», *ConneXions, The Interoperability Report*, October 1989.

— y R. Kahn, «A Protocol for Packet Network Intercommunication», *IEEE Transactions on Communication*, May 1974.

CHESWICK, B., «The Design of a Secure Internet Gateway», *Proc. of the Summer Usenix Conference*, Anaheim, California, June 1990.

CHESWICK, WILLIAM R., y Steven M. Bellovin, *Firewalls and Internet Security*, Addison-Wesley, Reading, Mass., 1994.

CISCO SYSTEMS, StrataCom, Digital Equipment Corporation, *Frame Relay Specification with Extensions*, Draft, 1990.

CISCO SYSTEMS, *Gateway System Manual*, 1991.

COLTUN, ROB, «OSPF: An Internet Routing Protocol», *ConneXions*, August 1989.

COMER, DOUGLAS E., *Internetworking with TCP/IP, Volume I, Principles, Protocols, and Architecture*, 2d ed., Prentice-Hall, Englewood Cliffs, N.J., 1991.

— y David L. Stevens, *Internetworking with TCP/IP, Volume II, Design, Implementation, and Internals*, Prentice-Hall, Englewood Cliffs, N.J., 1991.

COOPER, J., *Computer and Communications Security: Strategies for the 1990s*, McGraw-Hill, New York,1989.

DEERING, S., «IP Multicasting», *ConneXions*, February 1991.

DERN, Daniel P., «Standards, for Interior Gateway Routing Protocols», *ConneXions*, July 1990.

Digital Equipment Corporation, Intel Corporation, y XEROX Corporation, *The Ethernet: A Local Area Network Data Link Layer and Physical Layer Specification*, September 1980.

FREY, DONNALYN, y RICK ADAMS, *!%@:: A Directory of Electronic Mail Addressing and Networks*, 2d ed., O'Reilly & Associates, Sebastopol, California, 1989.

FRICC, *Program Plan for the National Research and Education Network*, Federal Research Internet Coordinating Committee, U.S. Department of Energy, Office of Scientific Computing Report ER-7, May 1989.

FTP Software, *PC/TCP Kernel Installation and Reference Guide*, Version 2.05 for DOS, 1990.

—, *PC/ TCP User's Guide*, Version 2.05 for DOS, 1990.

GARCIA-LUNA-ACEVES, J. J., *A Unified Approach to Loop Free Routing using Distance Vectors or Link States*, ACM 089791-332-9/89/0009/0212, pp. 212-223, 1989.

——, «Loop-Free Routing using Diffusing Computations», *IEEE/ACM Transactions on Networking*, vol. 1, no. 1, 1993.

GOSIP, *U.S. Government Open Systems Interconnection Profile Version 2.0*, Advanced Requirements Group, National Institute of Standards y Technology (NIST), abril 1989.

GREEN, JAMES HARRY, *The Dow Jones-Irwin Handbook of Telecommunications*, Dow Jones-Irwin, Homewood, Ill., 1986.

HEDRICK, CHARLES L., *Introduction to Administration of an Internet-based Local Network*, Rutgers, The State University of New Jersey, 1988, at cs.rutgers.edu, in /runet/tcp-ip-admin.doc.

——, *Introduction to the Internet Protocols*, Rutgers, The State University of New Jersey, 1987, host cs.rutgers.edu, /runet/tcp-ip-intro.doc.

HOFFMAN, L., *Rogue Programs: Viruses, Worms, and Trojan Horses*, Van Nostrand Reinhold, New York,1990.

HUITEMA, CHRISTIAN, «Routing in the Internet», Prentice-Hall PTR, Englewood Cliffs, N.J., 1995.

IBM GG24-3442, *IBM AS/400 TCP/IP Configuration and Operation*, 1991.

IBM GG24-3696, *Managing TCP/IP Networks Using NetView and the SNMP Interface*, 1991.

IBM GG24-3816, *High-Speed Networking Technology, An Introductory Survey*, 1992.

IBM SC31-6081, *TCP/IP Version 2 Release 2 for VM. User's Guide*, 1991.

IBM SC31-6084, *TCP/IP Version 2 Release 2 for VM: Programmer's Reference*, 1991.

IBM, *Vocabulary for Data Processing, Telecommunications, and Office Systems*, 1981.

Institute of Electrical y Electronics Engineers, *Draft Standard P802.1 A-Overview and Architecture*, 1989.

——, *LocalArea Networks—CSMA/CD Access Method*, ANSI/IEEE 802.3, (ISO 8802-3).

——, *Local Area Networks-Distributed Queue Dual Bus (DQDB) Subnetwork of a Metropolitan Area Network (MAN)*, ANSI/IEEE 802.6 (ISO DIS 8802-6, 1991).

——, *Local Area Networks-Higher Layers and Interworking*, ANSI/IEEE 802.1, 1990 (ISO DIS 8802-1D, 1990).

——, *Local Area Networks-Logical Link Control*, ANSI/IEEE 802.2, 1989 (ISO 8802-2, 1989).

——, *Local Area Networks-Network Management*. Draft IEEE 802.1B, 1990.

——, *Local Area Networks-Token-Bus Access Method*, ANSI/IEEE 802.4, (ISO 8802-3).

——, *Local Area Networks-Token Ring Access Method*, ANSI/IEEE 802.5, 1989 (ISO 8802-5,1989).

International Organization for Standardization, *Information Processing Systems-Common Management Information Protocol (CMIP)*, ISO 9596, 1990.

——, *Information Processing Systems—Common Management Information Service (CMIS)*, ISO 9595, 1990.

——, *Information Processing Systems-Data Communications-Addendum to the Network Service Definition*, ISO 8348 AD1.

——, *Information Processing Systems-Data Communications-High-Level Data Link Control Procedures—Consolidation of Classes of Procedures*, ISO 7809.

——, *Information Processing Systems-Data Communications-High-Level Data Link Control Procedures—Consolidation of Elements of Procedures*, ISO 4335.

——, *Information Processing Systems-Data Communications-High-Level Data Link Control Procedures-Frame Structure*, ISO 3309.

——, *Information Processing Systems-Data Communications-Network Service Definition*, ISO8348.

——, *Information Processing Systems-Data Communications-Protocol for Providing the Connectionless-Mode Network Service*, ISO 8473.

——, *Information Processing Systems-Open Systems Interconnection-Basic Connection Oriented Session Protocol Specification*, ISO 8327.

——, *Information Processing Systems-Open Systems Interconnection-Basic Connection Oriented Session Service Definition*, ISO 8326.

——, *Information Processing Systems-Open Systems Interconnection-Connection Oriented Presentation Protocol Specification*, ISO 8823.

——, *Information Processing Systems-Open Systems Interconnection-Connection Oriented Presentation Service Definition*, ISO 8822.

——, *Information Processing Systems-Open Systems Interconnection-Connection Oriented Transport Protocol*, ISO 8073.

——, *Information Processing Systems-Open Systems Interconnection-Intermediate System to In-*

termediate System Intra-Domain Routing Exchange Protocol for use in Conjunction with the Protocol for Providing the Connectionless-Mode Network Service, ISO DIS 10589.

——, *Information Processing Systems-Open Systems Interconnection-Message Handling System*, ISO 10021/CCITT X.400.

——, *Information Processing Systems-Open Systems Interconnection-Protocol Specification for the Association Control Service Element*, ISO 8650.

——, *Information Processing Systems-Open Systems Interconnection-Remote Operations: Model, Notation, and Service Definition*, ISO 9072-1.

——, *Information Processing Systems-Open Systems Interconnection-Remote Operations: Protocol Specification*, ISO 9066-2.

——, *Information Processing Systems-Open Systems Interconnection-Service Definition for the Association Control Service Element*, ISO 8649.

——, *Information Processing Systems-Open Systems Interconnection-Specification of Abstract Syntax Notation One (ASN.1)*, ISO 8824.

——, *Information Processing Systems-Open Systems Interconnection-Specification of Basic Encoding Rules for Abstract Syntax Notation One (ASN.1)*, ISO 8825.

——, *Information Processing Systems-Open Systems Interconnection-Transport Service Definition*, ISO 8072.

——, *OSI Routing Framework*, ISO TC97/SC6/N4616, June 1987.

Jacobson, V., «Berkeley TCP Evolution from 4.3-Tahoe to 4.3-Reno», *Proceedings of the Eighteenth Internet Engineering Task Force*.

——, «Congestion Avoidance and Control», *ACM SIGCOMM-88*, August 1988.

JAIN, R., K. RAMAKRISHNAN, y D-M CHIU, *Congestion Avoidance in Computer Networks With a Connectionless Network Layer*, Technical Report, DEC-TR-506, Digital Equipment Corporation, 1987.

KAPOOR, ATUL, *SNA, Architecture, Protocols, and Implementation*, McGraw-Hill, New York, 1992.

KARN, P., y C. PARTRIDGE, «Improving Round-Trip Time Estimates in Reliable Transport Protocols», *Proceedings of the ACM SIGCOMM*, 1987.

KERNIGHAN, BRIAN W., y Dennis M. Ritchie, *The C Programming Language*, 2d ed., Prentice-Hall, Englewood Cliffs, N.J., 1988.

KESSLER, GARY C., y Train, David A., *Metropolitan Area Networks*, McGraw-Hill, New York, 1992.

——, *ISDN*, McGraw-Hill, New York, 1990.

KOCHAN, STEPHEN G., y PATRICK H. WOOD (consulting eds.), *UNIX Networking*, 1989.

LAQUEY, T. L., *User's Directory of Computer Networks*, Digital Press, Bedford, Mass., 1989.

LIPPIS, Nick, y James Herman, «Widening Your Internet Horizons», *ConneXions*, October 1991.

LIU, CRICKET, JERRY PEEK, RUSS JONES, BRYAN BUUS, y ADRIAN NYE, *Managing Internet Information Services*, O'Reilly & Associates, Sebastopol, California, 1995.

MALAMUD, CARL, *DEC Networks and Architectures*, McGraw-Hill, New York, 1989.

——, *STACKS-The INTEROP Book*, Prentice-Hall, Englewood Cliffs, N.J., 1991.

MCKENNEY, P., «Congestion Avoidance», *ConneXions*, February 1991.

MEDIN, MILO, «The Great IGP Debate-Part Two: The Open Shortest Path First (OSPF) Routing Protocol», *ConneXions*, October 1091.

MILLS, D., y H-W. BRAUN, «The NSFNET Backbone Network», *Proceedings of the ACM SIGCOMM*, 1987.

MOGUL, JEFFREY C., «Efficient Use Of Workstations for Passive Monitoring of Local Area Networks», *Proceedings of SIGCOMM '90 Symposium on Communications Architectures and Protocols*, September 1990.

NARTEN, T., «Internet Routing, « *Proceedings of the ACM SIGCOMM*, 1989.

NEMETH, EVI, GARTH SNYDER, y SCOTT SEEBASS, *UNIX System Administration Handbook*, Prentice-Hall, Englewood Cliffs, N.J., 1989.

ODLYZKO, A. M., «The future of integer factorization», *CryptoBytes* (The technical newsletter of RSA Laboratories), 1994.

PERLMAN, RADIA, y ROSS CALLON, «The Great IGP Debate-Part One: IS-IS y Integrated Routing», *ConneXions*, October 1991.

PFLEEGER, C., *Security in Computing*, Prentice-Hall, Englewood Cliffs, N.J., 1989.

POSTEL, J. B., «Internetwork Protocol Approaches», *IEEE Transactions on Communications*, 1980.

——, C. A. Sunshine, y D. Chen, «The ARPA Internet Protocol», *Computer Networks*, vol. 5, no. 4, July 1981.

QUARTERMAN, JOHN S., «The Matrix», *Computer Networks and Conferencing Systems Worldwide*, Digital Press, Bedford, Mass., 1990.

— y Hoskins, J. C., «Notable Computer Networks», *Communications of the ACM*, October, 1986.

ROMKEY, JOHN, «The Packet Driver», *ConneXions*, July 1990.

ROSE, MARSHALL, T., *The Little Black Book: Mail Bonding with OSI Directory Services*, Prentice-Hall, Englewood Cliffs, N. J., 1990.

——, *The Open Book: A Practical Perspective on OSI*, Prentice-Hall, Englewood Cliffs, N.J., 1990.

——, *The Simple Book: An Introduction to Management of TCP/IP-based Internets*, Prentice-Hall, N.J., 1990.

SACKETT, GEORGE C., IBM's Token-Ring Networking Handbook, McGraw-Hill, New York, 1993.

ST. AMAND, JOSEPH V., *A Guide to Packet-Switched, Value-Added Networks*, Macmillan, New York,1986.

SCHWARTZ, MICHAEL, F., «Resource Discovery and Related Research at the University of Colorado», *ConneXions*, May 1991.

SEELEY, D., «A Tour of the Worm», *Proceedings of 1989 Winter USENIX Conference*, Usenix Association, San Diego, California, February 1989.

SIJAN, KARANJIT, y HARE, CHRIS, *Internet Firewalls and Network Security*, New Riders Publishing.

SIMMONS, G. J., ed., *Contemporary Cryptology*, IEEE, 1991.

SPAFFORD, E., «The Internet Worm Program: An Analysis», *Computer Communication Review*, vol. 19, no. 1, ACM SIGCOM, January 1989.

STALLINGS, WILLIAM, *Data and Computer Communications*, Macmillan, New York, 1984.

——, *Handbook of Computer Communications Standards*, Department of Defense Protocol Standards, 1988.

STERN, HAL, *Managing NFS and NIS*, O'Reilly and Associates, Sebastopol, California, 1991.

STEVENS, W. RICHARD, *TCP/IP Illustrated*, vol. 1, Addison Wesley, Reading, Mass., 1994.

——, *UNIX Network Programming*, Prentice-Hall, Englewood Cliffs, N.J., 1990.

STOLL, C., *The Cuckoo's Egg*, Doubleday, New York, 1989.

TANNENBAUM, ANDREW S., *Computer Networks*, Prentice-Hall, Englewood Cliffs, N.J., 1981.

VITALINK, *Building and Managing Multivendor Networks using Bridge and Router Technologies*, 1990.

TSUCHIYA, PAUL F., «Inter-domain Routing in the Internet», *ConneXions*, January 1991.

XEROX, *Internet Transport Protocols*, Report XSIS 028112, Xerox Corporation, 1981.

X/Open specification, *X/Open CAE Specification: Protocols for X/Open Internetworking: XNFS*, X/Open Company, Ltd., 1991.

Biblioteca profesional

GLOSARIO

Acallamiento de origen (*Source Quench*). Mensaje de ICMP que envía un sistema congestionado a los emisores de su tráfico.

Acceso múltiple con detección de portadora y detección de colisiones (CSMA/CD - *Carrier Sense Multiple Access with Collision Detection*). Protocolo simple de Control de acceso al medio. Todas las estaciones escuchan el medio. Una estación que espera enviar puede hacerlo si no hay señal en el medio. Cuando dos estaciones transmiten simultáneamente, dejan de hacerlo y vuelven a intentarlo tras un periodo aleatorio de tiempo.

Agente. En el Protocolo simple de administración de red es el proceso de un dispositivo que responde y hace peticiones y envía mensajes de excepción.

Agente de transferencia de mensajes (MTA - *Message Transfer Agent*). Entidad que mueve los mensajes, por ejemplo, los de correo electrónico, entre computadoras.

Agente de usuario (UA - *User Agent*). Aplicación de correo electrónico que ayuda a un usuario final a preparar, guardar y enviar mensajes, y a ver, almacenar y responder a los mensajes entrantes.

Agente de usuario de directorios (DUA - *Directory User Agent*). Cliente con el que un usuario envía consultas a un servidor de directorios X.500. El DUA interactúa con un Agente del servicio de directorio (DSA) mediante el Protocolo de acceso a directorios X.500.

Agente del sistema de directorio (DSA - *Directory System Agent*). Servidor que acepta peticiones de los Agentes de usuario de directorio y extrae la información de una base de datos. El DSA interactúa con el Agente de usuario de directorio mediante el Protocolo de acceso a directorios X.500.

American National Standards Institute (ANSI). Organización responsable en Estados Unidos de la coordinación de las actividades de estandarización. ANSI es miembro de ISO.

Ancho de banda (*Bandwidth*). Cantidad de datos que se puede enviar por un enlace medida, normalmente, en bits por segundo.

Apertura activa. Acción que realiza una aplicación para iniciar una conexión de TCP.

Apertura pasiva (*Passive Open*). Acción que toma un servidor de TCP/IP para prepararse para recibir peticiones de clientes.

AppleTalk. Protocolo de red desarrollado por Apple Computer para sus productos.

Archie. Servidor que recoge y genera índices de lugares con archivos en archivos públicos para su transferencia y permite que se realicen búsquedas.

ARPANET. La primera red de conmutación de paquetes, que durante muchos años funcionó como núcleo de Internet.

Arquitectura de sistemas en red (SNA - *Systems Network Architecture*). Grupo de protocolos de comunicaciones de datos desarrollado y utilizado por IBM.

ASCII. Código estándar de ANSI para el intercambio de información. Para definir un carácter ASCII se requieren siete de los ocho bits de un octeto.

Asociación de seguridad (*Security Association*). Comunicación protegida por una selección particular de parámetros de seguridad.

Autenticación (*Authentication*). Verificación de la identidad del otro extremo de una comunicación.

Autoridades de asignación de números de Internet (IANA - *Internet Assigned Numbers Authority*). Autoridad responsable del control de asignación de varios parámetros, como los puertos, direcciones de difusión, identificadores de terminal e identificadores de sistemas.

Base de información de administración (MIB - *Management Information Base*). Conjunto de todas las definiciones de objetos de red que se pueden administrar. También es la configuración, estado e información que se puede obtener de un dispositivo de red.

Baudio. Unidad de velocidad de señalización igual al número de veces por segundo que una señal cambia de estado. Si hay sólo dos estados, la velocidad en baudios equivale a la velocidad en bits.

Big Endian. Formato para el almacenamiento o transmisión de datos en que se sitúa primero el byte (o bit) más significativo.

Bloque de control de la transmisión (TCB - *Transmission Control Block*). Estructura de datos que se usa para mantener información sobre la comunicación UDP o TCP actual.

Brouter. Dispositivo que realiza tanto las funciones de puente y encaminador. Parte del tráfico se selecciona para encaminamiento y el resto para puente.

Búfer. Área de almacenamiento para mantener los datos de entrada o de salida.

Byte lógico (*Logical Byte*). Es un número dado de bits de longitud. Para la transferencia de archivos, a veces, es necesario especificar el tamaño del byte lógico para mantener la integridad de los datos transferidos.

Caballo de troya. Programa que parece que hace algo útil, pero que tiene rutinas ocultas que pueden utilizarse para acceder a los datos de la víctima o para abrir un acceso a la computadora de la víctima.

Cabecera de autenticación (AH - *Authentication Header*). Cabecera de una capa de IP que autentica una fuente y protege la integridad de los datos. Normalmente se inserta tras la cabecera principal de IP, y antes de la información que se autentica.

Campo de información de encaminamiento (RIF - *Routing Information Field*). Campo de una trama de Token-Ring usado para identificar el camino hacia un destino que se alcanza mediante uno o más puentes.

Carga útil (*Payload*). Información que lleva una Unidad de datos del protocolo.

Centro de información de red (NIC - *Network Information Center*). Sistema de administración de Internet que supervisa los nombres y direcciones de la red y puede ofrecer otros servicios de información.

Cifrado (*Encryption*). Transformación de la información a un formato que no se puede entender si no se posee la clave secreta (de descifrado).

Circuito virtual (*Virtual Circuit*). Término que proviene de las redes de conmutación de paquetes. Un circuito virtual se crea usando medios que comparten muchos usuarios, aunque cada circuito aparezca ante el usuario como una conexión punto a punto dedicada.

Clasificación de mensajes 5 (MD5). Algoritmo que combina una clave secreta con la información de un mensaje o un archivo y produce una respuesta de 16 octetos. Su propósito es detectar más tarde si la información ha sido alterada.

Código de redundancia cíclica (CRC - *Cyclic Redundancy Check*). Valor que se obtiene de aplicar una función matemática a los bits de una trama y añadirlo a dicha trama. El CRC se vuelve a calcular cuando se recibe la trama. Si el resultado difiere del valor añadido, la trama se descarta.

Comité consultivo internacional en telefonía y telegrafía (CCITT - *International Telegraph and Telephone Consultative Committee*). Anterior nombre de una organización creada para facilitar la conexión de sistemas de comunicación a las redes internacionales.

Conexión (*Connection*). Un camino lógico de comunicación entre usuarios de TCP.

Confidencialidad (*Confidentiality*). Protección de la información a su observación por partes no autorizadas.

Confirmación (*Acknowledgment*). TCP requiere una confirmación de los datos antes de considerar que se han transmitido correctamente.

Control de acceso (*Access Control*). Mecanismo que permite definir los privilegios de acceso de un usuario para acceder a los datos de una computadora.

Control de acceso al medio (MAC - *Media Access Control*). Protocolo que controla el acceso de una estación a una red. Por ejemplo, CSMA/CD proporciona un conjunto de reglas MAC para el envío y recepción de datos en una red de área local.

Control de enlace lógico (LLC - *Logical Link Control*). Protocolo de la capa 2 (capa de enlace de datos) que controla el intercambio de datos entre dos sistemas conectados al mismo segmento físico, o que se encuentran en segmentos conectados por uno o más puentes.

Control de flujo (*Flow Control*). Mecanismo que permite a un receptor limitar la cantidad que puede transmitir un emisor. El control de flujo previene el que un emisor sature los búferes de memoria del receptor.

Datagrama de IP (*IP Datagram*). La unidad de datos encaminados por el IP.

DECnet. Protocolo de red propiedad de Digital Equipment Corporation. Las distintas versiones se identifican por su número de Phase, como Phase IV y Phase V.

Descriptor de conector (*Socket Descriptor*). Entero que usa una aplicación para identificar una conexión. La interfaz de programación de conectores de Berkeley usa descriptores de conectores.

Desviación suavizada (*Smoothed Deviation*). Cantidad que mide la desviación respecto del tiempo de vuelta suavizado, y se utiliza para calcular el retardo de las retransmisiones de TCP.

Devolución. Devolución de un mensaje que no se ha podido entregar.

Difusión (*broadcast*). Trama de un enlace dirigida a todos los sistemas del enlace.

Dirección de conector (*Socket Address*). Dirección completa de una entidad de comunicación de TCP/IP, formada por una dirección de red de 32 bits y un número de puerto de 16 bits.

Dirección de IP (*IP Address*). Número de 32 bits que identifica una interfaz de red.

Dirección de IP de multienvío (*Multicast IP Address*). Dirección de IP que pueden adoptar múltiples host. Los datagramas enviados a una dirección de IP de multienvío los reciben todos los host del grupo.

Dirección de red (*Network Address*). La dirección de IP de 32 bits de un sistema.

Dirección de subred (*Subnet Address*). Un determinado número de bits de la parte local de una dirección de IP que se utiliza para identificar los sistemas conectados a un enlace común.

Dirección de uniemisión (*Unicast Address*). Dirección asignada de forma única a una única interfaz.

Dirección física (*Physical Address*). Dirección asignada a una interfaz de red.

Dirección MAC (*MAC Address*). Dirección física asignada a la interfaz de LAN.

Distribución de software de Berkeley (BSD - *Berkeley Software Distribution*). Software de Unix de la Universidad de California en Berkeley que incluía soporte para TCP/IP.

DIX Ethernet. Versión de Ethernet desarrollada por Digital, Intel y Xerox.

Documentos hipertextuales. Las marcas del documento permiten identificar elementos como: cabeceras, párrafos, listas, etc.

DS1. Especificación de la interfaz y las tramas para las líneas síncronas T1.

DS3. Especificación de la interfaz y las tramas para las líneas síncronas T3.

Encadenamiento de bloques de cifrado (*Cipher-Block Chaining*). Opción popular al cifrado DES. Un bloque ya cifrado se introduce en el algoritmo según se cifra el siguiente bloque.

Encaminador (*Router*). Sistema que reenvía el tráfico de la capa 3 que no es para sí mismo. Los encaminadores se usan para conectar LAN y WAN separadas en una red, y para dirigir el tráfico entre las redes que la forman.

Encaminamiento entre dominios sin clase (CIDR - *Classless Inter-Domain Routing*). Método de encaminamiento usado para permitir que las direcciones de IP de una parte de la red tengan un número especificado de bits.

Encapsulado de seguridad de la carga útil (ESP - *Encapsulating Security Payload*). Protocolo diseñado para ofrecer confidencialidad y, opcionalmente, autenticidad e integridad para datagramas de IP. Se puede usar ESP entre un par de host, un par de encaminadores, o entre un host o un encaminador y múltiples host y encaminadores.

Enlace (*Link*). Medio por el que se pueden comunicar nodos usando un protocolo de la capa de enlace.

Ensamblador/desensamblador de paquetes (PAD - *Packet Assembler/Disassembler*). Software que convierte entre el formato de un flujo terminal o de tráfico y el formato de paquetes de X.25.

Entorno de computación distribuida (DOE - *Distributed Computing Environment*). Conjunto de tecnologías elegidas por la Open Software Foundation para la computación distribuida.

Entorno de desarrollo de ISO (ISODE - *ISO Development Environment*). Esfuerzo investigador que ha generado software capaz de usar los protocolos OSI sobre TCP/IP.

Entorno de gestión distribuida (DME - *Distributed Management Environment*). Conjunto de tecnologías elegidas por la Open Software Foundation para la gestión de redes y sistemas.

Equipo de terminación del circuito de datos (DOE - *Data Circuit-terminating Equipment*). Equipo necesario para conectar un DTE a una línea o a una red.

Equipo terminal de datos (DTE - *Data Terminal Equipment*). Origen o destino de los datos. A menudo se usa para referirse a los terminales o computadoras conectadas a una red de área extensa.

Estado del protocolo (*Protocol State*). Posición en el camino de normalización o clasificación como informativo, experimental o histórico.

Estándar de cifrado de datos (DES – *Data Encryption Standar*). Protocolo de cifrado simétrico aprobado oficialmente por el gobierno de Estados Unidos. Existen varias opciones en la forma en que se aplica el DES. *Véase* Encadenamiento de bloques de cifrado.

Estatus del protocolo (*Protocol Status*). Nivel de requisitos.

Estructura de página (*Page Structure*). Organización de archivos en FTP para su uso con antiguas computadoras de Digital Equipment Corporation.

Estructuras de registro (*Record Structures*). Estructura habitual de los archivos de datos. Durante la transferencia de un archivo, organizado como una secuencia de registros, los registros pueden estar delimitados por marcas de Fin de registro.

Extensión de correo multipropósito de Internet (MIME - *Multipurpose Internet Mail Extensions*). Extensiones al correo de Internet que permiten el envío de mensajes en una o varias partes, cada una de las cuales con distintos tipos de contenidos, como texto, imágenes, sonido o datos de aplicaciones.

Finger. Programa que muestra información sobre uno o más usuarios remotos.

Formato gráfico de intercambio (GIF - *Graphics Interchange Format*). Un formato gráfico muy popular para los archivos de imágenes.

Fragmentación (*Fragmentation*). División en trozos de un datagrama. Se realiza cuando un datagrama es demasiado grande para la tecnología de red que debe atravesar hasta su destino.

Gopher. Protocolo que permite a los clientes acceder a datos de un servidor mediante una serie de menús.

Grupo de normalización de telecomunicaciones de la Unión internacional de telecomunicaciones (ITU-T - *International Telecommunications Union Telecommunication Standardization Sector*). Preside grupos de estudio y escribe «recomendaciones» para los estándares internacionales. Anteriormente CCITT.

Gusano. Programa que se replicaba a sí mismo en otros lugares de la red.

Host multihospedado (*Multihomed Host*). Host con muchas interfaces de red y que, por tanto, requiere muchas direcciones de IP.

Identificador universal de recurso (URI - *Universal Resource Identifier*). Identificador de un elemento que se puede obtener mediante un navegador de la World Wide Web. El identificador puede ser un Localizador uniforme de recursos o un Nombre uniforme de recursos.

Instituto nacional de normalización y tecnología (NIST - *National Institute of Standards and Technology*). Organización de normalización de Estados Unidos para promover los estándares de comunicaciones. NIST era anteriormente la Oficina nacional de normalización.

Intercambiador de correo (*Mail Exchanger*). Sistema para reenvía correo en la red de una organización.

Interconexión de sistemas abiertos (OSI - *Open Systems Interconnection*). Conjunto de estándares de ISO relativas a las comunicaciones de datos.

Interfaz de datos distribuidos por fibra (FDDI - *Fiber Distributed Data Interface*). Estándar para la transmisión de datos a alta velocidad por un doble anillo de fibra óptica.

Interfaz de la capa de transporte (TLI - *Transport Layer Interface*). Interfaz de programación de aplicaciones creada por AT&T con interfaz para los protocolos de TCP/IP y de OSI.

Interfaz de programación de aplicaciones (API - *Application Programming Interface*). Conjunto de rutinas que permiten a un programador usar funciones de una computadora. La interfaz de programación de conectores y la Interfaz de la capa de transporte son API para la programación en TCP/IP.

Interfaz paralela de alto rendimiento (HIPPI - *High Performance Parallel Interface*). Tecnología de comunicaciones de alta velocidad definida en un estándar ANSI. Los dispositivos pueden comunicarse mediante HIPPI en distancias cortas a velocidades entre 800 y 1.600 megabits por segundo.

internet. Conjunto de redes interconectadas mediante encaminadores de IP y que para los usuarios aparenta ser una única red.

Internet. La mayor red del mundo. Internet utiliza el conjunto de protocolos de TCP/IP.

Internet Architecture Board (IAB). Anteriormente Internet Activities Board. Una grupo en Internet responsable de promover el desarrollo de los protocolos, seleccionar protocolos para su uso en Internet y decidir el estado actual de los protocolos.

Internet Engineering Notes (IEN). Conjunto inicial de documentos que tratan sobre las características de TCP/IP. Se puede acceder en línea a estos documentos en el Centro de información de la red (Network Information Center).

Internet Engineering Steering Group (IESG). Grupo que coordina las actividades de los grupos de trabajo de IETF y realiza las revisiones técnicas de los estándares.

Internet Engineering Task Force (IETF). Conjunto de grupos de trabajo creados por voluntarios para desarrollar e implementar protocolos de Internet.

Internet Research Task Force (IRTF - *Internet Research Task Force*). Grupo dirigido por la IAB, encargado de la investigación, a largo plazo, sobre protocolos de Internet.

Intérprete de protocolo (PI - *Protocol Interpreter*). Entidad que hace funciones de FTP. FTP define dos papeles del PI: usuario y servidor.

Joint Photographic Experts Group (JPEG). Especificación de un esquema de compresión de imágenes.

Kerberos. Servicio de autenticación desarrollado en el Instituto tecnológico de Massachusetts (MIT). Kerberos usa cifrado para evitar que los intrusos descubran las contraseñas y consigan acceso no autorizado a archivos y servicios.

Lenguaje de marcas hipertextuales (HTML - *Hypertext Markup Language*). Un lenguaje de marcas utilizado para escribir

Lenguaje normalizado general para documentos (SGML - *Standard Generalized Markup Language*). Potente lenguaje de marcas usado para describir elementos de documentos portables.

Little Endian (*Little Endian*). Formato para el almacenamiento o transmisión de datos que sitúa el byte, o bit, menos significativo en primer lugar.

Llamada a procedimiento remoto (RPC - *Remote Procedure Call*). Protocolo que permite que una aplicación invoque a una rutina que se ejecuta en un servidor. El servidor devuelve variables de salida y un código de retorno de vuelta.

Localizador uniforme de recursos (URL - *Uniform Resource Locator*). Identificador de un elemento que se puede obtener mediante un navegador de la World Wide Web, indicando una localización concreta.

Máscara de direcciones (*Address Mask*). Número binario de 32 bits para identificar las partes de una dirección de IP para la numeración de redes y subredes. Todos los bits de los campos de red o subred se fijan a 1.

Máscara de subred (*Subnet Mask*). Valor de 32 bits, que se sitúa en posiciones que cubren las partes de red y de subred de una dirección de IP.

Mejor modo de actuación (BCP - *Best current practice*). Clasificación aplicable a una RFC útil que no define el estándar de un protocolo.

Modo de transferencia asíncrono (*Asynchronous Transfer Mode*). Tecnología de conmutación que transporta la información en celdas de 53 octetos. Se puede usar para la transferencia de datos, voz y vídeo.

Monitor remoto de red (RMON - *Remote Network Monitor*). Dispositivo que recoge información del tráfico de la red.

NETBIOS. Interfaz de programación de red y protocolo desarrollado para las computadoras personales compatibles con las IBM.

No repudio (*Nonrepudiation*). Posibilidad de demostrar que un emisor ha enviado ciertos datos, aunque más tarde intente negar tal hecho.

Nombre canónico (*Canonical Name*). Nombre real y único de un host.

Nombre de camino (*Pathname*). Cadena de caracteres que debe indicar el usuario a un sistema de archivos para identificar un archivo.

Nombre uniforme de recurso (URN - *Uniform Resource Name*). Identificador de un elemento que se puede obtener mediante un navegador de la World Wide Web, indicando un nombre genérico. Puede corresponderse con varias localizaciones desde las que se puede obtener dicho elemento.

Notación de sintaxis abstracta número Uno (ASN.1 - *Abstract Syntax Notation One*). Un lenguaje utilizado para la definición de tipos de datos. ASN.1 se utiliza en los estándares de OSI y también para las especificaciones de administración de red de TCP/IP.

Número de puerto (*Port Number*). Número binario de 2 octetos que identifica a un usuario de alto nivel de TCP o de UDP.

Número de secuencia (*Sequence Number*). Campo de 32 bits de una cabecera de TCP. Si el segmento contiene datos, el número de secuencia se asocia al primer octeto de los datos.

Número inicial de secuencia (ISN - *Initial Sequence Number*). Un número de secuencia definida durante el establecimiento de una conexión TCP. Los octetos de datos que se envíen por la conexión se numerarán a partir de este número.

Opción de seguridad de IP (*IP Security Option*). En la versión 4, es un campo opcional de la cabecera de IP que contiene una etiqueta de seguridad. Esta opción se diseño para su uso por las agencias militares y gubernamentales.

Open Software Foundation (OSF). Consorcio de fabricantes de computadoras que cooperan para producir tecnologías estándar para sistemas abiertos. Tanto la interfaz de usuario de MOTIF como el Entorno de informática distribuida (DCE) son tecnologías de OSF.

Organización internacional de normalización (ISO - *International Organization for Standardization*). Organización internacional fundada para promover el comercio internacional y el progreso en la cooperación en ciencia y tecnología.

Paquete (*Packet*). En sus orígenes, una unidad de datos que se envía por una red de conmutación de paquetes. En la actualidad, el término se puede referir a cualquier Unidad de datos del protocolo de comunicaciones de cualquier capa.

Para su información (FYI - *For Your Information*). Conjunto de documentos que incluyen información útil, como las respuestas a preguntas más frecuentes sobre TCP/IP. Los documentos FTY también se publican como RFC.

Pasarela (*Gateway*). Un encaminador de IP. Muchos documentos RFC utilizan el término *pasarela* en lugar de *encaminador*.

Pasarela central (*Core Gateway*). Históricamente, un encaminador en la red troncal de Internet. Las pasarelas centrales distribuían la información de alcanzabilidad entre los Sistemas autónomos conectados a la red troncal de Internet.

Pasarela de correo (*Mail Gateway*). Sistema que realiza una traducción de protocolos entre distintos protocolos de entrega de correo electrónico.

Pasarela de seguridad (*Security Gateway*). Sistema que proporciona seguridad al envío de datagramas entre sistemas internos y externos en los que no se puede confiar.

Petición de comentarios (RFC - *Request For Comments*). Documento que describe un protocolo de Internet o temas relacionados. Los documentos RFC se encuentran a disposición en muchos Centros de Información de Red.

Pirata. Alguien que intenta entrar en un sistema de computadoras, normalmente, malintencionadamente.

Plazo de retransmisión (*Retransmission Timeout*). Si no se recibe una confirmación (ACK) en un período de tiempo determinado por el plazo de retransmisión, TCP retransmitirá dicho segmento.

Política de encaminamiento (*Routing Policy*). Conjuntos de orígenes y destinos para los que un Sistema autónomo puede encaminar tráfico.

Preguntas más frecuentes (FAQ - *Frequently Asked Questions*). Documento con la estructura de preguntas y respuestas que sirve de resumen de información de un grupo de noticias o de una lista de distribución.

Primero el camino abierto más corto (OSPF - *Open Shortest Path First*). Protocolo de encaminamiento de Internet con buena capacidad de escalado, que encamina tráfico por varios caminos y usa su conocimiento sobre la topología de Internet para realizar precisas decisiones de encaminamiento.

Primero el camino más corto (*Shortest Path First*). Algoritmo de encaminamiento que usa el conocimiento de la topología de la red para tomar decisiones de encaminamiento.

Protocolo básico de administración de red (*Simple Network Management Protocol*). Protocolo que permite que una estación de gestión controle sistemas de red y reciba mensajes de avisos (alarmas) de los sistemas de la red.

Protocolo básico de transferencia de correo (SMTP - *Simple Mail Transfer Protocol*). Protocolo de TCP/IP usado para la transferencia de correo entre sistemas.

Protocolo de acceso a directorios (DAP - *Directory Access Protocol*). Protocolo cliente/servidor usado para acceder al servicio de directorios X.500.

Protocolo de administración de grupos de Internet (IGMP - Internet Group Management Protocol). Protocolo parte de la especificación de difusión. IGMP se utiliza para transportar información de los miembros de un grupo.

Protocolo de arranque (BOOTP - *Bootstrap Protocol*). Protocolo que pueden usar los sistemas de arranque para conseguir información de configuración de red.

Protocolo de control de enlace de datos de alto nivel (HDLC - *High Level Data Link Control Protocol*). Un estándar base para varios protocolos de la capa de enlace.

Protocolo de control de transmisión (TCP - *Transmission Control Protocol*). TCP ofrece una transmisión de datos orientada a conexión, fiable, entre un par de aplicaciones.

Protocolo de datagramas de usuario (*User Datagram Protocol*). Protocolo básico que permite que una aplicación envíe mensajes individuales a otras aplicaciones. No se garantiza la entrega y los mensajes no tienen por qué entregarse en el mismo orden en que se enviaron.

Protocolo de información de encaminamiento (RIP - *Routing Information Protocol*). Protocolo que se usa para intercambiar información entre encaminadores. La versión original formaba parte del grupo de protocolos XNS.

Protocolo de interfaz de línea serie (SLIP - *Serial Line Interface Protocol*). Protocolo simple para la transmisión de datagramas de IP a través de una línea serie.

Protocolo de Internet (IP - *Internet Protocol*). Protocolo de la capa 3 de TCP/IP responsable del transporte de datagramas por Internet.

Protocolo de mensajes de control de Internet (ICMP - *Internet Control Message Protocol*). Protocolo necesario para la implementación con IP. ICMP especifica los mensajes de error que hay que enviar cuando se descarga un datagrama o el sistema se congestiona. ICMP también dispone de otros útiles servicios de consulta.

Protocolo de oficina de correos (POP - *Post Office Protocol*). Protocolo que se usa para descargar el correo electrónico de un servidor a un cliente, normalmente, un sistema de sobremesa.

Protocolo de pasarela de frontera (BGP - *Border Gateway protocol*). Protocolo usado para avisar al conjunto de redes a las que puede alcanzar un Sistema autónomo. BGP permite que esta información se comparta con otros Sistemas autónomos. BGP es más reciente que EGP y ofrece cierto número de mejoras.

Protocolo de pasarela exterior (EGP - *Exterior Gateway Protocol*). Los encaminadores vecinos de los Sistemas autónomos usan este protocolo para identificar el conjunto de redes que pueden alcanzar con el Sistema autónomo. BGP está sustituyendo al EGP.

Protocolo de pasarela interior (IGP - *Interior Gateway Protocol*). Cualquier protocolo de encaminamiento que use un Sistema autónomo.

Protocolo de resolución de direcciones (ARP - *Address Resolution Protocol*). Protocolo para encontrar dinámicamente la dirección física de un sistema mediante su dirección de IP.

Protocolo de resolución inversa de direcciones (RARP - *Reverse Address Resolution Protocol*). Protocolo que permite que una computadora obtenga su dirección de IP difundiendo una petición por la red.

Protocolo de transferencia de archivos (FTP - *File Transfer Protocol*). Protocolo de TCP/IP para la copia de archivos entre sistemas, con funciones de administración de archivos como el renombrado o el borrado de los mismos.

Protocolo entre pasarelas (GOP - *Gateway-to-Gateway Protocol*). Protocolo que se usaba para el intercambio de información entre encaminadores centrales de Internet.

Protocolo entre sistemas intermedios (IS-IS - *Intermediate System to Intermediate System Protocol*). Un protocolo que se puede usar para encaminar tráfico tanto de OSI como de IP.

Protocolo genérico de información de gestión (CMIP - *Common Management Information Protocol*). Un protocolo central de la gestión de red de OSI.

Protocolo MAC (*MAC Protocol*). Protocolo de Control de acceso al medio que define las reglas que controlan la capacidad del sistema para la transmisión y recepción de datos por un medio.

Protocolo punto a punto (PPP - *Point to-Point Protocol*). Protocolo para la transferencia de datos por enlaces serie. PPP permite autenticación, configuración del enlace y control del mismo, y permite multiplexar por el enlace tráfico de varios protocolos.

Protocolo síncrono de enlace de datos (SDLC - *Synchronous Data Link Protocol*). Protocolo similar a HDLC que forma parte del grupo de protocolos de comunicaciones SNA de IBM. SDLC se usa en comunicaciones punto a punto y multipunto.

Protocolo trivial de transferencia de archivos (TFTP - *Trivial File Transfer Protocol*). Protocolo muy básico de TCP/IP para la carga y descarga de archivos. El uso típico suele ser la inicialización de estaciones de trabajo sin disco, o la descarga de software desde un controlador a un robot.

Proveedor de servicios (*Service Provider*). Organización que proporciona servicios de conectividad de TCP/IP a un conjunto de clientes. Algunos proveedores de servicios sólo admiten clientes dentro de un área local restringida y otros tienen un alcance nacional.

Proveedor de servicios de Internet (ISP - *Internet Service Provider*). Organización que vende servicios de conectividad a Internet.

Proxy ARP. Uso de un encaminador para responder peticiones de ARP. Se usará cuando originalmente el host crea que un destino es local y de hecho se encuentre detrás de un encaminador.

Puente (*Bridge*). Dispositivo que conecta dos o más segmentos físicos de una LAN y retransmite las tramas cuyas direcciones de origen y destino se encuentran en distintos segmentos.

Puerto público (*Well-Known Port*). Puerto de TCP o de UDP cuyo uso lo publica la Autoridad de asignación de números de Internet.

Punto de acceso a servicios de red (NSAP - *Network Service Access Point*). Identificador usado para discernir la identidad de un host de OSI y dirigirse a la entidad de la capa de transporte en ese host al que se dirige el tráfico.

Punto de acceso al servicio de transporte (TSAP - *Transport Service Access Point*). Identificador que indica a la entidad del protocolo de la capa superior a quien se debe entregar una Unidad de datos del protocolo.

Red de área extensa (WAN - *Wide Area Network*). Red que cubre un área geográfica amplia. Las tecnologías típicas de una WAN son conexiones punto a punto, X.25 y retransmisión de tramas.

Red de área local (LAN - *Local Area Network*). Red de datos para dar servicio a un área de pocos kilómetros cuadrados y que consiste en una única subred.

Red de área metropolitana (MAN - *Metropolitan Area Network*). Tecnología que permite redes de alta velocidad cruzando un área metropolitana. En IEEE 802.6 se define un protocolo MAN.

Red de resguardo (*Stub Network*). Red que no transporta tráfico en tránsito entre otras dos redes.

Red digital de servicios integrados (ISDN - *Integrated Services Digital Network*). Tecnología telefónica que proporciona servicios digitales de voz y datos.

Red nacional de fundaciones científicas (NSFnet - *National Science Foundation Network*). Red usada como parte de la actual infraestructura de Internet.

Red nacional de investigación y educación (NREN - *National Education and Research Network*). Red de alta capacidad planeada para su uso como parte de la futura infraestructura de red de Internet.

Red óptica síncrona (SONET - *Synchronous Optical Network*). Estándar de telefonía para la transmisión de información por canales de fibra óptica.

Registro de encaminamiento (*Routing Registry*). Base de datos que contiene información de encaminamiento. Se usa para enviar los datos por un camino que atraviesa dos o más Sistemas autónomos.

Registro de interconexión de sistemas abiertos del gobierno (GOSIP - *Government Open Systems Interconnection Profile*). Especificación de un conjunto de protocolos de OSI preferidos en los requisitos gubernamentales de los equipos de computación.

Reglas básicas de codificación (BER - *Basic Encoding Rules*). Reglas para la codificación de tipos de datos especificados mediante ASN.1 a su formato normal de transmisión.

Representación externa de datos (XDR - *eXternal Data Representation*). Estándar desarrollado por Sun Microsystems para la definición de los tipos de datos usados como parámetros y la codificación de dichos parámetros para su transmisión.

Reseaux IP Europeens (RIPE). Centro de coordinación en Europa para el registro de redes.

Resolutor (*Resolver*). Software que permite que un cliente acceda a las bases de datos del Sistema de nombres de dominios.

Ruta de origen (*Source Route*). Secuencia de direcciones de IP que identifica el camino que debe seguir un datagrama. Se puede incluir, opcionalmente, un camino de origen en la cabecera de un datagrama de IP.

Secuencia de comprobación de trama (FCS - *Frame Check Sequence*). Función matemática que se aplica a los bits de una trama y se añade a la misma. La FCS se vuelve a calcular cuando se recibe la trama. Si el resultado difiere del valor añadido la trama se descarta.

Segmento (*Segment*). Unidad de datos del protocolo formada por una cabecera de TCP y, opcionalmente, algunos datos.

Servicio de información de red (NIS - *Network Information Service*). Conjunto de protocolos creados por Sun Microsystems para ofrecer servicio de directorios para la información de red.

Servicio distribuido de archivos (DFS - *Distributed File Service*). Tecnología de servidor de archivos adoptada por la Open Software Foundation.

Servicio Push (*Push Service*). Servicio que ofrece TCP que permite que una aplicación especifique que ciertos datos deberían transmitirse y entregarse lo antes posible.

Servicio urgente (*Urgent Service*). Servicio que ofrece TCP y que permite que una aplicación indique que los datos son urgentes y que la aplicación que los recibe debería procesarlos en cuanto pueda.

Servicios conmutados de datos multimegabit (SMDS - *Switched Multimegabit Data Service*). Servicio de transferencia de datos desarrollado por Bellcore, cuyo protocolo de acceso sigue el protocolo de Red de Área metropolitana IEEE 802.6.

Servicios y Protocolos genéricos de información de gestión sobre TCP/IP (CLOT - *Common Management Information Services and Protocol over TCP/IP*). Una especificación histórica (no recomendada) para el uso de protocolos de gestión de red OSI en una red TCP/IP.

Síndrome de la ventana tonta (*Silly Window Syndrome*). Transferencia de datos ineficiente que ocurre cuando un receptor confirma una ventana de créditos pequeña y el emisor transmite, por tanto, segmentos pequeños. Este problema se resuelve fácilmente usando los algoritmos descritos en la RFC 1122.

Sistema autónomo (AS - *Autonomous System*). Colección de encaminadores bajo el control de una única autoridad admistrativa, con un Protocolo de pasarela interior común. Recientemente, una o más redes con una única política de encaminamiento exterior.

Sistema de archivos en red (NFS - *Network File System*). Conjunto de protocolos creados por Sun Microsystems. Permite que se creen enlaces a directorios remotos en sus sistemas de archivos locales y usen los archivos remotos como si estuviesen locales.

Sistema de nombres de dominios (DNS - *Domain Name System*). Conjunto de bases de datos distribuidas con información como la traducción entre nombres de sistemas y sus direcciones de IP y la ubicación de los intercambiadores de correo.

Sistema de red de Xerox (XNS - *Xerox Network System*). Grupo de protocolos de red desarrollados por Xerox Corporation.

Sistema X-Window Conjunto de protocolos desarrollados en el MIT que permiten que un usuario interaccione con aplicaciones situadas en varias computadoras diferentes. La entrada y la salida de cada aplicación se realizan en una ventana en la máquina del usuario. La posición y el tamaño de las ventanas lo controla el usuario.

Sociedad de Internet (ISOC - *Internet Society*). Organización internacional para promover el crecimiento y mejoras técnicas continuas de Internet.

Software BIND. Servidor del dominio dc nombres de la Universidad de Berkeley.

SYN. Segmento al comienzo de una conexión de TCP. Cada extremo envía un SYN que contiene el punto de inicio de su secuencia de numeración y, opcionalmente, el mayor tamaño de segmento que puede aceptar.

T1. Servicio de telefonía digital que funciona a 1,544 Megabits por segundo. Utiliza tramas DS1.

T3. Servicio de telefonía digital que funciona a 44,746 Megabits por segundo. Utiliza tramas DS3.

Tamaño máximo de segmento (*Maximum Segment Size*). Tamaño máximo permisible de la parte de datos de cualquier segmento que se envía durante una conexión.

Telnet. Protocolo de aplicación de TCP/IP que permite a un terminal conectado a un host acceder a otros host e interactuar con sus aplicaciones.

Terminal virtual de red (NVT - *Network Virtual Terminal*). Conjunto de reglas que definen una interacción simple de terminal virtual. NVT se usa al comienzo de una sesión de *telnet*, pero se puede negociar un tipo de interacción de terminal más compleja.

Tiempo de ida y vuelta (RTI - *Round-Trip Time*). Tiempo que transcurre desde que se envía un segmento de TCP hasta que se recibe su ACK.

Tiempo de vida (TTL - *Time-To-Live*). Tiempo máximo que un datagrama puede estar en una red. El tiempo de vida suele indicarse como el número máximo de saltos que puede atravesar un datagrama antes de descartarlo.

Tiempo de vuelta suavizado (SRTT - *Smoothed Round-Trip Time*). Estimación del tiempo de vuelta actual para un segmento y su ACK. Se usa para calcular el retardo de las retransmisiones de TCP.

Tiempo universal coordinado (UTC - Universal Time Coordinated). Anteriormente llamado Tiempo medio de Greenwich.

Tn3270. Tipo de Telnet usado con opciones que sólo permiten los emuladores de terminales 3270 de IBM.

Token-Ring. Tecnología de red de área local con topología de anillo. Las estaciones del anillo transmiten un mensaje especial, denominado testigo, por el anillo. El poseedor actual del testigo tiene derecho a transmitir datos durante un cierto período de tiempo.

Trama (*Frame*). Unidad de datos del protocolo de la capa de enlace.

Transferencia, acceso y gestión de archivos (FTAM - *File Transfer, Access and Management*). Protocolo de gestión y transferencia de archivos de OSI. FTAM permite a los usuarios copiar archivos completos o partes de un archivo, como, por ejemplo, un registro.

Transporte de clase 4 (OSI TP4). Protocolo de la capa de transporte de OSI que es funcionalmente similar a TCP.

Unidad de acoplamiento al enlace (TCU - *Trunk Coupling Unit*). Elemento hardware que conecta una estación Token-Ring a la infraestructura de un anillo.

Unidad de datos del protocolo (PDU - *Protocol Data Unit*). Término genérico para las unidades del protocolo, por ejemplo, una cabecera y datos, en cualquier capa.

Unidad máxima de transmisión (MTU - *Maximum Transmission Unit*). El mayor datagrama que se puede enviar por un medio de red, como una Ethernet o un Token-Ring.

Unión internacional de telecomunicaciones (ITU - *International Telecommunications Union*). Organización que abarca varias organizaciones internacionales dedicadas a la normalización y cooperación en telecomunicaciones.

Usenet. Miles de grupos de noticias similares a los Tablones de anuncios (*Bulletin Board*) que se pueden encontrar en Internet.

Vecinos (*Neighbors*). Nodos conectados al mismo enlace.

Ventana de envío (*Send Window*). Intervalo en el número de secuencia entre el último octeto de datos que ya se ha enviado y el lado derecho de la ventana de recepción.

Ventana de recepción (*Receive Window*). Intervalo válido en la secuencia de números que puede transmitir un emisor en un determinado momento durante una conexión.

Virus. Una rutina que se añade a otro programa, legítimo y, normalmente, daña datos locales o la ejecución del programa.

World Wide Web. Conjunto de servidores de Internet que permite a los clientes acceder a muchos tipos de información incluidos documentos con imágenes, sonidos y enlaces a otros documentos.

X.121. Estándar de la CCITT que describe la asignación de números a los sistemas conectados por una red X.25. Estos números se usan para identificar a los sistemas remotos, de forma que se puede establecer una llamada de datos por un circuito virtual.

X.25. Estándar de la CCITT para la conexión de computadoras a una red que proporciona transmisión de datos fiable usando circuitos virtuales.

X.400. Serie de protocolos definidos por la CCITT para la transferencia de mensajes y mensajería interpersonal. Más tarde ISO adoptó estos protocolos.

X/Open. Consorcio de fabricantes de computadoras que cooperan para ofrecer un entorno común de aplicaciones.

X11. Un sistema de ventanas creado en el MIT.

Biblioteca profesional

ÍNDICE

McGRAW-HILL/INTERAMERICANA DE ESPAÑA, S. A. U.
División profesional - C/ Basauri, 17 - Edificio Valrealty, 1.ª planta
28023 Aravaca (MADRID)
Avda. Josep Tarradellas, 27-29, 6.ª planta
08029 BARCELONA

Nombre y apellidos ______
Empresa ______ ***Departamento*** ______
Dirección ______ ***C. P.*** ______
Localidad ______ ***País*** ______
C.I.F./D.N.I. (Indispensable) ______ ***Teléfono/Fax*** ______
Correo electrónico ______

☐ *Ruego me envíen información del fondo de McGraw-Hill* ☐ Español ☐ Inglés
Materias de interés ______

Ruego me envíen el/los siguiente/s título/s:
ISBN ______ *Autor/Tít.* ______
ISBN ______ *Autor/Tít.* ______

INDIQUE LA FORMA DE ENVÍO:
☐ *Correo*
☐ *Agencia/Mensajería. (Gastos de envío no incluidos en el precio del libro. Consulte con nosotros.)*

INDIQUE LA FORMA DE PAGO:
☐ *American Express* ☐ *VISA* ☐ *4B* ☐ *MasterCard*

Autorizo a McGRAW-HILL/INTERAMERICANA DE ESPAÑA, S. A. U. a cargar en mi tarjeta el importe del presente pedido:

N.º tarjeta: ______

Fecha caducidad ____/____ *Nombre del titular*

Firma

4 FORMAS FÁCILES Y RÁPIDAS DE SOLICITAR SU PEDIDO

EN LIBRERÍAS ESPECIALIZADAS

FAX:
(91) 372 85 13
(93) 430 34 09

TELÉFONOS:
(91) 372 81 93
(93) 439 39 05

E-MAIL:
profesional@mcgraw-hill.es
WWW:
http://www.mcgraw-hill.es

TCPIP

Sí, envíenme el catálogo de las novedades de McGRAW-HILL en

☐ Informática ☐ Economía/Empresa ☐ Ciencia/Tecnología
☐ Español ☐ Inglés

Nombre ...... Titulación ......
Empresa ...... Departamento ......
Dirección ...... Código postal ......
Localidad ...... País ......
C.I.F./N.I.F. (Indispensable) ...... Teléfono/Fax ......
Correo electrónico ......

¿Por qué elegí este libro?

☐ Renombre del autor
☐ Renombre McGraw-Hill
☐ Reseña en prensa
☐ Catálogo McGraw-Hill
☐ Buscando en librería
☐ Requerido como texto
☐ Precio
☐ Otros

Temas que quisiera ver tratados en futuros libros de McGraw-Hill:

......

Este libro me ha parecido:

☐ Excelente ☐ Muy bueno ☐ Bueno ☐ Regular ☐ Malo

Comentarios ......

Por favor, rellene esta tarjeta y envíela por correo o fax a la dirección apropiada.

TCPIP

Los datos que figuran en este cupón se incluirán en un archivo automatizado que se conservará de forma confidencial y al que usted, de acuerdo con la LORTAD, podrá acceder en cualquier momento para exigir su actualización, cancelación o rectificación. En un futuro es posible que transfiramos dichos datos a compañías y organizaciones cuidadosamente seleccionadas, cuyos productos y servicios puedan ser de su interés. Asimismo, a través de nuestra empresa, podrá recibir informaciones comerciales de otras empresas del sector. Si usted no está interesado en recibir estos envíos, por favor, señale con una **X** la casilla ☐.

McGraw-Hill *Le ofrece*

- Administración
- Arquitectura
- Biología
- Contabilidad
- Derecho
- Economía
- Electricidad
- Electrónica
- Física
- Informática
- Ingeniería
- Marketing
- Matemáticas
- Psicología
- Química
- Serie McGraw-Hill de Divulgación Científica
- Serie McGraw-Hill de Electrotecnologías
- Serie McGraw-Hill de Management
- Sociología
- Textos Universitarios

OFICINAS IBEROAMERICANAS

ARGENTINA
McGraw-Hill/Interamericana, Ltda.
Suipacha 760 - 5.º Piso, Of. 26
(1008) Buenos Aires
Tel.: (541) 322 05 70. Fax: (541) 322 15 38

BRASIL
McGraw-Hill do BRASIL
Rua da Assenbléia, 10/2319
20011-000 Río de Janeiro
Tel. y Fax: (5521) 531 23 18
E-mail: internet!centroin.com.brlaaff

CARIBE
McGraw-Hill/Interamericana del Caribe
Avenida Muñoz Rivera, 1121
Río Piedras
Puerto Rico 00928
Tels.: (809) 751 34 51 - 751 24 51. Fax: (809) 764 18 90

CHILE, PARAGUAY Y URUGUAY
McGraw-Hill/Interamericana de Chile, Ltda.
Seminario, 541 Providencia
Santiago (Chile)
Tel.: (562) 635 17 14. Fax: (562) 635 44 67

COLOMBIA, ECUADOR, BOLIVIA Y PERÚ
McGraw-Hill/Interamericana, S. A.
Apartado 81078
Avenida de las Américas, 46-41
Santafé de Bogotá, D. C. (Colombia)
Tels.: (571) 368 27 00 - 337 78 00. Fax: (571) 368 74 84
E-mail: Divprofe@openwag.com.co

ESPAÑA
McGraw-Hill/Interamericana de España, S. A. U.
Edificio Valrealty, Planta 1.ª
Basauri, 17
28023 Aravaca (Madrid)
Tel.: (341) 372 81 93. Fax: (341) 372 85 13
E-mail: profesional@mcgraw-hill.es

GUATEMALA
McGraw-Hill/Interamericana Editores, S. A.
11 Calle 0-65, Zona 10
Edificio Vizcaya, 3er. nivel
Guatemala, Guatemala
Tels.: (502) 332 80 79 al 332 80 84. Fax: (502) 332 81 14
Internet: mcgraw-h@guate.net

MÉXICO Y CENTROAMÉRICA
McGraw-Hill/Interamericana Editores, S. A. de C. V.
Atlacomulco 499-501
Fracc. Ind. San Andrés Atoto
53500 Naucalpan de Juárez
Edo. de México
Tels.: (525) 628 53 53. Fax: (525) 628 53 02
Cedro, 512 - Col. Atlampa
06460 México D. F.
Tels.: (525) 541 67 89. Fax: (525) 547 33 36
Centro Telemarketing
Tels.: (525) 628 53 52 / 628 53 27. Fax: (525) 628 83 60
Lada. sin costo 91 8834 540

PANAMÁ
McGraw-Hill/Interamericana de Panamá, S. A.
Edificio Banco de Boston, 6.º piso. Oficina 602,
Calle Elvira Méndez
Panamá, Rep. de Panamá
Tel.: (507) 269 01 11. Fax: (507) 269 20 57

PORTUGAL
Editora McGraw-Hill de Portugal, Ltda.
Estrada de Alfragide, lote 107,
bloco A-1 Alfragide
2720 Amadora (Portugal)
Tel.: (3511) 472 85 00. Fax: (3511) 471 89 81

USA
McGraw-Hill Inc.
28th. floor 1221 Avenue of the Americas
New York, N.Y. 10020
Tel.: (1212) 512 26 91. Fax: (1212) 512 21 86

VENEZUELA
McGraw-Hill/Interamericana de Venezuela, S. A.
Apartado Postal 50785
Caracas 1050
Final calle Vargas. Edificio Centro Berimer. P. B. Ofic. P1-A1
Boleíta Norte, Caracas 1070
Tels.: (582) 238 24 97 - 238 34 94 - 238 59 72. Fax: (582) 238 23 74